U0023347

臺灣政經史系列第二輯09　陳天授主編

元華文創

A new vision of the paradigm of contemporary
Taiwanese Buddhist intellectuals

當代臺灣佛教知識群英
的典範新視野

從大陸到臺灣到東亞的精粹論集
An Essence of Essays from Mainland China to Taiwan to East Asia

| 第一卷 |

本書共分二卷，精選當代臺灣佛教知識群英，
其最新穎、最多元、最具代表性的各類高水準主題論文。
全書六十多萬字，共分四輯二十六章及二附錄，
堪稱是具有佛教新知傳遞大效應的精粹論集。

江燦騰　林朝成 —— 主編

致謝辭

　　本書的兩位編輯雖是長期都在學界第一線上，從事關於現代臺灣佛學研究與教學的專業學者，但是若單靠我們區區兩位編輯的各自論述精華，就想能順利編出類似本書的：四輯二十六章及附錄共六十多萬字的最新豐富主題內容論述，實則絕無可能。再者，本書改若由其他佛教學者，來編選本書的各類主題，則彼等也將必然會編出大不同於本書現在既成的另類風貌。

　　所以，本書目前的成果，說白了，也只是代表了我們兩位編輯的共同構想而已。他者與我們之間，既不必求同，也無須求同。亦即，多音交響，才是真正的學術王道，也才是當代佛教學術研究主流。

　　在此同時，我們也可以具體的說，在實際主編的編輯理念上，我們二位其實都具有強烈企圖心，想把本書所編輯的各類豐富的主題內容，與性質各異的多元呈現方式，都能夠十足地達到：**既要呈現當代臺灣佛教知識群英的典範新視野**；同時，在豐富的各類最新主題中，也要能建構：**跨越從大陸到臺灣到東亞的精粹佛教學術成果**。

　　基於同樣的思考邏輯，也可說就是肇因於，我們先具有了上述強烈的編輯企圖心，最終才能使本書精英作者群名單中，除我們兩位主編之外，其中也包括了如下幾位重量級人物：廖肇亨博士、林鎮國博士、劉淑芬博士、陳玉女博士、張崑將博士與劉宇光博士，這些幾位雖是不同領域，但全屬當代臺灣學界的，著名佛教知識精英學者。

　　由於彼等都能秉持學術研究薪火，必須具有真能達到承先啟後與實際能夠代代相傳的無私精神。也因此，我們兩位主編，在此要特別感謝彼等

能夠：無償提供各自篇數不一，但必然是彼等各自最具代表性的論述精華，好讓本書納入整體龐大內容。於是，頓使本書現有內容更增添各色各樣風貌，以及更夠呈現出：多元交織而成的，最新佛學主題新視野。我們在此，特別對上述幾位佛學重鎮，致上最誠摯的敬意。

　　最後，我們兩位編輯，對於元華文創負責本叢書主編的陳添壽教授、以及實際負責編輯本書的陳欣欣小姐和實際主編本書的李欣芳小姐，也都致上最大的感謝之情。此因本書編輯，全都由於你們的高度專業素養，才能使本書編排效果如此精美與超一流水準，在此讓我們兩位主編致上：對你們的無盡感謝、再感謝。

本書兩位主編

江燦騰　林朝成

2022-12-01

本書編者與作者簡介

一、本書主編

江燦騰（兼作者）

桃園大溪人，1946 年生。臺大歷史研究所博士。臺北城市科技大學創校首位榮譽教授。

主要著作：《臺灣佛教百年史之研究（1895-1995）》（臺北：南天書局，1997 年）、《臺灣當代佛教》（臺北：南天書局，2000 年）、《日據時期臺灣佛教文化發展史》（臺北：南天書局，2001 年）、《新視野下的臺灣近現代佛教史》（北京：中國社會科學出版社，2006 年）、《臺灣佛教史》（臺北：五南出版社，2009 年）、《當代臺灣心靈的透視——從雙源匯流到逆中心互動傳播的開展歷程》（臺北：秀威資訊，2019 年）、《東亞現代禪學批判思想四百年》（臺北：元華文創，2021 年）等。

學術榮譽：第一屆宗教學術金典獎得主。第二屆臺灣省文獻傑出貢獻獎得主。中央研究院歷史與語言研究所傅斯年紀念獎學金臺大學生唯一得八次者。2006 年曾獲中華發展基金會大陸出版品甲等補助 10 萬元，作品為《新視野下的臺灣近現代佛教史》（北京：中國社會科學出版社）。

林朝成（兼作者）

宜蘭冬山人，1957 年生，臺灣大學哲學博士。現任成功大學中國文學系教授，擔任中國佛學專題、中國思想史專題、中國美學專題、群書治要專題、佛學概論、環境倫理學、生死學以及農業與社會等課程。

曾任：成功大學佛學研究中心主任、成功大學中國文學系主任、《成大中文學報》主編、《成大宗教與文化學報》主編、臺南市社區大學校長、社區大學全國促進會理事長。長期致力於大學社會責任之教學與實踐，曾於 97 年度、103 年度榮獲教育部社教公益獎、成功大學 108 學年度參與大學創新與大學社會責任優良獎。擔任社區大學校長期間，帶領臺南社大榮獲福特環保獎、國家環境教育獎。

主要著作：《佛學概論》、《護生與淨土》、《魏晉玄學的自然觀與自然美學研究》、《移民社會與儒家倫理》等書；編著有《曾文溪流域綜論》、《食農 X 實農：屬於臺灣人的食與農》，譯著有《佛教與生態學：佛教的環境倫理與環保實踐》、《食農社會學；從生命與地方的角度出發》等跨領域之專著。

二、本書作者

林鎮國

1951 年出生於臺灣草屯，1969 年臺中一中畢業，1973 年臺灣師範大學國文系畢業，1977 年獲同系碩士學位。1977-1979 年服役，任岡山空軍機校少尉教官。1979-1983 年，任高雄文藻外語專校講師。1983-1991 年，赴美國費城天普大學攻讀宗教研究，獲博士學位。1991-2018 年，任教國立政治大學哲學系（專任）與宗教研究所（合聘）。曾任臺灣哲學學會理事長、科技部哲學學門召集人、荷蘭萊登大學、香港中文大學和美國哈佛大學客座教授。退休後，擔任政治大學哲學系榮譽教授，主持佛教哲學研究中心。著有《空性與現代性：從京都學派、新儒家到多音的佛教詮釋學》（立緒，1999 年）、《空性與方法：跨文化佛教哲學十四講》（政大出版社，2012 年），合編 *A Distant Mirror: Articulating Indic Ideas in Sixth and Seventh Century Chinese Buddhism* (University of Hamburg Press, 2014)、《近世東亞〈觀所緣緣論〉珍稀注釋選輯》（佛光文化，2018 年）等。

陳玉女（Chen, Yuh-Neu）

日本國立九州大學東洋史博士，現任國立成功大學歷史系教授。主要從事明清佛教史、明清社會史、明清佛教與東亞歷史研究，著有《明代佛教社會の地域的研究——嘉靖‧萬曆年間（1522-1620）を中心として－》（博士論文）、《明代二十四衙門宦官與北京佛

教》、《明代佛門內外僧俗交涉的場域》、《明代的佛教與社會》、《海洋與觀音：明代東南沿海的觀音信仰》等專書，及〈明末清初觀音與準提的信仰流布〉、〈明清閩南家族與佛教的社會救濟〉、〈流浪者之歌：明末遺民‧移民的寺廟記憶〉、〈明末清初嘉興藏刊刻與江南士族〉、〈明清嘉興楞嚴寺《嘉興藏》之刊印與其海內外流通〉、〈明清時期東亞閩臺粵越地區的佛典流通──以釋弘贊的《沙彌律儀要略增註》重刊刻為主〉、〈藏經與東亞海貿：以明清《嘉興藏》的朝鮮王朝流通為例〉、〈晚明清初東南沿海港口佛寺的比丘尼身影〉等多篇與明清佛教相關之研究專論。

張崑將

歷史學者。國立臺灣大學歷史學博士，現任國立臺灣師範大學東亞學系教授。著有《日本德川時代古學派之王道政治論：以伊藤仁齋、荻生徂徠為中心》、《德川日本「忠」「孝」概念的形成與發展──以兵學與陽明學為中心》、《德川日本儒學思想的特質：神道、徂徠學與陽明學》、《陽明學在東亞：詮釋交流與行動》、《電光影裏斬春風：武士道分流與滲透的新詮釋》等專書，亦主編《東亞視域中的「中華」意識》、《東亞論語學：韓日篇》兩書。

廖肇亨

中央研究院中國文哲研究所研究員，日本東京大學博士。曾任日本東京大學客座教授。主要研究領域為明清文學、古典文學理論、東亞佛教文化史、東亞文化交流史。曾獲得中研院優秀年輕學者著作獎（2005）、日本中國學會報特約撰述等榮譽。研究融鑄思想史、文學史、佛教史、文化交流史為一體，著有《中邊・詩禪・夢戲：明清禪林文化論述的呈現與開展》、《忠義菩提：明清之際空門遺民及其節義論述探析》，編有《聖傳與詩禪：中國文學與宗教研究論集》、《東亞文化意象的形塑》、《沈淪、懺悔與救度：中國文化的懺悔書寫》、《共相與殊相：東亞文化意象的轉接與異變》，譯有日本荒木見悟《佛教與儒教》。

劉淑芬

臺灣大學歷史學博士，中央研究院史語所研究員，主要從事中國中古史研究，著有《六朝的城市與社會》、《中古的佛教與社會》、《滅罪與度亡：唐代佛頂尊勝陀羅尼經幢研究》、《慈悲清淨：佛教與中古社會生活》，近年來除了繼續經幢的研究之外，集中在玄奘和羅漢信仰的研究，前後發表論文十數篇。

劉宇光

香港科技大學博士，政治大學宗教研究所客座教授（2023）、加拿大魁北克省麥基爾大學（McGill University）宗教學院沼田客座教授（2022）、復旦大學宗教學系副教授，專著有《僧侶與公僕：泰系上座部佛教僧團教育的現代曲折》（2022）、《煩惱與表識：東亞唯識哲學論集》（2020）、《僧黌與僧兵：佛教、社會及政治的互塑》（2020）、《左翼佛教和公民社會：泰國和馬來西亞的佛教公共介入之研究》（2019），及譯作安妮・克萊因（Anne Klein）著《知識與解脫：促成宗教轉化體驗的藏傳佛教知識論》（2012）和伊利莎伯・納巴（Elizabeth Napper）著《緣起與空性：強調空性與世俗法之間相融性的藏傳佛教中觀哲學》（2003），另以中、英文撰有唯識佛學與現代佛教論文多篇刊臺、港及北美學報或論集。

目　次

導 論
江燦騰、林朝成

一、本書的編纂緣起

　　本書（共二卷）兩位編者（江燦騰、林朝成）歷經前後近十年之久，才終於順利建構出全書共四輯二十六篇及二附錄總計六十多萬字的煌煌巨著。

　　而之所以經歷編纂時間，必須耗費如此之長的相關原因有二：

　　其一是，本書的兩位編者，在民國建國百年紀念的科技部宗教學術回顧論述中，曾合作過一次有關民國現代佛學研究百年的論述部份。然而，當年的此一合作成果，迄今又已是十年之前的往事了。

　　（本書讀者，若對此部份內容，萌有先睹為快之念，則可在本書「第二卷相關佛學研究的新詮釋史及其書評新檢討：〈海峽兩岸現代性佛學研究的百年薪火相傳〉」的論述中，得悉當年撰寫全貌）。

　　其二是，由於本書原先預定的宏大編輯目標，就是企圖嘗試攀登至目前國內現有各類佛學論集，都難以企及的高峰體系建構、以及真正能夠具有承先啟後學術性質的，一部「當代臺灣佛教知識群英的典範新視野，從大陸到臺灣到東亞的精粹論集」。

　　因而，多年來，我們兩位編者為了達成原先預定的宏大編輯目標，除不斷激勵我們本身持續進行各種主題的相關論述之外，也曾多方挑選當代學界第一流專業佛教學者（按論文出現順序為：廖肇亨、張崑將、江燦

騰、劉淑芬、陳玉女、林朝成、林鎮國、劉宇光），其已出版或未出版的
最新精華論文多篇，來據以建構出像本書現在這樣的巨幅磅礡體系，且其
最後所呈現的，全書嶄新多元的豐饒主題內容，宛如珍貴心智精華已被煌
煌薈萃，且光芒四射璨耀，足可據以表彰當代佛教知識群英各類主題論述
的超高水平。此即本書的編纂之緣起。

　　以下一節，我們將轉為向本書廣大讀者簡介，有關此一新書的相關現
代性體系建構及其詮釋意涵，好讓讀者順利了解，其各卷不同主題的論述
特色，及其貫穿全書核心論述的邏輯思維之所在。

二、本書內容的現代體系建構及其詮釋意涵簡介

　　對於本書內容的現代體系建構，我們可從全書目錄上的四輯名稱，清
楚地看出來，此即：

　　　　第一輯　當代臺灣出發的東亞佛教思想新詮
　　　　第二輯　追蹤傳統佛教醫病學及其社會生活實踐風尚
　　　　第三輯　當代臺灣學界回應國際佛教哲學熱議的精粹集
　　　　第四輯　相關佛學研究的新詮釋史及其書評新檢討

　　至於為何最初編輯構想中，會決定以此四輯的詮釋主題，作為全書現
代體系建構的四大範疇？其相關理由如下：

　　一、從當代臺灣學術論述的主體性出發，並將其探討視野擴及東亞區
域，原是當代臺灣各種學術論述的主流趨勢。

所以，我們兩位主編，力邀擅長論述此類主題的廖肇亨博士，提供其精華論文三篇，分別是：

第一章　從「清涼聖境」到「金陵懷古」——從尚詩風習側探晚明清初華嚴學南方系之精神圖景
第二章　博奧淼深　奧義迴環——荒木見悟教授學問世界管窺
第三章　荒木見悟明代佛教研究再省思

其實，我們當代臺灣佛學界知識群英皆知，早期曾留日的東京大學博士學位的新銳佛教學者廖肇亨，其擅長對於明代新禪宗文化，持續進行多重視野的大量探討與多篇現代書寫，主題涵蓋：從情慾、戲曲、詩文、傳記和相關思想等，都能十足呈現其新佛教社會文化史的鮮明獨特論述風貌，因而享響當代，赫赫有名。

而其與日本已過世的，專研明代陽明學與禪學思想交涉的大漢學家荒木見悟教授，曾有過從甚密的深層學術交流，所以本書在構想之初，便根據上述學術背景，請其特別提供與此相關的三篇精華論文，全部納入第一卷的內容之中，並可讓本書讀者搶先大飽眼福。

至於第一卷的作者之二，則是目前任教於臺灣師大東亞學系的張崑將教授，其本人的學術專長，是精通東亞陽明學的歷史傳播及其變革、日本武士道文化史、日本思想史等，同時也是我們國內學界少壯派的當代學術重鎮之一，因此請其提供兩篇力作：

第四章　電光影裡斬春風——武士道與禪學
第五章　江戶中期富永仲基《出定後語》引起的思想論諍及其影響

而此兩文性質，我們若從當代臺灣佛學思想研究史來看，則其第一篇應是關於日本武士道與禪學的最新探討，也堪稱是過去臺灣佛教學者很少涉及的領域，同時也是屬於有關東亞禪學思想中的日本獨特產物之一。所以，我們特將此文納入本書第一卷，實具有極大的先驅性開創意義。

再者，張崑將教授的第二篇，是其新近所探討的，有關日本江戶中期富永仲基《出定後語》一書，曾在日本學界引起長期的重大思想論諍及影響之主題論述，目前尚未正式發表。

但就其論文主題本身來說，則是屬於有關在東亞佛學批判史上最具原創性的前現代性經典著作之一《出定後語》一書的最新深層探討之作。因而其在國內學界的出現，應可說是屬於重要的開創性論述之一。因而本書此次有幸，能將其納入第一卷內容，以增相關論述份量，實屬難得之大收穫。

至於本書編者之一江燦騰教授，其所精選納入本卷之一的相關論文如下：

第六章　近代臺灣佛教藝術與東亞視野的交涉現象——重估黃土水的本土化佛教藝術創作問題

至於為何會此文之論述？其相關原因是：有關臺灣本土佛教藝術的發展與變革之學術認知，雖歷經明清、日治時期、以迄戰後至今，已有三百多年的演進史，但是我們如果不僅僅只是將探索眼光，一昧投射在傳統師匠層次的佛像雕刻、或只作楹面與牆上的神佛彩繪之瀏覽，而是聚焦於近現代佛教藝術的創作和作為本土新佛典範確立的精華作品，則雖為數不多，卻成就非凡。

其中尤以日治中期，臺灣本土留日藝術家黃土水的「釋迦出山像」，

更是聳立在同類作品的高峰地位，足堪作為後代效法的偉大範例，也足以象徵其時代的最佳佛教藝術特徵。

不過，黃土水（1895-1930），這位在日本殖民地治時期已享譽全臺的天才雕刻家，作為大正、昭和之際臺灣佛教藝術新風格的建立者這一非凡的成就，一般臺灣佛教史的著述，很少深入介紹。

所以在本文，擬以黃土水創作艋舺龍山寺所委託的「釋迦出山像」為中心，來探討臺灣日治時期新佛教藝術的風格建立問題，相信不會沒有意義的。

二、本書的第一卷第二輯各文，主要追蹤傳統佛教醫病學及其社會生活實踐風尚，這也是當代宗教歷史社會學日趨重視的現代學術潮流之一。因此將其構成本書的四大組成部份之一，實有其必要。第二輯有六篇分別由四個作者撰寫。

最先一篇是，從長期任職於中央研究院歷史語言研究所研究員，現已退休的劉淑芬博士的《中古的佛教與社會》（上海：古籍出版社，2008）一書，[1] 挑選出來的：

第七章　戒律與養生之間——唐宋寺院中的丸藥、乳藥和藥酒

雖然在劉淑芬博士之前，曾長期任教清大歷史所的黃敏枝教授所著《宋代佛教社會經濟史論集》（臺北：學生書局，1989）一書，堪稱是戰

---

[1]　劉淑芬，臺灣大學歷史學博士，中央研究院史語所退休研究員，主要從事中國中古史研究，著有《六朝的城市與社會》、《中古的佛教與社會》、《滅罪與度亡：唐代佛頂尊勝陀羅尼經幢研究》、《慈悲清淨：佛教與中古社會生活》，近年來除了繼續經幢的研究之外，集中在玄奘和羅漢信仰的研究，前後發表論文十數篇。

後臺灣史學首開宋代佛教社會經濟史系列研究的重要專書；[2] 此外，她的著作也是繼早期大陸學者何茲全（1911-2011）、陶希聖（1899-1988）等人提倡研究中國社會經濟史以來的戰後在臺新發展。

不過，由於黃敏枝教授的《宋代佛教社會經濟史論集》的議題論述如今已稍嫌過時，所以此處有關中國唐宋寺院中的有關使用丸藥、乳藥和藥酒的時尚問題，主要涉及佛教戒律規定與當時僧俗養生健身的實際社會現實處境，究竟要如何恰當面對的疑難，所以本卷改從劉淑芬博士的《中古的佛教與社會》一書，挑選此篇作為其論述代表。

再者，劉淑芬博士的《中古的佛教與社會》一書，也堪稱是戰後臺灣佛學論述率先利用大量碑刻史料與從事中古佛教各類社會史主題的新探索的少數學者之最。而這類研究的新形態之所以能夠出現，主要是二十世紀後期歷史學研究朝向歷史社會學發展的轉型反映所逐漸形成的。

所以在其之後的陳玉女博士，現任成功大學副校長，由於其是留日博士的專業背景，又能長期深研明代佛教政治社會史課題，並著有：《明代佛門內外僧俗交涉的場域》（臺北：稻鄉，2010）和《明代二十四衙門宦官與北京佛教》（臺北：如聞，2001）、《明代的佛教與社會》（北京：北大出版社，2010）各書，都是由明代佛教社會史的豐富史料和相關宗教人物活動層面的多篇詳細探討專文，所組構而成的堅實研究成果。

其中，有關明代佛醫的新主題研究，以及提出大量相關的日文佛教研究成果評介，都是歷來有關明代佛教社會史研究中，並不多見的優秀學術成就。因此，本卷特別挑選其三篇各具特色的論述精華：

第八章　明代寺產的經營與寺僧坐食形象的扭轉

2　黃敏枝還另撰有《唐代寺院經濟的研究》（臺北：臺灣大學文學院，1974）一書。

第九章　明代佛門醫藥的社會服務與教化
第十章　明代佛教醫學與僧尼疾病

　　此三篇論述，可以說是延續之前劉淑芬博士的相關議題探討，同時也是作為其後同樣任教於成功大學中文系的資深教授，臺灣佛教生態史著名學者，以及作為本書主編之一的林朝成教授，所納入本輯的一篇：

第十一章　佛教護生、放生與功德的傳統思維及其面向當代社會的相關考察

　　林朝成教授在其論文中，嘗試從佛教護生的動機與作為考察人與動物的關係，即護生即是慈悲護念一切眾生的論述邏輯出發，不斷深入追問：那麼動物本身既然也是慈悲護念一切眾生的對象之一，則其是否具有與人類一樣的存有生命價值？或者當代環境倫理學關切動物的權利時，則佛教的護生行又提供怎樣的詮釋視野？尤其回顧我們當代社會，我們會發現：要將上述護生理念落實到放生的具體行為時，每每都因不當的作法產生種種流弊，而受到注目與批評。於是，我們又必須追問：這類困境與流弊又有何解決之道？換言之，我們必須去探索在佛教的經典的護生脈絡中，其種種詮釋方式又如何被運用與理解？尤其放在綠色佛教生態論述下對宗教放生行為的評價以及立法規範放生行為，更是 21 世紀宗教放生所面對的社會處境。

　　所以，林朝成教授就是基於以上的問題意識，於是嘗試分析佛教相關經典的脈絡相關性，據以說明傳統佛教護生行的種種面向，他尤其著重在：

　　（1）護生觀的根源；

（2）戒殺與不食肉及其衍生的種種問題；

（3）不殺生的業報功德觀及其對護生實踐策略的影響；

（4）放生的戒律、儀式習俗及其實踐中衍生的流弊；

（5）在當代社會批評放生的語境下，省察護生放生的效用及其面對當代社會的放生行動；

（6）當代的論述與制度化實踐的開展。

由此可見，林朝成教授在本文中，主要是以這六個面向建構佛教護生的多元面向，來回應上述的問題，並從教義本身發展佛教的動物保護與保育倫理的論述，塑建了佛教護生的願景與行動方案。

本卷的最後一篇，是由本書編輯之一的江燦騰教授原創性論述主題，有關：

第十二章　二十世紀臺灣現代尼眾教育的發展與兩性平權意識覺醒的歷史觀察──從傳統齋姑到現代比丘尼的轉型與開展

本書讀者須知，有關現代臺灣比丘尼的教育發展和兩性平權的意識覺醒的議題，雖是近三十幾年來的顯著歷史現象，並屢屢成為國際佛教女性學術議題的討論焦點，但是，它的歷史發展卻是由來已久，它可以上溯到清代的傳統齋姑、歷經日治時期的近代化比丘尼的轉型、以及戰後的現代化兩性平權覺醒的急遽開展，共三種不同階段的變革歷程。

為了使此一「二十世紀臺灣現代尼眾教育發展與兩性平權意識覺醒」的歷史現象，能具有階段區隔的各別特色的呈現，同時又想屆時還能兼具逐漸朝向到我們當代為止的「現代化發展」的清楚連貫軌跡，所以在研究取樣的方法學上，江燦騰教授在本文中，所選擇的論述邏輯思維之進路，

是先以日治時期（1895-1945）臺灣本土四大法脈中的高雄臨濟宗大崗山派的龍湖庵尼眾教育變革、苗栗曹洞宗大湖法雲寺派林覺力禪師門下的毗盧禪寺等尼眾教育，作為觀察的主要線索，再兼論其他方面的臺灣近代尼眾教育狀況與現代兩性平權意識覺醒的初期發展歷程。

至於戰後（1945-）以來的發展，江燦騰教授將延續先前的討論，繼續探索其中出現的新變化和轉型的問題。可是，限於篇幅和時間，江燦騰教授並非全面性的探討戰後各時期為數頗眾的尼眾機構及其具體的教學內容，而是集中觀察戰後大崗山派的龍湖庵尼眾教育和傳戒變革及影響，並以戰後來自外在社會環境的巨大衝擊，來呈現戰後臺灣現代比丘尼有關兩性平權意識覺醒的清楚發展軌跡。

三、本書第二卷第三輯的建構，主要是意圖迅速反映當代臺灣佛教知識群英，如何針對國際佛教哲學新潮議題的提出相對回應？因此構成本書的必要性相關主題論述，就是第三輯挑選相關作者與相關議題的重要依據。

首先，政大哲研所退休名教授林鎮國博士，特為本輯提供其所參與的四篇最新國際議題回應，其主題是：

　　有關林鎮國博士的學術專長及其學術影響，學界皆知，他是已故著名佛教哲學新詮釋家與生死學在臺灣開創者傅偉勳教授（1933-1996）的得意高徒，可是兩者的論述方式大不相同，其影響也歧義甚大。

　　此因在引進國際現代佛學研究的新趨勢方面，雖然傅偉勳教授曾大力提倡「詮釋學」的多層次研究進路，也撰寫關於日本禪師《道元》（臺北：三民書局，1996）的精彩研究。

　　但是，傅偉勳教授的論述，[3] 大多是奠基於二手研究資料的歸納性主題論述，所以能有鼓吹學界的新嘗試作用，但並未真正形成有效的典範性研究傳承。

　　反之，其門下高徒林鎮國教授的《空性與現代性》（臺北：立緒，1999）一書的出版，真在當代海峽兩岸都引起相應的學術共鳴和一定程度的後續效應。日本當代的「批判佛教」問題和歐美多角度的現代性佛教詮釋學，可以說，都是由《空性與現代性》一書的多篇主題，所提供給當代臺灣佛教學者的重要資訊來源。

　　1999 年時，由本書編者之一的江燦騰教授，親自主持《空性與現代性》一書的集體學界評論活動，也在臺北清大的月涵堂公開舉行：當天評論者則由林安梧、賴賢宗、曹志成等當代少壯派佛教學者共同參與相關主題的哲學辯駁。

　　此後，賴賢宗開始撰寫有關佛教詮釋學的多種著作；[4] 而大陸的新銳

---

[3]　傅偉勳主要的相關著作，計有：《從西方哲學到禪佛教》（臺北：東大圖書，1986）、《批判的繼承與創造的發展》（臺北：東大圖書，1986）、《從創造佛教詮釋學到大乘佛學》（臺北：東大圖書，1990）。

[4]　賴賢宗的相關著作有：《佛教詮釋學》（臺北：新文豐，2003）、《當代佛學與傳統佛學》（臺北：新文豐，2006）、《如來藏說與唯識思想的交涉》（臺北：新文豐，2006）、《海德格爾與禪道的跨文化溝通》（北京：宗教文化，2007）、《道家禪宗與海德格的交涉》（臺北：新文豐，2008）等書。

佛教學者龔雋，更是延續林鎮國教授在其《空性與現代性》一書的相關探討課題，並以更大規模的方式，繼續推動有關歐美學者對於「批判佛教」的探討和新禪宗史研究的相關課題。此外，呂凱文、釋恆清、吳汝鈞等，也相繼探討有關「批判佛教」的問題。所以，這是有實質擴展性的現代佛學研究發展。

　　所以，有關林鎮國教授本書提供其所參與的四篇最新國際議題回應模式，就是放在上述提及的相關著作上，來再次觀察，同樣也可以在此學術背景下來進行理解。

　　接續林鎮國教授的三篇論文之後，專為本書提供兩篇精彩論述的劉宇光教授，雖是來自香港並在大陸上海復旦大學哲學系任教多年，但這幾年來他主要的學術活躍地點是在臺灣。再者，儘管他在本書作者學術履歷介紹上，只是簡要至極的提及：

　　劉宇光，香港科技大學博士，政治大學宗教研究所客座教授（2023）、加拿大魁北克省麥基爾大學（McGill University）宗教學院沼田客座教授（2022）、復旦大學宗教學系副教授，專著有《僧侶與公僕：泰系上座部佛教僧團教育的現代曲折》（2022）、《煩惱與表識：東亞唯識哲學論集》（2020）、《僧黌與僧兵：佛教、社會及政治的互塑》（2020）、《左翼佛教和公民社會：泰國和馬來西亞的佛教公共介入之研究》（2019），及譯作安妮‧克萊因（Anne Klein）著《知識與解脫：促成宗教轉化體驗的藏傳佛教知識論》（2012）和伊利莎伯‧納巴（Elizabeth Napper）著《緣起與空性：強調空性與世俗法之間相融性的藏傳佛教中觀哲學》（2003），另以中、英文撰有唯識佛學與現代佛教論文多篇刊臺、港及北美學報或論集。

但，他其實是當代非常罕見的佛教方位大學問家，值得在此花一些較長篇幅對其介紹：

第一，他有豐富的跨境教學經驗。他曾在大陸上海復旦大學哲學系任教十五年，期間曾建立復旦佛教研究團隊。

第二，他能跨語教學。劉宇光教授於 2010 年在美國加州柏克萊大學、2014 年於德國萊比錫大學、2016 年與 2019 年於泰國摩訶朱拉隆功的四次客座，皆有參與正式教學。而他在復旦大學，從 2007-2019 年間，1/3 都是以國際研究生為對象的全英語課程，是復旦哲學學院英語哲學碩士班（EMA, Philosophy）的專責教師之一，而該課程多度獲上海市教育主管部門頒授優良教學獎。

此外，劉宇光教授指導的研究生前後十人中，過半是以英文撰寫其研究的國際研究生，因此他非常樂於維持英語教學的習慣，開講大學部與碩士生程度的常設英文佛教課程。

第三，在學術著作方面，由於他年輕時從事其他行業，所以學術生涯較進入學術行業的平均歲數年長一些。

但其勤於研究與書寫，過去十幾年撰有超過 60 篇論文，篇幅總量接近 170 萬字，以中文撰寫的絕大部份都在臺、港期刊、學報或論集首刊。迄今已在 2019-2022 年付梓成冊的四書約為當中 1/2，即 80 萬字，其餘已刊文字正整編為另外 4-5 部專著，在 2023 年底前陸續出版。

此外，他已出版有兩部藏傳佛教哲學現代學界研究的譯作，篇幅合共 42 萬字。他的英文論著之一包括近百頁的論文，探討漢傳唯識新、舊二譯的學理分歧，兼對華文學界研究的分題回顧，該文代表中文學界參與德國著名唯識學者舒密特候遜（Lambert Schmithausen）教授的七十歲賀壽論集，該論刊行於有 130 年以上歷史的《哈佛大學東方研究叢書》（Harvard Oriental Series）。

其次，兼顧古典佛學與現代佛教，他是華人佛教學者當中少數雙線並行的研究者，同時兼顧：一，佛教哲學一類古典題材；二，現代佛教與政治、社會之間關係。這考之於其論文、翻譯主題分佈即知清楚知之，皆各佔約一半。

佛教哲學方面，他除了已出版的《煩惱與表識》和二部藏傳譯作共三種，行將發表的尚有《唯識所知障研究》、《佛教量論與識論學術回顧》二書。現代佛教與政治的研究，除已出版的《左翼佛教和公民社會：泰國和馬來西亞的佛教公共介入之研究》、《僧黌與僧兵：佛教、社會及政治的互塑》及《僧侶與公僕：泰系上座部佛教僧團教育的現代曲折》三書。接下來，則是探討戰後泰國僧團三代左翼僧侶與農民維權和林地保育運動之間的關係，及以中國佛教為起步探討戰後亞洲諸國佛教在宗教公共外交上的複雜關係的另外三部書。

而其相關研究，無論是哪個系列，都不只是概論或入門介紹性質，卻是傾向對問題的深入探討，義理議題如對唯識佛學的煩惱、所知障、心識及禪觀學說的哲學討論如是，對泰國與大馬現代佛教的入世佛教、宗教衝突等議題之研究時更是如是，帶有明顯的問題意識展開探討。

尤其後者，劉教授強調取局外研究者的視野更能妥善理解佛教與社會、政治的關係。

第四，他特能兼顧佛教內的跨傳統對照。劉宇光教授在義理研究上重視華梵或印藏對照，在現代佛教上重視上座部案例，所以無論印度、漢傳、藏傳及上座部，皆有不同程度的涉及。

他曾解釋這看似龐雜背後的理由，他首先傾向視不同佛教傳統之間，皆為佛教整體的一環，頗有佛教大公思想（Buddhist Ecumenicalism）之意，尤其在佛教哲學的研究和現代佛教如何面對公共世界二事上，皆是以議題為導向，來探索不同佛教傳統之間，在哲學與公共實踐上的最大公約

數。

　　在此基礎上，佛教傳統之間無論是學理或實踐的歧異才可能構成豐富對彼此理解之養份，從而華文研究需要逐漸建立對非漢傳佛教現代案例的認識，乃至「亞洲佛教」的問題意識，以豐富對漢傳與臺灣佛教的理解與視野。

　　第五，他也能兼顧學理與田野。劉宇光教授雖然是哲學系訓練出身，但從博士階段開始，他從未放緩過田野工作，包括多次前赴藏區，包括研習藏文半年，隨蒙、藏學人數度深入寺僧社區。

　　而近年則經常在泰國僧團大學客座，並借此與當地泰、緬、越等上座部僧、俗學人師生作頻密的深度交流，亦與馬來西亞佛教的教、學二界來往密切，在馬來西亞國慶日獲邀向當地佛教知識界發表專題演講。凡此皆說明其兼顧學理與田野的意識與能力。所以本書邀請他提供的二篇精心之作：

　　　第十七章　唯識學「所知障」概念——譯詞評議、研究檢討、部
　　　　　　　　派溯源及東亞展望
　　　第十八章　佛教的宗教衝突與暴力——國際學界研究現況回顧

　　可以用來對照他與林鎮國教授上述三篇的相關主題論述，當能有極大的新知佛學的獲取。

　　在林朝成教授的最新佛教生態論文論述中，他在本書第三輯所提供的主題論述是：

　　　第十九章　人間佛教的環境關懷與深層生態學的銜接與對話

　　但就此議題中的兩大核心分析概念來說，其一是當代臺灣人間佛教視野下的環境關懷，其二是有關當代世界深層生態學的佛教觀點解讀與相互對話。

　　可是，對於前者，其實有其發生學的形成史歷程。在此略為向本書讀者說明。

　　自解嚴以來，有關當代臺灣本土人間佛教思想的形成及其社會實踐的不同路線之爭，卻又特別激烈和壁壘分明。此因臺灣傳統佛教的信仰意識形態，在解嚴之前的仍是相當牢固和保守的。可是就佛學論述來說，則有關印順導師的現代性大量佛學著作，已如綜合佛教思想大水庫般地，在當代華人的佛教學界間廣為流傳和被研究，因此有「印順學」的研究顯學現象，正在當代佛學界開展。[5]

　　此外，他對「人間佛教思想」的倡導與推廣，也有大量的追隨者出現。尤其是到 1989 年時，已在當代臺灣佛學界歷時三年多的關於印順人間佛教思想的爭辯問題，立刻在印順本人當年出版《契理契機的人間佛教》（新竹：正聞出版社）的有力學術背書之下，成為代表其一生佛教著作的正式且唯一的思想標籤。

　　不過，也就在此同時，來自不同立場的教界批判者，也相繼出現。[6]所以以此作為分水嶺，從此臺灣佛教界所爭論的人間淨土思想問題，已被化約成為贊成或反對兩者立場，以及印順和星雲兩者的人間佛教理念，何者更具有社會的實踐性問題。

　　本書編者兼本作者之一的江燦騰教授，是當代首先將印順視為是對太虛思想的「批判性繼承」者，而認為依星雲所走的佛教路線，他應該算是

5　參見邱敏捷，《「印順學派的成立、分流發展」訪談錄》（臺南：妙心寺，2011，初版）。

6　參見釋禪林，《心淨與國土淨的辯證──印順導師與人間佛教思想大辯論》（臺北：南天書局，2006）。

太虛思想的「無批判繼承」者，並公開指出：印順曾對星雲人間佛教思想
中的融和顯密思想，有所貶抑的情形。[7]

　　可是，作為印順思想的忠實追隨者的邱敏捷博士，在其博士論文中，
則一反江燦騰教授的並列方式，而是以印順的人間佛教思想，作為其評判
他人佛教思想是否正確的最後依據。所以她因此一舉將包括佛光山、慈濟
功德會和法鼓山等，當代臺灣各大佛教事業場的人間佛教思想，一概判定
為屬於「非了義」等級的「世俗化」人間佛教思想。[8]

　　事實上，邱敏捷博士的各項論點，並非屬於她獨創的新見解，而是延
續其博士論文指導教授楊惠南，對慈濟功德會和法鼓山，這兩大佛教事業
道場的人間佛教思想之批判觀點而來。

　　因為楊氏認為，不論是慈濟功德會所主張的「預約人間淨土」或法鼓
山所創導的「心靈環保」，都是屬於過於「枝末性」的社會關懷和過於
「唯心傾向」的淨土認知。他認為此兩大佛教事業道場，不敢根源性地針
對官方和資本家的汙染源，提出徹底的批判和強力要求其改善，[9] 反而要
求一般的佛教信眾以《維摩詰經》中所謂「心淨則國土淨」的唯心觀點來

---

[7]　印順導師曾指出，臺灣推行人間佛教傾向，以目前：「現代的臺灣，『人生佛教』、『人間
　　佛教』、『人乘佛教』，似乎漸漸興起，但適應時代方便多，契合佛法如實，本質還是『天
　　佛一如』。『人間』、『人生』、『人乘』的宣揚者，不也有人提倡『顯密圓融』嗎？」釋
　　印順，〈契理契機之人間佛教〉，頁 65。

[8]　邱敏捷〈印順導師人間佛教思想：臺灣當今其他人間佛教之比較〉，此篇文章早期發表於
　　《人間佛教薪火相傳：印順導師思想理論實踐學術研討會》，之後，作者又略事修改，已收
　　入邱敏捷，《印順導師的佛教思想》一書（臺北：法界，2000 年 1 月），頁 133-160。

[9]　楊惠南於 1994 年 12 月，以〈當代臺灣佛教環保理念的省思以「預約人間淨土」和「心靈環
　　保」為例〉，提出社會關懷解決方案。直接針對慈濟功德會所發起「預約人間淨土」，和法
　　鼓山「心靈環保」，認為當代佛教推動環保最具成效兩大團體，這方面的成就是有目共睹，
　　就事論事，這兩大團體只在「『量』上限定於幾個環保面相」，更值得注意的是，工業污染
　　（化學污染）、核能污染，這些都是「來自於資本家和政府」。見《當代》，第 104 期
　　（1994 年 12 月 1 日），頁 40-41。

逃避問題，[10] 所以他指責這是「別度」的作法，而非「普度」的作法。[11]

所以，邱敏捷博士的持論立場，其實是將其師楊惠南教授的此一論點，再擴大為，包括對佛光山星雲的人間佛教思想的理念和做法在內的，全面性強力批判。[12]

其後，在佛光山方面，雖然立刻遭到由星雲女徒慈容尼師的撰文反駁，[13] 但如純就佛教義理的思維來說，慈容的反駁觀點，是無效的陳述，所以同樣遭到來自邱敏捷博士針鋒相對地論述強力回擊。[14] 因此，其最後的發展是，雙方既沒有交集，也各自仍然堅持原有的觀點，[15] 不曾有任何

---

[10] 楊惠南的批評是：檢視當代臺灣佛教環保運動，之所以侷限在「浪漫路線」的「易行道環保運動」的範圍之內，原因固然在於主導法師保守的政治理念態度，……把環境保護和保育，視為「內心」重於「外境」這件事，如果不是錯誤，至少是本末倒置的作法。見楊惠南，〈當代臺灣佛教環保理念的省思以「預約人間淨土」和「心靈環保」為例〉，《當代》，第104 期，頁 40-41。

[11] 楊惠南認為，「大乘佛教所發展出來的『（半途型）世俗型』的普渡眾生」，「還是同樣強調物質的救渡」，相反的，「大乘佛教的普渡眾生，有出世的意義．『目的型』的救渡」。並指出：「世俗」型的物質救渡，又可細分為二種：其一是一個一個、一小群一小群，或一個區域的……筆者（楊惠南）稱之為「別渡」……以致成為「頭痛醫頭，腳痛醫腳」的「治標」救渡法。……他們寧可假日到郊外撿垃圾，然後回到廟裏說「唯心淨土」，宣說「心靈環保」，卻不敢向製造污染的資本家的政府抗議。另外一種「世俗」型的救渡，乃是透過政治、經濟、社會制度，全民……這樣的救渡，筆者才願意稱之為「普渡」。楊惠南，〈臺灣佛教現代化的省思〉《臺灣佛教的歷史與文化》，頁 288-289。

[12] 邱敏捷，〈印順導師人間佛教思想：與當今臺灣其他人間佛教之比較〉，曾發表於 1999 年弘誓文教基金會主辦，【第二屆「人間佛教薪火相傳」學術研討會】（臺北：南港中研院國際會議室），其後收入邱敏捷，《印順導師的佛教思想》（臺北：法界出版社，2000），頁 133-160。

[13] 慈容，〈人間佛教的真義──駁斥邱敏捷女仕的謬論〉，《普門》第 243 期（1999 年 12 月），頁 2-3。

[14] 邱敏捷，〈答《普門》發行人之評論：「人間佛教的真義」〉，《普門》第 245 期（2000 年 2 月），頁 16-19。

[15] 見邱敏捷，〈當代「人間佛教」的諍辯──記數年前的一場大風暴始末〉，《當代》復刊 97 期（2005 年 7 月號），頁 54-61。

改變。

如此一來，便導致當代最多元和最歧異的「人間佛教思想」，便宛如一股混濁地滾滾洪流，開始橫溢於各道場的文宣或口語傳播上，其來勢之洶湧和強勁，甚至連大陸對岸的許多佛教學者，都深受衝擊和影響。[16]

然而，最新的人間思想詮釋轉折點，是出現在印順導師於 2005 年 6 月 4 日過世之後。其原因不難推知，此即彼等過去所不易對抗的佛教思想巨人[17]——印順導師——既已消失於人間，則彼等當時除了在寫悼念文之時，仍會礙於情面，而不得不對印順導師的佛學巨大成就，表示一點欽慕和讚佩之外，事實上，彼等在私底下，則是快速進行其「去印順化」的反向作為。

例如，聖嚴法師於宣佈成立「中華禪法鼓宗」的同時，在其法鼓山的道場內，一律只准許講說其著作內容或思想；以及自即日起，開始禁講「印順導師的人間思想」，已成為其徒眾們必須奉行的「共識」了。換言之，當時聖嚴法師「去印順化」的反向作為，其實是和其於 2005 年 10 月，正式宣佈成立「中華禪法鼓宗」之時間點，是密切關聯且相互辯證發展的。

至於曾被楊、邱兩人猛批、但仍長期尷尬地保持沉默的慈濟方面，則是在太虛和印順的思想之外，當其剃度師——印順導師於 2005 年 6 月 4 日過世後不久，便更加強調其早期所宗奉的《無量義經》思想之深刻影響和

16　見釋禪林，《心淨與國土淨的辯證：印順導師與人間佛教大辯論》（臺北：南天書局，2006），頁 1-14。

17　印順本人曾直接指出，臺灣推行人間佛教傾向，以目前：「現代的臺灣，『人生佛教』、『人間佛教』、『人乘佛教』，似乎漸漸興起，但適應時代方便多，契合佛法如實，本質還是『天佛一如』。『人間』、『人生』、『人乘』的宣揚者，不也有人提倡『顯密圓融』嗎？」釋印順，〈契理契機之人間佛教〉，頁 65。這是對星雲當時作為的非指名批判，讓星雲相當為難。

其長久相關之思想淵源的說明；[18] 其後她甚至於 2006 年 12 月，據此，而正式宣佈成立了「慈濟宗」。

所以，江燦騰教授在其主編《戰後臺灣漢傳佛教史：從雙源匯流到逆中心互動傳播的開展歷程》一書的第 11 章〈追憶漫漫來時路（1895-2011）〉的主要內容，就是要透過對慈濟宗成立背景的溯源性回顧、和針對證嚴尼師自早期以來其獨特的臺灣本土佛教實踐哲學與其師印順導師人間佛教思想的根本差異及其所衍生的互相衝突狀況，來說明當代臺灣人間佛教思想的相互衝突、各大佛教事業團體發展的資源爭取（如慈濟與法鼓山之間）和「去印順化」新趨勢的反向發展，才是 2006 年新的「慈濟宗」，之所以會建立的真正原因。

然而，林朝成教授並不介入上述的相關人間佛教思想不同立場的任何爭辯，而是另闢探討新視野，並將以印順導師人間思想的論述根據的詮釋角度，去觸及所謂現代環境關懷學術思潮下的深層生態學內含並與其進行兩者的思想對話。

林朝成教授在此論述中，認為我們當代人如何面對生態危機？他發現西方學者懷特教授，先是了解當時比克族（beatnik）對於禪佛教曾有的強烈認同，換言之或許轉向禪宗，視東方宗教是個可行的解方。[19] 但因基於其本身基督教文化屬性的考量，懷特教授最後仍選擇聖方濟（St. Francis

---

[18] 鄭凱文，《從證嚴法師對〈無量義經〉之詮釋探究其「人間菩薩」思想意涵》，慈濟大學宗教與文化研究所碩士論文，頁 41-42、

[19] 當時西方流行的禪宗大多受鈴木大拙的影響。鈴木認為禪宗視我們的自然和客體的自然為一體，人類和自然相互依存，反對人和自然的二分，更反對主宰自然，而是尊重自然、珍愛自然，生活於自然之中。參見史帝夫・歐定（Steve Odin）：〈日本的自然概念與環境倫理學和李奧波保育美學的關涉〉，收入瑪莉・塔克（Mary Evelyn Tucker）、鄧肯・威廉斯（Duncan Ryūken Williams）編，林朝成、黃國清、謝美霜譯：《佛教與生態學——佛教的環境倫理與環保實踐（Buddhism and Ecology: The Interconnection of Dharma and Deeds）》（臺北：法鼓文化，2010 年），頁 141-162

of Assisi, 1181-1226）的典範主張作為其基督宗教與自然和諧的另類觀點，並建議主流基督宗教支持聖方濟視所有創造物平等的思想，以便重建基督宗教的世界觀，建構一套西方的環境哲學。

此因聖方濟曾將日、月、星辰，以及風、水、大地、生物，這些非人類的存在物稱為兄弟，以此打破人與自然二元論的疏離和支配的關係，懷特認為聖方濟的思想可以建立基督教的認同，「一種關於人與其他創造物之間的友誼的、審美的、自我節制的關係」為基礎的認同，這個認同將有助於面對生態危機。[20]

其次，在此一轉向東方宗教，轉向佛教，既然也是當時西方世界面對生態危機的選項之一，林朝成教授因而又將其觀察眼光，投向西方著名詩人史耐德（Cary Snyder）會通東方佛教思想和西方生態學，推動了環境運動的思潮。所以林朝成教授藉此了解到：在佛教是對環境友善的宗教認知下，佛教「綠化」，佛教可以提供生態危機解方的思想資源，這樣的想法頗受肯定。

尤其是西方學者納許（Roderick Nash）這個人，在其讚許佛教思想與生態學的說法不謀而合，佛教物物相關有機全體的觀點，人和自然終究融為一體的教義，為佛教和生態學的整合，真能開出一條智性的康莊大道。[21]

因此，從林朝成教授對此相關思想的發展來考察之後的新發現來看，他終於確定上述這條康莊大道並不是筆直的，而是九彎十八拐，曲折而

---

[20] 基督宗教界對於懷特的回應，發展出重新詮釋《聖經》的宗旨，確認人類扮演的是上帝的「管家職分」（Stewardship），而不是來主宰自然。神學則重新詮釋《聖經》，轉化《聖經》，而有生態公義神學和生態神學等環境關懷的神學。

[21] Robert Frazier Nash, *The Rights of Nature: A History of Environmental Ethics* (Madison: The University of Wisconsin Press, 1989).

行：

一者，佛教國家或擁有多數佛教徒的國家，其環保的表現或生態保育的認知，多落後於西方國家；

二者，佛教的終極關懷乃是解脫成佛、出離世間，和基督宗教關心靈魂得救以及死後升上天堂和耶和華同在的終極關懷相近，眼前迫切的環境危機並非其關切的核心課題。

因此，說佛教是綠色佛教，這可能是片面的宗教思想詮釋，而非佛教順當的發展。或者只是意涵將只是回到佛教本身的教義和經論的觀點，也同樣不無疑義。換言之，林朝成教授認為：歷史中的佛教，並不是單一的佛教，而是有著各種宗派發展和跨文化傳播、轉化的複數佛教。故而有關佛教經典的選擇、偏重和詮釋，若是只注重修行工夫的實修和途徑，並始終在其特定時空脈絡中的相關時代課題內，持續進行其回應和行動，則無疑會深刻影響我們對佛教在現世中的角色和定位的看法，同時也會反映我們在佛教對環境、生態的態度和行動的不同評價。

由此可知，各類相關領域的佛教生態學者們，彼此在其各自不同的研究方法和不同的視角下，各自分途去探討有關佛教和環境生態的各類問題，則其結果的呈現樣貌，也將是各自具有非常不同類型的佛教環境思想的認知和取向。因此，他認為有必要先行回顧學者研究佛教環境思想的類型，釐清佛教環境哲學的脈絡和問題意識。

於是，他便因而借鏡另一相關佛教生態學者哈里斯（Ian Harris，1952-2014）教授，在其最早將佛教環境思想研究加以分類時，所提出四種類型學（typology）：[22]（1）生態靈性論（eco-spirituality）（2）生態

---

[22] Ian Harris, "Getting to Grips with Buddhist Environmentalism: A Provisional Typology", *Journal of Buddhist Ethics* V.2(1995), pp.173-190.

公義論（eco-justice）（3）生態傳統論（eco-traditionalist）（4）生態護教論（eco-apologetics）。[23] 來作為他自己論述時的參考依據之一。

此外，林朝成教授也同時對照美國哈佛大學世界研究中心主任史威若（Donald Swear）教授，從研究方法和佛教的環境立場，所據以提出生態哲學的另一五種類型，此即：（1）生態護教論（2）生態批判論（eco-critics）（3）生態建構論（eco-constructivist）（4）生態德行論（eco-ethicists）（5）生態脈絡論（eco-contextualists）。[24]

以及他還注意到史威若教授，最後終能結合最新研究的趨勢，以增列其生態德行論，並將人類學和社會學的兩者交涉進路的研究，也因此列入其生態脈絡論的類型。

根據以上的探討總結，於是林朝成教授在其中的論述特別指出：

其一、有關各種類型的論述，著重點不同，但互有關涉。生態建構論者會肯定生態德行論，對佛教環境倫理的重要貢獻；反之，生態批評論者會肯定生態建構論者的方法，卻對生態護教論嚴厲批評；至於堅持生態脈絡論者，則會走進公共領域，並在佛教處身的社會文化中論述佛教的環境保護行動。

由此可見在其彼此之間，常會出現各自對佛教經典的詮釋，出現寬嚴不一的標準，以及彼此各自認定的佛教教派類型和義理取捨，也會有歧異現象，並會對其有關當代生態危機的回應和行動的理據判斷標準，亦會有所不同。所以究竟佛教要如何回應當代環境保護的課題，自然便會依據不

---

[23] 哈里斯（Ian Harris）的類型，接近宗教學者 Beyer 對基督教環境主義者的分類，Beyer 大致區分為三大類：（1）生態公義型（2）生態靈性型（3）生態傳統型。詳見 Peter Btyer, *Religion and Globalization* (London: Sage Publications, 1994). 哈里斯則將生態傳統型再細分為生態護教型和生態傳統型二類。

[24] Donald K. Swearer, "An Assessment of Buddhist Eco-Philosophy", *The Harvard Theological Review* 99.2 (Apr.2006), pp.123-137.

同類型論述的進行各自反思，並因而有了其相應的理論建構和其各自的行動策略及其詮釋空間。

其二、除了上述學者的各自所持不同生態環境主張之外，還有一些生態護教論者則認為：佛教環境關懷源自於佛教教義和文化傳統；佛教教義「本具」環境關懷的思想，把「本具」的理念曲通地「開出」或「發用」，足以因應當代環境生態危機。

然而，剋實從佛教文獻和佛教的思想義理來說，現代所謂的生態環境議題其實並不是佛教原有的核心關懷。這其實是直到上世紀，即二十世紀六十年代，方才出現的宗教與環境課題，因此我們無法期待傳統佛教典籍對當代性的相關環境倫理、環境關懷的相關問題有著顯明的論述，更無法論斷其能先天帶有佛教「本具」環境思想。

因此，林朝成教授在其全文中的相關詮釋，最終是採取了「生態轉向說」，也就是將關注的焦點，轉向自然生態的面向，由此建立起其有關環境關懷的論說和環境哲學之最新詮釋內涵。

亦即，在林朝成教授的新知中，其所謂「生態轉向」的論述的詮釋理據，並不是教義「本具」式的自在自為方式，同時也不是教義完全不涉及的彼此完全疏離存在，而是兩者轉向關係的彼此聯繫和相互共同體的認同。

四、在本書內容建構體系之一的第四輯，共有六篇長短不一的論述，主要是關涉當代所謂現代佛學研究的新詮釋史及其書評新檢討，包括附錄兩篇也都具有類似的論述性質。

這是由本書編者之一江燦騰教授精選其歷來有關這方面具有學術批評性或學術史探討的主題論文，薈萃在此第四輯而成。其篇名如下：

附錄：

之一、戰後臺灣佛教發展如何運用大眾傳媒？——答大陸《南風窗》
雜誌記者的訪問提綱。

之二、現代臺灣佛教比丘尼的出家經驗與社關懷研討會記錄。

　　由於此類論文，常有冒犯當代臺灣佛教僧侶持論觀點或相關佛教學者
詮釋主張之處，所以有關本書此第四輯的各篇論文題旨和相關內容，此處
就不再詳論。至於讀者本身是否有意願閱讀，本書編者完全尊重個人的選
擇與任何對其反批評主張。

第一章　從「清涼聖境」到「金陵懷古」
——從尚詩風習側探晚明清初華嚴學南方系之精神圖景*

廖肇亨

中央研究院中國文哲研究所研究員

一、前言

　　不知是偶然，還是命運的必然。臥病在床竟然是晚明清初許多從北地至南方參訪行腳的華嚴學僧共通的經歷，幸運的是他們都能戰勝病魔，而且能夠挺身說法，在佛教史上留下動人的光彩。例如憨山德清（1546-1623）曾經追憶少年時與來自北地的妙峰福登（1539-1612）的一段有趣往事，其曰：

* 本文曾先在文哲所講論會（2010 年 3 月 3 日）與香港中文大學文化與宗教系、中研院文哲所聯合主辦的「中外宗教與文學裏的他界書寫」（香港中文大學，2010 年 12 月 13-14 日）進行口頭宣讀，感謝主持人與講評人李豐楙教授、李孝悌教授、孫昌武教授以及兩位匿名審查人提供寶貴意見，筆者在能力範圍之內已遵照審查意見盡力修改，未臻完善之處，文責皆在筆者。本文為國科會補助專題計畫「無盡緣起：晚明華嚴學南方系的學術思想與文藝展演」部份研究成果，特此致謝。計畫編號 97-2410-H-001-076-MY3。

時隆慶元年冬月也。適先大師講《法華經》於天界，予居副講，
（妙峰福登）師執淨頭役。予每早起，見廁潔，即知行者為非常
人，宵偵之，見師執燈灑掃，洗籌杖，近窺之，乃一黃病頭陀耳，
心異之。久之，師病臥于客寮，予往視，則瘡腫遍身，手不能舉，
因問師安否？師曰「業障身病已難當，饞病更難治。」予曰「何謂
也？」師曰：「但見行齋饅頭，恨不都放下。」予心知為有道者，
明日袖餅果往候，以手投師，欣然咽之，大快。予笑曰：「此真道
人也」因坐談，師曰：「每聞師講，心開意解，英年玅悟如此」予
曰：「此非本分事」，志將從師遠遊，參究向上一着耳。不旬日，
覓師不得，知潛行，恐以予為累也。[1]

先大師當指無極悟勤禪師，是時無極悟勤正開講於南京天界寺，這段
不為人知的往事透露出幾個值得注意的訊息：（一）明代中後期，「南禪
北講」的地域特色已然形成，因此來自北地的僧人雲水行腳，南詢歷參，
當然主要是參證不同的修持法門，特別是禪門的棒喝錘鍊之風。但除了禪
家手段之外，對於南方教家的思想特徵與教學風格也格外注意，從妙峰福
登深為憨山德清生動活潑的說法風格感動一事可以思過半矣。（二）憨山
德清早歲出身南京大報恩寺，受業於西林永寧（1483-1565）與無極悟勤
（1499-1584），於華嚴義學深有會心，日後憨山德清亦發心參方五臺
山，也就是說：南方的僧人對於文殊道場華嚴學中心五臺山同樣深懷孺慕
之情。（三）即使如此，從妙峰福登，以及年代稍後滯留南方的顓愚觀衡

---

[1] 〔明〕憨山德清：〈敕建五臺山大護國聖光寺妙峰登禪師傳〉，《夢遊集》，《憨山大師全
集》（趙縣：河北禪學研究所，2005），冊2，卷30，頁283。

（1578-1657）[2]，或南詢之後掉臂北歸的玉符印顆（1633-1714）[3] 等例綜而觀之，則南北兩方在教學與義理仍然各有所重，亦非一味融通，截然打通。易言之，南北差異仍然脈絡分明。

　　華嚴一宗自初祖杜順，三祖法藏，歷經清涼澄觀（738-839）、圭峰宗密（780-841）、李通玄（646-740）等法門龍象的大力闡發，宋代又有長水子璿（965-1038）、晉水淨源（1011-1088）弘揚教法，成為中國佛教義學不可須臾離之的重要骨幹[4]。從唐代的宗密開始，華嚴便與禪法結下不解之緣，禪宗對於吸收華嚴教法不遺餘力，五臺山也成為弘揚華嚴教法

2　古豐正印述顒愚觀衡罹疾之經過曰：「西巖有隱者日以草烏為實，自美其味，兼餽於師（顒愚觀衡），師初服，不知保任，以致中風悶絕，師知藥作，取筆書案云：『誤中烏藥而死。』隱者午後復送烏藥而來，見師不語，亟歸，取菉豆擣汁灌之，得甦，嗣成痼疾。九死一生，山中乏醫，苦無調治，值壬子歲，得紫蘿劉居士迎至雲陽，養疾期年，稍愈。復得自心車居士延師邵之無念閣數載，俱以養病為事。」見〔清〕正印：〈（顒愚觀衡）行狀〉，收錄於《紫竹林顒愚觀衡和尚語錄》，《嘉興藏》，冊28，〈附錄〉，頁771。

3　興中祖旺與景林心露敘玉符印顆行止曰：「（玉符印顆）直往南方參扣知識，遍歷三年，時天目玉林、平陽木陳、顯聖三宜、大雄谷巖諸老尊宿在焉，一見師相貌言談，機緣慧辯，皆以大器期之，稱為師子座主，後上西湖十八澗參斯端和尚，師偶大病，斯曰：『四大本空，五蘊非有，座主病從何得？』師從此有省。乃將宗、教無礙，默識心定。一日，又理前問，師曰：『正是這個病，聾！』斯曰：『還知有不病者麼？』師便一喝。斯大奇之，敬師倍常。是年秋，病起，師辭北歸，師留之再三，師不允。」見〔清〕興中祖旺、景林心露：〈賢首第二十九世耀宗圓亮法師〉，《賢首傳燈錄》（臺北：大乘精舍印經會，1996）〔影印嘉慶甲子年序刊本〕，卷上，頁45a-45b。

4　關於華嚴學的歷史發展，簡單的介紹，可以參見木村清孝著，李惠英譯：《中國華嚴思想史》（臺北：東大圖書公司，1996）；魏道儒《中國華嚴宗通史》（南京：江蘇古籍出版社，1998）等著作可以參考。不過此二書對於宋代以後華嚴學的發展極少著墨。魏氏一書徑自以晚明四大師的華嚴思想連屬前代，對於晚明賢首宗重鎮若魯庵普泰、雪浪洪恩、月川鎮澄等大師無一語及之矣。宋代華嚴學的發展，可以參見王頌：《宋代華嚴思想研究》（北京：宗教文化出版社，2008）一書；華嚴學在明代的情況可以參見荒木見悟著，廖肇亨譯：〈李通玄在明代〉，收入《明末清初的思想與佛教》，頁111-139；長谷部幽蹊：〈華嚴學的晚景〉，鎌田茂雄博士古稀記念會編：《華嚴學論集》（東京：大藏出版，1997），頁312-335。

的根本道場，時至今日，仍為中國佛教靈山信仰最重要的實踐場域。晚明號稱佛法中興，華嚴學也同樣呈現百家爭鳴、各逞風華的繁盛景況。有明一代華嚴學的復興之勢，學界例稱魯庵普泰。魯庵普泰曾任右闡教，闡發華嚴（賢首）、唯識（慈恩）兩宗並弘的學風，對晚明的華嚴學產生重大的影響。魯庵普泰之後，至少分為四系。分別是寶通系、雲棲系、南方系、慈慧系。其中雲棲系兼重淨土、慈慧系傳承不明，故四系中，以五臺山寶通系（主要為月川鎮澄一門）與南方系（主要指雪浪洪恩及其門下）兩種不同的法脈傳承為主。關於寶通系的傳承，已有相關的研究[5]。至於晚明華嚴宗南方系的盛況，錢謙益（1582-1664）曾謂：「賢首一宗為得法弟得繼席者以百計，秉法而轉教者以千計，南北法席之盛，近代所未有也」[6]，可惜對於「近代所未有」的此一重要佛教門庭，著意仍罕[7]。過去學者言及晚明南方華嚴之流衍時，主要依據王培孫註蒼雪讀徹《南來堂詩集》徵引《賢首宗乘》的部份引文，對於《賢首宗乘》原書的情況一直不甚了然，筆者近年發現《賢首宗乘》原書，對於認識晚明賢首宗南方系的

5　相關的研究，參見釋滿貴，《明末華嚴思想弘傳研究》（高雄佛光山中國佛教研究院碩士論文，1996）一書。

6　〔清〕錢謙益：《列朝詩集》，錢謙益的說法基本上承襲憨山德清，見憨山德清：〈雪浪法師恩公中興法道傳〉，《夢遊集》，《憨山大師全集》，冊2，卷30，頁288-296。

7　筆者耳目所及，提及雪浪一門者的前脩，大抵有吉川幸次郎：〈居士としての錢謙益〉，《吉川幸次郎全集》（東京：竺摩書房，1968），冊16，頁36-54；釋聖嚴：《明末佛教研究》（臺北：東初出版社，1987），第三章〈明末的唯識學者及其思想〉，頁197-198；連瑞枝：〈錢謙益的佛教生涯與理念〉，《中華佛學學報》第7期（1994年7月），頁315-371；孫之梅：《錢謙益與明末清初文學》（濟南：齊魯書社，1996），也都注意到錢謙益與雪浪洪恩來往甚密，但對彼此往來對錢謙益的文學見解或學術主張所發生的影響並未觸及。另外釋滿貴《明末華嚴思想弘傳研究》與長谷部幽蹊：〈華嚴學の晚景〉，鎌田茂雄博士古稀記念會編：《華嚴學論集》（東京：大藏出版，1997），頁312-335。眾多前輩學者都提及雪浪洪恩，不過沒有深入探究相關問題，廖肇亨〈雪浪洪恩初探：兼題東京內閣文庫所藏《谷響錄》一書〉一文，殆為學界專門論究雪浪洪恩之嚆矢，收入廖肇亨著：《中邊‧詩禪‧夢戲：明末清初佛教文化論述的呈現與開展》（臺北：允晨文化，2008），頁201-238。

流衍，具有重大的史料意義[8]。

　　雖然妙峰福登稱譽憨山德清說法令人「心開意解」，但事實上，當時江南叢林說法冠冕另有其人，此人說法「盡掃訓詁俗習，單提本文。直探佛意，拈示言外之旨。恆教學人以理觀為入門，由是學者耳目，煥然一新。如望長空，撥雲霧而見天日。法雷起蟄，群彙招蘇，聞者莫不歎未曾有。[9]」在江南各地聲名顯赫，「至吳、越時，士女受之如狂，受戒禮拜者，摩肩接踵，城市為之罷市[10]。」又曾編纂《相宗八要》，對明末唯識學的復興貢獻極大，「名播寰中，不忝慈恩之窺基[11]」，門下龍象輩出，影響所及，遍於南北。與憨山德清「出同時、居同寺、語同韻、學同調、互相激揚、以道自勵[12]」，少同筆硯，友于兄弟，此人即晚明華嚴學宗匠雪浪洪恩（1545-1608）。

　　雪浪洪恩，字三懷，俗姓黃，生於明嘉靖廿四年（1545）。年十二，於南京大報恩寺出家。年十八便已於大報恩寺登副講。年二十一，始習世俗文字，所出聲詩，三吳人士以為瑰寶。及登講座，盡掃訓詁，單提本文，自此說法三十年，門風鼎盛，無有比者。晚年因得罪當道，逐出大報恩寺，流於吳之望亭，萬曆三十六年（1608）於當地圓寂，年六十四，僧臘五十一。雪浪洪恩處世風格備受爭議，沈德符（1578-1642）曾說：「（雪浪）性佻達，不拘細行，友人輩挈之游狎邪，初不峻拒，或曲宴觀劇，亦欣然往就。時有寇四兒名文華者，負坊曲盛名，每具伊蒲之饌，邀

8　　《賢首宗乘》一書為清代中葉華嚴宗學僧了惠所編，現存上海圖書館。

9　　憨山德清：〈雪浪法師恩公中興法道傳〉，《夢遊集》，《憨山大師全集》，冊 2，卷 30，頁 293。

10　〔明〕沈德符：《萬曆野獲編》（北京：中華書局，2004），卷 27，頁 692-693。

11　憨山德清：〈法性寺優曇花記〉，《夢遊集》，《憨山大師全集》，冊 2，卷 23，頁 131。

12　〔明〕雪浪洪恩：〈答東海友人書〉，《雪浪集》，《四庫全書存目叢書》（臺南：莊嚴出版社，1997），集部，冊 190，卷下，頁 713。題中的「東海友人」指憨山德清。

之屏閣，或時一赴，時議譁然。[13]」又說：「雪浪有侍者數人，皆韶年麗質，被服紈綺，即納衣亦必紅紫，幾同煙粉之飾。」生平爭議極大[14]。然其晚年「於望亭，結茅飯僧，補衣脫粟，蕭散枯淡，了非舊觀」[15] 利瑪竇（1552-1610）在南京，曾與雪浪洪恩（三懷和尚）有過一場針鋒相對的論辯[16]。

　　雪浪洪恩雖然援入禪法，然其基本立場仍在弘揚華嚴，同時也廣宣唯識學。融華嚴、唯識、禪為一體是晚明南方華嚴學顯而易見的特色。在此同時，錢謙益曾經形容其門下諸君「雪浪之後，巢講、雨筆，各擅一長，二師殆兼有之，諸方所謂巢、雨、蒼、汰者也。」[17] 此四者乃謂雪浪洪恩弟子巢松慧浸（1566-1621）、一雨通潤（1565-1624），及其再傳弟子蒼雪讀徹（1586-1656）、汰如明河（1588-1640）。巢松慧浸以說法見長，一雨通潤以註經鳴世，故有「巢講雨筆」之目。

　　同時，雪浪洪恩一脈的文藝成就更是當時詩論家關注的焦點，雪浪洪恩既是兼弘賢首、慈恩的一代祖師，同時也是傑出的叢林詩僧冠冕，晚明江南叢林學詩之風即濫觴自雪浪洪恩與憨山德清。弟子矓鶴寬悅、雪山法杲（一作「雪山慧杲」）等莫不工於詩賦，且兼與江南文士友善。過去詩禪論述主要的理論基礎主要在於嚴羽《滄浪詩話》與惠洪覺範文字禪，但

---

[13]　同註 10。

[14]　關於雪浪洪恩生平種種爭議，詳參廖肇亨：〈雪浪洪恩初探：兼題東京內閣文庫所藏《谷響錄》一書〉一文

[15]　錢謙益：〈跋雪浪黃庭經後〉，《初學集》（上海：上海古籍出版社，1985），卷 69，頁1800。

[16]　劉俊餘、王玉川合譯：《中國傳教史》，卷 4，第七章〈與僧論道〉，《利瑪竇全集》（臺北：光啟出版社，1986），冊 2，頁 311-316。

[17]　錢謙益：〈中峰蒼雪法師塔銘〉，《有學集》（上海：上海古籍出版社，1996），冊 6，卷36，頁 1264。

雪浪洪恩明白標舉《華嚴經》中五地聖人之說，自是以後，華嚴經五地聖人之說成為明清叢林詩禪論述的重要典據。雪浪洪恩門人蘊輝性通（生卒年不詳，雪浪洪恩弟子）與普可正勉（生卒年不詳，雪浪洪恩弟子）合編《古今禪藻集》，可謂中國文學史上第一部歷代僧詩總集，嘗試將起自六朝，至於晚明的詩僧網羅無遺。雖然宋代李龏曾經編有《唐僧弘秀集》十卷，但僅止於一代。類似《古今禪藻集》這種通史般的巨大工程正是展現了詩僧的自我認同，「禪藻」一詞成為僧人詩作的代名詞亦昉自此時，《古今禪藻集》之後，如《海雲禪藻集》、《三山禪藻集》之類著作紛紛出現。《古今禪藻集》選錄雪浪一脈法系之作獨多，成為觀察雪浪一門詩作特色的窗口[18]。在學術思想之外，雪浪洪恩一門的文藝也是明清詩學不容忽視的成份，更是中國叢林文學光彩煥發的一頁。華嚴學南方系可以說是眾聲喧譁的晚明佛教中，一個不容輕易看過的義家學派。篇幅所限，本文先以雪浪洪恩一脈（特別是其門人蘊璞如愚、雪山法杲及再傳弟子蒼雪讀徹）之詩作，檢視其相關的佛教空間意象，就其相關涉的叢林風尚與文化脈絡加以分疏。至於其佛學思想的特色與定位，將俟來者別稿為之。

　　本文藉著晚明華嚴學南方系詩僧詩文的分析，嘗試逼近個人幽微的心緒，詩文較其他宏偉敘事的書寫，更能看出微妙心緒的起伏與變化。「望亭草庵」一節在說明此法系開山祖師雪浪洪恩個人的遭遇、「清涼聖境」講南方系與北方系相互凝視的情形、「金陵懷古」側重在歷史情境（不只是佛教義理）的作用，三者雖然重點各異，然皆可以統攝在「精神圖景」的觀點之下。筆者擬以精神圖景為進路，呈現當時學派內外種種因素（包

---

[18]　《古今禪藻集》現今常見本為四庫全書本，然其前序與作者小傳部份全部刪去，無法窺其全豹。筆者於大陸發現萬曆原刊本《古今禪藻集》，前序與作者小傳部份完好如初。筆者耳目所及，陳正宏教授曾對《古今禪藻集》與《明僧弘秀集》二書的優劣加以軒輊，不過陳正宏教授並未強調《古今禪藻集》的編纂過程與雪浪一門的密切關聯。

括私人恩怨、南北差異與思想背景）相互衝突爭持的經過，嘗試進行精神
史的動態探尋，特別是就種種論爭之緣由（例如詩文之爭、學派之爭、異
代興廢等種種因素）進行剖析。

二、「尋常尺寸腐鼠」之爭：雪浪洪恩、蘊璞如愚與晚明叢林尚詩風習的再省思

雪浪洪恩致力於禪、華嚴、唯識的融合（晚明叢林謂此為「融合性
相」），然其基本立場主要仍在弘揚義學，觀其標舉華嚴五地聖人之說，
編纂《相宗八要》，皆其堅守義學立場之明證。錢謙益曰：「萬曆中，江
南開士，多博通翰墨者，亦公與憨（山德清）大師為導師也[19]」，過去叢
林習詩主要以禪僧為主，晚明以來大規模僧人習詩之風昉自雪浪洪恩[20]，
萬曆以來的叢林習詩風尚，可謂因教及禪。關於這點，雪浪洪恩自身如是
說道：

> 予幼時失足雕蟲，後漸與二三兄弟相期為麗藻摹倣之詞，備探前
> 代，要之，未聞道時，以斯差排習氣，抑伏雄心也。而今而後，則
> 舉世緒衣髡首之徒，無論美惡，一皆若狂。才入空門，便爾高譚翰
> 墨，以至竭其精思，廢其寢食，相向以工，相誇以艷，禪那、經、
> 律，薄而不為。縱使如江淹之擬古、藏真之傳神，何異玉雕楮葉，

---

[19] 錢謙益：〈雪浪法師恩公〉，《列朝詩集》（北京：中華書局，2007），〈閏集第三〉，冊
12，頁 6367-6368 。

[20] 關於這點，詳參廖肇亨：〈明末清初叢林論詩風尚探析〉，《中邊・詩禪・夢戲：明末清初
佛教文化論述的呈現與開展》，頁 27-66。

棘尖獼猴，工則工矣，又奚以為？是則宗風因之一變也。淫荒酒亂，易可知非。失真迷性，莫甚於此。以之而參禪，則何禪而不明？用斯而學道，則何道而不成耶？初意違親離俗，希證聖真，今反以有盡之形軀，隨無涯之思慮，終身役役，不亦悲夫。又其甚者，競名規利，用之以為終南捷徑，奔馳權勢，因之以作進身良媒，以至於喪身敗德，焚和亂俗，莫不濫觴于斯矣。水中火起，其在茲乎？靜言思之，為佛弟子，豈不寒心也哉？莊生云：魯酒薄而邯鄲圍，聖人生而大盜起。反躬自省，罪魁元惡，或不能辭。由是於萬曆乙酉之秋，請佛證盟，矢心自誓，懺悔前愆，將舊習筆硯謝絕，改過自新，端心聖道。[21]

　　這段文字頗有懺悔文的味道，但更重要的是，透露出幾點值得注意的訊息：（一）雪浪洪恩與「二三兄弟」，共同研習詩法，關於其結社之經過，雪浪洪恩曾言：「萬曆癸巳之冬，吾門二三子與李氏三兄弟，學曼倩三冬已足，欠江淹一夢生花，不甘雅道偏師，欲奪詞壇赤幟」[22]。今略可稽考者，大抵有友人憨山德清、及門弟子朧鶴寬悅（生卒年不詳，雪浪弟子）、蘊璞如愚（1561-1622）、雪山慧杲（生卒年不詳，雪浪弟子）、湛懷欽義（生卒年不詳，雪浪弟子）等人。（二）僧人習詩，亦可為名聞利養之階。（三）叢林尚詩之風變本加厲，至有廢其僧人禪修講經之本業者，福建僧人雪峰如幻（1605-1679）曾說：「衲子於詩，能則為，不能則已。竊怪今稱詩者，以為必不可少，才分不至，猶且為之。於是以詩累

---

[21] 雪浪洪恩：〈跋悅公四十自祝偈〉，《雪浪集》，卷下，《四庫全書存目叢書》，集部，冊190，頁705-706。

[22] 雪浪洪恩：〈焦山詩社題辭〉《雪浪集》，卷下，《四庫全書存目叢書》，集部，冊190，頁720 。

僧，復以僧累詩，展轉不已，艾氣薰人，吾以是增嘆[23]」、「今之禪客，
一跨入保社，便弄筆搖舌作小詩，沾沾甚自喜。[24]」，晚明萬曆之後的叢
林「以詩累僧，復以僧累詩」蔚然成風，雪浪洪恩乃深以為憂，自咎為敗
壞叢林風氣之始作俑者（或許也有一點點自豪），清初著名的詩僧牧雲通
門（1599-1671）〈戒學詩說〉一文也與此段說法旨趣相接，可視為詩僧
晚年回首前塵戒犯綺語妄言筆懺一路儔亞[25]。

　　雪浪洪恩雖然沒有明言斥責的對象，但從他人之口，亦可略窺一端。
錢謙益言雪浪洪恩之門人蘊璞如愚之事約略可為當時詩僧「終南捷徑，奔
馳權勢，因之以作進身良媒，以至於喪身敗德，焚和亂俗」下一註腳。錢
謙益曰：

> 自負才藻，薙染後，使性重氣，時時作舉子業，思冠巾入俗，與時
> 人角逐，已而復罷。為雪浪受法弟子，思篡其講席，譖于郭祭酒，
> 使之噪而逐之。雪浪之門人，相與鳴鼓而攻之。不使仍其師門，諸
> 方咸惡之，以為法門之師（獅）子蟲也。後入燕京，居七指庵，遘
> 惡疾，舌根、眼根及手足皆爛壞，號呼狼狽而死。愚為人，才辨縱
> 橫，筆舌掉屬，以詩遊宰官族姓，搖筆數千百言，觀者爭吐舌相
> 告[26]。

23　〔清〕雪峰如幻：〈晦文師詩草敘〉，《雪峰如幻和尚瘦松集》（臺北：新文豐出版社，
　　1975），〈竹部〉，頁 145。

24　雪峰如幻：〈三非禪師語遊草序〉，同前註，頁 148。

25　〔清〕牧雲通門：〈警學詩說〉，《牧雲和尚嬾齋別集》，卷 2，《嘉興藏》（臺北：新文
　　豐出版社，1987），冊 31，頁 546。

26　錢謙益：〈石頭如愚〉，《列朝詩集》，〈閏集第三〉，冊 12，頁 6412。

　　蘊璞如愚是否即為雪浪洪恩所斥之人不得而知，若錢謙益之言屬實，則其文采縱橫的詩僧身分乃蘊璞如愚進身良媒殆無疑義。郭祭酒即郭正域（美命、明龍，1554-1612）。逐雪浪洪恩出大報恩寺，流於吳之望亭，時人往往歸因於郭正域，沈德符曾敘郭正域與雪浪洪恩二者構怨之由云：

> 江夏郭明龍為南祭酒，極憎之，至書檄驅逐，歷敘其淫媒諸狀，幾不可聞。或云雪浪曾背謗郭詩，為其同儕緇徒所譖，以致郭切齒，不知然否？[27]

　　沈德符所謂「同儕緇徒」當即指蘊璞如愚。因論詩而得罪當道，可謂無妄之災。郭正域與蘊璞如愚二人有江夏同鄉之誼，又與利瑪竇交好，晚明天主教在中國傳教的過程中，得力於郭正域之處頗多[28]，雪浪洪恩晚年境遇不遂或為晚明佛耶之爭波及所衍亦未可知。杜濬（1611-1687）曾形容蘊璞如愚「吾楚詩僧五十年前有江夏愚公蘊璞，才氣縱橫，發為篇章，如關河放溜，所著《空華》、《飲河》諸稿。同時聞人如郭美命宗伯、湯嘉賓祭酒，皆極口稱許，於是詩名噪宇內，而愚公復以無礙辯才，為東南都講，座下常數千人，其門維那、書記莫不筆勢翩翩，人人有集，繄其盛也[29]」，足見其聲勢亦盛，雪浪洪恩難攖其鋒。然而離開南京大報恩寺後

27　同註 10。

28　關於明末清初的天主教，可以參見張永堂《明末清初理學與科學關係再論》（臺北：學生書局，1994）；李奭學《中國晚明與歐洲文學：明末耶穌會古典型證道故事考詮》（臺北：聯經出版社，2005）；宋榮培著、朴光海、呂鉦譯：《東西哲學的交匯與思維方式的差異》，（石家莊：河北人民出版社，2006 年）；劉耘華《詮釋的圓環：明末清初傳教士對儒家經典的解釋及其本土回應》（北京：北京大學出版社，2005）；黃一農：《兩頭蛇：明末清初第一代天主教徒》（新竹：清大出版社，2005）等相關著作。

29　杜濬：〈十笏齋詩序〉，《變雅堂遺集》，卷 1，《續修四庫全書》（上海：上海古籍出版社，1995），集部，冊 1394，頁 8。

的雪浪洪恩，錢謙益謂其「開接待院於吳之望亭，日則隨眾作務，夜則簧燈說法，以勞苦示微疾，沐浴端坐，說偈而逝。[30]」、「結茅飯僧，補衣脫粟，蕭散枯淡，了非舊觀[31]」云云。蘊璞如愚似乎亦曾就此事致書雪浪洪恩。其曰：

> 無論緇素，即當路諸大老，皆以曲直在彼，於和尚無媿，欲和尚還長干者十九，愚得此實，敬遣小徒來達，奉請杖錫還白門，且外方信美，終非吾土，願象駕旋歸。若吾師資是非，日久黑白自見，不必銜，亦不必辨。勿令佛法骨肉轉敵蜂蕀，當審「掇塵惑孔顏、拾蜂滅天性」可也。外具路費，小徒來達充走役。不盡[32]。

觀此書可知雪浪洪恩被迫離開大報恩寺一事曾經頗受物議，緇素兩眾罪加蘊璞如愚一身者必不在少，蘊璞如愚此書力圖洗脫罪責，辯白種種誤解實因他人離間有以致之，冀求雪浪洪恩能回心轉意，重回大報恩寺。然其詞氣掉屬，絕無示弱之情，或許出於情勢所迫，勉強就範所致。雪浪洪恩曾諷刺蘊璞如愚「鴟梟嗜腐鼠」[33]、儘管蘊璞如愚辯稱自己「觀一切榮貴如過雀，名聞如浮漚，豈爭此尋常尺寸腐鼠招提為地獄因耶？」[34]，「尋常尺寸腐鼠」當指南京大報恩寺講經主一職。但二者關係若枘鑿冰炭，「水中火起」，實乃眾人所見。以下這段文字可以充分說明蘊璞如愚

30　同註 19。

31　錢謙益：〈跋雪浪師書黃庭後〉，《初學集》（上海：上海古籍，1985），卷 86，頁 1800。

32　〔明〕蘊璞如愚：〈與雪浪和尚書〉，《石頭庵寶善堂詩集》，卷 5，《禪門逸書》（臺北：漢聲出版社，1987），初編，第 8 冊，頁 58。

33　雪浪洪恩：〈寄金陵知己作〉，《雪浪續集》，收入，《禪門逸書》，續編，第 2 冊，頁 31。

34　蘊璞如愚：〈自解二首·序〉，《飲河集》，卷下，《禪門逸書》，續編，第 2 冊，頁 31。

與雪浪洪恩兩者之間的緊張關係。全文甚長，但對於認識雪浪洪恩一脈的
文字觀與蘊璞如愚的心態極為重要，甚具參考價值，其曰：

> 近有字也不識者，亂作詞賦；舌也調不轉，便當座主。東奔西闖，
> 結交縉紳，謂之俊流衲子，此皆某甲作罪之魁首，雖然，某甲初不
> 欲作此惡因緣，引壞人家男女，只因初參學時，遇雪浪和尚，和尚
> 見余可教，教余業此，余便請益曰：「詩僧與禪祖孰愈？」曰：
> 「禪愈」曰：「何不作禪師而作詩僧耶？」曰：「爾道詩僧有何
> 過？」曰：「詩鄙世名，禪超生死。」曰：「若為名作詩，豈招現
> 苦？亦造未來三惡道因。但當今信佛法者少，尚詞賦者多，而能為
> 此，亦可先以欲鉤牽，後令入佛慧。普賢萬行，可為方便行門
> 哉」。曰：「詩胡可為普賢行門哉？」曰：「天下有四姓，謂士農
> 工商，惟士多聰明而少智慧。聰明多故善為文章，智慧少故不信佛
> 法。而能投其所好，即不信佛法，亦肯與僧游，游則一香一華，一
> 飲一啄，布施於僧，結喜捨緣、種佛法根，于人天道中矣。倘獲一
> 個半個有氣息者回頭轉惱[35]，向佛法處熏習，種無上因，未可知
> 也。是而名雖詩僧，其實禪祖有何歉焉？」余受命禮謝，諦思既作
> 普賢行門，不可草草，遂專心六經、子、史，出入百家、九流，及
> 小說、叢談，期欲涉獵盡而造語，語務蓋今古而後息。由是沈酣歲
> 月，不得滿志。遂遍游海內詩作禪參，為詞人才子重，然亦往往遭
> 假禪學、假道學，不通向上竅者下視之，及與余談，又不余勝，遂
> 相謂余是不測人也，間或拈美一聲一律，回頭舊路，則潸然悲悼，
> 不忍作普賢行門以利人，願為禪門祖師奴而不可得矣。（中略）後

---

[35] 疑當作「腦」。

生晚進，不知余借是遊戲縉紳，作乞食缽盂。一切效顰技癢，盜余奇句，巧翻作拙。圖名苟利，取笑當時。哀哉此輩，剃除鬚髮，作此野狐精。諸兄弟！生死事大，無常迅速。識鑒不高，學問不廣，切不可將難得人身作無益惡業，窮年竟日，虛喪光陰，及至臨終，悔之晚矣。我已墮落不堪，慎勿再墮。急早持一經一咒，作臨命終時，還家公據，故特示其來源，欲諸兄弟改圖向上，不枉相處一番。珍重！[36]

此文亦是詩僧晚年懺悔文一路，但透露出幾個訊息值得注意。首先，詩為「普賢方便行門」這樣的說法主要從詩的社會功能著眼，此與雲法師（生卒年不詳）「言吐風采，雖不近乎聲俗，而可接於清才，佛法既委王臣，弘道須習文翰」[37]的說法若合符節。僧人以詩材游於文士與王臣，以為傳法資具，固然無可厚非，然而更重要的前提是需以知識社群的善意為基礎。僧人習詩，可為終南捷徑、奔馳權勢，固然令人生厭，但這也同時說明：在晚明的社會文化脈絡當中，僧人習詩的「文化資本」可以轉化成「經濟資本」、「社會資本」，宗教與文藝在此際交織成為頻率互通共震的場域。誠如湯賓尹（生卒不詳）在為蘊璞如愚的詩集所作的序言中說：「今之帖誦者，人人稱詩，亦人人稱禪。自吾近日逢人，衣冠之族，著衲持齋，往往而是。所居處無不懸佛作禮，案無不置經軸，相與譚，無不印及性命。禪道之盛，無今日過者」[38]，這樣的氛圍成為詩僧融入知識社群

36　蘊璞如愚：〈除夕小參三首〉之三，《石頭菴集》，卷4，《禪門逸書》，初編，第8冊，頁61-62。

37　（不詳）雲法師：〈姑蘇景德寺雲法師務學十門·不學詩無以言〉，收入（明）如巹編：《緇門警訓》，卷1，《明版嘉興大藏經》，冊9，頁222。

38　〔明〕湯賓尹：〈石頭庵詩集序〉，《睡庵稿》，《四庫禁燬書叢刊》（北京：北京出版社，2000），集部，冊63，卷1，頁24。

最重要的助緣。以禪論詩、論畫（例如董其昌），行腳參方[39]、扶乩問卜[40]、禱告[41]懺悔[42]，即令儒者，亦多關注死生課題[43]，宗教成為晚明清初社會生活中極其重要的一環[44]。晚明叢林詩禪交涉在理論與現實層面之種種得失，筆者曾有專書論之，此處不擬細究。雪浪洪恩「名雖詩僧，實則禪祖」的看法，主要著眼於詩的社會性功能，並進而以此體契聖道，說明雪浪洪恩對於當時社會風氣的敏銳觀察。

　　其次，蘊璞如愚這段話一起首便將講經座主與詩人並列，說明其個人認知其一身統攝二者。他雖然將個人從禪祖墮落成為詩僧的責任歸咎雪浪洪恩，卻於詩僧渠首冠冕不肯讓人。筆者管見以為：蘊璞如愚既然明言習詩來自雪浪洪恩的啟發，因此雪浪洪恩不僅是蘊璞如愚佛學的師父，更是

---

[39]　朝聖進香的研究，可以參見 Susan Naquin, and Chun-Fang Yu, eds., *Pilgrim and Sacred Sites in China*（Berkeley: University of California Press, 1992）一書。

[40]　合山究：〈明清の文人とオカルト趣味〉，荒井健編：《中華文人生活》（東京：平凡社，1994），頁 469-502。曇陽子亦是晚明知識份子熱於談論的話題，參見 Ann Waltner, "Visionary and Bureaucrat in the Late Ming: Wang Shih-chen and T'an-yangtzu" *Late Imperial China* 10: 2.Pasadena, 1987。善書、功過格相關的研究可以參見酒井忠夫：《增補中國善書研究》（東京：國書刊行會，1999-2000）；包筠雅（Cynthia J. Brokaw）著、杜正貞、張林譯：《功過格——明清社會的道德秩序》（杭州：浙江人民出版社，1999 年 9 月）；游子安：《勸善金箴：清代善書研究》（天津：天津人民出版社，1999）、《善與人同：明清以來的慈善與教化》（北京：中華書局，2005）；吳震：《明末清初勸善運動思想研究》（臺北：臺大出版中心，2009）等著作。

[41]　晚明天主教知識份子的社會生活，可以參見黃一農：《兩頭蛇：明末清初第一代天主教徒》一書。

[42]　晚明知識份子的懺悔思想，可以參見廖肇亨：〈晚明文人の懺悔思想の再檢討——袁中道の〈心律〉を中心として〉，《日本中國學會報》第 61 集（2009:10），頁 167-182。

[43]　呂妙芬：〈儒釋交融的聖人觀：從晚明儒家聖人與菩薩形象相似處及對生死議題的關注談起〉，《中央研究院近代史研究所集刊》第 32 期（臺北：中央研究院近代史研究所，1999 年 12 月），頁 165-207。

[44]　李孝悌：〈儒生冒襄的宗教生活〉，《昨日到城市：近世中國的逸樂與宗教》（臺北：聯經出版社，2008），頁 135-157。

蘊璞如愚文學創作上的父親。對蘊璞如愚而言，雪浪洪恩是繼佛祖、漢明帝（請佛法入中國）、二祖慧可（斷臂接達麼（「摩」））之後的第四個奇人[45]，評價固然不可謂不高，然卻十分突兀，這種特殊的排列圖景，無意間透露出的內心訊息，值得仔細揣摩。

　　在四奇人當中，佛祖宣說聖教，接引眾生，是神聖召喚的音源；漢明帝，是塵俗世界的最高權力來源，又請佛法入中國，意味著聖俗二諦融合創生的伊始；雪浪洪恩「翻前窠窟，一掃支離，使正法興於象季，眾生開於覺性」[46]——開創一種嶄新的學風，一掃訓詁，單提本文，讓眾生心光直接與經典中佛陀智慧的光輝相接無間。佛祖、漢明帝、雪浪洪恩，都重在價值與學風的創新。唯獨二祖慧可，蘊璞如愚以為其貢獻在於「立雪斷臂，**接**達摩一脈」（黑體為筆者所加），達摩禪法託之以傳，四人之中，獨二祖以「接」為世所重，而非中土禪宗初祖菩提達摩，格外令人玩味。筆者管見以為，後世得以認識二祖慧可，實因於菩提達摩門下立雪斷臂，與蘊璞如愚最初為世所知，因其雪浪洪恩門弟子地位相垺，因此，二祖慧可不啻蘊璞如愚內心風景的投射，且斷臂必假利刃以為之。蘊璞如愚習詩由雪浪洪恩啟蒙，然其自視詩藝早已凌軼諸方，何況其師，是以列其師於二祖慧可之下，乃似褒而實貶之。二祖慧可於四奇人屬第三，而其師雪浪洪恩屬第四位，充分彰顯了蘊璞如愚內心那隱然躍動的「弒父衝動」。

　　因此，若細審蘊璞如愚與雪浪洪恩之間幾近對簿公堂的構惡之由，斷非單純「思篡其講席」可以完全解釋，蘊璞如愚視大報恩寺講經座主以及住持之職如「豈爭此尋常尺寸腐鼠」亦非矯飾之語，蘊璞如愚真正在意的還是詩僧頭領此一桂冠。筆者管見以為：雪浪洪恩與蘊璞如愚師徒之間的

---

[45]　蘊璞如愚：〈答雪浪和尚〉，《石頭菴集》，卷 4，《禪門逸書》，初編，第 8 冊，頁 56-57。

[46]　同前註。

公案委實類似后羿、逢蒙故事的翻版。是以蘊璞如愚對於門人習詩的諄諄告誡不獨懺悔前愆而已，其「字也不識者，亂作詞賦；舌也調不轉，便當座主，東奔西闖，結交縉紳，謂之俊流衲子」的說法與其說是對於後生的告誡，毋寧說對於繼起之秀的挑戰態勢深懷戒懼的告白。「盜余奇句，巧翻作拙」的講法一方面表明蘊璞如愚對於個人鍊句精工的過人自信，一方面也對自己不可避免必然遭逢後繼者刀矢相加的運命流露不安的神情。一如逢蒙習射於后羿之後，挽弓射殺后羿，而後亦必須接受相同命運的天鵝輓歌。蘊璞如愚不單是滅善興邪的善星比丘，射殺其父其師雪浪洪恩的弓箭就是那自視精工絕倫的超群詩藝。詩，在雪浪洪恩與蘊璞如愚師徒，固然是接引眾生的善巧方便，卻也同時是殺身取禍的刀兵干戈，更是決定雪浪洪恩晚年命運的烙痕印記。

三、從「青山敝廬」到「人家隙地」：雪浪洪恩詩作中地景象徵論析

　　雪浪洪恩，早年號三懷法師。後取寶華山雪浪庵之意為號，劉名芳敘述位處於寶華山中的雪浪山「在（寶華）山之西南，西連胡山，山石星列，鱗次半出，土中色白如江浪疊疊，月下視之，渾疑積雪，山之得名以此。[47]」，至於雪浪山中的雪浪庵之由來，黃汝亨（1558-1626）曾經有過詳細的描述，其言曰：

---

[47] 〔清〕劉名芳纂修：〈山水〉，《寶華山志》，卷 2，《中國佛寺誌叢刊》（揚州：江蘇廣陵古籍刻印社，1996），頁 77-78。

　　（雪浪庵為）三懷法師曰洪恩者所新也，庵亦爲梁寶公別院，堙滅
　　入人家久之，自恩公師無極和尚與陸平泉宗伯協願，得買此山歸，
　　然無林樹池竹之屬，自恩法師蚤慧通理，藻翰講說，稱海內名宿，
　　學者尊師之，稍爲開擴其宇，爲堂、爲樓、為廊、爲屋，燦然具
　　備，所未完者，佛殿五楹耳。最勝者爲樓居，三面皆山，雲林花鳥
　　皆入几席，而雪浪當其中。左修竹百竿，葱菁森立屋前，方廣地有
　　括子松一株，亭亭相向。散置小石，雜以名花、香草。予坐其中，
　　草〈棲霞〉、〈華山〉二紀，甚適也。從庵門右有山泉一泓，清澄
　　互映，臨以石壁，華山中單稱一丘一壑之美恐不能加，再上數百武
　　山泉如乳，泠泠不竭。趙太史定宇題曰無極泉，卽雪浪師之師勤公
　　號也。名僧小小結勝，自與凡夫位置差別[48]。

觀此可知，購入雪浪庵為無極悟勤與陸樹聲（平泉），然設計營構之功則
一出於雪浪洪恩手眼。黃汝亨這段話讚嘆雪浪洪恩通身本領不可思議，是
時雪浪洪恩已經聲名鵲起，自非凡俗釋子所能比肩。從三懷法師到雪浪洪
恩，意味著文化關懷層面的拓展。黃汝亨在優雅靜謐的雪浪庵讀書著述，
說明雪浪庵雅趣怡人。雖然雪浪洪恩出身大報恩寺（長干寺），但雪浪庵
的出現，從某種角度來說，可以說是晚明南方華嚴學雪浪一門自我認同的
象徵地景。雪浪山中的雪浪庵，既是雪浪洪恩蔽雨容膝的安樂窩、念頭未
嘗須臾離之的常寂光淨土，更是續佛慧命的菩提場。萬曆廿年（1592），
雪浪洪恩京華遍遊之後，依然始終魂牽夢繫那「雲林花鳥皆入几席」的居
所，雪浪洪恩如是言道：

48　〔明〕黃汝亨：〈重遊棲霞記〉之〈雪浪〉，《寓林集》，卷 10，《四庫禁燬書叢刊》，集
　　部，冊 42，頁 257-258。

新知上國定交初，忽憶青山有敝廬。世路離心元宿鳥，江湖歸興豈
鱸魚。千村度雪留雲白，一錫衝寒暮靄虛。去住了然皆幻相，誰能
分手不躊躇。[49]

王元翰（1565-1633）曾經對當時京師學道人雲集的盛況如是描述：

> 其時京師學道人如林，善知識則有達觀、朗目、憨山、月川、雪
> 浪、隱菴、清虛、愚菴諸公。宰官則有黃慎軒、李卓吾、袁中郎、
> 袁小修、王性海、段幻然、陶石簣、蔡五岳、陶不退、蔡承植諸
> 君，聲氣相求，函蓋相合。[50]

　　王元翰此段話主要在形容萬曆中期京城人論道學佛的盛況，非專指一
時一地之情景。雪浪洪恩與王元翰此段所言及之諸人未必同時萃聚。觀此
段文字所提及之僧人，憨山、月川、雪浪、愚菴等僧人皆華嚴學僧出身，
朗目本智（1555-1605）是否師承紫柏真可（1543-1603）亦明末佛教一重
公案，其法嗣傳承不明，但其與華嚴學關係十分密切則無疑義。其父白齋
和尚「以《華嚴》為業，公以聞熏發起，即從事焉」、又興復浮山華嚴道
場大華嚴寺、「以《華嚴》為究竟，幻化生死」[51]。達觀（紫柏真可）提
倡文字禪亦眾所周知，足見此際佛教義學（特別是賢首、慈恩二支）聲勢
之盛。此先不論，雪浪洪恩此詩強調歸鄉之思非因口養之資，實乃「世路

---

[49] 雪浪洪恩：〈冬日將歸雪浪山中留別都門諸子二首〉之二，《雪浪集》，《四庫全書存目叢
　　書》，集部，冊190，頁688。

[50] 〔明〕王元翰：〈與野愚僧〉，《凝翠集》，〈尺牘〉，《叢書集成續編》（臺北：新文豐
　　出版社，1989），冊147，頁201。

[51] 關於朗目本智生平，參見憨山德清：〈皖城浮山大華嚴寺中興住山朗目禪師智公傳〉，《夢
　　遊集》，《憨山大師全集》，冊2，卷30，頁296-300。

離心」。此詩強烈流露出：雖然京畿學道人如林，然斯人寂寞，不如歸去
的憔悴之思。撇去人際之間情性資質不齊一事不談，或許雪浪洪恩論學有
難與世諧的成份，相形之下，故鄉有幽靜怡人的花草泉山，以及情逾金石
的師徒友朋。雪浪洪恩師友同心，連憨山德清都稱羨不已，嘆賞：「好學
人，吾兄一網打盡矣」[52]，晚明佛法中興，雪浪洪恩一門的貢獻極大，率
以雪浪庵為發凡之地。例如雪浪洪恩門人耶溪志若（1555-1617）諸君在
雪浪山雲集聽法，雪浪洪恩有詩志其事，其曰：

> 師資白髮聚應難，誰謂將心更去安？花學若耶香散雨，月飛雪練夜
> 光寒。千人何似生公坐，一曲真從鷲嶺談。樹色參差臺殿影，笙歌
> 笑語落空塵。[53]

　　天女散花，生公高座皆謂說法精妙，月飛雪練夜光寒，化用貫休名句
「一劍光寒十四州」，一則喻破滅魔軍的金剛慧劍，一則喻詩文超絕，音
韻條暢，又兼能演說空王大法。在晚明南方華嚴弘傳的過程中，雪浪洪恩
一門說法的精彩模樣始終膾炙人口，不獨雪浪洪恩，其門人亦多以說法知
名當世者，例如雪浪洪恩門人三際性通（1571-1636），以擅長說法的盲
僧之姿在當時文人筆下留下一鮮明之身影[54]，亦晚明叢林一傳奇人物（詳
後）。是以如前所述，來自北方的傑出學僧妙峰福登亦自嘆弗如。也就是

---

[52]　錢謙益：〈雪山法師杲公〉，《列朝詩集》，《閏集第三》，冊 12，頁 6395。

[53]　雪浪洪恩：〈雪浪軒講法喜耶溪諸弟過從〉，《雪浪續集》，《禪門逸書》，續編，第二
　　　冊，頁 26。

[54]　例如黃省曾、婁堅、王衡皆有詩文贈三際和尚。黃省曾：〈贈三際上人〉，《五嶽山人
　　　集》，卷 6，《四庫全書存目叢書》，集部，冊 94，頁 585；〔明〕婁堅：〈贈三際盲講
　　　師〉，《吳歈小草》，卷9，《四庫禁燬書叢刊》，集部，冊49，頁181；〔明〕王衡：〈三
　　　際盲講師偈〉，《緱山先生集》，卷21，《四庫全書存目叢書》，集部，冊179，頁179。

說：雪浪洪恩一門在傳播思想的過程中，同時採取了說法（語言）、註經
（文字）、詩詞（文藝）等種種不同的方式與風格，更是此一法脈在群峰
並峙的佛門當中異軍崛起的特殊標記。

　　雪浪山如果是晚明南方華嚴學發祥的活水源頭，望亭則是具有特殊意
義的傷心地，鄒迪光（1550-1626）記其晚年風光景致，幾有「樹葉凋
落，體露金風」境界。其言曰：

> 有所不愜於當路，師一瓢一笠，孑然南下，隱獵人以避其鋒，則有
> 六祖智慧。師於望亭，結茆飯僧，不煩詔戒而崏鉅雲興，斧斤至，
> 四方芻粟，動以溙量，則有空生福德。師又不徒逍遙擺脫，迥然自
> 在而已。師素無疾，一日腹瀉，謂其徒曰：「旦而行，夕而息，未
> 有夕而不息者，吾其息乎，飯僧大事，汝等勉之！」遂坐化於望亭
> 之草庵，遺命歸葬雪浪。[55]

　　其臨終一念猶有雪浪光景在，宛同雪浪山與望亭兩地聲通氣貫，是以
對雪浪洪恩一脈的僧人而言，望亭一地別具深意，如同佛祖入滅的拘尸那
羅城。據傳雪浪洪恩於望亭臨終之際，弟子環繞念佛，雪浪洪恩忽張目
道：「我不是這個家數，無煩爾爾」[56]，其本色力量精強若此，筆者聞見
所及，明清僧人臨命終時，以紫柏真可寰中坐化與雪浪洪恩臨終拒絕念佛
二者最為撼動人心。就其遺言觀之，其以飯僧為修行法門，不啻維摩居士
之香積缽盂。雪浪洪恩發跡於南京大報恩寺，晚年因評詩得罪郭正域，終
於望亭坐化。臨終前，開接待院招待四方雲水行腳僧人，成為晚明佛教的

55　〔明〕鄒迪光：〈明故華山雪浪大師塔銘〉，《調象菴稿》，卷 32，《四庫全書存目叢
　　書》，集部，冊 159，頁 791。

56　同註 15。

一椿著名公案，慣稱「望亭飯僧」。雪浪洪恩有詩記其事云：

> 借得人家隙地，中藏幾樹梅花。旋構數間茅屋，欲談一卷《楞伽》。
> 隔岸長松疏柳，雙溪一片湖光。夜聽漁舟共語，風吹菱芡時香。
> 屋後一灣流水，門前幾點香山。雲去月來橋上，鳥啼花落林間。
> 添得一條略勺，如從畫裡行來。即此草庵亦可，何須百尺樓臺。[57]

　　嚴格來說，此詩雖以望亭飯僧為題，然寫景多過記事，更多的是閒適心情的暢懷抒發。在宛若圖畫風景的一方天地，此身如寄，無可憑託，種種豪華絢爛皆已凋謝過眼，心如雪中蠟梅，在世道斷滅若嚴寒刺骨的風雪中屹立奇崛橫逸，心淨則國土淨，無有變異。望亭僻靜的草庵縱然不若大報恩寺的堂皇富麗（百尺樓臺），然雪浪洪恩在香山流水的草庵中，敬奉深心，窮研經典，妙通禪境，溪畔茅屋即是華嚴樓閣、妙嚴國土。雪浪洪恩晚年於飯僧一事念茲在茲，其細節則俱見於此詩，其曰：

> 接待十方雲水，歸依四眾人天。晝夜聲聲佛號，池中朵朵青蓮。
> 並坐車中偶語，轔轔曲曲同行。暫借草庵信宿，無數風聲雨聲。
> 雖無一粥一飯，也有一榻一床。待得廣收香積，便供東方西方。
> 不是九華南海，定從衡嶽天臺。放下腰包柱杖，只須無念心開。[58]

　　據此可知，雪浪洪恩飯僧主要在於接待四方雲水行腳的僧人，九華、

57　雪浪洪恩：〈望亭飯僧作〉，《雪浪續集》，《禪門逸書》，續編，第二冊，頁34。
58　雪浪洪恩：〈宿土橋南庵阻雨〉，《雪浪續集》，《禪門逸書》，續編，第二冊，頁33

南海（普陀）、衡嶽、天臺，皆當時佛教名山，足見當時佛教朝山巡禮進
香之盛，關於這點，下一節有詳細的說明。雪浪洪恩在望亭飯僧以前，曾
經流浪漂泊，所到之地只要能力所及，莫不以募緣飯僧為念，非止望亭一
地而已。不過雪浪洪恩募緣飯僧亦非首發，當時頗有以飯僧為福田者，例
如憨山德清曾謂居士陸鬶發心建接待菴一事可以為例，其曰：

> 在我震旦國中，以三大名山為法身常住道場。而峨嵋僻處西蜀，遠
> 在一隅。唯五臺、普陀，對峙南北，為十方眾僧之所歸宿。往來道
> 路，不絕如縷。當淮揚之衝，高郵之間，運河之畔，縣絕中途，雲
> 水所過，足無停景，路長人倦，日莫途窮，風晨雨夕，躡雪履冰。
> 有漏之軀，飢渴所逼，形骸所苦者，不可勝紀。行腳之無告者，非
> 一人一日也。有居士陸鬶者，發心建接待菴一座，為暫息之所，慮
> 供贍無恒，募眾置田百八十畝。取所穫，以充缽盂。於是來往緇
> 流，勞者得息，飢者得食，渴者得飲。故至者如歸家想，此人間世
> 第一殊勝福田也[59]。

　　從憨山德清的說法不難想見發心建接待院（庵）以供養雲水行腳僧實
為一時風氣之所趨，事實上，雪浪洪恩此舉實有取於其門人矔鶴寬悅，雪
浪洪恩如是說道：

> 得心之後，復走燕、趙，入吳楚，遍訪名宿，皆不契其機。因與湛
> 懷義公復上牛山，結廬黃曲峰下，下傚香山東林故事，以接待四方

---

[59] 憨山德清：〈高郵州北海臺菴接待十方常住記〉，《夢遊集》，《憨山大師全集》，冊 2，
　　卷 26，頁 204。

　　學道，闡揚斯化，題其楣曰菩提場，不忘本也。[60]

　　《華嚴經》七處九會說法中以菩提場為濫觴，是故雪浪洪恩稱矑鶴寬悅此舉為「不忘本」。同時不能忘記的是：矑鶴寬悅飯僧固然效法東林十八高賢故實[61]，是以專修念佛一路，然其發心實緣於「遍訪名宿，皆不契其機」，也就是與當世學風流俗不偶，方有此舉[62]，以「闡揚斯化」──亦宣教弘化之方也。也就是說：雪浪洪恩一門著意於募緣飯僧，除了勤修布施、供養雲水之廣耘福田之外，亦不無針砭叢林時弊之意存焉，不可隨意看過。鄒迪光亦曾敷演雪浪洪恩望亭飯僧之意云：「飲食雖細事乎，要以資四大而衛三寶，五力、六度、七覺、八道支、三十七菩提分，八萬四千法門，胥於此乎出者也。」[63] 易言之，雪浪洪恩以飯僧一事回顧佛法奧義初心。雪浪洪恩的望亭飯僧，與佛祖的涅槃說法無異，更意味著對於當時學風的深切反省。

　　自從雪浪洪恩圓寂之後，望亭亦隨即荒廢，雪浪洪恩在世時「具福緣，故人不詔而喻，粟不脛而至。輸若公稅，委若天廚。」而雪浪洪恩離世之後「未施者慳惜，已施者退阻矣。重如衣珠，而艱逾重譯矣」[64] 雖然鄒迪光等人大聲疾呼，但顯然成效依舊不彰。伴隨雪浪洪恩的遷化，望亭

60　雪浪洪恩：〈跋悅公四十自祝偈〉，《雪浪集》，卷下，《四庫全書存目叢書》，集部，冊190，頁706。

61　雪浪洪恩曾言：「昔東林遠師，以晉室衰微，與劉遺民、雷次宗、陸脩靜等十八大賢，緇白一百二十三人，僧俗千餘輩」，東晉廬山慧遠結白蓮社，不許謝靈運與之，眾所共知，但「十八高賢」的說法起源何時，尚難確考，不過宋代已經有此說法。

62　或許此舉的目的在破門戶之見，文獻不足徵，姑存一說，以俟來者。

63　鄒迪光：〈望亭聖堂菴募緣文〉，《調象菴稿》，卷33，《四庫全書存目叢書》，集部，冊160，頁14。

64　同前註。

走向壞滅亦是大勢所趨。多年以後,曾經在望亭短暫棲止的華嚴學僧蒼雪讀徹,帶領門人瞻禮此一深具特殊意義的地點,並賦詩一首,曰:

> 負笈曾經暫息肩,開堂難話舊因緣。庵門破盡無人住,野岸重來一
> 泊船。秋晚登壇當此日,水流斷路是何年?兒孫恐未知行腳,指點
> 遺蹤在目前。[65]

王培孫繫二人相晤於萬曆三十五年(1607),翌年雪浪洪恩即入涅槃[66]。時蒼雪讀徹初從雲南至江南,「從巢松聽講《(成)唯識論》,茫無所解」[67],且年輩懸隔。對於賢首、慈恩二宗並弘、且備受道俗推重,振起華嚴學南方系的雪浪洪恩,當時不過弱冠之年的蒼雪讀徹恐徒瞻仰頂禮而已,尚難與雪浪洪恩談學論道,況推心深談。雖然望亭草庵僧俗雲集的盛況已然遠去,如今船泊野岸,煙水茫茫。然而大師登壇說法之際,人天讚嘆的夙昔典型卻留下不可磨滅的身影。人世無常,因緣聚散。雪浪洪恩與蒼雪讀徹晤面當下,儘管或許已經感受到這個來自雲南的年輕僧人氣宇不凡、秀異特出,但恐亦難以預料日後天崩地解之際,撐持雪浪一脈門戶運命最重要的法門龍象即在斯人。

---

65 〔清〕蒼雪讀徹:〈過望亭雪浪師翁飯僧處〉,釋讀徹著,王培孫輯注:《南來堂詩集》
(臺北:鼎文書局,1977),卷3上,頁18a-19b。

66 陳乃乾:《蒼雪大師行年考略》,二十歲下,收錄於釋讀徹著,王培孫輯注:《南來堂詩
集》,頁4b。

67 同前註,二十一歲下。

四、「遍禮名山適性情」：晚明叢林行腳參方之風的再省思

　　雪浪洪恩在望亭開設接待院的背景，在於「不是九華南海，定從衡嶽天臺」——足見當時叢林釋子行腳朝山風氣之盛。僧人雲水行腳遊方弘化，固然淵源久矣[68]。不過特別應該留意的是：此際僧人遊方行腳卻往往與靈山信仰相結合，行腳的目的不再單純因為親近善知識參學問道，卻有相當程度在於朝山祈福。雪浪洪恩的論敵之一雲棲袾宏（1535-1615）曾對此風大不以為然，其曰：

> 或謂：「五臺、峨眉、普陀三山，劫壞不壞，游者能免三災。」此誆也！三災起時，大千俱壞，何有于三山？若必游此免災，則瞽目跛足之輩，不能登歷者，縱修殊勝功德，終成墮落；而居近三山者，即愚夫皆成解脫耶？當知無貪乃不受水災，無瞋乃不受火災，無痴乃不受風災，三山之到否何與？願念念開文殊智，行普賢行，廓觀音悲，則時時朝禮三山，親邇大士，不達此旨，而遠遊是務，就令登七金、渡香水，何益之有？[69]

　　此則文字收錄於雲棲袾宏《正訛集》一書，《正訛集》原為雲棲袾宏糾彈叢林時弊所作。此則文字透露些許訊息，值得進一步注意：（一）鼓動朝山進香之風的理論基礎在於「游者能免三災」——主要的目的在於冀

---

[68]　參見蔣義斌：〈中國僧侶遊方傳統的建立及其改變〉，收入劉苑如主編：《遊觀：作為身體技藝的中古文學與宗教》（臺北：中央研究院中國文哲研究所，2009），頁285-302。

[69]　〔明〕雲棲袾宏：〈三山不受三災〉，《正訛集》，收入《竹窗隨筆》（北京：北京圖書館出版社，2005），頁191。

求功德福報。而且名為朝山，實為旅遊亦所在多有，也就是說，此亦為晚明旅遊風尚之一環[70]。（二）雖然僧家於晚明的旅遊風尚頗有推波助瀾之功，但僧人行腳朝山仍不應與一般遊客進香相提並論，僧人雲水行腳旨在親近善知識，進而明心見性、轉識成智，同時自有理論淵源，與一般進香不可同日而語。（三）雖然當時著名的名山勝境所在多有，但五臺、峨眉、普陀三山則能鶴立雞群、睥睨眾山，憨山德清亦曾言：「峨眉、普陀、五臺三山，乃三大士菩提場，為真丹利生最勝處。[71]」以下就此三點分別略加疏解。

　　先就朝山功德觀之，杜德橋教授曾以《金瓶梅》中的吳月娘為例，討論當時的泰山崇拜[72]，晚明時的泰山「士女闐駢於海內矣」[73]，東嶽大帝與碧霞元君一直吸引學界高度的注意[74]；袁宏道（1568-1610）則形容西湖旁的天竺山信徒進香「燒香男女，彌谷被野，一半露地而坐，至次早方去。[75]」另此，眾所周知，明代對於玄天上帝道場武當山也始終尊崇有加，明代朝廷與庶民百姓一直熱衷於武當山進香[76]。晚明種種朝山進香之盛況，可謂不勝枚舉。

70　晚明清初的宗教進香亦為旅遊活動之一環，可以參見巫仁恕：《游道：明清旅遊文化》（臺北：三民書局，2010），頁 15-19。

71　憨山德清：〈題華山隆昌寺銅殿二碑文後〉，《夢遊集》，《憨山大師全集》，冊 2，卷 32，頁 356-357。

72　Glen Dudbridge "Women Pilgrim to T'ai Shan: Some Pages from a Seventeenth-Century Novel" in Susan Naquin, and Chun-Fang Yu, eds., *Pilgrim and Sacred Sites in China*, pp.39-64。

73　〔明〕王士性：〈岱游記〉，《五岳游草》（北京：中華書局，2006），頁 30。

74　關於泰山崇拜，較新的研究可以參見 Brian Russell Dott, *Identity Reflections: Pilgrimages to Mount Tai in Late Imperial China* (Harvard East Asian Monographs，2004)一書。

75　〔明〕袁宏道：〈湖上雜敘〉，袁宏道著，錢伯城箋校：《袁宏道集箋校》（上海：上海古籍出版社，2008），卷 10，頁 438。

76　武當山進香研究，可以參見梅莉：《明清時期武當山朝山進香研究》（武漢：華中師範大學出版社，2007）一書。

　　相信朝山禮拜深具不可思議之功德利益亦非僅止於無識無知之愚夫愚婦。瞿汝稷（生卒年不詳）以下這段話描述當時說法名家仰崖法師的行腳願望，可謂當時遊方僧內心世界的具體投射，且代表真正發心朝山禮拜者的理論基礎。其曰：

> 仰崖法師少擅弘經之譽，於如來五時之教，靡不窮微索隱。每登座，一音所被，七眾解頤。一日，忽杖錫謝侶，曰：「吾將南謁婆妻吉低輪[77]于落伽，求智者于天臺之國清，躡匡廬，循南岳；扣慧遠、徵慧思，登峨眉而游遍吉[78]之室，入雞足而出飲光之定，以折吾疑，以證吾得。」眾聽然而笑曰：「諸大士遠矣，師何自見之那羅延窟也？」學人曰：「止！止！無謂諸大士遠矣，師何自見之也？當知法師甫一舉足，諸大士與之磬欬相接、光音相通矣」曰：「一舉足而磬欬接、光音通，又何遝歷如許山川耶？」曰：「火之在木，不可謂遠，眾生不鑽木不可得；金之在礦，不可謂遠，眾生不鎔金不可得。諸大士不遠，眾生不往求亦不可得。求之無遠、置之無近。」[79]

　　「木中出火」、「金在礦中」的說法出自《圓覺經》，前者謂「以幻修幻」、後者乃「妙圓常住真心」之喻。不過瞿汝稷此處強調的是：行腳朝山是精勤學道不可少的工夫歷程。此處瞿汝稷運用鎔礦出金、鑽木求火兩例主要在說明行腳朝山的用意在對治凡夫習氣，一念精誠可以感應道

---

[77] 「婆妻吉低輪」，即觀世音菩薩。

[78] 「遍吉」，即普賢菩薩。

[79] 〔明〕瞿汝稷：〈贈仰崖法師南遊偈〉之序，《瞿冏卿集》，卷6，《四庫全書存目叢書》，冊187，頁167-168。

交，朝山成為鎔金取火的重要方法，體證大光明圓滿境界不可或缺的過程。仰甫法師不詳何人，然其說法活潑生動，又與雪浪洪恩一脈頗有雷同之處，於佛法造詣深厚，斷非日用不知的庶民百姓之儔。至於行腳與著述兩者之間的交互影響，徐枋（1622-1694）曾如是說道：

> 男子志在四方，況出家學道者乎？無室家之戀，無嬴糧之難，苟有志於大者遠者，則足跡遍天下，此其常也。昔顯公西入佛土，行遊二十餘年；玄奘取經天竺，周流一百餘國，尚矣。至如方州之內，則慧遠之行化許、洛、襄、漢，一行之訪求師資，貫休之去吳入蜀，無不歷奧區、探絕境，汲汲皇皇，不知老之將至，而其人亦遂以不朽，以是知遠行知無負於人也。龍門年二十而浮江、淮，溯沅、湘，涉汶、泗，周旋齊、魯、梁、楚、鄱、薛，向子平棄家遍遊五嶽，宗少文遍歷區內名山，凡為一代偉人，著業於不朽之林者皆然，而方外道人益可知矣[80]。

歸納徐枋此處所言，不外讀（包括著述）萬卷書，須行萬里路之旨，無足深論。徐枋本文原為鼓勵僧人行腳所作，故多列舉僧人為例，其門人潘耒（1645-1708）進一步發揮其旨曰：「人以眇然七尺之軀，塊處一室，眼如針孔，乃欲縱談古今，懸斷天下事，勢必不能，故古來通人達士每喜言游[81]。」然徐枋與潘耒不過言山川遊歷裨益於拓展眼界襟抱而已，憨山德清則說明朝山禮拜的也是接引眾生的方便教法，對僧人而言，朝山

80　〔清〕徐枋：〈送礪雪上人行腳序〉，《居易堂集》（上海：華東師範大學出版社，2009），卷 6，頁 135-136。

81　〔清〕潘耒：〈五嶽游草序〉，《遂初堂文集》，卷 7，《四庫全書存目全書》，集部，冊250，頁 8。

禮拜的目的不在積累福報功德、山水景勝更不應當留戀在胸，行腳朝山最
重要的目的在於內外合一，徹見本心。其曰：

> 是故名為大士常居普陀，非局指海中拳石為大士棲託也。眾生迷
> 妄，不禮自心大士，親踞寂滅道場，巍巍不動，如海中山爾。乃跋
> 涉山川，必數千里外，跳躑辛苦，而向外求之。迷之甚矣！雖然如
> 是，經云：「歸元無二，方便多門」今大地眾生，皆信大士於南
> 海，合就其機而引進之，令其涉海登山，一呼大士，猛省自心，則
> 觸目波濤，皆入圓通之門[82]。

　　這段話頗有唯心淨土的味道，主要在藉此發起禮拜者虔誠心光，涉海
登山種種艱難險阻，其實在於磨刮塵垢，眾生心燈與菩薩心燈交相輝映，
放下我執，瞻禮菩薩同時也是認識自我的重要門徑，此即「以幻修幻」法
門真諦所在。倪謙（1415-1479）以朝禮五臺山為例，說明朝山禮拜的目
的在於「有以知茲山之勝，大士之靈，抑欲感發其心，感懷嚮慕，同趨覺
路，而入不二之門者也[83]」，而不僅止於積累福報或游賞山水。
　　既然行腳朝山也是修行法門之一，則其態度的精勤敬虔與否成為是否
感應道交的決定關鍵。雲棲袾宏謂：「大慈大悲者，菩薩之所以為菩薩
也，但能存菩薩慈悲之心，學菩薩慈悲之行，是不出戶庭而時時常觀普陀
山，不面金容而刻刻親承觀自在矣[84]」亦同此旨。雲棲袾宏曾謂：「出家

---

[82] 憨山德清：〈示寶藏相禪人禮普陀〉，《夢遊集》，卷 8，《憨山大師全集》，冊 1，頁
181。

[83] 〔明〕倪謙：〈五臺山和倡和詩集序〉，《倪文僖公集》，卷 32，《叢書集成續編》（臺
北：新文豐出版社，1989），《文學類》，冊 140，頁 408。

[84] 雲棲袾宏：〈朝海〉，《竹窗隨筆》，頁 155。

兒大事未明，千里萬里尋師訪道，親近知識，朝參暮請，豈得蒙昧無知作守山鬼乎？」[85]，故知其於僧人行腳參學鼓勵有加，卻對假朝山之名的雲遊僧人不以為然。憨山德清亦曾對此大加抨擊：「今出家者，空負行腳之名，今年五臺、峨眉，明年普陀、伏牛，口口為朝名山，隨喜道場，其實不知名山為何物，道場為何事，且不知何人為善知識，只記山水之高深，叢林粥飯之精粗而已。」[86] 從雲棲袾宏、憨山德清兩位叢林尊宿的感嘆來看，當時多數僧人巡禮朝山仍然意在山水粥飯，真正發心南詢參學者實如鳳毛麟角。如蘊璞如愚自矜「我雖出家兒，少年多意氣，足跡遍四方，交游滿天地[87]」這樣的心態，遭受憨山德清、雲棲袾宏、雪浪洪恩等叢林尊宿的抨擊亦不在意料之外。宋代東山法演（？-1104）禪師對於僧人行腳的諄諄告誡「大凡行腳，須以道心為重，不可受現成供養，等閑過日，須將生死二字貼在額頭上，每日十二時中裂轉面皮，討箇分曉始得[88]」才是僧人行腳應有的正確認識。晚明僧人行腳相關文字不知凡幾，前已言之，行腳朝山的僧眾如恆河沙數，是雪浪洪恩開設接待院，晚年所以一意募緣飯僧最重要的時節因緣，其亦有詩贈人行腳，詩云：

> 窮諸玄辯究三車，煙水南詢問洛伽。月滿吳江孤杖屨，雲深楚澤拭袈裟。鯨浮島嶼觀非相，蜃結樓臺幻有家。到處總堪成汎應，寧知蹤跡是天涯。[89]

---

85 雲棲袾宏：〈居山〉，《竹窗隨筆》，頁133。。

86 憨山德清：〈示寂覺禪人禮普陀〉，《夢遊集》，卷4，《憨山大師全集》，冊1，頁98。

87 蘊璞如愚：〈九月十六夜丘長孺招同石城河下汎月，各述所懷〉，《飲河集》，卷下，《禪門逸書》，續編，第2冊，頁32。

88 〔宋〕東山法演：〈東山演禪師送徒弟行腳〉，收入〔明〕如巹編：《緇門警訓》，卷5，《明版嘉興大藏經》，冊9，頁239。

89 雪浪洪恩：〈送忠公自楚禮普陀〉，《雪浪集》，卷上，《四庫全書存目叢書》，集部，冊

　　窮諸玄辯典出德山宣鑒，三車典出《法華》，是以首句謂其人禪、教
兼通，於佛法深有所得。三、四句則言其人於吳、楚名山古剎遍參歷盡。
五、六寫透過南海觀音道場的梵音海潮音，了知世事虛幻，應無所住，而
生其心。末尾以其行腳天涯，蹤跡無住，遂能遍照泛應，於諸佛深心秘義
隨時體究無遺。從佛教的立場而言，《華嚴經‧入法界品》中煙水南詢的
善財童子可謂行腳參學最重要的理論原型之一，憨山德清謂善財童子「南
詢百一十城，參五十三大善知識，非在人間廣參知識、博問先賢，何以能
成己德[90]」、「善財乃未證之人，今從文殊發起淨信，參多知識，抉擇正
解，一一皆得一種解脫，是為正修行路。一一隨行證入，是為證得，直至
見普賢方證圓滿[91]。」，《華嚴經‧入法界品》原本就是佛教參學行腳最
重要的理論資料之一，此際佛教叢林與知識社群復於此多所著意，賢首宗
人於善財童子煙水南詢更當別有會心。衡諸雪浪一門，傳奇盲僧三際性通
「目雖瞽，而足跡半天下」[92]，目盲志堅，足為叢林行腳法式，於南詢宗
旨體會殊深，婁堅（1567-1631）曾敘其行止曰：

> 七歲喪父，八歲喪明，十一出家，明年禮峨嵋、雞足，南登衡嶽，
> 凡歷十年所，北至五臺，留京師。又數年。反，而渡江訪牛頭祖堂
> 之遺，東浮海，禮補陀落迦而還，遂止吳中，往來嘉定、太倉間，
> 時年未三十也[93]。

190，頁 689。

[90] 憨山德清：〈入法界品第三十九之一〉，《大方廣佛華嚴經綱要》，卷 60，《憨山大師全
集》，冊 9，頁 260。

[91] 同前註，頁 261。

[92] 〔清〕了惠輯：〈三際性通法師〉，《賢首宗乘》（上海圖書館藏清乾隆壬申年刊本），卷
6，頁 16a。

[93] 婁堅：〈修復真際菴記〉，《學古緒言》，卷 4，《景印文淵閣四庫全書》（臺北：商務印

　　三際性通以一介盲僧而能篤志向學，進而成為一代說法名家，乃晚明叢林一則動人的傳奇[94]。其目雖盲，雲水參學的熱情實無減於善財童子，在雲水行腳朝山禮拜的過程中，心胸為之滌蕩，並尋找到生命意義的歸依——在雪浪洪恩與諸大弟子的錘鍊之下，在魁碩並峙的江南叢林占有一席之地，從正修行而證圓滿，華嚴樓閣現於一毫端，即此之謂也。

　　儘管東南沿海由於倭寇作亂，海氛不靖，但南海普陀山朝禮觀音朝山進香卻在李太后與明神宗的提倡之下，不但逐漸復興，甚且有星火燎原之勢[95]。亦足見三山之說頗流行於當時。篇幅所圍，峨眉山與普陀山先且不論[96]，眾所周知，從唐代開始，五臺山便與華嚴學結下不解之緣，特別是四祖清涼澄觀（738-839），在其著作中，對文殊菩薩與五臺山的關係多所發揮，對南方華嚴學僧人而言，五臺山既是神聖性的根源，也是具有一定程度緊張關係的競爭對手，作品中既有嚮往忻慕之情，也有不甘示弱的矜豪之意，意涵豐富多元，是晚明南方華嚴學僧人的地誌書寫當中極其精彩的一章。

　　　書館，1983），集部，冊 234，頁 44。

[94] 同註 81。

[95] 關於慈聖皇太后與明代普陀山觀音信仰的關係，可以參見于君方著、陳懷宇等譯：《觀音：菩薩中國化的演變》（臺北：法鼓文化，2009），頁 410-412；徐一智：《雖善無徵：明代觀音信仰研究》（中央大學歷史系 2007 年博士論文），頁 479-491。

[96] 普陀山進香研究，可以參見石野一晴：〈明代萬曆年間における普陀山の復興——中國巡禮史研究序說〉，《東洋史研究》64 卷 1 號（2005:06），頁 1-36。

五、「江南春色碧如許」：晚明華嚴學南方系臺山書寫義蘊探析

　　晚明萬曆時期佛教復興，帝室（明神宗與慈聖皇太后）的支持實居首功。憨山德清曾以伏牛山的慈光寺為例，說明慈聖皇太后（？-1612）興建佛寺的功德曰：

> 恭惟我聖母慈聖宣文明肅皇太后，承悲願力，現國太身，興隆三寶，建大法幢。使域內名山皆成寶地。寰中勝跡，盡化伽藍。乃捐膳羞之資。命近侍太監姜某於伏牛山，建造慈光寺，為十方海會叢林。置太河川、黑峪保莊田二所，為永遠供奉香火，命僧智明住持寺事[97]。

　　雖然伏牛山的煉魔道場在此之前已是佛門一方重鎮，但是慈聖皇太后的助緣仍舊不容小覷。伏牛山尚且如此，何況是「天下名山，自五臺始」[98]——海內名山之首的五臺山[99]。在晚明佛教復興的氛圍中，五臺山至少

---

[97] 憨山德清：〈伏牛山慈光寺十方常住碑記〉，《夢遊集》，卷 22，《憨山大師全集》，冊 2，頁 108

[98] 憨山德清：〈修五臺山鳳林寺下院方順橋大慈宣文寺碑記〉，《夢遊集》，卷 22，《憨山大師全集》，冊 2，頁 107。

[99] 關於中古時期五臺山信仰崇拜的研究甚多，劉淑芬：《滅罪與度亡：佛頂尊勝陀羅尼經幢之研究》（上海：上海古籍出版社，2008），頁 20-33；林韻柔：《五臺山與文殊道場——中古佛教聖山信仰的形成與發展》（臺灣大學歷史系 2008 年博士論文）；宋代五臺山信仰相關的研究主要以張商英《續清涼傳》為主，參見 Robert M. Gimello "Chang Shang-Ying on Wu-t'ai Shan" in in Susan Naquin, and Chun-Fang Yu, eds., *Pilgrim and Sacred Sites in China*, pp.89-149；羅凌：《無盡居士張商英研究》（武漢：華中師範大學出版社，2007），頁 140-143。五臺山佛教在明代的發展，一個簡明的介紹，可以參見崔正森：《五臺山佛教史》（太原：山西人

具有兩重特殊意義，為他處所不能及。一為紫柏真可在此開雕方冊藏經，
後由其門人密藏道開與幻予法本主持其事[100]，緣此，五臺山也成為晚明佛
教弘揚聖教量最重要的根據地之一；一為憨山德清與妙峰福登在五臺山為
萬曆帝啟建祈嗣道場，由於後效頗驗，贏得太后與皇室的信任，二人之後
又招請月川鎮澄在五臺山常住，月川鎮澄（1547-1617）於此重修《清涼
山志》，弘揚華嚴教學，開啟華嚴宗寶通系一脈。紫柏真可且先不論，憨
山德清與南方華嚴學重鎮雪浪洪恩原本系出同門，然而日後一時法運氣脈
儼然歸乎斯人，後世尊為萬曆三高僧之一，其徹悟心體本淨，從而負天下
眾望實皆肇因於五臺山，其行赴五臺山之前，雪浪洪恩門人雪山法杲曾有
詩贈之，其曰：

> 祇為探名岳，何能惜病軀？故鄉辭茂苑，別路指燕都。寒到雲生
> 杖，春深雪滿盂。煩將第二月，記取老文殊[101]。

關於憨山德清刻意離開大報恩寺的雪浪洪恩，北上五臺山的動機與策
略，江燦騰教授有過細密的分析，值得參看[102]。雪山法杲於此亦頗有會
心，深明憨山德清離開江南，遠赴京城，進而前往五臺山的目的絕非只為
訪幽探勝而已，而是另有所圖。詩中「病軀」指憨山德清曾經於天界寺用
心太急，發背疽，發願誦《華嚴經》十部一事[103]、「第二月」典出《圓覺

民出版社，2000）明代部份。
[100] 紫柏真可主持方冊大藏雕版事，初在五臺山，後移往嘉興楞嚴寺。
[101] 〔明〕雪山法杲：〈春日送澄公由京師入五臺〉，《雪山草》，卷 4，《禪門逸書》，續編，第 3 冊，頁 58。憨山德清早年曾號澄印，故曰澄公。
[102] 江燦騰：《曹溪之願》（臺北：新文豐出版社，2005），頁 83-138。
[103] 憨山德清說，福善、通炯日錄：《憨山老人自序年譜實錄》，《憨山大師自傳》，卷上，〈嘉靖四十四年〉，《憨山大師全集》，冊 20，頁 32-34。

經》與《楞嚴經》，原意指不實幻像。此處或指如唐代清涼澄觀在五臺山闡揚華嚴教學已如水月鏡花，華嚴正脈如今正在南京大報恩寺。雪山法杲另有一詩就此義加以發揮。其曰：

> 有從臺山來，有從臺山止。江南春色碧如此，或恐臺山略相似。蜚梁橫空日度雲，阿誰徙倚江之濆。篙兒持篙弄江色，一片好山空夕曛。懸崖不滑世路陡，踏斷芒鞋幾回走。雲松不言非不言，為君挂瓢君肯否？莫渡莫渡且回首，浪花如煙滿江口[104]。

「有從臺山來，有從臺山止」意謂南北華嚴交流之盛，此詩眼目全在「江南春色碧如此，或恐臺山略相似」一聯，江南景致如春，與臺山決不相垺。此處實謂江南佛法興盛一片大好風景，相形之下，臺山亦恐失色。「篙兒持篙」典出船子投誠禪師，一片好山則出自興善禪師「大好山」之公案，意謂本地禪匠手段高明，而「懸崖不滑」一語則反用「石頭路滑」故實，恐有暗諷彼地作家手眼不明之意，是時憨山德清、紫柏真可、月川鎮澄等尊宿皆尚未開展其於五臺山的弘法利生事業，臺山固然神跡靈驗、感通泛應，然卻不見人文精彩與自性心光。此詩音節鏗鏘，寫情於景，運典了無跡痕，觀此詩，不難得知王百穀（1535–1612）對其詩作稱賞無已誠有以致之。但更重要的是：從此詩可以看出：雪山法杲對以五臺山為首的北方學風不以為然，以及南方華嚴學僧人的絕對自信。憨山德清住五臺山龍門時，雪浪洪恩亦有詩贈之，其曰：

---

[104] 雪山法杲：〈題畫送本權選五臺〉，《雪山草》，卷 3，《禪門逸書》，續編，第 3 冊，頁 28。

千峰窺險隘，萬壑轉幽長。雪色龍門冷，梅花燕齒香。寒暄仍故舊，心境頓清涼。勿更祈靈相，溪流明月光[105]。

　　根據憨山自敘年譜，兩人重會在萬曆三年（1575）[106]。此詩前半寫憨山德清居所景致，雪色梅花一以寫時，一則以喻心志堅貞。末兩句即「此土安隱」、「當下即是」之謂。憨山德清回憶兩人重逢時的情景十分令人動容，觀此，亦可知雪浪洪恩心境頓然清涼之由，不獨因為臺山北地苦寒，實別有因緣在，憨山德清曰：

及予同妙峰師，入五臺結茅以居。公聞之，即登臺山，問予於冰雪堆中。夜談，因扣公志。公曰：「吾見若此心如冰，誓將同死生耳。第念本師老矣，奈何？」予曰：「不然！人各有志，亦各有緣。察兄之緣，在弘法以續慧命，非枯寂比也。江南法道久湮，幸本師和尚受佛付囑而開闢之。觀座下，似未有能振其家聲者，兄乃克家的肖子，將來法道之任匪輕，且師長暮年，非兄何以光前啟後？幸速歸！無久滯他方也。」公即理策歸，濱行，予囑之曰：「兄素未以法自任，此回乘本師老年，就當侍座，以收四方學者之心，他日登壇，則吾家故物耳，幸無多讓！」公既歸，則挺然以法為任，久參夙學，皆卻步矣。先師弘法以來，三演《大疏》，七講《玄談》，公盡得華嚴法界、圓融無礙之旨，遊泳性海，時稱獨步[107]。

---

[105] 雪浪洪恩：〈五臺龍門訪清仲〉，《雪浪集》，卷《四庫全書存目叢書》，集部，冊 190，頁 688。

[106] 同註 102，頁 53。

[107] 憨山德清：〈雪浪恩公中興法道傳〉，《夢遊集》，卷 30，《憨山大師全集》，冊 2，頁

　　就憨山德清的說法觀之，兩人的臺山之晤對於晚明佛教影響深遠。首先是雪浪洪恩、憨山德清兩位曾有金蘭之契的法門昆仲在此確定各自分道揚鑣，自此之後雪浪洪恩不再向外馳求，繼承無極悟勤以來的法脈，以弘揚華嚴教法（特別是以清涼澄觀的教法為中心）為己任；而憨山德清則確定切斷大報恩寺的種種葛藤牽纏，獨自開創一番嶄新的法門事業。

　　在晚明佛教叢林朝山禮拜的風潮當中，五臺山對於憨山德清等江南僧人而言，至少具有幾重特殊的意義：（一）臧懋循（1550-1620）曾言：「顧南海補陀，一葦可達；而清涼遠在朔塞，非歲餘聚糧，無以即路，故我吳人禮補陀者常十九，而禮清涼者不能什之一[108]」──由於朝禮五臺的路途遙遠而艱辛，朝禮五臺山本身即足以驕人，因此如同憨山德清臺山滯跡八年、且乃至於聲動江湖，實為他人難以望其項背的特殊生命經歷。（二）前已言之，皇室對於五臺山格外尊崇，因此五臺山也是世俗權勢的中心。（三）五臺山既是洗汰降伏今世習氣煩惱的普光明殿，同時也是華嚴教學神聖根源性的永恆象徵。既是隱居修道的絕佳山水，也是弘化濟生的圓通聖殿。綜觀有明一代高僧，一身兼攝三者，且著述不輟，莫有過於憨山德清者。憨山德清既然在五臺山成就道業、名動寰宇，又兼與南（以雪浪洪恩一門為主）、北（以月川鎮澄與妙峰福登門下為主）雙方學僧同時交好，實為雙方溝通的最佳橋樑。因此，憨山德清之後，南北不同的華嚴傳承彼此之間的交流更加頻繁而密切。透過憨山德清，對於其他來自南方的華嚴學僧而言，五臺山也有不同的形象與面貌，例如蘊璞如愚亦曾前往五臺山聽月川鎮澄講經，其詩曰：

　　292。

[108]　〔明〕臧懋循：〈清涼山顯通寺募緣疏〉，《負苞堂文選》，卷 4，《續修四庫全書》，集部，冊 1361，頁 116。

> 何年獅子吼，此日獨開林。法講三乘妙，齋分一味深。水流潭下
> 磬，風囀谷中禽。尚爾閒經論，終身臥碧岑。[109]

　　蘊璞如愚此詩固然不無酬應溢美的成份，然而自身亦為一代說法名
家，系出南方華嚴學宗匠雪浪洪恩之門的蘊璞如愚亦不得不承認月川鎮澄
經論嫻熟，令人懾服。蘊璞如愚初抵五臺山，在未逢月川鎮澄以前的觀感
是「荒涼無俗問，舉目但蒿萊」[110]，相形之下，獅子窩的山林禽鳥，正同
火宅中一片清涼地。月川鎮澄身在山林，遠離塵囂，直探佛意，其說法自
然超妙，三乘之人同霑法喜，謂一代高僧誠良有以也。憨山德清如是形容
月川鎮澄曰：

> 師生而安重，寡言笑；律身嚴，御眾寬，不肅而威。說法三十餘
> 年，三演《華嚴》。雖登華座，萬指圍繞，意若無人。天廚日至，
> 而麤糲自如。居嘗專注理觀，脅不至席，淵沉靜默，老無惓容。受
> 法弟子，以千百計；出其門者率皆質樸，無浮習。蓋有以師表之，
> 其於講演，提綱挈要，時出新意。北方法席之盛，稽之前輩，無有
> 出其右者。[111]

　　憨山德清自謂與月川鎮澄為「法門知己」，與其一門多所往來，其門
人顒愚觀衡先即出自月川鎮澄門下。有趣的是，這段話竟然與其筆下的雪

---

[109] 蘊璞如愚：〈獅子窩聽月川師經賦贈〉，《空華集》，卷下，《禪門逸書》，續編，第 2
冊，頁 23。

[110] 蘊璞如愚：〈龍泉關初度〉，同上，頁 22。

[111] 憨山德清：〈敕賜清涼山竹林寺空印澄法師塔銘〉，《夢遊集》，卷 27，《憨山大師全
集》，冊 2，頁 225。

浪洪恩頗有應和之處。其曰：

> 一時聰明特達之士無不出其座下，始終說法幾三十年，每期眾多萬
> 指。即閒遊山水，杖錫所至，隨緣任意，水邊樹下，稱性揮麈，若
> 龍驤虎嘯、風動雲從。自昔南北法席之盛，未有若此。先師說法三
> 十餘年，門下出世不二三人，亦未大振。公之弟子可數者，多分化
> 四方，南北法席師匠，皆出公門。[112]

　　兩段文字對照之下，憨山德清刻意對照的寫作策略歷歷可見。就人格
特質而言，雪浪洪恩灑脫，而月川鎮澄持重；以門弟子而言，鎮澄門下多
北人，故亦多質樸之士，而雪浪洪恩門下特多聰明特達之士；就其影響觀
之，萬曆年間北方法席之盛，莫過月川鎮澄；而南北法席師匠，更盡出雪
浪門下，令憨山德清稱羨不已。因此，五臺山不再只有文殊示現感應，也
有善說法要的法門龍象，其大力唱演佛祖心光，如獅子吼聲迴盪在清涼山
的空谷之間。當門人西林寺上座太空朗欲往五臺山參禮時，雪浪洪恩如是
說道：

> 如第二月，誰其是月？又誰非月？但一月真，自無是月非月。朗公
> 首肯云：「老僧！且莫依文解義！某甲即今從熱惱獲清涼，則處世
> 界若虛空；如一輪朗月當空，萬器百川，分形散影，何溝渠而不至
> 哉！況五臺耶？故能不捨道法而現凡夫，遊五臺，禮文殊，如善財
> 之再見，智照不二。不然！則雲中縱有金毛現，正眼觀來卻是

---

[112] 憨山德清：〈雪浪恩公中興法道傳〉，《夢遊集》，卷30，《憨山大師全集》，冊2，頁293

邪。」雪浪讚曰：「善哉！如是」[113]

　　第二月典出《圓覺經》與《楞嚴經》，前已言之。雪浪此處亦以第二月視五臺山，太空朗則答曰若能自心本體清朗，自然光照萬器百川。善財童子雲水行腳，在於盡洗習氣，最後徹見文殊智照無二。太空朗在此處雖然表示自心清淨本然，自有定見，不隨意為他方所轉，卻也無意間兩者在交流過程中某種程度不可免的緊張對峙。至於北方學者的觀感，可以清初玉符印顆印可耀宗圓亮之際的贈詩為例，其曰：

　　蜉蝣寄跡亦何憑，布衲清風誰愛憎。撥盡浮雲無一點，任他雪浪有千層。機關破處形俱泯，色相空來意自澄。彼岸分明盡咫尺，優游何事不先登？[114]

　　眾所周知，佛典喜以浮雲喻煩惱，此處玉符印顆所言「雪浪有千層」實喻南方華嚴學雪浪一門枝葉茂盛。「意自澄」一方面指心體晶瑩透亮，但也暗指若能解脫煩惱、洞明心源，自能直探澄觀大師本意。對寶通系的學僧而言，雪浪一門的聲勢直同撲天蓋地，幾無所逃於天地之間。

　　太空朗上座援引「雲中縱有金毛現，正眼觀來卻是邪」一典原本出自趙州和尚朝禮五臺山時，不知名僧的贈詩，不外強調「直心即道場」，然此處「雲中金毛」，不無可能暗擬五臺山月川鎮澄，其曾作〈師（獅）子歌〉以自況，此詩流露出強烈的自信，既是月川鎮澄個人心境的宣示，也

[113] 雪浪洪恩：〈西林寺太空朗上座欲超方禮五臺參曼殊求示〉，《雪浪集》，卷下，《四庫全書存目叢書》，集部，冊190，頁729。
[114] 〔清〕興中祖旺、景林心露：〈賢首第二十九世耀宗圓亮法師〉，《賢首傳燈錄》，卷下，頁1b。

代表晚明五臺山華嚴學復興的景致。其曰：

> 君不見，五臺山上師（「獅」，今從原文）子踞。師子窩在雲深
> 處，師子說法師子聽，百獸聞之皆遠去。大師子、小師子，猛烈威
> 獰誰敢擬，爪牙才露便生擒。顧佇思維言下死。不說空、不說有，
> 四句百非不著口，金剛寶劍倚天寒，外道天魔皆斬首。不是心，不
> 是佛，父母未生全底物，無量劫來絕點痕，癡人欲解夢中縛。不屬
> 迷、不屬悟，白雲斷處青山露，丈夫捋透兩頭關，天上人間信獨
> 步。也無玄、也無妙，一切平常合至道，等閒拈得火柴頭，擊碎人
> 間無價寶。達磨宗、般若旨，六代相傳只這子，馬師翻作塗毒聲，
> 眾生聞者偷心死。師子吼，逼乾坤，直前跳躍忽翻身，小師子兒猶
> 迷影，野干狐兔那窺真。德山棒、臨濟喝，亦能殺、亦能活。臨崖
> 一捋命根休，三藏玄機無不奪。師子王、忽嚬呻，虛空走、須彌
> 瞋，無邊剎海現微塵，文殊普賢忙不徹，擁出如來大法輪。法輪
> 轉、無休歇，五十三人得一概，樓閣開門須善財，頭頭捋出光明
> 月。闕俱圓、圓俱闕，一毛端上同發越，眾生空界有窮時，此法滔
> 滔無盡竭。[115]

此詩全以大小獅子比喻五臺山師子窩聚談佛法的師徒，大法王修行獨
步、說法超妙，而群徒氣概超凡，行解相應，不僅獨步人間，天上亦了不
可得，此詩確實有「意若無人」的氣概。然而佛法入處雖有多門，然華嚴
一門可以涵攝禪教萬有，師子窩雖大千世界一毛端，可以應現無邊樓閣。

---

[115] 〔明〕月川鎮澄：〈師子歌〉，鎮澄纂、李裕民審訂：《清涼山志》（太原：山西人民出版
　　社，1989），卷10，頁239。

憨山德清、妙峰福登先發其端緒，繼而月川鎮澄銳意經營，自此之後，五臺山又成為四方瞻禮的清涼勝境，又有金毛獅子坐地高吼，北地華嚴學宗風大振，雖然與南方一系亦有所交流，如前所述，兩者雖然同樣推尊澄觀教法，但彼此之間仍存在著某種程度難以化解的緊張關係，不過，正同時因為如此複雜因素的糾葛，五臺山在雪浪一門詩僧的筆下，遠不止於單純的名山勝地而已，具有豐富多元的樣貌與意涵。

六、「觀心難遣世興亡」：華嚴宗匠蒼雪讀徹看天崩地解

雖然朝禮五臺山在晚明盛極一時，入清以後，此風卻逐漸消歇[116]，特別是明清之際連年遍地烽火漫空，僧人難以隨心行腳遊方。國運漸次衰微興替，神州陸沉、地裂天崩，法運亦隨之而轉，同時佛教內部彼此鬥諍之風也越發熾烈。面對傾圮瓦解的世界秩序以及分崩離析的叢林組織，世風與詩風必須同時面對呈現劇烈變動的新紀元。

儘管明清之際詩僧名家輩出，雪浪一門也始終著意於外學與文藝，然而備受詩壇藝林推重，一時風雅冠冕如錢謙益、吳梅村（1609-1672）、王漁洋（1634-1711）傾心折服，聲名之盛，莫有過於蒼雪讀徹者。例如王漁洋曾推賞蒼雪讀徹曰「近日釋子詩，當以滇南讀徹蒼雪為第一」[117]，又曰：

---

[116] 釋滿貫：《明末華嚴思想弘傳研究》，頁 177-190。

[117] 〔清〕王士禎：《漁洋詩話》，《清詩話》（臺北：西南書局，1979），頁 154。

南來蒼雪法師，名讀徹。居吳之中峰，常夜讀《楞嚴》，月明如水，忽語侍者：「庭心有萬曆大錢一枚，可往撿取。」視之果然。師貫穿教典，尤以詩名，嘗有句云：「斜枝不礙經行路，落葉全埋入定身。」「一夜花開湖上路，半春家在雪中山。」此類甚多。己未二月，師弟子秋阜過訪說此。秋阜有句云：「鳥啼殘雪樹，人語夕陽山。」亦有家法[118]。

　　蒼雪讀徹為華嚴宗一代義虎，詩禪並高。俗姓趙，原名讀徹，七歲出家，事雞足山水月儒全，十九歲發心參方，悠悠萬里，得達金陵。「叩《楞嚴》於天衣，受十戒於雲棲，受滿分戒於古心律師，聞雪浪晚棲望亭，往參焉」[119]，雪浪洪恩圓寂之後，往依其門高弟巢松慧浸、一雨通潤，數年間一雨通潤講筵所至，無役不從，與汰如明河並為一雨通潤入室弟子，「凡（一）雨師瓶錫所至，挾持左右，綱領大眾，若性若相，若圓融具德之學，一皆窮源極奧」[120]，後主持中峰講院，蒼雪讀徹主持院事期間，汪琬曾形容其盛況曰：「明崇禎中，徹公次補潤公法席，來住中峰，其同門友汰如河公住華山，兩山對峙，鐘唄之聲，交應相與，日夜弘法闡義，傾動四方，凡名公貴人，降及閭閻士女，無不肩摩踵接，往來絡繹於支硎、天池間，惟二師之歸，故其道場最盛」[121]、「貌古眼豁，神澄氣壯，出言成文，意趣風生，標格韻致，渾如晉代人物，雖脫略世相，舉動

---

[118] 王士禎：《池北偶談》（北京：中華書局，2006），卷13，頁308。

[119] 同註17。

[120] 了惠：〈蒼雪讀徹〉，《賢首宗乘》，卷6，頁12b-15b。

[121] 〔清〕汪琬：〈中峰晚庵了法師塔銘〉，《堯峰文鈔》（《四部叢刊》〔臺北：商務印書館，1979〕），卷20，頁194。

之間，事多冥會」[122]——是以漁洋津津樂道其神通透脫之處，蓋淵源有
自；「面目刻削，神觀凝睟，所至賢士大夫希風禮足。博涉內外典，賦詩
多新警句[123]」順治十三年，應金陵寶華山見月讀體之請，講《楞嚴經》，
未終期，是年五月坐化於寶華山中，享年六十九，僧臘六十二。

　　明清鼎革之後，吳越之間遺民與僧人水乳交融，蒼雪讀徹以華嚴大家
兼一代作手的身分遊乎其間，同時也留下明顯的身影。例如吳梅村曾如是
曰：

　　（蒼雪讀徹）自謂：「平生于此證入不二法門，禪機詩學總一參
　　悟」，其詩之蒼深清老，沈著痛快，當為詩中第一，不徒僧中第一
　　也。[124]

又曰：

　　師和余〈西田賞菊詩〉有「獨擅秋容晚節全」，全字落韻，和者甚
　　多，無出師上者。其〈金陵懷古〉四首，最為時所傳。師雖方外，
　　于興亡之際，感慨泣下，每見之詩歌。嘗自詠曰：「剪尺杖頭挑寶
　　誌，山河掌上見圖澄。休將白帽街頭賣，道衍終為未了僧。」以見
　　其志云。[125]

---

[122] 了惠：〈蒼雪讀徹〉，《賢首宗乘》，卷6，頁15a。

[123] 同註17。

[124] 吳偉業：《梅村詩話》，《吳梅村全集》（上海：上海古籍出版社，1990），冊下，卷58，
　　頁1145。

[125] 同前註。

　　蒼雪讀徹與吳梅村夙有深交，彼此唱和不斷。李舜臣曾將蒼雪讀徹的詩區分為禪境詩與興亡詩兩大類別，大抵可從[126]，對於佛法不斷精進向上的體認追求以及山林煙霞之癖，本是通串蒼雪讀徹詩歌一貫顯而易見的主題，乙酉之變後，蒼雪讀徹詩歌盈漾著黎民在抱的情懷[127]與深切悲痛的故國之思。誠如吳梅村所言，傳誦一時的〈金陵懷古〉組詩四首於興亡之際感慨寄託獨深，甚能見其遺民心志，歷來頗受詩家看重，其中第三首云：

　　　　浪打山根斷鐵繩，降帆曾見出金陵。三軍天塹如飛渡，六月江流忽
　　　　凍冰。剪尺杖頭懸寶誌，山河掌上照圖澄。休將白帽逢人賣，道行
　　　　終為未了僧[128]。

　　此詩意象生動，既描述現實情勢，也涵括價值選擇。此詩前半寫神州陸沈的天下局勢，後半寫八角盤空的法門氣運，確乎一代大手筆氣象規模。此詩以東吳降晉與建文遜國為例，藉以喻亡國之痛。一二句全部化用劉禹錫「千尋鐵鎖沈江底，一片降幡出石頭」[129]的名句，三四寫清軍軍容壯盛且行動捷速，下半全寫僧伽護國，寫寶誌（418-514）、佛圖澄（232-348）、道衍（姚廣孝）（1335-1418）等擘畫國運相關之僧人，梅村謂「以見其志」，孫昌武先生謂「表達自己未能忘記世情的感慨」[130]似乎失於籠統。筆者以為後半四句乃寫運遭陽九的法門鐵漢，當如寶誌、佛圖澄

---

[126] 李舜臣：〈明季清初滇南詩僧蒼雪論略〉，《雲南師範大學學報》35 卷 1 期（2003：01），頁 58-63。

[127] 同前註。

[128] 蒼雪讀徹：〈金陵懷古〉，釋讀徹著，王培孫輯注：《南來堂詩集》，卷 3 下，頁 21a。

[129] 〔唐〕劉禹錫：〈西塞山懷古〉，劉禹錫撰，高志忠校注：《劉禹錫詩編年校注》（哈爾濱：黑龍江人民出版社，2005），卷 4，頁 369。

[130] 孫昌武：〈詩僧蒼雪〉，《普門學報》第 20 期（2004：03），頁 351-368。

一般以廣大神通消弭刀兵干戈，而不當如道衍（姚廣孝），以黑衣宰相的
姿態參贊軍機戎務。所謂「自見其志」，前已言之，蒼雪讀徹「舉動之
間，事多冥會」——其意當以寶誌、佛圖澄等歷史上著名的神異高僧為
歸。明遺民對建文遜國一事寄託特深，趙園教授曾有精彩的分析[131]，此際
法門對道衍又別有會心。簡單的說：道衍以緇流參與兵戎，實與當時部份
抗清義士以比丘相奔走復明運動有關[132]，此固鐵血硬漢，然而「逢人賣白
帽」可謂名根不斷，塵緣未能盡洗，不能深入如海經藏或禪定精深，於佛
法終究未能圓滿，現比丘相卻不能持戒精嚴，未免「為僧不了」[133]，此實
是一代華嚴宗師的塗毒法鼓。〈金陵懷古〉雖是尋常的詠史詩題，但蒼雪
讀徹目光可謂全在現前一念，古今真俗，涵攝交映，味之無窮。梅村「蒼
深清老，沈著痛快」之推賞可謂諦當。

　　明清鼎革之後，眾多士人剃髮出家此一特殊的文化現象例稱「遺民逃
禪」，而遺民出家依止的法門宗匠，則謂之空門遺民，二者合稱遺民僧
[134]。國變以前，蒼雪讀徹詩僧義虎之名已經名震東南。乙酉之變後，復心
懷故國，與靈巖繼起（1605-1672）、覺浪道盛（1592-1659）、三宜明盂

---

[131] 趙園：《明清之際士大夫研究》（北京：北京大學出版社，1999），第三章〈作為話題的
「建文事件」〉，頁165-191。

[132] 當時以僧裝參與復明運動的例子不在少數，福建的黃檗宗僧人獨往性幽（俗名歐琪）即是一
例，關於獨往性幽，參見廖肇亨：〈獨往性幽與《蜚聲詩集》：兼探黃檗宗的復明運動〉，
《中國文哲研究通訊》17卷4期（2007：12），頁143-154。

[133] 明清之際，遺民出家蔚然成風，其中頗有「飲酒食肉如故」者，若歸莊、薛諧孟等人，與
佛教嚴格要求的戒律形成某種程度的緊張關係，關於這一點，參見廖肇亨：〈天崩地解與儒
佛之爭——明清之際逃禪遺民價值系統的衝突與融合〉，《人文中國學報》（香港：浸會大
學）13期（2007：09），頁408-453

[134] 關於明清之際明遺民與佛教的交涉，參見廖肇亨：〈以忠孝作佛事：明末清初佛門節義觀論
析〉，收入鍾彩鈞主編：《明清文學思想中之情、理、欲》（臺北：中央研究院中國文哲
所，2009），頁199-244；以及前揭〈天崩地解與儒佛之爭——明清之際逃禪遺民價值系統的
衝突與融合〉等相關著作。

（1599-1665）、木陳道忞（1596-1674）（時尚未為清朝籠絡）等當時著
名的空門遺民往來無間，特別是靈巖繼起，由於地緣相近之故，贈詩酬
和，甚為相洽。靈巖繼起在病中，念及蒼雪讀徹，特別修詩問訊，蒼雪讀
徹感其高誼，亦和其韻，詩曰：

> 土炕如蠶縮繭寒，兩山風雪隔年殘。無憑春夢誰人覺，不盡燈花別
> 夜闌。想去好懷吟自得，遣來多病問確安。殷勤何事堪相慰，匕箸
> 于今不減餐[135]。

　　風雪之年既是時節，也是國運，首句當言靈巖繼起牢獄之苦，此佛與
佛相互問訊少病少惱之儀節，此詩文意明白，幾乎無須多作解釋，明清之
際兩大家在乾坤倒錯時節相濡之沫的難得交情。天地迍邅，山中尚能如常
飲食，相較俗世漫地腥穢，已是一方淨土，末句竟以廉頗自況，足見其尚
有一點壯心不死。全祖望（1705-1755）以靈巖繼起為明清之際「僧中遺
民」的代表人物[136]，門下逃禪遺民多不可數。蒼雪讀徹亦以中峰講院院主
的身分，庇護當時著名文士文祖堯[137]、李灌溪等人。國變之後，蒼雪讀徹
形容其與靈巖繼起兩人交誼是「淮叟滇翁原莫逆，法門兄弟舊親知[138]」，
同為空門遺民，此際針芥相投，水乳交融。蒼雪讀徹高臥山中，對於恢復

[135] 蒼雪讀徹：〈次靈巖繼公病中以雪夜有懷詩見問〉，釋讀徹著，王培孫輯注：《南來堂詩
集》，補編，卷3下，頁12a-b。
[136] 〔清〕全祖望，〈南嶽退翁和尚第二碑〉，《鮚埼亭集》（臺北：華世出版社，1977），卷
14，頁176-177。
[137] 陳垣：《明季滇黔佛教考》（臺北：彙文堂出版社，1987），卷5，〈遺民之禪侶第十五〉
頁239-242。
[138] 蒼雪讀徹：〈次答靈巖繼公見過〉，釋讀徹著，王培孫輯注：《南來堂詩集》，卷3下，頁
18b-19a

故國亦存一絲幻想，其〈山居〉四首之三曰：

> 匹夫有志實堪從，難奪三軍氣所鍾。聖代唐虞如在上，隱淪巢、許
> 亦相容。楚狂昔日歌衰鳳，漢室今誰起臥龍。草木餘年能遂養，大
> 夫何必受秦封？[139]

　　從禪林文學史的觀點來看，〈山居〉詩是明清禪詩習用的題材之一，
當時「近代禪、講，集必有詩，詩必有〈山居〉」[140]，通常〈山居詩〉主
要是僧人以山林風物描寫斷惑證真與避俗遁世的心志，時亦帶有開悟偈的
性質[141]。蒼雪讀徹此詩雖然題作〈山居〉，卻與山居詩的傳統不盡相同，
亦勸當時士人退隱山林，高尚其志，終老一生，以全名節。末尾以訶責變
節事敵的貳臣風骨不潔作結。此詩固然也寫隱士高情，眼目卻全在「漢室
今誰起臥龍」一句。在國運瓦裂的時節，期待臥龍先生再現於世，且能置
世俗榮祿於身外，蒼雪讀徹這首山居詩，一方面勾勒其心目中理想的人格
圖像，也同時也完整呈現他的遺民心志，同時也顛覆山居詩關注自然景物
牢不可破的寫作傳統，開創了一種強調歷史視野的嶄新可能。
　　蒼雪讀徹深居山中，詩境多端，風格豐富，其固然關心國運興亡，以
空門遺民自居，但其弘揚華嚴教法的深心悲願可謂終身不替，陳垣謂蒼雪
讀徹「人之知蒼雪多以詩，鮮知其為華嚴宗匠，詩特其餘事耳[142]」，其致

---

[139] 蒼雪讀徹：〈山居四首〉之三，釋讀徹著，王培孫輯注：《南來堂詩集》，補編，卷 3 下，
　　頁 1a。

[140] 〔清〕石雨明方：〈和楠堂詩序〉，釋明方說，釋淨柱編：《石雨禪師法檀》，《明版嘉興
　　大藏經》，冊 27，頁 137。

[141] 關於山居詩的美學特色與精神特質，參見廖肇亨：〈晚明僧人〈山居詩〉論析：以漢月法藏
　　為中心〉，《中邊・詩禪・夢戲：明末清初佛教文化論述的呈現與開展》，頁 273-300。

[142] 陳垣：《明季滇黔佛教考》，卷 1，〈明季滇南高僧輩出第二〉，頁 18。

身於華嚴教法的大願力亦畢現於其詩中。前已言之，雪浪洪恩一脈特重講
經說法，說法名家輩出，錢謙益形容蒼雪讀徹說法「於賢首、清涼諸書，
專門講演，淹通純熟，大乘經論，如肉貫串，處處同其義味。[143]」蒼雪讀
徹師事一雨通潤最久，但其傳法風格卻更近巢松慧浸，一意以說法為尚。
蒼雪讀徹佛學相關著述傳世不多，因而難以窺其論學旨要，然其說法備受
推賞。順治十三年三月寶華山見月讀體（1601-1679）請講《楞嚴》，講
期未竟，即示疾坐化，其弘法利生之深心大願，亦非常人能及[144]。雖然蒼
雪讀徹講經次數極為頻繁，但畢生心光所歸，仍在澄觀《疏鈔》。蒼雪讀
徹曾與汰如明河訂下分講《華嚴疏鈔》之約，錢謙益記其經過曰：

> 師謂《華嚴》一經，經王法海，非精研《疏鈔》，不能涉其津涯，
> 窮其奧窔，遂與河師住華山，師住中峰，一歲兩期，踐更周遭，東
> 南法席，于斯為盛。河師首唱一期，順世而去。師遂獨力荷擔，講
> 第二期于華山，講問明品于中峰，講第四期于慧慶，講第五期于昭
> 慶，講第六期于錫山。甲午歲，至第三地，病篤輟座，人或勸其
> 且止。師曰：「我與汰兄炷香發願，人天鑒知，敢背捨乎？」[145]

　　錢謙益未言第一會實發軔於華山（即寶華山），蒼雪讀徹有詩記其
事，詩云：

> 指石為盟互主賓，兩山法食轉雙輪。百千萬裡爾一個，五十三中我

---

[143] 同註17。

[144] 蒼雪讀徹：〈寶華山楞嚴講期未竟病中自解〉十首，釋讀徹著，王培孫輯注：《南來堂詩
集》，補編，卷3下，頁25b-26b。

[145] 同註17。

兩人。蜜女欲鉤牽嗜舌，魔王火聚指投身。百城參遍知何處？煙水
茫茫始問津[146]。

　　此詩發首以其與汰如明河發心共講華嚴疏鈔，彼此互為賓主問答往
還。頷聯以下全用〈入法界品〉，頷聯則以善財童子譬擬汰如明河與蒼雪
讀徹自身，用之以況荷擔振起華嚴一宗之重責大任。百城煙水南詢廣參之
後，心頭一點靈明全部託寄華嚴法門，尤其是澄觀《疏鈔》。汰如明河曾
就其所以發心與蒼雪讀徹共講《疏鈔》的原由說道：

　　白文經傳演雖盛，然昧旨者多，得旨者少。我二人若不扶教觀宗
　　旨，日久日衰，必至邪說亂行矣。[147]

　　也就是說：汰如明河與蒼雪讀徹分講華嚴《疏鈔》的目的在於揀魔辨
異，意即宣示雪浪一門在華嚴教學（乃至於佛法全體）的正當性。從佛教
史的觀點來看，對汰如明河而言，此際主要的論敵至少有二，一是如前所
述，是來自北地五臺山的華嚴學；另一則是禪家的華嚴學。後者主要推尊
李通玄，往往不喜澄觀[148]，而前者雖一以澄觀為歸，但前已言之，兩者存
在某些難以化解的差異。汰如明河與蒼雪讀徹發心終講《疏鈔》自是東南
法門盛事，但更重要的是：這是在明清眾聲喧譁的佛教叢林當中，定位南
方華嚴學真正的頻率與波長。崇禎十三年，汰如明河圓寂，享年五十三，

---

[146] 蒼雪讀徹：〈高松河兄與余矢願互為賓主共轉大經《疏鈔》，公始於華山首唱一期解制同
　　　作〉，釋讀徹著，王培孫輯注：《南來堂詩集》，補編，卷3上，頁10a

[147] 了惠輯：〈第二十八世汰如明河法師〉，《賢首宗乘》，卷6，頁12a。

[148] 關於這點，詳參荒木見悟：〈明代における李通玄〉，《中國心學の鼓動と佛教》（福岡：
　　　中國書店，1995），頁141-181；譯文參見荒木見悟著，廖肇亨譯：〈李通玄在明代〉，《明
　　　末清初的思想與佛教》（臺北：聯經出版，2006），頁111-139。

自此之後，蒼雪讀徹成為南方華嚴學的真正發聲者與最佳代言人。

　　綜上所述，蒼雪讀徹的地誌書寫至少含有兩重特殊的意義：（一）明清鼎革之際，蒼雪讀徹以一代華嚴宗師兼詩僧領袖的雙重身分心懷故國，與眾生同休戚，在無緣大慈、同體大悲的情懷之外，又帶入強烈的歷史興亡之感，對蒼雪讀徹而言，天崩地解，風雪不歇的世界壞滅之際，內心的期待仍如滿覆劫灰的一點星火，只要善緣和合，貞下起元亦指日可待。（二）蒼雪讀徹從滇南萬里行腳來到江南，在雪浪洪恩一脈的巢松慧浸、一雨通潤的門下尋獲生命的認同與人生意義之眼目。除了華嚴教義的闡發之外，擅詩、擅說法、與賢士大夫往來，無一不規模雪浪洪恩教法。因此，對蒼雪讀徹而言，中峰與華山（寶華山）不只充滿師友談詩論學的美好回憶，更是善財童子煙水南詢之後的華嚴樓閣，是興護佛法的兜率內院。蒼雪讀徹的詩作雖然也有行腳參方的想像與經歷，但更多的是面對世界劇烈變動的目光，以及護持正法的願力。

七、代結語

　　晚明以來，面對著特殊的文化氛圍與社會環境，華嚴學有幾重特殊的問題脈絡值得深入探究。（一）華嚴學史上，夙有《疏》（澄觀《大方廣佛華嚴經疏》）、《論》（李通玄《華嚴經合論》）之爭。根據荒木見悟的研究，晚明時，李通玄《華嚴經合論》顯居上風[149]；在此同時，圭峰宗密的「頓悟漸修」也逐漸受到知識社群的重視，對華嚴學悠久且宏闊的思想體系如何消化吸收？在「選擇／放棄」的過程中，雪浪一門對華嚴思想

---

[149] 同前註。

內涵進行何種調適與改造的工作？（二）憨山德清與月川鎮澄曾經對僧肇
《物不遷論》有過一番激烈的爭辯，足見南北雙方對教理教義的理解有所
出入，南北方的交流情況與見解異同值得進一步釐清。（三）從圭峰宗密
開始，禪宗與華嚴便有密切的交流，宋元以來，禪宗從華嚴獲得啟發固不
待言，華嚴祖師如長水子璿、別峰大同亦從禪宗獲得啟發與契證。晚明以
來，曹洞宗宗匠博山元來、鼓山元覺稱曹洞禪法「總在受用一真法界」。
禪與華嚴似乎針芥相投。雪浪洪恩結合禪、教雙方的思想特色，在當時引
起廣大的反響。雪浪洪恩頗得力於禪，又融匯唯識，正好與晚明以來江南
知識社群的風氣隱隱相合[150]，明清以來，禪與華嚴之間的交融互攝，雪浪
一門正是省思這些現象的絕佳窗景。

　　探討晚明南方華嚴學的學術思想與文藝展演具有幾層意義：（一）關
於華嚴學的歷史知識以及明清佛教思想內容，可以獲得一個較為清楚的圖
像。（二）由於雪浪洪恩融合了華嚴、禪、唯識等不同的學派特徵，雪浪
洪恩又曾代表南京佛教界與利瑪竇展開一場辯論。因此，就雪浪洪恩一門
的思想學說當中各種成份交融互攝的關係進行分疏，對於理解晚明文化中
跨界（boundary-crossing）特色在佛門展現的特徵及其論述方式具有相當
程度的代表性。（三）雪浪洪恩一脈與當時文士大夫交好，雪浪洪恩性相
兼弘的思想特徵也相當程度地影響了晚明的文化社群，包括陳繼儒、鄒迪
光、管東溟，以及稍後的錢謙益，根據吉川幸次郎的考證，錢謙益與雪浪
洪恩一脈往來最為密切，錢謙益「返經明教」的佛學主張，其義學色彩亦

---

[150] 明末號稱「慈恩中興」，唯識宗盛極一時，關於明末唯識宗復興一事，可參見釋聖嚴：〈明
末的唯識學者及其思想〉，《明末佛教研究》（臺北：東初出版社，1987）頁 187-236；張志
強：《唯識思想與晚明唯識學》；周齊，〈明代中後期唯識學的興起及其特點分析〉，黃心
川主編，《玄奘精神與西部文化——玄奘精神與西部文化學術研討會論文集》，西安：三秦
出版社，2002，頁 191-207。

歷歷可見[151]。雪浪洪恩再傳弟子蒼雪讀徹也頗與江南遺老文士交好。明清文人多近佛，明清之際又有遺民逃禪之風，明清之際的文論家有深入佛教義學（唯識、華嚴、天臺）的傾向。亦可深化作為理解明清文學文化的重要基礎。

　　本文從雪浪洪恩與蘊璞如愚的論爭開始談起，用以說明習詩風尚在晚明清初的佛教成為各方爭論的重點。同時以雪浪洪恩的望亭飯僧、江南叢林的行腳參學與朝禮五臺、以及蒼雪讀徹的金陵懷古詩為例，檢視其地景書寫的可能意涵。進一步精細來看，雪浪洪恩以華嚴五地聖人之說為理論基礎，強調詩的社會功能，作為與士人往來的重要文化資本，其文藝創作的基調固然仍不脫傳統的「蔬筍氣」或避世居山的心情，然而身處國變之際的蒼雪讀徹，卻能夠一反宿習，別出心裁，帶入強烈的歷史興亡之感，並且流露出在末法時代撐持法門的決心與願力。從雪浪洪恩到蒼雪讀徹，從「欲奪詞壇赤幟」（雪浪洪恩）到「詩中第一，不徒僧中第一」（蒼雪讀徹），意謂著詩藝精益煉磨的過程，當然也意味著文士化傾向的深化。

　　同時，從雪浪一門的詩作也反映出當時佛教風氣的某些趨勢，例如當時佛教叢林的行腳參學與朝禮五臺山的風尚。同時，諸人的詩作中也透露：晚明華嚴學南北分宗爭鳴的態勢，北地五臺山獅子窟月川鎮澄的崛起，也帶給南方華嚴學僧莫大的壓力，不過換句話說，這同時也是晚明華嚴學風大行於世的例證。從雪浪洪恩開始，晚明華嚴學南方系一門詩僧輩出，其地景書寫與時代風尚息息相關，也是摸索自我定位的絕佳門徑。另外值得注意的是：此門徒眾莫不擅長說法，廣長舌上蓮花粲然，與坐破蒲團的枯木禪表現出截然不同的文化形象。雪浪一門苦心琢磨藝文、外學、以及專精說法等獨特的文化成就，儘管招致某些批評（例如雲棲袾宏），

---

[151]　參見吉川幸次郎：〈居士としての錢謙益〉一文。

但在眾聲喧譁的晚明佛教叢林，無疑卻留下獨特的身影與音聲，晚明清初的學術思想與藝術文學，莫不同時受其影響，晚明華嚴學南方系的地景書寫既是莊嚴壯麗的華嚴樓閣，更是鐘鼓梵唄迴盪的名山道場，豐富了佛教的文化意涵，呈現不同的價值選擇過程中的衝突與抉擇，成為晚明清初多彩的文化展演中不可輕輕看過的一頁風華燦爛。

第二章　博奧渺深　奧義迴環
──荒木見悟教授學問世界管窺

廖肇亨

中央研究院中國文哲研究所研究員

　　在日本為數眾多的中國思想研究者當中，著作之豐、用力之勤、範圍之廣、研析之深，首推九州大學名譽教授荒木見悟教授。荒木教授學有根柢，文獻精熟，刀刀見底，剖解深入。雖然早退皋比，年屆九秩高齡，近年仍然奮力著述，新意迭出，觀者唯嘖嘖稱奇而已。

　　昔人稱陳寅恪先生學問有「四大柱子」，荒木見悟教授的學問世界亦大約可以歸約為三組概念的交錯融會。一曰：「中國／日本」、一曰：「佛學／理學」、一曰：「常／變」；在方法上，以堅實的文獻閱讀出發，參酌西方當代的哲學理論，既能照管文獻版本源流、目錄善本，也能善用通行俗本，於「百姓日用而不知」之間見出深意，復於人跡罕至之處新發精彩。重傳統而有新創，於發明中不忘源流。以下就此三組概念略述如下。

　　一、「中國／日本」，荒木教授師承楠本正繼教授，禰祧日本九州儒學源流，在荒木教授的著作中，中日思想特質異同的比較，充分說明他關注日本國土的本地風光，而非「平日袖手談心性」的蛋頭學者，歷史上的日本與中國本即「一衣帶水」，深入認識中國思想，絕對是認識日本不可

或缺的重要步驟。儒學雖然傳入日本為時甚早，但必須等到江戶時代，方能取得官學的正式地位。相對於此，佛教對日本的影響更為廣遠，荒木教授對佛教的分析，中日特質的比較亦是其念茲在茲的重要課題。

二、「佛學／理學」，荒木教授最為學界傳頌的研究，自然首推儒佛交涉的研究。本來，日本學界自廿世紀初期開始，三教關係一直是學界夙所關心的重要範疇。荒木教授之前的學者若小柳司氣太、久須本文雄、常盤大定等人雖然都有專著討論。但前此的研究者大多只停留私人交誼或字句比附的層次，從思維樣式的異同，剖析彼此之間錯綜複雜關係的學者仍然必須首推荒木教授。

荒木見悟教授的學術生涯發軔於《佛教與儒教》（1963）一書，以《明末宗教思想研究──管東溟的生涯及其思想》（1979）一書為轉折，《明末宗教思想研究──管東溟的生涯及其思想》一書處理管東溟的思想，並詳細區分其與當時各家各派的關係，就其於繽紛多彩的晚明思想界脈絡當中尋求一個適當的定位。此書仍然是研究晚明三教思想最重要的參考著作之一。

第三、就「常／變」而言，荒木見悟教授對既有的價值系統十分尊重，其成名之作《佛教與儒教》一書而言，其實只有四部份，即《華嚴經》、《圓覺經》、朱子學、陽明學。其以「本來性」與「現實性」作為分析的視角，就彼此之間思惟錯綜複雜的關係條分縷析，不以成見軒輊彼此，對宋代以來的朱子學、陽明學、禪學皆能不以陳見入胸，且能尊重彼此之間的差異，不妄為牽猱比附，實屬難得。

但另一方面，由於廣博的閱讀與高遠的視界，荒木見悟教授對某些隱而未彰思想家的表詮，更加彌足珍貴。今日的學術工作者心中皆隱隱然有一共識，即經典地位的形成其實是一個漫長而精細的過程，有本質，但也有操作。相對而言，吾人今日耳目未熟的名字也許曾經統領一時風騷，在

人為刻意的操作之下，以致湮沒不聞，例如四庫全書對晚明文化刻意的抹殺與曲解就是最好的例證。荒木見悟教授別有洞見，於其學術生涯中早對晚明四大師（雲棲袾宏、憨山德清、紫柏真可、蕅益智旭）、覺浪道盛、吳廷翰、趙大洲、張九成、潘殖……等學術界早已遺忘的名字，重新告訴世人其思想之特色與價值。在這一點上，荒木見悟教授在中國思想研究領域的開創之功，日並世無出其右者想亦絕非過譽。

　　荒木教授識高學博，最難得的是：對固有的價值標準不輕信權威，不妄下斷語，必窮究本源，然後箭無虛發。例如以明清佛教史研究而言，影響深遠的忽滑谷快天《中國禪學思想史》一書明白將元代以後定位為「禪道變衰時代」，而荒木見悟則多處指出晚明以來的佛教發展有自己的時代問題，有自己的解決方式，更有一套特殊的陳說與書寫方式，斷不容以「混雜」一語全部抹煞。荒木見悟教授對儒釋調和論者在感情上始終抱著一份同情的了解，在日本，乃至於世界的學術工作者中格外顯得突出。

　　荒木見悟教授一直注視中國學界的研究趨勢，荒木教授藉著王廷相、吳廷翰的研究與近來重氣論者的研究呼應；藉著王夫之、熊魚山等人的研究與明末清初思想家進行深度的對話；藉者雲棲袾宏與覺浪道盛等高僧的研究，重新反省佛教的可能性與限制。

　　歷史如同一條長河，宋代是轉向的關鍵年代。荒木見悟教授勾勒了那條河轉型的方程式，並告訴我們沿岸有許多繽紛燦爛的景致，我們曾經如是匆匆錯過。

　　在荒木見悟教授漫長的治學生涯當中，至少有兩次論爭想必印象深刻。一次是與聖嚴法師論戰明代佛教與儒家的互動關係，聖嚴法師認為晚明佛教的興盛有其內在的自主性，未必需要透過陽明的前導，而荒木見悟教授則強調佛教的興盛與知識份子的好佛風尚具有密不可分的關係，特別是陽明講「良知」，成為貫通三教最重要的關鍵。嚴格來說，盱之史實，

荒木見悟教授略佔上風自不待言。不過聖嚴法師仍然對荒木教授十分佩服，日後亦邀請荒木見悟教授到中華佛學研究所進行訪問研究，可謂「君子和而不同」的最佳範本。

另一次論爭則是與東京大學溝口雄三教授關於「主體性」問題的討論，溝口教授認為荒木教授、島田虔次等前輩以個體自由講晚明思想，乃是受了西洋觀念論哲學的影響，有違中國思想史的實態。荒木見悟教授雖然對此並未正面回應，但其門人弟子在許多不同的場合都對溝口教授紛紛提出異議。嚴格來說，荒木見悟教授當然也涉獵，但並未專崇西方哲學，更多的是對中國原典所下的堅實工夫。溝口教授並未如荒木教授於佛學禪典中浸淫久之，遂有此問。然而以聖嚴法師與溝口教授為論敵，亦可見境界之高。

荒木見悟教授一生專注治學，與人接，無一語及乎塵俗事。持戒嚴整，門風高峻，法眼獨懸，然獎掖後學又不遺餘力，後學有一得之善，先生必獎勵有加，得之者拱之璧之。先生不煙不酒，福岡大榮鷹隊每有賽事，先生加油不落人後，球賽外亦唯讀書寫作而已矣。家中多藏善本，與後生論學，每有疑，則持書出，疑立決，老吏斷案亦不是過耳。

筆者與荒木見悟教授曾有一面之雅，九六年初夏，筆者往福岡謁候先生，時野口善敬先生與鶴成久章兄亦在座，先生殷殷垂詢，論及錢謙益、方以智、覺浪道盛數人之學術與佛教之交涉。那時我也曾歷經徬徨尋求的蕭索，也在異鄉張望，思想溢滿無法盈握的孤寂，那個初夏的下午，在我耳膜始終迴盪大海深沈的濤聲，豐盈而又厚實。

參考文獻

1. 荒木見悟著、張文朝譯，〈我的學問觀〉，《中國文哲通訊》（中研院文哲所）3 卷 1 期（1993.3），文後附至 1992 以前之著作目錄與生平履歷。

2. 荒木見悟，《釋迦堂への道》，（福岡，葦書房，1983）。

3. 荒木見悟教授退休紀念會編，《荒木教授退休記念中國哲學史研究論集》，（福岡，葦書房，1981）。

第三章　荒木見悟明代佛教研究再省思

廖肇亨

中央研究院中國文哲研究所研究員

一、前言：問題之所在

　　如果沒有遇到九州大學的楠本正繼，荒木見悟（敬稱略）的學術研究當中，儒學還能佔有多少比重，不免令人存疑。儘管荒木見悟「本來性——現實性」的方法無疑來自佛教的啟發，儘管荒木見悟對於明代佛教研究的開拓之功並世無兩，即使他已有數冊明代佛教的專著，即使門人野口善敬如今已繼踵先師，成為當今學界關於中國近世佛教研究的領航人，但專門討論荒木見悟關於明代佛教相關的研究論著仍屬鳳毛麟角。

　　荒木見悟出身真宗信仰的家庭，在進入九州大學以前，在龍谷大學就讀，也曾在比叡山短暫修行。不難看出：他青年時期的艱難、困惑，以及尋求的救贖，都在佛教。進入九州大學就讀時，最初原本以印度哲學（佛教學）為專業，但在當時印度哲學的幹焉龍祥的推薦下，轉投中國哲學楠本正繼門下，楠本正繼開啟荒木見悟關於儒學的視野，並示之為學之方。荒木見悟第一部專著，是以博士論文為基礎修改而成的《佛教與儒教》，最後一部專著是《憂國烈火禪》，終其一生，荒木見悟始終沒有真正離開儒佛關係的研究領域，也曾批註過明教契嵩《輔教編》、大慧宗杲《大慧書》、雲棲袾宏《竹窗隨筆》等著作。故曰荒木見悟的學術研究起於佛

教，終於佛教，似乎也無不可。

二、華嚴法界觀與看話禪：荒木見悟佛教研究方法論

　　荒木見悟的佛教研究，可以說以華嚴學的思維樣式為出發，通過《佛教與儒教》，尋繹佛教與儒學的相互關係。與傳統佛教學者先從文獻語言處下手略有一徑之隔，或可謂先立其大本，但荒木見悟絕不作懸空荒悠之言，立言有本有據，仍然有嚴謹的實證文獻作為根據，只是說其出發點先從大處著眼，日後又添加筋骨血肉。荒木見悟以華嚴與禪為佛教哲學的兩大主軸。早年他曾經對《華嚴五教章》下過甚深工夫，其哲思境界則具體展現在《佛教與儒教》之第一、二章。同時他對清涼澄觀、圭峰宗密、李通玄諸人始終保持一定程度的親切，對於華嚴學在明代的開展做了精密的梳理。在《释迦堂への道》中，他曾經表明他的華嚴學知識主要來自汤次了荣《华严学大系》、龟谷圣馨《华严圣典研究》、高峰了洲。[1]

　　筆者曾經歸納荒木見悟佛教研究的三重特色。第一是佛教與世俗倫理的交涉，第二是就實踐（修、學）與理念（悟、仁）的相互關係，或許這可以看作工夫論的一種深入探討，荒木見悟特別對「頓悟漸修」此一概念的緣起與演變感到興趣。第三是不同語境的詮釋視境，特別是明代奉佛的知識社群對於傳統的經典（例如《楞嚴經》[2]）、人物（例如圭峰宗密[3]、

---

[1]　荒木見悟：《释迦堂への道》，福岡：筆書房，1983 年，第 148、156 頁。

[2]　荒木見悟：《明代における楞严经の流行》，收入氏著：《阳明学の开展と佛教》，東京：研文出版，1984 年，第 245-274 頁。

[3]　荒木見悟：《宗密の绝对知论——知之一字众妙之门について》，《南都佛教》（東大寺），第 3 號，1957 年。

李通玄[4]、永明延壽[5]）、概念（「頓悟漸修」、「禪淨雙修」）的創造性詮釋。其中，荒木見悟最情有獨鍾的人物無疑就是大慧宗杲。

　　禪宗史上提倡看話禪最力的代表人物大慧宗杲，宋代臨濟宗楊岐派僧，字曇晦，號妙喜。俗姓奚，宣州（安徽）寧國人。十七歲，出家於東山慧雲寺之慧齊門下，翌年受具足戒。嗣圓悟克勤之法，圓悟克勤並以所著《臨濟正宗記》付囑之。未幾，令師分座說法，由是叢林歸重，名振京師。靖康元年（1126），承相呂舜徒奏賜紫衣，並得「佛日大師」之賜號。紹興七年（1137），應丞相張浚之請，住持徑山能仁寺，諸方緇素雲集，宗風大振。紹興十一年，因議論朝政，於十一年五月褫奪衣牒，流放衡州（今湖南衡陽），又集錄古尊宿之機語及與門徒間商量討論之語錄公案，輯成《正法眼藏》六卷。致力鼓吹公案禪法，其禪法稱之為「看話禪」。晚年，住徑山，四方道俗聞風而集，座下恆數千人。孝宗歸依之，並賜號「大慧禪師」。隆興元年入寂，世壽七十五，法臘五十八，諡號「普覺禪師」。遺有《大慧語錄》、《正法眼藏》、《宗門武庫》等書。荒木見悟除了曾經批註《大慧書》（書簡集）一書之外，在著作不斷言及大慧宗杲，在《佛教與儒教》第三章「朱子的哲學」第一節即是「大慧宗杲的立場」，《陽明學的位相》中又有〈陽明學　大慧禪〉專章談大慧宗杲在晚明知識社群的接受與閱讀。大慧宗杲幾乎也是貫串荒木見悟一生學術研究生涯旨趣的主題。從禪宗史的角度來看，大慧宗杲雖然是看話禪的旗手，但荒木見悟先生卻對看話禪在禪林的發展罕所著意，反而側重在士人群體的接受。從宋代的張九成到王門後勁。熟悉荒木見悟思想樣式的人

[4]　荒木見悟：《明代における李通玄》，收入氏著：《中国心学の鼓動と佛教》，福岡：中國書店，1995 年，第 141-184 頁。

[5]　荒木見悟：《明末における永明延寿の影像》，《东洋古典学研究》（廣島大學）第 19 號，2005 年，第 39-54 頁。

應該知道荒木見悟區分「三教一致」與「三教合一」兩者的差異。在荒木見悟的認識中，大慧宗杲可以說是三教一致（至少是儒釋調和論）論中的佛門核心。

綜觀荒木見悟的著作，大慧宗杲代表了幾重重要的意義：（一）公案禪代表著靜動一如的功夫歷程，特別是對照強調靜定的默照禪；（二）同時統攝真如世俗兩諦的境界；（三）知識與實踐的圓滿結合；（四）入世與出世的積極融匯。阿部肇一曾以「愛國禪」形容大慧宗杲，大慧宗杲對明末清初的禪林發揮了巨大無比的精神前導作用，筆者曾有一系列的專文研究，俱收入《忠義菩提：晚明清初空門遺民及其節義論述探析》一書，最初也是受了荒木見悟的啟發。

華嚴、禪宗之外，荒木見悟在研究雲棲袾宏時也觸及淨土與戒律[6]、在研究蕅益智旭也略微論及天臺學[7]。至於密教、唯識，則似乎未曾開展。但對於明代佛教研究，荒木見悟先生的建樹已經遠邁前人。

三、從憨山德清到覺浪道盛：荒木見悟明代佛教研究

荒木見悟先生門人，當世明清佛教旗手野口善敬如是形容荒木見悟的佛教研究：

荒木見悟關於佛教的研究，即使直接的目的在於對一個時代思想的構造與變遷發幽闡微，但並非沿襲傳統中國近世佛教或儒學的說法來加以精細的檢視，荒木見悟的研究成果開拓了特殊的、無人可以仿效的面向，就

---

[6]　參見荒木見悟：《云栖袾宏の研究》（東京：大藏出版，1985 年）一書。

[7]　荒木見悟：《蕅益智旭の思想と阳明学──ある佛教心学者の步んだ道》，收於《明代思想研究》，東京：創文社，1975 年，第 354-371 頁。

宋代至清代的佛教研究別開生面，特別是以晚明時期的禪門為中心。[8]

　　野口善敬這段話透露幾個重要的訊息：首先，荒木見悟的明代佛教，是探尋有明一代思想構造不可或缺的部份，似乎帶有某種程度「時代精神」的傾向，就明代中後期而言，陽明學成為不可回避的重要環節；其次，荒木見悟的近世佛教研究幾乎前無所承，近世佛教研究同時為佛教與儒學的研究者所冷遇。即使有荒木見悟如此卓越的研究，日本學界對明代佛教仍然十分陌生。例如早稻田大學的福井文雅就說道：「在佛教方面，要想組織一套中國佛教史的系列叢書，能撰寫明代及以後的佛教歷史的人幾乎沒有，大家都不清楚。一般的歷史情況雖然都知道，但是明代以後的佛教思想及其特點，卻很不清楚。要了解現代的中國，明清是十分重要的。而要了解明清的佛教，它之前的佛教等方面的知識又是必要的。……明清時代，可說完全是三教一體，如果不搞清楚這段歷史，現在的中國也是很難認識的。現在一般的日本人都帶著唐代的知識來看現代中國，這顯然錯了。」[9]明代佛教當然不盡然只有三教一體，日本學界業未必無人知曉明代佛教，但即便一代大家福井文雅亦對明代佛教邈若雲漢，遑論一般大眾。從這個角度看，雖然荒木見悟之前，佛教研究並非完全沒有觸及明代部份，荒木見悟的明代佛教研究具有天地開闢、「一畫之法，乃自我立」的指標性意義。

　　以（楠本正繼）先生專業的宋明儒學課堂上的資料為出發點，隨著歲月的增長，逐步累積儒學相關的知識，但關於佛教的部份，不得已只好獨自學習，雖說是佛教，但卻不無各宗各派分裂對立的情形，其中，與儒教

[8]　野口善敬著、廖肇亨譯：《荒木見悟的佛教研究》，《当代》（108=226），2006 年，第 69 頁。

[9]　福井文雅著、陈继东整理：〈从汉学到中国学〉，收錄於《汉字文化圈 坐标》，東京：五曜書房，2002 年，第 47 頁。

關係最深的部份，可想而知，不正是「華嚴──禪」此一流亞嗎？三十多歲的十年光陰，幾乎與「宋明儒教──華嚴──禪」朝夕相處，具體成果彙整為處女作《佛教與儒教》一書，這大概可以算是我治學生涯的基礎。[10]

　　有趣的是：荒木見悟此際的學問發生有趣的翻轉，儒學基本上依止楠本正繼，反而佛教部份成為無所依傍自我摸索的狀態。在此之前，他特別專注真宗思想的研究發展。這段話隱隱然（？）批判了日本學界教界宗派各自為政的情況，荒木見悟在自傳中，對日本佛教傳統的「宗學」深致不滿隨處可見，即使是當時風靡天下的鈴木大拙，荒木見悟也覺得已經被臨濟禪門過份神格化。雖然有其他方法論上的啟迪，但以儒釋調和為視野，以嶄新的研究視野重新正視晚明清初的思想家，謂荒木見悟先生的貢獻並世無兩絕非過譽，也是赤手博龍蛇。

　　荒木見悟以獨到的視野，關注許多前此未被學界所關注的人物，僧人有玉芝法聚、無念深有、湛然圓澄、憨山德清、雲棲袾宏、覺浪道盛、無念深有、蕅益智旭、木陳道忞，居士有管東溟、周海門、陸光祖、趙大洲、鄧豁渠、陶望齡、葛寅亮等人。荒木見悟的研究即使有時並非絕對的孤明先發，如此則有價值上的翻轉或新的理論依據。從荒木見悟的研究物件，不難發現：荒木見悟的討論雖然似乎受到前人《宋元學案》、《明儒學案》、《補續高僧傳》、《皇明名僧輯略》、《明高僧傳》、《南宋元明禪林僧寶傳》諸著作的啟發，但無論在深度或廣度，都有巨幅的飛躍，或者是評價的翻轉。

　　荒木見悟的研究不完全依照前人的安排，以晚明佛教為例，荒木見悟

---

[10] 荒木見悟：「あとがき」（後記），《阳明学と佛教心学》，東京：研文出版，2008 年，第285-286 頁。

大概參考過忽滑谷快天《禪學思想史》、蔣維喬《中國佛教史》，亦偶道及陳垣，然更多的仍是自己的創見與安排。例如在《佛教と阳明学》一書第十、十一兩章〈新佛教をになう群像〉當中提到晚明具有代表性的佛門人物列舉紫柏真可、憨山德清、覺浪道盛（上）、蕅益智旭、雲棲袾宏（下）五人[11]。嚴格來說，這種分類法幾乎專屬於荒木見悟。此五人似乎是在所謂「明末四大師」的基礎之上另外加上覺浪道盛。而前半三人之所以聚為一處，主要在於其強烈的社會性格，荒木見悟以「社會禪」一詞統括三人的共通點，後半兩人，先敘蕅益智旭，再談雲棲袾宏，就時間序列來說，似乎有點奇特。在近代淨土祖師系譜的排序，通常以雲棲袾宏為所謂的蓮宗八祖，蕅益智旭有時則被列為蓮宗九祖，荒木見悟先敘蕅益智旭，再談雲棲袾宏，也是以念佛思想為二者之間最重要的聯繫所在。似乎隱然有以「禪（入世）／淨（出世）」作為佛門內部入世傾向判分的架構。世間習於萬曆三高僧加上蕅益智旭，慣稱「明末四大師」，然「明末四大師」實起源於江戶佛門，於晚清方始輸入中國，蕅益智旭在中國佛教史上被尊為天臺中興，地位提升到與憨山德清、雲棲袾宏並稱，江戶佛門功不可沒，簡凱廷於此論之已詳，茲不贅述。荒木見悟在此，主要承襲日本學界一般的看法，十分重視蕅益智旭的地位，雖然也談「現前一念心」或天臺思想，但從他自稱八不道人一事認為他似乎不歸屬特定的教派，並未完全跟隨江戶以來的評價，對他的學派歸屬採取保留的態度，更多的是厘清陽明學在蕅益智旭思想的成分。荒木見悟與曾就蕅益智旭的思想成分，與聖嚴法師有過小小的論爭。聖嚴法師主張蕅益智旭的思想主要是佛教內部理路自身所致，而荒木見悟則強調受到陽明心學的啟發。兩者言皆成理，但觀察的角度不同。雖然清末民初以來，佛教界受到來自日本的影

---

[11]　荒木見悟：《佛教と阳明学》，東京：第三文明社，1979 年，第 99-134 頁。

響，也開始熱衷談論晚明四大師，但從嚴格學術意義談論其思想樣式的，甚至一錘定音，首發唱導之功，莫有大於荒木見悟者。

萬曆三高僧中，荒木見悟曾為文專門討論憨山德清與雲棲袾宏。《憨山德清の生涯とその思想》[12]一文，幾乎是學界處理憨山德清的濫觴，將憨山德清重新拉回學界的視野，不過本文除了梳理憨山德清的生平、社會傾向之外，主要側重在分疏憨山德清的禪宗思想。荒木見悟在此文末尾提出一個問題：憨山德清雖然與王門後學多所往來，但卻對陽明學卻罕所言及[13]。雖然荒木見悟最後從思想構造解析儒佛之間的差異，但這是否也意味著荒木見悟儒佛關係的方法亦有所局限？值得近一步思考。至於雲棲袾宏，荒木見悟可謂情有獨鍾。除了用一整部專書的篇幅探究其思想之外，也對《竹窗隨筆》進行了詳細的譯注。

雖然雲棲袾宏是晚明弘揚淨土法門的代表人物，但通過荒木見悟的研究，察覺到雲棲袾宏思想中的華嚴與禪宗的成分，並且就「自力／他力」或「善人／惡人」正機等命題加以檢討，當然也觸及儒教觀與世俗倫理。日本江戶時代的佛教對雲棲袾宏的評價往往不佳，以為其禪不禪、淨不淨。例如江戶臨濟宗白隱禪師的門人東嶺圓慈[14]曾就雲棲袾宏編《禪關策進》說道：「此書間以念佛，參究自己。是則是，甚奪衲僧穎氣，落往生門者不少。若依老僧意，一齊削去可也。何故？獅子不食雕殘，猛虎不湌

12　此文收入荒木見悟：《阳明学の开展と佛教》，東京：研文出版，2000 年，第 135-173 頁。

13　不過有趣的是：王陽明與憨山德清關於《大学》的注釋，卻是學界關注的熱門課題，相關研究甚多，可以參見陳永革：《知善之詮釋：以王陽明與釋德清之解〈大學〉為中心》，收於氏著《近世中國佛教思想史論》，北京：宗教文化出版社，2012 年，第 269-290 頁。

14　江戶時代號稱臨濟中興的白隱慧鶴門人，享保 6 年（1721）4 月 14 日生，卒於寬政 4 年（1792）閏 2 月 7 日。著有《宗门无尽灯论》等。東嶺圓慈對雲棲袾宏的看法其實代表了日本臨濟禪者一般的看法，認為雲棲袾宏雜合淨土，非純禪，故有此文之作。

伏肉。往生一機，還他淨家。衲僧門下實智尚不要，何況假名耶？」[15] 荒木見悟《雲棲袾宏研究》一則探究雲棲袾宏生平、交遊與思想，另一方面，也有意與日本方面歷來對雲棲袾宏的評價加以對話。

　　研究明清佛教，以「晚明四大師」為起點，大體為學界共識。但將目光投向覺浪道盛，並關注佛教在天崩地解的明末清初的特殊表現，是討論荒木見悟明清佛教研究時不能忘記的重要成就。

四、忠義菩提：天崩地解的佛教

　　從陳垣《清初僧諍記》、《明季滇黔佛教考》二書之後，佛教在天崩地解的明末清初所扮演的角色便為學界所關注。晚明的佛教叢林具有高度的現實感，社會倫理觀相關的論述遠過前人，一直是荒木見悟心目中晚明佛教圖像的基本樣式。明末清初，晚明清初佛門叢林之中，以「忠孝名天下」的僧中遺民大有人在，諸如繼起弘儲、三宜明盂、隱元隆琦，都是身負天下重望的僧中遺民，然而說儒佛會通、莊子托孤、怨的禪法云云，思想豐富多元，就思想精彩原創的程度，則莫有過於曹洞宗壽昌派的覺浪道盛。如果說「明末四大師」的說法淵源有自，亦非全然由荒木見悟首倡。從發掘到專文討論，乃至於第一部研究專著，荒木見悟一直對覺浪道盛情有獨鍾，幾乎可以說是明清鼎革期最重要的佛門人物，絕不只是因為著名的思想家浮山愚者出於他的門下而已。

　　最初是《覺浪道盛研究序說》一文，後來發展成《憂國烈火禪——禪

---

[15]　東嶺圓慈：《重刻禪關策進後序》〉，《禪關策進》附，《大正藏》冊 48，No.2024，第 1109 頁下。

僧覺浪道盛》一冊專著，在荒木見悟先生之後，開啟學界（特別在臺灣）
重視研究覺浪道盛的風潮[16]。如果說管東溟是奉佛儒者，那麼覺浪道盛或
許可以說是演儒高僧。若承襲既有思想史、佛教史的觀點，往往輕易看過
覺浪道盛。荒木見悟在《憂國烈火禪》一書的後記中如是形容覺浪道盛：

> 明末動亂激化，祖國瀕臨滅亡的危機，流民遺骸散落在街頭山野。
> 民眾依賴的當政者，屢屢表現出無能頹唐之狀，官場上顢頇卸責之
> 風充斥，如此一來，正是標舉「大用現前」旗號的活禪登場的時機
> 了。其中，超越眾生期待渴望的正是覺浪道盛，可視為其與「禪非
> 禪」、「儒非儒」的王陽明前後呼應。特別是在「自由由己」這個
> 路線大步前進這件事情上，不難看出兩者具有共通性。在這個意義
> 上，或許可以說道盛是繼臨濟、大慧而起的禪門英傑吧。只是，道
> 盛種種不拘格套的言行或議論，若從禪宗史來定位，反而會衍生其
> 他種種問題，這或許是他在禪宗史上聲名不顯的原因吧。[17]

以覺浪道盛徑接臨濟義玄、大慧宗杲，又可與被視為「近禪」的王陽

---

[16]　筆者曾在多篇文章提及覺浪道盛，例如《明末清初叢林論詩風尚探析》，《中邊‧詩禪‧夢
　　戲：明末清初佛教文化論述的呈現與關懷》，第 52-60 頁，討論過覺浪道盛的詩論與「怨」
　　的禪法，《以忠孝作佛事：明末清初佛門節義觀論析》一文則就覺浪道盛的「大冶紅爐禪」
　　加以探究。此外，亦請參見謝明陽：《明遺民的莊子定位論題》（臺北：臺灣大學文學院編
　　文史叢刊 115，2001 年）、徐聖心：《火‧爐‧土‧均──覺浪道盛與無可弘智的統攝之
　　學》，《臺大佛學研究》14 期（2007 年 12 月），第 119-157 頁、楊儒賓：《儒門別傳──明
　　末清初〈莊〉〈易〉同流的思想史意義》，收入鍾彩鈞、楊晉龍編：《明清文學與思想中之
　　主體意識與社會‧學術思想篇》（臺北：中研院文哲所，2004），第 245-289 頁，等相關著
　　作。

[17]　荒木見悟：《忧国烈火禅──禅僧覚浪道盛のたたかい》，東京：研文出版，2000 年，第
　　218 頁。

明相匹敵，評價不可謂不高，就荒木見悟先生研究物件總體而言，其評價
似乎甚至尚在管東溟之上。如此看來，不論是儒學史或禪宗史，此絕非學
界公論，而是荒木見悟的個人意見。覺浪道盛再傳弟子東皋心越後來進入
日本，駐錫水戶祇園寺，曹洞宗壽昌派法脈亦渡海傳入東瀛，日本禪林亦
非對覺浪道盛一無所知。但荒木見悟討論覺浪道盛時，除了師承之外，曹
洞宗的師資傳授幾乎不在關心之列。荒木見悟所見覺浪道盛無可取代的重
要性至少有（一）融會百家的思想內涵，（二）明清鼎革之際強烈的現實
關懷。荒木見悟談覺浪道盛不是從禪宗的脈絡談起，而是從楊慈湖的易學
談起，進而討論覺浪道盛的「尊火為宗論」、「麗化說」，又借著托孤
說，重新檢視《莊子》，最終在討論方以智時，談論科學客觀化原則與禪
門心法的調和，在荒木見悟的詮釋之下，覺浪道盛幾乎是外學混雜的集大
成，差一步即成外道，荒木見悟抨擊日本佛教「純禪」主義的說法不遺餘
力，荒木見悟以為真空化傾向的「純禪」離脫現實的傾向太強，無法正視
人世的苦難，遑論解決，覺浪道盛種種深具創意的說法與思想，其實最主
要的用意仍然是在尋求天崩地解時空中貞下起元的契機。荒木見悟對於明
清鼎革有強烈的關懷。除了《忧国烈火禅》之外，荒木見悟至少尚著有
《金正希と熊魚山》[18]、《禅と名教──木陈道忞の变节》[19]兩篇專著討
論明清之際禪門人物的政治立場。前者為遺民出家，後者為新朝國師。這
兩篇論著都運用北京國圖收藏的文獻資料，前者為《檗庵語錄》，後者為
《百城集》，荒木見悟對於木陳道忞政治立場的轉換並未苛責，只是隱隱
然援引覺浪道盛、繼起弘儲作為參照。金正希、熊魚山是覺浪道盛社會觀
的延長線，可以說當時佛門「菩提心即忠義心」此等精神圖式的具體展現

---

[18]　收入荒木見悟：《明清思想论考》，東京：研文出版，1992 年，第 129-186 頁。

[19]　收入荒木見悟：《阳明学と佛教心学》，東京：研文出版，2008 年，第 237-259 頁。

20；木陳道忞則是覺浪道盛的對立面，意味著政治威權下禪宗話語與行為不得不爾的轉換。然而，不論是延長線或是對立面，論思想的精彩豐富，都遠不能望覺浪道盛之項背。從荒木見悟詮釋對覺浪道盛精神圖像的詮釋來看，覺浪道盛不僅是荒木見悟心目中禪門人物的理想類型，更是禪宗思想史上最後精彩的光輝，荒木見悟或許也不無將覺浪道盛視為禪學思想史殿軍的用意。雖然，在政治現實上，往新朝靠攏卻是不得不爾的時代潮流。

五、結語：反思與超越

　　荒木見悟的明代佛教研究在方法上有諸多可供學習借鑑之處與特徵，值得後來者借鏡，茲舉其犖犖大者，就教方家。

　　1、堅實可靠的文獻基礎，荒木見悟的文獻依據極其堅實，目錄學功力十分厚實。除了日本所藏漢籍（例如與岡田武彥合編《和刻本近世漢籍叢刊》）與和刻本之外，對中國方面所藏明代思想家與僧人著作的資料在三十年前便已詳密的掌握，令人印象深刻。其曾於收羅管東溟著作一事嘔心瀝血，其言自然信實可從。這決不是說荒木見悟沒有哲學方法，而是說：荒木見悟在發展自己的哲學方法之外，於文獻訓詁之基本工夫，絕無掠虛之弊。荒木見悟先生繼承日本學界精讀原典的基本精神，於一字一詞都不輕易放過。其讀書之多、思慮之深、視野之廣，當世罕有其儔，解義即修行。信然。

　　2、荒木見悟先生治學與當世「小題大作」趨勢不同，往往先立其大

20　關於這一點，詳參廖肇亨《忠義菩提：晚明清初空門遺民及其节义论述探析》一書。

本，再就個案仔細梳理。佛教與儒教，看似迂闊，大本既立，在依彼此相互關係頻率安頓位置，方能妥適定位。佛教大概以華嚴與禪為主象限，儒教則以朱子學與陽明學為主，儒佛兩者之間別有儒釋調和論一門，以佛教關係而言，陽明學較近，朱子學較遠，但朱子學看似排佛，也不能與佛教決然無涉，例如大慧宗杲對朱子的影響就不能忘記輕易看過。儒佛關係中，有奉佛儒者，例如管東溟；也有通儒高僧，如覺浪道盛（可以遠溯至宋代的明教契嵩、孤山智圓等人）。細繹荒木見悟的研究，不難隨時體會「相互主體性」或「互文性」。另一方面，儒佛同樣都成長於同樣的風土，既有「風土論」的味道，也不無華嚴「一多相即」的投影。因此，荒木見悟的研究帶有相當程度的整體性，除了單一研究主題之外，必須掌握各個不同研究物件的相互位置。

3、荒木見悟的研究中，思想不是真空（所謂「純禪」）的存在，往往帶有強烈的現實傾向。例如晚明佛教的復興，並非憑空所至，而是受到萬曆以來時局政局的影響，兼之以陽明學的觸發，遂能如星火燎原。因晚明萬曆以來時局環境的重大變化而有三高僧，因明清鼎革而有覺浪道盛。朱子學、陽明學、禪學、淨土彼此都有相互對治的關係，荒木見悟的研究，某個程度也有佛教「應病與藥」的意味。

4、荒木見悟的研究當中，其「本來性──現實性」的說法最為人津津樂道，不難看出具有相當程度的佛教淵源。本來性與現實性的糾葛與分疏，荒木見悟在《佛教與儒教》一書中有大概的分疏，他處言及亦屢不一見[21]。除了佛教以外，荒木見悟也受到諸多現代思潮的影響：京都學派、近現代佛教思潮（特別是日蓮宗與真宗）、西方唯心論的投影皆歷歷可

---

[21] 荒木見悟《大応 純禅の風光とその返照》，《日本の禅語録（三）─大応》（東京：講談社，1978），此文是本書的解說部份，對於「本來性─現實性」也有解說，此書由於是日本禪僧大應國師的語錄，一般中國學研究者較不熟悉，筆者有意將其譯成中文，敬請期待。

見。但從其研究當中，不難看出心中恒常的對話方就是日本宗門所謂「純禪」、「純淨」的宗學傳統。荒木見悟強調中國禪看似駁雜的面貌之下，潛藏的是豐沛的能量與如火的熱情，與日本禪宗看似純淨的面貌，卻逐漸與世隔絕的傾向大不相侔。另一方面，中國純禪的想法雖然並不流行，但是乾嘉以後，考據學取得知識設群的話語權，佛教更加頹唐，「本來性──現實性」的說法開創了思想史的新視野，讓我們重新想起、發現許多的思想家，但在思想史上仍需要更多精密的檢視與反思。

對於儒佛調和論研究的成就，荒木見悟確是難以企及的高峰，但從明代佛教的研究來看，荒木見悟先生的研究也到了重新反思的時候。荒木見悟先生開啟明代佛教研究大致的規模與格局，但未來仍有許多值得努力的空間，值得後繼者持續努力：

1、荒木見悟過於強調陽明學與儒釋調和論的連結度，反對所謂宗派意識。但晚明以來，佛門的宗派意識其實非常明顯。例如密雲圓悟一系主張臨濟正宗、無異元來的曹洞宗壽昌派、賢首宗中雪浪洪恩的南方系、月川鎮澄的寶通系、雲棲袾宏的雲棲系，而幽溪傳燈站在天臺宗的立場上說：「或曰：『若天臺以性具稱圓者，如他宗，誰不雲圓家以性具為宗耶？若然，又何獨貴於天臺？』故釋之雲：『誠如所言，他師果亦雲：『圓家以性具為宗也。』然不知他家雲性具者，只知性具善也，特天臺之少分耳。蓋天臺之言具者，有性善焉，性惡焉。」更是天臺優位的宣言。儒學先且不論，佛教是否完全隨時回顧價值根源，捨棄宗派門戶之見是值得反省的。宗派意識亦非全不可取，仍然必須放在現實脈絡中加以考慮。

2、今人喜言晚明佛教復興，但確切時間其實難以表明。就歷史現實而言，慈聖皇太后是個重要的關鍵，此先置之不論，荒木見悟時常稱引紫柏真可，雖然沒有專文討論，但荒木見悟就其關懷社會的性格大加讚揚，卻未言及紫柏真可負責的刻藏事業。徑山藏是中國藏經刊刻歷史上唯一一

次由民間主導的事業。晚明佛教的復興，相當一部份得力於印刷文化的普及，方冊裝促進了經典的流通，晚明重要的佛教居士，多跟印刷文化有關，值得注意。

3、陽明學雖然重要，但佛教仍有自體的生命。荒木見悟考察的明代僧人往往都與陽明學有關，玉芝法聚與陽明，無念深有與李卓吾，湛然圓澄與周海門、陶望齡，但憨山德清未論及良知，卻讓荒木見悟十分困惑，不經意流露出此等方法論的局限性。晚明以來的佛教發展，自有非陽明學所能籠絡的部份。例如戒律的發展，從古心如馨、三昧寂光到見月讀體、木人弘贊，未必與陽明學有直接的關聯；又學界每以唯識學大興於世為晚明佛教復興之兆，雖然與心性之學亦不無關聯，但論者往往喜言「性相融會」，與陽明學亦未必直接聯繫，《成唯識論》十分流行此種現象也未必與陽明學直接相關，荒木見悟對於晚明以來各種經典的注釋學並未加以著意，故幾乎都以陽明學為接受基礎的說法有待進一步檢驗。

4、荒木見悟的佛教認識深深根植華嚴與禪，從法藏、澄觀、圭峰宗密、李通玄，都有深刻的認識，但對明代本身的華嚴學似乎並未加以深入。當然明代佛教對前修有對話接受的關係，但仍然有自身發展的脈絡。華嚴學在晚明一分為五，在雪浪洪恩與紫柏真可的推波助瀾之下，又逐漸與唯識合流；在禪宗方面，雖然大慧宗杲的看話禪仍是禪門主導的工夫，但禪門除了坐禪之外，與經典的態度成為禪門內部爭論不休的論題，除了看話禪之外，文字禪也有不容忽視的擁護者。所謂「綱宗」之爭[22]，有相當程度就在於對於文字經典以及客觀化原則的比重。

荒木見悟先生開啟明代佛教研究的先河，雖然有不足之處，但多已由

22　晚明清初的儒家有「學有宗旨」的論爭，與晚明禪家的「綱宗」論爭似乎有所關聯，先存一說，且備來日詳考。

門人野口善敬加以補足。明代佛教研究在日本學界荒木見悟、長谷部幽蹊、野口善敬、永井政之等前輩學者的努力之下，已經與當時草野未分、荒徑榛莽的景致有天淵之別。筆者此處所言，只是指出在前人厚重成果的積累之下，未來後人可以持續努力的方向。熟悉明代佛教研究發展歷程的人都知道諸多課程皆始於荒木見悟之手，其研究的開創性意義絕對毋庸置疑，至今仍然是此一領域最重要的價值前提。最重要的是：荒木見悟從不無條件的接受所謂「雜糅」、「混雜」等負面評價，而是就其思想脈絡細加區分源流、成因、影響，對於思想史或文化史往往翻轉了既有的評價基準。就如同荒木見悟一再強調的本來性與現實性，佛教有自身的脈絡與問題。晚明佛教既有繼承，也有新創，當然也有必須面對的問題與解決方式。以今視昔，仍然充滿啟發。荒木見悟的明代佛教，既有格局宏大的《佛教と阳明学》一書，以寬廣的視野，將明代佛教的歷程、得失、以及其與儒家的關係盡收眼底；也有詳密細緻的個案研究，例如《忧国烈火禅——禅僧觉浪道盛のたたかい》一書就研究物件覺浪道盛深入剖析生平、思想，以及社會脈絡。在眾多僧人之外，也著意於居士，例如周海門、陶望齡、陸光祖；有概念分析（例如「頓悟漸修」或「唯心淨土」），也有經典詮釋（例如《楞嚴經》或《宗鏡錄》）。荒木見悟的學術研究雖然不僅止於佛教，但明代佛教在荒木見悟學術研究中佔有不容輕易看過的比重，荒木見悟的研究成果已經相當程度的指引目前明代佛教研究發展的方向，未來在新文獻、新觀點交互映襯之下，在前人的基礎之上，將明代佛教研究邁入嶄新的境界將是未來努力的方向。

第四章　電光影裡斬春風──武士道與禪學

乾坤無地卓孤筇，且喜人空法亦空；
珍重大元三尺劍，電光影裡斬春風。

── 無學祖元

張崑將

臺灣師範大學東亞學系教授

一、前言

　　武士臨敵，總須面對若閃電襲來的刀光劍影，而雙方你死我活的判定，也只繫於瞬間雙方攻防之際的有效與否，所以決定勝利的因素，在於能掌握先一步準確有效斬敵的那一刹那，而不在揮刀當時的攻敵姿勢是否標準或優美。因而，精神力能在必要時高度集中、於臨敵生死對決之際能無畏無懼，則克敵制勝的強大攻擊效果，也較易於達成。所以，在傳統上，優秀的日本武士，往往都有高明的禪師指點，從事於高度的冥想訓練，以強化無我的意念，於是能淡然面對死亡與從容為武家就義，這就是古來日本有訓練的正規武士，在披重創將死之際，也顯得很優雅和自在的

原因。可見，武士道的養成，若脫離禪修的高度素養，將無法成其為武士道。

　　日本禪宗主要有臨濟、曹洞、黃檗三宗，臨濟禪由榮西（1141-1215）傳入，曹洞禪則由道元（1200-1253）傳入，黃檗宗則由中國禪僧隱元（1592-1673）從福建渡海傳入。[1] 因此日本禪學開端啟自榮西，他曾兩度（1168、1187 年）入宋，受教於虛庵懷敞受臨濟禪，返國後在京都建立建仁寺，推廣禪學，成為日本臨濟宗之祖。自此後，不僅日僧來中國求禪，宋元之際由中國赴日的禪僧也不少，帶動日本禪學的發展。[2] 不過，如所周知，佛教或禪學傳到中國多少帶有中國化的色彩。同樣地，佛教或禪學傳到日本，而成為所謂「日本佛教」或「日本禪學」也不足為奇，日本佛教或禪宗與中國佛教或禪宗不能並論，她有自己獨特的歷史發展。[3]

　　相對於佛教，武士道在日本也是獨特時空下的產物，在日本近代以前的武家政權，「武士道」指的是固定在封建社會下的藩主與臣下、領主與

---

[1]　明末清初渡日的禪僧不只是隱元，那個時代遭逢動亂的中國禪僧，渡日並得到日本人的供奉，陸續在九州長崎創設佛寺，如 1620 年真圓開興福寺，1628 年覺海開福濟寺，1629 年超然開崇福寺，其後隱元隆琦、道者超元、木菴性瑫、即非如一等高僧也陸續渡日。隱元渡日後，先在宇治的黃檗山開萬福寺，取名都與中國福建省的黃檗山相同。關於隱元在日本開創新的黃檗宗始末，可參鎌田茂雄：《中國の佛教儀禮》（東京：東京大學東洋文化研究所，1986）第三篇《中國佛教儀禮の種種相》之第一章〈中國佛教儀禮の日本傳播：黃檗山萬福寺を中心として〉，頁 273-280。

[2]　宋元時代赴日的禪僧有蘭溪道隆（1213-1276）、兀庵普寧（1197-1276）、大休正念（1215-1289）、無學祖元（1226-1256）、一山一寧（1247-1317）等較為有名。有關這個時期禪僧赴日的大致事蹟介紹，可參楊增文主編：《日本近現代佛教史》（杭州：浙江人民出版社，1996），頁 18-23。

[3]　日本禪學研究者柳田聖山即指出：「日本接受的禪，經過鎌倉以後的革新。從明確的歷史發展來看，禪的思想貫通印度、中國、日本而從未變動，是不真實的。」參氏原著‧毛丹青譯《禪與中國》（臺北：桂冠圖書，1992），頁 7。的確如此，例如就禪學傳入而言，道元（1200-1253）所傳的曹洞禪，成為「只管打坐」禪法，把一切實踐與哲學體系都包括在單純的坐禪的一行中。

人民、武士與農工商庶民的階層組織中，有一階級謂之為「武士」，以講武勇且對君主盡忠誠為職志，由此發展出封建階級意識的武士倫理道德，以後經過學者的不斷解釋與哲學化，在德川末期擴大成為全國主要的人倫道德，如幕末武士學者吉田松陰（1830-1859）所說：「武士道不單是武士階級之專有物，天下萬民應守之人倫道德。」[4] 到了明治時代，學者也如是解釋：「武士道決不是日本武士的專有道德，而是日本民族普遍性的道德。」[5]

那麼何謂「武士道」？「武士道」的泉源是什麼？新渡戶稻造（1863-1933）在《武士道》一書中論及武士道作為道德體系的三個泉源，第一首列佛教，特別是禪宗，次及神道以及孔子的教誨。其中提及禪學吸引武士者，是禁慾主義以及冥想默思。[6] 但是，禪學能夠吸引日本武士者，尚在死亡觀念的體悟及在「事上磨練」的工夫中，使武士獲得不畏死及透過實踐的身心一如的修養境界。其次，神道是武士道精神中最具有日本傳統色彩的宗教，不過神道自其形成開始即雜染中國道教，至七世紀以降又長期與佛教結合，以神佛習合的姿態根深柢固地影響著日本人的思維。神道與佛教雖彼此互相影響，但由於神道具有高度的國家神話色彩，因此日本佛教的發展，往往與國家政權高度結合，我們從歷代高僧中皆不乏有護國論的著作，即可明白這一點。

武士道從其發展之初，便與佛教或禪學產生了密切相關，而研究禪學與武士道關係的課題中，日本戰前的釋悟庵以及曹洞宗信仰者橫尾賢宗也

---

[4] 吉田松陰語，轉引自《武士道全書》首頁序言。

[5] 釋悟庵：《禪と武士道》（東京：光融館，1907），頁 33。

[6] 新渡戶稻造原著，矢內原忠雄譯：《武士道》（英文書名 *Bushido, The Soul of Japan*）（東京：岩波書店，1938 年）。本書引用新渡戶稻造此一著作，皆以張俊彥的中文翻譯本《武士道》（北京：中華書局，2005）為主，頁 15。

著有《禪と武士道》，二氏雖然都是佛門中人，但二氏書中所論禪學與武士道，有許多歌頌國家主義的論點，可以說是處於日本帝國主義興盛時期下的產品。[7] 此外，鈴木大拙（1870-1966）戰前也著有《禪と日本文化》（1940），由於高度讚揚日本宗教的優美，近年來有學者從這個觀點批判鈴木大拙也有助長國家主義的問題，儘管鈴木在戰後曾經嚴厲地批判神道的偏狹主義。[8] 鈴木此書中第三章與第四章介紹〈禪與武士道〉、〈禪與劍道〉，在這兩篇文章中，作者用故事隱喻的方式，引人入勝，深入淺出地介紹日本武士道、劍客與禪學的關係，禪味甚於武士道。

　　不過，本章主要探討「禪武相嵌的倫理」，然在論及禪、武關係時，對武士道會著墨較深。換言之，我試圖抓住禪學的幾項基本理念與修行觀念，再分析武士道與這些禪學觀念的密切關係。首先在第二節交代日本武士深深浸染禪學或佛教的現象與時代背景，在往後的兩節中則區分劍術家

---

[7]　釋悟庵的《禪と武士道》以及橫尾賢宗的《禪と武士道》（東京：國書刊行會，1916 年初版，1978 再版）二書中，何以言皆染有國家主義？如釋悟庵在其書中結尾如是說：「明治十五年由陛下詔給軍人所奉讀的勅諭，特別是軍人應遵守之，非也，看到應該實行的五條誓文，無非都是武士道的精神。……保存我邦的精神、我邦的國粹，煥發日本的精神，顯揚萬國無比的人道，……想要維持我邦的道德，根據向來的原因，在其性質上必然地需以禪的修養。」頁 201。而在橫尾賢宗書中的自序則說：「鬱乎天地浩然之氣，磅礡神州，言此為大和魂，經禪爐之鎔鑄，如堅牢百鍊之鐵。此大和魂即我國民本具之佛性，武士道即神州之正法眼藏、涅槃妙心。」把大和魂與佛性或佛法相提並論。

[8]　關於鈴木大拙在戰爭期間所發表有關的宗教論點，是否支持日本軍國主義，Brian Victoria 在 Zen at War（New York：Weatherhill, 1997）的著作中，從（1）大拙的《新宗教論》書中〈宗教と國家の關係〉中有把戰爭合理化之論；（2）大拙在 1938 年即發表英文著作 Zen Buddhism and Its Influence on Japanese Culture（Kyoto: Eastern Buddhist Society, Otani Buddhist College, 1938），以及和荒木貞夫等軍人們合著的《武士道の真髓》（東京：武士道學會編，1941），二書都有讚美武士道問題；（3）檢視戰後大拙的戰爭批判論著作如戰後再次出版《日本的靈性》的〈禪界刷新〉（1952）序文中，看到大拙並未對戰前戰爭進行的全面性批判。以上分析參末木文美士一書《近代日本と佛教：近代日本の思想・再考 II》（東京：トランスビュー，2004）中的〈鈴木大拙が好戰的か〉一小節，頁 39-44。

與武士以論他們與禪學之關係，所以，在第三節主要分析德川初期著名的兩位劍術家（或稱兵法家）宮本武藏（1584?-1645）以及柳生宗矩（1571-1646）如何用禪學來理解其劍道；第四節則專從日本歷代的武家訓條中，一窺武士修為工夫中與禪學思想之關係；最後一節則想檢討日本禪學或佛教與國家主義之間的問題。

二、佛教或禪學之於日本武士的魅力

日本武士何以熱衷佛學？禪宗傳入後，在武家政權或武門裡亦熱衷不已，這種情形當然與日本從七世紀以來是個以佛教為國教的時代背景息息相關。[9] 日本佛寺遍布全國，在十九世紀中期據粗略的估計也有十萬之數，[10] 佛教不僅深入民間，武士與將軍、天皇們也大都有佛教的信仰，戰國以前甚至有僧兵，其中以奈良興福寺以及京都比叡山延曆寺勢力為大。

9　當然佛教從公元 538 年傳入日本後，並非沒有受到阻力，而是經歷過長期「神佛鬥爭」的時期，代表佛教勢力的聖德太子（574-622A.D.）、大臣蘇我馬子（？-626A.D.），與力主反對「捨國神而事蕃神」的物部守屋（？-587A.D.），發生激烈的政治奪權鬥爭。這場政治鬥爭，其實也可說是神、佛之思想鬥爭，其結果造成日本史上以弒天皇收場的歷史悲劇，物部氏被滅，崇峻天皇（在位 587-592A.D.）被弒。佛教經蘇我氏以及聖德太子的推廣之後，得到空前的發展，而這個時期同時也是日本積極學習漢化和吸收佛教的時代。到了七世紀中期，孝德天皇（在位 645-654）「尊佛法，輕神道」，一度還要讓位奉佛，可見佛教勢力之盛，致使神、佛勢力仍然明爭暗鬥，孝德天皇終於在公元 645 年正式承認日本為佛教國家，下了「佛教興隆」之詔。佛教傳入日本，經一百多年的發展，快速成為日本的國教，可以說贏得了初期的勝利，這對往後日本文化史的發展產生非常大的影響。

10　根據水戶藩主德川齊昭（1800-1860）的《明訓一斑抄》（收入石井紫郎校注：《近世武家思想》，東京：岩波書店，1982）記載：「在日本國中推估有十萬寺」（頁 148），此數字與《梅翁隨筆》（收入《日本隨筆大成》2 期 6 卷）所記載「日本諸宗寺數之事」略同，這是根據寬政十二年（1800）因修復四天王寺由全國各寺廟所寄附的數量所計算出來的。

只是，武士是種以戰鬥勇猛為職業的階級，為何又與慈悲為懷的佛教產生關連？學者曾附會禪學的「戒定慧」三學與武士強調的「智仁勇」三德精神，有異曲同工之處。[11] 不過或可從《葉隱》這部十八世紀初期的武士道經典中，有一條〈慈悲心與勇猛心〉，可為我們解惑，這條記載：[12]

> 根據湛然和尚平日的教訓，出家者以慈悲為表面，但內心如果沒有儲存徹底的勇氣，就無法成就佛法之道。又，武士以勇氣為表面，但內心如果不帶有大慈悲心，也無法完成武士的職務。因此，出家者結交武士而學勇氣，武士接近出家者而學慈悲心。…所謂慈悲者，如孕育的母親一般，沒有慈悲而只有勇氣的武士，到頭來都將破滅，古今有都有顯明的例子。

身為武士，光有勇猛心，充其量只是個好戰的「勇士」，無法解決問題，也不會為這個世界帶來和平，但是，若兼具「慈悲心」，則能化暴戾為祥和，武士道的最終目標——「和平」——也將得以實現（武，止戈也）。[13] 因此，「勇猛心」的另一面實是「慈悲心」，二心一體兩面，而訓練慈

---

[11] 釋悟庵的《禪と武士道》中即論「戒定慧」與「智仁勇」其本歸一。大意如下：「戒」相當於「仁」，因無慈悲仁愛之大心，則無法體全戒體，相當於武士道的仁；「定」相當於「勇」，因禪定後可有八風吹不動、山崩海嘯也不動的大膽力、大定力，有如武士道之勇；「智」相當於「慧」，因「慧」是般若真智，可辨別善惡正邪，截斷一切煩惱妄想的利劍，相當於武士道的智。頁85-87。

[12] 山本常朝原著・神子侃編譯：《葉隱》（東京：德間書店，2000），〈聞書第一〉，頁167-168。原文為日文，本章以下所引有關日本原典文獻，除宮本武藏的《五輪書》以及柳生宗矩的《兵法傳家書》係根據翻譯本以外，其他皆是筆者所譯，譯責自負。

[13] 如一位德川中期的兵學者松宮觀山說：「夫兵法以戰止戰，止戈為武，以致人而不致於人為法。戰爭之道，在於誅國賊而成太平也。」氏著：《學論抄錄》，收入井上哲次郎、有馬祐政共編《武士道叢書》（東京：博文館，1906）中卷，頁160。

悲心需要僧人的加持，這是讓武士為何會接近佛教的原因之一。

　　武士會與禪學密切結合，尤其與戰國紛亂的時代背景息息相關。武士作為戰鬥的階級，處於戰國時代，生命如草芥，早上起床猶可憐見愛妻的容顏，晚上則可能殞命於戰場的愁雲慘霧中，武士往往在殊死戰中的剎那間猛然醒悟，體悟到生死不二的真理，禪由此生焉。

　　戰國武將常運用禪理於戰陣與攻伐之中，這與中國武將大都以儒將顯名，大相逕庭。[14] 例如戰國武將武田信玄（1521-1573）、上杉謙信（1530-1578）自幼即受教於禪師，德川家康（1542-1616）也是自幼在念佛聲中長大，其出陣軍旗不乏有「遠離穢土，欣求淨土」的淨土宗教語。[15] 武田信玄素有中國的諸葛孔明之稱，信仰京都臨濟宗妙心寺的關山派，其名字中的「玄」字即取中國臨濟義玄以及日本信濃禪師關山惠玄之「玄」而來。[16] 廣被後人景仰的武將上杉謙信，七至十二歲即有嚴格的禪修體驗，壯年亦曾上比叡山修行，他一生信奉佛教，不妻不葷，終生禁慾，軍旗上大書「毘」字，以求毘沙門天王之護持。再如有獨眼將軍之稱的伊達正宗（1567-1636），出生之際即帶有濃厚的佛教色彩。[17] 還有長期掌控關西勢力的毛利元就（1497-1571）自 11 歲後就接受僧人的教導念

---

[14] 日本武將均不乏有宗教信仰，當然信仰的最大宗者為佛教，不過耶穌會士早在十五世紀也傳入日本，故也有一些武將是有基督教信仰的，如豐臣秀吉部將小西行長（?-1600）與細川忠興（1563-1645）之妻，以及在九州地區有大量的大名（諸侯）信仰基督教。即使織田信長本人也對基督教信仰採開放的態度，曾經收養西方基督教徒為養子。

[15] 德川家康的部將，似乎也喜歡模仿這樣的軍旗出陣，如一位小野氏的部將在攻城野戰之際，往往在其軍旗上題寫「吹毛不曾動」五大字，以助其在戰事混亂之際，也能不動心地看清戰局，並告誡其子孫若想練心術，必須修習禪學。參橫尾賢宗，《禪と武士道》，頁 93。

[16] 信玄入禪門即受岐秀元伯和尚教予《碧巖錄》，參《甲陽軍鑑》〈品第四〉，頁 120。

[17] 傳說伊達正宗母親懷有正宗，乃夜夢白髮僧人賜予胎育，始懷胎，生下正宗。伊達正宗這種誕生傳奇故事，頗與豐臣秀吉是「日輪授胎傳說」如出一轍，均是後人赴會。

佛，養成每朝念佛十篇的習慣。[18] 再如豐臣秀吉（1536-1598）時代戰功彪炳的加藤清正（1562-1611）則是虔誠的法華宗信徒，一生在其九州領地協助建立法華宗的佛寺。[19]

　　職是之故，日本武將或著名武士背後均不乏有禪師指導其心靈的提升與武道的修養，如日本禪宗始祖榮西禪師之於鎌倉幕府（1192-1333）第二代將軍源賴家（1182-1204）及其母親北條政子（1157-1225）、道元禪師之於幕府權力者北條時賴（1227-1263）、祖元禪師（1226-1286）之於北條時宗（1251-1284）；又如戰國時代快川禪師之於武田信玄、宗謙和尚之於上杉謙信、隱元禪師之於兵學者山鹿素行（1622-1685）等等。武將信佛如此，知名的劍術家亦不例外，德川初期一代劍豪宮本武藏自述自己兵法與劍道是以「天道與觀世音為鏡」，[20] 在其晚年作品的《獨行道》中有一條：「貴神佛，但勿恃神佛。」其實他的劍道體悟也不離禪宗；另一同期劍客柳生宗矩年輕時嘗向澤庵和尚（1573-1645）學過禪學，所著《兵法家傳書》實是一部禪宗兵法書。

　　其次，只要翻開《武士道叢書》或《武士道全書》，也都不乏有關武士尊神佛之記載，許多甚至列為第一條以示重要，例如鎌倉時代北條重時（1198-1261）家訓第一條即規定：「朝夕崇**佛神**，常置念頭而奉之。」第三條並規定：「不可有誹謗出家之事」，其他諸條也都載有尊崇佛法的規定，可說是一部尊佛禮佛的武家規範書；[21] 室町時代（1392-1573）武

18　參毛利元就：〈毛利元就遺誡〉，收入小澤富夫編集：《（增補改訂）武家武訓・遺訓集成》（東京：ぺりかん社，2003），第 12 條，頁 177。

19　加藤清正所協助興建的佛寺，至少可考的有五座，均在今九州地區，即：熊本縣的本妙寺、法華寺，大分縣的法心寺，長崎縣的本蓮寺、本經寺。

20　宮本武藏原著《五輪書》，收入何峻譯：《武士的精神：五輪書與兵法家傳書》（臺北：遠流，2004），自述，頁 2。

21　北條重時：〈極樂寺殿御消息〉（平重時家訓），收入小澤富夫編集：《（增補改訂）武家

將伊勢貞親（1417-1473）武訓第一條也載曰：「第一宜信仰奉祀**神佛**」；[22] 北條早雲武訓第一條也說：「第一宜信**佛神**之心之事」；[23] 鍋島直茂武訓書也把信佛列為第一條而稱：「以只信佛之心祈禱，不祈禱此外之事。」[24] 又如室町前期武將今川了俊（1326-1414?）的武家訓條中也提及：「出家沙門尤致尊崇，禮儀可正之事。」[25] 鎌倉時代以及室町時代武家家訓中常見「佛神」之稱（伊勢家族本有神道背景，當屬例外），顯然把「佛」當作具有人格神靈作用的護法神，或日本神道的大權現神，[26] 是神道與佛教的「神佛習合」典型思維，在此還可見佛主神輔的現象。德川時代（1600-1867）以後武家則稱「神佛」，「神」置於「佛」之前，與前此武家訓條的「佛神」相較，明顯已經主客互位。[27] 茲援引以下數例

武訓・遺訓集成》，第 12 條，頁 37。

[22]　伊勢貞親：〈伊勢貞親教訓〉（被推定為 1457-60 年間之武訓作品），收入小澤富夫編集：《（增補改訂）武家武訓・遺訓集成》，頁 80。

[23]　北條早雲：〈早雲寺殿二十一箇調〉（年代未詳），收入小澤富夫編集：《（增補改訂）武家武訓・遺訓集成》，頁 114。

[24]　鍋島直茂：〈直茂樣御教訓ヶ條覺書〉，收入小澤富夫編集：《（增補改訂）武家武訓・遺訓集成》，頁 198。

[25]　今川了俊：〈今川了俊制詞〉，收入小澤富夫編集：《（增補改訂）武家武訓・遺訓集成》。今川氏這個武家訓書後寫：「永享元年」（1429）制訂，但小澤富夫考訂今川氏逝於 1420 年，故此年代恐有誤。

[26]　「大權現」是指佛或菩薩為救眾生，以種種之形現身而被尊敬，在日本成為各種具有形象的神體。例如德川家康（1542-1616）死後被天皇封為「東照大權現」，在各地建「東照宮」。

[27]　佛教地位在戰國時代以後明顯衰落，筆者認為與武將織田信長長期的對抗有相當大的關係。中央寺院軍的僧兵在戰國期間長期與織田信長爭鬥，最後為織田攻破，大阪的淨土真宗大寺院僧軍也被織田瓦解，進而織田又下令屠殺比叡山僧侶，佛教僧軍受到織田的摧殘，已然大大失血，不復以往可以全然地主宰文化宗教的事務，加上德川初期朱子理學傳入日本，德川家康善用為治國之策，紛有脫佛入儒的朱子學者（如藤原惺窩、林羅山）；另一方面，朱子學在德川初期流行，神道學者也得到脫離佛教的知識泉源，紛紛有倡「理學神道」的教派出現，如吉川惟足（1616-1694）的吉川神道、儒者林羅山的「理當心地神道」以及山崎闇齋（1618-1682）的「垂加神道」等，這些神道教派轉而與儒教合作，撇開與佛教的關係。

以證：

　　◇力丸東山列舉武士心得二十一條，在第一條的不怠忽弓馬之道之後的第二條即規定：「宜崇**神佛**之事。宜重君恩，宜思先祖。」[28]

　　◇一條兼良也列舉尊佛法一項而說：「佛法、王法無二，內典、外典又一致也。」[29]

　　◇鵜殿長快亦論及「**神佛**信心之事」而說：「以神佛為信心之事，使己心為正直。若有天照皇太神宮、東照宮、家之鎮守，其神也。又所謂佛，我先祖也。」[30]

　　綜而言之，日本武家往往以佛教結合神道教來看待佛教，此一教派可視為「神佛習合」的兩部神道教派，[31] 並非純從佛教的角度來看佛教。另外，在武士階級中也有所謂的「出家士」（即剃渡出家的武士），專務軍法戰法，不參與指揮及武士一般的事務。[32]

　　由以上的說明，我們實可明白武士與佛教或禪學在近代以前兩者的關係是多麼密切。以下兩節筆者擬分析作為劍術家的武士（第三節）及作為

28　力丸東山：《武學啟蒙》，收入井上哲次郎編：《武士道叢書》（東京：博文館，1906）中卷，頁 271。

29　一條兼良：《樵談治要抄錄》，收入井上哲次郎編：《武士道叢書》（東京：博文館，1906）中卷，頁 51。

30　鵜殿長快：《肝要工夫錄》，收入井上哲次郎編：《武士道叢書》（東京：博文館，1906）下卷，頁 250-251。引文中出現「佛是我先祖」，應是「本地垂跡」的一種說法，指的是佛菩薩係出於神道之諸神，故有此說。

31　所謂「兩部習合神道」（或簡稱「兩部神道」）是指：用真言宗的《金剛經》、《胎藏經》兩部之教理，來說明各種神的世界，而以之作為神道學說論據，該學說始於九世紀的平安時代而漸流行。另外，「伊勢神道」係創始於中世的神道學說，以《神道五部書》為中心，吸收儒佛二教學說，在鐮倉時代（1192-1333）末期逐漸發展。

32　如大道寺友山所著的《武道初心集》（收入井上哲次郎編：《武士道叢書》，東京：博文館，1906）上卷，即有一則規範「出家士」，詳列這種出家士與一般武士在執行勤務的不同，頁 289-291。

武家的武士（第四節）的修行工夫中與禪學之密切關係。

三、劍術家與禪學：以宮本武藏與柳生宗矩為中心

　　日本禪學研究名家忽滑谷快天（1867-1934）嘗著有《達磨與陽明》一書，將達磨比喻為佛門的王陽明，王陽明比喻為儒門的達磨，又喻王陽明為「孔門的馬鳴、龍樹」，形容陽明的禪學是「行亦坐禪，動亦坐禪，語默動靜體安然」。[33] 由於王陽明是集事功與道德、學業於一身的教育家、思想家以及行動家，日本武士學者特別注重陽明「事上磨練」的良知學，在德川初期即由中江藤樹（1608-1648）提倡而形成日本的陽明學派，並在德川末期與明治維新吸引許多武士信仰之，[34] 加上陽明良知學說本身即很有禪味，故很能契合已經深染禪學的日本武士傳統。

　　「事上磨練」是禪學的主要特徵，當年王陽明體會禪學及師生之間的問答，經常使用「事上磨練」的觀點。如《傳習錄》說：「人須在事上磨練做功夫乃有益。若只好靜，遇事便亂，終無長進。」[35] 或曰：「人須在事上磨，方立得住，方能靜亦定，動亦定。」[36] 事上磨練其實不外把日常生活中的內外事情都視為禪，故任何一項技術的學習都可以是禪的體現。武士必須要學習「武藝」，而在學藝的過程中，往往運用禪學的理念，以

---

[33]　忽滑谷快天：《達磨と陽明》（東京：丙午出版社，1908），頁 224。

[34]　有關日本陽明學的發展研究，可參拙著：《德川日本思想中的「忠」「孝」概念的形成與發展──以兵學與陽明學為中心》（臺北：臺大出版社，2004）。

[35]　陳榮捷：《傳習錄詳註集評》（臺北：學生書局，1992 年），第 204 條，頁 288。

[36]　同上，第 23 條，頁 62。「事上磨練」的問答尚見陳榮捷此書版本的第 44、147、262 條等，不再一一細舉。

臻「武士道」。換言之，「武藝」作為一項技藝，通過武術技藝的學習，透悟人生真實之道，以成就其「武士道」。事實上，學習任何一項技藝皆可以達到由「藝」（器）入「道」的境界，故任何一項技藝的達人，皆不會滿足於技藝只是作為技藝。武士道的經典《葉隱》中便有一條訓誡：「藝乃亡身也」，並明白地解釋：「有一藝在身者，是藝者（即技術者），不是侍（武士，samurai）。誰若被稱為藝者，應知是恥辱，所以要常用心於被稱為侍。即使有多少的技能，應知對侍而言是有害的，這是經常必須要思考的道理。」[37] 對一名武士而言，不能過渡沈溺於戰鬥技能。換言之，如果宮本武藏以及柳生宗矩只是劍術超凡，而沒有武士道精神的話，與一般學藝者並無兩樣。柳生宗矩身為一代劍術家，但同時是自德川家康以降連續三代的兵法指導師傅；宮本武藏號稱一代劍豪，劍術超凡，自其與人比劍開始，未嘗遭致敗績，晚年也曾任職伊織藩主的家老以及肥後熊本藩主細川侯的食客，在他去逝之前所修行的巖洞中寫下傳世的兵法書《五輪書》。上述二位既是武士同時也是劍術家，以下便分析這兩位有名的劍術家在事上磨練的劍道中與禪學之關係。

（一）「直心」與「平常心」

　　劍術家需要練習技擊之術，故這項技術必須要預設敵人，面對敵人，不只是「身對身」對敵而已，它更是「心對心」的纏鬥，如何從對方動作中或眼神中看穿「敵人之心」，便成為修練的重要法門。於是，劍術家們不約而同地都有「直心」之體會。如宮本武藏說「直通之心」：

　　「直通心法」的真髓，必須經由接受二刀流的真道，才能夠獲得。

---

[37] 山本常朝原著・神子侃編譯：《葉隱》（東京：德間書店，2000），〈閒書第一〉，頁90。

很重要的是，要徹底鍛鍊自己，並且心領神會此一心法，這必須口傳親炙。[38]

一位日本昭和時代具有代表性的一流劍客高野佐三郎（1862-1950）在論及劍道修行時之心得也曾說：「劍道畢竟不單單是戰鬥術，也被認為是心身修練的有力方法，藉著技術的習得，而以養成確固不拔的偉大精神為目標，即達到由有形的技而修養無形的心為目的。」[39] 任何一項技藝的最高階段，都懂得以心御身的修為境地，一如柳生宗矩以下的描述：[40]

當身體取「攻」勢時，心要保持「守」勢。為什麼呢？如果心取「攻」勢，就容易因為衝動而犯錯，這是不可取的。所以要控制自己的心神，保持冷靜克制的態度。身體取「守」勢，是要讓敵人先出手，然後擊敗他；而如果心取「攻」勢，就會因為急於殺死對手而失敗。

宮本武藏也有如下類似的體驗：[41]

即使身處於靜止狀態，心不可以隨之停頓，相反地，進行電光石火般的動作，也勿讓心隨之衝動。心不可以受身軀所干擾，身軀也不

---

[38] 宮本武藏原著《五輪書》，收入何峻譯：《武士的精神：五輪書與兵法家傳書》，頁 45。以下只要引用宮本武藏這本兵法書，皆出自此譯本頁碼。

[39] 參庄子宗光：《劍道五十年》（東京：時事通信社，1956），頁 67。

[40] 柳生宗矩：《兵法家傳書》，頁 111。

[41] 宮本武藏：《五輪書》〈兵法之心〉，頁 25。本段譯文，筆者根據原文，為求流暢，有所修改何峻的譯文，譯責自負。

應該受心所左右。要隨時留意心的狀況，而非留意身軀；讓心豐而不盈，滿而不溢。心也許表面柔弱，然而內在務必強勁。你的行動要讓敵人無法猜測你的用心。

以上是三位劍術家說明攻守之勢的「以心御身」之修為體悟。值得一提的是，柳生宗矩認為在兵法之中，必須要悟道，稱開悟後的心為「直心」或「本心」：[42]

當人們開悟的時候，他們做的每件事情，一切行動，都是直接了當的。如果他們沒有合乎正道，就不能稱為了悟之人。直心就稱為本心，或者是道心。而扭曲、污染的心，就被稱為妄心、欲心。

如果把柳生這裡所說的「直心」境界與宮本所說的「直通之心」相比較，顯然有不同的境界，宮本的「直通之心」，即讓身體的每一動作，都能自然順暢地直通到本心，達到「以心御身」之境，但是柳生似乎在此基礎上更談到禪學中「直心」的精髓。我們只要審視禪宗經典或佛經，也不乏對「直心」體悟的解說，如《六祖壇經》即說：「一行三昧者，於一切行住坐臥，常行直心是也。」《維摩經》與《起信論》也一再強調「直心」。[43]《維摩經》更說「直心是道場」（〈菩薩品第四〉）。劍客常與人比劍，可以說隨處都是他修練的道場，因而終能體會無境之境的道場—即是「直心」。禪、武雖均有「直心」的體悟，也都用「直心」一詞，但劍術家傾向用之於劍術與格鬥的「身心一如」的實戰體悟，即是典型的事上磨

---

[42]　柳生宗矩：《兵法傳家書》，頁148。

[43]　《維摩經》中提到不少「直心」，如說：「菩薩隨其直心，則能發行」、「直心是菩薩淨土」（〈佛國品第一〉）。

練之禪學工夫，而柳生的「直心」說比宮本的「直通之心」說更有禪味。

　　其次，劍術家對禪學「平常心」也多有體悟。宮本武藏不僅作為一名劍術家，同時也是位畫家、雕刻家，他曾畫有「正面達磨圖」與「面壁達磨圖」，而其雕刻作品中也有一尊「不動明王」。佛教中的「不動明王」是坐鎮世界中央的佛陀，大日如來的憤怒法相，其法號即：「堅定智慧之王」，其法相特徵是：一手持劍，以斬除凡人的愚昧；一手握繩，以束縛凡人的七情六慾。劍術家所體認的身心一如、去除執著，乃至空無境界，均在不動明王之法相中顯露無遺。宮本由此「不動明王」體悟所謂的劍法之道，也只是「平常心」而已，他的兵法書中特有一章論〈兵法之心〉，其中提到「平常心」說：[44]

> 兵法之道，惟平常心而已。你的心，無論是在尋常事務裡或是在刀光劍影中，應該毫無同樣坦蕩率直，既非緊如即發之劍，也不容許自己有絲毫鬆懈。心要穩居正中，不可偏離，讓其平靜擺動，偏離須臾即止，似動非動。請務必深思其中道理。

柳生宗矩也深諳「平常心是道」的道理，他曾舉唐朝居士龐蘊（？-815）說明之：[45]

> 龐居士詩頌中有「恰似木人見花鳥」一句，說的是木人雖然看見了

44　宮本武藏：《五輪書》〈兵法之心〉，頁 25。

45　柳生宗矩：《兵法傳家書》，頁 126-127。關於平常心，柳生宗矩也有如下之論，他說：「不管你選擇了什麼為『道』，如果將其視為唯一重要之事而執著於此，就不是真正的『道』。唯有達到心中空無一物的境界，才是『悟道』。無論做什麼，如果能以空明之心為之，一切都能輕而易舉了。……這就是平常心，能以平常心對待一切的人就稱為名手了。」頁 125。

花鳥，心神卻不會為花鳥所誘。……做到這一點，關鍵是要以「平常心」體認清淨本心。當你在射箭時，不要有意識地去想你是在射箭，換句話說，你是在以「平常心」射箭。平常心就是見萬物而不起意。若棄平常心而代之以各種有意識之心，則形隨境移，心逐境轉，萬物皆非本來面目，見山非山，見水非水。……在佛學中，把「無住之心」看做是佛法的極致。

龐蘊是曾接受馬祖道一（709-788）教誨的在家居士，有中國佛教的維摩詰之稱，而馬祖正是提倡「平常心」的禪法者。[46] 柳生這裡提到的「無住之心」，如眾所周知，六祖惠能聽到《金剛經》的「應無所住，而生其心」所開悟的名句，「住」就是心裡有執著、有牽掛。人心常受六根（色聲香味觸法）所執著，而成為煩惱的根源，如何「無所住」或降服有住的心？《金剛經》又說：「應無所住，行於布施」，透過「布施」的實證體踐，[47] 以達到心的完全自由。禪學借布施體踐來使「心無所住」，柳生則將「無住之心」應用於射箭等的武藝訓練，並體悟平常心之道，以提升其劍道，這是禪的實踐工夫中典型活用例子。

（二）「去執著」與「空」「無」

柳生宗矩即認為「破除執著」是兵法與佛法共通點中的最重要者。他

46　馬祖道一特有〈平常心〉之論，馬祖說：「道不用修，但莫污染。何為污染？但有生死心，造作趨向，皆是污染。若欲直會其道，平常心是道。何謂平常心？無造作，無是非，無取捨，無斷常，無凡無聖。」參《景德傳燈錄》卷二八〈江西道一〉。

47　「布施」有財布施、法布施、無畏布施，而真正「布施」，是指「三輪體空」，即沒有布施的人、沒有受布施的人，也沒有布施的東西。參聖嚴法師講《金剛經》（臺北：法鼓文化，1999），頁36。

說：[48]

> 兵法與佛學，尤其是禪宗，以許多共通的道理，其中最根本的一點，就是要在任何事物上都破除執著之念、避免凝滯之心。這一點至為關鍵。無論修習佛法還是兵法，破除執念都是根本要義。

因此，柳生把這種「執念」當作是「病」，並具體闡述兵法的執念之病：[49]

> 所謂「病」，就是困擾自我的各種紛亂之念。考慮該如何取勝、如何用兵法、如何用學過的劍招、如何進攻、如何防守的心思都是「病」；而考慮該如何克服自我、如何去除這種迷亂之心的念頭，本身也是一種「病」。總而言之，如果你把自己的心思滯止於任何事物上，就是「病」。既然這百病都為「心病」，我們要做的就是修練自己的心靈，去除種種煩惱、憂慮、執著之念，忘卻一切思想，達到心的絕對自由。

這樣的言論實不出《六祖壇經》：「煩惱即菩提，前念迷即凡夫，後念悟即佛」之論，旨在去除「無明」、「執著」的煩惱。同樣是劍客的宮本武

---

[48]　柳生宗矩：《兵法傳家書》，頁 161。

[49]　柳生宗矩：《兵法傳家書》，頁 121-122。柳生宗矩再三提到劍法必須去除執著念頭的「病」，如他又說：「病就是執著。佛教認為執著是不可取的。沒有執著之心的乞丐可以混跡於人世而不受外界的影響和干擾，所以他們無論做什麼都自由自在，無拘無束，止於所當止。一個高手，如果沒有去除對技巧的執著之念，就不能稱為大師。塵土會附著於未經琢磨的寶石，但是，經過精心打磨的寶石，即使是落在爛泥中，也無損它的光彩。養護心智，打磨你心靈的寶石，使它不受外物的沾染，對『病』不以為意，不必多慮，做你想做的事吧！」頁 122-123。

藏，也這樣闡述一般兵法的執迷之心：[50]

> 無論是佛法還是世事之理，在沒有悟得真正的道之前，每個人都會
> 覺得自己所學的「道」才是正確的，是最好的，但是，若以平常心
> 觀之，以天地之理觀之，則他們已經因為自己的執迷之心和偏頗之
> 見而遠離了真正的道。

在佛法中，「去執著」往往與「空」合論，畢竟能去執著才可體證「空」
的道理，「空」去我執，一切法相，即可云「空」或「無相」。如《金剛
經》所說：「諸相非相」，因「凡所有相，皆是虛妄」，但「空」絕不是
「虛空」之「空」，也絕不是不存在，而是以絕對知（大智慧）透悟與體
證那絕對存在的「空」。職是之故，凡接觸佛法而修練的高明劍術家，最
後都會提到「空」或「無」，「空」與「無」在佛教義理中，是一種實踐
體證的境界語，不是哲學邏輯語言。

　禪宗最有名之一即是有關「狗子無佛性」的公案，讓禪者參這個
「無」字。[51] 禪確有「無」的思想，「無」不會是有無的「無」，也不是
虛無的「無」，如果可以言語表達的話，或許是一種超越有無對待的絕對
之「無」。即使如此，「無」並無法盡禪的全部思想，就如禪學本身最初
是佛教六波羅密中尋求解脫之道之方法之一。不過，任何一項技藝的最高
境界都與這個「無」息息相關，特別是劍術家。如柳田聖山所說：「無字

50　宮本武藏：《五輪書》，頁 92。

51　「狗子無佛性」公案，見之於《趙州禪師語錄》，記載著一僧人問趙州和尚：「狗子有無佛
　　性也無？」趙州回答：「無」。以後大慧宗杲也教導弟子參此「無」字公案，而說：「但去
　　二六時中看個『無』字，晝參夜參，行住坐臥，著衣吃飯處，屙屎放尿處，心心相顧，猛著精
　　彩，守個『無』字。日久月深，打成一片，忽然心華頓發，悟佛祖之機，便不被天下老和尚
　　舌頭瞞，便會開大口。」參（《宛陵錄》）。

是一種精神統一的方法，是公案。公案最出色的是瞑想法，但方法並非思想。」[52] 換言之，「無」的境界是透過直觀體認的方法，並非哲學用語，高明的劍術家把對「無」的體悟，應用於格鬥經驗，宮本武藏及柳生宗矩對《碧巖錄》[53] 以及《無門關》的公案皆知之頗詳。[54] 他們擅長身心一如的劍術境界，而身心一如是創造最高境界空或無的前提，劍術若未能至身心一如的境地，根本談不上更上層樓的空或無之境。如《葉隱》的作者引用禪師湛然和尚教導武士必須要「無念無心」，劍術家也常談到「無」與「空」，但似乎無所區別，柳生宗矩《兵法傳家書》最後一卷即深論「無刀」，一再說明他的無刀境界；[55] 而宮本武藏的兵法書《五輪書》最

---

[52] 柳田聖山原著・毛丹青譯：《禪與中國》（臺北：桂冠圖書，1992），頁 136。

[53] 《碧巖錄》收錄一百則禪門公案，並由雪竇禪師加上詩偈，而且附有圓悟禪師的解說與評唱所編印而成。這本著作在鎌倉時代傳入日本，以後即成為臨濟派下最重視的公案啟蒙書，有「宗門第一書」之稱。

[54] 這裡要特別值得一提的是《無門關》，《無門關》是南宋無門慧開（1183-1260）所著，把禪門中 48 個公案編為一冊，而第一個公案就是趙州和尚的「狗子無佛性」。《無門關》在日本受到重視的程度甚於中國。從戰前至今仍未見其衰，有超過三十種以上的註解書，其他在日本各佛教大學的抄本更不計其數，這裡僅舉以下重要的註解研究作品：

紀平正美：《無門關解釋》，東京：岩波書店，1918。

井上秀天：《無門關の新研究》（上卷・中卷・下卷）（東京：寶文館，1922-1925）。

神保如天：《無門關講話》（東京：明治書院，1937）。

安谷白雲編著：《註解無門關独語》（東京：三宝興隆会，1956）。

平田高士：《無門関》（東京：筑摩書房，1969）。

柴山全慶・工藤智光編：《無門関講話》（東京：創元社，1977）。

秋月龍珉：《禅宗語録漢文入門：「無門関」の語学的研究》（東京：三一書房，1980）。

谷口雅春著：《日常生活の中の真理：無門関・聖書篇》（東京：日本教文社，1990）。

岡田無元：《無門関参究》（東京：竹内書店新社，1988）。

西村恵信訳注：《無門関》（東京：岩波書店，1994）。

[55] 柳生宗矩說：「無刀是這一門派的最高祕旨。姿勢、劍位、站位、距離、換位、劈刺、表象和意圖，這些都出自無刀的精神，無刀正是它的內核。」氏著《兵法傳家書》，頁 155。並引用禪宗用語說明這種「無刀」之境：「禪宗裡有一句話：『大用無方』。它說的是，有大

後一卷即是「空之卷」，他所著的兵法訓條最後一條也是「萬理一空之事」。[56] 他這樣陳述何謂劍術的「空」：[57]

> 「空」的意思就是無始無終，無內無外。……當你悟得了某個道理，又能不被這個道理所束縛，這就是「空」。只有達到這個境界，你才能既不拘泥於兵法，又能隨心所欲地發揮兵法的作用；洞悉一切韻律，抓住時機，本能地揮出你的劍，自然而然地就能打中敵人。這些都是「空」的道理。

柳生宗矩更具體地指出「空」的境界：[58]

> 對手的心就在他的手上，它會通過手的動作表現出來。趁它們還處於靜止之時攻擊它們，這就叫做「擊空」。空不會移動，它沒有形狀，不會運動。「擊空」就是要在其移動之前迅速出擊。空是佛家之要眼，虛空、實空是不同的；虛空是指無物留存，實空才是真正的空，是心之「空」。雖然說，儘管心無形無狀，這有點像空的「空間」，但心卻是身體的主宰，所以一切舉動都是心的行為。心之動、心之勞，都是心之所為。心無所動，就是「空」；空有所

機大用的人，是不會受任何現成的學問、規則約束的。學問、規則在各個領域都存在，只有大師才能超越這些學問、規則，他們可以從心所欲，不受羈絆。打破一切規則，從心所欲地去做，就是實現了大機大用。」頁158。

[56] 「萬理一空之事」條如是記載：「萬理一空之所，難以寫明，自然所為工夫也。」參宮本武藏：〈兵法三十五箇條〉，收入《近世武家教育思想》（東京：日本圖書，2001 年新裝版），第三卷，頁725。

[57] 宮本武藏：《五輪書》，頁14。

[58] 柳生宗矩：《兵法傳家書》，頁146-147。

動，就是心。空轉為「行」，化為「心」，勞於手足。你要在對手
行動之前，就迅速攻擊他握劍的手，這就是說你應該「擊空」。

當然，上述二位劍術家所描繪的「空」，若非親身體證與修練，他人很難
從語言文字中體會。不過，從他們的敘述中，至少我們了解所謂的「空」
並不是虛空之「空」，反而是無所不在、自由自在的「實空」，它甚至超
越了輸贏的得失心，也有韻律感，自然地擊空，同時超越了有無、動靜，
也無內外、亦無終始，這是放下一切執著或束縛所達到的絕對「空」。

　　以上所舉劍術家體悟的「直心」、「平常心」及「去執著」、「空
無」等，都是劍術家在「事上磨練」而經常活用禪學，以達「劍禪一如」
的例子。關於「空」、「無」境界，由於個人體悟過程不同，體悟也應分
大悟、小悟、徹悟等各種不同的悟，但也絕不是悟後就不需要做工夫。這
些悟很難用語言文字傳達，所以劍客們只要談到技術或技藝的最高境界，
都必須要承認超出言語之外，無法言傳。柳生宗矩在每談及一項劍技之
後，當論及其背後意義或道理時，往往加上「難以領悟」。例如他提到劍
術的「擊空」之術時，說道：「我們很難通過閱讀書籍來理解這種
『心』，它是一種『道』，僅僅靠聆聽別人的教誨是很難領悟的。寫書、
傳道的人，都是根據以往的宗教作品、文獻來寫、來說的，而真正能體認
自心的人，是非常少的。」[59] 再如他要表明身體與劍的關係時，也說很難
用文字解釋，每一點都必須在實戰經驗中才能體會。[60] 換言之，諸藝如果
不是透過實踐體證的話，只是空談，這或許是劍客能深味「空」的實踐道
理之因。

---

[59]　柳生宗矩原著：《兵法家傳書》，頁 147。

[60]　同上，頁 112。

四、禪、武之「悟」與「戒律」之比較

（一）禪、武之「悟」比較

　　鈴木大拙曾經提到佛陀的五種覺悟法：「直觀」、「超於時限」、「親身體驗」、「完全悅服」以及「智者各得」等，簡言之，佛法必須直觀並親身體驗且因信得證，並不是概念的分析可以達到。[61] 準此，則任何一種宗教性上的體悟，實都可以用禪學來解釋，不過因悟的目的與境界不同，所以禪悟與任何之悟也不能混為一談，甚至從禪學的悟之境界來看的話，眾多生活上的體悟經驗，事實上都不是真悟。不過武士在「悟」的方法上，與禪學有其共通之處，那就是對生死的覺悟。

　　德川家康的一位著名勇將本多忠勝（1548-1610）在其家訓書中提到一般所稱的武士道是：「武士唯志於正道，而嗜武藝為勇猛，教以成為善之武士，是以不可有惡教。」[62] 而如何成為一名「正道」或「善」的武士，在武士訓條中常藉助「正視死亡」來提醒自己成為一名真正的武士。在日本德川武士社會的國度，武士常被教予「不畏死」，體會「死」的意義，與體會「忠」的意義幾乎是一樣的道理，這絕對與中國儒家「殺身成仁」的觀點不同。又，日本武士的「死」或犧牲，常不說「成仁」，而往往是「為忠」而死或「為國」而死，「生」的目的就是為了盡「忠」效「死」，故武士常不得不認真考慮「死」的意義。

　　因此，身為一名武士，往往被教導離開家門後，不可以想到自己的

61　鈴木大拙：〈禪：中國人對於開悟之說所作的解釋〉，收入徐進夫譯：《鈴木大拙論集：歷史發展》（臺北：志文出版社，1998 再版），頁 55。

62　本多忠勝：〈本多平八郎忠勝家訓〉，收入小澤富夫編集：《（增補改訂）武家武訓・遺訓集成，頁 190。

家，而且定要有一死的決心，因武士無法知道何時會死，換言之，就是隨時準備赴死，故武士出家門就須以死亡的決心來提醒自己貫徹武士道，如山鹿素行所說武士必須要「以死節為忠而忘家，乃士之本意也。」[63] 亦有如加藤清正武訓書所說：「生於武士之家，拿劍是要以死之道作為本意。如果不常精察武士道，想要潔淨的死，是很難的事情。」[64] 所以，武士要「潔淨的死」，常有「不畏死」、「一死生」或「死生無二」的覺悟，也就是說日本武士常被教導要正視「死」，而且隨時都要有「死」的覺悟準備，誠如明治時代的基督徒植木正久（1858-1925）所論武士道對「死」的描述：「我國武士常注意死之問題而藉以鍊魂」，又曰：「武士道之真髓從朝至暮，深期人應死於心，武士道的存在其實就是為了發揮這種色彩」、「武士道的終極意義，即是常不忘死之事。」[65] 鑽研禪學的鈴木大拙論及禪與武士道的關係時也說：「日本人沒有什麼特別的生命哲學，卻有死亡哲學。」[66] 這與中國自孔子以降「不知生，焉知死」的思維非常不同。

　　武士是為了戰鬥而存在的特殊階級，特別強調「忠君」的武訓，甚至有殉死的傳統，故武士經常必須思考死亡之道，而思考死亡之道多從禪宗哲理吸收而來，如禪門中常語：「煩惱即菩提，生死即涅槃」（《維摩經玄疏》卷 2）。描述戰國武將武田信玄軍風的《甲陽軍艦》中，即明確記載著參禪即是思考生死之道：「宜嗜參禪之事。參禪別無秘訣，唯思生死

[63]　山鹿素行：《山鹿語類》，收入廣瀨豐編纂：《山鹿素行全集・思想篇》（東京：岩波書店，1941）第六卷，卷第 14，〈臣道二・仕法〉第 24 條〈死節〉，頁 101。

[64]　加藤清正：〈加藤清正掟書〉，收入小澤富夫編集：《（增補改訂）武家武訓・遺訓集成》（東京：ぺりかん社，2003），頁 196。

[65]　以上分別參《植村正久著作集》（東京：新教出版社，1966）第七卷，頁 100，頁 259 以及頁 459。

[66]　鈴木大拙原著，陶剛譯《禪與日本文化》（臺北：桂冠圖書公司，1992），頁 229。

切。」[67]

　　武士透過參禪，經常看透生死，使其不貪戀生死，達到悟境。武士由於重視「死」的思考遠比「生」來得迫切，故宮本武藏的《獨行道》中有二十一條自律守則，其中有一條：「勿厭思死亡之道」、「唯有把自己視為已死之人，才能夠心如止水地完成日常生活的事情。」武士要思考死亡，儒教中「不知生，焉知死」的教義並無法提供其精神資源，但禪宗的不生不滅、超越生死界，正是提供死亡哲學最佳泉源。

　　我們再舉武士道經典著作《葉隱》也是這樣說：「所謂武士道，即探求死之事。」並認為武士要：「朝夕重新死之再死，以成常住死身之時，則可得武道之自由。」簡言之，武士道就是探求死得其所之道，以換得心的完全自由，《葉隱》作者山本常朝（1659-1719）本身是禪師，這一段每天早晚注視死的修行，絕對帶有禪味。禪要人透悟生死，尋求解脫，悟之再悟，死之再死，是每日勤修的工夫，武士尤其在面對死亡的修行中，非常近似禪學。

　　又如前引室町時代〈伊勢貞親教訓〉第 31 條提及：「若生死一大事，平性（生）可懸心也。宜存世間無常之理，以慈悲為先。宜唯懸法界一理為心也。是則可成武邊之覺悟。」[68] 換言之，武士必須覺悟生死之理，而往往借用參禪的方法，今日日語中也常用「覺悟」以表達面臨人生重要抉擇時，必需有果斷的決定力。傳統武士用「覺悟」（さとり）是用在面臨大敵，生死攸關之際，但這不是說偶而面臨大敵才用到「覺悟」，而是隨時隨地都要準備「覺悟」，這種工夫也是一種禪學的修定工夫。

　　因此，武門中的武訓往往訂有「覺悟」之事，如伊勢貞親的武訓中

---

[67] 作者不詳，腰原哲朗現代譯本《甲陽軍鑑》（東京：ニュートンプレス，2002 十刷），〈品第二〉第 30 條，頁 95。

[68] 伊勢貞親：〈伊勢貞親教訓〉第 31 條，頁 85。

說：「日夜朝暮，行住坐臥，上意其外，至公儀御番眾以下，宜隨時關注覺悟事。」[69] 武士要覺悟，覺悟什麼？不外死亡之道，身為一名武士，隨時需有切腹的覺悟。有這樣一則事蹟廣為流傳，《常山記談》[70] 的作者湯淺常山每天早上用膳的時候，一定從裝筷子的箱子中拿出短刀模擬切腹，家人驚訝地問其故，常山回答：「武士平生一定要有切腹的覺悟，我為了使之不忘，所以每天這樣練習。」[71] 毫無疑問，這是一種「切腹的覺悟」，也是生死的覺悟，行住坐臥都隨時要有死的覺悟。以下引用吉田松陰的解釋更可讓我們明白行住坐臥的覺悟工夫。

　　吉田松陰特把儒學的「敬」解為「備」，「備」即是武士的「覺悟」之道，特不滿朱子解釋的「主一無適」。他說：[72]

　　　「敬」字，（朱）註為主一無適，此道學先生說高上之事。敬，乃「備」也，在武士道以是云「覺悟」。《論語》云「出門如見大賓」，是說「敬」。在吳子則云「出門如見敵」，是說「備」，皆覺悟之道。「敬」、「備」為「怠」之反義，「怠」即疏忽。武士者，行住坐臥，應常有「覺悟」而無疏忽。（原日文）

「出門如見大賓」重點在於「敬」，故重於禮儀規範；「出門如見敵人」重點在於「備」，有處處覺悟之意。把「敬」解為「備」，松陰認為這才是武士需要的正解，即視一切皆必須有「覺悟」的準備，這其實不脫禪學精神。

69　伊勢貞親：〈伊勢貞親教訓〉第 2 條，頁 80。

70　《常山記談》是一部記載戰國武將軼事的文學作品。

71　轉引橫尾賢宗：《禅と武士道》，頁 67-68。

72　吉田松陰，《武教全書講錄》，〈行住作臥〉條，收入《全集》三，頁 109。

　　佛教中的「菩提」本就有「覺悟」之意，佛陀原意也是「覺者」、「覺悟之人」，原始之詞稱為「阿耨多羅三藐三菩提」，也就是「無上正等正覺」，即證悟涅槃妙理之智慧的意思，通常用在去迷悟道的場合，誠如鈴木大拙所說禪與悟的關係：「如果沒有悟，就沒有禪可說；悟是禪的一切，也是它的的根本。沒有悟的禪，好似沒有光和熱的太陽。」[73]

　　換言之，禪的生命始於覺悟，而覺悟後的世界是一個新的價值世界，是「個人精神統一的一種革命與重建事業」，悟是禪存在的理由，也是佛教的基本精神。武士常用「覺悟」字眼，藉以看透生死進而達到超越的境界，以追求生命的新境界，故武士把禪門這種究竟涅槃的「覺悟」工夫，應用到他行住坐臥的每日克己實踐工夫，可謂深有體悟。

　　但是，武士「覺悟」後所要求的境界或許與禪悟不能等同視之。就禪的境界而言，武士那種覺悟生死，仍限於「有對」，即覺悟生死的前提是一個「忠誠」信仰，與禪悟的「無對」後的了然自在、泯卻差別是有所不同的。雖然如此，禪、武借覺悟生死之方法以求提升生命的更高境界，仍有異曲同工之妙。

（二）禪的戒律與武士的「忍辱」工夫

　　佛教有戒律，武士道更是如此，如新渡戶稻造提到武士的戒律時所說：「（武士道）即是武士的訓條，也就是隨著武士階層的身份而來的義務。」[74] 這裡所謂的戒律不只是外在的律法規定，更是內心的自我律法，新渡戶稻造又說：「武士道之中有對內和對外的教誨，對外是謀求社會的

---

[73]　鈴木大拙：〈談悟：禪對一種新的真理所作的啟示〉，收入徐進夫譯：《鈴木大拙禪論集：歷史發展》（臺北：志文出版社，1998 再版），頁 210。

[74]　新渡戶道造：《武士道》，頁 26。

福祉和幸福的真諦；而對內則是強調為德行的戒律。」[75] 任何一家的武家訓條，必定兼攝外在威儀之規範以及內在的道德律法，關於外在戒律或律法的規定方面，兵學派山鹿素行便著有《武教小學》來規定武士的許多戒律，其中特別有一條「行住坐臥」規定：[76]

> 行則不徑，不礙旁人，不為非禮，不出過言。自出門，如見敵，出外則可忘內。住則正威儀，佩用具，常不忘不虞之戒。臥則不尸，傍不離利器，嚴夜戒，皆先人，而可為其勞。凡為士之道，行住及坐臥，暫放心，則必臨變而失常。

以上引文單就「正威儀」一項山鹿更有嚴密繁瑣的規定，這都可歸在外在的禮儀規範中。[77] 但武士除了上述家訓的成文法典外，更多的是「銘刻在內心深處的律法」（新渡戶稻造之語），在這些德行的戒律中，新渡戶在書中列舉「義」、「勇」、「仁」、「禮」、「誠」、「名譽」、「忠義」、「克己」（自制心）等項，並特別提及武士道從兩面以達到禁慾的訓練：一方面是訓練其自制心以達不屈不撓的勇氣；另一方面就是上述所說的外在規範的「禮」之教育。

　　武士道對於「禮」的教育是一種要求不要流露自己的痛苦，而傷害他人的快樂或寧靜。這兩項結合起來便是禁慾主義的風氣，最後形成全體國

---

[75]　新渡戶稻造：《武士道》（臺北：一橋，2004）頁136。

[76]　山鹿素行：《武教小學》，收入廣瀨豐編纂：《山鹿素行全集‧思想篇》第一卷，頁506。

[77]　我把日本兵學者山鹿素行這種基於為主君奉公的「正威儀」稱為「政治學意義的威儀觀」，餐拙著：〈日本德川時代兵學者與陽明學者的身體觀〉，《法鼓人文學報》創刊號，2004年7月，頁89-103。

民都能具有禁慾的共同觀念。[78] 筆者認為新渡戶所說的禁慾主義，就武士
而言，可以歸結到一個「忍」字的修為工夫，而這個「忍」字工夫又與禪
學有千絲萬縷的關係，以下論之。

佛教有僧團組織，需依戒律而過集團生活，故有嚴明之戒律。皈依三
寶的佛弟子在家應受持五戒，出家則依比丘、比丘尼、優婆二眾、沙彌二
眾等也有各種戒律。佛經中所說戒、定、慧三學也是首論「戒」，再依戒
生定（禪定），進而依定發慧。由戒到定、慧，處處都可說是廣義的戒
律，所以佛教廣義的戒律，包含一切正行。

至於狹義的戒律，最為人所知即是「不殺生、不偷盜、不邪淫、不妄
語、不飲酒」等五戒，並以貪瞋癡作為無明煩惱的根源，希冀以「六度」
（布施、持戒、忍辱、精進、禪定〔或云靜慮〕、智慧）以革除心識上的
「六弊」（慳貪、毀犯、瞋恚、放逸、散亂、愚癡）。

武士既是一種階級，而且是國家組織之核心，也需要有如僧團組織般
的戒律。日本學者曾經將禪學的「六度」比附武士道強調的「六德」——
仁慈、寡欲、克己復禮、清廉高潔、勇猛精進、謹直自重，以論禪與武士
道精神的一致性。[79] 不過，禪學「六度」中最重視「智慧」，[80] 而武士
道於六度中最有體會的則是「忍辱」。佛教把眾生忍受煩惱的人間世界稱
為「忍界」，也有「慈忍」一詞，即慈悲與忍辱之意，而佛教對忍辱的解
釋：「忍辱含不忿怒、不結怨、心不懷惡意等三種行相。佛教特重忍辱，
尤以大乘佛教為最，以忍辱為六波羅蜜之一，乃菩薩所必須修行之德。」

---

[78] 新渡戶稻造：《武士道》，頁 95。

[79] 釋悟庵：《禪と武士道》，頁 21。

[80] 「六度」亦稱「六波羅密」，其中最重要的是「智慧」，智慧即是「般若」，如果沒有般若
的指導，之前五種波羅密，只是世間善法，不是究竟的佛法。參考聖嚴法師講說《金剛
經》，頁 13-14。

（根據《佛光大辭典》）日語喜用「堪忍」、「隱忍」表示堅忍不拔之意，而負責蒐集情報、偵測、暗殺的武士稱為「忍者」。

　　不過，即使「堪忍」也是出自佛經，《婆娑論》中稱我們這個世界為婆娑世界，婆娑即「堪忍」的意思，在《起世經》則說成具有「勇猛」的意思。[81] 武士禪中對佛教的諸「忍」法中，頗強調「他饒益忍」與「安受忍」，例如橫尾賢宗的《禪と武士道》就特別提及這兩種忍道。[82]「饒益」（日語唸為にょうやく）之意，在佛教義理中是「予人法益」之意，有利益眾生的大乘精神，佛教諸多經典多提到「饒益眾生」，如《華嚴經》有「饒益眾生」、「大慈大悲饒益眾生」，淨土宗經典《佛說無量壽經》卷下亦載有「得大慈悲饒益之心」。[83]「他饒益忍」即是「能行慈悲饒益於他」的利他精神之忍道，此頗與武士要求無私奉公的自律精神相近。「安受忍」出自《攝大乘論釋》所說：「忍有三種。一忍辱忍。二安受忍。三通達忍」，[84] 在武士道的認知中，常被訓誡必須安於接受別人的

81　關於佛教「堪忍」的解釋，參考印順法師：《佛法概論》（臺北：正聞出版社，1998），頁55-56。印順法師論及《婆娑論》的「堪忍」旨在強調人具有「堅忍」之特性，能夠忍受極大的苦難，為了達到某一目的，雖犧牲在所不惜，而強調人勝於五趣（天、人、畜生、餓鬼、地獄）中的天上。

82　橫尾賢宗：《禪と武士道》，頁95。

83　「饒益」之原典經文，亦見於《維摩詰所說經》卷上〈佛國品〉：「諸佛子！此娑婆世界東南方，次有世界，名為饒益。如來與彼，或名現光明。」另，《仁王護國般若波羅蜜多經》〈奉持品第七〉：「見佛法僧發菩提心。於諸眾生利樂悲愍。自觀己身六界諸根。一切無常苦空無我。了知業行生死涅槃。能利自他饒益安樂。」

84　佛經有關「忍」的經文，茲舉二例，《攝大乘論釋》：「論曰：六欲樂自在。由忍度圓滿得成。」而解釋道：「忍有三種。一忍辱忍。二安受忍。三通達忍。於他毀損事心不壞。名忍辱忍。於自苦事心無變異。名安受忍。於正法甚深道理心能明證。名通達忍。由此三忍諸法皆隨逐心。後於諸法中。隨所欲樂如意得成。」又據《法集經》卷三記載：菩薩修行忍辱波羅蜜，有六種功德力，即：（一）能忍所罵，菩薩得「如響平等智力」，雖被人叱罵，而能忍受不加報復。如響，謂如空谷之答眾響。（二）能忍所打，菩薩得「鏡像平等智力」，雖被人捶打，而能忍受不加報復。鏡像，謂如明鏡之印現眾像。（三）能忍所惱，菩薩得「如

污辱，不可起嗔恚之心。

　　我們如果追溯日本傳統的「忍」字用法，則相當特別，日本神話中有一神名叫做「天忍穗耳尊」，是天照大神與弟神素戔嗚尊在互立誓約時所生之子，誓約內容這樣記載著：「若汝心明淨，不有陵奪之意者，汝所生兒必當男。」[85] 以後此神並受天照大神賜予寶鏡，其子瓊瓊杵尊又受天照大神之命，從神靈所住的高天原降臨日本國土的日向國之高千穗峰。因此，「天忍穗耳尊」是日本明心淨心的祀神代表，他是誓約下所產生的神。

　　由此可知，「天忍」在日本神話中本有「清心」、「淨心」的隱喻，以後這個「忍」字能成為武士道的精神象徵，或許與這個獨特意義有關。「忍」字後來在武家的使用中，成為對主君滅私奉公的美德，以表示對主君的純潔無私之心，所以武家強調「忍」或「堪忍」的精神，以及封建時代武家社會的武士，常以犧牲自己身體或克制自己的慾望，來表現對主君的無私盡「忠」，正如山鹿素行所說：「堪忍之輩者，可為忠義事。」[86]德川幕府在給武家的訓誡條文中特有這樣一條關於「忍」精神的規定：[87]

　　　世被稱為大丈夫者，在能忍一字。忍則制私欲也，喜怒憂思悲驚恐

幻平等智力」，雖被人惱害，而能忍受不加報復。如幻，謂如變幻而不實。（四）能忍所瞋，菩薩得「內清淨平等智力」，雖被人瞋呵，而能忍受不加報復。（五）八法不動，菩薩得「世法清淨平等智力」，故不為世間利、衰、毀、譽、稱、譏、苦、樂等八法所動。（六）煩惱不染，菩薩得「集因緣平等智力」，故一切煩惱皆不能染。以上解說參《佛光大辭典》。

[85] 參丸山林平編撰：《定本日本書紀》（東京：講談社，1966 年），卷第一〈神代卷上・素戔嗚尊昇天〉，頁 23。

[86] 山鹿素行：《式目家訓》，收入廣瀨豐編纂：《山鹿素行全集・思想篇》第一卷，頁 237。

[87] 〈德川成憲百箇條〉，收入《近世武家思想》（東京：岩波書店，1974 年日本思想大系版），第 95 條，頁 475。

之七種皆出於此，不溺之，則忍也。我雖未為大丈夫，持忍字久，使我子孫有慕我為人，五典九經之外，可守忍事。

又如德川幕臣，甚精於武家掌故的伊勢貞丈（1717-1784）也特強調「忍」之精神，在家訓也特強調「堪忍」精神：[88]

所謂「堪忍」，能忍物事也，宜保持忍任性於我心也。五常五倫之道，若不用「堪忍」二字，則不能成事。其外諸事若亦無堪忍之心，善事亦不可成，皆成為惡事也。萬事皆宜本於堪忍，唯主君之敵、父母之敵二事，不能堪忍。

山鹿素行一再強調「堪忍」與忠義之關連，如他說：[89]

喧嘩口論，為私忘忠，雙方可為曲事，尤堪忍之輩者，為公義忘私，穿鑿之上可為忠節事。

又說：[90]

於戰場，喧嘩輩者，為私不知公義，不忠之至也。雙方可為死罪，堪忍之族者，可為忠節事。

88　伊勢貞丈：〈貞丈家訓〉，收入《近世武家思想》，頁 102。

89　山鹿素行：《家訓條目》，收入廣瀨豐編纂：《山鹿素行全集・思想篇》第一卷，頁 254。

90　山鹿素行：《陣中諸法度》，收入廣瀨豐編纂：《山鹿素行全集・思想篇》第一卷，頁 257。

　　以上所引的「忍」的精神，是為「制私欲」或「忍任性於我心」，與中國孔孟用的「忍」字意義不同。例如孔子對季氏舞八佾於庭，斥曰：「是可忍，孰不可忍」（〈八佾〉），孟子用「忍」字則著重在道德意義上的惻隱之心，如他對齊宣王以羊易牛祭祀的事，強調「不忍人之心」（〈梁惠王上〉），主張「人皆有不忍人之心，先王有不忍人之心，斯有不忍人之政。」（公孫丑上）

　　總之，孔孟的用「忍」字，都不是用在於制約身體或控制情欲，而是對對方違反道德仁義時的不能忍受而言。但用「忍」來對身體加以克制的功夫，則是日本武家重要的信念。

　　即連陽明學者中江藤樹所認知的「忍」也是如此，藤樹的《雜著》中特有三條關於「忍」的解釋，其中兩條是：「此是以道制欲之勇心，初學鍊形化氣之良方，入道德之門也。」以及「善用此字克私欲，則世間無窮之苦痛忽消，而心安氣和，百福因此而已乎。」[91]「忍」是被拿來制欲的。總之，日本所言的「忍」字精神特與中國儒家思維不同，而寧可如前所述是取之於佛教的「忍」工夫，而有禁慾主義的色彩。

五、結論：日本禪學與國家主義之間

　　本章分析武士道在許多實踐工夫與理念上，往往取自禪學或佛教精神。在第二節中指出日本武士深染佛教或禪學的歷史背景，佛教或禪學幾乎是大部份武士的宗教信仰，佛教也與國家政權緊密地結合在一起。

　　第三節分析了劍術家宮本武藏與柳生宗矩從禪學中所體悟的「直

---

[91]　中江藤樹，《雜著》，收入《藤樹先生全集》第一冊，卷之五，頁226。

心」、「平常心」與「去執著」、「空無」之境界，說明劍術家借禪學提升其劍術，以達禪、武合一之境地。第四節則探索與比較禪武之悟與戒律，指出禪、武儘管在悟的目的容或不同，但在生死的覺悟方法上，有其異曲同工之處。在戒律上，武士特別強調的「忍辱」工夫實也是源自佛教的自律精神。在最後，想藉著禪武的關係，反省有關日本禪學與國家主義結合的問題。

梁啟超（1873-1929）流亡日本時，曾經有感於日本的武士道成就了明治維新，特別寫〈中國之武士道〉一文以宣揚中國失傳的武士道。梁啟超認為中國之武士道，即是司馬遷筆下所描述的遊俠刺客列傳之風格。

這種武士道風氣的形成，是春秋時代因霸國初起，武士道之風氣應運而生，但其發展僅與春秋戰國時代的霸國政治相終始，因秦漢一統天下後，尤其在漢初景帝、武帝等大誅遊俠，封建漸絕跡，無復以武俠聞於世者，武士道亦衰而不振。[92]

任公基於中國積弱不振，又感於中國缺乏國民統一精神的象徵，雖然看出日本民族的核心價值精神在於武士道，卻並未能正視武士道精神被誤用以及近代日本武士道精神是被依附在天皇體制下的產物──即武士道成為國家主義最佳利用的泉源，或許不能與近代以前的武士道精神相提並論。

武士道精神在近代本有強化國家主義或民族主義的傾向，佛教亦是如此。日本佛教史的發展，長期與國家政權結合在一起，是不爭的事實。明治維新後一度有「廢佛毀釋」政策，佛教為求生存，有些宗派不得不依附在國家神道之下，甘為政權支使，成為御用宗教，向東亞國家逆向傳播日

---

[92]　梁啟超：〈中國之武士道自序〉，《新民叢報》，第 3 年第 11 號（原第 59 號），1904 年 12 月，頁 75-84。

本佛教。

　　太虛法師（1889-1947）見日軍侵略中國及東南亞諸國時，曾感嘆並發表〈佛教徒如何雪恥〉之演說，其中頗有譴責日本佛教徒的意義，他語重心長地說：「日本雖有興盛的佛教，但有其形式，其實際行為所表現，適與佛法相反，成了有名無實，形存神亡的佛教。其原因，應歸咎於佛教徒，不體會教法的真精神，不能依了教法身體力行，不能抱定佛教宗旨，在教徒團體當中，世界人類當中實行教義。所以，才不能住持弘揚佛法，以致佛教衰弱淪亡，或者竟表現與佛教法相反的行動，佛法成了如此的趨勢，所以表現於世界者，就是全世界同陷於悲慘困苦之中，無以自救救人；或者不惟不能拯救他人，反殘害侵略於他，這真是佛教徒最可恥的事。」末了並呼籲日本佛教徒：「日本的三千萬佛教徒究竟何在？有如此龐大數目的佛教徒，如何竟不能制止日軍的暴行？有假使是真佛教徒，應當真切的知恥，體驗佛教宗旨，實現佛法精神，此是佛教徒應知之恥，和佛教徒應如此雪恥。」[93]

　　當然，戰爭期間的日本佛教徒與政權結合，或甘為政權利用，只是一些宗派或特定的一些人。即使在中國日軍的佔領內，也有一些佛教徒被迫表明親日立場。[94] 如在第二節指出，禪、武的結合與時代動盪的背景息息相關。佛教人物借政權弘揚佛法，不只是日本而已，歷來中國有名佛僧或

---

[93]　太虛法師：〈佛教徒如何雪恥〉，收入太虛大師全書編委會編集：《太虛大師全書》（北京：宗教文化出版社，2005）第 27 卷，頁 364-365。關於太虛的抗日活動及抗日思想之研究，可參末木文美士的〈太虛の抗日活動とその思想〉一文，收入氏著《近代日本と佛教：近代日本の思想‧再考 II》（東京：トランスビュー，2004），頁 293-331。

[94]　日本侵華期間，中國佛教界各有抗日與親日的宣傳雜誌，抗日立場鮮明的雜誌，如所周知的有《海潮音》（武昌、重慶）、《獅子吼月刊》（桂林）、《覺音》、《人間佛教》等；相對的，在淪陷區由日本政府支持成立的親日佛教雜誌有《晨鐘》（杭州）、《同願》（北京）、《中國佛教季刊》（上海）等。相關的研究可參前引末木文美士：《近代日本と佛教：近代日本の思想‧再考 II》的〈日本侵略下の中國佛教〉一章，頁 276-292。

禪僧從來都不只是做個出世者，更是入世者，他們或用神通以令君主信服
（如佛圖澄），或受皇帝供養從事譯經（如鳩摩羅什），或為帝王師（如
神秀、普寂），或協助國家平息危難（如神會）。宋代大慧宗杲（1089-
1163）面臨北宋滅亡，也曾經因得罪當道而被流放；明代晚期的憨山德清
（1546-1623）改革叢林制度，也必須結合宮廷勢力。[95]

　　在中國動盪不安的時代也有禪師提出類似「武士禪」（もののふ禪）
的概念，如宋代大慧宗杲提出「菩提心即忠義心」，世間法即出世法，二
者融為一體，晚明甚至也有朝宗通忍（？-1648）所說的「軍旅便是佛
法」，[96] 日本學者荒木見悟（1917-2017）嘗指出晚明這種把禪悟與人倫
一體化的大慧禪風現象，與國運衰微、民生困苦，以及因戰爭、瘟疫導致
四野死屍的狀態有關。晚明甚至出現朱子學者陳幾亭（1585-1645）所說
「禪家之作用，近於霸」的風潮，這都與大慧禪的活躍型態有關。[97]

　　在近代，1931 年日本「偽滿州國」在東北成立，也有余乃仁（普仁）
號召組織「救國僧軍」，不過實質上應只是救護隊，並未參與戰鬥抗暴。
[98] 1933 年日軍佔榆關、侵熱河，太虛法師曾號召全國佛教青年組護國

---

[95] 關於憨山德清改革晚明叢林制度的始末研究，可參江燦騰的《曹溪之願》（臺北：新文豐出
版社，2005），第二篇〈改革者禪僧德青中興明末曹溪祖廷的經驗透視〉。最近大陸以簡體
出版此書，改名為《晚明佛教改革史》（桂林：廣西師範大學出版社，2006）。

[96] 朝宗通忍禪師有關軍旅佛法的記載如下：「軍旅中有佛法，不可更說佛法也。軍旅便是佛
法，不可更說有佛法也。橫按鎮鋣，掃除孛彗，靜以應動，動而能靜者，自肤直破巢穴，坐
致太平矣。鎮鋣者，當人之智慧力用也；孛彗者，根塵中之影響也；巢穴者，起心動念之根
株也；太平者，本來現成活計也；靜以應動者，二六時中，直據本分以作用也；動而能靜
者，千應萬變而不昧本命元辰也。雖肤依舊，只是軍旅中之佛法。」參朝宗通忍：《朝宗通
忍語錄》，收入藍吉富主編：《禪宗全書・語錄部第 22 卷》（臺北：彌樂出版社，1989），
卷十，〈復沈司馬〉，頁 23。

[97] 荒木見悟：《陽明學の位相》（東京：研文出版社，1992 年），頁 248-250。

[98] 本章原以為普仁所組織的「救國僧軍」是一支參與戰鬥的僧軍，惠敏法師提醒我應只是救護
隊，經查太虛及普仁曾對此做出解釋，刊載於《海潮音》13 期第 1 卷，在此特別感謝指正之

團。[99] 七七事變後，太虛法師更喊出「佛教護國」，要佛教徒「護國應變」，並舉《護國經》強調之。[100]

　　在日本，日蓮（1222-1282）所創的日蓮宗在元軍侵犯日本（1274 及 1281 年兩次）的背景下，也特有《守護國家論》，主張比丘也應執干戈衛社稷。[101] 佛教與國家政權結合，原意不外希望借國王或君主的力量護持佛法，前提也必須是國王與君主都是佛法的信奉者，並以一切眾生安樂為主。如佛經中的《仁王護國經》以及《大集經》也常說佛教與國家王者的關係，[102] 尤其是《仁王護國經》，中國與日本佛教徒歷代不乏有其疏義

---

[99] 處。另外，響應太虛法師此一號召者，有宏明和尚組織的「上海僧侶救護隊」，可參樂觀：〈佛教在抗戰期間的表現〉（收入張曼濤主編：《中國佛教史論集（七）：民國佛教篇》，臺北：大乘文化，1978）一文，對該僧團組織所從事的種種救護工作與艱難敘之甚詳，可相參照。

[99] 根據印順法師的《妙雲集》中編之六所整理的〈太虛大師年譜〉載日：「（1933 年）七日，大師於永生無線電臺，播講『佛教與護國』（海十四、六〈佛教要聞〉）。時日人佔榆關，侵熱河，國難日深。大師信眾之普仁（余乃仁）、普勇、普德，商諸大師，擬創組「青年佛教護國團」。大師乃電『勸全國佛教青年組織國團』（海十四、六「佛教要聞」）。主張部份從軍抗暴；部份則助捐、及組救護隊、慰禱隊、運輸隊等。」頁 358。

[100] 見太虛法師以〈佛教的護國與護世〉（1939 年 1 月）為題說：「護之道，由當局率全民協修德慧，感格佛天，從禍源上消解而共慶安善，則如《護國經》所說，他若內凝眾力，外集多援，御凶暴之寇，使形格勢禁而不能逞，則致潰退，如中國今日之所從事者，亦為護之常道。」該文收入前引《太虛大師全書》第 27 卷，頁 375-376。

[101] 日蓮宗是日蓮所創，以《法華經》為宗，在《守護國家論》中即說：「今世不擇道、俗，帶弓箭刀杖，如《梵網經》文者，必墮三惡道無疑者也。無《涅槃經》文者，如何救之？亦如《涅槃經》先後文者，帶弓箭刀杖治惡法比丘，守護正法比丘者，滅先世四重五逆，必證無上道定給。」

[102] 如日蓮的《守護國家論》動輒引用《仁王護國經》與《大集經》而說：「第一明以佛法付囑國王大臣并四眾者，《仁王經》云：『佛告波斯匿王，乃至，是故付囑諸國王，不付囑比丘、比丘尼、清信男、清信女，何以故？無有王威力故，乃至，此經三寶付囑諸國王四部弟子。』《大集經》十八云：『若有國王見我法滅，捨不擁護，於無量世修施戒惠，悉皆滅失，其國出三種不詳事。乃至，命終生地獄。』如《仁王經》文者，以佛法先付囑國王，次及四眾，居王位君收國臣，先以佛法為先可治國也。如《大集經》文者，王臣等為佛道，無量劫間雖施頭目等施持八萬戒行學無量佛法，國所流布法不直邪正，國中起大風旱颶大雨之

解說。[103]

　　如上所述，佛教與國家政權有其歷史與經典的根據，而禪學所強調直覺式的體悟，也往往是具有革命精神的鼓動者。畢竟禪講求超越生死，可因人因時因地因物而自由運用禪道，以般若解除身心的羈絆，具有高度的靈活運用性，鈴木大拙從這個意義，討論到禪可以與無政府主義、法西斯主義、共產主義、民主主義、無神論、唯心論，以及一切政治、經濟學說發生聯繫，[104] 並由此反省日本禪學與國家的問題而說：[105]

　　　　從理論上說，禪與國家主義毫不相干。因為它是宗教，因此它的使命就有普遍的適用性，而不會侷限於國民性本身。不過，從歷史角度上看，這又牽扯到偶然性與特殊性的問題。自禪進入日本的那一天起，禪就與深受儒家和愛國主義思想影響的人們結合起來，而必然要帶上這種種色彩。禪在日本從來就沒有與一切其他現象脫離開來，而以較純粹的形式為大眾所接納。日本的參禪者們將隨禪而來的一切都欣然地接受了。但到了後來，附著在這一切上的偶然性的東西，卻離開了本體而獨立存在，給二者本來是親密的關係上蒙上

三災，萬民令逃脫，王臣定墮三惡。」

[103] 在中國方面，集中在隋唐時代，分別有隋代吉藏（549-623）與智顗（538-597）的《仁王般若經疏》、唐代的圓測（613-696）撰的《仁王經疏》與良賁（717-777）述的《仁王護國般若波羅蜜多經疏》；日本方面，則如行信有《仁王護國經疏》三卷（1566 年）、《仁王經問答》一卷；良助親王有《釋尊影響仁王經秘法》八卷（1449 年），光謙有《仁王般若合疏講錄》三卷。其他有關護國的闡釋也有覺超的《護國鈔》三卷（1019 年）等（以上所提到有關佛經護國論的經典，皆收入《大日本佛教全書・六》（東京：名著普及會，1988 覆刻版二刷）。再如前所提及的日蓮宗創者，著有《守護國家論》、《立正安國論》主張佛法守護國家；真言宗道契也有《保國篇》，傳入禪宗始祖的榮西禪師（臨濟禪）也有《興禪護國論》等等。

[104] 鈴木大拙原著・陶剛譯：《禪與日本文化》，頁 26-27。

[105] 同上，頁 75。

了一層敵意。

　　我們再追溯日本佛教與國家的密切關聯時，即不難理解上述鈴木大拙之論，佛教自聖德太子奉為國教以來，歷代的天皇與將軍都有專屬皈依的佛僧，武將或武士也不離佛教。同時我們也不要忘了，武士道的泉源雖有佛教，但也有神道、儒教，而神道是直接促成武士道走向國家主義的主要根源之一。

　　嚴格言之，武士道與佛教最不協調者，即是為國、為主君殉道而死，某種形式來說，武士為「忠」而死，完成了身為武士的義理。但佛教中也不乏殉道之士，佛教的殉道是為了佛法，並非為了某些特定對象的人或依附在特定人物身上的道德義理。

　　因此，武士道會走向國家主義，而佛法認識不清者也有淪為國家主義的幫凶之嫌，武士禪的結合，似乎是一種地域性的國家主義與宗教性的普遍主義之矛盾組合，這也是「禪武相嵌倫理」所出現日本禪的特徵。故禪學研究者柳田聖山指出「禪通俗化」的危險而說：「佛教或禪與國家或政權扯上不可分離之關係，是會使之忘掉本質，這不可不說是『禪通俗化』所造成的危險結果，禪非不能通俗化，而往往通俗化會失去本質的境地。」[106]

　　例如戰爭期間日本學者發現要倡導「大東亞共榮圈」的利器工具，並不是儒教，而是佛教，因佛教比儒教更為東亞國家所信仰，所以戰爭期間學者關於佛教的東亞論述，在很大的意義上，都有為國家主義作嫁的意思。

　　再如，日本淨土真宗派的本願寺派，在殖民地韓國與臺灣的佛教團體

---

[106] 柳田聖山原著・毛丹青譯《禪與中國》（臺北：桂冠圖書公司，1992），頁 4-5。

中，興起帶妻僧制度的改革運動，便是這個教派推動的結果，是使佛教淪為御用宗教的最好例證。佛教非不能護國，只是護國若成為政權的工具，則只會抵觸佛教眾生平等，以及泯除國界、種族的平等根本教義。

　　生活中確實處處有禪機，禪可在生活實踐上與任何人、任何事物結合，故禪、武非不能結合，正如坐禪時有時心魔作祟而進入神通之境，結果誤以神通為禪悟，而忘掉「魔來魔斬，佛來佛斬」或是「殺人刀即活人劍」的真正禪悟。

　　本章作為「禪武相嵌」的倫理課題，已可觀察出禪武結合的多元性與複雜性，既有劍客個人式的禪武體悟精神，也有結合佛教輪迴義理而講究死亡之道的《葉隱》式的武士道，到了近代又有與國家政權結合武士禪而產生「禪通俗化」的問題。

第五章　江戶中期富永仲基《出定後語》引起的思想論諍及其影響

張崑將

臺灣師範大學東亞學系教授

本章大意

　　富永仲基在 1745 年出版的《出定後語》所提出的「大乘非佛說論」，認為諸多佛經均是隨時代之推移漸次添加而成，這個說法引起廣大爭議，特別是佛門中的學問僧紛紛起而衛教者多。但支持仲基之論者也不少，形成江戶思想論諍的一大波瀾。本文整理以下仲基四類的懷疑觀點：1.對於大小乘之說的懷疑；2.對於佛經修行理論的懷疑；3.對於佛經神通、密教咒術的懷疑；4.對於釋迦誕生朝代、禁止肉食、禁止娶妻的懷疑。本論文也提出仲基「大乘非佛說」面臨的方法論問題：諸如「偏向懷疑詮釋學」、「後佛說未必等同非佛說」及「真理與歷史涉及的一與多之辨證關係」等方法論詮釋的問題。最後，本文也指出仲基的佛經考證懷疑精神，頗帶有歷史文獻考證主義的味道，從而使其成為形上論及宗教論的批判主義或懷疑主義者，這種方法論到了近代因受西方歷史科學主義的影響，使得他搖身一變成了近代的先行者。

一、前言

　　富永仲基（1715-1746）是江戶中期的思想人物，出身大阪，自幼學習儒教，亦相傳曾在京都黃檗山寺院校閱佛教經典。相傳 15 歲即有《說蔽》的批評儒教之作，引起其懷德堂的老師三宅石庵（1665-1730）極為不悅，並且從此將仲基逐出懷德堂。[1] 但這只是傳說，可惜此書今亡佚不存，有待考證。此後，仲基不到 32 歲即去世，在其晚年有兩部代表作品即《出定後語》及《翁の文》，根據菅野博史的考訂，《翁の文》其中的自序時間為 1738 年 11 月，推測此時《出定後語》大致完稿，此後《出定後語》正式出版是 1745 年 11 月，《翁の文》的出版時間則是隔年（1746年）2 月，不久，仲基於同年（1746 年）8 月逝世，故推論仲基大約是已知自己時日無多才連續出版自身代表作。[2] 不過，富永仲基在序文中說道：「基乃持此說，且十年所以語人，人皆漠」，又說：「基也今既三十以長」，[3] 因為此序寫於「延享元年秋八月」，「延享元年」即 1744 年，也是仲基三十歲時，但仲基已持此說有十年之久，故「大乘非佛說」的成熟撰寫期間當在 1734-1735 年之間。總之，上述兩著作，《翁の文》是批判儒、釋、神道三家的作品，提出仲基所認定的「誠之道」，《出定後語》則是提出石破驚天的「大乘非佛說」。

---

[1] 仲基被懷德堂堂主三宅石庵逐出，以及嘗在黃檗山寺院校閱佛教經典《一切經》（指佛教聖典的總名，又稱《大藏經》）的說法，是來自慧海潮音《搥裂邪網編》（收入鷲尾順敬編，《日本思想鬪諍史料》（東京：名著刊行會，1969 年）第三卷，頁 270-271。

[2] 菅野博史，〈富永仲基と平田篤胤の仏教批判〉，《国際哲学研究（別冊 6）》43 卷（2015年 3 月），頁 30。

[3] 富永仲基，〈出定後語序〉，收入鷲尾順敬編，《日本思想鬪諍史料》（東京：名著刊行會，1969 年）第三卷，，頁 167。

　　當然，仲基「大乘非佛說」之論一出，引起諸多衛佛與斥佛的廣大論諍，這些著作多收入鷲尾順敬主編的《日本思想鬪爭史料》，簡稱《鬪爭史料》。斥佛派的服部天遊著《赤裸裸》（收入《鬪爭史料》第三卷）、朝夷原生作《釋氏古學考》等，呼應《出定後語》的觀點，對天臺宗、華嚴宗的教義發生疑問。國學派的平田篤胤（1776-1843）也加入戰局，著《出定笑語》（收入《鬪爭史料》第八卷），視真宗、日蓮宗為神道的二大敵宗。衛佛派者的無相文雄（1700-1763）作《非出定後語》進行反駁（收入《鬪爭史料》第三卷），接著真宗西教寺的慧海潮音（1783-1836）作《金剛索》一卷、《摑裂邪網編》二卷（收入《鬪爭史料第三卷》）。除了上述神道教派批判佛教以外，江戶朱子學的闇齋學派也是排佛的先鋒，[4] 由此我們看到神、儒二家對抗佛教的思潮，這種「三教」（神儒佛）的論諍亦是中國、韓國兩國所無，展現日本三教思想論諍的特色。

　　如上所述，雖然仲基的學問來自儒佛的薰陶，但終不滿二家之學，即便日後在江戶後期流行的國學所重視的神道學，也在仲基的批判射程之內。因此，我們實不能以一家來侷限仲基的學問及思想，應說他是三家的形上論與神話論的批判者，但仲基也肯定儒佛之道，認為各家「皆在樹善」（序言），只是他反對後儒、後佛者假託原佛、原儒而扭曲素樸的原佛、原儒、原道，這令他百般無法接受。這種思路讓我們想到與江戶古文辭學者荻生徂徠（1666-1728）的古道論有著異曲同工之處，因為徂徠學一心要還原儒家六經的古道論，從而批判自孟子以降尤其是朱子學者對儒學的新解釋，這些新解釋反而造成失去孔子之道或是六經之道的原貌。

---

[4]　有關闇齋朱子學派與佛教的論諍，參張崑將，〈山崎闇齋與隱溪智脫的儒佛之辨及其餘緒〉，《國文學報》第 62 期（2017 年 12 月），頁 1-22。

　　仲基提出的「大乘非佛說」企圖還原佛教原有的面貌，批判後代不斷「加上」而扭曲的原始佛教面貌，雖與徂徠學的還原古道論有著類似的方法論思維，但仲基走得比徂徠學更為徹底，甚至超越且批判徂徠，特著有《論語徵駁說》，批駁徂徠解「古道」仍存諸多謬誤，要從徂徠的「先王之道」進一步回歸到「誠之道」。[5] 仲基懷著探索「古道」的癖好，透過鑽研文獻，企圖還原他所認為的古史原貌，用之於佛教經典的研究亦然。因此，仲基這部《出定後語》頗要為這個原始佛教被淹沒的「古今一大疑城」、「熒惑古今者」剝除迷障，而謂「《出定》經典出，而後始瞭然也。」[6] 這個「出定」本是禪門打坐在「入定」後陷入迷障而不知返，仲基要讓沉睡二千多年的佛教「出定」，更謂「非出定如來不能也」[7]，將之拉回到現實，頗有借佛打佛的意味。根據仲基的序文，因感於自己身體病痛，恐身死後此著無傳，希願將此作流傳到「通邑大都」，並傳之韓、漢之國，甚至到「胡西」最後傳到「釋迦牟尼降神之地」，「使人皆於道有光焉。是死不朽。」[8] 可見仲基此著並非要藏諸名山，而是希望廣傳並且最終能傳到佛陀降生之地。

　　有關富永仲基的研究頗多，透過戰前代表性的研究者如史學家內藤湖南（1866-1934）大力讚賞其「加上說」的歷史考證方法，以及經學家武內義雄（1886-1966）從經典文獻的內文考訂也肯定了仲基的研究方法，大大地提升仲基在近代知識人的學術地位。[9] 因此，除了在戰前及戰後的

5　有關仲基的反徂徠之研究，可參宮川康子：《富永仲基と懷德堂——思想史の前哨》（東京：ぺりかん社，1998）第一章〈反徂徠としての富永仲基〉之詳盡分析，頁 19-85。

6　富永仲基，《出定後語》，收入鷲尾順敬編，《日本思想鬪諍史料》第三卷，頁 181。

7　富永仲基，《出定後語》之〈教起前後第一〉，頁 172。

8　前引富永仲基，〈出定後語序〉，頁 167。

9　內藤湖南，〈大阪の町人學者富永仲基〉，收入《內藤湖南全集》第九卷（東京：竺摩書房，1972），頁 375-396。武內義雄，〈富永仲基の出定後語に就いて〉，《東洋學研究》2

註解解說及介紹的傳記繁多以外，可分三大研究趨勢：其一是仲基與徂徠學的研究，代表性作品是宮川康子的《富永仲基と懷德堂——思想史の前哨》及陶德民《日本漢學思史論考——徂徠、仲基および近代》二書的研究可為代表，兩書充分利用了大阪懷德堂館藏的仲基一手文獻，細密分析仲基學問方法來自徂徠又脫胎於徂徠，故對仲基町人出身的歷史意識還有反徂徠學的思想有很清晰的研究，陶書則更著墨在其對日本近代漢學家的影響。[10] 其二從探索歷史發展的脈絡分析仲基提出大乘非佛說的背後真相，這方面有西村玲的〈聖俗の反転：富永仲基『出定後語』の真相〉、〈大乗非仏説論の歴史的展開——近世思想から近代仏教学へ〉二文可為代表，特地舉出當時已有淨土律僧敬首（1683-1784）與普寂（1707-1781）及後續者真言宗律僧慈雲（1817-1805）追求佛陀復古的戒律。以上這些重視戒律的僧侶因鑽研戒律而對「大乘佛說」產生質疑，只是還未提出「大乘非佛說」，目的是為了統合大乘、小乘之理墢，從而在現實生活中再現印度原始教團。[11] 因此在仲基同時代的佛門內部學問僧從信仰角度出發，雖合理懷疑「大乘佛說」，但尚不至於否定，其目的仍是以宗教性實踐層面恢復印度原始戒律。其三是與本文息息相關的《出定後語》或「大乘非佛說」之研究，有批判與反批判論，如淨土真宗大谷派村上專精（1851-1929）著《大乘佛說論批判》贊成區分「歷史的／學術的佛說」

卷（1932 年 7 月），頁 1-8。

10　前引宮川康子：《富永仲基と懷德堂——思想史の前哨》（東京：ぺりかん社，1998）。另陶德民《日本漢學思史論考——徂徠、仲基および近代》（大阪：關西大學出版部，1999）。

11　西村玲，〈聖俗の反転：富永仲基『出定後語』の真相〉，《宗教研究》78 卷 3 期（2004 年 12 月），頁 739-759。西村玲，〈大乗非仏説論の歴史的展開——近世思想から近代仏教学へ〉，《宗教研究》83 卷 4 期（2010 年 3 月），頁 1225-1226。

與「教理的／信仰的佛說」，[12] 等於承認了「大乘非佛說」，導致被剝奪僧籍；但戰後一樣是真宗信仰者伊藤義賢（1885-1969）則傾其畢生精力著《大乘非仏説論の批判》，批判「大乘非佛說」，主張應以《大智度論》的「四悉檀」（四種說法）包含大小乘，堅持大乘是佛說。[13] 由於「大乘非佛說」涉及佛法詮釋學之課題，本文有鑑於研究者少能直從仲基原典分析其「大乘非佛說」之內涵，尤其在中文學術領域更是極少數人關注研究，雖然藍日昌已經注意到從佛法詮釋學有關中國以「判教」與印度以「集結」來解決「大乘非佛說」的紛爭，[14] 本文深感該文意猶未盡，則企圖從佛法詮釋學角度深入探索這個課題。

二、《出定後語》的「大乘非佛說」之論據重點及其方法論問題

　　富永仲基在 1745 年出版的《出定後語》所提出的「大乘非佛說論」，認為諸多佛經均是隨時代之推移漸次添加而成，引起廣大爭議，特別是佛門中的學問僧紛起而衛教者多，但支持仲基之論者也不少，形成江戶思想論諍的一大波瀾。以下先論「大乘非佛說」的論據重點，次論此說

---

[12] 村上專精，《大乘佛說論批判》（東京：光融館，1903）。

[13] 伊藤義賢，《大乘非仏説論の批判》（東京：真宗學寮出版，1969）。「四悉檀」是指「一、世界悉檀」說世界現象是因緣而生且無自性；「二、各各為人悉檀」是為了不知世間法是因緣和合，故為了因應眾生根機而誘引教之的說法，所以才會出現佛陀說法的矛盾；「三、對治悉檀」是為了不知世間法而持邪倒知見，提出破邪顯正的說法；「四、第一義悉檀」是說明現象世界的實相即本體（正體）之說法。頁 501-504。

[14] 藍日昌，〈從判教到《出定後語》：佛學研究詮釋法的轉變〉，《懷德堂研究》第 3 號（2012 年 2 月），頁 234-240。

面臨的方法論問題。

（一）「大乘非佛説」的論據重點

　　《出定後語》洋洋灑灑有上下兩卷，共分二十五章，茲整理其目錄及大致論點列表如下：

表一：《出定後語》目錄及批判論點大要

目錄	批判論點大要	目錄	批判論點大要
1.教起前後 　第一	佛教源起與後來發展之說，皆來自吸收外道而不斷加上而成。	6.九部十二部方 　等乘 第六	九部十二部不是如後世所分大小乘，而是共指一切經藏之辭。
2.經說異同 　第二	佛法五百歲後，前後各說不同，多為後代不斷加上。	7.涅槃華嚴二喻 　第七	十二部修多羅並不限於華嚴與阿含，乃指一切經典意涵。
3.如是我聞 　第三	佛經的「如是我聞」皆非親自聞於釋迦。	8.神通 第八	佛經有關神通皆來自印度喜幻術之風俗。
4.須彌諸天世界 　第四	須彌山之說，皆古來梵志所傳。	9.地位 第九	小乘本無聲聞緣覺之分法，俱大乘家貶言。
5.三藏阿毘曇修 　多羅伽陀 　第五	三藏源自小乘之名，出於迦葉。	10.七佛三祇 　第十	釋迦前此七佛及三阿僧祇劫皆後世加上之說。

目錄	批判論點大要	目錄	批判論點大要
11.言有三物 　第十一	凡言有類、有世、有人，謂之「言有三物」，佛經傳梵語多有誤。	17.有宗　第十七	小乘三藏學者皆以有為宗，空宗乃大乘之言，實佛後五百年之說也。
12.八識　第十二	六根六識是本說，七識八識是異部加上之言，不必附會。	18.空有　第十八	小乘二十部皆以有為宗，未有「空有」或「亦空亦有」之說。
13.四諦十二因緣六度 　第十三	四諦皆異部所言；六度本只有四度，後二度是外國師說。	19.南三北七 　第十九	批評南三北七之判教有如此差異，嘆古今十大德，皆為法華轉。
14.戒　第十四	戒體本戒身口，大乘加上戒「心」（意）。	20.禪家祖承 　第二十	批判禪宗達摩之祖承，後世仿傳所加，並以達摩被人毒害而死，為天下古今第一可憐者。
15.室娶　第十五	南蠻國俗貴母勝於父，印度之俗甚貴女子，故佛出而斥之，為男子吐氣者也。	21.曼陀羅氏 　第二十一	密教曼陀羅之業，全在觀相禁咒，存印度風土。真言宗以密教具自他二力，皆是曼陀羅氏自重之說。
16.肉食　第十六	佛只戒殺遠肉，並未制斷肉，佛戒肉者，意本在戒殺生。	22.外道 　第二十二	外道之數，蓋九十六。九十六道之中，佛道為其最，是合佛為九十六，亦異部之言然。

目錄	批判論點大要	目錄	批判論點大要
23.佛出朝代 第二十三	佛出朝代，年紀杳邈，說佛生時，凡有八別。諸說既無依憑，皆未可信。以南朝梁趙伯休所得《眾聖點記》為正。	25.雜　第二十五	論《法華經》終始皆讚佛之言，而全無經說之實。且《法華傳記》云：法華傳四本，皆有增減。
24.三教 第二十四	三教相資為善，但三教各有所蔽，儒之所淫者文，佛之所淫者幻，而道之以天為宗，或謂海外有神仙之居，亦以幻進者，乃竺土外道之類也。		

　　由上述目錄及批判重點大要，或可略窺仲基頗抱持歷史文獻考證主義，看出佛經很多自相矛盾之處，形成他的懷疑批判觀點。知名佛教研究者中村元（1912-1999）曾為《出定後語》引用的佛經做詳細的出處註解，有利讀者對照以掌握仲基引用諸多佛經的來源。[15] 筆者粗略整理以下

---

[15] 中村元，《近世日本の批判精神》（東京：春秋社，1998）之附錄〈《出定後語》と《翁文》の註解〉，頁 319-387。中村元此書除了討論富永仲基以外，另一主角是江戶初期的禪僧鈴木正三（1579-1655），之所以將兩人放在同一本書，主要著眼於二者思想中同具強烈的「批判精神」，鈴木正三是作為「宗教改革」者，希望用佛教平等思想來改革當時強烈的封建階級意識；富永仲基是作為「人文主義精神」者，希望瓦解三教的形上論與神話束縛，對三教信仰世界的不信任，呼籲重視人本身的一種人文主義精神。質言之，他們兩人都在當時對傳統提出改革的呼聲，但在戰前都受到一些御用學者用國家意識形態加以不當扭曲與解釋，中村元書中所要呈現的「批判精神」是希望呈現兩位批判者的原來風貌。

仲基四類的懷疑觀點：

其一、對於大小乘之說的懷疑：對仲基而言，釋迦只說小乘，大乘是後五百歲不斷加上並蔑視小乘而成。特別是《法華經》與《華嚴經》皆說「一乘教」，將小乘收編到大乘中，形成以假亂真，後世竟皆以為兩經為經中之王。至於對天臺五時八教之判教，更是嚴厲批判其巧立圓說，質疑佛陀弟子同在聽席，卻誤其見聞如此之大，是非常可怪之事，認為佛說絕不有如此前後懸殊差別之分。

其二、對於佛經修行理論的懷疑：佛法中有關「八識」、「六度」、「四諦」、「空有不二」、「三戒」（身口意）均是重要的修行理念，但經過仲基詳加考證的結果，引出諸多大小乘經典的不同說法，發現諸多佛經互相矛盾，於是「三戒」原只有「二戒」（身口），「八識」實應只有「六識」，「六度」也只有「前四度」，「空有不二」只承認「有宗」，以證成其大乘「相加上」之說，既然是後代不斷「相加」而成，仲基則致力於「相減」以還原其真實之說。

其三、對於佛經神通、密教咒術、禪宗祖承的懷疑：佛經經常出現神通或降服外道之說，還有密教的曼陀羅說以及禪宗師師相承法脈，仲基一概不取，並且認為這些都是大乘佛法長期吸收小乘外道而不斷「加上」而成。例如《觀世音菩薩普門品》裡面有「天龍八部及水火等」，仲基認為原皆外道所事，大乘吸收之後成為自家，如仲基這樣推論，大乘則是道道地地是個外道的集大成者。

其四、對於釋迦誕生朝代、禁止肉食、禁止娶妻的懷疑：仲基對於釋迦誕生年代有各種說法，透過文獻的考證，他得出佛教歧視女性竟來自印度習俗本貴女子，致有尊僧伽禁娶妻之規定，以替男子爭回地位。至於不可肉食，原始佛教本只是戒殺遠肉，並未有實質禁止肉食。

以上四個懷疑，或可略窺仲基抱持歷史文獻考證主義者的考證癖好，

而他所用的方法則是他所謂「言有三物」：[16]

> 凡言有類、有世、有人，謂之言有三物。一切語言，解以三物者，
> 吾教學之立也。苟以此求之，天下道法，一切語言，未嘗不錯然而
> 分也。故云：「三物五類，立言之紀，是也。」

其中，「三物」中的「言有人」如其所指：「《金剛》無住，《華嚴》法
界，《涅槃》佛性，《般若》一切種知，《金光明》法性，《法華》諸法
實相，是皆其家言，各各主張，所謂言有人也。」[17] 顯然指的是大乘經典
各有其不同人或派別的主張，呈現各經不同的關鍵思想。其次，「言有
世」則言：「諸藏經中，傳梵語者，多有異。而說者云，梵之楚夏、羅什
恒河，玄奘殑伽、羅什須彌、玄奘蘇迷盧，如此之類何限，皆或指為舊
訛。夫言語隨世而異，音聲與時上下，其訛云者，非真訛也。所謂言有世
也。」[18] 談的是佛經經過梵語轉譯，出現在異時異地的不同說法，仲基如
上舉佛經中有關時間單位的用法，玄奘與鳩摩羅什就說法不同，或如佛之
稱「盧舍那」、「毘盧舍那」有新舊差別，本來就是讚美佛陀之辭，後世
成為佛的三身法號，諸如此類涉及轉譯時的音聲與言語，是隨時空變化而
有不同呈現。最後比較複雜的是第三「言有類」的「類」之概念方法，仲
基又分為五類，因文長，僅簡略整理如下：[19]

（1）「張說」（誇張而說）：如用「芥子納須彌」、「毛端現寶
剎」之喻。

16　富永仲基，《出定後語》卷之上，頁 198。

17　富永仲基，《出定後語》卷之上，頁 197。

18　富永仲基，《出定後語》卷之上，頁 197。

19　富永仲基，《出定後語》卷之上，頁 198。

（2）「偏說」（實說不濫）：針對「張說」而言，「偏說」是根據事實而不濫比喻。

（3）「泛」（泛說不分）：如善惡未分。例如《楞伽》說「善不善因」，《般若》說「一切眾生皆如來藏」等，這些辭語都是泛說不分。

（4）「礒」（過激妄議）：「礒」本是水流沖激岩石之意，用來表達有些佛經詞語表達過度激越，例如《勝鬘經》說「如來法身，不離煩惱障，名如來障。」以及引《如來藏經》說：「一切眾生，嗔癡諸煩惱中，有如來身是也。」[20]

（5）「反」（翻譯相反）：例如翻譯梵語的「鉢剌婆剌拏」為「自恣」，但這個「自恣」的翻法有惡意，仲基認為此語脈絡應是「善」的意思，卻被相反翻成惡的意思。[21]

如實言之，仲基運用這種「三物五類」解釋佛經，當是很好的經典詮釋原則，也可窺他對佛經的嫻熟博學程度。「言有世」的方法也觸及了佛經在不同時代翻譯的問題，例如漢譯佛典就有古譯（二世紀的支婁迦讖）、舊譯（五、六世紀的鳩摩羅什、真諦）及新譯（七世紀玄奘以後）的差別。即使梵語的大乘佛經也經歷過初期二世紀左右龍樹（150-250?CE）以前成立的般若經典、淨土經典或《法華經》、《華嚴經》等；接著中期四、五世紀以唯識說的無著、世親兄弟而成立，此期以《解深密經》的唯識說為主，亦有如《勝鬘經》、《涅槃經》等說如來藏、佛性等；後期成立主要以密教經典為主，在中國、日本被重視的《大日經》、《金剛頂經》等在七世紀成立。[22] 仲基在當時雖未能掌握梵語的情

---

[20] 按《如來藏經》原文應該是：「我以佛眼觀一切眾生，貪欲恚癡諸煩惱中，有如來智、如來眼、如來身，結加趺坐，儼然不動。」仲基這裡引用經文有截前去後的問題，易生誤解。

[21] 經查《佛學大辭典》，「鉢剌婆剌拏」是梵語 pravāraṇa，舊翻「自恣」，新譯「隨意」。

[22] 參末木文美士，《日本佛教史》（東京：新潮社，1992）之〈大乘佛典とその受容〉一章，

況下，即能質疑語言翻譯經典因時空不同的翻譯問題，著實不易。顯然，大乘經典中諸多文義或概念並非不可質疑或考證，但直接判定「非佛說」，不容有詮釋空間，是仲基持論的根本問題。值得注意的是，仲基引用佛經，有時是割裂式的斷章取意，例如前引《如來藏經》，原文應該是：「我以佛眼觀一切眾生，貪欲恚癡諸煩惱中，有如來智、如來眼、如來身，結加趺坐，儼然不動。」仲基這裡卻只引用「一切眾生，嗔癡諸煩惱中，有如來身是也。」如此截前去後，意義完全不同，若不對照佛經前後文，易生誤解。

　　總之，仲基的「大乘非佛說」意不在詮釋佛經，而是否定佛經，這便是「態度」問題。特別是對第一及第二項的懷疑，堪稱動搖佛經的根本地位及佛教修行的根本理論，如果仲基之說成立，將對佛教信仰帶來無比震撼的殺傷力。本節再扼要詳加分析以下三點來闡釋這個「大乘非佛說」，以利清楚掌握這個「加上說」的內涵。

1. 大乘經典的流行均是後代不斷「相加上」而成

　　關於後代不斷「相加上」說，堪稱仲基「大乘非佛說」的主要根據，其說如下：[23]

> 是諸教興起之分，皆本出于其相加上，不其相加上，則道法何張，乃古今道法自然也。然而後世學者，皆徒以謂諸教皆金口所親說，多聞所親傳，殊不知其中確有許多開合也，不亦惜乎！

頁 64-68。

[23]　富永仲基，《出定後語》卷之上，頁 174。

又說：[24]

> 加上于外道，而佛教興矣。釋迦文在世，止說小乘，於中可崇者，
> 有《毗奈耶》防非而已。其有大乘幽玄之說也，五百年後諸家相加
> 上，競以擬撰之，皆非迦文之親宣也。

依上所說，重點有三：其一是佛教的興盛乃靠吸收歷來的外道之法，不斷
加上修飾而形成的。其二是原始釋迦本身僅說小乘教，可以被推崇者僅有
講戒經的《佛說毗奈耶經》而已。其三是日後諸多大乘經典的流行，都是
五百年後諸家陸續「相加上」而成，並非釋迦本身的宣說。以上諸論，通
稱「相加上」說。

　　因此，仲基認為佛滅度後五百年後，即出現經文的不同說法，如五道
或六道的說法，便引《大智度論》之問答：[25]

> 問曰：「經說有五道，云何言六道？」答曰：「佛去久遠，經法流
> 傳五百年後，多有別異，部部不同；或言五道。或言六道。若說五
> 者，于佛經回文說五；若說六者，于佛經回文說六。又摩訶衍中，
> 《法華經》說有六趣眾生。觀諸義意，應有六道。」

又引《法顯傳》中所說：[26]

24　引自無相文雄，《非出定後語》，收入氏著：《非出定後語》，《日本思想鬪爭史料》第三
　　卷，頁 239。
25　富永仲基，《出定後語》卷之上，頁 175。引文來自《大智度論》「四百問答」第 184。
26　富永仲基，《出定後語》卷之上，頁 175。引文來自《法顯傳》。

> 法顯本求戒律，而北天竺諸國，皆師師口傳，無本可寫。是以遠涉
> 乃至中天竺，於此摩訶衍僧伽藍得一部律，是《摩訶僧祇眾
> 律》。……。復得一部抄律，可七千偈，是《薩婆多眾律》，即此
> 秦地眾僧所行者也，亦皆師師口相傳授不書之於文字。

上引法顯至印度帶回的都是小乘經典，如《摩訶僧祇眾律》是大眾部的戒
律書，《薩婆多眾律》是一切有部的戒律經典，仲基要說的重點是這些經
典本都師師口傳相授，不立文字，何來有那麼多後來的大乘經典。據此仲
基便下如下定論：[27]

> 是知佛滅久遠，人無定說，亦無可依憑之藉，皆隨意改易，口相傳
> 授。宜哉一切經說，皆不勝其異，亦其不可信從如是也。禪家之言
> 曰：「不立文字」，意豈在此乎？意豈在此乎？

仲基更貼切地引用中國明代小說家毛元仁《寒檠膚見》之秦緩故事，證成
這個「加上說」：[28]

> 余嘗云：大小部乘，各作經說，皆上證之迦文，亦方便已。昔者秦
> 緩死，其長子得其術，而醫之名，齊于秦緩。其二三子者，不勝其
> 忌，於是各為新奇，而託之于父，以求勝其兄。非不愛其兄也，以
> 為不有以異于兄，則不得以同于父，天下未有以決也。他日其東隣
> 之父，得緩枕中之書，而出以證焉，然後長子之術，始窮于天下。

---

[27]　富永仲基，《出定後語》卷之上，頁175。

[28]　富永仲基，《出定後語》卷之上，頁176。

此事出于毛元仁《寒綮膚見》，是則似之。

仲基上述引用秦緩及其子的公案，巧妙地說明他「大乘非佛說」之旨趣。這裡的秦緩意指釋迦，長子是小乘佛法，是真得其父醫術者，至於嫉妒的二三子，則假託其父名，不斷加上各種偏方，為求勝過其兄，這就是大乘佛法形成的原因。這個秦緩的公案，充分說明仲基認定小乘佛法才是釋迦的真傳，大乘佛法不過是後代不斷「加上」而企圖要來贏過真傳的小乘佛教，久而久之，大乘反而變成真傳，小乘反而變成偽傳。而仲基就是那個挖掘真相的「東鄉之父」。

2.佛經的「如是我聞」皆後世傳聞

佛經中常有「如是我聞」，一般認為是佛所說而弟子親聽佛所說而記載下來，故「如是我聞」等於是佛所說。但仲基不認為如此，特在〈如是我聞第三〉中提出他的獨特見解：[29]

> 如是我聞，我者何？後世說者自我也。聞者何？後世說者傳聞也。如是者何？後世說者傳聞如是也。《契經》或云：「阿難登座，稱我聞，大眾悲號（《處胎經》）。」非也，阿難親受如來，不當云我聞一時，或解之云：「阿難得道夜生，侍佛二十餘年，未侍佛時，應是不聞。」亦非也。然則既聞之後，何以復言聞乎？是不通之說也。

以上「我者何」、「聞者何」、「如是者何」三問，堪稱直指核心，咄咄逼人，無非認為「如是我聞」都是後世的說法，既非佛親說，也非阿難聽

---

[29] 富永仲基，《出定後語》卷之上，頁177。

聞，而是後世說者、後世傳聞、後世傳聞如是也。以下仲基更引《報恩經》及《大智度論》為例，證成其說法：

> 《報恩經》云：「阿難作四願，所未聞經，願佛重說。」又云：
> 「佛口密為說。」又云：「阿難所不聞經，從諸比丘邊聞，或有諸
> 天向阿難說。」《處胎經》則云：「佛從金棺出金臂重為說。」
> 《金剛華經》則云：「阿難得法性覺自在王三昧，故如來前所說
> 經，皆能憶持，與親聞無異。」《涅槃經》則云：「我涅槃後，阿
> 難所未聞者，弘廣菩薩，當廣流布。」吁！是何解之不一，說長說
> 短，要亦不過保護此失，可笑！經說多佛後五百歲之人所作，故經
> 說多五百歲語，《大論》亦云：「五百歲後，各各分別，有五百部
> 是也。」其云佛經初首作何等語者，是當時俗說，本出于《大
> 論》，《涅槃》則特撮之已。《涅槃》出，實後于《大論》，《大
> 論》一言不及《涅槃》，故知之。後世學者不知之，皆徒以謂，數
> 萬經說，皆阿難所集，吁！亦何愚也。

阿難是釋迦十大地子之一，人稱「多聞第一」，諸多佛說也因阿難的多聞強記，而記載了下來。但這個「多聞」能否就證明許多佛經都是阿難親自「聽聞」而來，卻成為仲基質疑的重點。從上述引文中，仲基舉了《報恩經》諸多阿難未曾聽聞說的經典，甚至是從比丘中或諸天神聽來的，《涅槃經》也說佛在示寂前交代阿難未聽聞部份也需廣傳流布等等，兩相比較之下，實有諸多矛盾。

　　總之，仲基下了判斷，今所傳佛經多是佛滅度後五百年，後人逐漸補綴而成，並引用《大智度論》：「五百歲後，各各分別，有五百部是也。」來證成後世串集的大乘經典並非佛所親說，且認為《涅槃經》是出

於《大智度論》之後，若要說數萬經說全是出自阿難所集，是相當愚蠢之事。

3.神通之說皆託自外道，互相加上而成佛說

仲基認為佛經有關的諸神通，與印度人喜歡幻事之風俗有關，這類批判說法主要來自〈神通第八〉及〈外道第二十二〉。仲基引用《大智度論》有「九十六種外道」之說，並言：「菩薩為眾生故，取神通，現諸稀有奇特，令眾生心清淨。」但以後大乘經典借外道的這種神通加上並進化成為佛經自說，仲基一一考察這些存在於大小乘經典的外道，引用《薩婆多律》、《大集經》、《分別功德論》、《楞嚴經》、《維摩經》、《涅槃經》、《大日經》、《法顯傳》等等，或說外道六師、或說十六種外道、或言六苦行外道、或論二十幾種小乘外道等等。[30] 仲基綜合說：[31]

> 諸藏中，幻喻偏多，何則天竺多見聞、且其所好也？又如諸弟子託言迦文，以立其言，互相加上并吞者，是亦幻也。三十二天、六道生滅之說，是亦幻也。七佛之前，上於外道，是亦幻也。梵天來請教，是亦幻也。是皆幻也，竺人之學，實以幻濟道，苟不由此以進，民亦不信從也。余故嘗曰：「凡天下之僧伽，如知佛假乎幻；天下之儒史，如知儒由乎文，則其於道也，奚翅一尺一尺矣。」子熙[32]又嘗與余語云：「竺人好無量無邊等語，其性然；漢人之好文辭偌屈語，東人之好清介質直語，亦其性然。又如芥子、須彌、因

---

[30] 富永仲基，《出定後語》卷之下，頁 220-222。

[31] 富永仲基，《出定後語》卷之上，頁 189。

[32] 這裡提到的「子熙」，仲基在此段文後加註「姓三好，名棟明，大坂人，吾畏友也，今也則亡。」頁 189。

> 陀羅網之喻，亦其民心所好，如此等喻多有，是則原於幻，雖漢人
> 亦為山澗平象三耳，是則本於文，東人則不好此等喻，唯作直切語
> 已。」

以上所列舉的各種幻事，源於印度風俗，三十二天、七佛之前的神通幻事
都是源於外道神幻之說，後來大乘經典均將之吸收且「託言迦文，以立其
言，互相加上并吞者。」意即假託釋迦之言，不斷加上，並且併吞了外道
諸說成為己說。更甚者，仲基認為的幻事還包括六道生滅之說，以及諸多
大乘經典中提及梵天現神通請教菩薩或釋迦之語等等，這些原都是外道之
說，本於印度人常「以幻濟道」，但後來的大乘經典反而「以幻為真」成
為經典內容。

　　值得注意的是，上述引文另有一重點，點出了印度、中國、日本三國
對道的側重點不同，即印度僧伽好幻道（故喜無量無邊語），中國儒道好
文辭（故喜文辭佶屈語），日本好清介（故喜「質直語」），這是三國的
本性。言下之意，日本不好神幻，亦不好過多的文彩，著重素樸的本性清
淨，展現日本的自然折衷精神。由此可見，仲基應該也對日本神道常言幻
事神通抱持批判的看法，這與後來國學者的態度迥然有別。

　　總之，以上歸類仲基的「大乘非佛說」的三大重點，看似言之成理，
說之有故。無獨有偶，仲基的「大乘非佛說」，早在大乘經典的《大般若
經》第二會的第 449 卷〈第二分轉不轉品〉中正好有一段反駁「大乘非佛
說」：

> 善現，是菩薩摩訶薩，設有惡魔或魔使者，詐現佛像語菩薩言：
> 「汝所受持大乘經典，非佛所說，亦非如來弟子所說。」是諸惡魔
> 或諸外道為誑惑汝，作如是說：「汝今不應受持讀誦。」是菩薩摩

訶薩，聞彼語以已，作是念言，此定惡魔或魔眷屬，令我厭捨所求無上正等菩提，故說大乘甚深經典非佛所說，亦非如來弟子所說。所以者何？離此經典，能得無上正等菩提，定無是處。善現，是菩薩摩訶薩，當知安住不退轉地，過去諸佛，久已授彼大菩提記，何以故？是菩薩摩訶薩，具足成就不退轉地諸行狀相，若諸菩薩，成就如是諸行狀相，當知已授大菩提記，必已安住不退轉地。

上述《大般若經》的內容，正說中了後世會有人誹謗大乘經典，這些人是惡魔或魔的化身，要讓佛弟子退轉心意，捨棄大乘、捨棄追求無上正等菩提。類似《大般若經》用魔說誹謗大乘或誘惑大乘修行者安住小乘，在其他大乘佛經亦應不少。當然，上述引文對於抱持「大乘非佛說」的仲基而言，更可證明是大乘者刻意加上而來貶抑小乘的證明。顯然，大乘有些經典已經預設類似仲基這種「大乘非佛說」之邪說，不過這是從信仰角度的批駁。至於如何從學術的方法論立場，回應仲基的「大乘非佛說」，以下從「偏重懷疑詮釋學」、「後佛說未必等同非佛說」及「真理與歷史涉及的一與多之辨證關係」等三個方法論詮釋的課題，闡釋仲基立論的嚴重問題。

（二）「大乘非佛說」面臨的詮釋方法論問題

　　本節擬從「佛法詮釋學」角度，深入探索仲基所提出的「大乘非佛說」方法論的問題。如學者所稱佛法詮釋學脫胎於西方詮釋學，雖可用西方詮釋學理念應用到佛學中，但佛法內部本身自有其詮釋傳統，包括「四依」（「依法不依人」、「依義不依語」、「依了義不依不了義」及「依智不依識」）、《中論》的「二諦」（世俗諦、勝義諦）、《大智度論》的四悉檀解釋（1.世界悉檀，2.各各為人悉檀，3.對治悉檀，4.第一義悉

檀）、「密意與方便」以及「判教」（如天臺的「五時八教」的教相說等等。[33] 當然，上述這些詮釋傳統原則均有其互通性或互相含攝，並非「非此即彼」的關係（如勝義諦不離世俗諦），也是佛陀為應眾生根器而說，佛法便是用這種詮釋傳統包攬一切大小乘詮釋衝突的問題。不過，在仲基看來，這些方便法都是後來大乘佛說者為了自圓其說而衍生出來的詮釋，並非佛陀自己的說法。由於仲基有很鮮明的歷史考證傾向，故以下擬針對這個層面提出其方法論的問題。

1.歷史考證主義偏向懷疑詮釋學之解讀問題

　　佛經所說的道理並非不可懷疑，如講邏輯思辨的《集量論》宣說諸多疑惑的論述而說：「如是現彼疑，若謂疑應理」（〈觀遣他品〉），但疑惑也可分合理疑惑、非理疑惑及等分疑惑（半信半疑）。[34] 從信仰者角度而言，「合理疑惑」及「等分疑惑」都是可以接受的，尚具有探索佛真理的精神，但對仲基輕言大乘非佛說，當是「非理疑惑」了。

　　問題是仲基的「大乘非佛說」看似並非完全否定佛理，也肯定小乘教典以「阿含部」為主的佛理，小乘是講述諸法實「有」，但後來的大乘經典不斷「加上」，武內義雄曾分析仲基這個「加上法則」的步驟是（1）自張→（2）揀異→（3）貶異，「自張」即講述自己的主張，「揀異」即提出自我主張與先行思想有所差異的地方，「貶異」是提出差異後，進一步肯定自我主張並且批判先行思想。例如「般若部」主張一切諸法皆「空」，已對「阿含部」進行「揀異」並加上「自張」。「法華部」則主

---

[33] 以上有關「佛法詮釋學」之概念解說，參郭朝順，〈佛教詮釋學〉，收入王一奇編，《華文哲學百科》（2020 版本）。網頁參考：http://mephilosophy.ccu.edu.tw/entry.php?entry_name=%E4%BD%9B%E6%95%99%E8%A9%AE%E9%87%8B%E5%AD%B8（瀏覽日期：2022/1/21）

[34] 這三個疑惑之分，參妙因笑造、釋如法譯，《妙因笑心類學》（臺北：福智文化，2021），頁 83-84。

張「非空非有」，對「阿含部」與「般若部」兩者進行「加上」並且出現批判前者為愚法。「華嚴部」則寄託釋尊最初說法，不僅貶斥從前之小乘，也出現貶斥大乘，將華嚴推到最上至極的頓中之頓，堪稱是對阿含、般若、法華的進一步「加上」。[35] 武內義雄從近代歷史考證的角度，頗肯定了仲基的方法論。但是，仲基這種「歷史文獻考證主義」衍生的方法論，對歷史考證學者似乎如獲至寶，如知名史學者內藤湖南甚至稱譽「仲基的歷史方法論之合理性為獨創性的大天才」，極力推崇仲基的歷史研究方法，頗與清代章學誠（1738-1801）所提倡的「六經皆史」說有異曲同工之處，也就是將所有經典文獻當成是歷史的視點加以分析與批判的研究方法。[36] 歷史學者為了客觀原則堅持歷史事實判斷，對價值判斷往往敬而遠之，但對宗教學者而言，其看待信仰佛經的哲理正是價值判斷超過事實判斷，故恐怕不能只是滿足歷史考證者所提出的否定性問題，他們更關注的是普遍「真理」或超越性的信仰問題。因此，從詮釋學的角度而言，可如林鎮國在《空性與現代性——從京都學派、新儒家到多音的佛教詮釋學》一書中借用呂格爾（Paul Ricoeur, 1913-2005）的說法，區分「信仰的詮釋學」與「懷疑的詮釋學」，林鎮國以此來梳理當代鈴木大拙及胡適有關佛法詮釋，以及八〇年代「批判佛教」風潮引起對京都學派及鈴木禪學與國家主義的詮釋問題。關於這兩種詮釋學，林鎮國在書中如是巧妙的比喻：[37]

---

[35]　武內義雄，〈富永仲基の出定後語について〉，《東洋學研究》2（1932 年 7 月），頁 3-5。

[36]　內藤湖南，〈大阪の町人學者富永仲基〉，收入《內藤湖南全集》第九卷（東京：竺摩書房，1972），頁 375-396。對於內藤湖南提倡「東洋史學」而重視章學誠之「六經皆史」的史學考證方法，參內藤湖南，〈章學誠史學〉，收入氏著，《支那史學史》（東京：清水弘文堂，1967），頁 612-628。

[37]　林鎮國，《空性與現代性——從京都學派、新儒家到多音的佛教詮釋學》（臺北：立緒文化，1999），頁 6。

　　具體地喻說之，信仰的詮釋學家屬於歸鄉型，而懷疑的詮釋學家則
　　屬於遊蕩型。在拯救意義世界的努力上，前者著重於重建人與神聖
　　（存有）的關係，而後者則愉悅於言談構成或知識合法性的拆解。

上述巧妙地用「歸鄉型」及「遊蕩型」頗能貼切地形容佛教詮釋的兩大面
向，林鎮國更強調這兩者之間的詮釋呈現「無法截然二分，而是同時交錯
前進，在不求辯證和解下讓意義（戲論）孳衍分化，成為即興的樂章。因
此，歷史考證學的懷疑詮釋只是「方法」之一，並不能說是「唯一」，若
輕易言「加上說」等於是「否定說」，否定整個教理甚至信仰世界，徹底
瓦解神聖世界，只願回歸現實的世界，卻對於佛理針對現實的「虛幻性」
置而不論，從而也對現實失去批判的意味。換言之，當代歷史科學主義所
衍生的詮釋問題，都可以是仲基的問題。

2.「大乘佛說的質疑」與「大乘佛說的否定」之間

　　仲基點出佛經形成的事實，也就是後世信仰者經過不斷「加上」佛教
經典而成，但這個「加上」是否就可輕易判定「非佛說」，恐怕沒有仲基
一概否定這麼簡單。因為如果仲基之論可成立，所有古代的中西經典幾乎
都是後代不斷結集（Sangiti）而成，即連《聖經》乃至孔子的《論語》都
是後代弟子或信仰者結集而成。再者，在釋迦逝後，確實也出現部派佛
教、大乘佛教之爭，部派佛教也曾指出大乘非佛說。即便佛法傳入中國，
最早倡議大乘非佛說者，當是竺法度（約五世紀末之僧侶）。竺法度是東
晉時期曇摩耶舍（生卒年不詳）之弟子，本外國商人之子，通梵、漢語，
常擔任翻譯，後皈依曇摩耶舍，《高僧傳》記載：「度初為耶舍弟子，承
受經法。耶舍既還外國，度便獨執驕異，規以攝物，乃言專學小乘，禁讀

方等。唯禮釋迦，無十方佛。食用誦缽，無別應器。」[38] 文中所謂「禁讀方等」，就是禁讀大乘經典，只能專學小乘經典。

　　故仲基的大乘非佛說並非孤鳴先發。事實上，原始佛典的結集，從佛陀逝世後不久，在大乘尚未流行之際，郭良鋆從巴利文原典資料研究南傳佛教，指出律藏的《小品》以及斯里蘭卡古代佛教史籍《島王統史》和《大王統史》的記載，小乘部派佛教即至少舉行過三次佛經的結集。[39] 換言之，隨著佛教部派的發展，尤其是在小乘向大乘演進過程中，因涉及到語言轉換（如從原始摩揭陀語到梵文），佛典經過一段時間便不斷結集，這樣的結集不能斷言沒有大乘教理或經典流通於其間，畢竟這是整個佛典詮釋的正常演變過程，並非如仲基所言大乘經典忽然「五百年後諸家相加上」而成。[40] 換言之，「質疑大乘佛說」與「否定大乘佛說」二者差別頗大，前者尚可以有「合理疑惑」、「等分疑惑」的詮釋空間，尚屬懷疑詮釋學的一環，後者純是「非理疑惑」，因其否定意味濃厚，不僅脫逸了懷疑詮釋學，更說不上信仰詮釋學。

---

[38] 〔南梁〕慧皎撰、湯用彤校注，《高僧傳》（北京：中華書局，1996），卷一，頁42-43。

[39] 一般印度佛教史均會談到這三次的結集，這裡僅以郭良鋆指出這三次佛經結集為代表，第一次結集是在佛陀逝世後不久，在王舍城舉行的，由迦葉主持，優波離吟誦戒律，形成律藏，阿難吟誦佛法，形成經藏。第二次結集是在佛陀逝世後一百年，在吠舍城舉行，為解決戒律分歧，再次審定律藏和經藏，宣布「十事」非法。佛教由此發生分裂，反對十事的一派為「上座部」，贊成十事的一派為「大眾部」。第三次結集是在佛陀逝世後二百年，在華氏城由阿育王贊助舉行，重新編定了律藏、經藏和論藏。郭良鋆，《佛陀和原始佛教思想》（北京：中國社會科學出版社，2011），頁3-4。

[40] 在日本學界有關追溯大乘經典起源說有兩派代表說法：其一是戰前的前田慧雪（1855-1930）主張「大乘佛教大眾部起源說」，根據真諦（499-569）《部執異論疏》之說，認為佛滅後兩百年，初期的大乘經典是從出家者的部派之一的大眾部發生之說。其二是戰後平川彰（1915-2002）倡導「大乘佛教在家起源說」，強調大乘經典是集結於佛塔在家者們，即包含接受《波羅提木叉》而未出家者的正式之持戒者，從這些內部發生出來的說法。相關分析可參大竹晉，《大乘非佛說をこえて》（東京：國書刊行會，2018），頁31-34。

　　佛經經過翻譯傳到中國後，中國僧侶也注意到佛經有大小乘教理衝突的問題。但是，印度與中國佛教徒並非直接以「否定」來排斥大小乘，藍日昌的研究指出，在印度是以「結集」，在中國則是以「判教」來彌合兩造的衝突。既是「結集」，就非一時一地一人的作品；既是「判教」，則依其經典的深淺，各給釋迦一個說法時的時間地位，以解決大小乘應有的位置及其出現的矛盾。[41] 不論是「集結」或是「判教」都承認大小乘經典。例如佛經中最明顯的是《華嚴經》，佛教學者大致認為《華嚴經》的集結是經歷過漫長的階段，傳至中國也至少有三個譯本，研究華嚴思想的學者不知凡幾，多可證成《華嚴經》是後來印度大乘信者集結且經判教而成。[42] 問題是，「後佛說」是否便是「非佛說」，或是闡釋佛未說出的更豐富內涵，這至少在詮釋學上可以討論的課題。

　　此外，即使小乘的部派佛教經典，也是做過結集的取捨，鑽研原始佛教的木村泰賢（1881-1930）從漢譯本與不同傳承的巴利聖典中也發現所謂「原始佛教」：「其原始之純度已有某種程度的喪失，更且其中既含有部派所作的取捨，當然無法無條件的視為能如實的傳述原始佛教之真面目。」[43] 因此，若依仲基的標準，吾人也不能稱小乘就是真實原始佛說，也有可能成為「小乘非佛說」，其結果，大小乘都可以成為非佛說，一個宗教就如此被解構，日後國學派平田篤胤等就是如此見獵心喜，甚至演變

---

[41] 藍日昌，〈從判教到《出定後語》：佛學研究詮釋法的轉變〉，《懷德堂研究》第 3 號（2012 年 2 月），頁 234-240。

[42] 研究華嚴思想者甚多，可以印順法師為代表，印順法師認為《華嚴經》集成可劃分為三個階段：最早出現的是《兜沙經》與《菩薩本業經》等；隨後出現《十地經》與《不可思議經》等；這些單行本最終集成大本《華嚴經》。印順法師的華嚴相關研究，可參黃夏年，〈略論印順法師對《華嚴經》之成立的研究〉，《玄奘佛學研究》第 5 期（2006 年 7 月），頁 1-22。

[43] 木村泰賢原著、釋依觀譯，《原始佛教思想論》（新北市：臺灣商務，2019），頁 3。

到明治維新的「廢佛毀釋」政策。以上的詮釋爭議，涉及是將佛經當成「佛學」來研究還是當成「學佛」來信仰的問題，這也牽涉往下「真理」與「歷史」對立的問題。

3.「真理之常」與「歷史之變」：「一」與「多」的辯證關係

　　對仲基的現世經驗主義而言，根本沒有什麼精神超越的「真理」，從唯歷史主義角度而言，沒有文獻根據的虛幻描述，都是可疑的。弔詭的是，仲基認定所處的世界為真，但佛理卻告訴世人所處的世界為「幻」，因為所見、所聽、所觸、所聞的世界終究會消逝，但凡人卻將「變」的世界執以為「常」，豈不顛倒，所以才要勸告世人追求永恆不變的「真」。這就涉及經典詮釋中有關「真理」與「歷史」的認知問題。如果「真理」只能是「一」，那麼後來的「多」或「變」都是為了證成這個「一」，換言之，佛陀後來集結而成的佛經（多），本來就是要豐富佛陀的本懷之「一」，正因為有「多」才豐富了「一」，「多」的存在並不是來否定「一」。但對仲基而言，他不能忍受這個豐富性的「多」，認定只有佛那個時代、佛陀自己口說才是「一」。由此可見，仲基並沒有進入「一」的內在詮釋之環，他所理解的「佛經」只能是「外部歷史」有文字為憑為依的文字佛經，跟精神世界上的修行佛經無關。這正如《莊子‧天地》篇中黃帝遊於赤水之北，遺漏「玄朱」（暗指玄妙之道），既不是聰明之「知」者找到，也不是善於明察的「離朱」找到，更不是辯者的「喫詬」找到，反而是無形跡的「象罔」找到。[44] 反駁仲基的舊華居士在莊子這個寓言下註解：「蓋有為見解，局校量長短，真者不可因跡而索，因跡而

---

[44] 《莊子‧天地》篇原文如下：「黃帝游乎赤水之北，登乎崑崙之丘而南望。還歸，遺其玄珠。使知索之而不得，使離朱索之而不得，使喫詬索之而不得也。乃使象罔，象罔得之。黃帝曰：『異哉，象罔乃可以得之乎？』」

索，則真智隱於念慮之中，不能見實理。」[45] 頗一語中的。這就是日本學者西村玲批判仲基的方法論帶有「聖俗存在論的反轉」，看出仲基的反宗教性格，只訴求「人間理性」，如此「以俗代聖」的結果，將失去追求真理的普遍性與超越性的依據，但「以俗代聖」正是符合日本近代文明論之所需，也讓仲基在鼓吹日本近代性學者的眼中，成為所謂的「天才思想家」。

三、「大乘非佛說」引起的論諍波瀾

由於仲基的「大乘非佛說」帶有震撼的殺傷力，佛教的學問僧紛紛起來捍衛宗門，先有釋放光（生卒不詳）的《辯後語》、無相文雄的《非出定後語》，後有慧海潮音的《金剛索》、《摑裂邪網編》之作。

《出定後語》出版翌年即有釋放光（生卒不詳）的《辯後語》（1746）加以批駁，計有兩卷二冊，由於傳本湮沒良久，並未收錄在《日本思想鬪爭史料》中，其寫本發現已經是昭和時代，係龜田次郎發現，石濱純太郎在〈浪華儒林傳雜考（三）〉發表在《泊園》第 25 號，昭和 12 年（1937 年）始介紹於世，全書是以漢文寫成。惜截至目前為止，筆者並未親見其書，但根據梅谷文夫的介紹研究，是從「教起前後第一」一段一段逐一引出，一一破斥仲基之論，但只到「須彌諸天世界第四」的接近末了處，即捨棄隨文辨義的體裁，一概以通論的方式辯駁仲基之論。[46] 顯然，13 年後接著批駁的淨土宗了蓮寺的學問僧無相文雄並未見過這本著

---

[45] 舊華居士，〈摑裂邪網編序〉，收入《日本思想鬪爭史料》第三卷，頁 267。

[46] 參梅谷文夫，〈釈放光『辯後語』の写本について〉，《一橋論叢》第 68 卷第 3 號（1972 年 9 月），頁 280-284。

作。無相文雄在 1759 年作《非出定後語》，在序文中無相文雄稱仲基為
「狂士」，稱其文為「出定幻士的出定幻語」，喻之為「小知離離，蟪咕
不知春秋，亦為可憐。」[47] 對仲基謗佛非佛，卻又自稱「出定如來」是
「非狂則愚」。仲基的《出定後語》列出 25 節論「相加上說」，無相文
雄亦用 25 節一一破解仲基的「加上」說，本文無法一一詳述，撇開主觀
信仰教義的論辨，若從方法論的角度，無相文雄以下對「道」的論點，或
可有效地質疑仲基。

　　仲基認為所謂儒佛「止在樹善」，從而看輕儒佛之「道」，無相文雄
則回應道：[48]

> 　　將為儒佛止在樹善已，不足取者乎。夫除樹善外，何道之有取也？
> 非儒非道非佛，自取處果如之何？蓋為惡者興，其不知道也必矣。
> 故以大乘幽微之說，概為方便擬作，總謂之幻，以斥其幻也論儒之
> 禮樂，謂之文，以斥其文，棄所謂幻與文，而儒佛無道，大乘玄
> 微，禮樂聲名，斯謂之道術，不知道之術者，焉知道。故曰：「非
> 儒之子、非道之子、非佛之子。」吾竊知非亦神之子，不知其所據
> 矣，為九十五種之徒乎？可怪也。

依仲基所言，儒佛都只是「樹善」，其他沒什麼可取之處，否定兩家形而
上的「道」。但無相文雄看重這個「樹善」背後精神的「道」，而仲基卻
將之全盤否定。佛教為教化迷蒙眾生，故有應機之方便，大悲之善巧；儒
家為求和諧人間秩序，故有禮樂制度教化百姓。以上這些都可稱之為「道

---

[47]　無相文雄，〈讀出定後語〉，收入氏著：《非出定後語》，《日本思想闘爭史料》第三卷，
　　　頁 240。

[48]　無相文雄，《非出定後語》，《日本思想闘爭史料》第三卷，頁 263。

術」，由此「道術」可窺儒佛之道的本真，但仲基直接判定佛教的幽微方便法門稱之為「幻術」，儒家的禮樂教化過度講究「文」，一概認為不可取，那就斬斷了「道」的可能性。於是，無相文雄便質疑，如果這些不足取，那仲基提出什麼東西是可取的，如果沒有這些基於「道」的「道術」運用，擔心「為惡者興」，可能連「樹善」都不可能，最後反將仲基一軍，如果是達到「為惡者興」，毫無疑問，仲基便是九十五種外道中的其中一種。若從方法論而言，由於仲基批判與否定儒佛容易，但若自己沒有提出另一套的「道」或「道術」，那麼將衍生兩個結果：其一是仲基只是為了批判而批判，炫耀其博學，但這種博學卻沒有理論深度；其二是否定形而上精神層面的「道」，只會讓人專注在物質的現實世界，這是無相文雄擔心的「為惡者興」，人類只會淪為功利主義的世界。

　　其次，屬於真宗西教寺的慧海潮音（1783-1836）有感於無相文雄破斥之不足，在 1819 年著《摑裂邪網編》二卷，極力進行反駁論辯，稱仲基受業於懷德堂儒者三宅尚齋，復在佛門黃檗山摺經室，受衣食恩，潛心佛典，未了深義，卻「受恩不知恩者，莫如仲基。豈人道所為哉！實是儒釋之蟊也。」[49] 復於 1821 年作《金剛索》一卷，批判富永仲基《出定後語》，一盲引眾盲，竟有服部蘇門（天遊，1724-1769）追隨之，著《赤裸裸》非佛之論。此書之所以名為「金鋼索」乃是針對服步天遊嘲諷佛門弟子「赤裸裸」爭奪佛衣祖衣，陷溺在權力名利當中，潮音則批其邪心看佛語，用「金鋼索」縛其「赤裸身」。[50]

　　佛門雖有捍衛宗門之作，但江戶中期以後佛教面臨神道教與儒教兩大勢力的挑戰。先論儒教方面的批判，當時一些知名儒者也有諸多批判佛

[49] 慧海潮音，《摑裂邪網編》，收入《日本思想鬥爭史料》第三卷，頁 270-271。

[50] 有關慧海潮音的研究，可參小泉博明，〈西教寺慧海潮音と富永仲基〉，《文京学院大学外国語学部紀要》20 期（2021 年 2 月），頁 117-125。

教，諸如大阪懷德堂的儒者中井積善（1730-1804）1791 年著《草茅危言》，獻給當時執政的幕府大老松平定信（1759-1829），此書旨在講經世之策，極端主張毀棄寺院，廢除僧侶，特別抨擊當時最盛行的淨土真宗。[51] 另外正司考祺（1793-1858）在 1841 年著《經濟問答祕錄》，批評佛教興盛現像對國家危害的事實，從經濟與國家主體性的各種角度，或主張限定田夫為僧，以保證耕田不致荒廢；或對用佛教喪禮有損人倫之禮而非議之；或批判淨土真宗的肉食帶妻制度；或揭露用佛法可消災解厄來迷惑百姓而中飽私囊；或批判當時佛教五派（東西本願寺、佛光寺、勢州的高田專修寺、江州的錦織寺等）出家僧擔任高官且享高額奉祿，實違背釋迦出家本懷。[52] 接著有如本文國學派的平田篤胤加入戰局，著《出定笑語》、《古今妖魅考》、《巫學談弊》等，視真宗、日蓮宗為神道的二大敵宗。真宗的曇龍又作《垂釣卵》十二卷、南溪作《神佛水波辨》回擊神道論者。[53] 由此我們看到神、儒二家聯合起來對抗佛教，成為一股風潮，這種三教的論諍在中國與朝鮮所無，形成日本文化思想的一大特色。

即便佛門有捍衛宗門之作，但似乎不能遏止仲基的追隨者或肯定者，為數竟不少，並不亞於批駁仲基者。首先是習儒出身，後轉修三教的服部蘇門在 1785 年著《赤倮倮》贊同仲基的「大乘非佛說」，開宗明義引用明代王世貞（元美，1526-1590）之說：「一切佛經雖皆佛說，然其間非無後人之假託。」[54] 王元美還不至承認佛經非佛說，但服部蘇門由此延續仲基所論諸多佛經乃後人不斷加上之說，更斥中國奸僧以「光淨菩薩彼稱孔子，迦葉菩薩彼稱老子，月光菩薩彼稱顏回」之附會，目的在壓抑儒道

---

[51] 中井積善，《草茅危言》，收入《日本思想鬪爭史料》第六卷，頁 503-545。

[52] 正司考祺，《經濟問答祕錄》，收入《日本思想鬪爭史料》第六卷，頁 385-501。

[53] 參村上專精著、楊曾文譯，《日本佛教史綱》（臺北：彌勒出版社，1982），頁 350-352。

[54] 服部蘇門，《赤倮倮》，收入《日本思想鬪爭史料》第三卷，頁 348。

二教。」[55] 認為釋迦一代教法只是小乘，佛入滅後弟子迦葉等結集三藏的上座部才是佛門正統，其他是旁流，五百年後有龍樹、無著唱大乘，貶抑小乘。[56] 接著有徂徠學兼好國學者仲野安雄（1694-1778）著《出定附解》為《出定後語》加以注釋註解，還有朝夷原生作《釋氏古學考》等，呼應《出定後語》的觀點，對天臺宗、華嚴宗的教義提出質疑。[57]

肯定富永仲基《出定後語》最引人注目便是國學者平田篤胤（1776-1843）的《出定笑語》，可說是參考了《出定後語》而自行著作，成為了著名的批判佛教著作。篤胤自稱私淑國學者本居宣長（1730-1801），在本居宣長的著作《玉勝間》（1799）中看到了肯定富永仲基其書論議佛道之語，乃向京都書商求得仲基之書，讀後大加讚嘆，遂成就此《出定笑語》。[58] 如所周知，篤胤是繼承復古神道的江戶末期核心代表人物，復古神道帶有強烈批判佛教、儒教，因此對過去渲染日本神佛習合、神儒合一的學者大加批判，企圖找回日本古代純粹的神道，日後這個復古神道成為明治維新後推動「國家神道」理論與實踐的基礎。[59]

《出定笑語》洋洋灑灑共有四卷，欲罷不能，外加三卷附錄，篇幅幾近《出定笑語》的一半。篤胤在一開始便說：「以下是《出定笑語》的大意、我演說之內容。首先，預定第一個部份是天竺此國的水土、風俗、此國的傳說、由來，以及釋迦一代；其次是論辯各種各樣的佛教書籍其實並

55　服部蘇門，《赤倮倮》，頁 355-356。

56　服部蘇門，《赤倮倮》，頁 373。

57　可惜《日本思想鬭爭史料》並未收錄《出定附解》及《釋氏古學考》，日本國會圖書館亦無館藏，目前無緣得見二書，只能暫時簡介。

58　參平田篤胤，《出定笑語》之序，收入《日本思想鬭爭史料》第八卷，頁，1-2。

59　有關復古神道的詳細研究，可參牛建科，《復古神道哲學思想研究》（山東：齊魯書社，2005）一書。

非釋迦親作而是無名後人所記之物。」[60] 這顯然延續著仲基的脈絡。篤胤批判佛經充斥著偽作，且嚴厲批判後世將釋迦神格化，還有極度排斥佛經中之王《法華經》，甚至將中國讚譽《法華經》的天臺宗的智顗大師笑稱為「愚者大師」；又對釋迦的斷食修行與臨終前的背痛當成是「可笑」之事等等，幾乎到了不但否定且極為諷刺之能事。[61] 如果說仲基的《出定後語》是作為歷史文獻考證學者，排斥形上論或宗教性的性格，至少還承認小乘的教典及儒佛二教作為勸人向善的存在，但篤胤的《出定笑語》已經比仲基更為極端，除嚴厲批判印度風土的鄙俗、人種與文化，還極力排斥佛儒二教，已經不只不承認大乘，連小乘都在其批判射程之內。但篤胤與仲基最大不同處，是仲基事實上也是批判神道教，而篤胤則是復古神道者，顯然，仲基的《出定後語》成為篤胤利用來排斥二教的最佳工具，只是，如果以「加上說」來看的話，篤胤「加上」了仲基所沒有的否定佛、儒二教之內容，卻也「減少」了仲基批判神道的內涵。

　　後來的歷史發展證明，如宮川康子指出仲基的《出定後語》經歷兩次的影響高峰，其一是仲基死後數十年的十九世紀初期因國學派平田篤胤的鼓吹而水漲船高，其二是在近代著名史學者內藤湖南（1866-1934）的上古史辯偽中的「加上原則」之一，即啟發自富永仲基的《出定後語》，將仲基這種研究方法論嫁接到西方近代的理性思想。[62] 再者，如經學家武內義雄（1886-1966）也肯定富永仲基的「加上說」的研究方法，但也澄清仲基並非批判佛教，只是將佛教種種的教說在歷史的發展過程中顯示出

60　平田篤胤，《出定笑語》，頁 3。

61　有關平田篤胤《出定後語》的研究，可參菅野博史，〈富永仲基と平田篤胤の仏教批判〉，《国際哲学研究（別冊 6）》（2015 年 3 月），頁 38-42。

62　宮川康子：《富永仲基と懷德堂——思想史の前哨》（東京：ぺりかん社，1998），頁 19-20。

　　來。[63] 另外，戰前知名的曹洞宗僧侶忽滑谷快天（1867-1934）在 1902 年重刊富永仲基的《出定後語》及服部蘇門的《赤裸裸》，並擁護仲基的「大乘非佛說」；[64] 此後快天在 1905 年出版《禪學批判論》，進行禪學理論與宗派的清理，並在此書附錄質疑《大梵天王問佛決疑經》是偽經之作，由於涉及禪宗「捻花微笑」起源論，引起相當大的爭議。不只曹洞宗，即連淨土真宗學問僧村上專精（1851-1929）緊接著在 1903 年著《大乘佛說論批判》，支持「大乘非佛說」，強調大乘佛說論是歷史問題，非教理問題，是學術問題非信仰問題。[65] 以上二者堪稱是明治維新後第一個佛門中人呼應「大乘非佛說」的學問僧。佛門學問僧都如此自清，更不用說一般學者對「大乘非佛說」的肯認，此後東京帝國大學佛學研究者如姉崎正治（1873-1949）有《根本佛教》（1910）、高楠順次郎（1866-1945）有《インド思想から佛教へ：佛教の根本思想とその真髓》，木村泰賢（1881-1930）繼之有《原始佛教思想論：特に大乘思想の淵源に注意して》（1923）、《阿毘達磨論の研究》（1909）等均直從梵文、巴利文原始文獻開始重視釐清原初存在的印度哲學與佛陀最初的教理、教團、歷史課題之關係，也使得佛陀傳記在當時日本蔚為風潮。

　　不僅如此，近代中國的「大乘非佛說」引爆者，竟是一位英國傳教士艾約瑟（Joseph Edkins，1823-1905），當時正值太平天國之亂，艾約瑟與當時太平天國的首腦人物有密切的交往，積極用上帝教排斥大乘佛教，特

---

[63]　武內義雄，〈富永仲基の出定後語に就いて〉，《東洋學研究》2 卷（1932 年 7 月），頁 1-8。

[64]　有關忽滑谷快天重刊江戶中期的《出定後語》及《赤裸裸》的意圖之研究，可參考山內舜雄，《續道元の近代化過程——忽滑谷快天の学とその思想》》（東京：慶友社，2009），第 3 章至第 4 章，頁 64-74。

[65]　村上專精，《大乘佛說論批判》（東京：光融館，1903），序論，頁 1-12。

著有《釋教正繆》（1857）、《續釋教正謬》（1859）。[66] 顯然，《釋教正繆》（1857）、《續釋教正謬》兩書並未受到日本江戶時代末期的大乘非佛說的影響。但民國初年支那內學院中的王恩洋（1897-1964）感於當時學風受西方進化論影響，加上日本人重提大乘非佛說，影響中國知識人，乃於 1923 年特著〈大乘非佛說辨〉，凡萬餘言，其中「初申四義」中的第四義如是說：「大乘非佛說之說，本不始於今人。大乘真佛說之理久成定量義。謂如上明，當大乘斥破小乘之際，彼小乘者，理不能自圓，量不能自立，於不得已之際，始造作誣衊之辭，謂大乘教非佛所說，冀以動人聞聽，而自解紛。然以與事實乖違，立說無據，以大小乘經本俱行故。」[67] 此外，印順法師（1906-2005）有鑑於「大乘非佛說」以形式的信仰為滿足，自稱所信小乘才是「佛說」，或稱為「原始佛教」，故特闢一節「大乘是佛說」以回應質疑者：「要討論『是佛說』與『非佛說』，

---

[66] 顯然，英國傳教士艾約瑟（Joseph Edkins）所著《釋教正謬》、《續釋教正謬》分別出版於 1857 年及 1859 年（由三眼居士所譯），正是日本江戶末期，細檢其書內容，並未受到日本「大乘非佛說」之影響，純是從西方基督教立場駁斥佛教經典思想。在《釋教正謬》（上海：墨海書館，1857）一書中如是言：「奉佛諸國，其教早分南北。南信小乘，北信大乘。南方經典，不用大乘諸佛菩薩，惟云七佛千佛而已。北方經典，大小乘咸備。愚恩小乘為如來親授，大乘諸經，即北方釋徒所偽為者也。中國漢明帝時，迦葉摩騰所繙，不過小乘。迨魏晉六朝，始有大乘經典。如是恐釋氏所言如來金口宣言十二部經者，大非真實話頭也。」以上之論也可算是「大乘非佛說」。《釋教正謬》此書一出，陸續有日本學者提出批判，如 1873 年有養鵜徹定（1814-1891，又號杞憂道人）著《釋教正謬初破》、《釋教正謬再破》（東京：緣山藏版，日本國會圖書館館藏），1881 年細川千巖著《破斥釋教正謬》（京都：出版人布部常七，日本國會圖書館館藏），1899 年福田行誡著《釋教正謬再破批》（東京：佛教學會，日本國會圖書館館藏），南溪著《釋教正謬喙斥》（3 冊，日文撰寫，京都大學館藏）等。以上對《釋教正謬》的批駁，身份皆是佛門的學問僧，不僅批判「大乘非佛說」，更批判基督教，涉及近代佛教與基督教教義的論諍，值得再細究。由於《釋教正謬》原版藏法國，本處引用來自維基文庫網路版：https://zh.m.wikisource.org/zh-hant/%E9%87%8B%E6%95%99%E6%AD%A3%E8%AC%AC（瀏覽日期：2022/6/01）。

[67] 王恩洋，〈大乘非佛說辨〉，收於張曼濤編，《大乘佛教的問題研究》（臺北：大乘文化出版社，1979），頁 285-308.

應該理解佛教經典的特性。釋尊說法，當時並沒有記錄。存留於弟子內心的，只是佛說的影象教。領受佛說，憶持在心，依法修行，而再以語言表示出來，展轉傳誦：這是通過了弟子們內心的領解，所以多少會有些出入。佛滅後的『原始結集』，是少數長老的結集，經當時少數人的審定而成立，這是通過結集者的共同意解而認可的。」[68] 顯見大乘非佛說從近世到近現代的學術研究中所引起的波瀾現象，迄今未歇。

四、結論

藉由本文的分析可知，《出定後語》破解了從來對佛經或佛法的認識，諸如否定《法華經》為經中最第一，且係出於後人所做，非佛所說；又稱《華嚴經》是後人「加上者之魁」；也稱「聲聞緣覺，小乘本無此目，俱大乘家貶言」[69]：尚否定釋迦佛前此的七佛之說，也是後人「加上」；更謂佛說只有六識，七識八識亦皆「異部加上之說」；也論六度（布施、持戒、忍辱、精進、靜慮、般若）中只有前四度是本說，後二度是後人「加上」；論「戒」時，一般皆認為身口意三業都是戒的內涵，甚至「意」（或心）的戒律為最重要，但仲基卻言這種合防三業，以意業為主，亦是大乘所加上之說；另外，佛經多有空有不二之論，但仲基卻言釋迦以前並無空有之說，小乘只以有為宗，以空為宗多是後世大乘所加……等等不一而足，通可稱之為「大乘非佛說」。

如實言之，仲基是一位很廣博的文獻考證主義者，其所提出「大乘非

68　印順法師：《初期大乘佛教之起源與開展》（臺北：正聞出版社，1992）之第 15 章第 4 節〈大乘是佛說〉，頁 1322-1330。

69　富永仲基，《出定後語》卷之上，頁 191。

佛說」於今日歷史文獻主義者看來都是值得稱揚的。但仲基也有他的時代限制，畢竟「大乘非佛說」碰觸到「原始佛教」或「根本佛教」的複雜問題，牽涉原始佛經巴利文或梵語的轉譯過程以及實地田野調查印證的諸多課題，要處理從原始佛教到小乘再演變到大乘的複雜過程，已經超出仲基的能力範圍，其輕易「否定」大乘經典也會出現詮釋方法上的諸多難題。但是，仲基留下的這些難題在明治維新以後，基本上由東京帝國大學的「印度哲學」研究者們一一去破解與澄清。這也就是仲基的佛經「加上說」之考證懷疑方法論，到了近代因受西方歷史科學主義的影響，使得他搖身一變成了近代的先行者。近代西方本有一股新文明論思潮，走過宗教改革、文藝復興到了十八世紀的啟蒙運動，宗教愈來愈世俗化，仲基的「大乘非佛說」搭上西方近代思潮的便車，更親近十九世紀中葉以後流行科學實證學派的蘭克（Leopold von Ranke, 1795-1886）史學方法，加上從1900 年中國敦煌文獻被發現五萬多卷的佛教經卷以來，開啟了佛教史的研究風潮，讓仲基的疑古佛經思想忽然間水漲船高，一下子躍升為內藤湖南所稱譽的「天才思想家」。但如本文所稱，這些仲基的稱譽者或追隨者本身也各自給仲基「加上」了不該有的觀點與封號，其實也遮蔽了仲基的真實面貌。透過本文從佛法詮釋學的角度，也指出仲基的文獻考證主義也存在「偏重懷疑詮釋學」、「後佛說未必等同非佛說」及「真理與歷史涉及的一與多之辨證關係」等三個方法論詮釋的重重問題。

只是，明治維新後一度推出廢佛毀釋政策，佛教團體噤若寒蟬，有些團體為求生存受到國家政策影響而有逐漸右派化的傾向，帶有宗教色彩的學者也不免跟著國家風向，加入這波國家主義之行列，其中基督教學者新渡戶稻造（1862-1933）在 1899 年出版英文版的 *Bushido: The Soul of Japan: An Exposition of Japanese Thought* 一書，被譯成日文後，風靡日本，引起

維新後的武士道風潮。[70] 新渡戶也特在日俄戰爭期間特向天皇寫了〈上英
文武士道論書〉，帶有向天皇主義輸誠的意味。[71] 基督教界如此，佛教界
更難脫這種「被馴化型的國家意識形態」。[72] 先是 1907 年學問僧釋悟庵
出版《禪と武士道》，書中所論禪學與武士道，有許多歌頌國家主義的論
點，可以說是處於日本帝國主義興盛時期下的產品。[73] 繼之曹洞宗學問僧
領袖忽滑谷快天（1867-1934）於 1913 年撰 *Religion of the Samurai: A study
of Zen Philosophy and Discipline in China and Japan*，[74] 企圖搭上武士道風
潮，結合禪學，將武士禪推向國際舞臺。接著曹洞宗信仰者橫尾賢宗在
1916 年也著有《禪と武士道》，1917 年臨濟宗領袖釋宗演（1859-1919）
成立「禪道會」組織，宣揚帶有國家主義色彩的公案禪。禪學界的學問僧
如此，執學術界牛耳的帝國大學研究者也不例外，當時東京大學鑽研佛教
學者如姉崎正治（1873-1949）關心「根本佛教」課題，用諷刺的比喻：
「東方的佛教如花蕊，南方的佛教如枝葉。眩惑於花蕊色彩而忘了根底，
枝葉徒繁茂而疎於幹莖，這是否即是佛教的現狀呢？」[75] 由此追問「根本
佛教」，由「現身佛」（現實與神話的佛陀）與「法身佛」（無形常住的

---

[70] 相關研究可參張崑將，〈明治時期基督教徒的武士道論之類型與內涵〉，《臺大文史哲學
報》第 75 期，2011 年 11 月，頁 173-208。

[71] 新渡戶稻造，〈上英文武士道論書〉，載於櫻井彥一郎日譯，《武士道》（東京：丁未出版
社，1908），頁 1-5。

[72] 「被馴化型的國家意識形態」是簡曉花研究近代日本基督教徒面臨「上帝信仰」與「天皇國
家意識形態」之間的歸類用語，參氏著，《當天皇 vs. 上帝時：近代日本基督徒如何避免信
仰衝突？》（臺北：學生書局，2021）。

[73] 釋悟庵，《禪と武士道》（東京：光融館，1907 年）。

[74] Kaiten Nukariya , *Religion of the Samurai: A study of Zen Philosophy and Discipline in China and
Japan*（London:Luzac & Co.,1913），此書已有中文翻譯本，參林錚顗：《武士的宗教：中國
與日本的禪學》（臺北：暖暖書屋，2018）。

[75] 姉崎正治，《根本佛教》（東京：博文館，1910），序言。

佛陀本體）之論探索「原始佛陀」與「大乘新佛教」之別。[76] 姉崎正治在出版《佛教聖典史論》之書開頭，還特別標記紀念「（延享元年西曆千七百四十四年）富永仲基氏的《出定後語》」之出版，足見其學問方法遠承江戶富永仲基的批判佛教論，但戰前這些解構原始佛教的現象，背後都帶有國家意識形態的主導企圖，亦即主導佛教的研究，有利於主導東亞共同文化圈的解釋權。如是，富永仲基的「大乘非佛說」又被近代學者「加上」了天皇主義信仰，助長了國家意識形態的威勢，更是扭曲了仲基的真實面貌。關於富永仲基「大乘非佛說」方法論引起的近現代漣漪，亦是本研究的後續重要研究課題。

參考文獻

一、江戶原典

富永仲基，《出定後語》，收入鷲尾順敬編，《日本思想鬪諍史料》，東京：名著刊行會，1969 年，第三卷。

慧海潮音，《摑裂邪網編》，收入鷲尾順敬編，《日本思想鬪諍史料》第三卷。

無相文雄，《非出定後語》，《日本思想鬪爭史料》第三卷。

舊華居士，〈摑裂邪網編序〉，收入《日本思想鬪爭史料》第三卷。

服部蘇門，《赤裸裸》，收入《日本思想鬪爭史料》第三卷。

平田篤胤，《出定笑語》之序，收入《日本思想鬪爭史料》第八卷。

---

[76]　參姉崎正治，《佛教聖典史論》（東京：經世書院，1899），第二部〈大乘聖典及其批評〉，頁 49。

中井積善，《草茅危言》，收入《日本思想鬥爭史料》第六卷。

二、中日文資料

大竹晉，《大乘非佛說をこえて》，東京：國書刊行會，2018。

山內舜雄，《續道元の近代化過程——忽滑谷快天の学とその思想》，東京：慶友社，2009。

小泉博明，〈西教寺慧海潮音と富永仲基〉，《文京学院大学外国語学部紀要》20 期，2021 年 2 月），頁 117-125。

內藤湖南，〈大阪の町人學者富永仲基〉，收入《內藤湖南全集》第九卷，東京：竺摩書房，1972，頁 375-396。

內藤湖南，〈章學誠史學〉，收入氏著，《支那史學史》，東京：清水弘文堂，1967，頁 612-628。

木村泰賢原著、釋依觀譯，《原始佛教思想論》，新北市：臺灣商務，2019。

中村元，《近世日本の批判精神》，東京：春秋社，1998。

末木文美士，《日本佛教史》（東京：新潮社，1992）。

牛建科，《復古神道哲學思想研究》，山東：齊魯書社，2005。

王恩洋，〈大乘非佛說辨〉，收於張曼濤編，《大乘佛教的問題研究》（臺北：大乘文化出版社，1979），頁 285-308。

西村玲，〈聖俗の反転：富永仲基『出定後語』の真相〉，《宗教研究》78 卷 3 期（2004 年 12 月），頁 739-759。

西村玲，〈大乗非仏説論の歴史的展開-近世思想から近代仏教学へ〉，《宗教研究》83 卷 4 期（2010 年 3 月），頁 1225-1226。

印順法師：《初期大乘佛教之起源與開展》（臺北：正聞出版社，

1992）。

林鎮國，《空性與現代性——從京都學派、新儒家到多音的佛教詮釋
　　學》，臺北：立緒文化，1999。

〔南梁〕慧皎撰、湯用彤校注，《高僧傳》（北京：中華書局，1996），
　　頁 42-43。

宮川康子，《富永仲基と懷德堂——思想史の前哨》，東京：ぺりかん
　　社，1998。

伊藤義賢，《大乗非仏説論の批判》，真宗學寮出版，1969。

村上專精著、楊曾文譯，《日本佛教史綱》，臺北：彌勒出版社，1982。

黃夏年，〈略論印順法師對《華嚴經》之成立的研究〉，《玄奘佛學研
　　究》第 5 期，2006 年 7 月，頁 1-22。

菅野博史，〈富永仲基と平田篤胤の仏教批判〉，《国際哲学研究（別冊
　　6）》43 卷，2015 年 3 月，頁 38-42。

林錚顗，《武士的宗教：中國與日本的禪學》（臺北：暖暖書屋，
　　2018）。

武內義雄，〈富永仲基の出定後語について〉，《東洋學研究》2，1932
　　年 7 月，頁 1-8。

陶德民，《日本漢學思史論考——徂徠、仲基および近代》，大阪：關西
　　大學出版部，1999。

張崑將，〈山崎闇齋與隱溪智脫的儒佛之辨及其餘緒〉，《國文學報》第
　　62 期，2017 年 12 月，頁 1-22。

張崑將，〈明治時期基督教徒的武士道論之類型與內涵〉，《臺大文史哲
　　學報》第 75 期，2011 年 11 月，頁 173-208。

梅谷文夫，〈釈放光『辯後語』の写本について〉，《一橋論叢》第 68
　　卷第 3 號，1972 年 9 月，頁 280-284。

郭良鋆，《佛陀和原始佛教思想》，北京，中國社會科學出版社，2011。

新渡戶稻造，〈上英文武士道論書〉，載於櫻井彥一郎日譯，《武士道》
　　　（東京：丁未出版社，1908），頁 1-5。

藍日昌，〈從判教到《出定後語》：佛學研究詮釋法的轉變〉，《懷德堂
　　　研究》第 3 號，2012 年 2 月，頁 234-240。

簡曉花，《當天皇 vs. 上帝時：近代日本基督徒如何避免信仰衝突？》
　　　（臺北：學生書局，2021）。

釋悟庵，《禪と武士道》（東京：光融館，1907 年）。

姉崎正治，《根本佛教》（東京：博文館，1910）。

姉崎正治，《佛教聖典史論》（東京：經世書院，1899）。

Kaiten Nukariya, Religion of the Samurai: A study of Zen Philosophy and
　　　Discipline in China and Japan（London:Luzac & Co.,1913）.

第六章 近代臺灣佛教藝術與東亞視野的交涉現象——重估黃土水的本土化佛教藝術創作問題

江燦騰

臺北城市科技大學創校首位榮譽教授

一、序說

臺灣本土佛教藝術的發展，雖歷經明清、日治時期、到戰後迄今共三百多年的演進，如果不只是停留於傳統師匠層次的佛像雕刻或樑面與牆上的神佛彩繪之瀏覽，而是聚焦於近現代佛教藝術的創作和作為本土新佛典範確立的精華作品，則雖為數不多，卻成就非凡。其中尤以日治中期臺灣本土留日藝術家黃土水的「釋迦出山像」，更是聳立在同類作品的高峰地位，足堪作為後代的效法的偉大範例，也足以象徵其時代的最佳佛教藝術特徵。

不過，黃土水（1895-1930），這位在日本殖民地治時期已享譽全臺的天才雕刻家，作為大正、昭和之際臺灣佛教藝術新風格的建立者這一非凡的成就，一般臺灣佛教史的著述，很少深入介紹。

所以在本章，我們擬以黃土水創作艋舺龍山寺所委託的「釋迦出山像」為中心，來探討臺灣日治時期新佛教藝術的風格建立問題，相信不會

沒有意義的。

二、黃土水早年的生活和傳統臺灣佛雕的關聯性

　　關於黃土水早年生活和佛雕的關聯性，早已被之前的一些黃土水研究者所指出。[1] 今按這些研究者的論述，重新說明如下：

　　（一）黃土水是在日本據臺之年（1895）誕生，家居艋舺祖師廟的後街。離龍山寺亦不遠。在地緣上，是屬於北臺灣最重要的傳統宗教文化的核心區內；同時長期以來，艋舺和中部的鹿港，都是全臺傳統佛雕的重鎮，有來自大陸閩籍的第一流雕刻師，聚居在此處，為人建廟、修廟，或雕刻藝術品出售。這對黃土水早年接觸傳統木雕的技法與造型，提供了極大的便利。

　　（二）黃土水的家境清苦，使得他在生活上和求學上，都備嘗艱辛。他從十一歲（1905）入祖師廟右廂房的「國語學校附屬公學校」就讀；隔年（1906），即因父親過世，全家遷徙至大稻埕，依賴三哥黃來順為生，並轉學「大稻埕公學校」。

---

[1]　李欽賢在〈複歸故土草原的藝術牧童黃土水（1895-1930）〉一文（載《臺灣近代名人志》第一冊，自立晚報文化出版部，一九八七年），曾如此扼要提到：黃土水誕生於艋舺，幼年家境貧寒，十二歲父親逝後，轉而投靠住在大稻埕的哥哥，從而註定他一生的命運。可能因為有三方面機緣，才塑出作為一個雕刻家的早年雛型：第一，他的哥哥是一位木匠，黃土木對於雕刻作業，視同家常便飯。第二，他家巷門口是一家佛雕鋪，每天路過，看得入神。難免技癢。第三，黃土水排行老么，不必負擔家計，方有餘力繼續升學。（原書，頁 123）這樣描述性的推斷，過於簡單，把三方面的機緣，看為理所當然的結果，卻忽略了複雜的心理因素和生活環境的影響。對於想要進一步理解黃土水和佛雕的密切關係，顯然是不夠的。邱麟翔在〈天才雕塑家黃土水〉一文（載《臺北文獻》直字第八十二期，1987 年 12 月，則有更詳細的交代。

　　這一變革，對黃土水日後的影響甚大。因黃土水的三哥黃來順，是在「真人廟口」（今臺北市延平區天水路）經營人力車的修理鋪，提供全家生活所需，卻對黃土水轉學後的成績退步不能理解，屢加責罵，甚至要將他趕出家門。而黃土水自艋舺轉學來大稻埕，雖然表面上環境比在艋舺時改善，卻在新環境中遭到同學的排斥——1853 年艋舺「頂下郊拼」，遺留下來的宿怨——於是無法安心求學，視出入學校為畏途，功課大為退步。

　　在這種情況下，每日課後徘徊於佛雕鋪，觀看雕刻師的刀法展示，便成了黃土水的最大樂趣。亦即在傳統木雕的藝品世界中，黃土水找到了騷動心靈的皈依之處！

　　（三）黃土水到大稻埕後的第三年（1908），開始適應學校環境，成績逐漸名列前茅，直到畢業（1911），並獲校方頒發優等賞。這使他能考入「臺灣總督府國語學校師範科」，為自己爭取到繼續深造的機會。

　　同時，也能持續保持對傳統佛雕的喜愛和技法的學習。終於在畢業時（1915），以木雕工藝——「手」，在師長、同學中大出風頭。他也在稍後，由此機緣，被保送到「東京美術學校」去深造，構成了他一生最大的轉捩點。

　　這三點補充說明，主要在強調早期的木雕訓練，除了關連到黃土水的家庭環境與求學生涯外，並提供黃土水在藝術創作上的一條出路。而他的前途希望，也唯有仰賴這一條藝術的出路，才有可能轉變。

　　黃土水早年的生活和佛雕的關聯性，在風格上的建立，也具有特別的意義。因為當時在校中執教的繪畫教諭如高橋精一、石川欽一郎等人，並未發現黃土水的藝術才華。反而是黃土水的木雕工藝作品，為自己帶來肯定的評價。

　　他在「師範科」的畢業考之後，要繳交工藝教師的作業時，別出心裁，以自己的左手為模型，雕出「手」的作品，而獲師長的佳評。受此激

勵，他又陸續仿刻了傳統佛雕題材中的觀音、彌勒佛、李鐵拐等，捐給母校收藏。

可以說，直到他前往日本美術學校深造之前，他的木雕世界，依然是來自傳統佛雕藝術的滋養，反映的依然是民俗信仰的心靈影像。

他日後的藝術成就，就是在這樣的基礎上締造出來的！

三、黃土水被保送「東京美術學校」所涉及的周邊問題

從黃土水的求學生涯來看，他的非仕紳階級的家境，對他的前途有極大的影響。他不像李欽賢所說的那樣，是因為排行老么，不必負擔家計，所以有餘力繼續升學。

黃土水能繼續升學，必須取決於他的優異求學成績，和他在木雕技藝上的傑出表現，前者使他得以進「師範科」就讀，以便日後能擔任教員職務；後者則使他得以擺脫教員的不如意生涯，並爭取到公費保送到日本「東京美術學校」進修深造。而這兩者，都和他的非仕紳階級的出身有關。

因黃土水進「師範科」求學，和畢業後被公費保送「東京美術學校」這件事，在正常的情況下，並無必然的相關性，在正常的情況下，進「師範科」就讀，或畢業後為教員，或者可能再到日本深造，卻很難出現被公費保送就讀「東京美術學校」的情形。

因此黃土水的被保送，對「師範科」的畢業生來說，是一種例外的情況，連黃土水可能也未料想得到。這當中的關鍵因素，是傳統木雕技法的精通，才使保送之事，成為可能。

而這正是非紳士階級的黃土水，才可能去作這樣的長期學習；乃至於

他後來的不被臺籍留日生了解和產生隔閡的原因，都是和這樣出身背景及這樣的生活經驗有關。

　　不過，我們在進一步說明黃土水的赴日深造之前，有必要對當時的美術環境先作一介紹，否則無法了解黃土水留日學美術的時代意義，及其後他在「高砂寮」被臺籍留學生孤立的原因。

　　首先，我們必須知道的是「東京美術學校」成立的背景，以及黃土水在 1915 年時所面對的臺灣知識份子關於近代美術價值的認知程度。

　　這是從日、臺間的美術教育的差距，來觀察當時實際存在的情形。

　　以「東京美術學校」的創立來說，它的前身是在 1876 年由文部省設置的「美術學校」。從創立之初，便一面從歐洲聘請專家來日本教學，一面派青年出洋學畫，經過 11 年（1876-1887）的養成教育，才改設為「東京美術學校」。在黃土水前往深造的這一年（1915），就日本的本土來說，已累積了將近四十年的關於現代美術的教學經驗與觀念的傳播。為什麼日本政府要這樣作呢？目的何在？

　　這是由於日本政府自明治維新以來，便體認到美術創作與欣賞，是現代文明生活的重要部份，正如文學、戲劇等文藝活動，和社會文化的創造力息息相關一樣，因此美術教育的成敗，正反映了國家吸收近現代西歐文明的績效如何，所以非重視不可。

　　而民間方面，也充份認識到美術活動的文化價值，許多知識份子、政治家和實業家，都關心美術活動，而且藝術家出身名門世家子弟的亦不乏其人。這些日本社會的精英份子，相信「從西洋移植美的理念與造型原理，並應用於日本的現實社會，便能掌握西洋文明的根源」。

　　所以，自十九世紀的八○年代以來，在日本本土即有各種美術和文藝團體的興起，他們發行機關雜誌，以作為研究、宣傳和發表創作的園地，使日本各階層民眾，都能以一種較成熟的心態來接納或鑑賞美術活動。

　　但是，對比臺灣本島的美術教育狀況，就相當不理想。不要說 1915
年黃土水要留學當時，就是黃土水在 1930 年逝世時，臺灣也沒有一所專
門的美術學校。

　　當時的美術教育，是附屬於初級教育或師範教育中，教授的課程也以
西洋的鉛筆素描和水彩畫等為主，而和中國傳統文人畫淵源頗深的水墨
畫，則被摒除在外。教學的目標，是為了培養實用才藝和業餘的愛好，並
不是當作一個建設社會文化的大政策在推行。

　　在這樣不良的條件下，黃土水所憑藉的，只是他在校外學會的唐山木
雕技藝；他的被保送，是因為他走的木雕路線和石川欽一良（1871-
1945）在學校教的繪畫路線不同；但是，也是因為同一原因，他到日本就
學的是「東京美術學校」，而不是其他方面的學校或學科。

　　不過，我們此處的說明，主要是想說明黃土水的被保送本身，並非只
是單純的公費到日本深造罷了。而在這一事件的背後，其實是牽連到當時
臺灣和日本兩地社會對美術認知的差距，以及黃土水從傳統佛雕藝術為自
己取得突破求學困境的獨特意義。

四、黃土水在「東京美術學校」的深造與在「高砂寮」的孤立所反映的文化理念衝突問題

　　為什麼此處要討論這樣的問題呢？這是延續前面的問題討論而來。

　　黃土水的藝術創作，對當時的臺灣社會來說是早熟的，在說明上自然
會衍生出下一個問題：即當時的臺灣社會如何看待他？

　　尤其當時正逢歐戰後，臺灣留學生從事文化啟蒙運動時期，對於臺灣
文化的反省與定位，是相當重要的；而當時同在日本「高砂寮」住的黃土

水，就所學性質來說，正是創造文化的根源部份，這在日本社會已有幾十年的先進經驗，卻未能被前往日本留學、並從事文化啟蒙運動的臺灣知識份子所理解，寧非怪事？

因此，我們有必要針對這當中可能涉及的「文化理念衝突問題」作說明，然後可以銜接下面關於黃土水佛教藝術風格的討論。

就黃土水的赴日深造來說，可以看作是「師範科」教育的延續。他拿的是總督府民政長官內田嘉吉（1910-1915）核准的三年公費。而「東京美術學校」的本科，是五年制的。

換句話說，課程的後二年是沒有公費的，在這樣的情形下，黃土水要如何才能念完呢？這是他的第一個問題。

其次，因內田嘉吉在核准黃土水的公費不久，即解任由下村宏（1915-1921）接替，黃土水是否能再獲下村宏的幫助呢？這是黃土水面臨的第二個問題。

以上的這兩個問題，都牽涉到「錢」的取得與否，因此黃土水的求學生涯是面臨著經濟壓力的。他的家庭不太可能幫助他，否則他就不必爭取公費保送了。

他如果要想繼續學業，只有一個可能，那就是以優秀成績來爭取。這樣為學業而辛勤工作的黃土水，就是他在「高砂寮」居住時，留給臺灣留學生的深刻印象。

黃土水在「東京美術學校」就讀的時間相當長，本科五年（1915-1920），研究科二年（1920-1922）。他的業師在本科時期是高村光雲，在研究科時是朝倉文夫。

黃土水在臺灣時期的專長是木雕，到日本後追隨的高村光雲所專長的也是木雕，可以說在技巧上有互相銜接的地方。

但黃土水的木雕技術，在研究科時，才有更大的突破。原因是他轉攻

「塑造科」。此一科系是 1899 年才新創的，和「雕刻科」並存過一段時期。

黃土水借著「塑造科」的訓練，得以改變直接雕刻木模的習慣，他可以先塑造模型，借著塑造過程來修訂所需的式樣，這對他日後雕刻「釋迦出山像」的幫助甚大。

對比黃土水在臺灣時期的讀書經驗，我們可以發現，他曾因從艋舺遷徙大稻埕，而在學校中遭同學歧視，使他轉為對傳統佛雕技藝的喜愛，此項興趣日後竟成為他超越同儕的利器，以及因此而獲公費保送留學的機會，為前途的發展，帶來絕大的轉機。

到日本後，他亦憑此項利器，和日本同學在藝術的表現上一爭長短，雖然在校外無法獲同屬臺灣留學生的肯定，卻無法改變他對自己藝術實力的強大信念。也因此，在日本藝術界出人頭地，便成了他僅有的發展方向！

不過，就黃土水在研究科階段的藝術風格來看，可以發掘一些臺灣在本世紀初期接受現代美術思潮洗禮，以及創作「本土化」風格的藝術途徑。

而將這樣的藝術風格表現，拿來和其他留日學生的文化意識來比較的話，則不但有趣，更可進一步理解在大正、昭和之際，所謂的「臺灣文化意識的自覺」，又是具有什麼樣的內涵？以及黃土水的理念和彼等有無相衝突之處？

前面提過，黃土水的雕刻技術，在臺灣時期的自學階段，是以唐山的佛雕為模仿對象的。到日本後，前五年的本科訓練，因日本國內出現所謂「國粹主義」的影響，在高村光雲門下受教，「雖浸淫於西歐學院藝術氣息之內；但仍掌握高村師藝術中，所固執之東方雕刻精神」。到了研究科

時期，他則受「東京美術學校‧塑造科」教授朝倉文夫的課業指導。[2]

　　這些技法，對來自殖民地臺灣的黃土水來說，的確是新穎的。它代表了在雕塑藝術上的同步學習，是日本藝術界精英的親傳，絕非殖民地臺灣的粗淺美術教育，所以黃土水只要有能力吸收，便有機會擠身現代藝術家之林。

　　而美術活動又是日本本土社會所重視的，因此他在高砂寮的勤奮，是和未來的成就希望相伴隨的。問題只在他如何表現自己罷了。

　　黃土水在 1920 年以「蕃童」（另名「山童吹笛」）送審，經「帝展」第二屆的評審通過，入選為總參展的五十九件作品之一，其中扣除帝國美術院會員、審查員、無鑑查和特選的二十五件，實際上是競爭那為數不多的三十四件作品。

　　這也是「帝展」二屆以來，首次有臺灣藝術家的作品入選，對於重視美術活動的日本社會來說，也是相當難得的成就。消息傳回臺灣，各媒體競相報導，認為是臺灣藝術家的殊榮，使他在一夜之間變成了美術界無人不知的名人。

　　而由於此一成就，有些研究臺灣美術史的人，便把許多「第一」的美名，歸諸黃土水。

---

[2]　李欽賢的研究，當時校中有三位新教授才到校任教不久，「他們依序是 1920 年的建昌大夢，1921 年的朝倉文夫與北村西望。他們也都出身東京美術學校，先崛起於『文展』，繼而擢升為審查的穩健派雕刻家」邱麟翔氏則更進一步指出朝倉氏的風格，特徵和對黃土水的啟發，他說：「朝倉氏之雕刻作品自風格上而觀，可謂寫實主義者，亦自製作技法上而來觀，則是一位描寫主義者。無論自何種角度去論述，皆不得不承認其創作態度之謹嚴，及形象刻劃之入微，為當代日本雕刻界之不可多得之大家。尤其朝倉式作品對黃土水氏之影響最深；譬如製作技法上，先從黏土塑造、再翻成石膏，然後以木雕操作法於石膏上，用雕刀雕琢細磨以至完成。有時仿效已完成之石膏作品，再雕成一具木雕或石刻。凡進入朝倉氏雕刻室之學生，對泥塑、翻石膏、木雕、石刻種種技法，均能操作自如，乃給予黃土水氏受益頗深之處焉。」

相對於其他的東京留學生，正以學習者和啟蒙者的雙重角色，努力在辦《臺灣青年》，要鼓勵島民養成「自治能力」，以及宣稱當時已是「青年應該奮起之秋」，黃土水則在藝術上實際體現到了。他實際更具有「代言人」的資格。只因他致力的領域是當時臺灣社會還不能充份了解的藝術創作，於是才成了文化啟蒙運動陣營外的獨行客吧。

五、返歸本土風格的黃土水與「釋迦出山像」的新佛雕創作

黃土水在 1922 年結束了他在「東京美術學校」的七年深造生涯，帶著入選三次「帝展」的榮耀，返回故鄉臺灣。這是七年來的第二次返鄉，但對黃土水來說，卻是藉故鄉風物再重尋創作靈感的「充電期」。研究者都提到這次返鄉的重要性。[3]。

換言之，學院的訓練，雖能使黃土水在技法上和當代美術潮流同步，但作品的內涵或藝術的生命力，卻必須植根於鄉土，才能真正的散發出來。於是，黃土水的藝術觀，又重返臺灣鄉土的寫實主義風格了。

黃土水在日本的藝術成就，使他具有極高的聲望，這對臺灣的仕伸、富商是有吸引力的，像林熊徵、郭春秧等人，即紛紛邀請黃土水為等塑

---

[3] 李欽賢說：黃土水這一趟回來是為了在自己的土地上，尋找就快枯竭的創作靈泉的。因為儘管他的寫實功夫已經到了無懈可擊的地步，如果能在題材內容有所突破的話，才能超越學院藝術最起碼的完整性。黃土水的作品是夠完美了，比例、量感、結構……什麼都對，也許就差一點所謂氣勢或感情之類的東西。邱麟翔的意見和李欽賢的意見接近，他說：黃氏在連中三元後，在藝壇上地位已堅固不移。此時，他不願一再泥陷於日本藝術沙龍之窠白，一面亦熾烈之鄉情在內心呼喚他。於是乃在歲冬季返臺，為要自己成長之家鄉景物中，探尋其創作靈感之源泉。

像。借著這些「塑像」，黃土水獲取生活所需之酬勞，於是他在早年的故鄉艋舺租了黃姓本家的一閣房屋為臨時工作室，一方面完成約訂的「塑像」，一方面開始搜集水牛的相關資料。

　　水牛的系列創作，構成黃土水自學院畢業後迄逝世為止這數年間最重要的主題，除了 1926 年接艋舺龍山寺委託的「釋迦出山像」之外，可以說農林的鄉土風貌，完全充塞了他創作的美學心靈。有關「釋迦出山像」的部份，稍後我們會詳細交代。此處我們仍就黃土水的水牛系列創作，作一探討。

　　水牛是臺灣農村耕作時最重要的勞動力來源，除了提供農耕所需的多種勞力外，它的性情很溫馴、容易飼養、以及牛糞有助於田園菜蔬的滋長等，可以說是臺灣農村在現代大量使用農業機械之前，最重要、最親密和最討人喜歡的夥伴。藝術家要表達臺灣的鄉土風貌，無疑的，水牛是最具代表性的題材。

　　黃土水雖非出身農家，但都市的生活，對出身貧窮家庭的他來說，並不是很如意；在木雕經驗方面，除在日本接受的學院訓練外，早期接觸的多屬民俗或宗教的事務，這些基本上是和歷史的情感有關外，屬於非寫實性的創作，如今黃土水回到臺灣，他的藝術舞臺卻仍在日本，他如何表達臺灣本土的特色呢？農村應是較可考慮的。

　　就像他以「蕃童」，首次敲開「帝展」之門一樣，此次他繼「甘露水」、「擺姿勢的女人」這些新潮的作品之旅，再度選取臺灣農村的象徵——「水牛」——作為向「帝展」第四次挑戰的創作體材，應是合理的發展。

　　黃土水當時曾向屠牛場接洽，借用牛的屠體，將頭部和四肢都分別翻成石膏模型，以作日後創作的參考。接著，購來一頭水牛，養在工作室，每日觀察水牛的動態和習慣，然後用速寫和習作模型大量地記錄下來。他

的以後幾件巨作，就是參考這些資料，或放大、或改進，而成了水牛系列
的傑出作品。

　　1923 年春天，黃土水再度離臺赴日，在東京池袋區，購五坪地，築一
間自己的工作室，將臺灣帶來的水牛資料消化，以便參加第五屆的「帝
展」。結果，木雕牛頭的作品「郊外」，再度入選，是黃土水第四次，也
是最後一次的入選。

　　此後，即與朝倉文夫的師生感情惡化，黃土水被阻於「帝展」門外。
但黃土水已不必靠「帝展」來肯定自己了，他可以更自由地選擇自己創作
的風格了。

　　在 1926 年接受龍山寺的委託雕「釋迦出山像」之前，黃土水的生活
和藝術活動兩方面，都有了極大的變化。

　　生活方面，是 1924 年與廖漢臣的胞姊廖秋桂結婚；婚後定居日本，
由夫人料理家務，由侄兒阿桐、清雲擔任助手，不再是一個人孤軍奮鬥
了。

　　在藝術方面，他已獲不少臺灣仕紳的支持，在臺北有「黃土水後援
會」的成立，像許丙、郭春秧、黃純青、林熊徵等，都是臺灣的仕紳名
流，他們號召各地有財有勢的同伴，向黃土水訂制「胸像」，使黃土水無
生活後顧之憂。

　　另一方面，黃土水參加「聖德太子奉贊會展」，以「臺灣風景」入
選，獲皇叔久邇宮邦彥親王的賞識，禮聘為親王夫婦塑造「胸像」。而黃
土水的一些關於動物的雕刻，像鹿、雉、猿、水牛等，亦因親王推薦，被
皇宮收藏。黃土水可說在臺灣和日本的上流社會，都找到贊助者了。

　　但是，這是否意味黃土水已經被日本社會同化了呢？是否已經背離了
臺灣人的立場呢？這是值得探討的。

　　我們必須承認藝術家也是人，也需要生活的開銷和別人的掌聲。黃土

水身為藝術家，過去家境不佳，如今在日本藝術界有一席之地，是靠「東京美術學校」的多年訓練，和日本社會對藝術活動的重視，所以黃土水才能透過參加「帝展」，或「聖德太子奉贊會展」來凸顯自己的創作才華，並贏得臺灣和日本上流社會的肯定。

就這點來說，似未涉及過於親日立場？應沒有太大的可爭議之處？反過來說，假如黃土水不接受仕紳名流——當然中間親日派居多——委製「胸像」，黃土水又如何找到他的藝術贊助者呢？單靠入選「帝展」，而無其他收入，就可以足供生活所需嗎？所以要求黃土水和那些贊助者切斷往來關係，實是不合理和不可能的。

假如這些說明，沒有大錯的話，以下接著討論的艋舺龍山寺委託的「釋迦出山像」，就比較容易著力了。

因為當時艋舺龍山寺的幕後大老闆，像辜顯榮、陳天來、蔡彬淮、黃玉對、林卿雲、吳永榮等，也都是親日派的仕紳居多；連寺中的住持覺力禪師（1879-1933），雖然來自大陸鼓山湧泉寺，但當時（1925）已是日本曹洞宗正式的「布教師」。所以在討論「釋迦出山像」時，也必須對這些背景，有所理解才是。

黃土水是在 1926 年，由《臺灣民報・漢文版》主筆，也是名詩人的魏清德提議，雕刻一尊「釋迦像」，捐獻給艋舺龍山寺，作為改建完成的紀念品。

黃土水接受委託時，是知道這件作品的重要性的，在接收雕製的訂金後，他即返回東京池袋的個人工作室。他先搜集大量的相關文獻，對中國歷代的佛雕和佛畫，皆進行仔細考案，以便尋出合適的造型。

由於臺灣和日本的佛教，都由中國傳入，臺灣的佛像雕刻尤其和唐山的傳統關係密切，所以黃土水擬自中國的古代佛像找模型，也是合理的。

況且佛像的雕刻，一定要有造像儀軌的依據，否則便會逸離佛教圖像

的常軌，變成在信仰上難以理解的符號，很不容易讓信仰者接納。黃土水過去在艋舺和大稻埕所看到和學到的，也都是有師徒相傳為依據的。

因此，不論他的寫實雕刻如何精熟，他仍然不能憑想像自由雕塑，他必得先找到現有的模型依據才行。於是，經過一番探索和構思之後，黃土水終於在南宋梁楷的水墨畫中，先找到了他中意的「釋迦出山圖」作為模型依據，接著又物色體形合適的男性模特兒為寫實的樣本：先粗塑為石膏模型，再用雕刀細琢和修改，等雕出所需的樣本了，才據以雕刻為木雕作品。

黃土水在日本選用上等櫻木為材料，進行實象的雕刻，為了使原木質的色澤和紋理，能保持樸素的狀態，他除了用線描法的金紋，在雕像的某些部份（像折紋）加上外，不漆上任何色彩，使佛像呈現了自然的典雅與純樸的崇高氣質；和龍山寺的鮮麗色彩裝飾相比，可以說有極大的不同之處。

1927 年，黃土水將此一完成的佛像傑作，由日本運回臺灣，供奉於艋舺龍山寺的中殿。但 1945 年，太平洋戰爭末期，因美機大舉轟炸臺灣，寺殿中彈，此「釋迦出山像」也跟著被焚毀。目前艋舺龍山寺所供奉的，是潘德仿刻像。而黃土水雕像前所塑製的石膏模，則仍由魏清德的哲嗣魏火曜所保有。我們能據以討論的，就是仰賴此一僅存的石膏塑像罷了。

雖然如此，黃土水的此一「釋迦出山像」，對臺灣佛教藝術史的研究來說，至關重要。為了進一步凸顯它的時代意義及「臺灣本土化風格」的相關背景，底下我們有必要針對這些問題，再加以進一步的說明。

六、黃土水創作「釋迦出山像」的「本土化風格」界定及其所代表的佛教史意義

　　在進行說明之前，我們必須了解，有關黃土水「釋迦出山像」的原始創作資料，目前剩下的，已非常少。可是，要如何「定位」？其實是評價中至關重要的部份，沒有相關的歷史背景，我們又如何能據以界定呢？

　　問題在於，所謂的「臺灣本土化風格」，究竟真正意涵是指什麼？從英文的 style 來看，它指的是：獨特的風格，格調；體材；時尚；樣式等。但是，這樣的定義，如果冠以「臺灣本土的」修飾語，則指的就是能表現臺灣本土的式樣，或特殊風格等。

　　不過，什麼是「臺灣本土的特殊風格」呢？在西方像 maniera（風格）、Stijl, de（風格派）、Stylistics（風格學），或 mannerism（風格主義）等，都有其相應的西方文藝史或美學史的特殊內涵，具有時代性和地域性，或個人間的差別的。

　　而今，我所說明的，卻是黃土水在 1926 年為臺北市艋舺地區一座非純粹佛教寺院「龍山寺」所刻的一尊木雕佛像「釋迦出山像」，如何來界定其為「臺灣本土風格」呢？

　　首先，假如我們將臺灣百年來的木雕佛像系譜加以排列的話，黃土水明顯是開創新風格的先驅者！

　　或者假如我們不討論「本土風格」的開創性問題，而僅就保留在臺灣本土的早期佛教藝術品，那麼，我們如今在鹿港龍山寺仍可以看到的佛像、菩薩像；淡水鄞山寺的燃燈古佛像；臺南開元寺的四大天王像等，都是相當精緻的作品，是先民留下的珍貴文化財之一。

　　並且，黃土水青少年時期，在臺北艋舺和大稻呈所觀摩、學會的佛雕

技法與造型，就是這種閩南風格的遺緒。

但是，我們重視的，仍是他結合寫實手法，以人性化的角度所刻出的「釋迦出山像」。

基本上，所謂臺灣佛藝的「本土化風格」，應非只是指「臺灣人」，在「臺灣島」上，以「臺灣題材」為創作的純粹性。因臺灣是一個移民之島，不管是土著或漢人，都帶來了外地的文化成份，所以講「純粹性」是不能成立的。確切的說，應是指具有本身文化上的自覺，亦即有「文化的主體性認知」，並本此「認知」，去吸收各種文化精華以創作出和臺灣社會心靈相應的作品。

而這樣的「文化自覺」，在黃土水創作「釋迦出山像」時，是否已具備了呢？

從之前的說明，我們已知道黃土水的創作過程，他為了創新及有儀軌根據，先是以南宋梁楷的「釋迦出山圖」為藍本，再結合現代男性模特兒的實際體型，經塑模、修正後，始轉刻為正式的木雕作品。

就作品的風格來說，是理想與現實的統一，兼又涵蓋了祖國佛教文化的傳統，以及日本美術學院傳授的現代寫實技巧，例如南宋梁楷的水墨畫，是大陸文化的產物，又深受日本社會喜愛，如今改以男性模特兒的轉雕式樣，於是變成了具有傳統成份，卻又完全創新的佛教藝術品。

作為雕刻家的黃土水，可說是以「臺灣人的立場」，「意識到自己位於中國、日本之間的地理與歷史人文的意義，進而保持發展自己的本色」。於是本為自己家鄉的龍山寺，雕刻了這樣的作品。

事實上，此一雕像對黃土水來說，具有雙重的現實意義。即一方面，它可以作為慶賀艋舺龍山寺的改建落成紀念品，另一方面則可作為黃土水和朝倉文夫決裂後，在風格上獨立的指針。

但為何這樣的佛像雕刻可作為龍山寺的落成紀念？以及滿足黃土水本

身的需求呢？難道雕坐姿的「釋迦像」不可以嗎？為什麼一定要「出山像」呢？這是必須透過佛教經典的解說，才能明白的。

翻開《大正藏‧本緣部》的經典，我們可以找到像《普曜經》卷五、《方廣大莊嚴經》卷七）等，這些經典都有〈苦行品〉，描寫悉達多太子在雪山六年的苦行經過。但〈苦行品〉中這些生動經歷的情節，並不是為了表彰受苦的偉大，反而是為了顯示苦行的局限性。

因為悉達多太子在雪山六年的苦行，雖有一些宗教經驗上的心得，卻遭到了修行上難以突破的瓶頸，使他明白了：「苦行」不但是違反人性的，並且也無助於最高解脫道的獲得。於是，他斷然捨棄苦行，拖著枯瘦衰弱的身子，自森林中走出，接受了一位牧牛女供養的乳糜，使體力漸告恢復；然後他決定前往泥連禪河畔，希望在菩提樹下悟得無上解脫道。

由此可知，梁楷的「釋迦出山圖」，是成道之前最關鍵的階段，它代表了悉達多太子在苦行後的反省與抉擇，也是決定邁向無上解脫道的重要時刻。

它具有走向新生，走上正道，以及充滿希望等諸種象徵意義，因此可以引伸為新階段的開始和人生的邁向獨立自由。而這樣的雙重意義，用來慶賀艋舺龍山寺的改建落成，以及黃土水脫離業師朝創文夫的影響，開始返歸本土風格創作，應是相當貼切的。

另一方面，從當時龍山寺的「體質」改變，以及整個臺灣佛教界的新變化，也可以看出黃土水作品的象徵意義。由於學界較少注意這類問題，故在此稍作解說。

首先，就龍山寺的體質改變來看。根據《艋舺龍山寺全志》的記載，我們可以發現：從 1920 年起，進行全寺大改建，迄 1924 年完成。此次的改建，主要的變革，是將建築面積擴大，和將傳統寺廟形式，改為「宮殿式」的建築。

　　由於龍山寺是當時北臺灣最重要的寺廟之一，所以不愁經費的缺乏；而且設計師王益順是聘自泉州的著名廟宇建築家，將此改建工程做得極其雅致。在王氏領導的改建指導小組中，負責設計和監督「雕刻木工」的是楊秀興，楊氏及其它熟練的技工，也都是來自泉州惠安，是典型的傳統藝匠。

　　因此，迄 1924 年改建完成時，寺中的「塑像」，皆照寺中原有者加以修飾罷了。增刻的二尊菩薩，一為文殊，一為普賢，在造型上也和傳統一樣，無大創新之處。若非因逢「東京大震災」，全寺在 1924 年春天就改建完成了，不可能將落成典禮延至 1927 年 12 月才正式舉行。

　　黃土水的作品，就是在落成到舉行典禮之間，被委託和創作出來的，具有特殊性的意義。因為黃土水的作品，還和龍山寺的新發展有關。

　　雖然艋舺龍山寺，就日治時期標準來看，只是「舊慣」的「寺廟」，並非官方核准的純粹佛寺。當時只有像基隆月眉山靈泉寺、觀音山凌雲寺、大湖法雲寺，這類新建的佛寺，才是經官方核准的純粹佛教道場。

　　而從龍山寺祭祀的神祇來看，包括：觀音菩薩（主祀）、釋迦如來、文殊菩薩、普賢菩薩、土地藏菩薩、韋陀尊天、天上聖母、土地公、太陽公、太陰娘、水山王、城隍爺、註生娘娘、池頭夫人、文昌帝君、大魁夫子、紫陽夫子、關聖帝君、關平將軍、三官大帝等，可以說釋、道、儒三教的仙佛神祇都大致具備了。所以稱之為「寺廟」，才較符合事實。

　　不過，艋舺龍山寺當時已聘請覺力禪師擔任住持（1922），是應辜顯榮、吳昌才等人之聘的。覺力禪師，是來自福建鼓山湧泉寺的後起之秀。他到臺灣來，原是應苗栗地方人士吳定連、劉緝光等人的聘請，於 1913 年在苗栗大湖地區開創法雲寺。以後又在臺中、新竹等地協助門下擴建道場並興辦僧伽教育，是相當活躍的一位弘法師。

　　1922 年到龍山寺後，一方面協助改建事宜，一方面努力弘揚佛法，他當時已被任命為曹洞宗的合格布教師。像臺北市的名企業家林挺生的母

親，就是被他的熱誠感召，才開始信佛的。1925 年，在日本召開的「東亞佛教大會」，覺力禪師就是代表臺灣佛教界出席的人員之一。可以說，龍山寺在當時，透過覺力禪師的努力，已大大發揮了佛教的弘法功能。

因此，從這個角度來看，黃土水的作品，更符合龍山寺這一新發展的狀況，具有極大的象徵意義。

或許，有人會問：「覺力禪師同樣來自大陸，和王益順、楊秀興等人的情況，還不是一樣？有何臺灣的主體性？」其實是有差異的。

就大正、昭和時期的臺灣佛教來看，誠然和大陸的閩南系佛教之間，還保持著密切關係，幾個佛教領袖家善慧法師（1881-1945）、本圓法師（1883-1946），一代表曹洞宗、一代表臨濟宗，雖都受戒於鼓山湧泉寺，可是和日本佛教系統的合作，尤其密切；覺力禪師也同樣有所調整，而具有了中、日、臺三角佛教的綜合特質。所以，不能看作純粹閩南佛教傳統的移植。

在這一點上，黃土水的作品，可以稱為此種特質的「代言人」。

雖然黃土水本人，不一定能察覺這一點。但從作品本身的創作過程和風格表現，他毫無疑問的已具備了這樣的條件！

因此，我們前面主張：黃土水是「以臺灣人的立場」，「意識到自己位於中國、日本之間的地理與歷史人文的意義，進而保持自己的本色」，應非無意義的隨口之談。

當然，在大正和昭和時，臺灣知識份子的各項運動，往往具有政治或社會方面的訴求。黃土水的「釋迦出山像」，在表面上，是看不出這種意圖的。

然而，就此一作品的佛教意義來看，迎向新時代的道路，正是他的心聲流露，也才是「本土化的風格」的最佳典範。

▪ 第二輯 ▪

追蹤傳統佛教醫病學及其社會生活實踐風尚

第七章　戒律與養生之間
——唐宋寺院中的丸藥、乳藥和藥酒

劉淑芬

中央研究院史語所兼任研究員

　　唐宋時期社會上普遍流行著養生的湯藥和藥物，這種養生文化也影響及當時寺院的生活。禪宗的清規將養生的湯藥融入寺院生活的儀規裡，同時在宗教儀式裡，湯藥也成為禮拜的供養品。在日常生活中，僧人也喫各種丸藥、乳藥、石藥和藥酒。

　　由於佛教律典中對於僧人服藥有很細密的規定，因此本文探討僧人對於戒律和服食養生藥物的取捨與平衡。其中最值得注意的是藥酒。酒是佛教最基本的戒律「五戒」之一，即使俗家信徒受了五戒，都不應飲酒。本文透過唐宋時期佛教信仰的變化——包括從「聖僧」信仰發展出以酒供養僧人的習俗，以及部份漢譯密教儀軌中的以酒獻祭，說明對當時某些人而言，僧人飲酒和藥酒有其合理性。又，源自道家的各種養生藥品，一直流行在佛寺之中，從此也可看出道家養生思想及其實踐對佛教教團實有不淺的影響。

　　關鍵詞：唐宋佛教　寺院　戒律　養生　藥酒

Between Self-cultivation and the Monastic Code:
Tea and Medicinal Soup in Tang and Song Monastic Life

Shu-fen Liu

Institute of History and Philology, Academia Sinica

This paper shows that the practice of drinking tea and medicinal soups during the Tang and Song dynasties had a significant influence on monastic life. One example may be found in Chan 禪 (Zen) "pure regulations" (*qinggui* 清規), which incorporated drinking tea and medicinal soups into the ritual and daily life of monastic communities. Tea and medicinal soups were also used as offerings during rituals, and could be consumed as part of the ritual process. Monks even consumed tea and medicinal soups as part of the practice of self-cultivation aimed at the "preservation of life" (*yangsheng* 養生).

In addition, this paper explores how Tang-Song monks tried to achieve a balance between adhering to monastic codes (*jielü* 戒律)and drinking tea or soup as a form of self-cultivation. The most important practice pertaining to this problem involves monks drinking alcohol, including medicinal alcohol. In theory, the codes did not allow such behavior, but in fact it became an integral part of practices such as the cult of the "Sage Monk"(Shengseng 聖僧), presenting wine as an offering to monks, and making sacrifices of wine during rituals. In short, many Tang-Song monks considered the drinking of alcohol to be a legitimate religious activity.

The Buddhist practices described above appear to have been at least partly influenced by Taoism, a fact that reflects the profound interaction between these two religious traditions.

Keywords: tea, medicinal soups, monastic code, self-cultivation, rituals

一、前言

　　佛教的醫療向來是學界感興趣的主題之一，前此有關的研究主要集中在以下兩方面：一是純粹就佛教的醫療理論和醫方討論，[1] 一是就佛教僧人的醫療行為而言，[2] 但很少就僧人對自己身體的調理和照顧而論。從禪宗的清規，到日本入唐僧人的著作中，可以得知唐、宋時期寺院僧人和當時俗人一樣，經常飲用隨著季節變換、調理身體的湯藥，並且將它融入寺院生活和宗教儀式之中。關於唐宋世俗社會、佛教寺院中流行飲用的養生湯藥，筆者另有專文討論。[3] 除了湯藥之外，寺院僧人也不時服用丸藥、乳藥和藥酒，這是當時社會養生文化的一部份，本文主要探討的是僧人服用養生藥品的情狀。

　　寺院中所喫的各種養生藥品：丸藥、石藥、藥酒，都不是在生病的情況下服用，因此，首先會使人想到以下幾個問題：一，佛教律典中對於僧人服藥有很細密的規定，那麼它對在無病的情況下服食這些藥品，有沒有任何規定？二，酒是佛教最基本的戒律「五戒」之一，即使俗家信徒受了五戒，都不應飲酒，至於僧人喫藥酒——特別是喝養生的藥酒是否違反戒律呢？本文首先敘述佛教律典對藥的界定和規範。律典對於食物和藥物有很詳細的規範，酒是五戒之一，理當在禁斷之列；不過，戒律允許以酒和

1　池口惠觀，《佛教と醫療》（大阪：東方出版，1992）；二本柳賢司，《佛教醫學概要》（京都：法藏館，1994）。

2　曹仕邦，《中國沙門外學的研究：漢末至五代》（臺北：東初出版社，1994）；陳明，〈沙門黃散：唐代佛教醫事與社會生活〉，收入榮新江編，《唐代宗教信仰與社會》（上海：上海辭書出版社，2003），頁 252-295。

3　拙文，〈「客至則設茶，欲去則設湯」——唐、宋時期世俗社會生活中的茶與湯藥〉，《燕京學報》新 16（2004）：117-155；〈唐、宋寺院中的茶和湯藥〉，《燕京學報》新 19（排印中）。

藥治病，但也有一定的限制。第三、四節分別敘述僧人服用丸藥、金石乳藥和藥酒的情況。第五節從唐、宋世俗社會中養生風氣的背景，探討當時寺院僧人服用的養生藥品。另外，從諸《高僧傳》，乃至於北宋來華訪學的日本僧人成尋（1011-1081）所撰的《參天臺五臺山記》[4] 一書中，顯見有一部份僧人不但喫藥酒，也飲一般性的酒。本文透過唐、宋時期佛教信仰的變化——包括從「聖僧」信仰發展出以酒供養僧人的習俗，以及部份密教儀軌中的以酒獻祭，說明對當時人而言，僧人的飲酒和藥酒有其合理性；不過，就戒律的角度而言，這仍然是不合法的。

二、佛教戒律中的藥與酒

　　為了理解唐宋時期部份僧人所喫的養生藥品和藥酒，是否合乎佛教律典的規範，必得先了解戒律中對藥和酒的規定。就律典中藥食的規定，養生湯藥的材料都是植物，基本上不違反規定；至於金石乳藥，在戒律中，鍾（鐘）乳列為藥材，在食用上有一定的限制，這可能是文獻上多以鍾乳為亡僧的供祭品，而未見僧人服用實例的原因。酒本在禁斷之列，就連藥草做成的酒也不許飲用；但如做為治病之用，則可以使用。在此要特別說明的是：關於僧人飲酒或藥酒的情形，無論就不同宗派的寺院或是個別僧人，都有很大的差異，如禪宗寺院嚴格禁酒，又如有些僧人即使生病了也拒絕服用含酒的藥物，或者以酒治病。

---

[4]　平林文雄，《參天臺五臺山記：校本並に研究》（東京：風間書房，1978）。

（一）戒律中對「藥」的規定

　　佛教戒律中對「藥」的規範有兩個層次，廣義的藥是指所有的食物，狹義的藥則是生病時所服用或使用的藥物。此外，佛教中對「病」的界定，除了形體上的病痛之外，飢餓也是一種病；在形而上的層次裡，世人的迷而不覺更是大病。在治療形體上的疾病時，律典對於可以吃什麼藥？在什麼時候吃？以及服用的方法等，都有很細緻的規定。在治療飢病時，係以植物性的食物為主。

　　在佛教的律典中，飢餓也是一種病，為了治療飢病，便須用食物，因此，食物也稱之為「藥食」。宋代僧人道誠所撰的《釋氏要覽》（大・2127）上篇「正食」條，集諸律將這一點詮釋得很清楚，他引《南山鈔》（即道宣，《四分律刪繁補闕行事鈔》，大・1804）云：「時藥，謂報命支持，勿過於藥，但飢渴名主病，亦名故病。每日常有故，以食為藥醫之。」又引《阿毘達磨順正理論》（大・1562）云：「身依食住，命托食存，食已能令身心適悅安泰故。」[5] 律典中「受藥法」的註釋云：「患累之，軀有所資待，無病憑食，有疾須藥。」[6] 律典中規定僧人在早粥、午齋之時，要有五種觀想：一計功多少量藥來處；二自知行德全缺應供；三防心離過貪等為宗；四正事良藥為療形苦；五為成道業故。[7] 其中第四、五項也明言食物是一種治療形體飢苦的良藥，以及喫此食物為的是延續生命，以資修行成就道業。唐代來華的日本僧人圓仁（794-864）所撰的《入唐求法巡禮行記》一書中，敘述他在五臺山竹林寺所見到的齋僧禮佛

---

[5]　《釋氏要覽》（收入《大正新修大藏經》〔臺北：新文豐出版公司影印，1983〕，第五十四冊），頁 274 上。

[6]　《彌沙塞羯磨本》（大・1424，收入《大正新修大藏經》第二十二冊），卷一，頁 221 上。

[7]　《曇無德部四分律刪補隨機羯磨》（大・1808，收入《大正新修大藏經》第四十冊），卷下，〈衣藥受淨篇第四〉，頁 502 中。

會上，係以「花燈、名香、茶、藥食供養賢聖」，[8] 以及在藍田縣的佛牙供養會上「諸寺赴集，各設珍供，百種藥食，珍妙菓花，眾香嚴備，供養佛牙」。[9] 這些供佛、齋僧的食物，就稱為「藥食」。

　　律典中將藥食分為四種：時藥、夜分藥、七日藥和終身藥（盡形壽藥）。「時藥」主要作為早齋和午齋的食物，分為三大類，計十五種食物──五正食（麨、飯、麥豆飯、肉、餅）、[10] 五助食（根、莖、枝、葉、菓）和五似食（糜粟、麵、麥、弟子、加師），[11] 幾乎包含所有蔬食的食物。至於「夜分藥」指的是果汁，[12] 由於僧人過午不食，夜分藥係指晚間療飢的果汁，若吃果子，就算是「時藥」。「七日藥」指「酥、油、蜜、生酥、石蜜」五種，[13] 它不但可以治病，同時也是美味的食品，俗家信徒

8　小野勝年，《入唐求法巡禮行記の研究》（京都：法藏館，1988），卷二，頁 441，開成五年（840）五月五日。

9　《入唐求法巡禮行記の研究》卷三，頁 351，會昌元年（841）二月八日。

10　《根本薩婆多部律攝》（大·1458，收入《大正新修大藏經》第二十四冊），卷八，〈服過七日藥·學處第三十〉，頁 569 下：「言時藥者。謂五正食：一麨，二飯，三麥豆飯，四肉，五餅。」在大乘佛教出現之前的原始佛教和部派佛教並不禁食肉，故早先形成的律典中，「五正食」中就包括肉。

11　《十誦律》（大·1435，收入《大正新修大藏經》第二十三冊），卷四二，〈十七僧殘中不共戒有十之初〉，頁 307 上。

12　《律戒本疏》（大·2788，收入《大正新修大藏經》第八十五冊）：「夜分藥，謂八種菓醬：一名周利，二名牟利，三名拘利，四名舍利，五名舍都，六名頗樓，七名利，八名蒲桃；除菝餘一切菓悉得作醬。八種菓醬未濟漉澄清，名『時藥』；已漉澄清，名一『夜分藥』。」由此可知，雖然律典中指稱八種果醬為「夜分藥」，但是除菝餘之外，其他一切果子都可以作果醬。《律戒本疏》雖然列在「疑偽部」，但是由於律典的部帙浩繁，僧人未能全讀，這種經過僧人重新整理的戒律疏本，正是流行在佛教教團中的戒律與規範。關於疑偽經典的價值，參見牧田諦亮，《疑經研究》（京都：京都大學人文科學研究所，1976），頁 104。

13　《四分律》（大·1428，收入《大正新修大藏經》第二十二冊），卷四二，〈藥揵度之一〉，頁 869 中-下。

有時用它來請法供養僧人；[14] 為了防止僧人多所屯積，以及貪嗜此藥，所以服用此四藥超過七日是犯戒的。[15] 另外，律典中有「四月藥」，指的是「酥、油、蜜美味上藥」，[16] 它原來是「七日藥」，即不可食用超過七日的食品。[17] 不過，俗家信徒在四月時得以這些美味的食品供養僧人，[18] 但過了四月就不可再吃，否則即是犯戒。正是因為酥、蜜等物是美味食品，在戒律中有所限制，因此梁武帝〈斷酒肉文〉中也禁斷自己和僧人食用酒肉，以及乳、蜜、酥、酪。[19]

　　至於針對生病所服的藥，律典中也有很詳細的規定，包括：何種藥材可以服用？該在什麼時候服用？服用的期限和方法等，逾越此規範就是犯

---

[14]　《彌沙塞部和醯五分律》（以下簡稱《五分律》，大‧1421，收入《大正新修大藏經》第二十二冊），卷一八，〈第三分之四布薩法〉，頁 123 中：「時諸居士，布薩日持時食、時飲、七日藥、終身藥至僧坊供養，欲聽法受八分戒。」

[15]　《四分律》卷二三（二分之二明尼戒法），三十捨墮法，頁 728 中：「若諸病比丘尼畜藥酥油、生酥、蜜、石蜜得食殘宿，乃至七日得服。若過七日服，尼薩者波逸提。」「波逸提」意為「墮」，是指戒律中的輕垢罪之一，如犯此戒，可以捨財物，或懺悔以除罪，否則必墮入惡道，所以稱「墮」。

[16]　《律戒本疏》卷一，頁 636b：「（九十波夜提）七十四受四月自恣請乃至除獨自恣請釋摩界請佛及僧，夏四月施藥，隨所須服，一切自恣。六群比丘不病，限過更求，求酥油蜜美味上藥。」按：本律疏係收在「疑偽部」，但近年來學者如牧田諦亮認為「中國撰述的經典」（疑偽經典）反而更能反映中國佛教的面貌。

[17]　《四分律》卷一〇（初分之十），三十捨墮法之五，頁 327 下：「自今已去，與諸比丘結戒，集十句義，乃至正法久住，欲說戒者當如是說：若比丘有病殘，藥酥、油、生酥、蜜、石蜜齊，七日得服。若過七日服者，尼薩者波逸提。」

[18]　《毘尼母經》（大‧1463，收入《大正新修大藏經》第二十四冊），卷八，頁 844 中：「夏四月中，用雨浴衣。若檀越施僧四月藥令服者，僧即應受用，不得過四月。」

[19]　《廣弘明集》（大‧2103，收入《大正新修大藏經》第五十二冊），卷二六，〈慈濟篇‧斷酒肉文〉，頁 297 下：「弟子蕭衍今日當先發誓，以明本心：從今已去，至于道場，若飲酒放逸，起諸婬慾，欺誑妄語，噉食眾生，乃至飲於乳蜜，及以酥酪。願一切鬼神，先當苦治蕭衍身，然後將付地獄閻羅王，與種種苦。乃至眾生皆成佛盡。」

戒。金石類藥物的石英、鍾乳，都是列為治病之用的。[20]《高僧傳》中記載，劉宋時僧人道冏師事僧懿，僧懿生病時，曾命他到河南霍山去採鍾乳。[21]

　　律典中對於不可食用的五辛如蒜等物，在做為藥用的情況下，是可以使用的。[22] 此外，對僧人吃東西的時間也有規定。因此，對於養生藥品的態度端看各個時代或個別僧人的取捨，以廣義的藥（即食物）而論，養生的藥當是可以服用的，但是如果就狹義的藥而言，則連服用律典所允許的酥油、糖、蜜等藥都不可超過七日。

（二）戒律中的酒與藥酒

　　酒是佛教最基本的五戒之一，戒律中是完全禁酒的，對於酒的禁戒，在經典中隨處可見；即使在家信徒受了五戒，都不應飲酒，至於僧人則是絕對不可飲酒。佛教禁飲酒的原因是酒能亂性，使人犯過生罪，但即使喝酒而不亂性生罪者，仍然不可以飲酒，這是因為戒律的精神在於防過生善。北周武帝毀廢佛法，建德六年（677）十一月，他到了北齊舊都鄴城，一位還俗僧人任道林上書請恢復佛教，周武帝召見他，和他討論佛教的教義，其中就論及了佛教對於酒戒的態度：

---

[20] 《四分律刪繁補闕行事鈔》（大·1804，收入《大正新修大藏經》第四十冊），卷下，〈四藥受淨篇第十八〉，頁 117 下：「……隨以藥首一名標目，餘者藥分稱之。如石英、鍾乳、黃耆、白木、丸散湯膏煎等，並例知用之。」

[21] 《高僧傳》（大·2059，收入《大正新修大藏經》第五十冊），第十二，〈亡身誦經·誦經第七·釋道冏傳〉，頁 407 上；梁·釋慧皎撰，湯用彤校注，湯一介整理，《高僧傳》（北京：中華書局，1992），卷一二，〈誦經·宋京師南澗寺釋道冏傳〉，頁 462。

[22] 《四分律》卷二五，〈一百七十八單提法之二〉，頁 736 下：「若比丘尼噉蒜者波逸提。……不犯者。或有如是病。以餅裹蒜食。若餘藥所不治。唯須服蒜差聽服。若塗瘡不犯。」

　　　詔曰：「罪有遮性，酒體生罪，今有耐酒之人，能飲不醉，又不弊
　　　神，亦不生罪，此人飲酒，應不得罪，斯則能飲無過，不能招咎，
　　　何關斷酒，以成戒善，可謂能飲耐酒，常名持戒，少飲即醉，是大
　　　罪人。」奏曰：「制過防非，本為生善，戒是正善。身口無違，緣
　　　中止息，遮性兩斷，乃名戒善。今耐酒之人，既不亂神，未破餘
　　　戒，實理非罪，正以飲生罪。酒外違遮，教緣中生犯，仍名有罪。
　　　以乖不飲酒，猶非持戒。[23]」

如上所述，飲酒無論如何是犯戒的，唯一的例外是在生病時，用其他的藥
都無法治癒，才可以用到酒，《四分律》卷一六：「不犯者，若有如是如
是病，餘藥治不差，以酒為藥；若以酒塗瘡，一切無犯。」[24] 不過，酒做
為藥用也是很審慎的，從最輕微的用法和用量著手，如《彌沙塞部和醯五
分律》（又稱《五分律》）卷八記載的一則故事中即可顯示：因佛制戒禁
飲酒，一位名叫沙竭陀的弟子素有飲酒癖好，驟然斷酒導致氣絕欲死，佛
陀指示先給他嗅酒器，以酒味來治療，未能奏效；再讓他食用滲有酒的餅
食或羹、粥，也沒能成功；最後，佛陀允許給他酒，沙竭陀才好起來。他
康復之後，佛陀便命他漸次斷酒。[25]

　　戒律允許以酒作藥，或者以酒入藥，用以治療病患；不過，養生的藥
酒畢竟不是在生病時飲用的，是否犯戒呢？在佛經和戒律中，都明言從沙
彌、沙彌尼到沙門皆不許飲藥酒，《佛開解梵志阿颰經》（大・20）明言
僧人不得飲藥酒：

23　《廣弘明集》卷一〇，〈辯惑篇第二之六・周高祖巡鄴除殄佛法有前僧任道林上表請開法
　　事〉，頁 155 下-156 上。

24　《四分律》卷一六，〈九十單提法之六〉，頁 672 中。

25　《五分律》卷八，頁 59 下。

沙門不得飲酒、嗜肉、思嘗氣味，不得服藥酒，及詣酒家。[26]

《沙彌十戒法并威儀》（大‧1471）卷一，也說沙彌不可飲藥酒：

沙彌之戒，盡形壽不得飲酒、無得嘗酒、無得嗅酒，亦無粥酒。無以酒飲人，無飲藥酒，無止酒舍。……寧飲洋銅，慎無犯酒，有犯斯戒，非沙彌也。[27]

《大愛道比丘尼經》（大‧1478）卷上，更說不得以有病做為藉口，而喝藥酒：

五者沙彌尼盡形壽不得飲酒，不得嘗酒，不得嗅酒，不得粥酒，以酒飲人，不得言有（疾）欺藥酒，不得至酒家。[28]

《大智度論》（大‧1509）也認為藥酒是不可以喝的，雖然其中提到酒「能破冷益身，令心歡喜」，對身體有益，但終究是益少害多，仍是不該：

不飲酒者，酒有三種：一者穀酒、二者果酒、三者藥草酒。……藥

---

[26] 《佛開解梵志阿䫂經》（收入《大正新修大藏經》第一冊），頁 259 下。

[27] 《沙彌十戒法并威儀》（收入《大正新修大藏經》第二十四冊），頁 926 下。

[28] 《大愛道比丘尼經》（收入《大正新修大藏經》第二十四冊），頁 947 中，按：「不得言有欺藥酒」，當作「不得言有疾欺飲藥酒」。據《梵網經菩薩戒本疏》（大‧1813，收入《大正新修大藏經》第四十冊），卷四，〈飲酒戒第二〉，頁 636 上，引本經云：「大愛道比丘尼經云：不得飲酒，不得嘗酒，不得嗅酒，不得嚼酒，不得以酒飲人，不得言有疾，欺飲藥酒，不得至酒家。」

草酒者，種種藥草，合和米麴、甘蔗汁中，能變成酒；……如是等
能令人心動放逸，是名酒，一切不應飲，是名不飲酒。問曰：酒能
破冷益身，令心歡喜，何以不飲？答曰：益身甚少，所損甚多，是
故不應飲。[29]

唐・法藏所撰《梵網經菩薩戒本疏》（大・1813），以及隋・智顗
（538-597）《法界次第初門》（大・1925）中，也節略前述《大智度
論》的話，認為不飲酒戒中也包括了藥酒。[30]

三、寺院中的丸藥、乳藥和石藥

從唐代中期以後，茶被視為一種養生飲料，和當時社會上流行的養生
湯藥逐漸在寺院生活中扮演重要的角色。關於養生湯藥，唐人常飲用的是
茯苓湯、赤箭湯、黃耆湯、雲母湯、人參湯、橘皮湯、甘豆湯；宋人所飲
用的湯藥則有豆蔻湯、木香湯、桂花湯、破氣湯、玉真湯、薄荷湯、紫蘇
湯、棗湯、二宜湯、厚朴湯等。[31] 禪宗清規中對於在什麼時間喫茶？什麼
時間喫湯藥？都有細緻的規定，寺院在特定的節日、寺職交接任命之時，
都會舉行「茶會」、「湯會」或「茶湯會」，並且衍化成寺院中的茶禮和

---

29 《大智度論》（收入《大正新修大藏經》第二十五冊），卷一三，〈釋初品中戒相義第二十
二之一〉，頁 158 上。

30 《法界次第初門》（收入《大正新修大藏經》第四十六冊），卷上之下，〈五戒初門第十
四・五不飲酒戒〉，頁 671 上；《梵網經菩薩戒本疏》卷三，〈初篇酤酒戒第五〉，頁 626
上。

31 拙文，〈「客至則設茶，欲去則設湯」〉。

湯禮。[32] 此外，有些僧人即使未生病，也會不時服用養生的丸藥、乳藥和石藥。

（一）丸藥

唐、宋寺院中僧人所服用的丸藥包括以下三種：一是在茶會、湯會或茶湯會中服用的「茶藥丸」；二是風藥丸，它是在冬天或洗浴之後，為保養調劑身體服食的；三是其他各種丸藥，如辰砂丸、靈寶丹等。值得注意的是，至少在北宋的禪寺中，茶藥丸是茶會、湯會儀式中的一環，由此可見寺院對於養生丸藥的重視。

1. 茶藥丸

唐、宋時人稱「茶藥」，絕大多數是指茶和養生的湯藥，多半的時候是以「點湯」或「點茶藥」明示；[33] 另外，還有一種稱為「茶藥丸」的丸藥，也簡稱作「茶藥」。成尋在《參天臺五臺山記》一書中記載，他在宋神宗熙寧五年（日本後三條天皇延久四年，1072）十月二十九日住在汴京（今開封市）太平興國寺傳法院時，當寺的廣智大師請他喫茶藥丸：

> 至曉向廣智大師房，有茶藥二丸。[34]

---

[32] 拙文，〈唐、宋寺院中的茶與湯藥〉；〈《禪苑清規》中所見的茶禮和湯禮〉（發表於「京都大學人文科學研究所開所七十五週年記念中國宗教文獻研究國際研討會」，2004 年 11 月 18-21 日。）

[33] 《參天臺五臺山記》卷一，頁 36，延久四年五月廿八日條：「廿八日丁未，兩下，辰時向州衙，謁知沙卿，先來向階下，次共登著寄子。通判郎中第二官人著赤衫，與使君對坐。次小僧坐奧，小僧以通事申云欲安下國清寺由，即奉國清寺牒并自牒，令覽杭州牒。有點湯。退出之，使君被送。從階下切告令歸了。次向司理秘書衙，有點茶藥。」

[34] 同前書，卷四，頁 140，延久四年十月廿九日條。

　　宋代禪寺的茶會、湯會中，喫茶藥丸是其中一個重要內容。茶會的程序是：一，先燒香；二，請喫茶，再勸茶；三，發給藥丸（稱為「行藥」），請喫藥；四，再請茶，再勸茶；五，茶罷，收茶具。這種程序在為各種不同目的而舉行的寺院茶會、湯會中都是相同的。[35] 宋代僧人宗賾的《禪苑清規》（成書於北宋徽宗崇寧二年〔1103〕）一書中，隨處可見僧人在茶、湯會中喫茶藥丸的規定，「茶藥丸」有時候簡稱作「藥」，如〈僧堂內煎點〉：

> 茶遍澆湯，卻來近前當面問訊，乃請先喫茶也。湯餅出，次巡堂，勸茶如第一翻，問訊、巡堂，但不燒香而已。喫茶罷，特為人收盞。……行藥罷，近前當面問訊，仍請喫藥也。[36]

又如〈知事頭首點茶〉：

> （燒香、問訊罷）澆茶三、兩椀，擎茶盞揖當面特為人只揖參頭，及上下位，然後喫茶。茶罷或收盞，只收主人盞，起身問訊，離位燒香，歸位問訊同前。次藥遍，請喫藥。次請先喫茶，茶罷，收盞訖，問訊起送客至門首。[37]

---

[35] 拙文，〈唐、宋寺院中的茶與湯藥〉；〈《禪苑清規》中所見的茶禮和湯禮〉。

[36] 鏡島元隆、佐藤達玄、小坂機融，《譯註禪苑清規》（東京：曹洞宗宗務廳，1992），卷五，頁 185。《禪苑清規》近有蘇軍的標點校對本（收入《中國禪宗典籍叢刊》〔鄭州：中州古籍出版社，2001〕），此二書各擅勝場，前者校對較精，且在文字上忠於原本；後者中文斷句較為精準，可惜將原文改為簡體字，難以呈現此書的原貌。因此，本文的引文以《譯註禪苑清規》為主。

[37] 《譯註禪苑清規》卷五，頁 190。

「行藥」係指將「藥」——「茶藥丸」發給所有與會者。當所有僧眾前面都有「茶藥丸」時，就叫做「藥遍」。另外，此書也規範僧人在茶會中喫茶藥丸的禮儀，〈赴茶湯〉一節中云：

> 右手請茶藥擎之，候行遍，相揖罷方吃。不得張口擲入，亦不得咬令作聲。[38]

僧人在茶會中喫茶藥丸時，要用右手拿著「茶藥」，等所有與會的人都發給藥丸後，才可以開始吃，吃的時候「不得張口擲入，亦不得咬令作聲」。顯見這種茶藥是一種藥丸。

在湯會中，也有喫茶藥丸這道程序，禪寺中的湯會比照茶會，兩者的禮節儀式幾乎完全一樣，如《禪苑清規》等清規中對於湯禮就不再特別敘述，僅在茶禮下附註小字補充。然而，從下列一段文字中的小註，即可知湯會中也有茶藥丸，〈眾中特為煎點〉：

> 安排坐位、香花、照牌了，當至時，門首迎客。……行茶澆湯約三、五椀，即問訊云「請先喫茶」。湯餅出，即於特為人處問訊，勸茶收盞罷如不收盞，即云「茶篦，恕不換盞」；如點湯不換盞，即云「湯篦，恕不換盞」，再燒香問訊特為人。次行藥遍，即問訊云「請喫藥」。次行茶澆湯，請先喫茶，并勸茶同前。茶罷陳謝云……[39]

在茶、湯會中喫茶藥丸的規定，也見於同書的〈堂頭煎點〉、〈入寮臘次

---

[38]　《譯註禪苑清規》卷一，〈赴茶湯〉，頁61。

[39]　同前書，卷五，頁194。

煎點〉、〈法眷及入室弟子特為堂頭煎點〉等茶、湯會的記載，此處就不
一一舉出。[40]

「茶藥丸」是各種茶會中必備之物，〈堂頭煎點〉條中列舉在茶會之
前必須先準備的物品中有湯餅、盞橐、茶盤、香花、坐位、茶藥、照牌、
煞茶：

> 齋前提舉行者準備湯餅換水燒湯、盞橐、茶盤打光洗潔、香花、坐位、
> 茶藥、照牌、煞茶，諸事已辦，子細請客。……齋罷，侍者先上方
> 丈，照管香爐位次。如湯餅袞、盞橐辦，行者齊布茶訖，香臺只安香
> 爐、香合，藥楪、茶盞各安一處……次藥遍，請喫藥。[41]

此處的茶藥當是指茶藥丸，因為後文的小註中說明有「藥楪、茶盞各安一
處」，此處的「藥楪」當指置藥丸的容器。如果不是泛請全寺僧人喫茶，
而是臨時起意的情況下，住持的侍者也要令行者「安排坐位、香火、茶藥
訖」，然後再請客人就坐。[42] 另外，在〈法眷及入室弟子特為堂頭煎點〉
中，早齋之後要到方丈處為住持點茶前，須先到方丈室「照管香火、茶
藥、盞橐、湯餅，慮或失事」。[43] 為了充分供應寺院裡茶會、湯會的需
要，負責寺院財產及採買寺院所需食品和用品的「庫頭」，也必須留意
「藥」的購買，他的職務之一是：「如山野寺院，城市稍遠，眾僧所用，
及藥、蜜、茶、紙之類，亦宜準備。」[44] 此「藥」所指除了治病和做湯藥

的藥材之外，還有茶藥丸的材料。下文將會提到四明天壽院的風藥丸聞名
於當世，可知有一些寺院是由僧人自行製作藥丸的。

　　到底「茶藥丸」指的是什麼樣的藥丸？在以上的資料中都未說明。它
很可能和湯藥一樣，是根據季節變換而有不同的內容。由於它是和茶一起
服用的，故稱做「茶藥丸」。宋・鄭谷〈宗人惠四藥〉詩云：「宗人忽惠
西山藥，四味清新香助茶。爽得心神便騎鶴，何須燒得白朱砂。」[45] 可以
幫助我們了解它服用的情形。此外，《千金翼方》中的一段話，也可為
「茶藥丸」提供一些線索：

> 人非金石，犯寒熱霧露，既不調理，必生疾癘。常服藥、辟外氣、
> 和藏府也。平居服五補七宣丸、鍾乳丸，量其性冷熱虛實，自求好
> 方常服。其紅雪三黃丸、青木香丸、理中丸、神明膏、陳元膏，春
> 初水解，散天行茵蔯丸散，皆宜先貯之，以防疾發。忽有卒急，不
> 備難求。臘日合一劑烏膏楸葉膏，以防癰瘡等。[46]

寺院所服用的茶藥丸可能接近文中提及的七宣丸、鍾乳丸、紅雪三黃丸、
青木香丸、理中丸之類的藥丸。

2. 風藥丸

　　在寺院生活中，僧人通常在冬季和洗浴之後，會服用風藥丸。[47]《禪

---

[45]　北京大學古文獻研究所編，傅璇琮等主編，《全宋詩》（北京：北京大學出版社，1991），
　　　第 20 冊，卷六七七，頁 7762。

[46]　唐・孫思邈，《千金翼方》（臺北：中國醫藥研究所，1990），卷一四，〈退居・服藥第
　　　三〉，頁 161-162。

[47]　「風藥」主要指可以除風疾的藥，另外，凡是可以製作除風的植物藥草，也可稱為風藥，如
　　　石南、蘭葉。

苑清規》卷四〈浴主〉敘述浴主的職責，就包括在開浴之前要準備眾僧在
浴室中所需的用具，以及浴後所喝的茶和風藥：

> 至日，齋前掛開浴、或淋汗、或淨髮牌，鋪設諸聖浴位，及淨巾、
> 香花、燈燭等，並諸僧風藥、茶器。[48]

成尋在熙寧六年（延久五年，1073）一月二十日早齋之後，到汴京的大相
國寺浴堂沐浴，浴罷之後，照大師送他「酒一瓶、菓子、風藥三丸」：

> 廿日甲子，天晴，齋後小師等行向相國寺浴堂，賴緣供奉一人留，
> 以通事送薪沐浴。成尋一人既畢，照大師送酒一瓶、菓子、風藥三
> 丸。[49]

「照大師」指的是太平興國寺的慈照大師。（見下文）此外，僧人也在冬
月裡服用風藥，如熙寧五年十二月二十六日，成尋在巡禮五臺山之後，回
到了汴京的太平興國寺傳法院，當時有兩名來自五天竺西北的大天國僧人
也寄居在同一院，請成尋去他們的房間裡喫茶，並且一同喫陽藥：「午
時，從大天國僧房有請，即行向喫茶并陽藥。」[50] 風藥就是陽藥的一種。[51]
　　風藥之中，有一種叫做「黑神丸」。熙寧六年三月五日，因久旱不

48　《譯註禪苑清規》卷四，〈浴主〉，頁139。

49　《參天臺五臺山記》卷六，頁198，延久五年一月廿日條。

50　同前書，卷五，頁178，延久四年十二月廿七日條。

51　宋・崔敦禮，《宮教集》（收入《景印文淵閣四庫全書》〔臺北：臺灣商務印書館，
　　1983〕，第 1151 冊），卷七：「譬之醫者之治病也，病寒邪以陽藥治之，病熱邪以陰藥治
　　之。」

雨，成尋和其他著名僧人被請入皇宮後苑的瑤津亭祈雨七日。十日中午祈
雨法事結束後，眾僧人約好去諸大乘師住宿的房裡，「慈照大師、惠淨和
尚以『風藥丹』各一丸，與小僧點茶」。[52] 次日，華藏大師在瑤津亭僧人
休息處，請眾僧喫茶，慈照大師也拿出「黑神丸」，做為茶後的丸藥：

> 十日癸寅，天晴。……瑤津亭橋左右有兩亭，西名「澄柱之亭」，
> 東名「極曦之亭」，人休息處也。華藏大師為喫茶請，即具通通事
> 小師行向，華藏、慈照兩大師各點茶。慈照大師與「黑神丸」一
> 裹。……[53]

寺院的僧人不僅服用風藥黑神丸，當時有些佛寺製作的丸藥還很受世人歡
迎，如天壽院所製作的風藥黑神丸遠近馳名，《歸田錄》記載北宋真宗時
的宰相張齊賢食量驚人，一次就能吃下五、七兩的天壽院風藥黑神丸：

> 張僕射齊賢體質豐大，飲食過人，尤嗜肥豬肉，每食數斤。天壽院
> 風藥黑神丸，常人所服不過一彈丸，公常以五七兩為一大劑，夾以
> 胡餅而頓食之。[54]

按：名為「天壽院」的寺院不僅一處，此處可能指的是北宋都城汴京
的天壽院。[55] 寺院所製作的丸藥有可能是和信徒檀越結緣的，但從前述

---

[52]　《參天臺五臺山記》卷七，頁236，延久五年三月九日條。

[53]　同前書，卷七，頁237，延久五年三月十日條。

[54]　宋・歐陽修撰，李偉國點校，《歸田錄》（北京：中華書局，1981），卷一，頁12。

[55]　宋代汴梁、四明、鄞縣都有天壽院，但張齊賢在京城為官，比較可能是食用汴梁天壽院的黑
　　　神丸。宋・趙彥衛撰，傅根清點校，《雲麓漫鈔》（北京：中華書局，1996），卷四，頁
　　　58：「張忠文公叔夜稽仲，靖康間以南道總管知鄧州，……第六子仲熊，字慈甫，隨行祭

「天壽院風藥黑神丸，常人所服不過一彈丸，公常以五、七兩為一大劑」
看來，一則當時似乎有一些人是服用天壽院的黑神丸，二則如張齊賢一次
要喫五、七兩，應該就不是寺院所能大量贈與的，因此，它也有可能對俗
人發售。

另外，還有「辰砂丸」。熙寧六年二月十六日，成尋住在五臺山的傳
法院，當寺三藏法師送給他「辰砂丸」十五粒，並且囑咐他「一服七粒，
臨非，以生薑湯吞下」：

> 十六日庚辰，天晴。齋了，梵義大師送茶，三人喫了。辰砂丸十五
> 粒，三藏送給，嘲良藥也。一服七粒，臨非，以生薑湯吞下云云。
> 今夜以酒服七箇了。[56]

不過，成尋在未生病的情況下，當晚就將它和酒一起服用，可見它也是一
種保養的藥劑。「辰砂丸」有不同的處方，可治風疾、瘧疾等病，三藏法
師送給成尋的應屬一種風藥。風藥辰砂丸有治重症的，也有屬於保養型
的，如人參辰砂丸與和劑局方的辰砂丸。[57]

寺院中還服用一種叫做「靈寶丹」的風藥，醫書上記載它的功效是
「治筋骨風氣，漆精益髓，神氣清爽，好顏色紅悅，久服輕健補暖水

祀。丁巳年十一月十八日到東京相國寺慧林禪院，後於天壽院前幕士馮真家下。」

56　《參天臺五臺山記》卷六，頁 213，延久五年二月十六日條。

57　明・朱橚等編，《普濟方》（北京：人民衛生出版社，1982），卷一〇四，〈諸風門・風冷
附論〉，頁 376：「人參辰砂丸出十便良方：治去骨髓內風冷、壯筋力、安神爽思、寬快膈
脘、益胃進食。」〈諸風門・風痰附論〉，頁 386：「辰砂丸出和劑方：治諸風痰盛、頭痛
惡心、精神昏憤、目眩心忪、嘔吐痰涎、胸膈煩悶。」

藏」。[58]宋代的禪寺中，有僧人製作這種丸藥。[59]

　　值得注意的是：唐、宋時期，風藥是社會上流行的養生丸藥，寺院僧人服用風藥丸殆受世俗社會的影響。當時社會從上至下都有服用風藥的風習，在一些城市中也有風藥舖，如南宋都城就有專賣風藥的「風藥舖」，[60] 宋・樓鑰（1137-1213）《攻媿集》中也敘及當時宿州城內有「蔡五經家餅子風藥」的店舖。[61] 從五代開始，皇帝經常賜給大臣及在外鎮戍的將帥風藥，因此，後晉高祖時安從進謀反，襄州道都行營先鋒指揮使郭金海所戰皆捷，安從進便送他「金瓶金合酒與風藥」以誣陷他。[62] 宋・王安中的〈謝賜臘藥表〉：「臣某言：伏蒙聖恩，賜臣御筆金花牋詔書、臘晨風藥一銀合者。」[63] 如前述的靈寶丹，就是宋朝皇帝賜給大臣風藥中的一種。宋高宗曾賜龍圖閣直學士耿延禧「金帶一條、通犀帶一條、錦綺等一百匹、靈寶丹、蘇合香圓、透冰丹各一百貼」。[64] 宋朝官方太醫局所製的「靈寶丹」也為北方大金國人所熟知、喜愛，靖康二年（1127）正月三十日，金人擄宋欽宗至青城，向宋室要求各種珍寶，其中就包括「太醫局

---

[58] 朝鮮・金禮蒙等收輯，浙江中醫研究所、湖州中醫院校點，《醫方類聚》（北京：人民衛生出版社，1981-1982），第 9 冊，卷二〇三，〈養性門五・聖惠方二・丹藥序・紫粉靈寶丹〉，頁 477。

[59] 《明覺禪師語錄》（大・1996，收入《大正新修大藏經》第四十七冊），卷四，頁 694 下：「師一日問僧：『備作箇什麼來？』僧云：『合靈寶丹來。』師云：……」

[60] 宋・吳自牧撰，《夢粱錄》（收入《東京夢華錄（外四種）》〔上海：上海古典文學出版社，1956〕），卷一三，頁 240。

[61] 宋・樓鑰，《攻媿集》（收入《景印文淵閣四庫全書》第 1153 冊），卷一一一，頁 14。

[62] 《舊五代史》（北京：中華書局，1976），〈晉書〉，卷九四，〈郭金海傳〉，頁 1249 引《洛陽縉紳舊聞記》。

[63] 宋・王安中，《初寮集》（收入《景印文淵閣四庫全書》第 1127 冊），卷四，頁四五至四六。

[64] 宋・徐夢梓撰，《三朝北盟會編》（上海：上海古籍出版社，1987），卷六三，〈靖康中帙三十八〉，頁 474 上。

『靈寶丹』二萬八千七百貼」。[65] 此外，皇帝賜給大金國、高麗國使臣酒果、風藥，也成為慣例，[66] 由於金朝的官員喜好宋朝的風藥，因此它也成為趙宋致贈金朝官員的禮品之一。[67]

3. 其他丸藥

　　宋代僧人也服用其他的丸藥，如熙寧五年六月七日，成尋在杭州寄居寺院的寺主送他「安元治氣正元丹」，並且告訴他服用的方法。[68]「正元丹」也是風藥的一種。[69]

　　熙寧六年四月十二日夜，三藏法師送成尋一個裝了藥的小瓶子，成尋喫了此藥。[70] 由於在此前後文中，成尋都沒有提及自己身體不適，可知這也是一種養生的丸藥。熙寧六年二月十九日，三藏法師送給住在傳法院的成尋「散十六個」，同房的僧人一同分食。[71] 此「散」當是一種藥粉，至於其內容則不得而知。

65　《三朝北盟會編》卷七八，〈靖康中帙五十三〉，頁587。

66　《宋史》（北京：中華書局，1977），卷七二，〈禮志二十二・賓禮四・金國使副見辭儀〉，頁2812；宋・慕容彥逢，《摛文堂集》（收入《景印文淵閣四庫全書》第1123冊），卷九，〈賜高麗國進奉人使臘辰風藥口脂酒果口宣〉，頁6。

67　金・佚名編，金少英校補，李慶善整理，《大金弔伐錄校補》（北京：中華書局，2001），卷二，〈別幅〉：「本朝和議使鄧紹密回日，皇子郎君令館伴蕭實導意欲得白花蛇，除已附一合送皇子郎君外，恐國相元帥亦欲得之，以一合附送。酒五十瓶、果子四合、茶一合、風藥一合、白花蛇一合，右請撿留白。」

68　《參天臺五臺山記》卷二，頁45，延久四年六月七日條：「七日乙卯，天，巳時，陳一郎松花餅廿枚持來，從壽昌寺子章童行送者也。寺主送安元治氣正元舟（丹），無服廿丸，湯下無忌。」

69　《普濟方》卷二二六，〈諸虛門・補益諸虛〉，頁3534：「正元丹：開三焦，破積聚，消五穀，益子精。祛冷除風，能令陽氣入腦，補益極多，不可盡述。」

70　《參天臺五臺山記》卷八，頁269-270，延久五年四月十二日條：「入夜，三藏送小瓶子，服藥已了」。

71　同前書，卷六，頁214，延久五年二月十九日條。

（二）寺院中的乳石丹藥

　　唐宋時期，社會上服用石藥、燒煉丹藥之風很盛。石藥可以調配成五石散、三石散等散藥服食，或者燒煉成丹藥以吞服，據傳它的作用至少可以令人延年長壽。唐・王燾〈乳石論序〉稱「按古先服餌，賢明繼踵，合和調鍊，道術存焉。詳其羽化太清，則素憑仙骨，若以年留壽域，必資靈助，此蓋金丹乳石之用」。[72] 至宋・黃庭堅（1045-1105）〈乞鍾乳于曾公袞〉詩猶云：「寄語曾公子，金丹幾時熟。願持鍾乳粉，實此罄懸腹。遙憐蟹眼湯，已化鵝管玉。刀圭勿妄傳，此物非碌碌。」[73]

　　石藥之中，最重要的是鍾乳，稱之為「乳藥」。由於此藥甚為珍貴，因此成為俗家信徒對僧人的供養品之一，同時在高僧圓寂之後，也以此藥做為祭品。信徒對僧人財物的奉獻，常稱「充乳藥之費」。開皇十一年（591），篤信佛教的隋文帝為國師智琰在宣州（治所在今安徽宣城）稽亭山建妙顯寺，並賜法器什物：「賜錢五千貫、絹二千疋，充乳藥。」[74] 景龍元年（707）十一月，唐中宗派遣內侍至韶州曹溪禪宗六祖慧能禪師的住處，送他「絹五百疋，充乳藥供養」。[75] 大曆八年（773）春天，代

---

[72]　清・董誥等編，《全唐文》（北京：中華書局，1983），卷三九七，王燾〈乳石論序〉，頁4051下。

[73]　《全宋詩》卷九九八，頁11466。

[74]　《全隋文》（收入清・嚴可均校輯，《全上古三代秦漢三國六朝文》〔北京：中華書局，1958〕），卷二八，鄭辨志〈宣州稽亭山妙顯寺碑銘〉，頁4187上。

[75]　《歷代法寶記》（大・2075，收入《大正新修大藏經》第五十一冊），卷一，〈唐朝第六祖韶州漕溪能禪師〉，頁182中：「景龍元年十一月，又使內侍將軍薛簡至曹溪能禪師所，宣口勅云：『將上代信袈裟奉上訖禪師，將受持供養。今別將摩納袈裟一領，及絹五百疋充乳藥供養。』」按：長壽元年（692），武則天敕命天冠郎中張昌期前往韶州請慧能禪師到京師來，慧能託病不去；萬歲通天元年（696）武則天再命人徵請慧能，仍然不肯行。武則天於是向慧能要求請得上代達摩祖師信傳袈裟至宮裡的內道場供養。後來武則天將此袈裟賜給智詵禪師帶回四川供養。因此，中宗才有上面一番話，並且另賜給慧能摩納袈裟。

宗賜僧人不空「絹二百疋。充乳藥」。[76] 五代時期，吳越國王錢鏐賜給淨光法師「乳藥絹二十疋，茶二百角」。[77] 宋代俗人對僧人信施，也還稱「乳藥」若干。熙寧五年七月十六日，少卿以錢供養成尋，便稱「今送錢貳索文省，且宛乳藥之費，幸留撿」。[78]

　　由於乳藥成為檀施的代名詞，在禪宗的清規中，寺院住持的特支費稱為「堂頭乳藥」，禪宗的清規中也敘述了寺院職事「化主」外出化緣，所得錢物之中，有一份是住持的「乳藥」之費。化主外出化緣得來的財物，要分兩本紀錄，一是「施利狀」，一是「乳藥狀」。[79] 施利狀的內容包括募化的供僧物品、錢財若干，供養羅漢的財物、錢財若干，化到僧粥若干。至於「乳藥狀」的範本是：

　　參學比丘某甲某物若干，右謹獻堂頭和尚，聊充乳藥，伏乞慈悲容納，謹狀。某年某月某日參學比丘某狀。[80]

　　前面所提到的僧人乳藥之費，似乎鍾乳僅是一種代名詞，很難看出來僧人是否真的服食乳藥；不過，丹波康賴（912-995）所撰的《醫心方》中載有「鑒真服鍾乳隨年齒方」，僧人鑑真（688-763）係在唐玄宗天寶十二年（753）年底東渡日本，《皇國名醫傳》稱「鑒真又能醫療」，[81]

76　《大唐故大德贈司空大辨正廣智不空三藏行狀》（大‧2056，收入《大正新修大藏經》第五十冊），頁 292 中。

77　《四明尊者教行錄》（大‧1937，收入《大正新修大藏經》第四十六冊），卷七，〈螺谿振祖集‧吳越錢忠懿王賜淨光法師制（三道）〉，頁 924 下。

78　《參天臺五臺山記》卷二，頁 69，延久四年閏七月十六日條。

79　《譯註禪苑清規》卷五，〈化主〉，頁 171。

80　同前書，卷五，〈化主〉，頁 171。

81　淺田宗伯，《皇國名醫傳》（東京：名著出版，1982），卷上，頁 48。

在《醫心方》收錄了四種名為「鑒真方」的醫方，此係其中之一。唐、宋時期，日本接受中國文化的許多成分，公元七五六年，日本聖武天皇逝世後，光明皇后把宮廷所存藥品送到東大寺，今奈良東大寺「正倉院」收藏有當時捐獻的《種種藥帳》中所列的一些石藥，如雲母粉、鍾乳床、赤石脂等十一種石藥，（圖一、二）以及在藥帳中沒有記載的白石英、雄黃、丹等八種石藥。[82] 這些石藥和正倉院其他藥物，似可從唐宋寺院養生文化對日本宮廷與寺院的影響來理解，將以另文討論。

　　當寺院重要僧人圓寂之時，乳藥也是致祭的供品。如代宗大曆九年（774），密宗大師不空遷化，將葬之日，鄧國夫人張氏「謹以乳藥之奠奉祭于故國大德三藏不空和尚之靈」。[83] 不空的弟子慧勝也以乳藥致奠於亡師靈前。[84] 南唐李後主〈祭悟空禪師文〉：「保大九年歲次辛亥九月，皇帝以香茶、乳藥之奠，致祭於右街清涼寺悟空禪師。」[85] 禪宗的清規中，也提到寺院重要僧人亡故後的葬儀中，都有乳藥做為供品，《禪苑清規》卷七，〈尊宿遷化〉：

　　　其入龕、舉龕、下火、下龕、撒土、掛真，並有乳藥。喪主重有酬

---

[82]　柴田承二監修，宮內庁正倉院事務所編集，《圖說正倉院藥物》（東京：中央公論社，2000），〈《種種藥帳》記載の藥物石藥類〉、〈《種種藥帳》外の藥物石藥類〉，頁 157-168。

[83]　《代宗朝贈司空大辨正廣智三藏和上表制集》（大・2120，收入《大正新修大藏經》第五十二冊），卷四，〈臨葬日鄧國夫人張氏祭文一首〉，頁 847b。

[84]　《代宗朝贈司空大辨正廣智三藏和上表制集》卷四，〈弟子苾蒭慧勝祭文一首〉，頁 847下：「維大曆九年歲次甲寅七月戊戌朔五日壬寅。僧弟子慧勝。謹以乳藥之奠敢昭告于亡和尚之靈。」

[85]　宋・陸游，《入蜀記》（收入《景印文淵閣四庫全書》第 460 冊），卷一，頁十九，總頁885。

謝，院門稍似定疊，如上尊宿諸人，須當特為陳謝。[86]

由上可見，乳藥在寺院中確是存在的。從唐代僧人懷信《釋門自鏡錄》（大‧2083）所收錄一則隋代僧人的故事，亦可證明某些僧人是服用鍾乳的。開皇十六年（596），有一名叫道相的僧人來到山東靈巖寺，突然暴亡，在地獄中見到大勢至菩薩化身為靈巖寺主曇祥，帶他去看墮入地獄中的僧人，其中有一名靈巖寺僧人法迴落在「方梁壓地獄」，旁邊有一個牌子寫著他墮地獄的罪由是：「此人私用僧三十匹絹」，曇祥要他回去告訴還在陽世的法迴，趕快將他濫用寺院財物三十匹絹歸還，將來死後才得免墮地獄之苦。法迴起初還不肯承認，後來道相敘述他在地獄所見法迴盜用寺院財物具體事由：原來在開皇五年時，靈巖寺教法迴上京奏請皇帝賜給寺額，給了他絹百匹，做為打點之用，恰好朝廷有一位通事舍人是其寺的檀越，就上奏皇帝頒給寺額，不費一文錢，法迴覺得自己於寺院有功，就用了其中三十匹絹，買了一些物品，以「六匹市鍾乳及石斛」，十餘年之後，鍾乳、石斛都用盡，可知法迴確實服用了鍾乳。[87]

除了鍾乳之外，皇帝也賜給僧人其他的石藥，如隋文帝仁壽二年（602），就曾賜給天臺山僧人智越等人一些藥物，其中有光明砂。智越在謝啟中稱：「貓酥五瓶，充身去患；光明一斛，藥食兼濃。」[88] 貓酥殆

86　《譯註禪苑清規》卷七，頁 263。

87　《釋門自鏡錄》（收入《大正新修大藏經》第五十一冊），卷下，〈慳損僧物錄十‧隋冀州僧道相見靈巖寺諸僧受罪苦事（靈巖寺記）〉，頁 819 下，法迴自述他盜用百匹絹的用途：「十匹買金，五匹博絲布，六匹市鍾乳及石斛，六匹買沈香。三匹買鍮石簀鎖三十具，其二十五具賣，五具仍在匱中。其香並現在，鍾乳、石斛用訖，絲布現兩匹在匱，金一兩亦未用。」

88　《國清百錄》（大‧1934，收入《大正新修大藏經》第四十六冊），卷三，〈天臺眾謝啟第八十〉，頁 814 下。

酥的一種，《太平御覽》引《傳咸集》中〈楊濟與咸書〉曰：「酥治瘡上急」，[89] 故云「充身去患」。「光明一斛，藥食兼濃」，可知此光明砂是用來服食的。光明砂在醫藥上的用途很廣，《本草綱目》稱「石砂有十數品，最上者為光明砂」。[90] 它同時也是服餌重要的成分，如唐·呂頌在皇帝生日進貢光明砂的奏狀，就明說是它是「服餌所尚」，「有驗於仙方」：

> 前件光明砂丹等，管內所出，服餌所尚，生依仙谷，誠有驗于仙方。……[91]

僧人也有煉食丹藥者。宋代新舊黨爭時，被打為「元祐黨人」而被貶謫到福建臨汀的孫升撰有《孫公談圃》，其中敘述蘇軾曾告訴他有僧人送燒煉藥之事。後來為孫升整理此書的劉延世以為：蘇軾雖然被貶謫到海南島，但沒有水土不服，終無病恙，可能係拜此藥之賜：

> 子瞻在黃州，術士多從之游。有僧相見，數日不交一言，將去，懷中取藥兩貼，如蓮藥而黑色，曰：「此燒煉藥也，有緩急服之。」子瞻在京師為公言，至今收之。後謫海島無恙，疑得此藥之力。[92]

89　宋·李昉等編，孫雍長、李長庚、王珏校點，《太平御覽》（石家莊：河北教育出版社，1994），第 7 冊，卷八五八，〈飲食部十六·酪酥附醍醐〉，頁 853。

90　明·李時珍，《本草綱目》（北京：人民衛生出版社，1975），卷九，〈金石部二·金石之三·石類上·丹砂〉，頁 517。

91　《全唐文》卷四八○，呂頌〈降誕日進光明砂丹等狀〉，頁 4910 上-下。

92　宋·孫升，《孫公談圃》（據《百川學海》宋咸淳九年左圭輯刊本影印，收入《叢書集成新編》〔臺北：新文豐出版公司，1985〕，第 83 冊），卷中，總頁 709 上。

由上文看來，丹藥也有助於調劑衛生。

四、寺院中的藥酒

關於佛教與酒，日本學者道端良秀已做了詳細的討論，[93] 不過，他的文章中並未引用成尋親訪北宋佛寺的《參天臺五臺山記》，本節主要利用此書的資料及唐、宋詩文，對僧人飲藥酒和飲酒的情形做一具體的描述。唐、宋時期禪宗寺院嚴格禁酒，但其他寺院則有一部份僧人不僅喝藥酒，還喝一般的酒。《參天臺五臺山記》一書裡，有不少成尋在北宋寺院中和僧人一起飲酒的記載，從杭州到汴京，從天臺山到五臺山的寺院，都有僧人飲酒者。本文認為：唐、宋時期從「聖僧」信仰衍化而來的酒供養，和部份密教儀軌中以酒做為供祭品，使得僧人飲酒具有某種程度的正當性。不過，僧人飲酒或藥酒是不合乎戒律的，在諸《高僧傳》中，仍是以嚴守酒戒的僧人佔絕對多數。

（一）藥酒

從唐詩中的描述，可知當時世俗社會中有以藥酒待客的習俗，僧院中也有類似的情況。張籍（約 767-830）〈題韋郎中新亭〉詩云：「藥酒欲開期好客，朝衣暫脫見閒身。」[94] 姚合（約 779-846）〈喜馬戴冬夜見過

---

[93] 道端良秀，〈佛教の酒──毒酒と藥酒〉，收入氏著，《中國佛教史全集》（東京：書苑，1985），第 7 卷；守屋東編輯，《佛教と酒：不飲酒戒史の變遷に就いて》（東京：少年禁酒軍，1933）。

[94] 《全唐詩》（北京：中華書局，1960），第 12 冊，卷三八五，頁 4333。

期無可上人不至〉詩云：「客來初夜裏，藥酒自開封。」[95] 另，〈喜胡遇
至〉詩云：「病少閒人問，貧唯密友來。茅齋從掃破，藥酒遣生開。」[96]
這都是俗人以藥酒招待客人的例子，從姚合〈題李頻新居〉詩中，則可
知有些僧人是喝藥酒的：「勸僧嘗藥酒，教僕辨書簽。」[97]《太平廣
記》中有一則出自《逸史》的記載，提到淮南一位能預知吉凶的僧人常
監喫藥酒，由於他所飲藥酒中地黃的含量太多，使得他瀉肚子。[98]

唐代的僧人不僅飲藥酒，也有以藥酒待客者。何延之〈蘭亭始末記〉
一文，記敘唐太宗派遣監察御史蕭翼去找僧人辨才，套出他深藏的「王羲
之蘭亭序」帖的處所。蕭翼假扮為一個書生，前往越州山陰嘉祥寺參訪辨
才，兩人談詩敘藝，相見恨晚，辨才留他住在寺裡，當晚還請他喫藥酒，
兩人所做的詩作中，也都有對此酒的形容：

> ……設缸面藥酒、茶、果等，江東云缸面，猶河北稱甕頭，謂初熟
> 酒也。酣樂之後，請賓賦詩。辨才探得來字韻，其詩曰：「初醞一
> 缸開，新知萬里來。披雲同落寞，步月共徘徊。夜久孤琴思，風長
> 旅雁哀。非君有祕術，誰照不然灰。」蕭翼探得招字韻，詩曰：
> 「邂逅款良宵，殷勤荷勝招。彌天俄若舊，初地豈成遙。酒蟻傾還
> 泛，心猿躁自調。誰憐失羣翼，長苦絮空飄。」[99]

---

[95] 同前書，第 15 冊，卷五〇一，頁 5702。

[96] 《全唐詩》第 15 冊，卷五〇一，頁 5701。

[97] 同前書，第 15 冊，卷五〇一，頁 5701。

[98] 宋・李昉等編，《太平廣記》（臺北：文史哲出版社，1987），卷八四，〈異人四・宋師
儒〉，頁 546：「常監飲藥酒，服地黃太多，因腹疾，夜起如廁。」

[99] 《全唐文》卷三〇一，何延之〈蘭亭始末記〉，頁 3059 下-3060 上。

在成尋的記敘裡，他有四次在寺院中喫藥酒的經歷。熙寧五年六月十日，成尋在天臺山國清寺訪學，這一天他去參訪天臺第十三代祖師惠光大師看經之院後，到其院僧人如日、文章兩人的宿房點茶，在回到寄宿的房間之前，他去拜訪國清寺的寺主，蒙寺主殷勤招待，有寺院待客的茶和果子，並且請他喫藥酒：

> 十日戊午，天晴。午時參惠光大師看經之院，……還房之次，參寺主院，令見懺法私記并我心自空圖，感喜不少，為寫本借留已了。切切相留，點茶、菓子、藥酒，望晚歸了。[100]

第二次同樣也是到國清寺主的房裡，寺主以果子、茶和藥酒招待他。熙寧五年七月十日，成尋為了要去五臺山巡禮事拜訪天臺縣知縣，回到國清寺之後：

> 十日，……晚還寺，從寺主許有請，一行皆參，有菓、茶、藥酒等。[101]

同年八月五日，成尋從天臺縣回到國清寺，「酉時，寺主院有菓、藥酒等」。[102] 熙寧五年十二月二十六日，成尋從五臺山巡禮畢，返回汴京的太平興國寺傳法院，熙寧六年一月六日，他受邀到此寺慈照大師的房裡喫藥酒。[103]

---

[100] 《參天臺五臺山記》卷二，頁 49-50，延久四年六月十日條。

[101] 《參天臺五臺山記》卷二，頁 67，延久四年閏七月十日條。

[102] 同前書，卷三，頁 79，延久四年八月五日條。

[103] 同前書，卷六，頁 188-189，延久五年一月六日條。

僧人的飲藥酒，可能和自古以來人們相信酒有養生的功效有關，漢・王莽在詔書中曾說「酒，百藥之長，嘉會之好」。[104] 宋代僧人法雲編《翻譯名義集》（大・2131）卷三，〈什物篇第三十七〉敘述酒有穀酒、果酒、藥酒三種，其後云：「漢書：酒者天之美祿，所以頤養天下，享祀祈福，扶衰養疾。」[105] 不過，佛教戒律是禁酒的，何以唐、宋以後出現了一些僧人飲酒的情形？除了受社會上酒和養生的關聯的影響之外，應從佛教本身的一些變化而論。

（二）唐宋僧人飲酒的背景

六朝以降，迄於明清，佛教教團飲酒之事時見諸記載，道端良秀認為這是因為飲酒在中國有長遠歷史，故佛教的禁酒運動難以徹底推行的緣故。[106] 實則部份僧人飲酒的問題很難用單一的原因來解釋，本文試圖從盛唐以後佛教信仰的兩項變化來理解：一是基於南北朝以來逐漸流行的「聖僧」信仰，衍生出以酒供養僧人的習俗；二是受到盛唐以後部份密教儀軌中，有以酒供祭的影響所致。

1.「聖僧信仰」的影響

南北朝以來逐漸流行的「聖僧」信仰，到了唐代衍生出以酒供養僧人的習俗。所謂的「聖僧」，是指諸佛菩薩、羅漢、聖人以不同的面貌和形式應化人間，唐代以後寺院中的食堂有「聖僧龕」，僧人入浴之前，也要替聖僧準備一份用品。[107] 他們的化身常是出人意表的，聖僧顯化時，經

---

[104] 《漢書》（北京：中華書局，1962），卷二四，〈食貨志下〉，頁1183。

[105] 《翻譯名義集》（收入《大正新修大藏經》第五十四冊），頁1107下。

[106] 道端良秀，〈佛教の酒〉，頁509。

[107] 拙文，〈唐宋寺院中的聖僧龕與儀式空間〉，未刊稿。

常以奇異的行徑出現，如飲酒的僧人就是其中的一種。《宋高僧傳》敘述：唐代宗時晉州僧人代病顯示飲酒的神蹟，開啟了佛教信徒以酒供養僧人之始：

> 釋代病者，臺州天臺人也。……大曆元年，登太行遊霍山，……太守感之，躬就迎請，移置大梵寺，……由是檀信駢肩躕踵，有齎毒於酒者，賄貧女往施之。代病已知，貧女紿之曰：「妾家醞覺美，酌施和尚求福，況以佛不逆眾生願。」代病曰：「汝亦是佛。」然貧女懼反飲，具以情告。代病執杯啜之，俄爾酒氣及兩脛，足地為之墳裂，聞者驚怪。以酒供養，自茲始也。[108]

另如北宋蘇州東禪寺的遇賢和尚有很多異事，又好飲酒，人們稱之為「聖僧」，又號為「酒仙」。[109] 遇賢常去酒家飲酒都不給錢，一日嘔吐成酒黃，稱此可以抵償酒價。當年瘟疫盛行時，店家將酒黃泡酒，讓病者服用，竟然都痊癒了。《嘉泰普燈錄》（大・1559）將他列於「應化聖賢」類。[110] 柯嘉豪研究《宋高僧傳》中關於喫肉喝酒僧人記載，他們都被重新界定為具有神力，這是因為僧傳作者欲將此不合戒律之事合理化的緣故。[111] 其實，這種神力正是「聖僧」顯化的特質。上述《宋高僧傳》有

---

[108]《宋高僧傳》（大・2061，收入《大正新修大藏經》第五十冊），卷二十六，〈唐晉州大梵寺代病師傳〉，頁 877 下-878 上；宋・贊寧撰，范祥雍點校，《宋高僧傳》（北京：中華書局，1987），下冊，卷二六，〈唐晉大梵寺代病師傳〉，頁 669-670。

[109] 明・吳寬，《家藏集》（收入《景印文淵閣四庫全書》第 1255 冊），卷五三，〈跋林酒仙詩〉：「酒仙名遇賢，俗姓林，在宋為蘇城東禪寺僧。人傳其事甚異，至號『聖僧』；以其嗜酒故，又號『酒仙』。」

[110]《嘉泰普燈錄》（收入《大正新修大藏經》第七十九冊），卷二四，〈應化聖賢・酒仙遇賢和尚〉，頁 434 下。

[111] John Kieschnick, *The eminent monk: Buddhist ideals in medieval Chinese hagiography* (Honolulu:

關僧人代病的記載應是可信的，唐、宋時期，在家信徒確有以酒供養僧人者，如成尋《參天臺五臺山記》書中，有很多官員或俗家信徒送酒給他及其他僧人的記載。鄭炳林和魏迎春的研究指出：晚唐五代時期敦煌佛教教團並不限制僧尼飲酒，各寺院中的僧尼普遍擁有酒；又，當時佛教教團對於各種活動裡不合規定者的科罰之中，最常見的是罰納酒若干。[112] 五代時敦煌歸義軍節度使曾送給僧人龍辯等「麥酒壹瓮」。[113]

　　正是因為有信徒以酒供養僧人，所以僧團中開始討論僧人可否飲此供養的酒？道世撰集的《諸經要集》（大・2123）中，便引《十住毘婆沙論》（大・1521）討論在家俗人以酒供養僧人是否有罪的問題，其答案是俗人雖然無罪，但僧人仍然不可飲此酒：

> 又十住毘婆沙論問曰：「若有人捨施酒，未知得罪以不？」答曰：「施者得福，受者不得飲，故論云：是菩薩或時樂捨一切，須食與食，須飲與飲。若以酒施，應生是念：今是行檀時，隨所須與，後當方便，教使離酒，得念智慧，令不放逸。何以故？檀波羅蜜法，悉滿人願，在家菩薩以酒施者，是則無罪。」[114]

University of Hawai'i Press, 1997).

[112] 鄭炳林、魏迎春，〈晚唐五代敦煌佛教教團的科罰制度研究〉，《敦煌研究》2004.2：51-52。唐五代敦煌僧人普遍飲酒，學界已有一些討論，如李正宇，〈晚唐至北宋敦煌僧尼普聽飲酒──敦煌世俗佛教系列研究之二〉，《敦煌研究》2005.3；潘春輝，〈晚唐五代敦煌僧尼飲酒原因考〉，《青海社會科學》2003.4。

[113] 周紹良主編，《全唐文新編》（長春：吉林文史出版社，2000），第 18 冊，卷九二一，〈龍辯等謝司空賜物狀〉（伯・4638），頁 12663：「應管內麥外釋門都僧統、賜紫沙門龍辯、都僧錄惠雲、都僧政紹忠，草鼓壹升，麥酒壹瓮，謹因來旨，跪捧領訖。」

[114] 《諸經要集》（收入《大正新修大藏經》第五十四冊），卷一七，〈酒肉部第二十六〉，頁 157 中。

查龍樹菩薩的《十住毘婆沙論》中並沒有提及「受者不得飲」之句，[115]
可見在俗家信徒以酒供養僧人的情況下，道世想藉用龍樹菩薩來警示僧人
不得飲酒。

　　事實上，還是有僧人飲了俗人所供養的酒，也有一些人對此提出批
評，如蘇東坡認為有些僧人稱酒為「般若湯」，乃文飾其名，是「不義」
的：

> 僧謂酒為「般若湯」，謂魚為「水梭花」，雞為「鑽籬菜」，竟無
> 所益，但自欺而已，世常笑之。人有為不義而文之以美名者，與此
> 何異哉！[116]

宋‧竇革（子野）撰《酒譜》「般若湯」條，也說：「北僧謂為『般若
湯』，蓋廋辭以避法禁。」[117] 值得注意的是，此處說「北僧」稱酒為
「般若湯」，似乎意味著南方僧人不用此稱。梁武帝禁斷僧人食用酒肉，
當時他的權力所及只限於南方，隋唐帝國統一南北，是否仍然貫徹梁武帝
以政治力干預僧團內部生活的政策？是一個值得思考的問題。

2. 部份密教儀軌的影響

　　雖然絕大多數的密教經典都禁止飲酒，[118] 但盛唐以後一些密教儀軌
有以酒肉為祀者，如「又毘那夜迦呪法」：

---

[115] 《十住毘婆沙論》（收入《大正新修大藏經》第二十六冊），卷七，頁 56 中。

[116] 宋‧蘇軾撰，王松齡點校，《東坡志林》（北京：中華書局，1981），卷二，〈道釋‧僧文
葷食名〉，頁 39。

[117] 宋‧竇革撰，《酒譜》（石家莊：河北教育出版社，1995），頁 335。

[118] 《大日經持誦次第儀軌》（大‧860，收入《大正新修大藏經》第十八冊），頁 187 云：「諸
酒木菓等漿可以醉人者。皆不應飲噉。」

……如是作法乃至七日，隨心所願，即得稱意。正灌油時，數數發
願，復用蘇蜜和麨作團，及蘿蔔根，并一盞酒，如是日別新新供
養，一切善事隨意成就，一切災禍悉皆消滅。其所獻食必須自食，
始得氣力。[119]

不僅以酒奉祀，還必須飲下所供養的酒，這可能為某些僧人飲酒提供了合
法性。密教對於僧人飲酒的影響，可以從宋真宗的兩道詔令中反映出來。
宋真宗景德四年（1007）曾經一度下令：在寺觀百步之內不許賣酒肉，若
賣酒、肉、五辛等物給僧尼、道士，要處以重罪：

（景德）四年，詔京城鬻酒肉者，並去寺觀百步之外；有以酒肉五
辛酤市於僧道者，許人糾告，重論其罪。[120]

天禧元年（1017）四月，因為新譯的《頻那夜迦經》中，有以葷血為祀的
敘述，真宗下令此經不得入藏，並且諭令不得再翻譯含有此類內容的經
典：

天禧元年四月，詔曰：金仙垂教，實利含生；貝葉騰文，當資傳
譯。苟師承之或異，必邪正以相參，既失精詳，寖成訛謬；而況葷
血之祀，甚瀆於真乘，厭詛之辭，尤乖於妙理。其新譯《頻那夜迦

---

[119] 《陀羅尼集經》（大‧901，收入《大正新修大藏經》第十八冊），〈又毘那夜迦呪法第五
十〉，頁884下。

[120] 《佛祖統紀》（大‧2035，收入《大正新修大藏經》第四十九冊），卷四四，〈法運通塞志
第十七之十一〉，頁403上。

經》四卷，不許入藏。自今後，似此經文，不得翻譯。[121]

除了《頻那夜迦經》不許入藏之外，此一詔令中還提到了「況葷血之祀，甚瀆於真乘，厭詛之辭，尤乖於妙理」，此二者都暗暗指涉部份的密教經典。真宗這些舉動，被《佛祖統紀》重新登錄在卷五一〈聖君護法〉，[122]因為真宗所維護的是佛教最基本戒律之中的兩項：酒戒和不殺生戒。

可能由於以上原因，出現了部份僧人飲酒的情況；不過，佛教首重戒律，僧團中還是有很多僧人堅持遵守酒戒。如律典允許以酒治病，但有的僧人寧死也不願破戒。如北宋溫州靈巖德宗禪師寧死也不肯以酒入藥，認為不可破戒而逃死，[123] 有的僧人在生病時飲酒治病，但是病癒之後始終耿耿於懷。

雖然有些僧人飲酒或藥酒，但佛教的戒律還是在他們的心中，如成尋雖然常常喝酒，但他有時候想到戒律以及喝酒犯戒的罪報時，也會有所退縮。以下是出自《參天臺五臺山記》中一段很生動的描述：熙寧五年十二月九日，成尋到太原府平晉驛過夜，當日太原府知府龍圖送果子、菜餚和各種食物，以及「酒大九瓶」；成尋留下兩瓶：給通事一瓶，小師（受戒未滿十年者）等人一瓶，其餘七瓶就退回去了。值得注意的是，他還是留下一瓶給小師等僧人，而且後來成尋和大家一起用飯時，似乎也喝了酒：

　　九日癸未，天晴。……過十五里至太原府平晉驛宿，未二點止了。

---

[121] 同前書，卷四四，〈法運通塞志第十七之十一〉，頁 405 下-406 上。

[122] 同前書，卷五一，〈歷代會要志第十九之一‧聖君護法〉，頁 452 中。

[123] 《嘉泰普燈錄》卷一二，頁 366 中：「宣和辛丑六月二十三日應供次，偶中油毒病革，門人請以酒進藥，師叱曰：『有生則有死，可破戒而逃死乎？』乃揮偈曰：『一住二十四年，隨宜建立因緣，如今去也何時節，風在青松月在天。』飲目而化。」

> 龍圖送菓飯種種食、酒大九瓶，而通事一瓶，小師等一瓶留下，七
> 瓶返納了。食次有酒，珍菓十許種，中兩三種分留已了。[124]

　　第二天（十日），知府龍圖請他到知府邸用齋，齋後命人送他回驛
館，又送來十五瓶酒：指定要給成尋四瓶，老小師二人、通事每人各兩
瓶，五位小師各一瓶。此時，成尋念及戒律和破戒所招致的罪報，僅留下
給通事的兩瓶酒，而將其餘給包括自己和其他僧人的十三瓶酒全都退回
去，他自述這種做法是「依思罪報」的緣故：

> 十日甲申，天晴。卯時，龍圖送粥。……未時，酒十五瓶送之，予
> 四、老小師二人、通事各二，五小師各一瓶，如前每瓶一斗。即通
> 事二瓶留下，十三瓶返上已了，依思罪報也。[125]

　　社會上有俗人以酒供養僧人，或是在一些密教儀軌中有酒的供獻，因
此，在法令上僧人飲酒不被認為是非法的，如宋真宗並沒有下令不許僧人
飲酒，而是下令商家不准賣酒肉給僧人和道人。在此情況下，僧人飲藥酒
就更不成問題了，在《太平御覽》中有一則故事，敘述唐代會稽尉李師旦
稱「飲酒法所不禁，況乃飲藥酒耶？」[126] 可以借用來說明藥酒在某些寺
院中存在的合法性。
　　不過，有些捍衛戒律的僧人則在戒律的注疏中，指出「不得言有疾，
欺飲藥酒」，[127] 似乎指責僧人飲藥酒的行為是假稱有疾而行犯戒之實。

124　《參天臺五臺山記》卷五，頁 170-171，延久四年十二月九日條。

125　同前書，卷五，頁 171，延久四年十二月十日條。

126　《太平廣記》卷二五九，〈嗤鄙二·李師旦〉，頁 2018。

127　《梵網經菩薩戒本疏》卷四，〈輕垢罪篇第二·飲酒戒第二〉，頁 636 中。

宋‧元照《四分律行事鈔資持記》（大‧1805）卷上〈釋標宗篇〉，對某些僧人這種不遵守戒律的行為，提出了更嚴厲的批評：

> 即世學者，說律訓人，自貿禪衣，言遵王制。夜粥晏齋，謂是隨方；非時噉飯，妄言未必長惡；貪飲藥酒，便言有病療治。不學愚僧，傳為口實，誣聖亂法，豈復過是。來者有識，慎勿隨邪。[128]

雖然佛教戒律中有酒禁，但戒律中也有開緣，僧人飲酒其實是一個很複雜的問題，值得做更深入的研究。

五、寺院養生藥物的背景：唐宋世俗社會中的養生風氣

前述寺院僧人食用各種養生藥品的情形，並不是寺院獨有，事實上，僧人所食用的藥品是唐宋社會養生文化的一部份。唐宋時期，上自皇帝、下至庶人都很重視養生的湯藥和丸藥。皇帝有時賜給大臣茶和湯藥，或者藥酒；而在特定的季節裡，也有不同的賞賜：夏日賜給「夏藥」，冬天賜給「臘藥」。另外，有時也賜給大臣和少數僧人珍貴的乳藥和金石之藥。

唐宋時期養生的觀念可以追溯到《神農四經》「上藥延命，中藥養性，下藥去疾」之說，到東晉葛洪撰《抱朴子》一書時，已經形成一完整的體系：

> 《抱朴子》曰：《神農四經》曰，上藥令人身安命延，昇為天神，

---

[128] 《四分律行事鈔資持記》（收入《大正新修大藏經》第四十冊），頁 179 下。

　　遨遊上下，使役萬靈，體生毛羽，行廚立至。又曰，五芝及餌丹
　　砂、玉札、曾青、雄黃、雌黃、雲母、太乙禹餘糧，各可單服之，
　　皆令人飛行長生。又曰：中藥養性，下藥除病，能令毒蟲不加，猛
　　獸不犯，惡氣不行，眾妖併辟。[129]

這種看法發展到唐宋時期，就逐漸發展出「善服藥者，不如善保養者」、
「病後能服藥，不如病前能自防」。[130] 同時，也衍生出依季節調養服食
之法。

　　在《抱朴子》卷一一〈仙藥〉中，列舉了許多延命的藥物，可分為兩
類，一是礦石之藥，一是植物性的藥草，而以礦石之藥較為高等：

　　仙藥之上者丹砂，次則黃金，次則白銀，次則諸芝，次則五玉，次
　　則雲母，次則明珠，次則雄黃，次則太乙禹餘糧，次則石中黃子，
　　次則石桂，次則石英，次則石腦，次則石硫黃，次則石粕，次則曾
　　青，次則松柏脂、茯苓、地黃、麥門冬、木巨勝、重樓、黃連、石
　　韋、楮實、象柴，……[131]

其中礦物性的藥，就是魏晉迄唐、宋時期，不少上層人士所服用的石藥，

---

[129] 晉・葛洪撰，王明校釋，《抱朴子內篇校釋》（北京：中華書局，1985），卷一一，〈仙
　　藥〉，頁177。

[130] 宋・陳直撰，元・鄒鉉編次，黃應紫點校，《壽親養老新書》（北京：團結出版社，
　　1994），卷四，〈保養〉。按：本書卷一為宋代醫學家陳直撰，本名《養老奉親書》（成書
　　不晚於一〇八五年）。卷二以後，由元大德中泰寧鄒鉉續增為《壽親養老新書》（見《四庫
　　全書總目提要》〔上海：商務印書館，1933〕，卷一〇三，子部十三，醫家類，〈壽親養老
　　新書四卷〉，頁2096。

[131] 《抱朴子內篇校釋》卷一一，〈仙藥〉，頁177-178。

稱為「寒食散」，或稱為「五石散」。余嘉錫〈寒食散考〉首先對此有詳細的考證，近年來蔣力生〈《外臺秘要方》服石文獻研究〉，對於從魏晉迄唐代的服石內容有更詳細的研究。[132] 然而，關於植物方面的服食，則少有人討論，而這一部份正是影響及唐宋時期人們所飲的湯藥。唐人常飲用的是茯苓湯、赤箭湯、黃耆湯、雲母湯、人參湯、橘皮湯、甘豆湯；宋人所飲的湯藥有：豆蔻湯、木香湯、桂花湯、破氣湯、玉真湯、薄荷湯、紫蘇湯、棗湯、二宜湯、厚朴湯、五味湯、仙朮湯、杏霜湯、生薑湯、益智湯、茴香湯、橙麴蓮子湯、蜜湯、橘紅湯。[133]

　　唐代社會的養生風氣，可說是以皇帝領軍注重延命養生。唐玄宗本人曾經讀了仙經，找到一個神方，做成仙藥，分給他的兄弟，要和他們一起長生不死「同保長齡，永無限極」。[134] 當他的弟弟李憲去世時，尚食局為他預備置放在墳墓裡的「千色味」食品之中，就包括了藥酒三十餘種。[135] 另外，《舊唐書》也記載唐穆宗「餌金石之藥」。[136] 唐朝皇帝還將這種觀念和方法透過賜藥的形式，推廣及於大臣、將帥。當時社會上注重依季節攝養的觀念，有所謂「夏藥」和「臘藥」，皇帝經常賜大臣和在外將

---

[132] 余嘉錫，〈寒食散考〉，收入《余嘉錫論學雜著》（北京：中華書局，1963）；蔣力生，〈《外臺秘要方》服石文獻研究〉，收入唐‧王燾撰，高文鑄等校注研究，《外臺秘要方》（北京：華夏出版社，1993），頁 1166-1183。

[133] 拙文，〈「客至則設茶，欲去則設湯」〉。

[134] 《舊唐書》（北京：中華書局，1975），卷九五，〈睿宗諸子‧讓皇帝憲傳〉，頁 3011：「玄宗既篤於昆季，雖有讒言交搆其間，而友愛如初。憲尤恭謹畏慎，未曾干議時政及與人交結，玄宗尤加信重之。嘗與憲及岐王範等書曰：『……頃因餘暇，妙選仙經，得此神方，古老云「服之必驗」。今分此藥，願與兄弟等同保長齡，永無限極。』」

[135] 《舊唐書》卷九五，〈睿宗諸子‧讓皇帝憲傳〉，頁 3013-3014：「及將葬，上遣中使敕璡等務令儉約，送終之物，皆令眾見。所司請依諸陵舊例，壙內置千味食，監護使、左僕射裴耀卿奏曰：『尚食所料水陸等味一千餘種，每色瓶盛，安於藏內，皆是非時瓜及馬牛驢犢麞鹿等肉，並諸藥酒三十餘色。儀注禮料，皆無所憑。』……」

[136] 《舊唐書》卷一六，〈穆宗紀‧長慶四年〉，頁 504。

帥這兩類藥物。至於夏藥、臘藥是哪些內容呢？由於茶也有益健康，宋代日本來華僧人榮西（1141-1215）著有《喫茶養生記》，卷首就說：「茶也，養生之仙藥也，延齡之妙術也。」[137] 因此皇帝的恩惠經常是「茶、藥」並賜。[138] 唐代臘日賜藥似乎是常例，玄宗〈答張九齡謝賜藥〉批云：「臘日所惠，固其常耳」。[139] 關於臘藥，唐代以來皇帝在臘日賜給大臣冬季護膚和護唇的藥品——即「面膏」和「口脂」，[140] 用現代的話來說，就是面霜和護唇膏。這些護膚的面霜和護唇的唇膏，其作用是保護臉上的肌膚免受寒霜凜風的侵害，其中唇膏以紅雪口脂和紫雪口脂最為珍貴，如唐德宗貞元十七年（729），賜杜佑「臘日面脂、口脂紅雪紫雪，并金花銀合二、金稜合二」，劉禹錫代撰的謝表中就稱「雕奩既開，珍藥斯見，膏凝雪瑩，含液騰芳。頓光蒲柳之容，永去癯疵之患」。[141] 一直到宋代，臘日仍以口脂面膏賜大臣和守邊的將帥，宋·周密（1232-1298）《癸辛雜識·別集》云：

> 和劑惠民藥局，當時製藥有官，監造有官，監門又有官。……獨暑藥、臘藥分賜大臣及邊帥者，雖隸御藥，其實劑局為之。稍精緻若

---

[137] 榮西，《喫茶養生記》（收入《大日本佛教全書》〔東京：佛書刊行會，1913-1918〕，第27冊），頁419。

[138] 關於唐宋皇帝賜茶、藥，請參見拙文，〈「客至則設茶，欲去則設湯」〉。

[139] 《全唐文》卷三七，玄宗〈答張九齡謝賜藥批〉，頁 406 上：「臘日所惠，固其常耳，信則微物亦有嘉名，與卿共之，何足為謝。」

[140] 同前書，卷四八五，權德輿〈為趙相公謝賜金石凌表〉，頁4958上。

[141] 唐·劉禹錫著，瞿蛻園校點，《劉禹錫全集》（上海：上海古籍出版社，1999），卷一二，〈為淮南杜相公謝賜歷日面脂口脂表〉，頁86。

至寶丹、紫雪膏之類，固非人間所可辦也。[142]

　　唐代夏藥的內容是什麼，不得而知，可能是一些做湯藥的藥材；此外，還包括金石凌、紅雪等，如唐憲宗曾在夏日賜令狐楚金石凌、紅雪各一兩，[143] 據《本草綱目》，金石凌和紅雪都是解熱結的藥。[144] 至於宋代的夏臘藥，陳騤《南宋館閣錄》卷六「夏臘藥」條有具體的說明，夏藥包括大順、五苓、香薷、三倍、駐車、桂苓；臘藥則是蘇合、鹿茸兩種。這些藥物或是煎湯，或是做成藥丸：

> 自提舉官以下，等第分送秘書省日歷所、國史院，皆依例，夏：大順、五苓、香薷、三倍、駐車、桂苓。香薷養脾，理中消暑水瓢。冬：蘇合、鹿茸，養脾理中，嘉禾勻氣，潤補橘皮，煎其品數，改丸修合，日稟議焉。[145]

至於暑藥，除了前面提到的藥材之外，另有「冰壺散」，《朱子語類》敘述名將劉錡（1098-1162）作戰之前，都先備暑藥，[146] 此暑藥的內

---

[142] 宋·周密撰，吳企明點校，《癸辛雜識》（北京：中華書局，1997），〈別集上·和劑藥局〉，頁 225。

[143] 唐·元稹撰，冀勤點校，《元稹集》（北京：中華書局，1982），卷三六，〈為令狐相國謝賜金石凌紅雪狀〉，頁 411：「右：中使賷千乘至，奉宣進止，以臣將赴山陵，時屬炎暑，賜前件紅雪等。」

[144] 《本草綱目》卷三，〈百病主治藥·火熱〉，頁 152：「朴消胃中結熱。紫雪、碧雪、紅雪、金石凌，皆解熱結藥也。」

[145] 宋·陳騤撰，張富祥點校，《南宋館閣錄》（北京：中華書局，1998），卷六，頁 72。

[146] 宋·黎靖德，王星賢點校，《朱子語類》（臺北：華世出版社，1987），卷一三二，〈本朝六·中興至今日人物下〉，頁 3166。

　　容是「暑藥以薑麵為之，與今冰壺散方大概相似」。[147] 冰壺散的作用是
「治中暍，解暑毒煩躁」。[148] 除此之外，暑藥也有製成湯藥者，如紫蘇
熟水，[149] 宋人黃天麟常行善事，「居當通衢，夏月每度製暑藥，以飲行
者」。[150]

　　臘藥中還包括一些丹丸，如上述的「至寶丹」，其用途不詳，但從人
們以「至寶丹」來形容好言富貴的詩，可知它是很珍貴的丹藥。[151] 除此
之外，如唐玄宗曾賜張九齡（678-740）鹿角膠丸、[152] 賜李林甫（？-
752）吃力伽丸等。[153] 另外還有「虎頭丹」，如《武林舊事》卷三〈歲晚
節物〉：

　　　　臘月賜宰執、親王、三衙從官、內侍省官，并外閫、前宰執等臘
　　　　藥，係和劑局方造進，及御藥院特旨製造，銀合各一百兩，以至五

---

[147] 《朱子語類》卷一三六，〈歷代三〉，頁 3240。

[148] 《醫方類聚》第 1 冊，卷二六，〈諸暑門二・聖濟總錄・中熱暍・冰壺散〉，頁 705。

[149] 顧嗣立編，《元詩選》（北京：中華書局，1987），初集，甲集，〈桐江集・次韻志歸〉十
首，頁 197：「未妨無暑藥，熟水紫蘇香。」

[150] 元・吳澄，《吳文正集》（收入《景印文淵閣四庫全書》第 1197 冊），卷八五，〈黃愚泉墓
誌銘〉，頁七。

[151] 丁傳靖輯，《宋人軼事彙編》（北京：中華書局，1981），卷一一，〈王珪〉，頁 527：
「王岐公詩，喜用金玉珠璧字，以為富貴。其兄謂之『至寶丹』。」《後山詩話・王直方詩
話》云：「王禹玉詩，世號『至寶丹』。有人云：『詩能窮人，且試作些富貴語，看如
何。』思索數日，得一聯云：『脛脡化為紅珢瑁，眼睛變作碧琉璃』。」

[152] 《全唐文》卷二八九，張九齡〈謝賜藥狀〉，頁 2937 上：「右：高力士宣奉恩旨，賜臣等鹿
角膠丸及駐年面脂。」鹿角膠丸的功用據宋・王懷隱編，《太平聖惠方》（臺北：新文豐出
版公司，1980），卷三〇，〈治虛勞腰腳疼痛諸方〉，頁 2607：「治虛勞腰□疼痛不可行
步，宜服鹿角膠圓方。」

[153] 《全唐文》卷三三三，苑咸〈為李林甫謝臘日賜藥等狀〉，頁 3372 上：「右。昨晚內使曹侍
仙至。奉宣聖旨。賜臣臘日所合通中散駐顏面脂及鈿合。並吃力伽丸白黑菝葜煎揩齒藥
等。……」

十兩、三十兩各有差。伏日賜暑藥亦同。……八日，……醫家亦多
合藥劑，侑以虎頭丹、八神、屠蘇，貯以絳囊，饋遺大家，謂之
「臘藥」。[154]

風藥是臘藥中很重要的一個項目，宋・陳元靚（1137-1181）編《歲時廣
記》一書中「送風藥」，引《歲時雜記》：

醫工以臘月獻藥，以風藥為主，亦有獻口脂、面藥及屠蘇者。[155]

皇帝賜給大臣的臘藥中也有這一項，《初寮集》卷四〈謝賜臘藥表〉云：
「臣某言，伏蒙聖恩，賜臣御筆金花牋詔書、臘晨風藥一銀合者。」[156]
此外，臘藥還包括製作湯藥的藥材，汪應辰（1119-1176）〈四川安撫制
置使兼知成都府晁公武銀合臘藥敕書〉裡，就提及所賜的臘藥是供製作湯
藥的藥材：「卿綏拊西南，勤勞夙夜，歲華云晏，寒氣方凝，特頒湯液之
良，往助節宣之用。」[157]
　　又，皇帝在賜給臣下藥物時，通常是將它置於金、銀製造的盒子裡，
稱為「金合」或「銀合」，連同金、銀合一併賜予。以金、銀器裝盛藥
物，主要是因為金、銀器和養生也有關聯，[158]《史記》記載方士李少君對

---

[154] 宋・周密，《武林舊事》（收入《東京夢華錄（外四種）》），卷三，〈歲晚節物〉，頁
383-384。

[155] 宋・陳元靚撰，《歲時廣記》（收入《歲時習俗資料彙編》〔臺北：藝文書印館，1970〕，
第7冊），卷三九，〈臘日・送風藥〉，頁1196。

[156] 《初寮集》卷四，頁四十五至四十六。

[157] 宋・汪應辰，《文定集》（收入《武英殿聚珍板書》〔清光緒二十五年廣雅書局刊本，臺
北：中央研究院歷史語言研究所傅斯年圖書館藏〕，集部第533-536冊），卷八，頁二十。

[158] 盧兆蔭，〈關於金銀器的幾個問題〉，《文物天地》1985.6：56。

漢武帝說，丹砂可以化成黃金，用它做成飲食器，則可以益壽延年。唐、宋時期，茶不但是日常生活重要的飲料，同時被視為一種養生的藥物，[159] 飲茶的器用則「以金銀為上」，[160] 這也可以說明為什麼出土的唐代金銀器大都是飲食器皿；陝西西安近郊何家村出窖藏金銀器裡，所裝盛的大多是養生的藥品。[161] 從唐、宋時期受賜暑藥、臘藥的大臣謝狀中，可知這兩類藥的作用主要是調養，如王安石（1021-1086）〈撫問河北西路臣寮兼賜夏藥口宣〉稱：「有勅：卿等，時方鬱蒸，氣或疵癘，永惟黎獻，方寄外憂，當有分頒，以助調養」。[162] 又如劉才邵（1109-1180）〈撫問統制田師中、岳超、王權、劉表賜銀合臘藥口宣〉云：「有勅：卿任屬總戎，實膺重寄，時當凝沍，宜慎保調，珍劑分頒，式昭眷意。」[163]

除了調養的暑藥和臘藥之外，唐、宋的上層階級也服用礦石性的藥物，皇帝經常以這類藥物賜給大臣們，最常頒賜的礦石藥是石鍾乳。唐太宗因太子右庶子高季輔數度上言得失，賜他「鍾乳一劑」，並且說「進藥石之言，故以藥石相報」。[164] 又，唐朝皇帝似乎有在端午節頒賜大臣鍾乳的慣例。[165]

---

[159] 《喫茶養生記》卷上，頁 421 云心臟好苦味，故喫茶有益於心臟：「以上末世養生之法如斯，……唐醫云：若不喫茶人，失諸藥効，不得治病，心臟弱故也。」

[160] 宋・蔡襄，《茶錄》（收入《叢書集成新編》第 47 冊），頁四，總頁 732。

[161] 耿鑒庭，〈西安南郊唐代窖藏裡的醫藥文物〉，《文物》1972.6：56-58。

[162] 宋・王安石撰，《臨川文集》（收入《景印文淵閣四庫全書》第 1105 冊），卷四八，頁十六。

[163] 宋・劉才邵撰，《樵溪居士集》（收入《景印文淵閣四庫全書》第 1130 冊），卷七，頁 27-28。

[164] 《舊唐書》卷七八，〈高季輔傳〉，頁 2703。

[165] 唐・劉肅撰，許德楠、李鼎霞點校，《大唐新語》（北京：中華書局，1984），卷七，〈客恕第十五〉，頁 109-110：「端午日，玄宗賜宰臣鍾乳。宋璟既拜賜，而命醫人鍊之。醫請將歸家鍊。子弟諫曰：『此乳珍異，他者不如，今付之歸，恐招欺換。』璟誡之曰：『自隱爾心然，疑他心耶？仗信示誠，猶恐不至，矧有猜責，豈可得乎？』」

另外，皇帝也賜臣下金石凌、藥金（服食用的黃金）等。根據葛洪《抱朴子》關於上藥的敘述，黃金是僅次於丹砂的藥：「仙藥之上者丹砂，次則黃金，次則白銀，次則諸芝，次則五玉，次則雲母，次則明珠，次則雄黃。」因此，黃金也是服食的礦物性藥物之一。權德輿（759-818）〈為趙相公謝賜金石凌表〉中，稱皇帝賜趙憬金石凌，以及金石凌方和服食的方法。[166] 唐玄宗曾賜中書舍人苑咸藥金，還令內侍輔朝俊教他服金之法。[167] 至於服食藥金有什麼好處呢？孔戣曾受皇帝賜藥金，他在謝表中稱「上藥本於金精，足以蠲除疫癘」；[168] 苑咸在另一次受賜的謝狀，稱它除了對身體有所補益之外，還可以駐顏不老，長命延年：

> 右：內給事袁思藝至，奉宣聖旨，賜臣江東成金二挺。若服之後，深有補益，兼延駐者。伏以仙方所祕，靈藥稱珍，必候休明之辰，上益無疆之壽。不意復迴天眷，念及微臣，賜九轉之金，駐百年之命。……[169]

除了上述的養生藥物之外，皇帝有時也頒賜藥酒。如宋真宗賜太尉王旦（957-1017）「蘇合香酒」，助他保養身體。由於此酒甚有效果，皇帝也賜給近臣，並且告以此藥酒之方，從此士庶之家都仿效飲此藥酒：

---

166 《全唐文》卷四八五，權德輿〈為趙相公謝賜金石凌表〉，頁 4958 上：「臣憬言：伏奉恩敕賜臣金石凌并方及服法，并金花銀合一。」

167 同前書，卷三三三，苑咸〈謝賜藥金盞等狀〉，頁 3372 上-下云：「右：內給事袁思藝奉宣聖旨，賜臣藥金盞一匙，並參花蜜餘甘煎及平脫合二；晚兼令中使輔朝俊親授昨所賜金方法者。伏以聖澤無涯，已沐九天之施；真方不祕，更示八公之法。」

168 同前書，卷六九三，孔戣〈謝賜手詔兼神刀藥金狀〉，頁 7109 上。

169 《全唐文》卷三三三，苑咸〈謝賜藥金狀〉，頁 3372 下。此文作者一作孔戣，見卷六九三，頁 7110 上。

王文正太尉，氣羸多病，真宗面賜藥酒一斛，令空腹飲之，可以和氣血，辟外邪。文正飲之，大覺安健，因對稱謝。上曰：「此蘇合香酒也。每一斗酒，以蘇合香丸一兩同煮，極能調五臟，却腹中諸疾。每冒寒夙興，則飲一杯。」因各出數榼賜近臣。自此臣庶之家，皆倣為之，蘇合香丸盛行於時。此方本出《廣濟方》，謂之「白朮丸」，後人亦編入《千金》、《外臺》，治疾有殊效，予於《良方》叙之甚詳。然昔人未知用之。錢文僖公集《篋中方》，〈蘇合香丸〉注云：「此藥本出禁中，祥符中嘗賜近臣。」即謂此也。[170]

　　唐代上層階級貴族文士服丹藥和石散的事實，除了文獻資料外，還有出土文物作為佐證，一九七○年陝西西安南郊何家村出土兩瓷唐代窖藏文物，包括金銀器皿二百七十一件，以及一些藥物：丹砂（光明紫砂、光明砂、光明碎紅砂、次光明砂、紅光丹砂、朱砂、井砂）、石鍾乳、白石英、珊瑚、金屑和金箔、蜜陀僧、琥珀。[171]（圖三、四）另外還出土了煉丹的專用器具「石榴罐」，其中出土的藥物中，鍾乳石、紫石英、白石英可以配製「三石更生散」，其效果和五石散相仿。[172]

　　以上所述唐、宋時期社會中流行的養生藥物，也都見於同一時期的寺院裡，可見僧人雖然逃離世俗生活，棲居寺院之中，但他們所服用的丸藥、乳藥、石藥、藥酒，和世俗社會的養生藥品並無太大的差別。

[170] 宋・彭乘撰，孔凡禮點校，《墨客揮犀》（北京：中華書局，2002），卷八，〈蘇合香酒〉，頁 377。

[171] 耿鑒庭，〈西安南郊唐代窖藏裡的醫藥文物〉，頁 56-58。

[172] 同前文，頁 60。

六、結語

　　唐、宋時期，社會上普遍流行著養生的湯藥和藥物，這種養生文化也影響及當時寺院的生活。禪宗的清規將養生的湯藥融入寺院生活的儀規裡，同時在宗教儀式裡，湯藥也成為禮拜的供養品，並且用以祭祀亡僧。[173] 在日常生活中，僧人也喫各種丸藥、乳藥、石藥和藥酒，此外也使用養生的枕頭，北宋五臺山十寺副僧正承鎬曾贈送成尋兩個「五課藥枕」。[174]《雲笈七籤》卷四八有〈神枕法并敘〉，稱此方是「女簾以此方傳玉青，玉青以傳廣成子，廣成子以傳黃帝」。[175] 宋・王堯臣（1001-1056）等人編的《崇文總目》卷一〇〈道書七〉，列有《藥枕方》一卷，[176] 無論是神枕或藥枕，都淵源自神仙道教，[177] 而非來自佛教。

　　服食餌藥這類養生思想是從神仙道家孕育出來的，這種思潮深深地浸透六朝以後的社會。寺院生活也是社會生活的一部份，僧人在出家之前，就是受社會文化影響，因此寺院生活薰染世俗社會風尚習俗也是很自然的。再則，佛教初傳之時，往往依附黃老和道術以傳教，有一些僧人也嫻習養生之術。如東晉名僧支遁（約 314-366）「雅尚老莊」，[178] 他曾和道

---

[173] 拙文，〈唐、宋時期寺院中的茶與湯藥〉。

[174]《參天臺五臺山記》卷五，頁 166，延久四年十二月十一日條。

[175] 宋・張君房校輯，《雲笈七籤》（收入湯一介主編，《道學精華》〔北京：北京出版社，1996〕），卷四八，頁 2011。

[176] 宋・王堯臣，《崇文總目》（收入許逸民、常振國編，《中國歷代書目叢刊・第一輯上》〔北京：現代出版社，1987〕），卷一〇，〈道書類七〉，頁六十三，總頁 162 上。

[177] 吉元昭治，〈神枕（藥枕）〉，收入牧尾良海博士喜壽記念論集刊行會編，《牧尾良海博士喜壽記念・儒、佛、道三教思想論考》（東京：山喜房佛書林株式會社，1991）。

[178]《高僧傳》（大・2059）卷四，〈義解一・支道林傳〉，頁 349 下；《高僧傳》（1992），卷四，〈義解第一・晉剡沃洲山支遁〉，頁 163。

俗二十四人在吳縣土山墓下，共修一日一夜的八關齋，齋會結束後，大家
紛紛散去，支遁便獨自登山採藥。[179] 另如東晉僧人單道開服食各種植物
和礦石的藥物十餘年：「絕穀餌栢實，栢實難得，復服松脂。後服細石
子，一吞數枚，數日一服。或時多少噉薑、椒，如此七年後，不畏寒暑，
冬溫夏涼，晝夜不臥。」[180] 一直到唐宋時期，像這樣講求養生服食的僧
人不絕如縷。[181]

　　雖然佛教教團中有人覺得「服食非佛盛事」，[182] 但道家各種養生之
方，卻一直流行在佛寺之中。寺院不僅吸收了世俗社會中道家淵源的養生
藥品，並且有所創新。《普濟方》中有「甘露湯」，就是出自於京口甘露
寺。[183] 智顗的疾病觀除了祖述一些佛典的觀念之外，也有傳統醫學和道
教醫學的影子；[184] 這是因為他受南北朝末年中國僧人曇靖撰述的《提謂
波利經》影響之故，此書將佛教的五戒，和儒家的五常、陰陽五行結合在
一起，五戒神掌管人五臟六腑的機能，依此可以長壽不死。[185] 到了宋

---

[179] 《廣弘明集》卷三〇，沙門支道林〈八關齋詩序〉，頁 350 上：「余既樂野室之寂，又有掘
　　藥之懷，遂便獨住，於是乃揮手送歸，有望路之想，靜拱虛房，悟外身之真，登山采藥。」

[180] 《高僧傳》（大・2059），卷九，〈單道開傳〉，頁 387 中；《高僧傳》（1992），卷九，
　　〈神異上・晉羅浮山單道開〉，頁 361。

[181] 《宋高僧傳》（大・2061），卷二〇，〈唐洛京慧林寺圓觀傳〉，頁 839 下，圓觀和他俗家
　　好友李源一起到四川的青城峨眉等山洞求藥；《宋高僧傳》（1987），下冊，卷二〇，〈唐
　　洛京慧林寺圓觀傳〉，頁 518。

[182] 《比丘尼傳》（大・2063，收入《大正新修大藏經》第五十冊），卷二，〈宋廣陵中寺光靜
　　尼傳〉，頁 939 中。劉宋時期比丘尼光靜「絕穀餌松」，身體力行辟穀養生，後來一位比丘
　　法成告訴她「服食非佛盛事」，光靜才恢復食用米糧。

[183] 《普濟方》卷三六，〈胃腑門・胃反附論〉，頁 909。

[184] 安藤俊雄，〈治病方として天臺止觀〉，《大谷大學研究年報》23（1971）：1-58。

[185] 中嶋隆藏，〈疑經に見える疾病・養生觀の一側面——「提謂經」とその周邊〉，收入坂出
　　祥伸編，《中國古代養生思想の綜合研究》（東京：平河出版社，1988），頁 649-673。

代，佛教的養生法中更加入了密教的成分，[186] 榮西所撰《喫茶養生記》一書中，敘及養生之法有飲茶、服桑，以及運用密教經典和儀軌，如《尊勝陀羅尼破地獄法祕鈔》對五臟、五行和五味的關聯，再配合《五藏曼荼羅儀軌鈔》中的手印和真言加持，使五臟永無病患。另外，他也記載了五種因鬼魅而引起的疾病，都可以用桑治療，稱此方「頗有于受口傳于唐醫矣，亦桑樹是諸佛菩提樹，攜此木天魔猶以不競，況諸餘鬼魅附近乎！」[187] 這似乎是在當時流行的醫方中，加上佛教的成分。由此可見，道家養生思想及其實踐對佛教教團實有不淺的影響。

（本文原刊於《中央研究院歷史語言研究所集刊》第七十七本第三分）

---

[186] 田中文雄，〈「五輪九字祕釋」と養生思想〉，收入坂出祥伸編，《中國古代養生思想の綜合研究》，頁 674-698。

[187] 《喫茶養生記》卷下，頁 422 下。

圖一：正倉院藥物中的「雲母床」

圖二：正倉院藥物中的「雲母粉」

圖三：何家村窖藏中，盛光明砂的銀合

圖四：何家村窖藏中，盛內藏紫（石）英、白（石）英的銀合

參考文獻

一、傳統文獻

《漢書》，漢・班固撰，唐・顏師古注，西北大學歷史系傅東華等點校，
　　北京：中華書局，1962。

《新唐書》，宋・歐陽修、宋祁撰，董家遵等點校，北京：中華書局，
　　1975。

《舊唐書》，後晉・劉昫等撰，劉節等點校，北京：中華書局，1975。

《舊五代史》，宋・薛居正等撰，劉迺龢等點校，北京：中華書局，
　　1976。

《宋史》，元・脫脫等撰，聶崇岐等點校，北京：中華書局，1977。

《全唐詩》，北京：中華書局，1960。

《全隋文》，收入清・嚴可均校輯，《全上古三代秦漢三國六朝文》，北
　　京：中華書局，1958。

晉・葛洪撰，王明校釋，《抱朴子內篇校釋》，北京：中華書局，1985。

唐・元稹撰，冀勤點校，《元稹集》，北京：中華書局，1982。

唐・孫思邈，《千金翼方》，臺北：中國醫藥研究所，1990。

唐・劉禹錫著，瞿蛻園校點，《劉禹錫全集》，上海：上海古籍出版社，
　　1999。

唐・劉肅撰，許德楠、李鼎霞點校，《大唐新語》，北京：中華書局，
　　1984。

宋・王安中，《初寮集》，收入《景印文淵閣四庫全書》，臺北：臺灣商
　　務印書館，1983，第 1127 冊。

宋・王安石撰，《臨川文集》，收入《景印文淵閣四庫全書》，第 1105

冊。

宋‧王堯臣，《崇文總目》，收入許逸民、常振國編，《中國歷代書目叢刊‧第一輯上》，北京：現代出版社，1987。

宋‧王懷隱編，《太平聖惠方》，臺北：新文豐出版公司，1980。

宋‧吳自牧撰，《夢粱錄》，收入《東京夢華錄（外四種）》，上海：上海古典文學出版社，1956。

宋‧李昉等編，孫雍長、李長庚、王珏校點，《太平御覽》，石家莊：河北教育出版社，1994。

宋‧李昉等編，《太平廣記》，臺北：文史哲出版社，1987。

宋‧汪應辰，《文定集》，收入《武英殿聚珍板書》，清光緒二十五年廣雅書局刊本，臺北：中央研究院歷史語言研究所傅斯年圖書館藏，集部第 533-536 冊。

宋‧周密，《武林舊事》，收入《東京夢華錄（外四種）》。

宋‧周密撰，吳企明點校，《癸辛雜識》，北京：中華書局，1997。

宋‧徐夢梓撰，《三朝北盟會編》，上海：上海古籍出版社，1987。

宋‧孫升，《孫公談圃》，據《百川學海》宋咸淳九年左圭輯刊本影印，收入《叢書集成新編》，臺北：新文豐出版公司，1985，第 83 冊。

宋‧崔敦禮，《宮教集》，收入《景印文淵閣四庫全書》，第 1151 冊。

宋‧陳元靚撰，《歲時廣記》，收入《歲時習俗資料彙編》，臺北：藝文印書館，1970，第 7 冊。

宋‧陳直撰，元‧鄒鉉編次，黃應紫點校，《壽親養老新書》，北京：團結出版社，1994。

宋‧陳騤撰，張富祥點校，《南宋館閣錄》，北京：中華書局，1998。

宋‧陸游，《入蜀記》，收入《景印文淵閣四庫全書》，第 460 冊。

宋‧彭乘撰，孔凡禮點校，《墨客揮犀》，北京：中華書局，2002。

宋‧趙彥衛撰，傅根清點校，《雲麓漫鈔》，北京：中華書局，1996。

宋‧劉才邵撰，《檆溪居士集》，收入《景印文淵閣四庫全書》，第 1130 冊。

宋‧慕容彥逢，《摛文堂集》，收入《景印文淵閣四庫全書》，第 1123 冊。

宋‧樓鑰，《攻媿集》，收入《景印文淵閣四庫全書》，第 1153 冊。

宋‧歐陽修撰，李偉國點校，《歸田錄》，北京：中華書局，1981。

宋‧蔡襄，《茶錄》，收入《叢書集成新編》，第 47 冊。

宋‧黎靖德，王星賢點校，《朱子語類》，臺北：華世出版社，1987。

宋‧竇革撰，《酒譜》，石家莊：河北教育出版社，1995。

宋‧蘇軾撰，王松齡點校，《東坡志林》，北京：中華書局，1981。

朝鮮‧金禮蒙等收輯，浙江中醫研究所、湖州中醫院校點，《醫方類
　　聚》，北京：人民衛生出版社，1981-1982。

金‧佚名編，金少英校補，李慶善整理，《大金弔伐錄校補》，北京：中
　　華書局，2001。

元‧吳澄，《吳文正集》，收入《景印文淵閣四庫全書》，第 1197 冊。

明‧朱橚等編，《普濟方》，北京：人民衛生出版社，1959 年 1 版，1982
　　年 3 版。

明‧吳寬，《家藏集》，收入《景印文淵閣四庫全書》，第 1255 冊。

明‧李時珍，《本草綱目》，北京：人民衛生出版社，1975。

清‧董誥等編，《全唐文》，北京：中華書局，1983。

丁傅靖輯，《宋人軼事彙編》，北京：中華書局，1981。

周紹良主編，《全唐文新編》，長春：吉林文史出版社，2000。

北京大學古文獻研究所編，傅璇琮等主編，《全宋詩》，北京：北京大學
　　出版社，1991。

顧嗣立編，《元詩選》，北京：中華書局，1987。

二、宗教文獻

《大日經持誦次第儀軌》（大・860），收入《大正新修大藏經》，臺
　　北：新文豐出版公司影印，1983，第十八冊。

《歷代法寶記》（大・2075），收入《大正新修大藏經》，第五十一冊。

《律戒本疏》（大・2788），收入《大正新修大藏經》，第八十五冊。

吳・支謙譯，《佛開解梵志阿颰經》（大・20），收入《大正新修大藏
　　經》，第一冊。

失譯附東晉錄，《沙彌十戒法并威儀》（大・1471），收入《大正新修大
　　藏經》，第二十四冊。

失譯附東晉錄，《大愛道比丘尼經》（大・1478），收入《大正新修大藏
　　經》，第二十四冊。

後秦・弗若多羅、鳩摩羅什譯，《十誦律》（大・1435），收入《大正新
　　修大藏經》，第二十三冊。

後秦・佛陀耶舍、竺佛念等譯，《四分律》（大・1428），收入《大正新
　　修大藏經》，第二十二冊。

後秦・鳩摩羅什譯，《十住毘婆沙論》（大・1521），收入《大正新修大
　　藏經》，第二十六冊。

龍樹菩薩造，後秦・鳩摩羅什譯，《大智度論》（大・1509），收入《大
　　正新修大藏經》，第二十五冊。

失譯附秦錄，《毘尼母經》（大・1463），收入《大正新修大藏經》，第
　　二十四冊。

劉宋・佛陀什、竺道生等譯，《彌沙塞部和醯五分律》（大・1421），收
　　入《大正新修大藏經》，第二十二冊。簡稱《五分律》。

梁・釋慧皎撰，《高僧傳》（大・2059），收入《大正新修大藏經》，

第五十冊。

梁・釋慧皎撰，湯用彤校注，湯一介整理，《高僧傳》，北京：中華書
　　局，1992。

梁・釋寶唱撰，《比丘尼傳》（大・2063），收入《大正新修大藏
　　經》，第五十冊。

隋・智寂等錄，灌頂纂集，《國清百錄》（大・1934），收入《大正新修
　　大藏經》，第四十六冊。

隋・智顗，《法界次第初門》（大・1925），收入《大正新修大藏經》，
　　第四十六冊。

唐・法藏撰，《梵網經菩薩戒本疏》（大・1813），收入《大正新修大藏
　　經》，第四十冊。

唐・阿地瞿多譯，《陀羅尼集經》（大・901），收入《大正新修大藏
　　經》，第十八冊。

唐・愛同集，《彌沙塞羯磨本》（大・1424），收入《大正新修大藏
　　經》，第二十二冊。

唐・義淨譯，《根本薩婆多部律攝》（大・1458），收入《大正新修大藏
　　經》，第二十四冊。

唐・道世集，《諸經要集》（大・2123），收入《大正新修大藏經》，第
　　五十四冊。

唐・道宣撰，《四分律刪繁補闕行事鈔》（大・1804），收入《大正新修
　　大藏經》，第四十冊。

唐・道宣撰，《曇無德部四分律刪補隨機羯磨》（大・1808），收入《大
　　正新修大藏經》，第四十冊。

唐・道宣撰，《廣弘明集》（大・2103），收入《大正新修大藏經》，第
　　五十二冊。

唐・趙遷撰，《大唐故大德贈司空大辨正廣智不空三藏行狀》（大・
　　2056），收入《大正新修大藏經》，第五十冊。

唐・懷信述，《釋門自鏡錄》（大・2083），收入《大正新修大藏經》，
　　第五十一冊。

唐・釋圓照集，《代宗朝贈司空大辨正廣智三藏和上表制集》（大・
　　2120），收入《大正新修大藏經》，第五十二冊。

日本・釋圓仁（794-864）撰，《入唐求法巡禮行記》，臺北：文海出版
　　社，1976。

宋・元照，《四分律行事鈔資持記》（大・1805），收入《大正新修大藏
　　經》，第四十冊。

宋・正受編，《嘉泰普燈錄》（大・1559），收入《大正新修大藏經》，
　　第七十九冊。

宋・志磐撰，《佛祖統紀》（大・2035），收入《大正新修大藏經》，
　　第四十九冊。

宋・宗曉編，《四明尊者教行錄》（大・1937），收入《大正新修大藏
　　經》，第四十六冊。

宋・宗頤撰，蘇軍點校，《禪苑清規》，收入《中國禪宗典籍叢刊》，鄭
　　州：中州古籍出版社，2001。

宋・法雲編，《翻譯名義集》（大・2131），收入《大正新修大藏經》，
　　第五十四冊。

宋・重顯說，惟蓋等編，明・淨戒重校，《明覺禪師語錄》（大・
　　1996），收入《大正新修大藏經》，第四十七冊。

宋・張君房校輯，《雲笈七籤》，收入湯一介主編，《道學精華》，北
　　京：北京出版社，1996。

宋・道誠集，《釋氏要覽》（大・2127），收入《大正新修大藏經》，第

五十四冊。

宋・贊寧撰，《宋高僧傳》（大・2061），收入《大正新修大藏經》，
　　第五十冊。

宋・贊寧撰，范祥雍點校，《宋高僧傳》，北京：中華書局，1987。

日本・榮西，《喫茶養生記》，收入《大日本佛教全書》，東京：佛書刊
　　行會，1913-1918，第 27 冊。

小野勝年，《入唐求法巡禮行記の研究》，京都：法藏館，1964 年初版，
　　1988 年新 1 版。

平林文雄，《參天臺五臺山記：校本並に研究》，東京：風間書房，
　　1978。

鏡島元隆、佐藤達玄、小坂機融，《譯註禪苑清規》，東京：曹洞宗宗務
　　廳，1972 年第 1 刷，1992 年第 5 刷。

三、近人論著

余嘉錫
　　1963　〈寒食散考〉，收入《余嘉錫論學雜著》，北京：中華書局。
李正宇
　　2005　〈晚唐至北宋敦煌僧尼普聽飲酒——敦煌世俗佛教系列研究之
　　　　　　二〉，《敦煌研究》2005.3。
耿鑒庭
　　1972　〈西安南郊唐代窖藏裡的醫藥文物〉，《文物》1972.6：56-
　　　　　　60。
曹仕邦
　　1994　《中國沙門外學的研究：漢末至五代》，臺北：東初出版社。
陳明

2003　〈沙門黃散：唐代佛教醫事與社會生活〉，收入榮新江編，
　　　　《唐代宗教信仰與社會》，上海：上海辭書出版社，頁 252-
　　　　295。

劉淑芬

2004a　〈《禪苑清規》中所見的茶禮和湯禮〉，發表於「京都大學人
　　　　文科學研究所開所七十五週年記念中國宗教文獻研究國際研討
　　　　會」，2004 年 11 月 18-21 日。

2004b　〈「客至則設茶，欲去則設湯」——唐、宋時期世俗社會生活
　　　　中的茶與湯藥〉，《燕京學報》新 16：117-155。

排印中〈唐、宋寺院中的茶和湯藥〉，《燕京學報》新 19。

潘春輝

2003　〈晚唐五代敦煌僧尼飲酒原因考〉，《青海社會科學》
　　　　2003.4。

蔣力生

1993　〈《外臺秘要方》服石文獻研究〉，收入唐・王燾撰，高文鑄
　　　　等校注研究，《外臺秘要方》，北京：華夏出版社，頁 1166-
　　　　1183。

鄭炳林、魏迎春

2004　〈晚唐五代敦煌佛教教團的科罰制度研究〉，《敦煌研究》
　　　　2004.2：48-57。

盧兆蔭

1985　〈關於金銀器的幾個問題〉，《文物天地》1985.6：54-56。

二本柳賢司

1994　《佛教醫學概要》，京都：法藏館。

中嶋隆藏

1988 〈疑經に見える疾病・養生觀の一側面——「提謂經」とその
周邊〉，收入坂出祥伸編，《中國古代養生思想の綜合研
究》，東京：平河出版社，頁 649-673。

田中文雄

1988 〈「五輪九字秘釋」と養生思想〉，收入坂出祥伸編，《中國
古代養生思想の綜合研究》，頁 674-698。

吉元昭治

1991 〈神枕（藥枕）〉，收入牧尾良海博士喜壽記念論集刊行會
編，《牧尾良海博士喜壽記念・儒、佛、道三教思想論考》，
東京：山喜房佛書林株式會社，頁 261-289。

守屋東編輯

1933 《佛教と酒：不飲酒戒史の變遷に就いて》，東京：少年禁酒
軍。

安藤俊雄

1971 〈治病方として天臺止觀〉，《大谷大學研究年報》23：1-
58。

池口惠觀

1992 《佛教と醫療》，大阪：東方出版。

牧田諦亮

1976 《疑經研究》，京都：京都大學人文科學研究所。

柴田承二監修，宮內庁正倉院事務所編集

2000 《圖說正倉院藥物》，東京：中央公論社。

淺田宗伯

1982 《皇國名醫傳》，東京：名著出版。

道端良秀

1985 〈佛教の酒——毒酒と藥酒〉，收入氏著，《中國佛教史全集》，東京：書苑，第 7 卷。

Kieschnick, John（柯嘉豪）

1997 *The* eminent *monk: Buddhist ideals in medieval Chinese hagiography.* Honolulu: University of Hawai'i Press.

第八章　明代寺產的經營與寺僧坐食形象的扭轉

陳玉女

國立成功大學歷史系教授

　　佛門戒律、清規有關僧眾在財物擁有或使用上的規範，均涉及寺院公共財及僧人私有財兩個範疇，但不管任何一方，都是關係寺院經濟發展的重要成分。談到明代寺院經濟，相關研究多著重於寺田經營的探討。最早有清水泰次，〈明代の寺田〉一文，討論僧道寺觀究竟有無徭役與寺田投獻的問題。指出從相關史料顯示，擁有寺田者，卻想盡辦法避開徭役的繳納，而僧道將寺觀田地投獻於王府勢家，以全其利。故縱使記載寺觀田地為富豪所侵佔，但事實上是被侵佔，還是故意令其佔領，不甚清楚。[1]

　　至於寺田、寺莊的形成與管理，石田德行則運用《金陵梵剎志》，討論南京寺莊的管理、耕作者、稅役負擔、限制等問題，以管窺明代寺莊之面貌。又明初雖設砧基道人處理寺院稅差之事，嘉靖年間，於佃戶內設莊頭一人負責收租解縣，禁止僧人自行取租。但石田氏對其箇中之變化緣由，未行說明。[2]

　　稍後，野口鐵郎論及洪武 27 年（1394）雖訂定欽賜田稅役全免、常

---

[1]　清水泰次，〈明代の寺田〉，頁 205-220。

[2]　石田德行，〈明代南京の寺莊について－特に南京寺莊を中心として－〉，頁 153-187。

住田享有免役權的新原則，但因地方而異，未必通行於全國各地。洪武19年（1386），設置砧基道人即是為了主掌這樣複雜的層面。文中強調砧基道人是代替僧眾對外與官府交涉的僧人，地位相當高，主要任務掌管統轄寺院被科派的稅役，但不是寺莊、寺田的管理者。洪武以後，寺院繳納秋糧的義務仍然存在，砧基道人的任務並未完全消失，但不見有關砧基道人的史料記載及其去向。[3] 竺沙雅章則針對永樂以後沒有出現砧基道人的記載，推測可能僅是洪武時期的制度之設。[4]

　　關於寺莊管理，石田氏藉助南京寺莊設置官住及管莊僧的管理組織進行了解。指摘寺院田租之徵收，乃藉助里甲組織的功能完成。寺田的耕作者，有逃入寺院為行童的軍民和諸多無賴、罪犯之徒。而直接承佃寺田者，有小地主、官僚、富豪、舉人、監生等，由其再行分佃給別的佃戶，往往因此導致寺田被任意轉賣或侵佔的弊端。又佃戶中有抗繳佃租的頑佃、刁佃、奸佃、霸佃，造成寺田經營的困難，迫使某些寺田不得不走入投獻或詭寄於富豪勢家的命運。[5] 石田的研究較清水泰次進一步勾勒出明代寺田管理的面相與困境之處。

　　緊接著，石田氏為了解析地主（寺院）與耕作者（佃戶）的關係，續寫〈明代南京の寺莊について－特に寺莊の稅役負擔を中心として－〉，補述明中期以後，南京寺莊除了承受頑佃的抗租、官僚富豪或糧長的侵佔、典賣等外在勢力的破壞外，內部寺僧的侵佔、盜賣，愈擴大對寺莊的侵害。因此充分推想明律禁止寺觀田地買賣及賜田保護的政令方針，至明

3　野口鐵郎，〈明代寺田の稅役と砧基道人〉，頁 83-99。

4　竺沙雅章，〈明代寺田の賦役について〉，頁 487-512、495。

5　石田德行，〈明代南京の寺莊について－特に南京寺莊を中心として－〉，頁 162-166、頁 174-176、頁 183。

末幾乎未實行過。[6]

　　明中葉以後，寺田在土地兼併風潮中，面臨上述內外僧俗交相侵吞的險峻。然而傅貴九卻完全從土地的劫掠者、利益的剝削者，談論寺僧宛如貴族、官僚、豪紳般的地主，大肆兼併民田、廣佔田畝。明清寺產則仗恃政權的庇護而無限擴充，造成國家財政稅收的匱乏及社會經濟發展的阻礙與破壞。傅氏聲稱：「僧道地主完全是坐食階層，是一種單純的寄生性地主，他們全然不事生產，只知擴大佔有和追求地租收益，所謂『知兼併而不知盡地利』，『惟知租之入，而不知田之處』。」[7]這樣的立論角度，無非源自傳統士大夫視佛教為蠹蟲的批判觀點。

　　若對照傅貴九與石田德行的觀點，看似兩極化的寺產發展現象，從中卻約略可見寺產問題的全面輪廓。某些寺院在土地兼併激烈的情況下，既遭受豪強的破壞與奪取，又遭寺僧的侵吞。不管如何，這種處境下的佛寺即是深受重創的受害者。但欲解決此困境，又不得不仰賴勢豪之力，也就是大檀越的布施，只是布施者往往又成為勒索侵奪寺產之人，[8]即史稱：「夫古之施者，患不為檀越，今之施者，患其為檀越。豈非古之檀越施之，今之檀越攘之也。」[9]檀越動機、態度的兩面性，加上部份寺僧的私心，憑添寺產經營結構的複雜度與維護上的風險。

　　另一方面，有些寺院則以大地主的姿態，從事收買、兼併民田或接受獻納，行使擴充寺產之實，儼然如豪門之家，過著肥馬輕裘的奢華生活；

[6]　石田德行，〈明代南京の寺莊について—特に寺莊の稅役負擔を中心として—〉，頁79-95、89-93。

[7]　傅貴九，〈明清的寺田〉，《南開史學》，第1期，頁127-152、151。

[8]　南炳文，〈明代的寺觀經濟〉，《南開學報》，第4期，頁50。

[9]　釋元賢（明），《泉州開元寺志》（收入杜潔祥主編，《中國佛寺史志彙刊》，第2輯第8冊），〈跋開元寺志後〉，頁150。

[10] 誠如林希元（1481-1565）所言：「頭髮一落，田園連阡，富擬封君，
坐享輕肥間。有身居僧寺，志在塵垢，陽雖削髮為僧，陰實置妻生子。又
有瞞典僧田，營植私產。」[11] 不僅引發社會輿論的撻伐，佛門本身亦多所
詬病。

　　社會對佛門觀感的歧異，亦即在寺產被侵佔典賣的受害者形象與寺僧
侵占、盜賣，甚至擴大兼併土地的侵害者或坐食者形象之間，佛教該如何
重拾社會的信賴與布施意願，進而重振寺產祖風，是試圖復興產業之叢林
所必須積極面對的課題。

一、勸募濟世對坐食蠹蟲寺僧形象的扭轉

　　募化是寺院經濟的重要來源，如何達到勸募集資的效果，是寺院
經濟營運上務必思索因應的問題。前述明代社會對佛寺僧侶仍抱持傳
統以來坐食蠹蟲的觀感，從經濟效益而言，等於否定了佛教存在的價
值。相對的，佛教行使募化，卻需要社會對其存在意義的認可，始能
回應佛門的勸募而奉行布施的教化理念。是以，佛門如何看待並從事
有效性的募化活動，以扭轉社會對佛門的蠹蟲印象，是本節討論的重
點。

---

[10] 陳玉女，《明代二十四衙門宦官與北京佛教》（臺北：如聞出版社，2001），〈第四章
　　第三節　『富貴』同是為僧、為宦官的企求目標〉，頁 125-127。

[11] 林希元（明），《同安林次崖先生文集》（收入《四庫全書存目叢書》，臺南：莊嚴文化
　　公司，1997，第 75 冊），卷 2，〈王正付言疏〉，頁 469b。

（一）太祖的「實用性」佛教觀點

首先，就明代佛教蠹蟲觀的立論基礎進行觀察。此論，遠在明代之前，已是中國歷朝排佛者的習慣性見解，有其傳統道德價值的批判性。若僅就明朝而論，除了承襲傳統性的觀感，前述明太祖的「實用性」佛教觀點亦深具影響。

明太祖肯定佛教利益世人的實際價值，[12]強調布施給致力修行的僧人，始有功德可言。[13] 尤其認可苦行的價值，能徹底滅除世人惡習、免除社會禍害，故於〈修教論〉中，讚賞釋迦牟尼佛，「立忍辱苦行之法門，意在消愆而息禍，利濟羣生」。若欲學佛出家修道，「則當苦行物華，勿勞人以自逸」。[14]

對太祖來說，理想而有用的僧人，不是擁有神跡般的聖僧或神異僧，而是展現力行苦修的貧僧形貌，即其形塑的「力修之僧」，能夠忍受嚴冬酷暑的煎熬，形同乞丐，衣物襤褸，枯瘦如柴，不為人所注目，卻擁有強韌的修道毅力。其言：

> 隆冬之時衣服頹靡，疊膝禪房，慕如來六年之苦行，意欲了心性以化世人，皆同善道。雖嚴寒肌膚為之凍裂，雖酷暑蚊虫為之吮血，亦不相告！若出禪房遊市井，使俗人見之，則衣頹而形稿，故所以世俗耳目無所驚，不得布施耳！[15]

---

[12]　朱元璋（明），《明太祖集》，卷15，〈佛教利濟說〉，頁338-339。

[13]　朱元璋（明），《明太祖集》，卷10，〈明施論〉：「若善人，欲功德延及子孫者，當捨物于力修之僧，然後方有功，足慕道之心。」頁225。

[14]　朱元璋（明），《明太祖集》，卷10，頁225。

[15]　朱元璋（明），《明太祖集》，卷10，頁225。

這樣的貧僧形象，其原型，當可溯及佛陀六年苦行，及其苦行第一的弟子大迦葉身上。大迦葉即使年老體衰，仍堅決行持頭陀行，因為在乞食、著糞掃衣的衣食生活中，及樹下、塚間行走安禪，能夠鍛鍊安然自若的清淨心，故「長夜皆得安樂饒益」。[16] 這應是太祖肯定苦行的價值所在，也是歷代高僧所必備的重要行為特質；在任何時代，苦行是建構高僧典範的重要條件。[17]

明太祖雖然肯定苦行的正面意義，但對於大多數的僧人還是抱持懷疑、不信任，甚至站在幾近無用論的傳統「蠹蟲」觀加以看待，言語之間流露出諸多負面的觀感。指責：「爾（僧純一）不能如是，……意在鼎新佛寺，集多財以肥己。孰不知財寶既集，淫欲並生。……爾僧無知，不能修內而修外」。[18] 又說：「道盈菴而僧滿寺。以百人為數，九十九人失道迷宗」，[19]「所以僧多愚而不善，民廣頑而不良，以其悟機錯矣！」[20] 而「近代以來，凡釋道者，不聞談精進般若、虛無實相之論，每有歡妻撫子，暗地思欲，散居空（塵）世，污甚于民，反累宗門，不如俗者時刻精至也。」[21] 所以「方今為僧者，不務佛之本行，污世俗、居市廛。」[22] 太祖如此質疑僧人行思，或許與其年少的沙彌生活經驗有關，所見多為糊

---

[16] 釋求那跋陀羅（宋）譯《雜阿含經》（收入《大正新修大藏經》，第 2 冊），卷 41，頁 301c。

[17] 如晚明嶺南戒行高僧道丘法師，據釋成鷲（清），《鼎湖山志》（收入杜潔祥主編，《中國佛寺史志彙刊》，第 1 輯第 47 冊），卷 2，圓捷機，〈開山主法棲老和尚行狀〉，讚譽其「為法，則殄寢頓忘，晝夜彌勵，初行腳吳越首歷講肆，脇不沾席，初中後夜嘗舍坐而立，閱藏瑠琉燈下，雖溽暑祁寒，殆無懈倦。」頁 258。

[18] 朱元璋（明），《明太祖集》，卷 8，〈諭僧純一敕〉，頁 156-157。

[19] 朱元璋（明），《明太祖集》，卷 10，〈問佛仙〉，頁 207。

[20] 朱元璋（明），《明太祖集》，卷 10，〈誦經論〉，頁 210。

[21] 朱元璋（明），《明太祖集》，卷 10，〈釋道論〉，頁 213。

[22] 朱元璋（明），《明太祖集》，卷 10，〈宦釋論〉，頁 228。

口而混跡佛門者。

　　大體言之，明太祖務實的佛教觀，有用無用，是蠹蟲還是濟世利人，不是從佛教的出世觀點著眼，而是以國家社會的利益為判斷基準。若依據明末清初李光地（1642-1718）的分析，認為明太祖雖有崇佛之舉，像「遣人向天竺求經，又各王分封時皆以一僧傅之」，但「洪武亦不是信佛」之人。理由是：

> 大抵人不能無所畏，當其分爭時，匹夫匹婦皆吾敵。至天下一統無外患可虞，欲保社稷、長子孫，便懼鬼神，思以邀福而除禍，未有不為僧道所愚者。[23]

此見未必適切，但用在解釋明太祖的佛教對待上，則更顯現明太祖運用佛教的現實態度。因此明太祖雖然鼓勵僧人獨隱深山岩壑之間，精嚴戒行，淬練心志，但未正視托鉢乞食、行腳的修行意義，將其等同游食之民，多所顧慮與限制。[24] 況且其以瑜伽教寺代替律寺所建構的佛教大環境，恰巧不利於苦行僧的培養，不僅弱化苦行的戒律基礎，反而提供僧人多取於檀信財施的合理藉口，豐厚了寺僧的經濟基礎與物質環境，加重放逸、貪、墮的負面心性。又逢嘉靖年間，廢除戒壇，對僧團戒行及僧人追求聖道之

23　李光地（清），《榕村語錄》（收入《景印文淵閣四庫全書》，第 725 冊），卷 20，頁 317b。

24　相關條例，如「令出之後，有能忍辱不居市廛、不混時俗，深入崇山刀耕火種，侶影儔燈，甘苦空寂寞於林泉之下，意在以英靈出三界者，聽。」（朱元璋（明），《欽錄集》，卷 2，頁 58 下-59 上）；「僧合避者不許奔走市村，以化緣為由，致令無籍凌辱，有傷佛教，若有此等擒獲到官，治以敗壞祖風之罪。（朱元璋（明），《欽錄集》，卷 2，頁 62 下）；「僧，若依朕條例，或居山澤、或守常住、或遊諸方，不干於民、不妄入市村，官民欲求僧以聽經，豈不難哉！」（朱元璋（明），《欽錄集》，卷 2，頁 63 下）。

路，無疑是一大重創。[25]

（二）官方的游食論述

明代近似太祖對佛教僧侶抱持種種的擔憂與負面思考，在往後廷臣奏議中屢屢呈現。從國家財力、勞役及稅收問題，指責佛教造成社會勞役分擔的重大失衡，充分表達排佛的立場。當中「蠹蟲」無用之見，應是構築闢佛議論的基調，如楊士奇（1365-1444），〈治道〉所言：

> 今僧道不蠶而衣，不耕而食，皆得全免繇稅。而愚民多以財產托名詭寄，或全捨入常住，以求隱蔽差役，驅國家之實利，歸無用之空門。視民間輸稅之外，又當里正主首，又當和顧和買，非惟棄本逐末，實是勞逸不均。[26]

又於〈經國〉一文，奏錄軍國大政五條，其一建議「沙汰僧尼，使疲民無耗」。由於歷代不斷增加「不蠶而衣、不耕而食」的僧眾人數，按楊士奇計算：

> 假使天下有僧萬人，每日食米一升，歲用絹一疋，是至儉也。而月有三千斛之費，歲有一萬縑之耗，何況五七萬輩哉！而又富僧鉅髡窮極口腹一齋之食、一襲之衣，貧民百家未能供給。[27]

---

[25] 釋湛然（明），《慨古錄》：「今太祖將禪教瑜伽開為二門，禪門受戒為度，應門納牒為度。自嘉靖間，迄今五十年，不開戒壇，而禪家者流，無可憑據，散漫四方，致使玉石同焚，金鍮莫辨。」頁128b。

[26] 楊士奇（明），《歷代名臣奏議》（收入《景印文淵閣四庫全書》，第434冊），卷67，〈治道〉，頁882。

[27] 楊士奇（明），《歷代名臣奏議》，卷81，〈經國〉，頁300b。

像這樣純屬耗費物資之民,「既不能治民,又不能力戰,不造器用,不通貨財而高堂邃宇,豐衣飽食而已。不曰民蠹,而可得乎?」[28] 故楊士奇諫請沙汰僧尼,「以厚生民」。

倪岳(1443-1501)的〈題照例查處給度事〉,對於佛教,同樣有著楊士奇的憂慮與議論,倪岳據弘治元年(1488)馬文升所奏,稱成化 22 年(1486)計僧道共五十餘萬人。曰:

> 以一僧一道一年食米六石論之,共該米三百六十萬餘,可勾京師一年歲用之數。況有不耕而食、不蠶而衣,且又不當本等差役,可謂食之眾,而為之不舒矣。其軍民壯丁私自披剃,而隱于寺觀者,不知其幾何?民食不足,府藏之空,職此之由。若不通查僧道之數,以示再度之禁,則游食之徒何有紀極。[29]

游食之徒驟增,加重社會衣食物資之額外負擔,而逃軍流民混入佛門,僧人品流複雜,加深社會治安的隱憂,引發統治階層的不滿,最終勢必祭出禁革取締的措施。

類似上述,訴求革除僧徒坐食、耗蠹民財及四處游食之風,促令還俗、務生納稅之聲,有明一朝,前後如宣德年間行科給事中年富、正統年間某知縣單宇、景泰年間御史葉鑾、成化年間巡按直隸監察御史曹麟、弘治年都察院左都御史馬文升(1462-1510)、萬曆年間陶望齡(生年不詳-1609)、謝肇淛(1567-1624)等,或經由上奏、或為文,批判佛教之

---

[28] 楊士奇(明),《歷代名臣奏議》,卷81,〈經國〉,頁300b。

[29] 黃訓(明)編,《名臣經濟錄》(收入《景印文淵閣四庫全書》,第 443 冊),卷 30,倪岳,〈題照例查處給度事〉,頁 669b。

非，冀望為政者予以肅清。[30]就傳統國家管理者而言，欲創造安居樂業的理想社會，安土重遷、流動性少的農業生活，是它的建構基礎。反之，四民之間頻繁的流動，將加深統治者在管理上的困擾。因此，傳統而保守的「重農」思想與社會型態，是統治階層長期固守的理想。胡居仁（1434-1484）於《居業錄·古今》所述，亦離不開此思考範疇。其言：

> 天下之衣食盡出于農，工商不過相資而已。故程子舉先王之法，合當八九分人為農，一二分人為工商。今以數計之，工商居半，又有待哺之兵，及僧道、尼巫、師祝、富盛之家，皆不耕而食。機織本女子之事，今機匠以男為之，耕者少，食者多，天下如何不饑困？宜自百官士人之外，止將一分人作工商，以通器用、貨財有無，其餘盡驅之于農，既盡生財之道，又免坐食之費，四海必將殷富矣。

　　依胡居仁所見，農業是一切經濟財源的根本，僅少數為官治民的士大夫之外，讓百分之十的人從事工商，貨通有無即可。其餘百分之八、九十盡歸於農，則家國必富。此實為古今一脈相承的保守士夫之見，固守「重農抑商」的治國原則，以維護儒家思想治下那份尊卑有序的人倫社會。然而胡居仁生活在工商業漸趨發達的社會，有百分之五十以上的人從事工商業或類似僧道、尼巫、師祝等，棄本逐末者紛紛。四民之間相互川流往來，上下階層的流動瞬息萬變。伴隨而生的四民不分、僭禮越份等各種現象，著實讓傳統士大夫在社會秩序管控上感到惶恐不安。[31]

---

30 可參見陳玉女，《明代二十四衙門宦官與北京佛教》，〈第三章　二十四衙門宦官的崇佛概況〉及〈第四章　二十四衙門宦官與北京佛寺、僧人往來的基礎關係〉的討論，頁83-86、頁125-132。

31 卜正民（Timothy Brook）著，方駿，王秀麗，羅天佑譯，《縱樂的困惑：明代的商業與文

　　胡居仁的言論，可說是保守士大夫對待不事農業生產者的一貫「敵對」態度，很難適時認可其他從業者的社會價值，往往將它視為社會的負擔及政權管理上的障礙。而統治者也經常視上述言論，衡量現實需求，適時對佛教訂定懲治條例。常見者，即為了抑制納糧當差的失衡或紓困國家財政、軍事經費及社會救濟資源的困乏，而施行限制寺院經濟的擴充，向寺院徵收稅糧、繇役或沒收寺田、多餘寺產等策略。[32]毋庸置疑，如此勢必加重寺院經濟負擔，僧元賢（1578-1657）按語指出：

> 紫雲寺產，乃唐宋以來，眾檀所施，僧賴之以存活，而輸官稅，供里役，一如民間，非有耗于國也。至于近世，謂僧非民，且耗國，忍為變賣之議，及請給之謀，非獨無以施之，且扼而奪之，產已失之十五矣。至嘉靖間防倭事起，當道抽其六餉軍，巡撫金公且徵其八，至於今日軍已撤而餉不減，又有加焉。如之何僧不窮且竄也。[33]

釋元賢強調寺僧非耗斁國家財政之蠹。可見蠹蟲論是外界加諸佛寺的難以承受之罪。為政者則循此合理化其對佛教的種種管制或剝削措施，倍增寺

化；*The confusions of pleasure: commerce and culture in Ming China*》，〈第二章　春（1450-1550）〉的論述，頁119-204。

[32] 石田德行，〈明代南京の寺莊について－特に寺莊の稅役負擔を中心として－〉，頁81-87；野口鐵郎，〈明代寺田の稅役と砧基道人〉，頁87-90；南炳文，〈明代的寺觀經濟〉，頁53；竺沙雅章，〈明代寺田の賦役について〉，頁496-505；江燦騰，《晚明佛教叢林改革與佛學諍辯之研究：以憨山德清的改革生涯為中心》，〈第一章　第三節　造成叢林問題惡化的政經累積因〉，頁21-32，即是同氏著，《曹溪之願》，〈第三章　明代佛教變革因素的解析（一）－政經交互逆轉下的積累病源〉，頁27-39；何孝榮，《明代南京寺院研究》，〈第一章　背景〉，概述明朝抑制寺院經濟的相關政策，頁16-20。

[33] 釋元賢（明），《泉州開元寺志》，〈田賦志論〉，頁180-181。

院經營的困難。竺沙雅章指出大約自成化時期開始，財政當局已覬覦豐富的寺產，試圖向其徵收稅差，之後，又加之諸多負擔。特別是屢次施行要求寺院獻出剩餘的寺產，充當社會福祉和填補財政赤字之用。[34]

（三）佛教濟世之論

上述闢佛的蠹蟲論，大多來自統治階層的觀點，不認同佛教反世俗的行徑，對佛教捨俗卻又接受世俗供養之矛盾行為，不以為然。早在宋代陳亮（1143-1194）指出排佛人士所見，亦是指責佛氏「不耕不蠶」、「衣食於人」，「尤好窮其侈心」，「因是而力排之，以為斯民之蠹」之論。[35] 陳亮雖是儒學者，卻能平實看待佛教存在的社會意義，站在社會利益的共同體上，尊重佛教不事生產、乞求布施的出家本色。他說：「王政既已廢壞，釋老之徒固不必盡惡也！豈惟罪不在彼，而天下之人豈皆自耕而食乎！」[36] 因此，以「有無相通、緩急相救，是以疾病死喪民無遺憾，鰥寡孤獨天有全功」的原則，[37] 協助佛教解決生計問題。建議為佛寺置田，「非溺於因果，而出於天下之公心也。」[38] 不忍佛教為世所棄，[39]也不願佛教成為社會的負擔。在尊重佛教本色的同時，積極為其尋求決解衣食問題的途徑。明代士夫之中，具有陳亮般的佛教對應思惟，就筆者目前搜羅

34　相關事例，詳細可參照竺沙雅章，〈明代寺田の賦役について〉，頁 496-502。

35　陳亮（宋），《龍川集》（收入《景印文淵閣四庫全書》，第 1171 冊），卷 16，〈普明寺長生穀記〉，頁 640a。

36　陳亮（宋），《龍川集》，卷 16，〈普明寺長生穀記〉，頁 639b。

37　陳亮（宋），《龍川集》，卷 16，〈普明寺長生穀記〉，頁 640a。

38　陳亮（宋），《龍川集》，卷 16，〈普明寺長生穀記〉，頁 639b。

39　陳亮（宋），《龍川集》，卷 16，〈普明寺長生穀記〉載：「彼其乘王政之廢壞，而駕其說於中國，使其徒出入於井邑之間者，蓋千有餘年於此矣。一日斥而去之於人情，固有所不忍。而四民之中，莫貴於士，自後世之為士者，百家眾說猶或雜出於其間，則亦何惡於釋老之徒也。」，頁 640a。

的相關文獻來看，實屬有限。然穆文熙（1528-1591）對佛教社會意義的
觀察，不失為持平之見。其肯定佛教裨補儒家思想之不足，為失意士人提
供療養心性場所得功能。故建議儒者不應傲視佛教，應正視其可貴的教
說，並解析佛教不可盡除之由。他說：

> 予觀往古君子，其始類皆攻擊佛道，而其後又往往逃之於禪，此其
> 故何也？蓋始而慕儒之過，以儒者道兼三才，責令民物。凡業其術
> 者即能身致通顯，佐理巖廊，駿功鴻烈，殆可咳唾而成。故於他氏
> 之學，則傲然視之，而排擯之無已。及其閱歷之久，利害坎壈感其
> 念。是非讒慝動其心。……人或忠信而不如誕謾，或醜惡而宜大
> 官，或美好佳麗而為眾人患。功有難于必成，志有難于直遂。故始
> 悟于儒教之為苦，未若談空者之為樂，其勢自不得不逃于禪耳，則
> 佛教又何可以盡廢乎！[40]

雖說如此，穆文熙也明白佛教所以遭人詆毀攻擊，是因為：

> 閭閻之夫未能深識佛教，而徒執其因果福田之說，以為事佛，可以
> 徼福。近則及于身，遠則及于來世，而競為紺殿法宮，以承事之。
> 曾不知紛華靡麗，正佛教之所戒也。[41]

對此，穆文熙回歸理性的評述，提醒這是「慕佛者之過也，而佛則何過

---

[40]　黃宗羲（清）編，《明文海》（收入《景印文淵閣四庫全書》，第 1457 冊），卷 372，穆文
　　　熙（明），〈東明縣重修資壽寺記〉，頁 328a。

[41]　黃宗羲（清）編，《明文海》，卷 372，穆文熙（明），〈東明縣重修資壽寺記〉，頁
　　　328a。

焉。」[42]

　　其次，陳繼儒（1558-1639）的〈論佛〉，則一反為政者的佛教無用論及對佛教漠視的態度，具體點出佛教的社會大用，可彌補政策的缺失，充分發揮社會救濟的功能。陳繼儒開宗明義指出：「佛氏者，朝廷之大養濟院也。」藉由佛教為政府分擔的社會工作，闡明其扮演大養濟院的實質意義。闡述的重點，歸納如下：

　　（1）貧窮無告者，惟佛門是賴。其言：

> 我明設養濟院，以養無告也。然州縣不過一二百疲癃殘疾，止矣。其外少壯而貧，終身不能溫飽、婚娶者，不知幾千萬人？幸佛教一門收拾此輩耳！[43]

　　（2）出家為僧，反倒是窮人得以安身立命的出路。一可防患他們流為光棍或無賴之徒；二則佛門的生活訓練與道德教養，可補社會教育資源之不足，又能正面提升其人格，發揮穩定社會的力量。換言之，政府無力濟貧救苦，佛門取而代之，給予收容、照顧、教養，減少社會問題的發生，也為國家節省人力、物力的耗費。其言：

> 夫今之僧，非真忍於離父母去妻子，叛名教而思以易天下也。大都貧賤無聊，計無復之，真所謂天下之窮民而無告者。窮漢而欲人人婚配，能乎？賴彼教，設為出家，以清淨之。人人授廛，能乎？賴

---

[42]　黃宗羲（清）編，《明文海》，卷 372，穆文熙（明），〈東明縣重修資壽寺記〉，頁328a。

[43]　賀復徵（明）編，《文章辨體彙選》（收入《景印文淵閣四庫全書》，第 1410 冊），卷772，陳繼儒（明），〈論佛〉，頁 791a-b。

彼教，設為寺院，以散處之。人人鮮衣肉食，能乎？賴彼教，設為
披緇托缽，以澹泊之。人人誦詩讀書，能乎？賴彼教，設為諷經說
法，以曉暢之。人人裹糧以遊，能乎？賴彼教，設為十方接眾，以
津致之。又恐羣處易囂，則清規以肅之。狂心易熾，則苦行以煉
之。血氣易爭，則慈悲忍辱以下之。僧俗易混，則髡髮刈鬚以別
之。既代王者養此窮漢，又代王者教此窮漢。蓋佛教得力處，正朝
廷省力處也。[44]

（3）佛教之所以出現神異僧，以神通化人，主要在於引導眾生皈依
佛門，是度化眾生的善巧法門。如此，才能藉機救濟窮苦之人，使之存
活。而窮苦者，則因個人根器，在佛門的提攜下，或開悟佛性，或信守因
果、護持戒律，或安分守己，終老佛門，或使愚鈍者免於飢寒之苦，或使
強悍者，無山林嘯聚之禍。其言：

往往生出神僧散聖，激揚宗旨、簸弄神通，化愚成信，轉慳為捨，
無非善巧方便，至於活此窮漢而已。況此窮漢中，其最上者原能打
徹心性，直與聖賢齊肩。其次，雲行鳥飛，火耕刀種，信因果、護
戒律。又其次，則白頭黃頂衣食，老死於其中。蠢且弱者，無殍餓
溝壑之憂。強且黠者，無嘯聚潢池之禍。藏僧於僧，乃所謂藏天下
於天下也。三代以後，聖人少百姓多，雖天地且不能人為之區處，
而家為之經畫，故以衣冠文物之子弟，使儒家任之。以鰥寡孤獨之
子弟，使佛家任之。道家又以長生延年之說歆動乎！其間，以收佛

44　賀復徵（明）編，《文章辨體彙選》，卷772，陳繼儒（明），〈論佛〉，頁791b。

　　　　　氏之剩餘而窮漢依托以就活者不少。[45]

　　根據上述，佛教的社會救濟之用，分擔了儒家實現天下為公的任務；使
「鰥、寡、孤、獨、廢疾者皆有所養」。所以陳繼儒聲稱：「佛家分儒家
之勞」，[46]非過當之言。

　　　穆文熙、陳繼儒等與為政者所見相左，雙方不免各執其是，但穆、陳
二氏之見，多少得以糾正當權者排佛的過激之論，而當權者所指責的亦是
佛門自該檢討之處。雙方的差距，顯示佛教在上下階層的利益衝突中被賦
予不同的色彩；即其承載著公部門所無法負擔的公共責任，例如收留貧病
無依的流民，是救濟，是苦難者的避風港。但當中多有規避重稅，或屬逃
犯、逃兵者，佛門遂成官方眼中的罪惡淵藪，蒙上逋負稅糧、群聚無賴的
罪名。佛門不被賦予公共事務管轄權，卻經常以其私領域，代公家之勞，
難怪引起為政者的不滿與疑慮。儘管如此，佛教仍獲得社會其他各階層的
信賴，能補政府之所不能或不及者，如穆文熙所言或陳繼儒所勾勒的佛教
社會救濟形象，應是它深入社會底層的要因！

二、佛門募化中的社會價值營造與世俗的回應

（一）苦行價值的社會認可

　　佛教如何營造自我的社會價值，贏得各階層的認同與支持，是其自身
應該致力之處。救濟事業是佛教建立其正面社會形象的不可或缺要件，但

---

[45]　賀復徵（明）編，《文章辨體彙選》，卷772，陳繼儒（明），〈論佛〉，頁791b-792a。

[46]　賀復徵（明）編，《文章辨體彙選》，卷772，陳繼儒，〈論佛〉，頁792a。

以佛教弘法度生的理想，尚有更待努力的根本要務，所謂：「凡為叢林者，非僅接納雲水、調護老羸，正欲警策群蒙，椎椎衲眾。」[47]即身為叢林，當嚴格鞭策僧眾，激勵其學佛向道。而論及佛教本業，胡濙（1375-1463）的〈雪峰崇聖禪寺碑文記〉則宣稱佛教：

> 以持戒守律為初地，以明心見性為實際學。其學者勞形苦志，困悴山林，宴坐默存，求底於常樂，常住於不生不滅之域。又何與於寺之輪奐焉？[48]

佛教徒以精嚴戒律、行諸苦行，證悟不生不滅之境為本。既然如此，又何必講究寺宇之美輪美奐？畢竟苦行側重個人聖業之完成，若欲發揮慈悲利他的精神，廣度眾生，激發信念，則寺院、僧人數量的增加，以及佛像的雕塑、建築的輪奐，都是鼓舞信眾的重要標誌。因為良好形象的塑造，必然影響大眾的信心，所以胡濙說：

> 然像教之設，大眾瞻仰，人心之感先乎目之所見。觀殿宇之巍峨，像設之嚴肅，則敬心悚焉而生。敬心生，則萬善由是而積。自漢以來教日益滋、寺日益盛，至於唐宋間有推沮排抑，欲廢其教者，誠以盈虛消息，皆係乎數，有形則有數。惟法無形，固不囿乎數。佛與僧寺皆有形者，豈免於數乎！[49]

[47] 陳仁錫（明），《堯峰山志》（據明崇禎年間刊本影印，收入杜潔祥主編，《中國佛寺志彙刊》，第 2 輯第 11 冊），卷 5，張封，〈堯峰山重修興福禪院記〉，頁 253。
[48] 徐𤍞（明），《雪峰志》（據清乾隆 19 年（1754）刊本影印，收入杜潔祥主編，《中國佛寺志彙刊》，第 2 輯第 7 冊），卷 8，胡濙（明），〈雪峰崇聖禪寺碑文記〉，頁 196。
[49] 徐𤍞（明），《雪峰志》，卷 8，胡濙（明），〈雪峰崇聖禪寺碑文記〉，頁 196-197。

　　鄒迪光（1550-1626）亦認為行持「一瓶一鉢栖皇大千納衣向壁枯禪
樹下」的苦行僧，「此辟支獨覺之事，非沙門最上乘也。」[50]獨自苦行，
雖能開悟，但不算大徹大悟的證道者，利益眾生有限。可是「不有苦行，
誰能圓福果，不自利誰利人。」所以說，苦行是利他、種福、成道的前行
功夫，本是出家人該有的行持，也是利益眾生的資糧。職是，佛門不止於
自身修行，佛門外廣大眾生的接引更是佛家的重要職責。因此鄒迪光說：
「既以普度眾生為事，則必建幢豎錫，立期場，……吐珊瑚舌，大轉法
輪，晨鐘夕唄，日以為常。」[51]由此可以理解鄒迪光或胡濙對寺院設置的
認知，在於它既是佛門修靜之地，亦是僧俗往來互動的必要空間。

　　然佛寺之設，非集眾人之力難成。其創設、修建以及相關的周邊設置
和活動所需耗費的龐大財力、物資，是佛教發展上的大課題。因此佛教如
何集資，如何以塵外之人勸請世俗贊助，是佛門維繫慧命所必須認真因應
的任務。於此透過幾則寺院碑文和募化疏來加以窺察。

　　首舉江蘇吳縣堯峯山露禪庵興建的募化事例觀之。鄒迪光於〈堯峯露
禪菴記〉，談到化緣不易時，說：「末法陵遲，詆佛滋甚，慳貪惡習，延
蔓最深遠」，故「化募艱難」。後來卻因海性湛川禪師的苦行事蹟，化解
困境。據述，海性禪師「不煩思議、不勞色力，而工徒馳驟」，宰官居士
亦前後唱和應諾。「何以故？師行力足也。」禪師德行高誼是撰文闡述的
重點，被視為佛刹興建能夠完成的要素。根據記載，海性禪師：

　　　蓋先是師嘗栖於龍洞中，即今所創雲阿者，洞僅廣尋丈，舍托鉢便
　　　晏然長坐，經日夜不睡。小睡舉頭觸石，頭破而師不知。洞故下

50　陳仁錫（明），《堯峰山志》，卷5，鄒迪光，〈堯峯露禪菴記〉，頁235-236。
51　陳仁錫（明），《堯峰山志》，卷5，鄒迪光，〈堯峯露禪菴記〉，頁235。

濕，師冬夏一衲，不裙不襪，毒寒中膚，膚裂而師不知。有名流法
侶入洞跡之，留連信宿，至為踏雪冒雨乞食作供。有寒無衣者，以
人所施衣衣之，即其腹不果，身饑栗，而師亦不知。[52]

禪師過著粗衣糲食的禁慾生活，但不以為苦。其堅苦卓絕的毅力和操守，
撼動其他僧侶與信眾。又述其「參父母未生時，如何是本來面目」時，連
參四日夜，不得其解。後：

遇一婦飯，乞飯不從，門庭長跽，冀破其慳。自卯及酉，若夢若
寐。伊夫歸，呀然異之，大叫，得醒，恍見本來面目，其精進如
此。蓮臺，臨濟正宗也。……師誠慧力具而自利深矣。夫慧至則福
集，自利則利他，故能勝因化愚、悲智攝慳，罪與眾懺，善偕俗
修，思力不假而功德若斯之捷也。[53]

禪師的苦行為其開悟奠基，具足福慧而能自利利人。可攝受大眾，令愚者
轉智、化慳吝者為慈悲喜捨，累諸殊勝功德，同獲神人共助。若露禪庵的
創建完成，即托禪師德行之福，乃「神相於上矣。……人助於下矣」。[54]

　　鄒迪光的撰述，試圖建構苦行僧的宗教意義及其為社會所認同的價
值。而湯賓尹（1568-卒年不詳）的〈堯峯山興福院記〉，描述海性禪師
的重點，除開悟因緣略異外，故事的內容及闡明的意義大同小異。其記述
禪師為感化婦人破除慳貪，執意向其乞食，堅持不棄，結果於長跽中，恍
然大悟。曰：

---

[52] 陳仁錫（明），《堯峰山志》，卷5，鄒迪光（明），〈堯峯露禪菴記〉，頁239-240。

[53] 陳仁錫（明），《堯峰山志》，卷5，鄒迪光（明），〈堯峯露禪菴記〉，頁241。

[54] 陳仁錫（明），《堯峰山志》，卷5，鄒迪光（明），〈堯峯露禪菴記〉，頁242。

必某孃子發心親施破慳。又明日擬復跽其門，行未半，饑蹶，胸坎
忽開，恍悟積歲所參父母未生前句義。自是橫翻縱突，當下絕無沉
滯。而羣英翹楚首，老宿降心，遠邇之檀布福集矣。[55]

禪師檀施福德因此匯聚而至，故禪堂佛剎樣樣備舉。

　　上述可察，苦行僧的高潔形象，成為佛教募化的有效策略，與前述太
祖的佛教價值認知無異。佛教為推廣其教義、信念，相信僧人的苦行毅力
可以感動世人，裨益佛教的勸募和信眾的布施。故經常將此思惟置入募緣
疏中，成為乞求布施的通行範例。賀復徵（1600-1646 左右）說：「募緣
之有疏也，諸選俱不載。值神廟初年，名公鉅卿多喜禪悅，刱建精藍，而
疏文始盛。」[56]募化疏通常是文人雅士受託於佛教，為興修寺庵塔院、造
藏閣、鑄佛菩薩像、修橋鋪路，或為某寺飯僧、齋僧、購置寺田、供米等
撰疏，以勸化大眾布施的一種文體，裨益僧寺集資。

　　前舉海性禪師的苦行事蹟，被納入募化疏中，強化疏文的說服力，以
期檀信共襄盛舉。見文震孟（1574-1636）的〈堯峯山建毗盧殿募緣
疏〉，載有楚僧如江鑄造毗盧如來像，欲齎歸南海，途經吳地，因疾彌
留。時有一機戶王民聽聞後，表示願意將佛像供奉在江蘇堯峰山。因堯峯
山有海性禪師於此「翹勤精進不休不息，七年穴處，明了心性，說法無
量，度人無量，能于此土供此佛者，因緣功德亦復無量。」楚僧聞後，
「歡喜作禮」，遂將佛像囑託王民。王民欲建巨剎供奉佛像，但「財法微
末，難期響應。」故削髮為僧，名悟主。於是：

55　陳仁錫（明），《堯峰山志》，卷5，湯賓尹（明），〈堯峯山興福院記〉，頁244-246。

56　賀復徵（明）編，《文章辨體彙選》（收入《景印文淵閣四庫全書》，第 1406 冊），卷
　　379，〈募緣疏一（散體）〉，頁 566b。

遊行十方，經歷數載，草衣木食，形同山魈，堅持本願，略不暫捨。稽首大眾、宰官、居士、釋種長者，悉當憐憫，念此愚民，原無識知，一念皈誠，真性頓現，遂捨世間種種愛樂，投身苦空。為佛為法為聖賢故，為破人間慳貪障故，為導眾生種菩提故，米麥金銀珍珠瓔珞隨其所有以為布施，共成勝觀、共集勝緣、共樹勝果。見者聞者咸發上心，一塵一銖胥歸正覺。[57]

　　疏文傳述海性禪師於堯峯山的殊勝事蹟，感動了楚僧，使其願將佛像安置於此。接著再以目不識丁的王民，為實現興造佛殿本願，捨入佛門，終年粗衣惡食及四處奔走化緣的艱苦形象，試圖以此觸動世人，加深其隨喜布施的意願。大體上，有關堯峯山諸剎募化疏中，海性禪師苦行事蹟，成為大家互相援用的典範案例，作為有效募化的信用基礎。

　　其他，像湯賓尹的〈普德寺修造禪堂浴堂齋僧總疏〉，記述位在南京的普德寺，建自成化正統年間，原是「東南名勝之區，實往來禪聚之窟。」後因寺僧不守祖制，主事者又不得其人，「故講壇十興九廢」，「衲子東竄西亡，幾似喪家之狗」。所幸來自西蜀的僧人無窮運公：「平生刻苦於道，諸方信服其誠。」[58]不數年間，大振宗風，又蔚為一大叢林。

　　而婁江報本寺主修淨土，寺僧永齡為塑造西方淨土景象，欲行募化，陳繼儒為其撰疏，寫道：

57　陳仁錫（明），《堯峰山志》，卷6，文震孟（明），〈堯峯山建毗盧殿募緣疏〉，頁301-302。
58　賀復徵（明）編，《文章辨體彙選》，卷380，〈募緣疏二（律體）〉，湯賓尹（明），〈普德寺修造禪堂浴堂齋僧總疏〉，頁575。

報本寺僧永齡，夙有戒行，緇俗皈依。今於本寺西南舊址，重建大殿，塑西方景，使善者頓生信心，塑十王像，使惡者頓改舊習，即此一念。[59]

黃汝亨（1558-1626）的〈黃山蓮華庵募疏〉，寫著蓮華庵：

右有地一方，峯環壑抱，羣勝所集。庵僧某公持律食淡，誓發宏願，欲即此地搆華嚴閣一座，焚修朝暮。[60]

張鼐（生年不詳-1630）的〈募造五百尊者疏〉記述：

有納縷垂綏芒鞋而過吾門者，寠矣。而貌堅質，類能成其所祈願也。吾喜而問之，對曰吾將以十方佛因緣造五百羅漢，公其為我疏之。[61]

李流芳（1575-1629）的〈陳忠菴募緣疏〉，自敘某夏日臥於呵檀園，有位來自雲棲法派的廣洪長者，為營建陳忠菴，乞求代撰募化疏，「以告之十方」。李流芳形容僧廣洪「貌麗古而儀質雅，望而知為雲棲法派矣。」反問廣洪說：

---

[59]　賀復徵（明）編，《文章辨體彙選》，卷 379，〈募緣疏一（律體）〉，陳繼儒（明），〈婁江報本寺塑西方景疏〉，頁 568b。

[60]　賀復徵（明）編，《文章辨體彙選》，卷 379，〈募緣疏一（律體）〉，黃汝亨（明），〈黃山蓮華庵募疏〉，頁 571b。

[61]　賀復徵（明）編，《文章辨體彙選》，卷 379，〈募緣疏一（律體）〉，張鼐（明），〈募造五百尊者疏〉，頁 571b。

　　師不稱雲棲則已，師稱雲棲則固已知雲棲之教令矣。昔先師之舉事
　　也，未嘗以方寸之牘聞於四方。且平日戒其徒無以雲棲之名募。凜
　　然若以為非義而不可干。然而金石土木之工，不脛而集。俄而為崇
　　臺，俄而為複閣，俄而為虛堂，俄而為曲室，俄而為貝葉珠函，莊
　　嚴相好，人力不勞而日新，富有何也？此豈非先師之德感神歟！[62]

釋雲棲為晚明一高僧，天下名公巨卿長者居士，無不景從，名震江南。[63]
教誡徒弟不得以其名化緣，避免社會誤解。但由於德性高超，雖不行募
化，遠近亦競相趨從。因此李流芳繼續追問廣洪說：

　　今師將具先師之德，則募，無庸也。將守先師之戒，則募，又不可
　　也。又何以余之言為？[64]

廣洪表示自己很清楚以上的道理，之所以向李流芳乞疏，他說：

　　余不他適而適子，以子固雲棲之弟子也。夫能以雲棲之教，令先師
　　之遺意牘而告於四方，不賢於募乎？若世之募者，余固已知之矣。[65]

言下之意，同是雲棲弟子，深知雲棲教化，若藉由李流芳之募化疏，將能
更深刻傳達廣洪之所以需要募化的理由，而獲得施主的認同。

[62] 李流芳（明），《檀園集》（收入《景印文淵閣四庫全書》，第 1295 冊），卷 8，〈陳忠菴募緣疏〉，頁 373a。

[63] 釋袾宏（明），《雲棲法彙》，釋廣潤（明），〈雲棲本師行略〉，頁 199-200。

[64] 李流芳（明），《檀園集》，卷 8，〈陳忠菴募緣疏〉，頁 373a。

[65] 李流芳（明），《檀園集》，卷 8，〈陳忠菴募緣疏〉，頁 737b。

基本可見，有關僧人因禁慾苦行匯聚福德之論述，是募化疏的重點之一。表示這是佛教可以為社會或信眾所接受的觀點，也是保證募化不虛的信用基礎。有了僧行的道德感召或是背書，則多少可以化解社會對佛教藉募化行騙的疑慮。誠如僧如愚所言：「檀越所以施之而不疑者，為僧有心辦道之地，借以徼其福耳。」[66]

但是募化疏的撰寫，往往是寺院或僧侶需要社會給予財力物資支援的一種訴求。因此苦行之撰述，雖能美化僧人乃至佛教的精神，有助於募化的效果，但不是募化唯一可用的憑藉，還有其他需要向社會傳達的觀念，才能符合各界不同的價值需求，獲得他們正面的回應。

（二）回應社會的其他價值需求

根據以上幾則募化疏的訴求重點，尚可歸結佛教試圖建構為社會認可的以下幾點價值觀，如下所舉：

1.堅守佛門本色

即安僧以弘法利生，此為前述佛寺之設的最基本功用。曹學佺（1567-1624）的〈洪山寺起十方堂疏〉述及僧家本分事，說到：

> 洪山寺施茶圓滿，住持惺安與余議及上層左臂結數椽安單，以處雲游者，一餐一宿，甘苦共之。予讚歎曰：此僧家本等事也。即大乘宿植福德之根也。[67]

---

[66] 釋如愚（明），《石頭菴集》（收入釋明復主編，《禪門逸書》初編，第8冊），卷5，〈朗然禪人募化聽經衣單及攢米序〉，頁66a。

[67] 賀復徵（明）編，《文章辨體彙選》，卷379，〈募緣疏一（散體）〉，曹學佺（明），

曹學佺以第三者立場，期待僧俗各有所本，互相圓成。所以說：

> 予願住持者以此為本等事業，勿憚煩，勿偏見。他人粥飯，即自家
> 粥飯。又願檀越以此為無上因緣，勿分別，勿倦勤。[68]

前揭黃汝亨的〈黃山蓮華庵募疏〉，談到蓮華庵某僧欲建構華嚴閣一座，
以安僧焚修。期待佛閣能夠「上為寶函，下列繩牀，山厖可棲，行鉢斯
託。可謂造無而有，肩理弘法者矣。」提供行者棲身修靜之所，擔起弘法
大任。而王世貞於〈太倉州普濟寺建經閣疏〉載曰：

> 天弢居士言：昔在世尊廣示方便，財法並施，厥稱檀越。……所賴
> 沙門，惟覺者苦行加持，誓心締構，朝經暮唄，爰聚資糧，銖纍寸
> 鳩，不私衣鉢。[69]

明言檀越布施佛門，所依賴僧人的是，能夠苦心修行，累積道業資糧，不
為己私。

2.改善社會奢侈、好訟的惡習

東林圓照寺僧明本欲新正殿，須行募化，遂向婁堅（1567-1631）乞
疏。婁堅則於〈東林圓照寺募緣疏〉中，表達希望藉由大眾布施一行，能
夠矯正江南社會風俗的流弊。他說：

〈洪山寺起十方堂疏〉，頁 569b。

[68] 賀復徵（明）編，《文章辨體彙選》，卷 379，〈募緣疏一（散體）〉，曹學佺（明），
〈洪山寺起十方堂疏〉，頁 569b。

[69] 王世貞（明），《弇州四部稿》（收入《景印文淵閣四庫全書》，第 1280 冊），卷 113，
〈募緣疏‧太倉州普濟寺建經閣疏〉，頁 777a。

> 予惟天下承平日久，江南告窳波流，物力耗於輕浮，罵訟爭於銖
> 黍，即有禁止，猶然怙終。惟有廻向佛乘，庶幾掃除宿垢。夫布袍
> 豈如文繡，被體還同；疏食定讓甘肥充腸，何異！莫若移為喜捨之
> 用，正堪結此清淨之緣。[70]

　　關於江南喜訟之風，川勝守研究指出，江南訟師地位，因明中葉以來
里甲制、里老人制的衰退而竄起，其與地方無賴、地棍、胥吏連結，以興
訟圖利，同時成為鞏固地方鄉紳勢力的保護層。對社會小市民而言，訟師
勢力的存在，是一種惡也是一種弊害。[71]這樣的風氣，婁堅則希望透過佛
教信仰的力量加以轉移。

3.社會之用

　　趙釴於嘉靖40年（1561）6月陞任都察院右僉都御史巡撫貴州江西道
御史，[72]同年協助重修貴州大興寺，並為其撰寫，〈重修大興寺記〉。文
中提到「大興寺，貴之省臣歲時綿蕝習肆之地也。」[73]大水之後，見寺無
更衣之所，民區與僧舍無別，隨即捐獻百金襄助重修工程，不數月煥然一
新。其他佛庵見狀，便紛紛持疏乞求趙釴代撰。但趙釴表明自己之所以贊
助修建佛寺的立場，不是基於媚佛，遂引喻世人購買金紙冥紙祭拜鬼神之
動機各異為例，說道：

70　婁堅（明），《學古緒言》（收入《景印文淵閣四庫全書》，第1295冊），卷20，〈東林圓
　　照寺募緣疏〉，頁240b-241a。

71　川勝守，《中國城郭都市社會史研究》（東京，汲古書院，2004），〈第九章　明末清初の
　　訟師について〉，頁290-301。

72　黃彰健校勘，《明世宗實錄》，卷498，嘉靖40年（1561）6月己卯條，頁8247。

73　黃宗羲（明）編，《明文海》，卷372，趙釴（明），〈重修大興寺記〉，頁326b。

問之有用以祀先者，有持以祀先聖先賢者，有輸靈祠以為報者，有哀鄰里親故以為蔫者，亦有商旅走四方而以為祈者，又有漁獵樵種之夫，當入山林田澤而以為禳者。其市楮同，其為用則異。[74]

藉此引喻，趙釴向前來乞疏的僧人清楚說明自己修寺的動機，說：

汝以吾意與若意同乎？吾之修大興寺以為祝聖之處，不可不嚴。非謂佛能貴我、富我、生而壽我，我固為是以求利益也。吾聞佛之為道貴清淨慈悲，以不殺為教，而習於其學者，則其氣柔弱不振。今吾方以殺為事，日治兵戎，以驅除不祥，則其為道本與佛異。雖以是饗之，佛其悅吾乎！況吾之人方蓄縮不揚，日以賞罰鼓舞之，猶不能作其氣，以宣屬國威，而又以柔弱不振為教，必不然矣。[75]

　　趙釴以身為武職的立場，深知自己剛毅的精神恰與佛教倡導慈悲柔弱的教化迴異，其願意捐款重修大興寺，完全出於國家社會之用的考量，即修建此寺作為國家祝釐、地方習肄之所，而不是昧於佛教唱行的福德之說。

4.布施功德及其轉化

　　這點多半從施主的價值利益出發，即投資報酬率的因果報應問題。布施的利益何在？相信是多數施主關心的問題。就募款的效果來說，布施能夠培植福德，獲得福祿壽之類的好果報，自是吸引大眾奉獻財力的有利觀點。而布施功德說也是多數募化疏闡揚的重點。那麼，佛教有必要向信眾

---

[74] 黃宗羲（明）編，《明文海》，卷372，趙釴（明），〈重修大興寺記〉，頁327a。

[75] 黃宗羲（明）編，《明文海》，卷372，趙釴（明），〈重修大興寺記〉，頁327a。

再三闡明「什麼是功德」的此一概念，以強化其信心。

　舉凡李維楨（1547-1626）的〈修天竺寺疏〉，勸大眾，「破慳入
道，看佛面亦看僧面，隨意結緣，散有限財為無量福，修今世，作後生
因。」[76] 而時有布施者實質感受到布施功德之效，像妻堅的募緣疏，便傳
述一位施主石巖方伯有感於布施後病情緩和的靈驗，故盼望信眾能植此勝
因。[77] 由此建構的布施功德意涵，可解釋為布施之後所能感受到的利益回
饋。

　而鄒廸光於〈修建寶芝庵殿宇疏〉，嘗試勸服信眾看淡金錢，履行布
施以破除慳貪惡習。其言：

> 廣宅良田，寸尺難携丘墓；金襦玉匣，絲毫何補枯骸。不如貽赤仄
> 於空門，即一錢非芥子，福不唐捐；輸朱提於法苑，雖半兩亦恒
> 沙，功無朽壞。偈曰：六度波羅密，檀波羅密最。此義何以故，能
> 破慳悋識，……若人破慳貪，為下福田子。[78]

縱使微薄的布施，功德亦如恆河沙，不可計數。而六度波羅蜜中，以布施
波羅蜜最為殊勝。[79] 因修持布施，「能破慳悋識」，能植「福田」，能

76　賀復徵（明）編，《文章辨體彙選》，卷 380，〈募緣疏二·律體〉，李維楨（明），〈修
　　天竺寺疏〉，頁 573b。

77　妻堅（明），《學古緒言》，卷 20，〈資善禪寺改建山門并葢一堂二廡募緣疏〉記載：「葢
　　聞六度，以檀施為首，眾生以福田為因。但捐積累之贏，即破慳貪之障。……頃者石巖方伯
　　因疾減瘥，每共徘徊，謂當告於淨信，庶多植於勝因，手札一行，施金伊始。予忝支許之
　　分，爰疏給孤之緣。」頁 240a。

78　賀復徵（明）編，《文章辨體彙選》，卷 380，〈募緣疏二·律體〉，鄒廸光（明），〈修
　　建寶芝庵殿宇疏〉，頁 575。

79　六度波羅密，是度化眾生解脫，到達彼岸的六種善法；有 1 施度，2 戒度，3 忍度，4 精進
　　度，5 禪度，6 慧度。布施波羅蜜，又稱「檀波羅蜜」或「檀那波羅蜜」，故布施者稱檀那或

「得成佛道」，能與眾生利樂故。

　　能破慳貪，便是一種福，一種利益。黃汝亨舉天成年間（926-930）長耳和尚「常募人作福」的例子，來詮釋布施能得福以及什麼是福的此一課題。他說：「或問和尚作福有何形段？」答：「能遮百醜。」黃汝亨由此展開關於「福」的論述，說到：

> 醜於何作？貪慳即是；福於何生？能遮即是。減醜增美，造自一念耳。……我等賢愚貴賤信受斯語，頂踵可捐，何況錢幣？是古佛寺不日成之。……是福無形段，遮醜即名福，醜亦不自形。慳貪即為醜，願以無量光照破慳貪種，一切諸佛相，喜捨心所成。[80]

布施作福，能遮百醜，慳貪即是醜，不慳貪即是福，能成就莊嚴妙相。能持好相，便是一種喜、一種功德、一種利益。

　　雖是如此，談福說功德仍屬執礙之說，如何將有所求的果報論，轉化為不執著的無相布施，盡最大最徹底的至善之行，是佛教勸化布施教義的最高理想。而這樣有意提升施主對布施意涵的體認，亦是疏文致力的要點。葉向高（1599-1627）的〈重修雪峰寺疏〉說：「余謂莊嚴載金經有植福之思者，亡庸余言。庸余言者，則以世情。不住相，是以余強之也。」[81] 葉向高特別強調無相布施的喜捨效果，舉唐朝藍文卿若「非知世界如夢幻泡影」的空性道理，「安肯盡施累鉅萬之田宅，赤身而去哉！」

檀越，布施之行則稱檀施。

[80]　吳之鯨（明），《武林梵刹志》，卷4，黃汝亨（明），〈重建定光寺募緣疏定〉，頁259-260。

[81]　徐𤊹（明），《雪峰志》，卷8，葉向高（明），〈重修雪峰寺疏〉，頁205。

[82]婁堅則細膩地論析從有相布施轉化為無相布施的一脈理路。疏言：

> 若論多生果報，募有為募，施有為施，俱依八識田中，究歸三輪體
> 空，與本無與，受亦無受，同超十方界外，或曰均福田也。所願憐
> 貧、賑匱、修道、補橋，何必莊嚴佛土？不知均檀施也。縱復片瓦
> 一椽束薪斗粟，即為趨向佛乘。……勿輕一念之隨喜，可醒歷劫之
> 愚癡。勤幻生而多聚幻財，溺幻貨而規貽幻裔，何苦以身為牛馬？
> 直須彈指，悟空華。由有為而入無為，惟此第一方便因，始覺而還
> 本覺，遂窮無量法門。[83]

這是修持布施的最高境界。運用無相差別、法法平等法義於布施之中，漸
漸導化施主趨入無受者相（接受者布施的人）、無施者相（施主）、無施
物相（如金銀財寶）等三輪體空之境，也就是從有所求的布施，內化成無
所求的布施，以臻於解脫無礙。

（三）社會對佛教募化觀點的回應

募化是寺院向施主乞求布施、累積寺產的重要途徑之一。寺院委託文
人學士、地方名望如鄉紳等為文向信眾勸募，的確較僧人行腳化緣來得有
效。僧人到處抄化往往很難取得社會的信賴，常被懷疑是「游食」、「行
騙」、「誘拐」等無賴之徒。因為社會對於僧人的觀點，仍與太祖一般，
認為貪圖利養的不才僧人居多，故對於行乞化緣的行腳僧多存忌諱。[84] 如

---

[82]　徐㶿（明），《雪峰志》，卷8，葉向高（明），〈重修雪峰寺疏〉，頁205-206。

[83]　婁堅（明），《學古緒言》，卷20，〈資善禪寺改建山門并蓋一堂二廡募緣疏〉，頁240。

[84]　朱元璋（明），《欽錄集》，卷2：「僧寺庵院，一切高明之人，本欲與僧譔話顯揚佛
教，奈何僧多不才，其人方與和狎，其僧便乞求布施之心，為此人遠不近。」頁63下；

前述，政策上視僧人游食抄化為反社會行為，常行取締；認為「福田利益之說」是佛教「惑世誣民」之術，致令「遊手遊食之輩布滿中外，此倡彼和，莫可收拾，以致梵宇琳宮星列碁布」，遂行寺宇拆毀政策。[85] 故藉助僧人德行或文人學士的募化管道，相對較能避免這些的爭議。

　　而論及首先響應募化的施主，撰疏者算是其中一人。受其認可後，以疏文為布施，始能藉其文筆之力，圓募化之功。他們為佛教撰疏，有的因喜禪，也有不少因長期與寺僧往來或曾借宿佛門準備舉業而心存回饋者。相對的，佛門乞求文人學士撰疏，一方面希望借助他們的道德學問，傳達佛教布施的正面意義，減少社會的誤解，提高募化的正當性。另一方面希望透過他們的社會地位及其所擁有的人脈關係或財力資源，取得更有效的募款。然而，他們在疏文中所傳達的價值觀，是否為社會所認可、獲得回應，或許藉由小說的幾則相關情節描述，可察其實狀之一二。

　　《金瓶梅》，〈第五十七回　道長老募修永福寺　薛姑子勸捨陀羅經〉記述山東東平府永福寺有個道長老，「面壁九年，不言不語」，是位戒律嚴謹的頭陀行者。有鑑於永福寺僧廢墮清規，不守戒律，佛門凋蔽，決意募化興寺，乃親自撰疏。「先敘那始末根由，後勸人捨財作福。」[86]

《明英宗實錄》卷 274，天順元年（1457）正月戊子條記載，雲南通監察御史沈性以六事條列上聞，其「六日汰僧道釋老之教，名為異端。無君臣之義、無父子之親，清淨寡欲可以治身，而不可以治人。虛無寂滅足以愚俗，而不足以化國。時君世主所當斥絕，豈可崇其道而行其教哉！乞勒禮部榜示天下，今後寺觀除祝延　聖壽之處，餘並不許擅度。僧道并四散雲遊沿街布施，如此則異端之教稍息，戶口之數必增。」頁 5814-5815。

85　孫承澤（清），《春明夢餘錄》（收入《景印文淵閣四庫全書》，第 868 冊），卷 39，〈宗伯沈鯉拆毀寺觀疏〉，頁 627b-628a；又《明神宗實錄》，卷 74，萬曆 6 年 4 月己亥條記載：「妖僧如橙等聲言建塔募化，造捏謗言，為東廠拏獲。得旨，這僧稔惡惑眾，著錦衣衛著實打一百棍，遞回原籍為民。仍著禮部出榜嚴禁遊僧及五城御史力加驅逐。」，頁 1608。

86　笑笑生（明）作，《金瓶梅詞話》（據明萬曆本，日光山輪王寺慈眼堂所藏。東京：大安株式會社，1963），第 57 回，〈道長老募修永福寺　薛姑子勸捨陀羅經〉，頁 461。

隨後持著募緣疏簿前往西門慶家勸化，說道：

> 佛經上說的好，如有世間善男子，善女人，以金錢喜捨，莊麗佛像者，主得桂子蘭孫，端麗美貌，日後早登科甲，蔭子封妻之報。故此特叩高門，不拘五百一千，要求老檀那開疏發心，成就善果。[87]

於是將疏簿遞給西門慶。疏簿寫著永福寺的興廢歷程和道長發起興寺的緣由，最後則強調響應募化的施主，能夠獲得佛祖保佑，蔭及子孫，以及破除慳貪的好處。疏曰：

> 棟宇摧頹，……年復年，振起無人。……幸而有道長老之虔誠，不忍見梵王宮之費敗。發大弘願，遍叩檀那。伏願咸起慈悲，盡興惻隱。梁柱椽楹，不拘大小，喜捨到，高題姓字。銀錢布幣，豈論豐贏，投櫃日疏簿標名。仰仗著佛祖威靈，福、祿、壽、永永百年千載，倚靠他伽藍明鏡，父子孫個個原祿高官。瓜瓞綿綿，森挺三槐。五桂門庭，奕奕焜煌，金埒錢山。凡所營求，吉祥如意。疏文到日，各破慳心，謹疏。[88]

道長老以現世的福報和兒孫的幸福作為勸人捨財作福的重點，深知這是施主願意布施的重要訴求，與前見願意施刻嘉興藏之祈願文若出一轍。

西門慶見疏後笑道：「力薄！力薄！」長老開口說：佛家「多要隨緣

87　笑笑生（明）作，《金瓶梅詞話》，第 57 回，〈道長老募修永福寺　薛姑子勸捨陀羅經〉，頁 465-466。

88　笑笑生（明）作，《金瓶梅詞話》，第 57 回，〈道長老募修永福寺　薛姑子勸捨陀羅經〉，頁 467-468。

喜捨，終不強人所難。隨分但憑老爹發心便是。此外親友，更求檀越，吹噓吹噓。」西門慶便隨手寫上五百兩，又說：「我這里內官太監，府縣倉巡，一個個多與我相好的。我明日就拿疏簿去，要他們寫。寫的來，就不拘三百、二百、一百、五十，管教與老師成就這件好事。」[89]待長老離去後，見此場景的伯爵便說：「好個長老，想是果然有德性的。」[90]

　　西門慶對於道長老募化的正面回應，一在於長老的德性給人好的觀感，足以取信於他，二在於「保福消災父母心」[91]是西門慶願意施捨的根本。而長老向其募化，也無非想借重西門慶的財勢及其豐沛的人脈資源，完成一新佛寺的心願。整體看來，是一則屬於正面且順利的僧人募化事例。

　　更有勝者，不用募化便有信眾主動施捨的類型，宛如之前所見釋雲棲住持的叢林，信眾受其道德感召，遠近爭相布施。而《醒世恒言》，〈汪大尹火焚寶蓮寺〉也記載：

> 惟有寶蓮寺與他處不同，時常建造殿宇樓閣，並不啟口向人募化。
> 為此遠近士庶，都道此寺和尚善良，分外敬重，反肯施捨的、募緣
> 的，倒勝數倍。[92]

---

[89] 笑笑生（明）作，《金瓶梅詞話》，第 57 回，〈道長老募修永福寺　薛姑子勸捨陀羅經〉，頁 469。

[90] 笑笑生（明）作，《金瓶梅詞話》，第 57 回，〈道長老募修永福寺　薛姑子勸捨陀羅經〉，頁 470。

[91] 笑笑生（明）作，《金瓶梅詞話》，第 57 回，〈道長老募修永福寺　薛姑子勸捨陀羅經〉，頁 469。

[92] 馮夢龍（明），《醒世恒言》（北京：華夏出版社，1997），卷 39，〈汪大尹火焚寶蓮寺〉，頁 486。

看來，寺僧的德性表現，是取得社會認可及其願意布施的首要條件。但並非認真修行的僧人，都有這般境遇。同樣的，有意願行善布施的施主，也未必能夠遇到值得供養的僧人或寺院。《三遂平妖傳》，〈第七回　楊巡檢迎經逢聖姑　慈長老汲水得異蛋〉記載，陝西華陰縣有位楊巡檢，夫婦倆好佛喜捨，人稱楊佛子、楊奶奶。四方僧道能夠講經說法的，便給房子留宿，不論年月供養。離開時，又會齎助盤纏或衣服之類。但是曾經遇到一位南路來的女尼，懂得些因果，楊奶奶留住半個多月。接著又來了「十四、五箇遊方和尚，做一班兒念拂（佛）抄化，也有頂包的，也有燃指的，也有點肉身燈的」，楊奶奶既齋飯又布施錢帛。但這班人竟是強盜，以女尼作接應，打劫楊家不少財物。[93]因此，楊家門口貼出「謹慎出入」四字，告示上寫道：「一應僧道尼姑，止許於每季首月初一日西園赴齋。本宅門首例不布施。」[94]

　　楊巡檢遭遇僧尼強劫的故事類型，於成化年間官方刑案文書得見類似者兩件：[95]一為成化 10 年（1474）正月□日提督巡捕錦衣衛指揮僉事朱驤題為「盜賊事」案件，即「一、京城劫財傷人強盜，枷號梟首示眾，并挨拏庵寺潛住無度牒及在街化緣無籍僧徒，係軍丁發邊衛充軍，民發邊方為民例」；[96]另一則為成化 10 年 4 月意日都察院為賊盜事四川道呈承准大理

---

[93]　羅貫中（明），《三遂平妖傳》，第 7 回，〈楊巡檢迎經逢聖姑　慈長老汲水得異蛋〉（收入劉世德，陳慶浩，石昌渝主編，《古本小說叢刊》，北京：中華書局，1991，第 33 輯第 2 冊），頁 671-672。

[94]　羅貫中（明），《三遂平妖傳》，第 7 回，〈楊巡檢迎經逢聖姑　慈長老汲水得異蛋〉，頁 670。

[95]　兩案的分析，可參見陳玉女，〈明代婦女信佛的社會禁制與自主空間（上）〉，《成大歷史學報》，第 29 號（臺南：成功大學歷史系，2005 年 6 月），頁 135-136。

[96]　戴金（明）編修，《皇明條法事類纂》（據東京大學附屬圖書館藏本，東京：古典研究會，1966），卷 33，〈強盜〉，頁 26a。

寺勘合「無籍僧徒三五成群在街化緣，五城兵馬司捉拿送問例」一案，[97]
賊犯徐真鑑、王馬兒、張聚、呂官良、李長，均是私自剃度的無籍僧，專
於各處化緣乞食。

　　如是假借僧尼身分到處遊走行騙，造成部份人士對僧尼募化動機的質
疑，確然可見。像〈汪大尹火焚寶蓮寺〉所描述的：

> 那和尚們，名雖出家，利心比俗人更狠，……。不管貧富，就送過
> 一個疏簿，募化錢糧，不是托言塑佛粧金，定是說重修殿宇。再沒
> 話講，便把佛前香燈油為名，若遇著肯捨的，便道是可擾之家，面
> 前十般諂諛，不時去說騙。設遇著不肯捨的，就道是鄙吝之徒，背
> 後百樣詆毀，走過去還要唾幾口涎沫。所以僧家再無個饜足之期。
> 又有一等人，自己親族貧乏，尚不肯周濟分文，到得此輩募緣，偏
> 肯整幾兩價布施，豈不是捨本從末的癡漢！[98]

基本上，這段話是從僧人行騙的負面觀點出發，將和尚形容成唯利是圖之
輩，為利而巧設名目，不斷向人募化。所言雖有浮誇之嫌，然指稱化緣的
理由，卻不失真實。論及有一類人，吝於周濟親友之困乏，但只要遇到僧
人化緣，便肯布施。此說襯托出布施徼福的大眾信仰心態，難怪統治者要
一再提醒百姓不要為福田利益之說所惑，而撰寫募化疏的學問之士，也一
再試圖將有所求的布施心態提升到無所求的布施理念，強調以理性思考布
施的意義，始不落入盲從受騙的困局。

　　因此，從社會回應僧人募化的態度來看，大眾呼應佛教布施的教說，

---

[97]　戴金（明）編修，《皇明條法事類纂》，卷33，〈強盜〉，頁26b。

[98]　馮夢龍（明），《醒世恒言》，卷39，〈汪大尹火焚寶蓮寺〉，頁486。

普遍基於捨財可以獲得有形福報的心態。儘管佛教聲稱布施作福是應眾生根器的方便法門，不過大多數的施主都會受到好果報概念的鼓舞而熱衷於此。如此終不免發生像楊巡檢夫婦被行強取騙的不愉快經驗。所以說，統治者的擔憂以及撰疏學者的強調，有其共通之見，惟恐布施者盲目信從而受到傷害。所不同的是兩者之間的佛教立場，前者抱持一概否定的態度，排斥佛教布施觀點的欺世惑俗；後者至少是出自對佛教的某種關懷，致力於維護僧俗之間的良好關係。

三、佛門的募化省思及其施主的對待

（一）佛門募化與施主關係

　　佛門外，世俗對於寺僧募化的種種反應，勢必促使佛門在相關議題上的省思。而佛門在思考募化的問題及其與施主關係的同時，如何維繫佛家本色，作出適當對應之舉，實關係佛教命脈的延續。募化與布施是聯繫僧俗往來的重要界面，尤其從僧眾的需求來看，信眾的布施是追求聖道的資糧，縱使物質需求極低的苦行僧，仍然需要乞食。葛寅亮說：「僧續佛慧命，食亦僧慧命所資也。」[99]僧如愚也表示同樣的看法，述及沙門專心於定慧修持，而「定慧所資則衣與食，須藉乎檀越。」[100]

　　中國佛教自百丈懷海以後，建立自食其力的叢林生活，然而寺田多由大檀越施捨所得，因此檀越護持與否影響著寺院的經營。這樣的關係，自

---

[99] 釋際祥（清），《淨慈寺志》（收入杜潔祥主編，《中國佛寺史志彙刊》，第 1 輯第 18 冊），卷 11，葛寅亮（明），〈永明塔院田記〉，頁 782。

[100] 釋如愚（明），《石頭菴集》，卷 5，〈朗然禪人募化聽經衣單及攢米序〉，頁 66a。

前述中約略可見。《仰山乘》，〈檀施〉記載：

> 夫深山窮谷之中，大眾日繁，而耕種不給。雖木食艸衣，徒充口
> 體，非藉十方檀施，曷能宮殿巍峩，金像炫赫，集為焚修梵誦之所
> 也，實賴檀越得成法界。[101]

但葛寅亮同時指出寺田興廢，施主亦有其責任。他說：

> 古之王侯居士有捨宅為寺者，有捨田贈僧者，而亦有佔寺為宅、佔
> 田為業者。……田為僧設，僧以法尊，若豪右之侵奪，責任在護法
> 者，則僧亦應以法自護矣。[102]

雖是如此，寺田若被豪強侵奪，僧人更應該自尊自重，表現忍辱為法的精神，以撼動王侯居士競相護持，這才是僧人該有的本色。但對於寺田的處理，葛寅亮期望僧俗之間各自嚴守「僧不負法，我輩亦不當負僧」的分際，[103]免得佛寺經常發生受之於人卻受制於人的無奈。正如《泉州開元寺志》，〈田賦志〉所言：

> 佛制。比丘食禁邪命，故必仰給于檀那。然勢不能常給，於是有汙
> 邪之畀。利之所在，害必隨之。比丘自是多事矣。[104]

---

[101] 程文舉（明）編，《仰山乘》（明萬曆 39 年（1611）刊本，收入杜潔祥主編，《中國佛寺史志彙刊》，第 2 輯第 21 冊），〈檀施〉，頁 117。

[102] 葛寅亮（明），〈永明塔院田記〉，頁 782-783。

[103] 葛寅亮（明），〈永明塔院田記〉，頁 782。

[104] 釋元賢（明），《泉州開元寺志》，〈田賦志〉，頁 175。

可見檀越對於佛教的重要。但是檀越能否護持佛門，還與時局有關。《二刻拍案驚奇》記載嘉靖 43 年（1564），蘇州發生大水，「米價踴貴」，「寺中僧侶頗多，坐食煩難。平日檀越也為年荒米少，不來布施。又兼民窮財盡，餓殍盈途，盜賊充斥，募化無路。」[105]災害的發生，致使布施和募化工作愈加困難。

　　舉明末時局變化導致募化艱難之案例觀之：南嶽退翁和尚回憶自隆萬以來，「禪宗式微，兩宮欽崇特摯，然慕鮮華者潛入，敗羣所至，叢林外充內瘵。」三峯和尚憂心，「嘗作募田疏，命山僧走江淮，正告海內，翕然信從，遂成玄墓僧田，至今受其福利。」退翁自崇禎 9 年（1636）住持祥符、天臺、能仁、國清、興化、瑞巖、慧明諸佛寺以來，「皆勤督僧徒力田。上遵百祖之遺風，下絕禪徒之馳騖」，恪守僧人本業。但還是難度佛門衣食之困，自述：

> 拮据靈巖十年，土木架高，養閒先哲所恥，法食交易，失我本懷，嚼蘗含茶，苦心誰喻。邇來信施艱難，山空日永，饘粥不繼，一日鉢盂兩度濕。[106]

退翁和尚雖謹守僧人本色，奉清規、務祖風，兢兢業業於僧田經營及佛門修靜。但由於政局變動，信施不易，僧團還是面臨衣食不繼的窘境。使得堅信謹守僧家本分，即可獲得神人共助的觀念受到挑戰，畢竟財務等物質性東西，極為現實，匱乏了便引發生存的問題。僧團是無法獨立於此，它必須仰賴社會物資的支援，最大的來源就是依賴廣大信眾的布施。既然檀

---

105 凌濛初（明），《二刻拍案驚奇》（北京：華夏出版社，1998），卷 1，〈進香客莽看金剛經出獄僧巧完法會分〉，頁 2-3。
106 釋殊致（清）輯，《靈巖記略》，〈內篇上·靈巖飯僧田記〉，頁 78。

施影響佛門甚鉅，那麼，佛門如何對待施主，思考募化的意義，自是其重
要的命題。

（二）佛門的本色與乞食、募化的省思

　　就佛教而言，或可簡單以佛門內外作為聖俗之別。佛門內是出家眾體
悟佛教本然面目的清淨場域，擁有不可侵犯的神聖性。佛門外則是僧俗往
來的活動空間，從佛教立場來說，是接引眾生，廣傳佛法的俗世領域。佛
門有實質的山門建築區分聖俗的界線，遁入山門，意謂著捨家為僧，追求
由凡入聖、解脫無礙的生命理想。此時山門則從建築實體抽離，轉化為富
含精神超脫的抽象性意涵。所謂山門「盡大地，是解脫門」，[107]而法門廣
大，「到者方知，紅霞穿碧落，白日繞須彌」，[108]「是箇普門境界」。
「從這裏（山門）入佛殿，佛身無為，不墮諸數」。[109]

　　山門具足世俗的形體，也蘊含超現世的性空聖淨，是會通聖俗二界的
重要象徵，溝通媒介則是遊走其間的僧眾。僧人由凡入聖，出聖入凡，他
們如何自聖界所薰習的精神運用在乞食與募化之中，以獲得俗世的認可。
換句話說，在乞食與募化當中，僧人該保有什麼樣的出家本色，始不逾越
僧俗各自的分際，不使佛門玷汙。

　　根據紫柏達觀的見解，不托鉢乞食，慧命難續。開示「鉢」在佛門的
意義，說：

　　　　夫鉢之為器，翼三寶，備六德。何以明其翼三寶？蓋微此，則僧無
　　　　所資。僧無所資，則慧命斷。慧命斷，則佛種滅矣。彼其能清、能

---

[107] 釋梵琦（明）說，《楚石禪師語錄》，卷1，〈住福臻禪寺語錄〉，頁396。

[108] 釋文琇（明）說，《南石和尚語錄》，卷1，〈住蘇州府萬壽報恩光孝禪寺〉，頁147b。

[109] 釋文琇（明）說，《南石和尚語錄》，卷1，〈住蘇州府普門禪寺〉，頁145c。

　　容、能儉、能廣、能尊、能古，則六德之謂也。古由佛授，尊由天
　　獻，廣則普利一切，儉則過中不食，容則施受精粗而福利平等，清
　　則舉世不忍以葷投之。如是而吾曹敢不寶重哉。[110]

「鉢」的意涵如此深邃，佛門怎能不奉制遵循，完備六德。不過釋紫柏感
嘆當時偽僧多昧於古制，致使「祖宗標格、法道綱常，破壞殆盡。反以操
瓢為便捷而安之。若鉢則視為滯貨，皆棄而不持矣。既作佛子，凡百所
行，須遵佛敕。」[111]因此囑咐萬佛菴陳寶林居士，製鉢布施，助其提振頹
風。

　　而持鉢與操瓢生活的最大不同，在於行腳乞食的漂泊和叢林募化的安
定之別！相較之下，後者易使僧人流於生活安逸，導致過度依賴施主的弊
病。故釋紫柏教誨出家人，乞食為僧人根本勞務，修行的基礎。開示道：

　　吾曹為出家兒，不乞食自活，而貪人供養，橫受非禮，究其咎之所
　　自，不過圖穿現成衣，吃現成飯耳。……一衣一食，皆必出自勞
　　勤。……吾曹既處四民之外，乞食以資殘喘，則外四民其誰為我檀
　　施哉。檀施雖士農工商之不同，然寸絲粒米，皆出於勞勤也。其勞
　　勤而得之，而歡然惠我者，為欲求懺其罪，與增其利益耳。倘我有
　　僧之名，無僧之實，必不能自利利他。[112]

僧人為四民之外，士農工商皆勞其本業，以其所得布施給出家人，無非想

---

[110] 釋德清（明）閱，《紫柏尊者全集》（收入《新編縮本乾隆大藏經》，卷 7，〈示陳寶
　　林〉，頁 159a-b。

[111] 釋德清（明）閱，《紫柏尊者全集》，卷 7，〈示陳寶林〉，頁 159b。

[112] 釋德清（明）閱，《紫柏尊者全集》，卷 1，〈示隆東華嚴寺了凡〉，頁 14a-b。

藉此懺除平日之過，裨增利益。僧人若無僧行，名實不符，便無法回饋施
主、利益他人。僧人若喜耽於飲食大慾，身為四民即可，「何必避城市、
居山林乎」。[113]所以釋紫柏犀利地抨擊非真心修行的出家人，等同於乞
兒，等同於魔。說：「佛言為佛弟子，不解佛語，不行佛行，謂之髡頭俗
人。故飯髡頭俗人，與飯常人乞兒等。若然者，未知轉生死為涅槃，轉煩
惱為菩提。妄以苦身為行，鼓惑愚癡眾生，此非魔外而何哉。」[114]

　　若然，如何才算是名副其實的僧人，才能利益信施？釋紫柏認為只有
三種類型的僧人，值得受人供養。分別為：

> 此就上一等僧說，蓋其佛知見已開，佛悲願已發故也。如此種僧，
> 豈有供養之，而不能雪罪與增利益哉。若佛知見雖未大開，悲願雖
> 未大發，但能誦佛之言，稍解其義，依解修行，此種謂之中等僧。
> 如但誦佛言，不能解義，惟恐玷法門，勉強守戒，此種謂之下等
> 僧。此三種僧雖淺深不同，皆非有名無實者。若人恭敬供養，必罪
> 消福長。夫復何疑。[115]

信眾若能布施給上述三種謹守本分的僧人，必得功德。除此之外，「皆髡
民，非僧也。」[116]

　　釋紫柏重視托鉢乞食精神的闡揚，以裨益僧人修道意志的激發。其對
於僧行嚴格的要求和期待，無異於乞食、募化和布施之間架起一道良性對
應的橋樑。

---

[113] 釋德清（明）閱，《紫柏尊者全集》，卷1，〈示隆東華嚴寺了凡〉，頁14b。
[114] 釋德清（明）閱，《紫柏尊者全集》，卷7，〈六種攝示出家在家人〉，頁168a。
[115] 釋德清（明）閱，《紫柏尊者全集》，卷1，〈示隆東華嚴寺了凡〉，頁14b-15a。
[116] 釋德清（明）閱，《紫柏尊者全集》，卷1，〈示隆東華嚴寺了凡〉，頁15a。

而明末清初釋靈耀於〈佛海和上隱山序〉所詮釋隱山的意涵，倒與釋紫柏前述開示的要義前後呼應。序言：

> 隱山，比丘之常也，惡足言言。夫守道恒一，而利生必溥者耳。蓋僧之無識而在山者，可言山，不可言隱。若見道已明，而懼其未固。或用世之才疎，而人緣猶未洽也。則就養於山以需之，乃可名隱。[117]

僻居深山，雖是僧人慣行。但無知僧徒住於山林之中，並不能稱為隱。能稱得上隱者，乃自覺德養不足，故隱山以涵養。因此批判貪圖名聞利養的出家人，藉著隱山之名行沽名釣譽之實，宛如終南山捷徑之伎倆。他說：

> 或有隱而未久，遇薄緣而一感，遂出營營焉、汲汲焉。世諦流布，而彌見其不足，疇昔名高一旦隳矣。如世之指終南為仕途捷逕，而致北山之檄者，比比是也。何哉？蓋守道不恒，而秉志不一也。若是者雖出，吾知其見必不明，養必不固，用世之才必不充，所化之機必不溥，而於法門亦必無卓卓裨補樹立也。[118]

所以釋靈耀再次強調真正的出家人，即是「真隱山者，其守恒，其志一。世不苟出，出不徒然。」而「見道精明，異日化緣必不聊爾。」他以自己為例，清楚表示：

---

[117] 釋靈耀（清），《隨緣集》（收入《大藏新纂卍續藏經》，第 57 卷），卷 1，〈雜著·佛海和上隱山序〉，頁 511a。

[118] 釋靈耀（清），《隨緣集》，卷 1，〈雜著·佛海和上隱山序〉，頁 511a。

　　予住院以來，拳拳奉教。故雖兩處興建，斷不出一梛一板，取憎世
　　人。……蓋比丘閉戶修行，自有天龍呵護。……何必僕僕閩闉，玷
　　辱法門耶。[119]

像釋靈耀這種不向外攀緣募化，不自取其辱的性格，也算是僧人本色之
一。

　　釋紫柏與釋靈耀，雖然堅持自食其力的精神，但不意味著他們不從事
募化的工作，在他們的語錄或文集當中，均見其各自為寺僧撰寫募化疏。
疏文顯示募化是為眾人而行，非不得已情況下，不可輕易為之。欲為之，
當以如實修行為基礎，自可增加乞食或募化之功。僧人修行雖不為募化，
但募化將因僧人德性而增添效果，擴大價值。然而兩位法師之所以同時質
疑並反思當時僧界募化之行，很大原因，與苦於「持鉢」、安於「持
瓢」，即自乞食演變至募化的叢林生活型態演變有著莫大關係。

　　釋鎮澄（1547-1617）明確指出這種生活經濟型態的轉變對僧人產生
的實質影響。其言：

　　自古僧無常居，一衲一鉢，丐食而食，巖木家間，隨遇而棲，塵勞
　　物境，曾無戀著之心也。……至於後世則不然。凡僧之有為者，或
　　乞檀那以創院，或託權勢以鐫求。集信心資財，為之常產，剃俗家
　　子弟為之徒屬。視嫡徒，則若骨肉之親，拒禪客，則若累世之
　　怨。……近代以來，天下叢林，皆變為私家院矣。……比來有等狡
　　猾師，見十方院多檀施，始則假十方之名以邀利，及其成也，則廣
　　剃貧民之子為嫡徒，以付其業。由此十方禪侶，日漸疏遠，以至杜

---

[119] 釋靈耀（清），《隨緣集》，卷4，〈尺牘‧與門人〉，頁534b。

門而後已。[120]

　　同時，釋湛然亦言及僧眾安於住的弊端，說：「今時人纔出家，便住小院，或守山坐關，或住菴堂廟宇，規矩有所不聞，道業曾不之辦。縱自在貪饕，干名覓利。」[121]清楚指摘豐衣足食、安適的叢林生活，容易腐蝕學道出離之心。故言：「我輩學道，多為衣食所忙，不能成辦。今此雲門，雖非大廈，頗可容身，雖無美供，粥飯龥足，正好猛利修行。」[122]而在「徑山馮秀才請茶話」時，僧湛然再次複述出家僧侶往往為外緣所繫，而忘失學佛根本。故言：「不意到出家地位，反認菴堂廟宇為家，以施主為親，以徒弟為子，多方繫縛。如欲坐禪參學，不勝其難，是昧其初心也。」[123]所以說粗衣糲食、簞瓢陋巷般的清苦生活，始利僧人修持。

　　釋湛然、釋鎮澄對於僧眾生活型態的自我撻伐，足以驗證前述來自佛門內外指責僧人為貪圖利養、財富、豪奢、安逸而出家的事實。其中，豐厚的信施與寺產，是最大的誘因。

（三）佛門的施主對待

　　儘管施主時有侵佔寺產之失，但整體而言，檀越對於叢林發展始終扮演著關鍵的角色；如「工程浩大，僧力難為。遍叩大檀，方能了事」、[124]

---

[120] 釋鎮澄（明）原纂，《清涼山志》，卷 7，〈附獅子窟十方淨土院規約序〉，頁 292-293。

[121] 釋圓澄（明）說，《會稽雲門湛然澄禪師語錄》（收入《明版嘉興大藏經》，第 25 冊），卷 4，〈夜參〉，頁 623b。

[122] 釋圓澄（明）說，《會稽雲門湛然澄禪師語錄》，卷 4，〈夜參〉，頁 623b。

[123] 釋圓澄（明）說，《會稽雲門湛然澄禪師語錄》，〈茶話〉，頁 627c。

[124] 釋圓澄（明）說，《會稽雲門湛然澄禪師語錄》，卷 8，〈徑山古千僧閣募造禪堂疏〉，頁 654c。

「如欲安心在道，四事無虧，必仰資於檀信」。[125]因此如何對待施主，是佛門執掌要務，遂將相關的接待事宜，置入禪院清規之中，予以明文規定。

清規賦予知客「職典賓客」之執掌，即負責接待來寺僧俗知客的相關事宜。規曰：

> 凡官員檀越尊宿諸方名德之士相過者，香茶迎待，隨令行者通報方丈，然後引上，相見仍照管安下去處。如以次人客，只就客司相款。或欲詣方丈庫司諸寮相訪，令行者引往。其旦過寮床帳、什物、燈油、柴炭，常令齊整。新到須加溫存。[126]

來寺賓客，有主次之別，招呼亦不同。可能與檀越的社會地位，及其與寺院、僧眾往來親疏有關。

《叢林兩序須知》定位知客的角色，曰：「知客為叢林綱紐，外護耳目，自非達才能幹，正直服眾者，未易以克當。」擔任知客，務必平等對待來寺僧俗客人，「若夫憎貧敬富、重俗輕僧，知客之道安在乎！」[127]

與《叢林兩序須知》同時撰述的其他各寺規約，在有關知客或接待施主的規定上，均示意「知客」一職關係佛寺甚大，不可或缺。誠如德清所言：

> 禪堂事務至簡，……但知客一人，必不可少，以應答往來賓客，接

---

[125] 釋圓澄（明）說，《會稽雲門湛然澄禪師語錄》，卷 8，〈徑山大殿募米齋僧疏〉，頁 655a。

[126] 釋德煇（元）重編，《（敕修）百丈清規》，卷 4，〈西序・知客〉，頁 179c。

[127] 釋通容（明）述，《叢林兩序須知》，〈知客須知〉，頁 77a。

待十方衲子。此職務在得人，如缺其人，即以堂中直日僧代管。客
至必須款留待茶。若施主專至者，必白堂主禮待，勿退信心。若十
方衲子，亦須辯白賢愚，勿輕去留。[128]

〈箬菴禪師兩序規約〉則強調知客必須以禮待客及務必掌握客人身分，以
便於知所應對，方不失招待之禮。規曰：

知客第一，見人須要有禮。上等送符夢樓，中等送祖師堂，餘則送
旦過。若有舊職事歸來安賢者寮。如齋主到飯則四菜，茶則四果，
往來上客攢菜斟酌，可也。[129]

　　大體上，叢林對待施主，儘求真誠，如禮如儀，不失怠慢，以強化施
主護持佛教的信心。至於寺方如何接待施主，有其各自的原則與要求。此
處按《（敕修）百丈清規》、《叢林兩序須知》和各寺規約，將相關的細
節，整理成文末：「明代清規、寺規中知客及其他相關執掌的待客條文
表」，以資參考對照。
　　文末表將叢林的待客條文，簡單分成「現任官員的迎送之禮」、「現
任官員及其隨從的飲食歇息照料」、「非現任官員之飲食歇息照料」、
「重要客人的照料」、「一般客人的照料」、「女信眾的接待」、「客房
用具事前事後的打點」、「待客茶湯菜餚之準備」、「用於施主身上的財
物」、「主動關懷慰問施主」、「施主設齋供僧」、「與士大夫書信往
來」、「化主之設」等類別。對於施主，則按其身分地位而有不同的接待

---

[128] 釋德清（明），《憨山大師全集》，卷52，〈曹溪寶林禪堂十方常住清規〉，頁703b。
[129] 杭世駿（清），浙江《武林理安寺志》，卷6，〈箬菴禪師兩序規約〉，頁331。

方式。此非基於不平等心，而是隨俗應對該有的禮節，一切本諸不失禮之
情。

　　條文顯示佛門在招待施主方面細心備至，前後的迎送、寮房的打點、
菜餚茶湯的招待等林林總總的準備，是叢林表達對信眾平日護持佛法的有
形回饋，來寺留宿的服務，亦可聊表佛門感恩之情。感謝檀越布施之恩，
是佛門謹記要務，釋湛然於〈天寧寺茶話〉中，談到：「施主捨所難
捨，……然我在堂安享，大眾當思報恩可爾。」「檀那捨所難捨供養之
恩」，則是佛門該當思報之恩德。[130]

　　佛門除了提供施主的食宿服務外，對於來寺請法、設齋供僧、施米等
施主，方丈以上堂說法表示歡迎；[131]即語錄常見的「施主莊佛，上堂」、
「施主入山，上堂」、「施主請上堂」、「施主捨米入山，上堂」、「施
主設齋上堂」等。據《楚石禪師語錄》記載楊府安人真如、善住二居士入
山齋僧，禪師上堂開示：

　　　　沙門釋子頭戴施主屋，腳踏施主地，口喫施主飯，身著施主衣。將
　　　　什麼報答施主？入道不通理，復身還信施。[132]

而化主募化歸來，亦上堂致謝施主護法，舉參：

　　　　黃龍南和尚，因化主歸，示眾：有五種不易。一、施主不易，二、
　　　　化者不易，三、變生為熟不易，四、端坐食者不易且道，五、不易

---

[130] 釋圓澄（明）說，《會稽雲門湛然澄禪師語錄》，卷5，〈天寧寺茶話〉，頁628a。

[131] 釋湛然（明），《慨古錄》：「古時叢林，凡有國士入寺，必上堂說法，以慰其遠來之意。」頁138a。

[132] 釋梵琦（明）說，《楚石禪師語錄》，卷3，〈住海塩州天寧永祚禪寺語錄下〉，頁404b。

是什麼人？[133]

　　由於檀施的難能可貴，所以各語錄或清規中一再揭示不得隨意化緣。馮巨區予達觀大師書信中，寫到：「俗人愛錢，甚於骨髓，檀信善根，大須將護，緣簿不可輕發，化主不可輕遣。」[134]若需派遣化主向外募化，亦當審慎，提醒：

> 擇請真實戒行僧，分布城邑，隨緣乞施，無貧富無貴賤無多寡，必施而後已。有慳結者，當為三懇，化之無倦。即農樵負販發心喜捨，少至一錢一縷一粒，亦當生恭敬尊重心以受之。[135]

若能如此，既可防止僧人圖利養，避免對佛門與檀越的傷害，亦可表達佛家對施主的敬重和感恩，並維護佛門自身的尊嚴。

四、結語

　　乞食或募化，無非是僧侶為了實現證悟佛道所行的方便法門。乞食是建構苦行聖僧的重要行門，然而在重勞務的中國農業社會，卻成為被人詬病的責難點。不耕不織的社會蠹蟲，乃常見之非議。統治階層更從國家社會效益的立場，以有無用論來否定佛教的價值。職是之故，叢林制度的設立，是佛教因應中國社會要求所產生的一種經濟生活型態。講究不耕不

---

[133] 釋梵琦（明）說，《楚石禪師語錄》，卷2，〈住海塩州天寧永祚禪寺語錄上〉，頁401c。

[134] 釋靈耀（清），《隨緣集》，卷4，〈尺牘，與門人〉，頁534b。

[135] 釋道開（明），《密藏禪師遺稿》，〈密藏禪師定制楞嚴寺規約〉，頁36c。

食、自食其力的獨立精神，追求擺脫乞食的寄生形象，轉向募化操瓢的定居生活。

　　募化是寺院經濟的重要來源，故寺產的取得與維繫，仍需仰仗世俗權力的護持，佛門「知客」和「化主」之設，足證佛門對檀施的依賴，尤其在經濟資源上。也因此，寺院經濟很難規避勢豪縉紳等檀越之掣肘、奪取與侵吞的可能，又寺僧中不乏貪贓枉法、巧取豪奪之輩，外加為政者視現實需求，適時援引佛教坐食蠹蟲的輿論觀點，合理化其強徵、沒收寺田及強取寺產的政策。如是層層剝削，造成寺產經營的障礙、寺產的流失，而寺院的頹敗荒廢，也將難以避免。面對這樣的窘困，僧團除自圖振興改革外，與檀越取得良好的僧俗往來關係，亦不失為保障寺產、續佛慧命的路徑。舉凡募化疏的委託，則是佛門冀望透過有學養、社會地位和權勢的士夫階層，強化勸募的理由，取信於社會，以利經濟資源的取得。

　　社會縱有部份人士對佛教存在的經濟效益抱持負面評價，但仍出現類如穆文熙、陳繼儒等，認為佛教可以裨益心性療養，補足社會救濟事業之不足，肯定佛教的正面價值。因此，佛教必須面對社會的指正，致力於改善自身的缺失，並營造為社會所認同的價值以取得支援。為此，佛門該如何回饋檀施之恩，饒益施主，也是平日細心琢磨的功課。與乞食相較，最明顯的，在於乞食過程，僅見僧人對於信眾的乞求，少見服務、回饋的應對關係。而信眾之所以願意回應佛門的募化，有所布施，不少是基於僧眾能夠提供消災積德的宗教性服務，如清規所言：「或有鄉村檀那，精心禮請唱佛，道場必須眾議，能為法事者差，免俗譏嫌」。[136]再則，對統治者或大眾來說，安住叢林、遵守清規的募化型態，便於管理又可依賴佛門為其所用，不論是祝延聖壽，還是課以雜役、消災祈福等，佛門均能為其行

---

[136] 徐　（明），《雪峰志》，卷8，〈雪峰清規〉，頁184。

走服務。

　　要言之，不管乞食或募化，僧人務必以戒為本，取得檀越的信賴，自可增益募緣之效。托鉢乞食雖不為社會所喜，隨著時間的推移也逐漸淡化它在叢林的重要性。但乞食的苦行精神，仍是部份僧侶強調的基本修持，能根除募化所帶來好逸惡勞、貪圖利養的惡習，及叢林愈趨世俗化和城市化的發展性格。誠如前見釋紫柏等幾位出家眾的呼籲。不過與釋紫柏同被視為晚明大師的釋雲棲，並不認為乞食四方是必要的僧行，末法時期當以權變之行代替乞食。他說：

> 佛制冬夏坐禪，春秋頭陀，宜則行乞食法。但聖世乞食，無上座闍黎，尚有魔撓。況茲末法，今稍為圓便，易乞食以作行，不得已，方行乞食可也。[137]

叢林生活型態的改變，直接或間接地影響佛門人士對教義認知的差異。然而從互為衝突的觀點中，在在可以窺見他們試著為佛門建構一套適合因應社會變化的修行生活而努力的身影。

明代清規、寺規中知客及其他相關執掌的待客條文表

現任官員的迎送之禮
一、在任官員到山，其往來迎送之禮，先要同監寺稟白方丈議妥，然後行之。（《叢林兩序須知・知客須知》，頁 77b）
一、在任官員到山，其往來迎送之禮，先要同知客稟白方丈議，妥然後行

137　釋袾宏（明），《雲棲共住規約上集》，〈大堂〉，頁 158a。

之。（《叢林兩序須知・監寺須知》，頁80b）

一、見任官員至，預報知客，若士大夫鄉宦亦同，違者下罰，大事量罰。（〈雲棲共住規約附集各約式・山門〉，頁326）

現任官員及其隨從的飲食歇息照料

一、在任官員到山，先要同監寺庫司商量，打點齋饌若干，湯粿果品若干，稟白方丈，然後行之。其官房床帳器具，香燭柴炭等項，須當留心照顧。至齋時湯饌食物，簡點如儀。外有隨行皂快等，仍各安下去處，齋茶款待，毋致疏失（如官員在道者，特令齋茶相陪，禮當隨時別議）。（《叢林兩序須知・知客須知》，頁77c）

一、在任官員到山，先要同監寺庫司商量，打點齋饌若干，湯粿果品若干，稟白方丈，然後行之。其官房床帳器具，香燭柴炭，及到時湯饌食物等，亦須同知客留心照顧，毋得忽略（或官員在道者，特令齋茶相陪，禮當隨時別議）。（《叢林兩序須知・監寺須知》，頁80b）

非現任官員之飲食歇息照料

一、宰官檀越尊宿到山，先要遣知隨潔淨寮房，打點床帳器用燈油等項，伺候供給。至到時，茶湯迎待。如欲謁方丈，預先通報，然後引上相見。或欲到首座庫司諸寮相訪，及各處隨喜者，親為引往。（《叢林兩序須知・知客須知》，頁77c）

一、宰官檀越尊宿詣方丈，先令知隨打點坐椅，行茶次第如儀，不得參差失禮。（《叢林兩序須知・知客須知》，頁77c）

一、檀越宰官居士到山，或遇朔望之辰，俟大眾課誦巡寮畢，須令知隨請諸頭首，齊到客堂相看，方不失叢林大體。或尊客寅早未及隨眾者，宜黎明為便。（《叢林兩序須知・知客須知》，頁77c）

一、宰官檀越尊宿等，凡小食齋飯，早晚茶湯，應及時照管。（《叢林兩

序須知・知客須知》，頁77c）

一、本處檀越施主宰官居士到山，應加溫存，早晚陪論。或欲詣諸寮，及四處觀瞻者，皆得引往。（《叢林兩序須知・監寺須知》，頁80b）

重要客人的照料

一、尊客到山，監寺亦得陪隨照管，應知之。（《叢林兩序須知・知客須知》，頁77d）

一、尊客到山，調理菜蔬，務要加勤覺察，如尋常客情，則隨分鋪設不妨。（《叢林兩序須知・典座須知》，頁83c）

一、住持請尊客茶，及客堂相看等，須及時照管，毋致失瞻。（《叢林兩序須知・知客須知》，頁78a）

一、凡有要緊客情到山，合用佳品菜蔬者，宜囑庫司典座備辦。（《叢林兩序須知・知客須知》，頁77d）

一般客人的照料

一、其次僧俗客情到山，齋茶照如常例。如欲詣方丈諸寮，及參堂安單等，亦當引往。或有令知隨安單者，但觀事勢，勿拘。（《叢林兩序須知・知客須知》，頁77c-d）

一、凡人客初至時，禪堂未止靜，即請進堂禮佛。若已止靜，報言請安單，或暫隨喜，待堂內開靜時來，請進堂。即問一行幾眾，不得失記。（〈雲棲共住規約附集各約式・知客〉，頁321）

一、如要各處隨喜者，可引一看。（〈雲棲共住規約附集各約式・知客〉，頁321）

一、遠方信心師德要各處隨喜者，引看勿拒。（〈雲棲共住規約附集各約

式‧山門〉，頁 327）
一、人客出門，有人送者勿拒，無送者待送，違者下罰，大事量罰。（〈雲棲共住規約附集各約式‧山門〉，頁 326-327）
女信眾的接待
一、尼師女客到山，須安置女客堂，毋得混雜。（《叢林兩序須知‧知客須知》，頁 77d）
一、本處女客到山，宿食語言，應加照顧，但不得親厚。（《叢林兩序須知‧監寺須知》，頁 80c）
一、到人家，不得屏處與女人說話、寄物往來等，小事中罰，大事出院。（〈雲棲共住規約附集各約式‧化飯〉，頁 325）
客房用具事前事後的打點
一、客寮床帳被蓆器用等，應照管，預防損壞。有不如法者，令知隨及時洗晒，處置得宜（如四月，當收晒絮綿，洗淨夾被。脩補客帳。晒淨草蓆。秋末冬初。則晒乾草苫。洗淨夾被。收貯絮綿之類是也）。（《叢林兩序須知‧知客須知》，頁 78c）
一、客房牀、帳、枕、被、蓆、薦、桌椅、面盆、手巾、燈臺、茶壺物等，俱簡點照料如法，失誤下罰。（〈雲棲共住規約附集各約式‧知客〉，頁 321）
一、客房牀帳、枕蓆、桌椅、面盆、手巾、燈臺、茶壺等物，俱宜檢點。如法失悮者，賠罰。（〈箬菴禪師客堂規約〉，頁 322）
一、符夢樓乃尊客宴息之處，切須潔淨整齊，茶水及時，毋得怠慢。如客至，照單搬取被枕，客去點交客堂，囬心鎖鑰，遺失賠償。不許私索客送及化緣等，查出重罰，半坡磨客腐。〈箬菴禪師兩序規約，頁 354〉

一、客寮床帳被蓆器用等，應照件登簿，以便查考。（《叢林兩序須知‧知客須知》，頁 78c）

一、客房所有被物等件，凡內外大小諸寮借用者，當認名登簿，時常管察，以便收取，毋致遺落。（《叢林兩序須知‧知客須知》，頁 78c-d）

一、客房大小物件欠缺者，預白庫司置辦，以存後用。（《叢林兩序須知‧知客須知》）

待客茶湯菜餚之準備

一、客至，茶湯點心單次一一調停。若不識面，即請問名號住某處，不得疏慢。疏慢下罰，失事加罰。（〈雲棲共住規約附集各約式‧知客〉，頁 321）

一、客至，茶湯點心單次一一調停，不得疏慢。如疏慢失事者，罰。（〈箬菴禪師客堂規約〉，頁 320）

一、客飯頭每日料理，小食飯頭相幫。若尊客到候客堂，侍寮報數，入庫取米飯，畢。淨鍋，小食鍋粑入庫，俟行單發心，用客飯鍋粑，照單三處輪日發，不得互混。（〈箬菴禪師兩序規約〉，頁 342）

一、預備客菜，以防不時忽到者。（《叢林兩序須知‧典座須知》，頁 83c）

一、貼案有齋、煎、腐。凡有客至候客堂，侍寮來報明幾桌，雜務八庫取油醬菜蔬，二人料理。候客飯熟，齊發，不得參差。（〈箬菴禪師兩序規約〉，頁 342-343）

一、請客每日一人監值，不離方丈。一切客來，兩序白事宜先通知報齋、報茶，白方丈分付行者。如方丈在寺則白他，出則登名。諸方來使登名傳書通衣鉢收書，封贐儀喫二堂如有失物悞事，賠罰。（〈箬菴禪師兩序規約，頁 336-337〉

用於施主身上的財物
一、凡常住財物雖毫木，並是十方眾僧有分，如非寺門外護、官員檀越、賓客迎送慶吊合行人事，並不可假名支破侵漁。（《（敕修）百丈清規・副寺》，頁 1132）
一、凡常住財物，雖毫末錙銖，十方眾僧有分。如非寺門外護，官員檀越，賓客迎送慶吊合行人事者，並不可假名支破侵漁。（《叢林兩序須知・副寺須知》，頁 82d）
一、本處檀越施主等，合行慶吊人事者，當會議稟白方丈。（《叢林兩序須知・監寺須知》，頁 80b）
一、凡送施主禮物，收供自辦，佛前燈油收供自化，若弔紙須報當家，上白常住料理，收供領去，私自作主，罰。……每人發監院帖若干，收供拜施主，至初二日腐十勉，十五起飯腐十勉。（〈箬菴禪師兩序規約〉，頁 345-346）
主動關懷慰問施主
一、本處檀越施主等，所當周旋敬重者，凡遇年節及閒暇時，宜親造其家，殷勤顧問。（《叢林兩序須知・監寺須知》，頁 80b）
施主設齋供僧
一、施主設齋請上堂，當先引上方丈，相見禮畢，然後引入庫房，打點齋儀，上堂儀，及請眾頭首儀，畢。隨令行者捧盤跟隨，引齋主到禪堂各寮送禮。白云：某齋主為某事，請和尚某日上堂。送畢，復令行者上方丈，安排禮儀，齋主秉香伺候，同眾頭首懇請。及次日，再三詣方丈，禮亦如之（或執事禮儀，庫司忙不及辦，先引齋主禮請，然後自己分送亦得。又齋主未見方丈，隨即打點齊儀啟請者，但觀事勢，勿拘）。（《叢林兩序須知・知客須知》，頁 77d）

一、施主設齋佛前上供，先入堂白維那，後引齋主秉香伺候。次第如儀，不得少失（如有普供。鳴鼓三下齊眾）。（《叢林兩序須知·知客須知》，頁77d）

一、齋時須領齋主秉香，方丈詣請。及住持出坐定，諸頭首禮畢，又令齋主向住持舉香三拜。仍禮東西兩序大眾者（或齋主虔心，齋中睽儀，要親遞過，當令知隨捧盤伺候。不然，照如常例。又齋畢，引齋主方丈拜送，宜知之。不必拘，可也）。（《叢林兩序須知·知客須知》，頁77d-78a）

一、施主設齋散睽如事忙，宜通副寺代理（又散睽，有平等、雙分不一者，隨時酌量）。（《叢林兩序須知·知客須知》，頁78a）

一、凡遇信施辦齋散睽等事，同當家公議行之，如庫式中說。（〈雲棲共住規約附集各約式·知客〉，頁321）

一、施主到山設齋，須計其來貺厚薄，預白副寺，隨量營為，不得拘泥。（《叢林兩序須知·知客須知》，頁78a）

一、施主某日設齋，雖知客預先引到，而齋事亦當與知客商之。（《叢林兩序須知·副寺須知》，頁83a）

一、善人來寺設齋者，齋佛訖，即引至禪堂佛前一禮。次兩單或一禮或問訊，次引至齋堂韋馱前一禮。兩單問訊，其有許多數齋僧若干員者，應為報數總記，完日回向。（〈雲棲共住規約下集·節省財費〉，頁308）

一、施主作齋所有發麵錢銀，當隨多寡，照位輕重分之（如收銀一錢，已得其五，貼案得其三，火頭得其二，是也。或有過勞，略為增減者，自己隨時酌量）。（《叢林兩序須知·典座須知》，頁83d）

一、信施辦齋散睽等事，副寺協同知事公議如式。（〈箬菴禪師客堂規約〉，頁321）

一、齋供小食，除待賓客，內外一例，散暇亦然。（〈箬菴禪師客堂規約〉，頁 321）

一、堂中歲計，全在八月會中，施主齊集。所有齋僧布施，米則入庫，其有銀兩，當立櫃一具，簿一扇。書記請公正一人同掌，其有折米銀兩，即當據實眼同登簿，不得移作本色乾沒。其辦齋銀兩，亦登入簿儲積，日逐當眾支用，書記別登支銷簿，以備稽查。（〈曹溪寶林禪堂十方常住清規〉，總頁 2859）

一、常住錢糧齋供暇儀禮節等，俱副寺同知事典座議處。喫齋時掛水牌，上書今辰某居士為某事設齋，齋罷即書黏齋單。失悞者，罰。（〈箬菴禪師客堂規約〉，頁 322）

一、今本山道糧，則施主親齎。莊租，則佃民自送。打柴，則行人入山。此外無多勞役，唯有溪邊運柴，園中料理蔬菜而已。（〈曹溪寶林禪堂十方常住清規〉，總頁 2863）

一、施主送來放生牛鹿豬羊等，白當家庫頭登簿。某施主送來，某物交付看生某人收管。（〈雲棲共住規約附集各約式・知客〉，頁 321）

一、油醬過分用者下罰，若施主特送，又不可恡惜，剋減者中罰。（〈雲棲共住規約附集各約式・典座〉，頁 322）

與士大夫書信往來

一、士大夫及諸方書至收好，送上方丈，將回書交付來人明白。失悞者，罰。（〈箬菴禪師客堂規約〉，頁 322）

一、士大夫諸方書至，收好送入，回書交付來人明白，失誤五下罰。（〈雲棲共住規約附集各約式・知客〉，頁 321）

化主之設
一、凡安眾處常住租入有限，必籍化主，勸化檀越隨力施與，添助供眾。其或恒產足用，不必多往干求，取厭也。（《（敕修）百丈清規・化主》，頁 1133）
一、湯藥油燭炭火粥食五味常備供須，公界倘缺，若自己豐裕結緣應付，或勸化施主措辦。床席衣被狼籍穢污，為其洗浣，毋生憎嫌。（《（敕修）百丈清規・延壽堂主》，頁 1133）
一、春冬二期解制，預請化主，須同監院商確，稟白方丈。（《叢林兩序須知・知客須知》，頁 78b）
一、凡眾為化主公幹出山者，所有瞡儀，當預分留之。（《叢林兩序須知・副寺須知》，頁 82d）
一、不許私向施主募化違者出院。（〈箬菴禪師禪堂規約〉，頁 311）

第九章　明代佛門醫藥的社會服務與教化

陳玉女

國立成功大學歷史系教授

　　佛門不光致力於佛教本身事業，社會公眾事務的參與，從事回饋或服務社會大眾，以實現佛教濟人利世的慈悲精神，也是佛教建立其正面價值的必要之責。就此言之，社會福祉或社會救濟事業的興辦，是佛教踐履佛菩薩自利利他精神的該盡之道。然而明代，就史料觀之，養濟院多由官方營辦，很少看到佛教參與的記錄。

　　夫馬進提到設置於宋代的福田院及之後的居養院、安濟坊、養濟院等，與明清時期養濟院最大的不同，在於明清時期一切與僧侶無關，而宋代的各種設施和唐代一樣，均與僧侶的關係密切。[1] 梁其姿則引用《唐會要》記載，認為唐武昌廢佛，即西元九世紀中期以後，唐政府從佛寺接收了養病坊慈善組織的管理，奪取濟貧的責任，以消減佛教的社會影響力。如此官方慈善經營方式，為宋代所承襲。[2] 然而唐末以後，官方接辦養病坊、福田院，排除佛教勢力在外，應是一時現象，至宋代縱使仍由政府管

---

[1]　夫馬進，《中國善會善堂史研究》（京都：同朋舍出版，1997），〈第一章　善會、善堂以前－明代の養濟院を中心として〉，頁45。

[2]　梁其姿，《施善與教化：明清的慈善組織》（臺北：聯經出版公司，1997），〈明末以前的慈善－觀念與制度變化〉，頁23-24。

理慈善組織，但是像居養院和病坊，多由僧侶擔任照料和管理。[3] 即如黃敏枝提到的，宋代如養老、濟貧、賑饑、慈幼和醫療等地方的救濟事業，大體「由官方責成寺院之僧侶負責行政和庶務工作，使得宋代官辦救濟事業更臻完善。」[4] 可見宋代並非如唐末一樣排擠僧侶在社會救濟所扮演的重要角色。可是明代的養濟院，卻看不到唐宋時期佛寺被賦予社會救濟任務的情形。[5]

雖然前揭陳繼儒聲稱：「佛氏者，朝廷之大養濟院也。」在現實的社會裡，佛教確實代替朝廷解決不少貧病無依者的衣食、居住問題，補足官方養濟院在社會救濟上的欠缺，但也收容不少為朝廷所取締的逃避稅役之軍民，甚至還包藏逃犯、無賴、惡棍之輩。如此與為政者的立場衝突，勢必引起朝廷的敵視，也將質疑佛教從事社會救濟的正當性。但這一點，是否構成明廷排除佛教參與官辦社會救濟事業，必要予以究明。因久保田量遠曾指摘中國佛寺的社會救濟不振，在於佛寺生活的墮落，收容眾多規避納稅義務及對佛學無知的民眾，故難以取信社會。其次，在於佛門過度堅守僧俗之別，如慧遠（334-416）主張「沙門不敬王者論」，嚴格區分出家與在家的不同，其方外說，阻斷佛教與社會的交涉，致使佛教的社會救濟不能行之久遠。[6]

久保田量遠的上述觀察，多止於魏晉南北朝的佛教概況，所陳述的僧

3　夫馬進，《中國善會善堂史研究》，〈第一章　善會、善堂以前──明代的養濟院為中心として〉，頁78。

4　黃敏枝，《宋代佛教社會經濟史論集》（臺北：臺灣學生書局，1989），〈第十章　宋代佛教寺院與地方公益事業〉，頁435。

5　夫馬進，《中國善會善堂史研究》，〈第一章　善會、善堂以前──明代的養濟院為中心として〉，頁78。

6　久保田量遠，〈支那に於ける仏教寺院の社會的活動性の缺陷〉（《佛教史學》，第4卷第2號，1940年8月），頁77-83。

行腐化層面，至明代依舊是佛門化解不開的沉痾，是政府及社會部份人士不能信任佛門的根源所在，如前章所述。再說佛教侵蠹社會資產，亦是歷來被指責不能體恤百姓的一大理由；舉如北魏楊衒「建寺宇壯麗損費金碧，王公相競侵漁百姓，乃撰洛陽伽藍記。言：不恤眾庶也。」[7] 明湛若水（1466-1560）提到同樣的觀念，說：「聖帝明王未有不加志於窮民者也。武后陰悍女主惟思竭財佞佛以求福，而天下之貧窮，何暇恤也。」[8] 為此，佛教不能取信於社會，被認為沒有資格擔任社會救濟的正面角色，實不難想像。

至於佛門過度拘泥於僧俗的區隔，導致佛教社會救濟事業不彰的見解，道端良秀抱持不同的看法。指出「沙門不敬王者論」的目的是，抗拒、反對國家權力，作為一個超越國家、民族的宗教，祂是不能被國家和政治權力所左右。因此慧遠主張「沙門不敬王者論」，乃欲藉此顯示佛教的純粹性，故不能因此論斷慧遠主張佛教的非社會性，反而他積極與社會接觸，實踐佛教的社會性。[9] 再說明代僧俗關係的發展，似乎與久保田量遠的中國佛教堅守方外性格之說恰適其反，由於僧俗過度往來混雜，遂使政府乃至佛門均力求僧俗嚴守各自分際，以利社會治安、以清佛門僧行。更何況如前述所見，明中葉以後，佛教側重實用精神，主張「出世即入世」，試圖減緩佛教不管世事、無用於社會的方外性格，轉而展現對俗世積極關心的入世色彩。由此思考久保田量遠的此一觀察，猶待斟酌。

至於明代僧侶為何未受公部門委託經辦養濟院的社會救濟事業，夫馬

---

[7] 釋道宣（唐），《廣弘明集》（收入《大正新脩大藏經》，第 52 冊），卷 6，〈辯惑篇・魏楊衒之〉，頁 128b。

[8] 湛若水（明），《格物通》（收入《景印文淵閣四庫全書》，第 716 冊），卷 97，〈恤窮・上〉，頁 877b。

[9] 道端良秀，《中国仏教と社会福祉事業》（收入道端良秀，《中国仏教史全集》，東京：書苑出版，1985，第 11 卷），〈第十一章　仏教と社会〉，頁 323。

進未就此討論。但其有關明代養濟院及善會、善堂的研究中，指出明末清初善會的興起與當時社會階級矛盾的擴大有關。[10] 而善會根始於「生生不息」、「與人為善」的思想，同時扭轉行善得福的觀點，看不到與佛教思想的關係。善會的性質因地方而不同，概括言之，有親睦、救濟、教化及徭役繳納正常化的政治性目的。參與者多為地方鄉紳和士人，集中於財力和人口聚集的都市，結合地區之間的人力，共同協助善會的營運。救濟的對象，由善會人士推薦，是有條件的，主張愛有等差，從自身的宗族起，向外擴及至地方有孝行、節義、貞烈之人。[11]

這樣的組織性質，不乏如梁其姿所說的，明清善會善堂的活動「並非要單純解決社會的貧人問題」，是「藉著施善去嘗試重整社會秩序。」[12] 同時，鞏固了「士人、商人及其他的地方富民」的勢力。[13] 而論及同善會的意識型態，梁其姿指明受到俗化佛教和道教功過思想的影響，但主要仍是正統儒家的政治理念。[14] 夫馬進則認為善會的興起，是由於此時儒佛的

---

10 夫馬進，《中國善會善堂史研究》，〈第三章　善會、善堂の出發〉，頁 179。關於明末放生思想的推廣，如前面所見，與其社會飲食的豪奢相關外，還與當時社會發生疾疫、災荒、政爭、戰亂的動盪息息相關。荒木見悟，《陽明學の開展と佛教》，〈戒殺放生思想の開展〉，頁 236-244；釋慧嚴，《慧嚴佛學論文集》），〈戒殺放生と仁の思想〉，頁 474-484。而克里斯廷・于・格林布萊特認為袾宏宣揚戒殺放生的思想，有個大的理由，就是「袾宏組織在家修行取得與寺院秩序同樣的功效。……對居士們給予詳細的綱領性的宗教修行指導」，「從而促進儒佛價值觀在他們生活上的調合。」（克里斯廷・于・格林布萊特著，王安世譯，〈袾宏和晚明居士佛教〉，《世界宗教研究》，第 3 期，頁 44）。

11 夫馬進，《中國善會善堂史研究》，〈第三章　善會、善堂の出發〉，頁 92-134。

12 梁其姿，《施善與教化：明清的慈善組織》，〈導言〉，頁 3。其進一步的分析，則於同著，〈第二章　明末清初民間慈善組織的興起〉，頁 57-69。

13 梁其姿，《施善與教化：明清的慈善組織》，〈第二章　明末清初民間慈善組織的興起〉，頁 69。

14 梁其姿，《施善與教化：明清的慈善組織》，〈第二章　明末清初民間慈善組織的興起〉，頁 69。

互相刺激、意識互融，始有可能。若是追問明末善會起源於佛還是儒，幾乎毫無意義。[15]

但不管如何，就上述，晚明參與善會、善堂等結社組織的鄉紳階層，不少是三教兼修之人，特別是儒佛會通者為多，由此激盪而出的社會善行之教，遂成普羅大眾的生活信條。也因此促使晚明慈善活動得以迅速發展，由此觀之，三教合一的思潮，不能不說是它的重要基盤。[16] 又此時的佛教，或許因上述地方鄉紳士子相繼從事社會救濟，壓縮了自身參與社會公益的空間，轉而以更普世化、世俗化的思想，類如通俗性善書的製作，教化世人行善濟俗，廣泛施行度眾化俗的道德內化工作，亦不失為佛教救濟事業之本懷。

從宗教濟世救贖的觀點來看，佛教從事社會福祉本是天經地義之事，也是社會人士對佛教存在的一種寄望。[17]誠如道端良秀所說的，佛教是人間救濟的宗教，[18]不僅有形的身軀，就是無形的靈魂也希望能夠因祂的救助而獲得解脫。故道端良秀從廣義層面解釋什麼是佛教社會福祉事業時，

---

[15] 夫馬進，《中國善會善堂史研究》，〈第三章　善會、善堂の出發〉指出，大體與同善會同時興起的放生會結社風潮，其經營方式與同善會相似，可能受到善會的影響，但放生會又較同善會快速普及，這又可能影響到善會的思惟，頁 186。

[16] 酒井忠夫，《增補中國善書の研究（上）》，〈第三章　明代における三教合一思想と善書〉談到，支持晚明新佛教的諸多居士，其三教思想與新佛教的三教思想不無關係。四大師的教風幾乎同樣具有禪淨一致、諸宗派合一、三教融合的性格。儒佛分野雖不同，但應是相互增長配合，不是互相排斥。這點與夫馬進所持相同。而《自知錄》的製作，便顯示三教融合的主張較宋元時期又前進了一步，頁 351-352。王衛平，馬麗，〈袁黃勸善思想與明清江南地區的慈善事業〉，《安徽史學》，第 5 期（合肥：安徽省社會科學院，2006 年）提到明末一直到清代，「善的思想深入人心，江南各地慈善組織林立，各類善書大量刊行。一方面，這些善書大多規定了一般民眾的道德規範，以維護鄉紳地主的領導權；另一方面，這些善書也使鄉紳階層自我反省、自我約束，能夠位地方社會謀福利，為民眾代言請命。」頁 50。

[17] 黃敏枝，《宋代佛教社會經濟史論集》，〈第十章　宋代佛教寺院與地方公益事業〉，頁 413、435-436。

[18] 道端良秀，《中國仏教と社會福祉事業》，〈序說〉，頁 15。

認為佛教信仰的有無是關鍵。[19]而統括佛教僧尼的教化活動、佛教徒對於任何時代的災害、貧困、疾病和犯罪的處理方法及社會教化的實況，以及敘述佛教慈悲遍及一切眾生的實情，包括不殺生、放生等愛護動物運動，還有提供旅人、舉子等留宿，和築橋鋪路、鑿井植樹之類的土木救濟事業，凡此涵括精神、物質雙方面的關照，都將之視為中國佛教社會福祉的項目。[20]

因此，明代雖然在官方或民間組織性的社會救濟事業，不樂見佛教僧侶的參與。但並不表示社會對於佛教的需求，或者是佛教對於社會的慈悲救度工作宣告終止，舉凡教化、對貧病孤苦者的救濟憐憫、修橋鋪路、設渡施藥等等。無論如何，佛教有其不可被取代的宗教性功能，以及社會對其習慣性的傳統依賴，所以從上述廣義的中國佛教社會福祉來看，文獻中依然得見明代佛教對社會大眾的種種救濟善蹟。像沃爾多・羅瑞安（ワルド・ライアン）所言，於中國佛教史上，僧侶的救荒事業不算稀奇，特別在明末清初是極為顯著的現象；舉晚明覺浪的社會關懷為例，彰顯明末清初是佛教教團社會活動最顯著的時代之一。[21]覺浪道盛身處明末亡朝亂世之際，其憂國憂民之情，更見明末佛教入世救贖、參與社會從事教化善業

---

[19] 道端良秀，《中国仏教と社会福祉事業》，〈第十一章　仏教と社会〉，頁318-319。而形式上則以佛寺和僧尼的經營為主，雖然仍有即使是僧尼、佛寺經辦的社會福祉，也未必具有佛教精神的質疑。不過道端良秀認為這是在形式認定之外別無他法的情況下的一種判斷方式。

[20] 道端良秀，《中国仏教と社会福祉事業》，〈序說〉，頁17。見黃敏枝，〈第十章　宋代佛教寺院與地方公益事業〉，則從將地方建設（橋樑的興修建、道路修築、僧寺提供食宿、水利維修、植樹）與慈善（漏澤園、義塚、浴室）救濟（養老、濟貧、賑饑、慈幼、醫療）事業兩部份，討論佛教對地方公益事業的參與，以示宋代佛教存在的社會正面價值，頁413-442。

[21] 沃爾多・羅瑞安（ワルド・ライアン），〈明末清初の禅宗とその社会観—覚浪道盛の場合—〉，《禪學研究》，第77號（京都：禪學研究會，1999年），頁156-183。

之一面。[22]

　　本文並不廣泛討論佛教在這些方面的表現，而是希望透過佛教從事醫藥與經懺兩方面的社會服務，亦即從佛門所能提供社會的身心療養資源中，觀察在僧俗互動下被建立的佛教社會形象及其帶給佛門的正負面評價。換言之，思考佛門依舊奉行社會慈善、救濟的信念並付諸實踐，但何以仍遭社會人士的嫌棄與否定，其深沉的關鍵問題何在。為此，首先就佛門的醫療服務，進行討論。其次，有關佛門的經懺服務則留待另文檢討，希望藉由這兩部份的討論，能夠對佛門內外，也就是佛教與社會相互依存、互生歧見的根本問題，獲致更深層的解析。

一、佛寺的醫藥資源與行醫濟世形象

（一）佛寺為捨藥賑濟的傳統性空間

　　明代因官方和地方鄉紳組織的救濟事業，限縮了佛教在這方面的功能，但他們並沒有捨棄佛教可以為社會所用的資源，亦即利用佛寺作為施粥、賑濟、教習或施藥看診的場所。誠如前見趙鈇重修貴州大興寺作為習肄之地，又如丘濬（1418-1495）言：

> 我朝於京府既立養濟院，又於京城中東西就兩僧寺，官給薪米爨熟以食貧丐之人。每寺日支米三石，恩至渥也。臣竊以謂兩寺之設，

22　荒木見悟，《憂國烈火禪：禪僧覺浪道盛のたたかい》（東京：研文出版，2000），〈第六章　道盛の思想的遍歷〉，頁93-107。

日有所費。然兩捨飯寺皆在僻靜之地，易於作弊。[23]

可見於佛寺設立捨飯救濟貧丐之人，管理則委託官吏，並非僧侶，然經營上屢屢出現官吏貪污舞弊現象。[24]丘濬所指的兩座捨飯寺，據《明世宗實錄》記載嘉靖元年（1522）正月丁卯條記載四川道監察御史鄭本公奏稱：

> 京師窮民凍餓垂死狀，請出錢賑濟。下戶部議，言朝廷舊設養濟院，窮民各有記籍，無籍者收養蠟燭、幡竿二寺，衣布薪米廚料之類，約歲費萬金，所存活甚眾。今院籍混淆，或以丁壯竄名，或以空名支費二寺，復設內官校尉，多乾沒罔利，民無所依，弊端坐此。[25]

官方以京城蠟燭、幡竿二寺充當養濟院，史載：「日給貧人粟米，病有醫，死有棺。」[26]此二寺除捨飯救濟外，亦行醫藥治療或屍骸處理等。其效果則如上述，救濟資源多為管理官吏所冒領乾沒，效果有限，不難想像。于慎行（1545-1608）謂：

> 唐時，禁京域匃者，分置病坊於諸寺以廩之，亦謂之悲田院，即今蠟燭、幡竿二寺也。從古都會之地，乞丐遊食者眾，故唐、宋以

---

[23] 丘濬（明），《大學衍義補》（收入《景印文淵閣四庫全書》，第712冊），卷15，頁25a。

[24] 戴衛東，〈略論明代社會保障政策實施中的弊端〉，《徽州師範大學學報（人文社會科學版）》（蕪湖：安徽師範大學，2004年1月），論及明代養濟院經營奸弊百出的現象，頁114。

[25] 黃彰健校勘，《明世宗實錄》，卷10，嘉靖元年正月丁卯條記載，頁377-378。

[26] 朱一新（清），《京師坊巷志稿》（收入《筆記小說大觀》，臺北：新興書局，1984，第36編第7冊），卷上，〈捨飯寺衚衕〉，頁128。

來，皆有悲田之設，第不知當時有司奉行何如。如今蠟燭、幡竿二
寺，所養貧人不及萬分之一，而叫號凍餒充滿天街，至於不可聽
聞，則二寺之設亦何為？[27]

可見蠟燭、幡竿二寺至明中葉以後，養濟功能已形同虛設。

　　但佛寺被當作社會救濟的使用空間依然，山西巡撫呂坤（1536-
1618）於〈存恤煢獨〉條件中，規定：「一、瞽目殘肢之人」，「其五十
以下，十三以上，盡數收入寺廟教習生藝。」又「一、詞成發與教師
一人，教習一二十人不等，每月給工食穀一石，在空閑寺廟中，官給
草苫、煮粥、炒豆，不令乞食。」[28]而談起〈賑濟饑荒〉的賑粥法，則
建議「廣煮粥之地」，為防饑民四處奔走不便，「不如十里之內，就近村
落寺廟之處，各設一場，庶於人情為便。」[29]同時又鑑於萬曆 28 年
（1600）河南大飢，郭家村劉一鷗貧病的景象，謂：「救人之死莫如粥
廠。但此廠……貴近而不貴遠，貧病者不能遠步也。……倘此廠急促不能
立辦，菴堂寺院皆可代也。」[30]又《醒世姻緣》記載濟南府繡江縣明水一
帶，因地方接連發生水旱災而鬧飢荒，來了兩位救荒的官員，也把寺院當
成安頓饑民的收留所。寫道：「又在那各寺廟裡收拾了煖房，夜晚安頓那
些沒有家室的窮人。」[31]

---

[27]　于慎行（明），《穀山筆塵》，卷 3，〈國體〉，頁 32-33。

[28]　呂坤（明），《呂公實政錄》（收入《中國文史哲資料叢刊》，臺北：文史哲出版社，
　　　1971，第 11 冊），卷 2，〈養民之道‧存恤煢獨〉，頁 238、244。

[29]　呂坤（明），《呂公實政錄》，〈養民之道‧賑濟饑荒〉，頁 268。

[30]　陸曾禹（清）原，《欽定康濟錄》（收入《景印文淵閣四庫全書》，第 663 冊），卷 4 下之
　　　2，〈山西巡撫呂坤賑粥法〉，頁 420a。

[31]　西周生（清）輯，《足本醒世姻緣傳》（臺北：世界書局，1972），〈第 31 回　縣大夫沿門
　　　持鉢　守錢虜閉戶封財〉，頁 258。

　　即使由地方鄉紳主辦施藥救濟工作，仍需借助佛門的相關資源，以增進賑濟事務的順利推行。例如祁彪佳（1602-1645）記述，崇禎 9 年（1636）自春至夏，「越中痲疫盛行，死亡相枕籍，有闔戶僵臥，無一人治湯藥者。」同年季夏 8 日，「舉放生社於六竹庵」。祁彪佳友人提及痲疫一事，「共相惻憫，若痌瘝乃身。因憶己庚之間，里居時名醫童君五來及禪師麥浪成有施藥議，時同志寥寥，難之，故未舉，機緣若有待也。」此時王金如先生在場，堅持必行，遂走告之。放生社「同志者人踴躍願從事焉。乃設局於光相禪院，以王先生主局中事。」[32]隨後積極佈劃醫藥人才的延攬與庶務的規劃。記載：

> 延名醫十人，每日二人詣局授方。人各六日，及午散歸，則太醫姚同伯繼之，已而不暇給，更延二人益之，凡十三人。其司貲、司藥、司記、司客、司計，諸同志分任，各愨乃務，出入必覈、登錄必詳、酬對必當。治方合藥尤稱繁瑣，躬親之，必慎必敬。即人自理其家，不啻也。問藥有過，而嘆曰：嗟乎！使令天下為牧民者，盡如藥局諸友之若自謀其身、自理其家也，天下何患不治哉。[33]

祁彪佳談到城中及外鄉四邑之貧病者麟集麕至，為維持秩序，僧尚德上人與賀瑤瑛「持籌分給，以序而入。人人得詳告以病繇而中及膏肓，故奏效最捷。」[34]

32　祁彪佳（明），《遠山堂文稿》（收入《續修四庫全書》，上海：上海古籍出版社，1995，第 1385 冊），頁 284a。

33　祁彪佳（明），《遠山堂文稿》，頁 284a。

34　祁彪佳（明），《遠山堂文稿》，頁 284b。

　　論及施藥局籌設費用時，祁彪佳自敘，最初「與家仲季首捐微貲，設募簿十餘扇，諸友分領之。邢君吉先復倡議，日約費金錢幾許，合數友以朋舉一日之貲。不足，某再捐之。」[35] 經費均來自放生社諸社友的解囊相助，迨孟秋時節，大約施藥救活三千人，故眾議解散施藥局，因局中無剩分文，尚「缺藥貲數十金」。[36] 但王金如未應然，認為未痊癒者尚待就診，尚需維持一段時間。於是社友又捐貲相助，「因再淹二旬有六日，為後局」，別於之前的施藥前局。會稽陶石梁「遂舉放生社亦仁民而愛物意」，贊同後局之設，可繼續為「窮鄉僻壤接踵」而來的貧病者施藥診療。「越兩旬乃解，人亦罔不稱便也。」[37]

　　祁彪佳見放生社社友至始至終窮極一切心力，共襄此舉，故稱述「儒者之心洵若是哉。」[38] 於此清楚可見，儒者等地方鄉紳勢力主事地方賑災之實情，佛寺、僧人雖亦參與其中，提供必要的協助，但非救濟事業的主體，其既不擁有鄉紳階層的財力，亦不具號召地方鄉賢之力，因而於救濟慈善事業之中退居輔助、配合的角色。

　　但即使如此，佛寺仍是政府施行或民間團體自行社會救濟時較為理想的賑災空間，對受難者而言，內中供奉著為苦難者所依賴訴願的佛菩薩諸神像，再就救濟資源和經驗來說，佛寺本身也有相當豐富的累積。像飢民的賑災，不光是飢餓問題的解決，其疲累交瘁所引發的疾病治療，亦是救災的重要工作。如呂坤提議：「備粥場之藥。瘟疫頗多，若不早治，漸致死亡。」[39]而佛寺於醫藥方面，無庸置疑，擁有長期累積的豐富知識與經

35　祁彪佳（明），《遠山堂文稿》，頁284b。

36　祁彪佳（明），《遠山堂文稿》，頁284b。

37　祁彪佳（明），《遠山堂文稿》，頁285a。

38　祁彪佳（明），《遠山堂文稿》，頁285a。

39　呂坤（明），《呂公實政錄》，卷2，〈養民之道・賑濟饑荒〉，頁273。

驗。是以，佛寺如何積累醫藥資源，於民間社會建立起佛門的醫者形象，是接下亟待探究的課題。

（二）佛利立藥室、植藥草及其周邊生產的藥材

　　佛陀被視為大醫王，依其教說，可療眾生諸病。自傳統以來，佛寺不僅作為出家人潛心修行的淨地，亦是提供僧俗於身心機能發生障礙時療養的重要場所；[40] 如浙江餘姚縣余慎之子余孟仁養病於「湖心僧舍，以求治。」[41] 又徐㶿的〈寺舍病懷〉述曰：「旅病依僧舍，淒然動客愁。」[42] 可見佛寺在一般的習慣上，已成世人養病的選擇地點。所謂：「蓋天下叢林皆為老病而設，非獨妥其身也，以示身有所歸，則心自安隱，禪心不亂，梵行無虧，其所全於老病者為特大矣。」[43] 為讓老病者安心習禪，攝身養性，類似療養延壽之機構遂成佛寺建置之一環。朱建平指出佛寺有濟世療疾的功能。[44] 黃敏枝論述佛教醫療，乃中國佛教體現大乘精神的社會救濟事業之一，且約略論及僧人為人醫療而有醫僧之名，並舉出寺院開設

---

[40]　道端良秀於《中國佛教と社會福祉事業》收入《中國佛寺史全集》，（東京：書苑出版，1985，第 11 卷），〈第十章　佛教と社會事業〉中，關於佛教醫療救濟方面，論及如來為大醫王，治療精神病人，應病與藥。佛號有藥師如來，菩薩有藥王樂上菩薩，經典有諸多的佛教醫學論著，載錄各種的病因與狀況，甚至詳述治療法。佛教治療人的精神治的同時，亦盡力於肉體的治療，尤其因看病是福田第一的關係，所以活躍於醫療方面以履行大菩薩行的人很多，頁 264-265。

[41]　李濂（明）輯，《醫史》（收入《四庫全書存目叢書》，第 42 冊），卷 9，頁 289b。此醫案亦收入江瓘（明）編，《名醫類案》（收入《景印文淵閣四庫全書》，第 765 冊），卷 3，〈痰〉，頁 514a。

[42]　徐㶿（明），《鼇峰集》（收入《續修四庫全書》，第 1381 冊），卷 11，頁 176a。

[43]　釋大然（清）編，《青原志略》（收入《中國佛寺史志彙刊》，第 3 輯第 15 冊），卷 7，〈募造延壽堂疏引〉，頁 387。

[44]　朱建平，〈中國古代漢地佛教的醫事活動及其行醫動機〉（臺北：中央研究院歷史語言研究所等主辦「『宗教與醫療』學術研討會」會議論文，2004 年 11 月）。

藥局、為人醫療的實例。[45]

由於佛家關懷老病之課題，叢林清規亦將此列為職事的重點，仔細規範應事者的職責，如《禪苑清規》明示擔任照顧病僧的延壽堂主，「須請寬心耐事、道念周旋安養病僧、善知因果之人。」[46]對於病僧的照料應抱持體諒、耐心與憐憫之情。規曰：

> 如病僧入堂將息，令行者打疊床位，如法安排煎煮湯藥供過粥飯，逐時問訊，務令適意。如病人苦惱多生嗔怒，粥飯湯藥動不如意，及呻吟叫喚屎尿狼籍，竝須憫念看承，不得心生厭賤。[47]

重病者，可遷至「病重閣」給予妥善看護。佛教認為看病是培植福田的一大功德，不管僧俗均須細心療養，更何「況出家之人雲遊萍寄，一有疾病誰為哀憐？唯藉同袍慈悲安養，誠為重任，豈可輕心？」[48]同樣的擔憂，亦出現於陳仁錫，〈藥頌敘〉所引陶隱居之言，謂：「輂掖左右藥師易尋，郊郭之外甚自難值，況窮村迥陌遙山絕浦其間，夭札安可勝言。嗟乎！由是而推之，則行腳緇髡孑然一錫者，不更可憐憫哉！」[49]故明《叢林兩序須知》，〈東序·監寺須知〉強調各寮執事間應互相協助、不分彼此。規定：「凡服勞疾病者，朝暮饑渴寒溫應加照顧。行眾有輕心肆罵

---

[45] 黃敏枝，《宋代佛教社會經濟史論叢》，〈宋代佛教各寺院與地方公益事業〉，頁4。

[46] 釋宗賾（宋），《禪苑清規》（收入《卍續藏經菁華選·禪宗集成》，臺北：藝文印書館，1968，第2冊），卷4，頁1057b。

[47] 釋宗賾（宋），《禪苑清規》，卷4，頁1057b-1058a。

[48] 釋宗賾（宋），《禪苑清規》，卷4，頁1058a。

[49] 陳仁錫（明），《陳太史無夢園初集》（收入《續修四庫全書》，第1382冊），〈馬集四〉，頁615a。

者，當會議處置不得私自革退。」[50]凡此，足顯佛寺在養病醫療上的重視。

五臺山中臺佛寺，明釋鎮澄於〈同住規條〉訂定：[51]

一、本院為老病者設，凡僧六十而無歸者，入養老堂，四方僧有病而無依者，入延壽堂。

一、凡在社，道友如病難等緣在外，即搬取歸養救濟等，違者主事者出社。

釋德清被貶至嶺南，重振廣東曹溪寺時，購地修建，「買僧寮以為藥室」。[52]而釋雲棲則於雲棲寺共住規約的〈條理行人附藥方〉中，對於挑擔行走、往返寺內外擔任粗重工作的僧人，特立規約保健其身體，以防風寒侵襲。規曰：[53]

一、挑擔者不可走到便脫衣服、乘風捉蝨子。做重物者同。

二、風雨陰天不可開懷。

三、夜睡，不可露背腹受寒。

四、挑擔風雨雪中回來，不可將熱湯洗赤腳，即宜溫水洗腳。少頃沐浴，必須洗透方好。若衣溼時，烘燥方著。

五、挑擔回，不可便喫麵飯冷物，宜先飲滾水茶湯，少頃喫食，重務亦同。

六、喫飯麵，食飽時不可便睡。

---

[50] 釋通容（明）述，《叢林兩序須知》，〈東序·監寺須知〉，頁80b。

[51] 老藏丹巴（清），《清涼山新志》（收入《中國佛寺史志彙刊》，臺北丹青圖書公司，1985第3輯第30冊），卷10，頁513-514。

[52] 釋真樸（清）重修，《重修曹溪通志》（收入《中國佛寺史志彙刊》，第2輯第4冊），卷4，釋德清，〈中興曹溪禪堂香燈記〉，頁349。

[53] 釋袾宏（明），《雲棲共住規約附集》，〈條理行人〉，頁169b-c。

七、略覺四大不安，便要禁食。

八、略覺惡心頭疼寒熱，便可括沙，或腿腕放沙，喫五果湯，禁食。

　　違者中罰，失事加罰。

末附藥方備療寒暑之疾：「麥芽、紫蘇、陳皮、甘草、神麯、生薑、山查
（各等分），水二鐘。煎至八分，熱服，汗出為度。」又「略覺惡心，用
鹽一撮，半熱湯五六七盌。和成淡鹽水，大口連喫，吐出為度。若不吐，
再喫數盌，盡吐出不妨。」[54]

　　晚明天啟年間廣東鼎湖山佛寶堂前「炒茶寮」改建「息心堂」，目的
「令病僧息心念佛求生，西方前後單房為暫時養病之所，瞻病僧主之。」
[55]而江西青原佛寺努力募建療病恤老的「延壽堂」，勸化善施：

> 敬老則得老，恤病則得無病，況能俾一叢林大眾，知老有所歸，則
> 壯自努力，皆以斯剎為放捨身命處，死心參學十年、廿年，不須出
> 一叢林，入一保社，未有不因而透脫者也。是則微田、悲田、福
> 田，高下竝熟其果報，當不可思議矣。[56]

明末清初釋見月重建寶華山第二層左右廂房并樓二十四間，「左為藥寮，
儲藥餌以備戒子醫療。」[57]釋見月用心規劃經營此藥寮，訂定規約，於其
〈建悅心軒記〉首言藥寮創立緣由，說：

54　釋袾宏（明），《雲棲共住規約附集》，〈條理行人〉，頁169c。

55　釋成鷲（清），《鼎湖山志》，卷1，〈殿閣堂寮·堂寮考〉，頁204。

56　釋大然編（清），《青原志略》，卷7，〈募造延壽堂疏引〉，頁388。

57　劉名芳（清），《寶華山志》（收入《中國佛寺史志彙刊》，第1輯第41冊），卷3，〈建置莊主寮〉，頁113。

> 山堂迫隘，僧眾稠居，惟茲病寮，未經次第，且四方之眾，雲集山
> 中，或頻年林下參詢，或一往恆依左右，肯綮惕勵，溽暑祁寒，有
> 形之軀不無疾苦，故于已酉春，于龍岡幽處，特搆寮舍五楹。面對
> 南陽，戶開生氣，食任宿煮槱，置溫涼藥餌，聊備瞻侍有人。[58]

入寮之人，相互照顧養病的最終目標，還是在於能夠持戒修道，完成解脫
自在的心願。其言：

> 凡諸應病所須，一切給與不禁，咸願居此山者，無分爾我，水乳六
> 和，痛養相關，彼此互照。庶乎，淹寒沈疴，棲心適意，依戒為
> 親，無孤燈寥落之嗟，唯道是修，獲清涼自在之樂，故題之曰：
> 「悅心軒」。[59]

　　上述在在顯示佛寺醫療，除了給老病者得以就寺療疾外，重要更在安
穩其佛心佛性。但不可否認的是，有藥室之設者，往往為叢林巨剎，[60]偏
遠佛庵或行腳僧所能得到的醫療照顧非常有限。也因此，遂有類似黃道來
居士因感於病僧無助，遂發願「募求隙地一區，欲置藥僧之院」，希望
「大眾之病不病、不病而病者，須于此院中求活耳。是役也，比于惠民之
局，不費官儲，亦如就醫之人無煩捐橐。」[61]黃道來於〈藥僧願〉中，自
述發願的根本想法說：

58　劉名芳（清），《寶華山志》，卷6，頁241-242。

59　劉名芳（清），《寶華山志》，卷6，頁242。

60　陳仁錫（明），《陳太史無夢園初集》，〈馬集四〉，記載：「今之叢林巨剎亦設病堂
　　矣，而不及乎病之治也。」頁615a。

61　陳仁錫（明），《陳太史無夢園初集》，〈馬集四〉，頁615a。

人之生老與死，此中著力不得，惟有病之一字可以救藥。而僧徒無主，病苦可悲，或小恙而大劇，或活症而瀕死，救療功德誠最切也。[62]

此即姑蘇法藥寺之創建，黃道來與明末高僧覺浪道盛禪師之父為舊識，又受耿天臺之託，故為其〈藥僧願〉寫序，文中亦清楚表示藥院的設置不僅在於療病，還能藉此激勵患者感悟生死之心；即「獨有人於彼生死之際，解放其性命，彼必感我救拔，以激起報恩之心，反能消落其積業，而頓悟此靈，則施藥之當機捷矣。」[63]

至於寺院藥物的來源，採買外，某些寺院還有來自皇室的賜與，如明萬曆年間皇室賜給普陀禪寺藥品，據載：

散施秘藥一十四種，清眩抑火化痰丸四罐，消滯丸四罐，通玄丸四罐，滋陰養血健脾丸四罐，二聖救苦丸四罐，秘方化滯丸四罐，八寶捲雲二百管，紫金錠三百錠，蟾酥錠一百錠，觀音救苦錠五百錠，膏藥一萬貼，愈風延壽丹二千圓，神仙硃砂丸二千圓，神仙化痰丸四罐，咀飲片七十五味。[64]

查照醫書，此十四種祕藥療效，大致主治氣虛、肝火、化痰、便秘、胃腸消化不良、滋陰補血、補氣、安神、解毒、防治季節性傳染病、風

---

[62] 釋大然編（清），《青原志略》，卷5，〈藥室說〉，頁275。

[63] 釋道盛（明）說，《天界覺浪盛禪師全錄》（收入《明版嘉興大藏經》，第34冊），卷28，〈題姑蘇建法藥寺療十方僧引〉，頁758b。

[64] 周應賓（明），《重修普陀山志》（收入《中國佛寺史志彙刊》，第1輯，第9冊），卷2，〈頒賜·明神宗〉，頁164-165。

寒、濕熱、筋骨酸痛等，[65]強化了佛寺的醫藥資源，亦得以從中窺探僧尼平日容易罹患之疾。

自種或自採藥草、自製藥材，亦是佛門藥物的重要來源。佛寺擁有種植藥樹的傳統經驗，如唐廷猷提到佛教基於「慈悲為懷」、「普渡眾生」的思想，中國佛寺普遍設有問病施藥機構，無論大小寺廟，闢藥圃栽種少量藥材，可作藥源補充，也可作商品出售。[66]史載，廣州光孝寺於南梁天監元年（502），由中印度僧人智藥帶來一株菩提樹，種植於現今大殿東六祖殿前，此樹至清朝仍茂盛，其「枝葉鮮濃，與榕相類，而實不同，其葉可療時疫，故人多採擇，浸以成紗」。[67]明王士禎（1634-1711）有〈謝

---

[65] （1）清眩抑火化痰丸：治癲癇，消滯丸可調胃整腸、消腹脹大（2）通玄丸（藥效不詳）（3）滋陰養血健脾丸：用於補氣養血、健脾安神、開胃，亦即治療虛勞羸瘦、脾胃虛弱，腹脘脹痛，食少乾燥、失眠多夢等病（4）二聖救苦丸：主治傷寒、瘟疫初起，熱邪較盛者（5）秘方化滯丸：主治食積氣滯，心腹脹痛（6）八寶捲雲：未詳其藥效，可能與八寶粉安神、鎮驚效果相當（7）紫金錠：用於避穢解毒，開竅止痛。紫金錠可「治癰疽惡瘡、湯火蛇蟲犬獸所傷，時行瘟疫，山嵐瘴氣，喉閉喉風，久病勞瘵；解菌蕈菇子。」（8）蟾酥錠：主治活血解毒，消腫止痛。用於疔毒惡瘡，癰疽發背，乳癰腫痛，蠍蜇蟲咬傷，熱疼痛等症（9）觀音救苦錠：主治風寒，頭疼身熱，口渴目脹，筋骨酸疼，兼治一切風寒瘟疫。雲遊遠行必備之藥（10）膏藥：主治風濕疼痛，跌打損傷、腰酸背痛等（11）愈風延壽丹：預防治療中風病症。可祛風散寒，活血止痛。用於半身不遂，腰腿疼痛，手足麻木、風寒濕痺等（12）神仙硃砂丸：鎮心神，化痰涎，退潮熱，利咽膈，止煩渴。能治「狂言譫語」之類病症（13）神仙化痰丸：主治咳嗽、化痰，亦治風祕（因風邪而出現大便秘結症狀；多伴有眩暈、腹脹等症）（14）口父咀飲片：主治痰飲為患，嘔吐噁心，或頭眩心悸，或中脘不快，或發為寒熱，或因食生冷脾胃不和等症。

[66] 僧尼流動販藥的相關記載，如《明孝宗實錄》，卷140，弘治11年（1499）8月戊寅條記載，山東樂陵縣僧人洪海，「以賣藥為業，本縣民呂通妻董氏病，海藥之，愈。」頁2429。又朱橚（明）等編，《普濟方》（收入《景印文淵閣四庫全書》，第761冊），卷423，〈針灸門・腳腫〉記載，有位偶賣藥僧見某婦久病於手足背上瘡腫腐爛之痛，云：「可取床篦下塵滲之，如其言滲之，而愈。」頁458a-b。此外，亦可參照唐廷猷，《中國藥業史》（北京：中國醫藥科技出版社，2001），頁4。

[67] 顧光（清）綜脩，《光孝寺志》（收入《中國佛寺史志彙刊》，第3輯第3冊），卷3，〈古蹟志〉，頁78。

拙庵禪師惠芝詩〉，云：「寄我靈芝車馬形，萬年松下斸青冥。菟絲聞道垂千尺，更欲從師乞茯苓。」[68]

　　而名山佛剎周邊多藥草繁生，是佛寺採藥草儲藥材之重要資源。像五臺山半麓以上，香草叢生，「至夫溪壑之間異草雜花不可悉記，而金芙蓉則他方所無，更如靈芝神藥，得而啗者足以洞宿命、易仙骨，然非肉眼能輕識也。」[69]雞足山多產香草，紅梗綠葉，遠近進香者取歸能治六畜瘟症，俗名之曰仙草。[70]武林靈隱寺山門外，有棵大香樟，「有僧過之，曰此藥王樹可治心病，由是遠近椎剝其皮。」[71]而廣西雁山產香薷此一藥草，「性溫，能治暑消煩，止渴煖胃，惟靈巖寺馬鞍嶺下，石坦中產者佳，人家園圃種者稍劣。」[72]廬山產茯苓、胡麻等多種藥材，「茯苓治少，胡麻治老，合以齋戒，服以朝早，卉體華腴，火精水寶，和以為還精補腦，此僊方也，先服此去病後，吸日華以充之。」[73]又有「潯陽蹠醷黃精，根葉花實皆可食」，「四月開青白花，狀如小豆，花結子可種，白如黍粒，久服輕身延年。」[74]浙江天臺山亦產黃精，可「除風濕補五勞七傷，久服輕身，延年不饑，耐寒暑」。[75]孟菜，則天臺山處處有之，華頂

[68] 蔣溥等（清）奉敕撰，《欽定盤山志》（收入《中國佛寺史志彙刊》，第 2 輯第 28 冊），卷 15，〈物產‧藥草〉，頁 1279。

[69] 老藏丹巴（清），《清涼山新志》，卷 2，〈三靈蹟‧中臺靈蹟二十八〉，頁 134。

[70] 錢邦（明）纂，《雞足山志》（收入《中國佛寺史志彙刊》，第 3 輯第 2 冊），〈香草治疫〉，卷 7，〈靈蹟‧香草治疫〉，頁 447。

[71] 孫治（清），《武林靈隱寺志》（收入《中國佛寺史志彙刊》，第 1 輯第 23 冊），卷 8，〈雜記‧本山物產〉，頁 637。

[72] 朱諫（明），《雁山志》（《中國佛寺史志彙刊》，第 2 輯第 10 冊），卷 3，〈土產‧草木藥品附〉，頁 168。

[73] 吳宗慈，《廬山志》（收入《中國佛寺史志彙刊》，第 2 輯第 20 冊），卷 12，〈雜識‧廬山五穀品〉，頁 1959。

[74] 吳宗慈，《廬山志》，卷 12，〈雜識‧廬山五穀品〉，頁 1970-1971。

[75] 張聯元（清）輯，《天臺山方外志》（收入《中國佛寺史志彙刊》，第 3 輯第 9 冊），卷

最多，有油菜盂，火棍盂，犁頭盂，藤盂，山中僧俗每於二、三月間，競相採擷，曬乾，清涼無毒，可治痢疾，多食亦不傷胃，「苦行沙門每賴此以當煮石之供」。[76]天臺山藥材豐富，故文獻稱言：「臺山產藥，其來舊矣。」[77]北京上方山中草藥極為豐富，史稱：「不能遍載。」

　　職此可察，各處名山佛剎及其周邊盛產藥草之實。於茲彙整幾處名山所產藥草，如文末：「名山佛剎及其周邊生產之藥草表」所列。就此，對佛寺何以擁有豐富的醫藥知識與醫療經驗的歷史淵源，將獲得進一步確切的說明。

二、寺僧的醫療經驗與社會的依賴

（一）「寄寺就醫」的傳統習慣與僧醫形象的建立

　　若根據《中國佛教醫方集要》所錄，[78]更可察明佛寺在各科診治上，已累積相當豐厚又備具療效的藥方。因此佛寺孕育不少「僧醫」之類的醫藥人才，儒醫的眼光，雖時而以庸流之輩視之，但一般醫者受業於僧醫之案例者不乏所見，[79]而融通儒釋醫學之儒醫者，亦大有人在。佛教在中國社會所建立的醫療救濟形象，早已深植大眾腦海，因是當民眾罹病時，佛

　　13，〈異產考・食類〉，頁532。

[76]　張聯元（清）輯，《天臺山方外志》，卷13，〈異產考・食類〉，頁536。

[77]　張聯元（清）輯，《天臺山方外志》，卷13，〈異產考・食類〉，頁544。

[78]　劉怡，葉海濤等編著，《中國佛教醫方集要》（收入李松良主編《中國佛教醫學叢書》，廈門：鷺江出版社，1996）。

[79]　貝瓊（明），《清江文集》（收入《四庫明人文集叢刊》，上海：上海古籍出版社，1985），卷9，〈東齋誌〉所載，錢塘沈復東，「受醫術於海昌慧力寺之忠上人。」頁1228-349。

寺自然是他們就醫的重要場所，故「寄寺就醫」的社會療養情形，屢有所
見。然寄寺就醫療養者，男性居多，與社會男女之防及佛門禁忌女性入寺
有關。像東皋寺僧自述族人有位孫氏女子，罹患痲瘋病（病癘風），為丈
夫休棄，然家貧不能延醫治療，暫留僧寺。僧無作乃拜託浙江鄞縣名醫呂
滄州說：希望能早日將自己的姪女抬來呂翁處就診，並言「僧舍不宜」之
類的話。[80]此話可能意味著僧寺不宜久留女性的忌諱。因為作為當時僧俗
共守的善事條例，即《行不費錢功德例》的〈婦人不費錢功德〉中，便視
婦女「不入寺院燒香」為好的行徑，而〈僧道不費錢功德〉條，亦將「不
使婦人入寺院」視為一種功德。[81]

　　至於「僧醫」一詞，文獻並無明確界定。按朱建平之研究，則僧醫可
解讀成僧侶的醫事活動。[82]而《論醫中儒道佛》將「僧醫」稱作「醫
僧」；廣義上，指每個僧尼及信奉佛教者都是保健醫生，皆通過道德修持
來解決思想、行為、心理的問題。狹義則指既通佛教，又通醫學；或精通
醫學，又皈依佛教、信仰佛教之人。[83]但是胡世林等卻針對「僧醫」與
「醫僧」稍作區別，認為「僧醫」是「以佛事為主，兼行醫道」，「醫
僧」是「以醫為主，信仰佛教而已。」[84]

　　綜合上述，不管「僧醫」或「醫僧」，大體上，涵蓋精通醫學的僧人
及學佛的在家醫者。本文所述「僧醫」的範疇，則僅限於既學佛又能為人

---

[80] 李濂（明）輯，《醫史》，卷9，戴良（明），〈滄洲翁傳〉，頁287b。

[81] 顏正（明）註釋，《丹桂籍》（臺北：廣文書局，1989），卷末，〈附梓・《行不費錢功德
例》〉，頁55-56。

[82] 朱建平，〈中國古代漢地佛教的醫事活動及其行醫動機〉一文。

[83] 薛公忱主編，《論醫中儒道佛》（北京：中醫古籍出版社，1999），〈論醫中之佛〉，頁
355-356。

[84] 胡世林、唐曉軍、王謙等撰，〈試論漢化佛教對中醫藥學術的影響（上）〉《中國中醫藥信
息雜誌》，第4期（北京：中國中醫藥信息雜志編輯部，1996 ），頁5-6。

醫療治病的僧尼，不包含在家醫者。誠如多數研究指出，僧尼以醫濟世，乃佛行之一；釋景隆，《慈惠方》序言：「伏讀六度等經，觀佛行，實感通於衷。故於禪誦之暇，或遇利人之事，亦不忍棄之」。「及歷試海上方，或醫書遺失之方，必錄之，積以成帙。……名慈惠方。」[85]而張鳳翼（1550-1636）的〈北寺醫僧為叔貽療瘍詩以謝之〉，詩云：「日出汀洲塔影移，經禪之暇習軒岐。」[86]亦點出醫僧於修行之餘習醫的事實。

　　僧醫懸壺濟世，從消災解厄的立即利益來看，較佛教義理的弘揚易於贏得貧病患者對佛教的尊崇與信賴。[87]因此，明代僧醫之醫療能力及其服務患者而根植於信眾內心的觀感，就佛教之於社會意義而言，是值得探究的問題。為此，本節將透過醫傳、一般醫書及僧人醫書之不同文獻的差異敘述，略窺一、二。

1.《古今圖書集成》醫傳中的僧醫醫療

　　首就《古今圖書集成》，〈醫部醫術名流列傳〉所輯錄的明代醫者觀之，僧醫為數極少。有所記述者，多著重對其醫術與醫德的讚美；舉如江西金谿縣龍興寺老僧心齋是當地的外科名醫，縱使患者「宿瘤如杯，毒癰滿背，皆能療治，人比之扁鵲。」[88]而浙江太平縣僧坦然善鍼灸，極富療效。曾為某位癩瘓病人，「貼蓍兩萁」，且一再投以針灸，不見起色。思之甚久，終於領悟患者「皮肉肥厚，短針不足用也。乃更置金針，長可五

---

[85]　轉引薛公忱主編，《論醫中儒道佛》，〈僧醫隊伍的構成〉，頁358。

[86]　張鳳翼（明），《虛實堂集》（收入《續修四庫全書》，第1353冊），卷3，頁256a。

[87]　尤金・N・安德森（Anderson, Eugene Newton），《中國食物》（南京：江蘇人民出版社，2003），〈第四章　來自西方的食物：中世紀的中國〉中，談到僧人幫助病人較其縝密的教義容易使人皈依佛教，頁47。

[88]　陳夢雷（清）編，《古今圖書集成》（臺北：鼎文書局，1977，第46冊），卷532，〈醫部醫術名流列傳5・明3・嚴仁泉傳〉，頁5603c。

寸一針，而愈」。[89]又里人胡振聲中風，僵臥兩日，家人準備辦理後事，僧坦然過其門，針其手，則手動；再針，瀉痰斗餘，隨即挺然坐起。類似的治病奇驗甚多，史稱：「不具載」。[90]

　　僧人神異行跡，史多以「異僧」、「神僧」稱之，表彰擁有無所不能之特殊能力，而懷抱奇妙絕倫的醫術，往往是建構「神異」聖僧的必要條件之一。[91]故深山古剎之中，經常充滿僧人的傳奇行蹤，隱沒其間，時而化人、時而救人，授以醫藥，忽隱忽現，神乎其極。傳浙江處州衛僧海淳，入終南山，遇異僧授以「醫目方劑」，告知「遇洪（紅）則止」，以此為人療病，有其效果。[92]不只是僧人，一般醫者也有同樣的機緣，如江西婺源縣江德泮讀書屏風山，巧遇異僧禪定山中，授其「外科祕術」，訓示當「以此濟人，無罔利也。」從此以後，江德泮洞灼內外鍼灸諸科玄妙之理，凡「怪證應手而甦全活甚眾。」[93]安徽巢縣楊淑楨，其先人歷代為醫，後遇高僧，授以內外科知識，廣其醫理。[94]廣州馬應勳「承祖岐黃之術，後遇高僧祕授方書，居城北，以醫道濟人」。[95]凡此看來，傳自神僧

---

[89]　陳夢雷（清）編，《古今圖書集成》，卷534，〈醫部醫術名流列傳11‧明5‧僧坦然傳〉，頁5621b-c。

[90]　陳夢雷（清）編，《古今圖書集成》，卷534，〈醫部醫術名流列傳11‧明5‧僧坦然傳〉，頁5621c。

[91]　蒲慕洲，〈神仙與高僧－魏晉南北朝朝宗教心態試探〉，《漢學研究》，第8卷第2期（臺北：漢學研究中心，1990），頁149-176。

[92]　陳夢雷（清）編，《古今圖書集成》，卷535，〈醫部醫術名流列傳12‧明6‧僧海淳傳〉，頁5628c。

[93]　陳夢雷（清）編，《古今圖書集成》，卷536，〈醫部醫術名流列傳12‧明6‧江德畔傳〉，頁5637c。

[94]　陳夢雷（清）編，《古今圖書集成》，卷536，〈醫部醫術名流列傳13‧明7‧楊名遠傳〉，頁5644c。

[95]　陳夢雷（清）編，《古今圖書集成》，卷537，〈醫部醫術名流列傳14‧明8‧馬應勳傳〉，頁5654c。

醫術所授之說，對一般醫者而言，依此可顯示自身醫術之精湛，以得患者之信賴和肯定。

又如安徽貴池縣上雲寺僧曉雲，「善治痘，最眼勝，次湯勝」。其術已達「計日斷生死，無一差不甚」的神醫地步。[96]而山東濟寧州僧湛池，則醫傳讚揚其「戒律精嚴，功行最高，尤精醫術，證治不執古方，別有刀圭，於鍼灸疽瘍取效神速。人或謝遺，一無所受。」[97]若此，僧醫集高貴醫德與精湛醫術於一身，為《古今圖書集成》，〈醫部醫術名流列傳〉描述之重點，所言雖非儘是虛言，然不無書寫者神化加工之筆。

至於尼僧醫者，《續比丘尼傳》僅錄明代一人，記述內容，大體與僧醫傳相仿，見〈明蕭山某菴尼無為傳〉所云：

> 無為，蕭山來氏女。幼誓不嫁，蔬食念佛，年二十，薙髮結茅，專修淨土。三十游方參學，凡所歷處，有病苦者，隨物取與，煎湯服之即愈。嘉靖間，宮中時疫流行，風聞於朝，召赴有驗，賜無為心禪師之號，送歸故盧。[98]

尼無為以醫救人度世，極具醫療之效。然尼僧如何製藥療病的具體內容，仍無法從這樣標榜個人戒德的文獻中，獲得觀察。

---

[96] 陳夢雷（清）編，《古今圖書集成》，卷 535，〈醫部醫術名流列傳 12・明 6・僧曉雲傳〉，頁 5633a。

[97] 陳夢雷（清）編，《古今圖書集成》，卷 536，〈醫部醫術名流列傳 13・明 7・釋湛池傳〉，頁 5638。

[98] 釋振華編述，《續比丘尼傳》（收入方廣錩主編，《藏外佛經》，第 19 冊，合肥：黃山書社，2005），卷 3，〈77、明蕭山某菴尼無為傳〉，頁 542a-b。

2.一般醫書中的寺僧醫療

　　將上述對照明代一般醫書所載，則僧人在醫理、藥理、病理的認知，及其治病的能力上，明顯異於《古今圖書集成》醫傳及《續比丘尼傳》之記述。僧醫的戒行、道德、異能，非一般醫書撰述的重點。醫書大多側重實際的臨床經驗，根據歷代醫案具體分析僧人療病的過程，察其得失，況且多不以醫者身分視之，而是以僧人或某寺院稱述，甚而出現鄙視意味。[99] 以下，為了忠實呈顯一般醫書的立場，凡是論及寺院某僧為人療病，則以寺僧稱之。大體上，透過明代醫書的病例輯錄，可進一步管窺僧人療病用藥的道理，同時也能察覺僧人在醫療上的極限，並非如前面僧醫傳所稱許的那麼神妙無礙。

　　《名醫類案》記載，元末明初羅謙甫為河北真定趙客治病的案例，趙客因「乘困傷溼麵（面），心下痞滿，躁熱，時作臥不安」，於是就寺療傷。時僧人「以大毒熱藥數十丸下十餘行，痞稍減」。隔日睏睡，貨財被盜賊所奪，心急，「遂躁熱而渴，飲水一大甌，是夜臍腹脹痛。」寺僧再投以大毒熱藥，據載：

> 復下十餘行，病加困篤，四肢無力，躁熱，身不停，喜冷水，米穀不化，痢下如爛魚腸，腦赤水相雜，全不思食。強食則嘔，痞甚於前，噫氣不絕，足胻冷，小腹不任其痛。[100]

---

[99]　李松良指出當今佛教醫學未受到重視的原因時，也提到未將其納入正統醫學之流，而影響到相關研究的進展。他說：「佛經中的醫學史料、醫學思想和寺院中的診療經驗、實用藥方很少人問津。甚至有一些人把佛教醫藥視為封建迷信，不明真相，妄加指責，致使這項研究工作長期得不到開展。」劉怡，葉海濤等編著，《中國佛教醫方集要》，〈總前言〉，頁3。

[100]　江瓘（明）編，《名醫類案》，卷4，〈痞滿〉，頁587a。

趙客病情越加嚴重，醫者羅謙甫為其診脈，探尋病源，診斷因暑熱而傷了正氣，先前以大毒熱藥治療，雖暑熱盡消，然遺留巴豆之氣，流毒於腸胃間，嘔逆不能食，反傷害胃氣。之後，寺僧又下一帖大毒藥劑，於是：

> 膿血無度，大肉脫下，皮毛枯槁，脾氣弱而衰矣。舌上赤澀，口燥咽乾，津液不足，下多亡陰之所致也。陰既已亡，心火獨旺，故心胸燥熱，煩亂不安。經曰：「獨陽不生，獨陰不長，天之由也」。[101]

羅謙甫見回天乏術，辭去。趙客求治他醫，結果不治身亡。《醫方類聚》也紀錄這則醫案，文末評述：

> 彼僧非醫流，妄以大毒之劑，下之太過，數日之間，使人殞身喪命，用藥之失，其禍若此，病之擇醫，可不謹乎！戒之。[102]

寺僧未能正確掌握趙客的病因，又因用藥過當，導致醫療疏失。有的僧人僅憑現有的常識或經驗治病，忽略確實診察病情及掌握病人的體質，不免誤人。所以有醫者勸誡：「學醫之士，切不可以為成法而誤人。」[103]

又一案，起因於僧人炮藥過程的疏忽，使患者病情加重。載云，患者

---

[101] 江瓘（明）編，《名醫類案》，卷4，〈痞滿〉，頁587a。

[102] 金禮蒙（朝鮮，1455年）編輯，《醫方類聚》（北京：人民衛生出版社，1979，第2冊），卷39，〈傷寒門·下多亡陰〉，頁363。

[103] 金禮蒙（朝鮮，1455年）編輯，《醫方類聚》，第7冊，卷152，〈諸虛門十·靈砂丹〉引元朝僧人繼洪著，《澹寮方》載錄元末有位顯 達貴人，虛冷疾作，吐瀉至血片盈桶，甚嚴重，醫者視其症狀，給予丹劑服用，達兩百餘顆，其餘亦多屬燥熱藥劑。有人質疑其妥當性，然病患的確有好轉的現象。初癒之際，有醫僧嚳慶曰：「用藥何燥耶？宜急服人參、黃耆之類滋潤之。」如其所建議服用，復生冷痰。醫者自言：他之所用燥藥，是因為逐日觀察問明症狀，知其臟腑狀況，故不有傷害，頁425。

王仲禮（年代不詳）平日嗜酒，鼻子長爛瘡，蔓延至頭部，服藥無效。僧法滿建議服用何首烏丸，其僕識此草藥，採擷後，僧法滿親自炮製藥丸。炮法忌鐵器，改入砂鉢中，藉黑豆蒸熟，認為蒸水能去風症。敷藥後，一開始，面頰覺得刺熱，至隔日清晨，眉眼耳鼻腫脹至無法分辨。醫書認為，僕人採何首烏草藥時，沒有細加分辨撿擇，狼毒[104]夾雜其中，致使王仲禮中毒。禍起於僕人之大意，然僧法滿亦不能免其不精藥草，及炮藥過程的疏失。[105]

　　雖然一般醫書未能正視僧人醫術，但對於寺僧的某些療病經驗或佛寺流傳的秘方，仍不否認它的有效性。舉凡雲遊於深山叢林或安住其間的僧人乃至俗家之人，為蟲獸咬傷，為百草所毒者，在所多有。[106]在這方面，寺僧累積長期的實際治療經驗，不管是施以咒術或藥物，文獻皆有所載。如醫者江瓘（1503-1565）載記：

　　　　一人被蛇傷，良久，已昏困。有老僧以酒調藥二錢灌之，遂蘇。及
　　　　以藥淬塗咬處，良久，復灌二錢，其苦皆去。問之乃五靈脂一兩，
　　　　雄黃半兩為末，爾有中毒者用之皆驗。[107]

又舉徑山寺僧案例，載云：

　　　　徑山寺僧為蛇傷足，久之，氣蔓延。游僧教以汲淨水洗病腳，挹以

---

[104] 屬於大毒中藥。

[105] 江瓘（明）編，《名醫類案》，卷 12，〈中毒〉，頁 914b。

[106] 高濂（明），《遵生八牋》，卷 8，〈起居安樂牋下·焚供天地三神香方〉，述及所指，過
　　　去有修道者居山中，「苦毒蛇猛獸邪魔干犯，遂下山改居華陰縣庵栖息。」頁 527。

[107] 江瓘（明）編，《名醫類案》，卷 7，〈蛇蟲獸咬〉頁 701b。

軟帛糝以白芷末，入鴨嘴、膽礬、麝香少許，良久，惡水湧出，痛
乃止。明日淨洗如初，日日皆然，一月平復。[108]

解毒方面，江瓘舉北宋崇寧間某僧於山野中採石中毒事例，藉此傳授對解
毒藥草的認知。其言：

> 崇寧間，蘇州天平山白雲寺，五僧行山間，得蕈一叢甚大，摘而煮
> 食之，至夜發吐，三人急採鴛鴦草生啖，遂愈。二人不肯啖，吐至
> 死。此草藤蔓而生對開黃白花，傍水處多有之，治癰疽腫有奇功，
> 或服、或敷、或洗皆可。今人謂之金銀花，又曰老翁鬚，本草名忍
> 冬。[109]

又同書記載，有一朝官與一高僧西遊，道經歸峽，日過午，相當飢餓，抵
某小村舍，「聞其家畜蠱而勢必就食」，有些擔憂。僧曰：「吾有神咒，
可無憂也。」飯食時，僧閉目誦持，食用後竟無任何傷害。神咒曰：

> 姑蘇喙摩耶啄，吾知蟲毒生四角，父是穹窿窮，母是舍耶女眷屬，
> 百萬千，吾今悉知，汝摩訶薩摩訶薩。

同行之人，競相流傳此版本。且別傳解毒藥方，便是「用豆豉七粒，巴豆
二粒入百草霜一處，研細滴水，丸菉豆，以茅香湯下七丸」。[110]
　　對治癰腫癩瘡之毒，皮膚潰爛之病，寺僧亦有其自製妙方。李時珍

---

[108] 江瓘（明）編，《名醫類案》，卷7，〈蛇蟲獸咬〉頁 701b。

[109] 江瓘（明）編，《名醫類案》，卷12，〈中毒〉，頁 911b-912a。

[110] 江瓘（明）編，《名醫類案》，卷12，〈中毒〉，913b-914a。

（1518-1593）按《萬表積善堂方》云：「烏龍膏」是傳自蘇州杜水庵的妙方，能「治一切癰腫發背（瘡），無名腫毒，初發掀熱未破者，取效如神」。其藥材、製法、用法如下：[111]

（1）藥材：用隔年小麥粉，愈久者愈佳。

（2）製法：「以鍋炒之。初炒如餳，久炒則乾，成黃黑色，冷定研末。陳米醋調成糊，熬如黑漆，瓷罐收之」。

（3）用法：「用時攤紙上，剪孔貼之，即如冰冷，疼痛即止。少頃覺癢，乾亦不能動。久則腫毒自消，藥力亦盡而脫落。」

李時珍評價此藥方所傳，屢用有驗；「藥易而功大，濟生者宜收藏之。」[112]而治療疥癬，則有「逸老庵、中光相寺僧傳」之例，[113]牙齒潔白的保持，寺僧亦有其妙方。[114]諸如此類，逐一說明寺僧在醫藥方面累積不少實際經驗與知識，為佛門的醫療形象增添說服力量。

3.僧人醫書中的僧醫醫療

僧醫住想法師，俗名胡慎柔（1572-1636），江蘇毘陵人，幼年寄養於佛寺，長大後剃度出家，醫學前後受業於查了吾、周慎齋兩位醫界之知名前輩，醫理、醫術自有其一脈相承之醫統。著有《慎柔五書》，涵括《師訓》、《醫勞歷例》、《虛損》、《痨瘵》、《醫案》五書，記錄釋

---

[111] 李時珍（明），《本草綱目》，第 3 冊（北京：人民衛生出版社，1978），卷 22，〈穀部‧小麥〉，頁 1455。

[112] 李時珍（明），《本草綱目》，第 3 冊，卷 22，〈穀部‧小麥〉，頁 1455。

[113] 金禮蒙（朝鮮，1455 年）編輯，《醫方類聚》，第 8 冊，卷 169，〈疥癬門二‧疥癬〉，頁 120。

[114] 朱橚（明）等編，《普濟方》（收入《景印文淵閣四庫全書》，第 749 冊），卷 69，〈牙齒門‧齒齗宣露附論〉：「槐枝、柳枝、皂莢、鹽四兩，降真香、白膠香各半兩，右同入磁瓶內。黃泥固濟，糠火燒一夜，候冷取出研細，用如常法。一方無降真香、白膠香，三因方出謂。石佛庵主年七十餘，云：祖上多患齒疼脫落，此方效數世。」頁 104a-b。

住想本身的醫學知識及其行醫的臨床經驗。學成後，法師回歸鄉里，為人
治病，是位以醫行道的僧人。

　　於《慎柔五書》，《醫案》輯錄「風」、「痢」、「頭痛」、「胃脘
痛」、「眼痛」、「齒痛」、「褯症」七科，五十二個病例；男性患者三
十三名，女性患者十九名。不管男女，以老人患病居多，而各科病患數如
下「《慎柔五書‧醫案》輯錄各科病例圖」所示。

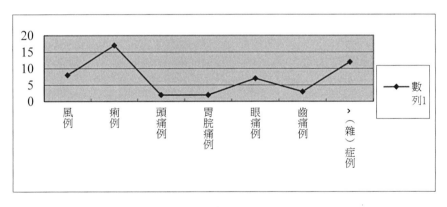

《慎柔五書‧醫案》輯錄各科病例圖

　　上圖顯示「痢」病患者高居第一，此為中暑風寒之疾，易於季節轉
換、氣候變化之際染病成疾，是一種時疾，患者多。而女性患者十九名，
大多延請僧住想至家中看病。

　　就《慎柔五書》所記，僧住想論症用藥的深厚醫藥基礎清楚可見。其
秉持「醫之治病也，一病而治各不同」的診療態度，自醫案「思之」、
「忖」、「予思」、「余思」的筆錄方式，可以得知。舉例言之，僧住想
為其六弟治療痧病，痧病退後仍發燒不停，不思飯食，惟飲冷水啜數口，
隨即吐出。如此拖延月餘，始來求治。法師細察病情後，「思之曰：不思

食，脾胃虛也。欲飲水，熱也。飲少頃即吐，中虛假熱也。且兼吐酸水，此木旺土衰之病。」[115]其母，五十三歲時，牙痛月餘，為民間秘方所誤。住想得知後，乘舟入城為母診治。診療時，「忖曰：簡方醫病，不如以理思之。」[116]「以理思之」，是僧住想診病的重要態度。又患者崔友平日好色，忽患牙疼，未親自前來就診，乃派遣使者前來問診，敘述崔友「病齒齗腫痛，且流血不止」的病症。僧住想據此「思之曰：此木剋土之象，肝腎血虛、風火妄動，乘其所不勝也。」[117]其姪兒患痘症至五六日，根據「不貫漿，發熱煩躁，晝夜不睡，肚飽咬牙，寒戰抽搐，時刻喊叫不安」，「幸大便不瀉」的病症，深思病因，載述：

> 予（住想）思曰：肚飽者脾胃弱，不能輸運毒氣也。煩躁者，腎水不足而有火也。抽搐唆牙者，水不能生木，枯木生火，風木搖動之象，乘其所不勝也。[118]

僧住想輯錄的醫案，多屬生理疾病之病理解析及應病與藥的臨床紀錄，儘量以「理」論病。像「風」例中，分析李子才「素性暴，忽因怒卒暈倒」，說明昏厥導因於易怒之心理情緒；同患風症的某一少年，「忽不思食，惡心。」[119]原因是「偶逢文期，強作文一日，晚即頭暈作嘔。」[120]可知少年頭暈作嘔的症狀，明顯來自課業的心理壓力；「痢」例中，論析

---

[115] 胡慎柔（明），《慎柔五書》（收入《續修四庫全書》，第 1005 冊），卷 5，〈醫案〉，頁 681。

[116] 胡慎柔（明），《慎柔五書》，卷 5，〈醫案〉，頁 688。

[117] 胡慎柔（明），《慎柔五書》，卷 5，〈醫案〉，頁 688。

[118] 胡慎柔（明），《慎柔五書》，卷 5，〈醫案〉，頁 689。

[119] 胡慎柔（明），《慎柔五書》，卷 5，〈醫案〉，頁 677。

[120] 胡慎柔（明），《慎柔五書》，卷 5，〈醫案〉，頁 677。

馬見源患「發熱譫語作狂」之病因時，提及「精神素弱且勞甚」之因素。
[121]而「褓」例中，僧住想紀錄為其罹患「乳癰」的大妹治病，雖說是延誤
就醫導致病情嚴重，但從「緣家貧憂懊，忽患乳癰」之論斷，[122]得見其妹
乳癰之病，根源於憂心、憤懊家境貧困之負面情緒的積壓所致。[123]

　　由此觀之，僧住想診療斷病，同時兼顧心理因素對於生理疾病的影
響。雖然某些疾病導因於心理因素，但僧住想仍儘可能回歸到疾病本身，
進行合理的病因解析，給予適當藥物調理，以期減緩或治癒病痛。

　　簡言之，僧住想之醫學，受自正統醫者之學，論病均有所本，不妄加
揣測，且能仔細觀察病情而後冷靜思索病因，始予以斷病施藥，是位以醫
學專業行道的醫僧，客觀、理性不落玄虛，故能取得病患之信賴。如崇禎
3 年（1630）吳江宰熊魚山夫人患病六、七年，延請僧住想前往看診療
病，奏效。故「一時薦紳士大夫咸服其神明」。[124]這是僧人以醫宏揚佛教
慈悲精神而贏得世人信服的極佳寫照。

三、轉化病苦的佛教醫療特色及其教化意涵

（一）僧傳所見僧尼的疾病看待與感應療效

　　病，是佛教義理中非常重要的課題，如何看待生病，如何治療疾病，
如何照顧病人給予安心、減除痛苦，都是體現佛教慈悲精神的重點。《梵

---

[121]　胡慎柔（明），《慎柔五書》，卷5，〈醫案〉，頁 679。

[122]　胡慎柔（明），《慎柔五書》，卷5，〈醫案〉，頁 689。

[123]　胡慎柔（明），《慎柔五書》，卷5，〈醫案〉，頁 689-690。

[124]　胡慎柔（明），《慎柔五書》，石震，〈慎柔師小傳〉，頁 639。

網經》制定見病不救，「犯輕垢戒」，經云：「若佛子，一切疾病人供養
如佛無異。八福田中，看病福田，第一福田。若父母師僧弟子病，諸根不
具，百種病苦，皆養令差。」[125]《法苑珠林》，〈病苦篇・瞻病部〉引述
《四分律》所載：

> 佛言：自今已去，應看病人，應作瞻病人。若欲供養我者，應先供
> 養病人，乃至路值五眾出家人病佛，制七眾皆令住看。若捨而不
> 看，皆結有罪。故諸佛心者，以大慈悲為體，隨順我語，即是佛心
> 也。[126]

　　又引述《僧祇律》云：「若道逢出家五眾病人，即應覓車乘馱載，令
如法供養乃至死時亦應闍維殯埋，不得捨棄。」[127]同時引述《彌勒所問本
願經》記載佛陀告訴阿難，自己於過去世中捨身療癒病人的故事；[128]佛陀
對於病人，給予絕對的愛，甚至不惜獻出自己的血、髓、眼、耳，藉此體
現大乘菩薩的慈悲精神。而前述佛寺延壽堂、藥室之設，也說明佛門重視
病僧的療養與照顧，希望提供老、病僧人得以安心養病、習佛的場所，以

---

[125] 黃永武編，《敦煌寶藏》（臺北：新文豐出版公司，1983，第 1 冊斯 48 號），〈梵網經盧舍
那佛說菩薩心地戒品第十卷下〉，頁 217b。

[126] 釋道世（唐），《法苑珠林》（收入《大正新修大藏經》，第 53 冊），卷 95，〈病苦篇・瞻
病部〉，頁 985a。

[127] 釋道世（唐），《法苑珠林》，卷 95，〈病苦篇・瞻病部〉，頁 985a。

[128] 釋道世（唐），《法苑珠林》，卷 95，〈病苦篇・瞻病部〉，記載過去世中有位所現太子，
路中遇見一位重病者，太子感到哀傷，問於病人，應以何藥治療他的病。病人回答：「唯王
身血得療我病，爾時太子即以利刀刺身出血以與病者，至心施與亦無悔恨。」又於過去世中
有位蓮華王太子，路見一位罹患癩病者，哀憐病人，問：以何藥可以治療他的病。病人回
答：「得王身髓以塗我身，其病乃愈。是時太子即破身骨，以得其髓，持與病者，歡喜惠施
心無悔恨。」而捨身應病與藥的太子，乃佛陀成佛前的累世行跡，頁 985b。

正面積極的態度面對疾病的困擾。雖然如此，僧傳中的高僧卻經常以輕忽的態度看待自我的疾病，表現出與前述唐突的畫面。而此中所欲突顯的佛教教義課題，頗待深思。

《大明高僧傳》、《補續高僧傳》以及《續比丘尼傳》關於明代僧尼罹病與治病情形，多語焉不詳。然屢見僧人面對自身疾病，總抱持不以為意的超然態度或強韌的精神意志。能夠療癒的，據描述，往往受益於不可思議展現神蹟般的力量。這樣的書寫立場，多少流露出美化與神化的色彩。舉諸例觀之，如僧傳描述明朝釋蒙潤，「因苦學嬰奇疾，修請觀音懺七七日，既獲靈應疾愈，而心倍明利。」[129]釋蒙潤究竟罹患什麼病，不得而知。因修觀音懺而感應病癒。同樣，萬曆年間，釋秋月，「往反四大名山，精神尩頓，繇蜀至廣陵，忽病作。」有道人建議「斷指入藥，冀療師疾」。秋月喝斥到：出家人，豈能仿效一般為人子女「割股療傷」之行。其言：「吾期已近矣，是時疾已瘳。」[130]如此病與癒之間的療程，沒有任何醫療邏輯可言。但根據其「設水陸像，放燄口不絕」的撰述，可想而知病癒與其得自佛菩薩的感應有關。而釋月潭皈依淨土，持戒清修，得疾，不尋醫治，只是「水飲者五日」。[131]釋真清，「俄患背疾，感雲長入夢授藥病愈。」晚年抱疾，仍於五臺、雲棲、西興等處飯僧，「有勉服藥石者」。真清答以：「生死藥能拒乎。吾淨土緣熟聖境冥現，此人間世固不久矣。」[132]表達對往生西方淨土的堅決信念，而不囿於世間生死之窒礙，

---

129 釋如惺（明），《大明高僧傳》（收入中華佛教文化館大藏經委員會影印，《大藏經》，臺北：中華佛教文化館大藏經委員會，1957，第 50 冊），卷 1，〈解義·杭州下竺寺沙門釋蒙潤傳〉，頁 903a。

130 釋明河（明），《補續高僧傳》，卷 20，〈遺身篇·夜臺秋月傳〉，頁 855b。

131 釋明河（明），《補續高僧傳》，卷 26，〈雜科篇·月潭和尚〉，頁 917a。

132 釋如惺（明），《大明高僧傳》，卷 4，〈解義篇·天臺慈雲寺沙門釋真清傳〉，頁 914a-b。

故不求藥療。

　　同樣，嘉萬年間有位五日頭陀僧，「染嘔血病，口氣甚臭」，身體孱弱難支，卻念佛不輟。有人勸告：「病亟，何自苦如此」。答曰：「生死事大，無常迅速，而病益沉綿」。剃度後，被上袈裟端坐，一連五晝夜「水漿不入口」，不久示寂，為僧僅五日而已。[133]嘔血病，按《素問·厥論》記載：「太陽厥逆，僵仆、嘔血、善衄、治主病者。」又云：「陽明厥逆，喘咳身熱，善驚、衄、嘔血」[134]。再就中醫觀點，嘔血可能因過勞傷肝或胃腸鼓脹、胃炎、消化性潰瘍所致，從五日頭陀僧「口氣甚臭」的病症，可察其肝火、胃火均旺。由於苦行，飲食失調，且連日滴水未進，致使身熱嘔血。雖是如此，五日頭陀僧仍無視病重之危，視肉體為臭皮囊，寧可為道忘軀，也不願診療病體之苦。此近似自殘式的苦修行為，一再顯示，重視心靈治療或精神超越，似乎是僧人面對疾病的某種共同態度。而尼傳相關的記載更是難得一見。若從修行的角度來看，高僧的這種態度正彰顯其欲以強韌毅力，徹底根除一切病苦的束縛、求得精神的解脫。[135]這樣的最終願求與前述佛剎藥室設置的宗旨極為吻合。

（二）佛教感應醫療的觀點

　　不求醫治，經由感而遂通的靈驗療癒故事，不僅在僧傳，即使在聖山寺志也處處得見。《雞足山志·靈蹟》開宗明義說到：「山川靈氣，每與聖賢遺跡相映，以垂不朽，域中名山幽靈昭著彰彰，耳目神道，設教大

---

[133] 釋明河（明），《補續高僧傳》，卷26，〈雜科篇·五日頭陀傳〉，頁917a。

[134] 王冰（唐）注，《內經素問》（收入《欽定四庫全書薈要》，臺北：世界書局，1984，第254冊），卷12，〈厥論〉，頁156a。

[135] 如道端良秀於〈中国における仏教医学〉，《宗教研究》，第39卷第2輯，（東京：日本宗教學會，1965年7月）一文所觀察的，佛教醫學雖主張病因來自精神、肉體兩方面，但仍將治療重點放在精神療法上，頁67。故精神或心靈的調養，的確是佛教醫學的重點。

易，豈欺我哉，志靈蹟。」[136]諸名山大剎頻傳之靈驗或感應故事，都為佛
菩薩化現垂跡之示。如普陀洛迦山觀音菩薩的靈感事跡聞名遐邇，觀《普
陀洛迦新志》，〈愈疾〉所載：「除風愈癘，非誇文章有神。破腹湔腸，
自有神膏能傅。更加慈視眾生，相憐同病。故光加瓶水，便足瀡疴。誠感
靈泉，遂能療疾。」又言：

> 山駐有光明，赤子都無夭札。治以道術，故神聖工巧不能幾。飲以
> 伽陀，故寒熱氣風無不愈。須知片念能通，莫慮臨時安應也。更加
> 下至此，頌救眾疾，愈他疾。抑或病未及死，只餘根缺識嫌，而養
> 必待人，未免自傷殘廢。則誦處瑤之偈句，目可回光。[137]

上述表露普陀聖地處處現神蹟，而神奇妙方，端在「信」字上。所謂「片
念能通」、「頌救眾疾」、「誦處瑤之偈句」，即能療癒諸病。強調對佛
菩薩抱持虔誠的信奉修持，便能化險為夷；正如前揭張鳳翼的〈北寺醫僧
為叔貽療瘍詩以謝之〉所云：「折□何必通醫術，信是瘍師即藥師」。[138]
在普陀感應事例中，有位陳姓男子，年五十，獨子忽「患癆瘵，勢沈
篤」，友人告知：「聞南海普陀，觀世音菩薩，靈感宿著，若能信心往
祈，郎君之疾，勿藥有喜。」陳某前往祈求，途中遇大士化身指點迷津，
抵家後，其子「病減半矣，月餘全愈。」[139]
　　又陸延枝的〈談祺〉，述及景泰中，長洲小民談祺運糧至京，至臨清

---

[136] 錢邦（明）纂，《雞足山志》，卷7，頁443。

[137] 王亨彥輯，《普陀洛迦新志》（收入沈雲龍編，《中國名山勝蹟志叢刊》，臺北：文海出版
　　　社，1975），卷1，頁55。

[138] 張鳳翼（明），〈北寺醫僧為叔貽療瘍詩以謝之〉，頁256。

[139] 王亨彥輯，《普陀洛迦新志》，卷3，頁199-200。

患痢疾將死，恍惚中，見一道裝婦人，以吳語呼之：「汝病甚矣。吾能治汝病，起後當事我，遂唅以一丸藥，祺病頓平。」[140]此婦乃觀音大士化現之靈跡。無隱大師說：「名山大川，無非菩薩影現道場，腳頭腳尾，處處逢渠，於是託足雲水，瞻禮普陀山，感大士現妙莊嚴身。晚歸，養病於神駿寺，誦七佛偈而逝。」[141]其他，像江西仰山寶公、九華山地藏王菩薩、五臺文殊菩薩顯化療病的記載，均屬這類的故事。

　　由於聖山名剎在醫療上所賦予的靈驗之說，對僧俗信眾而言，勢必產生某種程度的療效。佛家醫學理論，著重心靈層次的提煉，以減緩生理的病痛，南朝陳智者大師病逝前，「有欲進藥者」，他說：「年不與心合，藥何所留？」[142]認為醫藥只會擾累身體，而「眾生情緣，處處執著，菩薩教化，處處破除。……人患久困，反因藥誤，智士達之，遣醫罷藥，患亦隨瘳。」[143]

　　毋庸置言，類似的思維深深根植於修道者內心。佛家經常將病理轉化成心病的觀點，論述眾生病痛，源於眼耳鼻舌身意六根業識之不淨，藉此敦促眾生將苦惱的肌膚之疾轉化為內在修養層次的昇華，以求疾病的徹底根治。苦、空、無常、無我、緣起性空等思想，構成佛教醫學的重要基礎，也是佛教醫學異於中、西醫的根本。故佛教於病因分析上，有其獨自看法。[144]佛教的緣起醫學觀，簡易說明生理、心理疾病的一切緣由，無明

---

[140] 周永年（明），《吳都法乘》（收入杜潔祥主編，《中國佛寺史志彙刊》，第 3 輯第 27 冊），卷 25，頁 3183。

[141] 王亨彥輯，《普陀洛迦新志》，卷 3，頁 200。

[142] 陳毅（清）輯，《攝山志》（收入《中國佛寺史志彙刊》，第 1 輯第 34 冊），卷 3，頁 239。

[143] 周永年（明），《吳都法乘》（收入杜潔祥主編，《中國佛寺史志彙刊》，第 3 輯第 23 冊），卷 14，〈心經五引說〉，頁 1850。

[144] 道端良秀，〈中国における仏教医学〉，頁 50。

我執引發人們貪瞋痴三毒之煩惱，進而影響肉體，使身體中地水火風四大元素失調，產生各種病變。[145]《佛說佛醫經》云：

> 人身中本有四病，一者地，二者水，三者火，四者風。風增氣起，火增熱起，水增寒起，土增力盛。本從是四病，起四百四病。[146]

接著，分析人得病的十種因緣，即：

> 一者久坐不臥。二者食無貸。三者憂愁。四者疲極。五者婬泆。六者瞋恚。七者忍大便。八者忍小便。九者制上風。十者制下風。從是十因緣生病。[147]

視內在煩惱、無明為生理疾病之根源，此乃佛教醫學之特點，[148]故佛教醫療重在無明煩惱的淨除，以達一切病厄之解脫。如同《大智度論》所深入解析煩惱致病與智慧療病的因果之論。其云：

> 般若波羅蜜，能除八萬四千病根本。此之八萬四千皆從四病起，一貪，二瞋，三癡，四三毒等分。此之四病各分二萬一千，以不淨觀除貪欲二萬一千煩惱，以慈悲觀除瞋恚二萬一千煩惱，以因緣觀除愚癡二萬一千煩惱。總用上藥除等分病二萬一千煩惱，譬如寶珠能

---

[145] 釋慈誠，《佛教醫學》（臺北：大千出版社，2001），〈第一章 一、認識佛教醫學〉，頁 7-8。

[146] 釋道世（唐），《法苑珠林》，卷95，〈病苦篇·引證部〉，頁984c。

[147] 釋道世（唐），《法苑珠林》，卷95，〈病苦篇·引證部〉，頁984c。

[148] 道端良秀，〈中国における仏教医学〉，頁55。

除黑暗，般若波羅蜜亦能除三毒煩惱病。[149]

般若波羅蜜（智慧）為上等之藥，能除八萬四千病，即一切病苦。明初倪瓚（1301-1374）的疾病觀亦不外乎如是論點，謂：「耆婆大醫王，能療諸疾苦，視虛實表裡，施補利汗吐設，或有心病，非針砭能愈，世尊安心法，一彈指疾去。」[150]

釋雲棲在回覆嘉興朱西宗居士的書信裡，表達對其病情的關懷，希望朱居士能「以保養身命為極大第一義」，適時放下萬緣，不必事事操勞，以免過勞生疾。[151]之後，又建議治病的三道方法，自中亦可窺察僧人對於疾病的看待與因應之道。一曰「對治」：談到病生於「勞鬱」，「當以逸治勞，以舒治鬱。」逸、舒指「萬緣盡廢」、「隨緣順受」，不為外事外務所擾，身心自能放鬆舒緩。明顯這是心理治療的對治法。二曰「調攝」：重視飲食、藥物的調理。但須知「藥餌不宜多服」，否者傷身且恐危及生命，故服藥「宜與高明議之。」[152]三曰「正念」：提醒正確深觀「苦從身生，身從業生」的道理。病是諸苦之一，應時時體究，若未能究明，「只消提一句本參念佛話頭，回光自看」，若能識得病是虛妄，則迷惑自能破除，而後病痛之苦自能輾轉消滅。[153]

「正念」療病法，於袾宏回覆江西居士黃彭池、太倉王子顒孝廉智第、錢廣藝，及其外甥許東湖的書信中，亦屢屢言及。所謂：「夫病從身

[149] 釋道世（唐），《法苑珠林》，卷95，〈病苦篇・醫藥部〉，頁986c。

[150] 周永年（明），《吳都法乘》（收入杜潔祥主編，《中國佛寺史志彙刊》，第3輯第28冊），卷29，頁3593-3594。

[151] 釋袾宏（明），《雲棲大師遺稿》，卷2，〈書2・與嘉興朱西宗居士廣振〉，頁134c。

[152] 釋袾宏（明），《雲棲大師遺稿》，卷2，〈書2・與嘉興朱西宗居士廣振〉，頁134c。

[153] 釋袾宏（明），《雲棲大師遺稿》，卷2，〈書2・與嘉興朱西宗居士廣振〉，頁134c。

生，身從業生，業從心生，心空則業空，業空則身空，身且空，病安從生。」[154]對王子顒談到：「貴宅世修盛德，何為尊體搆斯劇疾」，乃與殺生之宿業有關，勸行放生、懺悔。「願空其心，盡罷一切諸緣。於空心中單念一聲阿彌陀佛，……從朝至暮，從暮至朝，心心靡間。若有痛苦，忍之耐之，一心顧念。」[155]這便是前面所見，某些高僧面對疾病的心念治療法，「萬緣放下，一心正念，一心正念者，但置一聲佛於清淨心中也。」[156]問其外甥：「近日服藥何如」時，亦論及世事無常，萬事虛假，能夠窮通得失之因緣，便能開懷解憂，怡然自得，「毋徒自苦」。[157]在〈答何武嵗給諫〉「問：本來受病處作何剗除，目前下手處有何方法？答：知病是幻，不須剗除，無下手處正好下手」。[158]表述了同樣的應病概念，即藉病緣行參悟生死根本之理，此正是佛教醫學特色所在。

雲棲於〈病堂警策〉，便是以前述觀點激勵病僧，說到：

> 佛言：人命無常，促於呼吸，平人亦爾，何況病乎？……當觀此身四大不調，百骸欲散，飲食漸減，醫藥無靈，……故知此身不久必赴死門。前路茫茫，畢竟何往？大德誠如己事已辦，非愚所知。其或未然，可不猛省無常。戰兢惕勵，諦思淨土，決志往生，放下萬緣，一心念佛。[159]

---

[154] 釋袾宏（明），《雲棲大師遺稿》，卷2，〈書2‧與江西黃彭池司理〉，頁136b。

[155] 釋袾宏（明），《雲棲大師遺稿》，卷2，〈書2‧與太倉王子顒孝廉智第〉，頁136b-c。

[156] 釋袾宏（明），《雲棲大師遺稿》，卷2，〈書2‧與錢居士廣藝〉，頁136c。

[157] 釋袾宏（明），《雲棲大師遺稿》，卷2，〈書2‧與甥許東湖〉，頁137a。

[158] 釋袾宏（明），《雲棲大師遺稿》，卷3，〈答問‧答何武嵗給諫〉，頁140c。

[159] 釋袾宏（明），《雲棲共住規約別集》，〈病堂警策〉，頁164b。

而前揭釋道盛為〈藥僧願〉寫序中，雖認同黃道來醫藥救人治病的看法，但亦反駁其不切實際與非究竟之見。故言：

> 居士欲以自己必死之身，救他人無常之病，其智癡願切。世人所緩而獨急，尤可謂難行之事也。況有一等向上病痛，千聖所拱手，不能為治者扛耶。……況此四大地水火風，變化詭異，如夢幻空華，難可捉摸。孰能一一按其症候，人人授其藥石哉。[160]

又云：

> 僧者，豈不有因病而感其真智，因法以悟其妄業，而同遊此大藥籠乎？夫如是能以法藥二施，則療一僧之身病，即可療盡天下眾生之心病也；續一日之危命，即可續萬世不絕之慧命也。即不然，居士雖藥院不成，能舉此心、倡此行，自足感悟十方，豈有如是真因，無如是真果也哉。[161]

道盛如是知見，再次彰顯佛教一脈相承的療病思維，即透過病苦的機緣感悟身體業識的幻化無常，追求徹底的根治。因而視僧病為法病，療僧病等同延續佛法慧命、度化眾生一般。強調眾生有病，源於心病，猶如明萬曆年間妙峰禪師（1531-卒年不詳）染上流行病的情形。據述：

---

[160] 釋道盛（明）說，《天界覺浪盛禪師全錄》，卷 28，〈題姑蘇建法藥寺療十方僧引〉，頁758a。

[161] 釋道盛（明）說，《天界覺浪盛禪師全錄》，卷 28，〈題姑蘇建法藥寺療十方僧引〉，頁758b。

> 大病幾死。夜宿旅邸，求滴水不可得，乃探浴盆掬水飲之，甚甘
> 美，詰旦視之，極穢濁，遂大嘔吐，忽自覺曰：飲之甚甘，視之甚
> 濁，淨穢由心耳，即通身大汗，病乃瘥。[162]

可見心念影響人的生理變化極大，妙峰結果無藥而治，端在正心。而晚明
廣東鼎湖山〈清規軌範・僧鐸〉的「病僧提唱」中亦清楚闡述此一觀念。
其言：

> 竺土大醫王來赴眾生請也，不須胗脈，也不須問症，一服清涼劑，
> 苦惱得禪定，內觀觀自心，反聞聞自性，自心無生滅，自性無垢
> 淨，刧火燒不乾，業風吹不迸。眾生保幻軀，至人續慧命，……形
> 容有衰盛，把鏡照虛空，虛空無欠剩，無病亦無醫，無醫本無病，
> 汝病不在頭，汝病不在腹，汝病不在耳，汝病不在目，汝病不在
> 手，汝病不在足，識得本來空，四大無拘束，有身便有苦，無門亦
> 無毒，定業不可逃。[163]

基於如是疾病觀，僧尼視病痛為修行的一部份，超越它，不為病痛所苦，
即可解脫自在。生病時，若過於依賴醫藥，反為所誤，因此「遣醫罷藥，
患亦隨瘳」的治病觀，[164]遂成多數僧尼對治疾病的根本信念。若釋雲棲同
樣認為「妄念是病」，提倡念佛治病，其言：「念佛是藥，久病非片劑所
能療」；[165]若晚明廣州光孝寺淨土光公以「製藥石為佛事，調病苦為度

---

[162] 劉名芳（清），《寶華山志》，卷4，〈古蹟・靈異〉，頁153。

[163] 釋成鷲（清），《鼎湖山志》，卷4，頁365-366。

[164] 周永年（明），《吳都法乘》，卷14，〈心經五引說〉，頁1850。

[165] 釋袾宏（明），《雲棲大師遺稿》，卷2，〈書2・答張百戶廣湉書〉，頁133b。

生」，進而將「調藥治病」作為參禪話頭，令眾生參究生命之本然。

如此超越藥物治療的意念專注法，也就是藉助調息、調氣、調心之止觀或禪定、念佛等精神專一之修持功夫，以根除身心之疾的治療法，應是染患身軀之疾者，甚或承受內心之苦、患有精神疾病之人，習於依賴佛門為其治病解憂的地方。譬如醫家孫一奎（1522-1619）診察罹患右脇痛，兼右手足筋骨病痛的南勳部郎崔百原，「性多躁急」，開列舒緩筋骨疼痛的藥方外，「勸公請假緩治。因囑其慎怒、內觀以需藥力。」於茲強調根治的辦法，即是心性的調理，與前述佛家之論證無異。

當崔百原問起：「內觀何為主？」孫一奎答曰：「正心」。原問下手處。孫一奎便以儒釋道三家修止的情境，回答：

> 正之為義，一止而已，止於一，則靜定而妄念不生，宋儒所謂主靜。又曰：看喜怒哀樂，未發以前，作何氣象。釋氏之止觀，老子之了得一萬事畢，皆此義也。[166]

言畢，崔百原謂：「吾知止矣，遂上疏請告。」孫一奎寫藥方給他，之後，「北歸，如法調養半年，而病根盡除。」[167]據稱，崔百原北歸之後，就寺廟調養。[168]

又如江瓘舉鄺子元精神疾病的治療案例，說到患者為明代翰林，因「翰林補外十餘年矣，不得賜還，嘗侘傺無聊，遂成心疾。」病發時，往

---

[166] 孫一奎（明）輯，《孫氏醫案》（收入《四庫全書存目叢書》，第48冊），卷2，〈三吳治驗‧崔百原公右脅痛右手足痛〉，頁84a-b。

[167] 孫一奎（明）輯，《孫氏醫案》，卷2，〈三吳治驗‧崔百原公右脅痛右手足痛〉，頁84b。

[168] 王米渠編著，《佛教精神醫學》，〈第七章　佛教精神治療〉（廈門：鷺江出版社，1998），頁144-145。

往「昏瞶如夢，或發譫語。」聽聞真空寺有位老僧「不用符藥能治心疾」，[169]酈子元遂前往求治。僧人為其分析病因起於煩惱、生於妄想。妄想的根源，來自三方面，即：

> 或追憶數十年前榮辱恩讎，悲歡離合及種種閒情，此是過去妄想也。或事到跟前，可以順應，即乃畏首畏尾，三番四復，猶豫不決，此是見在妄想也。或期望日後富貴榮華，皆如所願。或期功成名遂，告老歸田。或期望子孫登榮，以繼書香，與夫不可必成、不可必得之事，此是未來妄想也。三者妄想，忽然而生，忽然而滅，禪家謂之幻心。[170]

根治之法，在於「能昭見其妄而斬斷念頭，禪家謂之覺心，故曰：不患念起，惟患覺遲。此心若同太虛，煩惱何處安腳？」妄想外，寺僧認為「水火不交」，即色慾未遂，且因讀書勞神、公務繁重，使得心力交瘁、精神渙散。僧言：

> 凡溺愛冶容，而作色荒，禪家謂之外感之欲。夜深枕上，思得冶容，或成宵寐之變，禪家謂之內生之欲。二者之欲綢繆染著，皆消耗元精，若能離之，則腎水滋生，可以上交於心。至若思索文字，忘其寢食，禪家謂之理障；經綸職業，不告劬勞，禪家謂之事障。二者之障，雖非人欲，亦損性靈。[171]

---

[169] 江瓘（明）編，《名醫類案》，卷8，〈癲狂心疾〉，頁742a。

[170] 江瓘（明）編，《名醫類案》，卷8，〈癲狂心疾〉，頁742a。

[171] 江瓘（明）編，《名醫類案》，卷8，〈癲狂心疾〉，頁742a-b。

若能排除妄念慾心，則病根可除。最後勸戒：「苦海無邊，回頭是岸」。於是，酈子元遵照僧人訓示，「獨處一室，掃空萬緣，靜坐月餘，心疾如失」。[172]從酈子元的心疾病例，可以佐證佛教講求心靈醫療的有效性。

　　至此可見，佛教的疾病思維，及其對治法，舉凡念佛、禮佛、拜懺、放生、參禪，乃至其他苦行等非藥物性的治療，均被當作有效療法，重點端在堅定的信念和實踐的毅力。像李卓吾循拜懺、誦經途徑，祈願解除纏繞兩年之久的病痛。自述：

> 聞東方有藥師瑠璃光王佛發大弘願，捄拔病苦眾生，使之疾病涅槃。卓吾和尚于是普告大眾，趁此一百二十日期會諷經拜懺道場。就此十月十五日起，先諷藥師經一部四十九卷，為我祈求免病想，佛願弘深決不虛妄也。[173]

一位不受縛於傳統價值框架之人，竟於病痛之際，落入俗套地尋求藥師佛的垂憐，為其解除病苦。李卓吾求佛告文中雖不脫其善辯不羈的本色，然言辭中流露對信願感通的置信不疑，詼諧道：「夫以佛願力而我不求，是我罪也。求佛而佛不理，是不慈也。求佛而佛或未必知，是不聰也，非佛也。」既然要求，絕不敢否認佛的存在，否則也就否認了自己的信仰。故言：

> 吾知其決無是事也。願大眾為我誠心念誦每月以朔望日念此經，共九朔望念經九部。嗚呼！誦經至九部，不可謂不多矣。大眾之懇

---

172 江瓘（明）編，《名醫類案》，卷8，〈癲狂心疾〉，頁742b。

173 李贄（明），《李溫陵集》（收入《續修四庫全書》，上海：上海古籍出版社，2002，第1352冊），卷13，〈禮誦藥師經畢告文〉，頁177b-178a。

勤，不可謂不虔矣。如是而不應焉，未之有也。但可死不可病，苦
口丁寧至三再三，願佛聽之。[174]

李卓吾虔誠懇切誦經求佛之情於此表露無遺。當誦經會期結束，隨即於
〈禮誦藥師經畢告文〉稱述：「誦經方至兩部，我喘病即減九分，再誦未
及四部，我忍口便能齋素。既久，喘病愈痊，喘病既痊，齋素益喜，此非
佛力我安能然。」[175]驗證了誦經感應療效的真實不虛，遂而激起年輕僧侶
常通的信心，亦「發心隨壇接諷祈瘡口之速合，乃肅躬而致虔。以此月十
六之朝請大眾諷經一部。」[176]李卓吾便〈代常通病僧告文〉，聲稱：

> 龍湖僧常通為因病瘡苦惱禮拜水懺，祈佛慈悲事重，念常通自從出
> 家即依三寶，叵耐兩年以來痰瘤作祟，瘡疼久纏，醫藥徒施，歲月
> 靡効，咸謂必有冤業，恐非肉眼能醫，倘求一時解除，須對法王懺
> 悔。……伏願大慈大悲加曲湔刷，大雄大力直為洗除，法水暗消瘡
> 口自合。此蓋佛菩薩憫念保持之恩，與眾弟兄殷勤禮拜之致也。[177]

李卓吾指明僧常通的瘡病是業障病，故拜水懺祈求佛菩薩賜予大悲法水洗
濯瘡口。類似的，再如僧蕅益對於自己的體弱多病，亦抱持宿世業報的觀
點，從事自我反省的功夫，以持咒、禮懺、撰作願文，懺會己過、淨化己
心。[178]

---

174 李贄（明），《李溫陵集》，卷 13，〈禮誦藥師經畢告文〉，頁 178b。
175 李贄（明），《李溫陵集》，卷 13，〈禮誦藥師經畢告文〉，頁 178b。
176 李贄（明），《李溫陵集》，卷 13，〈禮誦藥師經畢告文〉，頁 178b。
177 李贄（明），《李溫陵集》，卷 13，〈代通常病僧告文〉，頁 179a。
178 有關智旭的病歷及其罪報感，可參考張聖嚴，《明末中國佛教の研究》，〈第三章　智旭の

　　因病而激發對佛菩薩的信賴和堅持的道心道行，這不僅落實於前述僧侶之中，亦深刻影響在家居士的治病態度。男性居士隱約可從其與雲棲書信往來中窺察端倪，又從《居士傳》之相關記載，則明朝在家男眾的疾病對治態度，更能一窺其貌。若蘇州常熟人嚴敏卿，名訥。致仕歸後，「居常信奉佛法，歸心淨土」。就病與藥的關係，於〈樂邦文類序〉云：「聖人因病以致藥，眾生因藥而滋疾，可不哀耶。是故稱樂邦，所以使理即者，緣般若而修證，拯流浪於苦輪也，言唯心。」[179]點明聖俗之別唯心一端。其次子，嚴澂，晚年奉「雲棲之教」。澂之子樸，「年二十五得疾將卒。澂謂曰：毋雜思，但一心念佛。」最後「正容合掌而逝。」[180]爾後，嚴澂患病「幾殆」，謂：「一具皮囊終須敗壞，六塵緣影何處堅牢，不如換卻凡心，求生淨土，誦彌陀一句，消罪業無邊。」[181]嚴氏父子以念佛轉化病痛作為往生資糧，由此實證佛家醫療的終究目標。

　　順天劉通志，平日亦精勤念佛，「年五十二得疾，念益切」；[182]江南新安人吳用卿，「晚修淨業，持往生咒，唱佛號，日有定課。嘗失足墮江中」，「已而背患疽，持誦自若，俄而正念示寂」；[183]常熟人陳廷裸，萬曆年間官至刑部侍郎，萬曆16年（1588）7月「臥疾，誦佛名益虔。」[184]若此，千篇一律的治病方式，無不反映乃深受佛教轉化病苦之醫療教化所致。即使像浙江桐鄉人莊復真，雖是一介儒醫，仍無法徹底脫離病苦之糾纏。之後，參訪雲棲，「授以念佛法」，「歸家日課阿彌陀佛五萬聲，未

宗教的實踐〉的「智旭の疾病とその罪報感」，頁258-263。

179　彭紹升（清），《居士傳》，卷40，〈嚴敏卿傳〉，頁539a。
180　彭紹升（清），《居士傳》，卷40，〈嚴澂‧嚴樸傳〉，頁540a。
181　彭紹升（清），《居士傳》，卷40，〈嚴澂‧嚴樸傳〉，頁540a。
182　彭紹升（清），《居士傳》，卷41，〈劉通志傳〉，頁543b。
183　彭紹升（清），《居士傳》，卷40，頁544a。
184　彭紹升（清），《居士傳》，卷42，〈陳廷裸傳〉，頁545b-546a。

半載心地寂然。」[185]又如金壇名醫王肯堂，其父方麓，萬曆中「致仕歸，得疾苦躁。」肯堂誦金剛經至「無我相無人相」時，方麓微笑說：「煩惱本空，我相何在」。[186]凡此種種，一一顯示心的熱惱加深病痛之苦，根治之道不外乎治心。

　　婦女方面，透過持齋、持咒、念佛、拜佛、禮懺、放生等修善，乃至因病出家，以期治療病痛者，屢見不鮮；她們相信病是業報的結果，依此既能合理解釋自己罹患病痛的原因，讓積鬱不滿的心獲得釋懷，轉而願意接受、面對，進而積極修持佛道，力圖轉化病情，以收不藥而癒之效。[187]

四、結語

　　綜觀前述，聖、神、靈與信，是構築佛教醫學的重要基礎。或許這是宗教醫學理論及其醫療上普遍可見的基礎條件，不是佛家所特有。然而佛教在此基礎上，佛剎多位在名山大川之中，多珍奇藥草、多醫僧、多醫藥常識與多醫療觀照，加上佛家大乘「慈悲喜捨」、助人濟世的精神，對大眾來說，不失是病老之際，可向其求助且最值得信賴的團體，故而建立起佛教在社會上的正面醫療形象，也是佛教為中國社會大眾深信的憑藉之一。

　　雖然文獻中不乏可見心術不正、圖謀不軌的負面僧醫形象，如《三遂

---

[185] 彭紹升（清），《居士傳》，〈莊復真傳〉，頁548b。

[186] 彭紹升（清），《居士傳》，〈王宇泰傳〉，頁558a。

[187] 對於明代婦女藉助佛教修持諸法治療疾病，詳細請參見 YuNü Chen, "Buddhism and the Medical Treatment of Women in the Ming Dansty"一文的討論，*Nan Nü*, 10, 2008（Leiden: Brill Academic Publishers），pp.285-301.

平妖傳》裡石頭陀妖僧之惡行，[188]以及屢為社會大加撻伐的三姑六婆之流者。或許小說將四處雲遊乞食的頭陀僧，描繪成極端邪惡的妖孽，有意藉此提醒世人對品類混雜的游食僧保持警戒，免受傷害。至於「三姑六婆」中，道姑、尼姑、卦姑、藥婆、穩婆之類的「醫婆」，[189]與一般婦女之間的藥物買賣及醫療行為，被認為是危險的，因為她們是幽暗、神秘、詭異的一群，與其來往，將有損個人的身分地位，出現道德上的瑕疵，故士夫家訓往往禁制女性與這類婦女的交往。[190]

　　但現實生活裡，女性卻相當依賴三姑六婆的消息傳遞及從中的穿針引線。尤其在求子、墮胎、絕育方面，婦女更加倚重三姑六婆的秘密協助。[191]道姑、尼姑、卦姑透過巫術、咒術、禱詞等靈力的施行及藥物的給予，

---

[188] 羅貫中（明）《三遂平妖傳》，〈第十回　石頭陀夜鬧羅家畈　蛋和尚三盜袁公法〉，記述邢孝的妻子懷孕五個月，患了「肚痛的症，急切沒個醫人」。剛巧有行腳頭陀僧上門化齋，知道邢妻患病，便道：「我叫做石頭陀，石羅漢。不但會看經，也曉得些醫理。有個草頭方兒，依我吃了肚痛便止，又能安胎。」婦人服用之後，果然疼痛消失。於是邢家「當日請他一頓飽齋」，「只道他是好人」。隔天又上門來，曉得邢孝不在家，半夜趁機強姦刑婦，並「取一丸白藥」教婦人吞食，為了製造長生不死之藥，遂強壓婦人肚皮，取其血胎，導致婦人血崩身亡，頁 793-796。

[189] Charlotte Furth, "Women as Healers in Ming Dynasty China" in Yung Sik Kim and Francesca Bray, eds. *Current Perspectives in the History of Science in East Asia*（Seoul: Seoul National University Press, 1999），對於「女醫」與「醫婆」行醫的對象進行分流，pp467-477。但是女醫，實際上，除了擁有家傳醫學的女醫外，也涵括不為士夫及一般大眾所喜的不入流女性醫者，即「三姑六婆」在內。

[190] 簡瑞瑤，《明代婦女佛教信仰與社會規範》（臺南：國立成功大學歷史研究所碩士論文，2003），頁 40-48。

[191] 衣若蘭，《三姑六婆——明代婦女與社會的探索》（臺北：稻鄉出版社，2002），〈第三章「三姑六婆」所反映的明代女性職業〉，論述師巫系統中卦姑與師婆的職能，及藥婆與師婆在醫療和生育上發揮極大的必要性功能，頁 46-65；李伯重於《多視角看江南經濟史（1250-1850）》，〈墮胎、避孕與絕育：宋元明清時期江浙地區的節育方法及其運用與傳播〉（北京：生活‧讀書‧新知三聯書店，2003）的「墮胎、避孕與絕欲方法的傳播途徑」中，提到在生育或節育的知識上，「三姑六婆是非常重要的傳播網路。」頁 205-207；陳玉女，〈明代墮胎、產亡、溺嬰的社會因應——從四幅佛教墮胎產亡水陸畫談起〉，第 31 號

儘可能完遂婦女所求，雖然時有差池，但婦女仍習於委託她們。當然與同是女性，且佛教長期以來擁有醫療救濟的傳統形象，以及像尼姑之類的神職人員，在精神方面多少能夠發揮撫平的效果有關。[192]

同樣，即使對男性患者來說，佛門所能夠提供給男眾的療養條件，亦然。誠如前面所見，男性在佛寺中既可療病，又可養性。所以說，儘管僧人施藥行醫中出現上述敗德的劣跡，但整體而言，並不影響男夫女婦一旦患病時對於佛門的依賴。亦即寺僧女尼仍是他們習慣尋求協助的對象，佛寺則是他們習慣選擇作為治病療養的去處。而佛門寺僧則因醫療的社會服務與教化，為自身塑造廣為社會所需、利濟世間大眾的正面形象。

（臺南：成功大學歷史系，2006 年 12 月）一文，就婦女於墮胎絕育上，何以多向佛門求助的問題，進行探討，頁 77-81。

[192] 據朱建平，〈寺院中的女科〉，《健康報》（2003 年 3 月）一文，認為佛寺診病採用中醫「雅而不粗」的診察法，又考慮使用減輕病患經濟負擔而容易採集的廉價藥物，且時而捨藥振濟貧病，及僧醫能夠適時給予宗教層面的精神開導，容易取得婦女的信賴。而婦女在情感或精神受挫時，仍然寧願依賴深受社會鄙視的女尼為其分憂解勞的緣由，可參見陳玉女，〈明代婦女信佛的社會禁制與自主空間（下）〉，臺南：《成大歷史學報》，第 30 號（臺南：成功大學歷史系，2006 年 6 月），頁 60-66。

名山佛剎及其周邊所產之藥草表

產地	藥草名	出處
普陀山	藥有天門冬，半夏、百合、沙參、天南星、何首烏、木賊草、山梔、艾、蔓荊子、風藤、玄參。	周應賓（明）纂輯，《重修普陀山志》，頁188。
龍井	龍井貫眾、龍井益母草（亦名草天麻）	《龍井見聞錄 附：宋僧元淨外傳》（收入杜潔祥主編，《中國佛寺史志彙刊》，第1輯第22冊），〈藥品二〉，頁198。
武林靈隱寺	藥王樹：在靈隱山門外大三圍，乃香樟也，有僧過之，曰此藥王樹可治心病，由是遠近，椎剝其皮，未幾，死。數年復生，人復來取，寺不禁，尋復枯，每久雨，其空皆出黑色煙。	《武林靈隱寺志》，卷8，〈雜記〉，頁637。
雪峰山	◎芝、黃精、茯苓、枸杞、茱萸、紫蘇、香薷、天門冬、麥門冬、栝樓、使君子、石菖蒲、益母草、何首烏、車前子、茶、梔子。 ◎繄彼南中厥包橘柚入山既深厥厚靈藥、異花、珍禽怪獸品物流形何嫌雜揉紀生植第七穀之屬，稉、秫、麥、麻、豆、蕎麥、黍。	徐𤊹（明），《雪峰志》卷7，〈紀生植〉，頁165；〈藥之屬〉，頁166。
雁山	金星草，葉上有金星點，根中有黑筯如髮，又謂之出髮草，俗傳用以浸油塗頭上禿處則髮生。 金線草，一名蟹殼草，葉圓如蟹殼蔓生，節間有紅線長尺許，或生岩石上與井池邊，性亦寒涼，治湯火瘡用。	《雁山志》，卷3，〈草木藥品附〉，頁17。

產地	藥草名	出處
	鳳尾草，生巖石間，葉如鳳尾，性寒，入痢藥用。 綠草，根有子如麥，大白□，名綠草米，一名麥門冬，性寒，能治熱渴用。 櫻粟，花紅，實內有子如小栗，皮苦澀，能治泄痢症，醫家謂之木榔槌。 百合，性平根可食，一名鬼蒜，荒年山中人取以療飢。 鈎脗，狀似黃精，葉與莖稍有不同，一則養人，一則殺人，其性毒烈，與黃精遠甚，服黃精者不可不察，山中亦不多見。 黃精，山多黃精，土人鬻以代糧，但不能知九蒸九曝之法耳，此物雖處處有之，惟以天臺鴈蕩者為佳，天臺鴈蕩又以絕頂不聞，雞犬之聲者為上品性中和。 薯蕷，性寒，有紅白二色，產於岩石竹樹間者，味清而甘，堪入藥，人圃種者味尤佳，不堪入藥，可入飲食用。 何首烏，性平，岩下石畔皆有之，寺僧相傳，惟靈岩寺佛殿下有一本，甚蔓延于外者，絕與他蔓不類，殿自洪武至今一百五六十年矣，其根之大可知栲栳，但為殿楹所壓，無從而取之耳。 山維菝，性寒，狀如圃中所種者，土人用以治癩疽，搗汁服之擦塗患處愈。	

產地	藥草名	出處
	金（金又）石斛，性寒生麥地中歲取入貢。 雪裡開，性大寒，深谷中有之，能解砒毒冬時開花故名。 金線重樓，性寒，能治諸熱毒。 金銀花，性涼，能解熱毒，土人用以作湯治諸瘡，花初開時黃色，後轉白色，故名金銀花藤，有汁而甘，謂之啜蜜藤。 香薷，性溫，能治暑消煩，止渴煖胃，惟靈岩寺馬鞍嶺下，石坦中產者佳，人家園圃種者稍劣。	
堯峰山	藥：百合，桔梗，貝母，紫蘇，益母，金櫻，何首烏，瞿麥，金銀花，茵陳，木蓮，紫白地，丁躑躅，麥門冬，半枝蓮，五爪龍，高良薑，夏枯草，穀精草，威靈遷。	《堯峰山志》，頁57。
棲霞山	山草類：甘草、黨參、沙參、薺苨、桔梗、黃精、玉竹、知母、蒼术、狗脊、貫眾、巴戟天、仙茅、玄參、地榆、丹參、紫草、白頭翁、三七、黃連、黃芩、秦艽、柴胡、前胡、防風、土當歸、苦參、白蘚、龍胆草、鬼督郵、白薇、白前、拳參、鐵線草、金絲草。 芳草類：蛇床、藁本、木香、杜若、薑黃、鬱、荊山稜、香附子、茅香、藿香、蘭草、澤蘭、馬蘭、香薷、荊芥、薄荷、積雪草、水蘇。 隰草類：野菊、艾、茵陳、青蒿、黃	《棲霞山志‧靈巖記略‧靈巖志略》（收入杜潔祥主編，《中國佛寺史志彙刊》，第 2 輯第 14 冊），〈第三章　物產‧藥品類〉，頁84。

產地	藥草名	出處
	花蒿、夏枯草、劉寄奴、曲所草、旋覆花、青葙子、續斷、大青、小青、牛蒿、蒼耳、木賊、龍鬚草、地黃、牛膝、紫菀、麥冬、槌胡根、鴨跖草、冬葵、鹿啼草、敗醬、迎春花、鼠麴草、地膚、瞿麥、王不留行、萆薢、車前、狗舌草、馬鞭草、女青、鼠尾草、狼杷草、狗尾草、藍、青黛、蓼、虎杖、蕕草、扁蓄、穀精草、海金沙、地蜈蚣、鬼鍼草、獨川將軍、見腫消、水甘草。 毒草類：澤漆、附子、烏頭、天南星、蒟蒻、半夏、蚤休、獨腳蓮、射干、鳶尾、坐拏草、羊躑躅、蕁麻、格注草。 蔓草類：覆盆子、蛇莓、使君子、馬兜鈴、黑牽牛、旋花、紫葳、括樓、王瓜、葛、天冬、百部、何首烏、草薢、蘡薁、土茯苓、白蘞、伏雞子、千金藤、千九字、山豆根、黃藥子、解毒于、威靈仙、茴草、剪草、防己、木通、鈎滕、紫葛、忍冬、天仙藤、紫金藤。 石草類：石斛、金星草、石芝、佛甲草、虎耳草、仙人草等。	
廬山	茯苓治少，胡麻治老，合以齋戒，服以朝早，卉體華腴，火精水寶，和以為還精補腦，此僞方也，先服此去病後，吸日華以充之。	《廬山志》，頁 13、18。

產地	藥草名	出處
	山產蕨蕨，初生時如小兒拳，可作茹，村人採食之，亦作堪作粉，嘉靖中九江餓民採蕨以為食，後皆病，多食。桑紀注今山中產蕨居民採食者頗多，未聞有食而病或死者。 盧山藥品： 山茨菰一名金燈籠，六葉一花，多生陰潤中。 紫河車，□休也，一名金線重樓，一莖挺生，葉作二三層，花黃上有金線下垂。 南籐，一名丁公，籐莖如馬鞭有節，色紫褐。潯陽記言，盧山石墨可用以書乃今不聞。桑記盧山石墨可以畫眉。潯陽蹠醢黃精根葉花實皆可食，三月生苗高一二尺，葉似竹而短不尖，兩兩相對，莖梗柔脆似桃枝，本黃末赤，四月開花青白花，狀如小豆，花結子可種，白如黍粒，久服輕身延年。	
仰山	藥有土人參、柴胡、全胡、皂角、黃精、胡麻、半夏、南星、麥門冬、七葉黃荊、虎鬚菖蒲、七葉一枝蒼、地骨皮、黃藥、五加皮、茯苓、黃連、金銀蒼、瓜蔞、希伦艸、寄生艸、烏藥、山當歸、十大功勞、九節菖蒲、僊茅、芽茶、艸烏、香附、益母艸、金絲荷葉、五棓子、兔絲子、紫蘇、蓖麻子、白蘝、何首烏。	《仰山乘》，頁100。

產地	藥草名	出處
雞足山	香艸治疫：本山多產香艸，紅梗綠葉，遠近進香者取歸能治六畜瘟症，俗名之曰仙艸。	《雞足山志》，卷7，頁447。
	仙艸：生出頂諸崖壁，紅梗綠葉而有異香，臘月間，艸木皆枯而此更蔥翠，土人採而市之，遠近進香善士以錢易得載之於頂歸以奉之家廟，經久其香不歇，治六畜瘟疫。	《雞足山志》，卷7，頁465。
天臺山	食類： 黃精，按本草云黃精君味甘氣平無毒，主補中益氣安五臟益脾胃潤心肺，除風濕五勞，久服輕身，延年不饑，耐寒暑熱，聞道人遺言餌术黃精能令人久壽，博物志云藥物有大毒不可入口，鼻耳目者即殺人，一曰鈎吻。盧氏註曰陰精黃不相連，根苗獨生者是也，又曰鈎吻草與荇華相似，採者宜辯之。	《天臺山方外志》，頁532。
	术草，吳氏本草曰术，一名山連，一名山介，一名天蘇，一名山姜，有倉白兩種，臺山皆有之，曰术有家者，然不及野术為佳。抱扑子內篇曰，南陽文氏，其先祖漢中人，值亂逃華，山中饑困欲死，有二人教之食术，遂不饑。數十年乃還鄉里，顏色更少，氣力轉勝，故术一名山精。神農經曰必欲長生常服，山精異術記曰，术草者山之精也，結陰陽之精氣，服之令人長生絕穀致神僊，余謂蒼白二术皆可服，餌蒼术味苦而效速，白术味甘而效遲。	《天臺山方外志》，頁533。

產地	藥草名	出處
	薯蕷，本草經曰，薯蕷一名山芋，益氣力長肌肉除邪氣，久服輕身耳目聰明，不饑延年，湘中記曰，永和初，有採藥衡山者，道迷糧盡，過息巖下，見一老公，四五年少相對執書，告之以饑，與其食物如薯蕷，指教所去，六日至家而不復饑，臺山處處有之，藤葉如家植薯蕷而小，土人多不知採食，異苑曰，薯蕷入藥又可服食，野人謂之土藷若，欲掘之嘿然有獲，唱名者便不可得，有移植者隨所種之物而像之。	《天臺山方外志》，頁 534。
	孟茶，處處有之，華頂最多，有油菜孟，火棍孟，犁頭孟，藤孟，山中僧俗每於二三月閒，競採為乾，清涼無毒，可愈痢疾，多食不傷胃，苦行沙門每賴此以當煮石之供。	《天臺山方外志》，頁 536。
	藥屬：臺山產藥，其來舊矣，然所產藥品實不止，此今取及耳目者列之亦居，山者養生之一助也。	《天臺山方外志》，頁 544。
上方山	防風、紫藥、細辛、蒼朮、葛根、柴胡、桔梗、知母、薄荷、何首烏、山荳根，山中草藥甚富，不能遍載。	《上方山志》（收入杜潔祥主編，《中國佛寺史志彙刊》，第3輯第29冊），卷5，〈物產・藥草〉，頁2a。
五臺山	金據妙濟傳略附錄花藥如左：花曰日菊，晝開夜合。金芙蓉，亦名金蓮	老藏丹巴（清），《清涼山新志》，卷

產地	藥草名	出處
	花。陸地蓮百枝，香氣如松柏。鬼見愁，生臺麓，能驅邪，鉢囊世傳五百羅漢結夏中臺，遺其鉢囊，化為此花。他處名荷包花。玉仙，亦名木吉，一生南臺，天花菌類生於柴木臺山，佳品最不易得。異草曰曹雞足、菩薩線。藥草二十五種：茯苓、長松、黃芪、黃精、黃蓮、木瓜、茵陳蒿、大黃、赤芍藥、桔梗、麻黃、藜蘆、白芨、天麻、烏藥、甘草、柴胡、細辛藤、百合、沙參、小茴香、管仲、木賊、秦艽、蒼朮。藥石一種，曰鐘乳石。	2，〈中臺靈蹟〉，頁8。
盤山	棗多植平岡，小阜神異經：北方大棗味有殊，既可益氣又安軀。 智朴黃精盤山最多，居人最多未敢為食，自辛亥朴結苑青溝，日采製以飲，客人皆效之，不數年中遍山殆盡，百合亦然。 烏藥產澗中，藍花叢生，味苦毒人，康熙初山水暴漲，悉為水削去，傳聞終南南嶽多烏藥，山家種之充道糧，然炮製不法者亦毒人。石花產峭壁，性寒無毒，暑天采之代茶。	蔣溥等奉敕（清），《欽定盤山志》，卷15，〈物產·果木〉，頁4。 同書卷15，〈物產·藥草〉頁6。
峨眉山	石瓜，生峨嵋山樹端。紫荷車，藥名。黃精，何首烏，南星，山中歲饑，掘得，連蒸三晝宵，可以為糧。天門冬，蒼朮，王不留行，威靈仙。山藥：龍膽草，益母草，茱萸，夏枯草，煎水盥面不皺。白荳蔻、黃連、	蔣超（清），釋印光重修，《峨眉山志》（收入杜潔祥主編，《中國佛寺史志彙刊》，第1輯第45冊），卷8，〈藥〉，

產地	藥草名	出處
	三七、五加皮、蒼耳、梔子、常山茵陳、金毛狗、芍藥、馬蹄香、升麻、川烏、紫菀、沙參、吳茱萸、獨活、半夏、桔梗、草烏、青木香。	頁357。
西天目山	白术、木通、柴胡、細辛、獨活、前胡、百合、半夏、茱萸、益母、芍藥、茴香、乾葛、何首烏、山查子、石菖蒲、薏苡仁、天花粉、五味子、五加皮。	釋廣賓（明），《西天目祖山志》，卷8，〈藥類〉，頁623。

第十章　明代佛教醫學與僧尼疾病

陳玉女

國立成功大學歷史系教授

一、前言

　　自佛經或明代僧傳與醫書中，得見佛寺、僧尼為人診療與配藥的傳統醫療經驗。同時，從僧尼罹患疾病的多則案例，可察其修行方式及茹素之飲食習慣，導致他們引發如痔瘡、虛寒、氣塞鬱悶、燥熱狂癲等共同好發的疾病。像狂癲、鬱悶之類的病症，據醫書所論：「多因抑欝不遂」所致。僧尼在戒律的要求下，過著長期單身而儉樸的出家生活，若未能適當解放心理的苦悶或調理身體，勢必造成身心機能的障礙，遂而衍生慢性疾病。而寺院的周邊環境，也影響著僧尼的健康；所謂天下名山僧佔多，僧侶涉足山間，為蟲蛇咬傷，或採食野菜中毒，乃至為濕氣所逼，引發疾病，因而迫使他們發揮採百草、嘗百草的自救精神。如是自療經驗，應是僧尼累積醫藥知識的途徑之一。

　　因此，關於僧尼如何為人治病，其醫療理論為何？又僧尼自身經常罹患的疾病是什麼？如何面對、接受醫療等問題，本文則以明代為例，試圖藉此對中國僧尼疾病的歷史有些許的認知。

二、聖山名剎病癒靈驗的佛教醫療特色

　　《雞足山志・靈蹟》開宗明義說到：「山川靈氣，每與聖賢遺跡相映，以垂不朽，域中名山幽靈昭著彰彰，耳目神道，設教大易，豈欺我哉，志靈蹟。」[1]是以，靈驗或感應事跡頻傳於諸名山大剎，舉凡佛菩薩化現，病癒之類的感應故事。如普陀洛迦山觀音菩薩的靈感事跡聞名遐邇，觀《普陀洛迦新志》，〈愈疾〉所載：「除風愈癘，非誇文章有神。破腹湔腸，自有神膏能傅。更加慈視眾生，相憐同病。故光加瓶水，便足鐲疴。誠感靈泉，遂能療疾。」又言：

　　　　山駐有光明，赤子都無天札。治以道術，故神聖工巧不能幾。飲以
　　　　伽陀，故寒熱氣風無不愈。須知片念能通，莫慮臨時安應也。更加
　　　　下至此，頌救眾疾，愈他疾。抑或病未及死，只餘根缺譏嫌，而養
　　　　必待人，未免自傷殘廢。則誦處瑙之偈句，目可回光。[2]

　　神奇妙方，端在一個「信」字，所謂「片念能通」、「頌救眾疾」、「誦處瑙之偈句」，即能療癒諸病。強調對佛菩薩務必抱持虔誠的信奉與真心的修持，始能化險為夷。在感應事例中，有某位陳姓男子，年五十，獨子忽「患癆瘵，勢沈篤」，友人告知：「聞南海普陀，觀世音菩薩，靈感宿著，若能信心往祈，郎君之疾，勿藥有喜。」陳某前往祈求，途中遇

---

[1]　錢邦（明）纂，范承勳（清）增修，《雞足山志》（收入杜潔祥主編，《中國佛寺史志彙刊》，臺北：丹青圖書公司印行，1985，第 3 輯第 2 冊），卷 7，頁 443。

[2]　王亨彥輯，《普陀洛迦新志》（收入沈雲龍編，《中國名山勝蹟志叢刊》，臺北：文海出版社，1975），卷 3，頁 14。

大士化身指點迷津，抵家後，其子「病減半矣，月餘全愈。」[3]

又如明陸延枝，〈談祺〉述及景泰中，長洲小民談祺運糧至京，至臨清患痢疾將死，恍惚中，見一道裝婦人，以吳語呼之：「汝病甚矣。吾能治汝病，起後當事我，遂啖以一丸藥，祺病頓平。」[4]此婦乃觀音大士化現之靈跡。無隱大師言：「名山大川，無非菩薩影現道場，腳頭腳尾，處處逢渠，於是託足雲水，瞻禮普陀山，感大士現妙莊嚴身。晚歸，養病於神駿去，誦七佛偈而逝。」[5]而廬山太乙觀有位神醫，名陳奉，能令患者起死回生。[6]其他，像江西仰山寶公、九華山地藏王菩薩、五臺文殊菩薩顯化療病的記載，均屬這類故事。

由於聖山名剎在醫療上所賦予的靈驗之說，對信眾而言，勢必產生某程度的靈療效果。佛家醫學理論，著重心靈層次的提煉，以減緩生理的病痛，南朝陳智者大師病逝前，「有欲進藥者」，他說：「年不與心合，藥何所留？」[7]認為醫藥只會擾累身體。而「眾生情緣，處處執著，菩薩教化，處處破除。……人患久困，反因藥誤，智士達之，遣醫罷藥，患亦隨瘳。」[8]而元末明初倪瓚言：「耆婆大醫王，能療諸疾苦，視虛實表裡，施補利汗吐設，或有心病，非針砭能愈，世尊安心法，一彈指疾去。」[9]

3　王亨彥輯，《普陀洛迦新志》，卷3，頁14。

4　周永年（明），《吳都法乘》（收入杜潔祥主編，《中國佛寺史志彙刊》，第 3 輯第 27 冊），卷 25，頁 3183。

5　王亨彥輯，《普陀洛迦新志》，卷3，頁14。

6　毛德琦（清），《廬山志》（收入於李潤海監印，杜潔祥主編，《中國佛寺史志彙刊》，第 2 輯第 20 冊，臺北：丹青圖書公司印行，1994），頁 1996。

7　陳毅（清）輯，《攝山志》（收入《中國佛寺史志彙刊》，臺北：明文書局，1980，第 1 輯第 34 冊），卷 3，頁 239。

8　周永年（明），《吳都法乘》，卷 14，〈心經五引說〉，頁 1850。

9　周永年（明），《吳都法乘》，卷 29，頁 3594。

　　佛家經常將病理轉化成心病的觀點，論述眾生病痛，源於眼耳鼻舌身意六根業識之不淨，藉此敦促眾生將苦惱的肌膚之疾轉化為內在修養層次的昇華，以求疾病的徹底根治。如明萬曆年間妙峰禪染上流行病：

> 大病幾死。夜宿旅邸，求滴水不可得，乃探浴盆掬水飲之，甚甘美，詰旦視之，極穢濁，遂大嘔吐，忽自覺曰：飲之甚甘，視之甚濁，淨穢由心耳，即通身大汗，病乃痊。[10]

結果無藥而治，端在正心。晚明廣州光孝寺淨土光公則以「製藥石為佛事，調病苦為度生」的觀點，進而將「調藥治病」作為參禪話頭，令眾生參究生命之本然。故晚明鼎湖山〈清規軌範・僧鐸〉的「病僧提唱」述及：

> 竺土大醫王來赴眾生請也，不須胗脈，也不須問症，一服清涼劑，苦惱得禪定，內觀觀自心，反聞聞自性，自心無生滅，自性無垢淨，劫火燒不乾，業風吹不迸。眾生保幻軀，至人續慧命，……形容有衰盛，把鏡照虛空，虛空無欠剩，無病亦無醫，無醫本無病，汝病不在頭，汝病不在腹，汝病不在耳，汝病不在目，汝病不在手，汝病不在足，識得本來空，四大無拘束，有身便有苦，無門亦無毒，定業不可逃。[11]

---

[10] 劉名芳（清），《寶華山志》（收入《中國佛寺史志彙刊》，第 1 輯第 41 冊），卷 4，〈古蹟・靈異〉，頁 12。

[11] 釋成鷲（清），《鼎湖山志》，收入（《中國佛寺史志彙刊》，第 1 輯第 47 冊），卷 4，頁 365。

　　此乃依心治病，心無掛礙，無有恐怖，遠離顛倒夢想，始能掙脫業力病魔糾纏，闡明《心經》所言：「行深波羅蜜多（智慧）時，照見五蘊皆空，度一切苦惡」之奧義。亦即《大智度論》所深入解析煩惱致病與智慧療病的因果之論。其云：

> 般若波羅蜜，能除八萬四千病根本。此之八萬四千皆從四病起，一貪，二瞋，三癡，四三毒等分。此之四病各分二萬一千，以不淨觀除貪欲二萬一千煩惱，以慈悲觀除瞋恚二萬一千煩惱，以因緣觀除愚癡二萬一千煩惱。總用上藥除等分病二萬一千煩惱，譬如寶珠能除黑暗，般若波羅蜜亦能除三毒煩惱病。[12]

般若波羅蜜（智慧）為上等之藥，能除八萬四千病，即一切病。

　　苦、空、無常、無我、緣起性空等思想，構成佛教醫學的重要基礎，也是佛教醫學異於中、西醫的根本。故佛教於病因分析上，有其獨自看法。[13]佛教的緣起醫學觀，簡易說明生理、心理疾病的一切緣由，無明我執引發人們貪瞋痴三毒之煩惱，進而影響肉體，使身體中地水火風四大元素失調，產生各種病變。[14]《佛說佛醫經》云：

> 人身中本有四病，一者地，二者水，三者火，四者風。風增氣起，

---

[12] 釋道世（唐），《法苑珠林》（收入《大正新修大藏經・事彙部》，第 53 冊，臺北：新文豐出版社，1983），卷 95，〈病苦篇・醫藥部〉，頁 986-3。

[13] 道端良秀，〈中国における仏教医学〉，《宗教研究》第 39 卷第 2 輯（東京：日本宗教學會，1965 年 7 月），頁 50。

[14] 釋慈誠，《佛教醫學》（臺北：大千出版社，2001），〈第一章　一、認識佛教醫學〉頁 7-8。

火增熱起，水增寒起，土增力盛。本從是四病，起四百四病。[15]

接著，分析人得病的十種因緣，即：

> 一者久坐不飯。二者食無貸。三者憂愁。四者疲極。五者婬泆。六
> 者瞋恚。七者忍大便。八者忍小便。九者制上風。十者制下風。從
> 是十因緣生病。[16]

視內在煩惱、無明為生理疾病之根源，此乃佛教醫學之特點，[17]故佛教醫
療重在無明煩惱的淨除，以達一切病厄之解脫。

三、佛剎立藥室、植藥草及週邊所產藥材

　　佛陀被視為大醫王，依其教說，可療眾生諸病。因此自傳統以來，佛
寺不僅作為出家人潛心修行的淨地，亦是提供僧俗於身心機能發生障礙時
療養的重要處所。[18]所謂：「菴院之成，則遊人、行旅、酒徒、詩客、輿

15　釋道世（唐），《法苑珠林》（收入《大正新修大藏經・事彙部》，臺北：新文豐出版社，
　　1983，第 53 冊），卷 95，〈病苦篇・引證部〉，頁 984-3。

16　同前註。

17　道端良秀，〈中国における仏教医学〉，頁 55。

18　道端良秀於《中國佛教と社會福祉事業》（收入《中國佛寺史全集》，東京：書苑出版，
　　1985，第 11 卷），〈第十章　佛教と社會事業〉中，關於佛教醫療救濟方面，論及如來為大
　　醫王，治療精神病人，應病與藥。佛號有藥師如來，菩薩有藥王樂上菩薩，經典有諸多的佛
　　教醫學論著，載錄各種的病因與狀況，甚至述及詳細的治療法。佛教對於人的精神治療同
　　時，亦盡力於肉體的治療，尤其因看病是福田第一的關係，活躍於醫療方面以履行大菩薩行
　　的人很多，頁 264-265。而寺院也習慣成為世人選擇養病的地方之一，如《醫史》（臺南縣：

疾待死、枵腹求食者，無不必應，若驛傳焉」。[19]有謂：「蓋天下叢林皆
為老病而設，非独妥其身也，以示身有所歸，則心自安隱，禪心不亂，梵
行無虧，其所全於老病者為特大矣。」[20]為讓老病者安心習禪，攝身養
性，類似療養延壽之機構遂成佛寺建置的重要一環。黃敏枝於〈宋代佛教
各寺院與地方公益事業〉，論陳佛教與醫療的關係，乃中國佛教體現大乘
精神的社會救濟事業之一環，且約略論及僧人為人醫療而有醫僧之名，並
舉出寺院開設藥局、為人醫療的實例。[21]

　　由於佛家關懷老病之課題，叢林清規將此列為職事之重點，仔細規範
應事者的職責，如《禪苑清規》明示擔任照顧病僧的延壽堂主，「須請寬
心耐事、道念周旋安養病僧、善知因果之人。」[22]對於病僧的照料應抱持
體諒、耐心與憐憫之情，規曰：

> 如病僧入堂將息，令行者打疊床位，如法安排煎煮湯藥供過粥飯，
> 逐時問訊，務令適意。如病人苦惱多生嗔怒，粥飯湯藥動不如意，
> 及呻吟叫喚屎尿狼籍，並須憫念看承，不得心生厭賤。[23]

重病者，可遷至「病重閣」給予妥善看護。佛教認為看病是培植福田的一

　　莊嚴文化出版社，1995），卷 9，記載浙江餘姚縣余慎之子余孟仁養病於「湖心僧舍，求
　　治。」頁 8a。

[19]　黃宗羲（清）編，《明文海》（臺北：臺灣商務印書館，1977），卷 373，〈記四十七・寺
　　觀〉，萬士和（明），〈重修公文庵記〉，頁 1-4。

[20]　釋大然（清）編，施閏章補（清）輯，《青原志略》（收入《中國佛寺史志彙刊》，第 3
　　輯第 15 冊），卷 7，〈募造延壽堂疏引〉，頁 386。

[21]　黃敏枝著，《宋代佛教社會經濟史論叢》（臺北：臺灣學生書局，1989），頁 4。

[22]　釋宗賾（宋），《禪苑清規》（收入《卍新纂續藏經》，臺北：白馬精舍印經會，第 63
　　冊），卷 4，〈延壽堂主〉，頁 533c。

[23]　釋宗賾（宋），《禪苑清規》，卷 4，〈延壽堂主〉，頁 533c。

大功德，不管僧俗均予以細心療養，更何「況出家之人雲遊萍寄，一有疾病誰為哀憐？唯藉同袍慈悲安養，誠為重任，豈可輕心？」故明《叢林兩序須知》，〈東序〉的「監寺須知」強調各寮執事間應互相協助、不分彼此，規定：「凡服勞疾病者，朝暮饑渴寒溫應加照顧。行眾有輕心肆罵者，當會議處置不得私自革退。」[24]凡此於各寺規中不乏所見，足顯佛寺在養病醫療上的重視，五臺山中臺佛寺，明釋鎮澄於〈同住規條〉訂定：

一、本院為老病者設，凡僧六十而無歸者，入養老，當四方僧有病而無依者，入延壽堂。

一、凡在社，道友如病難等緣在外，即搬取歸養救濟等，違者主事者出社。[25]

明釋德清（1546-1623）法師被貶至嶺南，重振廣東曹溪寺時，購地修建，「貫（換）僧寮以為藥室」。[26]晚明天啟年間廣東鼎湖山佛寶堂前「炒茶寮」改建「息心堂」，目的「令病僧息心念佛求生，西方前後單房為暫時養病之所，瞻病僧主之。」[27]而江西青原佛寺努力募建療病恤老的「延壽堂」時，勸化道：

敬老則得老，恤病則得無病，況能俾一叢林大眾，知老有所歸，則壯自努力，皆以斯剎為捨身命處，死心參學十年、廿年，不須出一叢林，入一保社，未有不因而透脫者也。是則微田、悲田、福田，

---

24 釋通容（明），《叢林兩序須知》（《卍新纂續藏經》，第 63 冊）

25 老藏丹巴（清），《清涼山新志》，卷 10，頁 512。

26 釋真樸（明）重修，《重修曹溪通志》（收入《中國佛寺史志彙刊》，第 2 輯第 4 冊），卷 4，釋德清（明），〈中興曹溪禪堂香燈記〉，頁 346。

27 釋成鷲（清）撰，《鼎湖山志》，卷 1，〈殿閣堂寮‧堂寮考〉，頁 204。

> 高下竝熟其果報，當不可思議矣。[28]

明末清初釋見月重建寶華山第二層左右廂房并樓二十四間，「左為藥寮，儲藥餌以備戒子醫療。」[29]釋見月用心規劃經營此藥寮，訂定規約，於其〈建悅心軒記〉首言藥寮創立緣由，說：

> 山堂迫隘，僧眾稠居，惟茲病寮，未經次第，且四方之眾，雲集山中，或頻年林下參詢，或一往恆依左右，肯綮惕勵，溽暑祁寒，有形之軀不無疾苦，故于己酉春，于龍岡幽處，特搆寮舍五楹。面對南陽，戶開生氣，食任宿煮榻，置溫涼藥餌，聊備瞻侍有人。[30]

入寮之人，相互照顧養病的究竟目標，還是在於能夠持戒修道，完成解脫自在的心願。其言：

> 凡諸應病所須，一切給與不禁，咸願居此山者，無分爾我，水乳六和，痛養相關，彼此互照。庶乎，淹寒沈疴，棲心適意，依戒為親，無孤燈寥落之嗟，唯道是修，獲清涼自在之樂，故題之曰：「悅心軒」。[31]

凡此佛寺醫療，無非是為安穩人心佛性之設。

---

[28] 釋大然編（清），施閏章（清）補輯，《青原志略》，卷 7，〈募造延壽堂疏引〉，頁 386。

[29] 劉名芳（清），《寶華山志》，卷 3，〈建置・莊主寮〉，頁 113。

[30] 劉名芳（清），《寶華山志》，卷 6，頁 240-242。

[31] 同前註。

　　寺院的藥物，除採買外，有的來自佛寺自種之藥材。佛寺擁有種植藥樹的傳統經驗，見諸文獻記載，如唐廷猷提到佛教基於「慈悲為懷」、「普渡眾生」的思想，中國佛寺普遍設有問病施藥機構，無論大小寺廟，闢藥圃栽種少量藥材，可作藥源補充，也可作商品出售。而僧道流動販藥，乃常見之事。[32]據載，廣州光孝寺於南梁天監元年（502），由中印度僧人智藥帶來一株菩提樹，種植於現今大殿東六祖殿前，此樹至清朝仍茂盛，其「枝葉鮮濃，與榕相類，而實不同，其葉可療時疫，故人多採擇，浸以成紗」。[33]又唐李嘉祐，〈同皇甫冉登重玄閣〉載：「重玄寺達年逾八十，好種名藥，凡所植者至多，自天臺四明包山，句曲叢萃各可指名。」陸龜蒙因此為僧達題〈奉和題達上人藥圃二首〉，詩一首云：

> 藥味多從遠客賷，旋添花譜旋成畦，三椏舊種根應異，九節初移葉尚低，山英便和幽澗，石水芝須帶本池泥，從今直到清秋日，又有香苗幾番齊。[34]

詩二首云：

> 淨名無語示清羸，藥草搜來喻更微，一雨一風皆遂性，花開花落盡忘機，教疏兔縷金絃亂，自擁龍芻紫汞肥，莫怪獨親幽圃坐，病容銷盡欲依歸。[35]

---

[32]　唐廷猷，《中國藥業史》（北京：中國醫藥科技出版社，2001），頁 4。

[33]　顧光（清），《光孝寺志》，卷 3，〈古蹟志〉，頁 78。

[34]　周永年（明），《吳都法乘》，卷 22 之上，〈憩寂篇一〉，頁 2450。

[35]　同前註。

明王士禎有〈謝拙庵禪師惠芝詩〉，云：「寄我靈芝車馬形，萬年松下斸青冥。菟絲聞道垂千尺，更欲從師乞茯苓。」[36]

而名山佛剎四周多藥草繁生之地，是佛寺採草藥儲藥材的重要來源，如五臺山半麓以上，香草叢生，「至夫溪壑之間異草雜花不可悉記，而金芙蓉則他方所無，更如靈芝神藥，得而啗者足以洞宿命、易仙骨。然非肉眼能輕識也。」[37]雞足山多產香草，紅梗綠葉，遠近進香者取歸能治六畜瘟症，俗名之曰仙草。[38]武林靈隱寺山門外，有棵大香樟，「有僧過之，曰此藥王樹可治心病，由是遠近椎剝其皮。」[39]而廣西雁山產香薷此一藥草，「性溫，能治暑消煩，止渴煖胃，惟靈岩寺馬鞍嶺下，石坦中產者佳，人家園圃種者稍劣。」[40]像廬山產茯苓、胡麻等多種藥材，據載：「茯苓治少，胡麻治老，合以齋戒，服以朝早，卉體華腴，火精水寶，和以為還精補腦，此僊方也，先服此去病後，吸日華以充之。」[41]又有「潯陽蹠醢黃精，根葉花實皆可食」，「四月開花青白花，狀如小豆，花結子可種，白如黍粒，久服輕身延年。」[42]浙江天臺山亦產黃精，可「除風濕五勞，久服輕身，延年不饑，耐寒暑熱」。[43]孟茶，則天臺山中處處有

36　蔣溥等（清）奉敕撰，《欽定盤山志》（收入《中國佛寺史志彙刊》，第 2 輯第 28 冊），卷 15，〈物產・藥草〉，頁 1279。

37　老藏丹巴（清）撰，《清涼山新志》，卷 2，〈三靈蹟・中臺靈蹟二十八〉，頁 134。

38　錢邦（明）纂，范承勳（清）增修，《雞足山志》（收入《中國佛寺史志彙刊》，第 3 輯第 2 冊），〈香草治疫〉，卷 7，〈靈蹟・香草治疫〉，頁 447。

39　孫治（清）撰，徐增（清）重編，《武林靈隱寺志》（收入《中國佛寺史志彙刊》，第 1 輯第 23 冊），卷 8，〈雜記・本山物產〉，頁 637。

40　朱諫（明）撰，胡汝寧重編，《雁山志》（《中國佛寺史志彙刊》，第 2 輯第 10 冊），卷 3，〈草木藥品附〉，頁 168。

41　毛德琦（清）撰，《廬山志》，頁 1959。

42　同前註，頁 1959。

43　張聯元（清）輯，《天臺山方外志》（收入《中國佛寺史志彙刊》，第 3 輯第 9 冊），頁

之，華頂最多，有油菜盂，火棍盂，犁頭盂，藤盂，山中僧俗每於二三月
間，競相採擷，曬乾，清涼無毒，可治痢疾，多食亦不傷胃，「苦行沙門
每賴此以當煮石之供」。[44]天臺山藥材豐富，所謂：「臺山產藥，其來舊
矣。」[45]北京上方山中草藥極為豐富，史稱：「不能遍載。」凡此，各處
名山佛剎及其週邊所產藥草之豐，不勝枚舉。

四、寺院與僧醫醫療經驗

　　誠如前述，佛寺擁有豐富的傳統醫藥經驗及週邊的藥材資源，若根據
《中國佛教醫方集要》所錄，[46]更可察證佛寺在各科的診治上，已累積相
當豐厚且具療效之藥方的事實。也因此佛寺孕育不少所謂「僧醫」之醫藥
人才，社會「寄寺就醫」的情形則屢有所見。[47]「僧醫」一詞，文獻上並
沒有明確的界定，按照朱建平，〈中國古代漢地佛教的醫事活動及其行醫
動機〉之研究，則僧醫可解讀成僧侶的醫事活動。[48]而《論醫中儒道佛》
定義所謂僧醫，又稱醫僧。廣義上，指每個僧尼及信奉佛教者都是保健醫
生，均通過道德修持來解決思想、行為、心理的問題。狹義則指既通佛

534。

[44] 同前註，頁 536。

[45] 同前註，頁 544。

[46] 劉怡，葉海濤等編著，《中國佛教醫方集要》（收入李松良主編《中國佛教醫學叢書》，廈
門：鷺江出版社出版，1996）。

[47] 江瓘（明）編，《名醫類案》（收入《景印文淵閣四庫全書》，第 765 冊，臺北：臺灣商務
印書館，1983），卷 3，〈痰〉，記載病人療養於寺之案例，即「滄州翁治一人，病寓湖心
僧舍，以求治。」頁 765-514。

[48] 朱建平，〈中國古代漢地佛教的醫事活動及其行醫動機〉（臺北：中央研究院歷史語言研究
所等主辦「『宗教與醫療』學術研討會」會議論文，2004 年 11 月）。

教，又通醫學；或精通醫學，又皈依佛教、信仰佛教的一批兩棲人物。[49]依此之見，僧醫涵蓋僧人及學佛的在家醫者。本文一則因篇幅所繫，二則既名僧醫，應以通醫學的出家眾為主，基此二由，以下所論之僧醫，將不包含在家醫者，僅限於為人醫療治病的僧尼。

僧尼以醫濟世，乃佛行之一；明釋景隆，《慈惠方》序言：「伏讀六度等經，觀佛行，實感通於衷。故於禪誦之暇，或遇利人之事，亦不忍棄之。」「及歷試海上方，或醫書遺失之方，必錄之，積以成帙。……名慈惠方。」[50]僧醫懸壺濟世，的確較佛教義理的宏揚易於贏得部份人士對於佛教的尊崇與信賴。[51]然事實上，明代僧醫的醫療能力如何？在不同的文獻中有何差異性的敘述內容？為此，本文將透過醫傳、一般醫書及僧人醫書之相關記載，略窺其一、二。

首就《古今圖書集成》，〈醫部醫術名流列傳〉所輯錄的明代醫者而言，當中屬僧醫的，為數極少。且所述，多著重對其醫術與醫德的讚美；舉如江西金谿縣龍興寺老僧心齋是當地的外科名醫，縱使患者「宿瘤如杯，毒癰滿背，皆能療治，人比之扁鵲。」[52]而浙江太平縣僧坦然善鍼灸，極富療效。曾為某位癱瘓病人，「貼蕁兩朞」，且一再投以針灸，不見起色。思之甚久，終於領悟：「此人皮肉肥厚，短針不足用也。乃更置金針，長可五寸一針，而愈」。又里人胡振聲中風，僵臥兩日，家人準備

49　薛公忱主編，《論醫中儒道佛》（北京：中醫古籍出版社，1999），〈論醫中之佛〉，頁355-356。

50　轉引薛公忱主編，《論醫中儒道佛》，〈僧醫隊伍的構成〉，頁358。

51　尤金·N·安德森（Anderson,EugeneN.（Eugene Newton））著，《中國食物》（南京：江蘇人民出版社，2003），〈第四章　來自西方的食物：中世紀的中國〉中，談到僧人幫助病人較其縝密的教義容易使人皈依佛教，頁47。

52　陳夢雷（清）編，楊家駱類編，《古今圖書集成》（臺北：鼎文書局，1977，第46冊），卷532，〈醫部醫術名流列傳9·明3·嚴仁泉傳〉，頁5603。

辦理後事，僧坦然過其門，針其手，則手動；再針，瀉痰斗餘，隨即挺然坐起。類似的治病奇驗甚多，史稱：「不具載」。[53]

　　僧人神異之行，史多以「異僧」、「神僧」稱之，表彰其無所不能之特殊能力，而懷抱奇妙絕倫的醫術，往往是建構「神異」僧的必要條件之一。故深山古剎中，經常充滿僧人的傳奇行蹤，隱沒其間，時而化人、時而救人，授以醫藥，忽隱忽現，神乎其極。傳浙江處州衛僧海淳，入終南山，遇異僧授以「醫目方劑」，告知「遇洪（紅）則止」，以此為人療病，有其效果。[54]不只是僧人，一般醫者也有同樣的機緣，如江西婺源縣江德泮讀書屏風山，巧遇異僧禪定山中，授其「外科祕術」，訓示當「以此濟人，無罔利也。」從此以後，江德泮洞灼內外鍼灸諸科玄妙之理，凡「怪證應手而甦全活甚眾。」[55]安徽巢縣楊淑楨，其先人歷代為醫，後遇高僧，授以內外科知識，廣其醫理。[56]廣州馬應勳「承祖岐黃之術，後遇高僧祕授方書，居城北，以醫道濟人」。[57]又如安徽貴池縣上雲寺僧曉雲，善治痘，最眼勝，次湯勝。其術已達「計日斷生死，無一差不甚」的神醫地步。[58]而山東濟寧州僧湛池，則醫傳讚揚其「戒律精嚴，功行最

53　陳夢雷（清）編，楊家駱類編，《古今圖書集成》，卷 534，〈醫部醫術名流列傳 11・明 5・僧坦然傳〉，頁 5621。

54　陳夢雷（清）編，楊家駱類編，《古今圖書集成》，卷 535，〈醫部醫術名流列傳 12・明 6・僧海淳傳〉，頁 5628。

55　陳夢雷（清）編，楊家駱類編，《古今圖書集成》，卷 535，〈醫部醫術名流列傳 12・明 6・江德泮傳〉，頁 5637。

56　陳夢雷（清）編，楊家駱類編，《古今圖書集成》，卷 536，〈醫部醫術名流列傳 13・明 7・楊名遠傳〉，頁 5644。

57　陳夢雷（清）編，楊家駱類編，《古今圖書集成》，卷 537，〈醫部醫術名流列傳 14・明 8・馬應勳傳〉，頁 5654。

58　陳夢雷（清）編，楊家駱類編，《古今圖書集成》，卷 535，〈醫部醫術名流列傳 12・明 6・僧曉雲傳〉，頁 5633。

高，尤精醫術，證治不執古方，別有刀圭，於鍼灸疽瘍取效神速。人或謝遺，一無所受。」[59]若此，僧醫集高貴醫德與精湛醫術於一身，為《古今圖書集成》，〈醫部醫術名流列傳〉描述之重點，所言雖非儘是虛言，然不無書寫者神化加工之筆。

至於尼僧醫者，《續比丘尼傳》僅錄明代一人，記述內容，大體與僧醫傳相仿，見〈明蕭山某菴尼無為傳〉所云：

> 無為，蕭山來氏女。幼誓不嫁，蔬食念佛，年二十，薙髮結茅，專修淨土。三十游方參學，凡所歷處，有病苦者，隨物取與，煎湯服之即愈。嘉靖間，宮中時疫流行，風聞於朝，召赴有驗，賜無為心禪師之號，送歸故盧。[60]

其次，就上述與一般醫書所載對照，則僧醫在醫理、藥理、病理的認知，及其治病的能力，明顯異於《古今圖書集成》醫傳及《續比丘尼傳》之記述。僧醫的戒行、道德、異能，非醫書撰述的重點。醫書大多側重實際的臨床經驗，根據歷代醫案具體分析僧人療病的過程，察其得失，況且大多不以醫者身分視之，而是以僧人或某寺院稱述。[61]故以下，為了忠實呈顯一般醫書的立場，凡是論及寺院某僧為人療病，則以寺僧稱之。大體

---

[59]　陳夢雷（清）編，楊家駱類編，《古今圖書集成》，卷536，〈醫部醫術名流列傳13・明7・釋湛池傳〉，頁5638。

[60]　釋振華編述，《續比七尼傳》（收入寶唱（梁），震華（民國）編著，《比丘尼傳全集》，臺北：佛教出版社，1983），卷3，〈七七・明蕭山某菴尼無為傳〉，頁50。

[61]　李松良指出當今佛教醫學未受到重視的原因時，也提到未將其納入正統醫學之流，而影響到相關研究的進展。他說：「佛經中的醫學史料、醫學思想和寺院中的診療經驗、實用藥方很少人問津。甚至有一些人把佛教醫藥視為封建迷信，不明真相，妄加指責，致使這項研究工作長期得不到開展。」劉怡，葉海濤等編著，《中國佛教醫方集要》，〈總前言〉，頁3。

上，透過這類醫書的記載，可進一步管窺僧醫療病用藥的道理，同時也能
察覺僧醫在醫療上的極限，並非如前述僧醫傳所稱許的那麼神妙無礙。

《名醫類案》記載，元末明初羅謙甫為河北真定趙客治病的案例，趙
客因「乘困傷溼麵（面），心下痞滿，躁熱，時作不安」，於是就寺療
傷，時僧人「以大毒熱藥數十丸下十餘行，痞稍減」。隔日困睡，貨財被
盜賊所奪，心急，「遂躁熱而渴，飲水一大甌，是夜臍腹脹痛。」寺僧再
投以大毒熱藥，據載：

> 復下十餘行，病加困篤，四肢無力，躁熱，身不停，喜冷水，米穀
> 不化，痢下如爛魚腸，腦赤水相雜，全不思食。強食則嘔，痞甚於
> 前，噫氣不絕，足胻冷，小腹不任其痛。[62]

趙客病情越加嚴重，羅謙甫為其診脉，探尋病源，診斷因暑熱而傷了正
氣，先前以大毒熱藥治療，雖暑熱盡消，然遺留巴豆之氣，流毒於腸胃
間，嘔逆不能食，反傷害胃氣。之後，寺僧又下一次大毒藥劑，於是：

> 膿血無度，大肉脫下，皮毛枯槁，脾氣弱而衰矣。舌上赤澀，口躁
> 咽乾，津液不足，下多亡陰之所致也。陰既已亡，心火獨旺，故心
> 胸燥熱，煩亂不安。經曰：「獨陽不生，獨陰不長，天之由也。」[63]

羅謙甫見回天乏術，辭去。趙客求治他醫，結果不治身亡。《醫方類聚》
也紀錄這則醫案，文末評述：

62　江瓘（明）編，《名醫類案》（收入《景印文淵閣四庫全書》，第 765 冊，臺北：臺灣商務
　　印書館，1983），卷 4，〈痞滿〉，頁 765-587。
63　同前註。

> 彼僧非醫流，妄以大毒之劑，下之太過，數日之間，使人殞身喪
> 命，用藥之失，其禍若此，病之擇醫，可不謹乎！戒之。[64]

僧醫未能正確掌握趙客的病因，又因用藥過當，導致醫療上極大的疏失。
有的僧醫僅憑現有的常識或經驗治病，忽略確實診察病情及掌握病人的體
質，不免誤人。所以有醫者勸誡：「學醫之士，切不可以為成法而誤
人。」[65]又一案，起因於僧人炮藥過程的疏忽，使患者病情加重。據載，
患者王仲禮（年代不詳）平日嗜酒，鼻子長爛瘡，蔓延至頭部，服藥無
效。僧法滿建議服用何首烏丸，其僕識此草藥，採擷後，僧法滿親自炮製
藥丸。炮法忌鐵器，改入砂鉢中，藉黑豆蒸熟，認為蒸水能去風症。敷藥
後，一開始，面頰覺得刺熱，至隔日清晨，眉眼耳鼻腫脹至無法分辨。醫
書認為，僕人採何首烏草藥時，沒有細加分辨撿擇，狼毒[66]夾雜其中，致
使王仲禮中毒。禍起於僕人之大意，然僧法滿亦不能免其不精藥草，及炮
藥過程處理不當之失。[67]

　　僧人在解毒方面，雖出現上述的疏失，然雲遊於深山叢林或安住其間
的僧人，為蟲獸咬傷，為百草所毒者，在所多有。[68]在這方面，寺僧長期

---

[64]　金禮蒙（朝鮮，1455 年）編輯，浙江省中醫研究所，湖州中醫院校，《醫方類聚》第 2 冊
　　（北京：人民衛生出版社，1979），卷 39，〈傷寒門・下多亡陰〉，頁 363。

[65]　金禮蒙（朝鮮，1455 年）編輯，浙江省中醫研究所，湖州中醫院校，《醫方類聚》第 7 冊，
　　卷 152，〈諸虛門十・靈砂丹〉引元朝僧人繼洙著，《澹寮方》載錄元末有位顯 達貴人，虛
　　冷疾作，吐瀉至血片盈桶，甚嚴重，醫者視其症狀，給予丹劑服用，達兩百餘顆，其餘亦多
　　屬燥熱藥劑。有人質疑其妥當性，然病患的確有好轉的現象。初癒之際，有醫僧蹙慶曰：
　　「用藥何燥耶？宜急服人參、 黃耆之類滋潤之。」 如其所建議服用，復生冷痰。醫者自
　　言：他之所用燥藥，是因為逐日觀察問明症狀，知其臟腑狀況，故不有傷害。頁 425。

[66]　屬於大毒中藥。

[67]　江瓘（明）編，《名醫類案》，卷 12，〈中毒〉，頁 765-914。

[68]　高濂（明）撰，《遵生八箋》，〈起居安樂箋下・焚供天地三神香方〉，述及所指，過去有

累積了的實際治療經驗，不管是施以咒術或藥物等，均見文獻記載；舉如《名醫類案・中毒》所載，北宋崇寧間某僧於山野中採石中毒，記曰：

> 崇寧間，蘇州天平山白雲寺，五僧行山間，得蓳一叢甚大，摘而煮食之，至夜發吐，三人急採鴛鴦草生啖，遂愈。二人不肯啖，吐至死。此草藤蔓而生對開黃白花傍，水處多有之，治癰疽腫毒有奇功，或服、或敷、或洗皆可。今人謂之，金銀花，又曰老翁鬚，本草名忍冬。[69]

故寺僧在這方面累積了相當豐富的治療經驗。同書記載，有一朝官與一高僧西遊，道經歸峽，日過午，相當飢餓，抵某小村舍，「聞其家畜蠱而勢必就食」，有些擔憂。僧曰：「吾有神咒，可無憂也。」飯食時，僧閉目誦持，食用後竟無任何傷害。神咒曰：

> 姑蘇喙摩耶啄，吾知蟲毒生四角，父是穹窿窮，母是舍耶女眷屬，百萬千，吾今悉知，汝庳訶薩摩訶薩。

同行之人，競相流傳此版本。且別傳解毒藥方，便是「用豆豉七粒，巴豆二粒入百草霜一處，研細滴水，丸菉豆，以茅香湯下七丸」。[70]可見毒蟲之害，歷來為人所深懼害怕，遂有專治神咒和藥方之研發。若為毒蛇咬傷，僧人亦有其獨製配方。[71]

　修道者居山中，「苦毒蛇猛獸邪魔干犯，遂下山改居華陰縣庵栖息。」頁 346。

[69]　江瓘（明）編，《名醫類案》，卷 12，〈中毒〉，頁 765-911。

[70]　江瓘（明）編，《名醫類案》，卷 12，〈中毒〉，頁 765-913。

[71]　江瓘（明）編，《名醫類案》，卷 7，〈蛇蟲獸咬〉載有：「一人被毒蛇傷，良久，已昏

對治癰腫癲瘡之毒，皮膚潰爛之病，寺僧也有其妙方，廣為流傳。李時珍（1518-1593）按《萬表積善堂方》云：「烏龍膏」是傳自蘇州杜水庵的妙方，能「治一切癰腫發背（瘡），無名腫毒，初發掀熱未破者，取效　如神」。其藥材、製法、用法如下。

（1）藥材：用隔年小麥粉，愈久者愈佳。

（2）製法：「以鍋炒之。初炒如餳，久炒則乾，成黃黑色，冷定研末。陳米醋調成糊，熬如黑漆，瓷罐收之」。

（3）用法：「用時攤紙上，剪孔貼之，即如冰冷，疼痛即止。少頃覺癢，乾亦不能動。久則腫毒自消，藥力亦盡而脫落。」[72]

李時珍評此藥方所傳，屢用有驗。「藥易而功大，濟生者宜收藏之。」[73]而治療疥癬，則有「逸老庵、中光相寺僧傳」之例。[74]其他，如潔白牙齒[75]、筋絡撲打損傷藥方等，寺僧亦都有藥方流傳。

再次，就僧人醫著窺察明代僧醫的；也有醫著之撰寫，像《慎柔五

因。有老僧以酒調藥二錢灌之，遂蘇。及以藥滓塗咬處，良久，復灌二錢，其苦皆去。問之乃五靈脂一兩，雄黃半兩為末，爾有中毒者用之皆驗。」，頁 765-701。同卷又舉「徑山寺僧為蛇傷足，久之，毒氣蔓延。游僧教以汲淨水洗病腳，挹以軟帛糝以白芷末，入鴨嘴、膽礬、麝香少許，良久，惡水湧出，痛乃止。明日淨洗如初日，日皆然，一月平復。」頁 765-701。

[72] 李時珍（明），《本草綱目》（北京：人民衛生出版社，1975，第 3 冊），卷 22，〈穀部·小麥〉，頁 1455。

[73] 同前註。

[74] 金禮蒙（朝鮮，1455 年）編輯，浙江省中醫研究所，湖州中醫院校，《醫方類聚》，第 8 冊，卷 169，〈疥癬門二·疥癬〉，頁 120。

[75] 朱橚（明）等編，《普濟方》卷 69，〈牙齒門·齒齗宣露附論〉：「槐枝、柳枝、皂莢、鹽四兩，降真香、白膠香各半兩，右同入磁瓶內。黃泥固濟，糠火燒一夜，候冷取出研細，用如常法。一方無降真香、白膠香，三因方謂。石佛庵主年七十餘，云：祖上多患齒痛脫落，得此方效。數世用之，齒白齊密，乃良方也。」頁 533。

書》、《慈意方》、《慈義方》、《痘家祕要》等。[76]

　　除了生理疾病醫療外，心理治療可說更是僧醫學習的重點，前述佛教醫學認為一切疾病源於無明妄念的病態心理，若能施行調息、調氣、調心的禪定功夫，便能療疾。雖是如此，淨穢由心，但並不否定藥療在心理治療上的功效，只是佛教更重視自心自性的療癒能力。《名醫類案・癲狂心疾》詳載僧人為精神患者分析病因及治療的方法；患者明翰林酆子元，因「翰林補外十餘年矣，不得賜還，嘗侘傺無聊，遂成心疾。」病發時，往往「昏瞶如夢，或發譫語。」聽聞真空寺有位老僧不用符藥能治心疾。酆子元前往求治，僧人分析其病起於煩惱，生於妄想。妄想的根源，來自三方面，即：

> 或追憶數十年前榮辱恩讎，悲歡離合，及種種閒情，此是過去妄想也。或事到跟前，可以順應，即乃畏首畏尾，三番四復，猶豫不決，此是見在妄想也。或期望日後富貴榮華，皆如所願。或期功成名遂，告老歸田。或期望子孫登榮，以繼書香，與夫不可必成、不可必得之事，此是未來妄想也。三者妄想，忽然而生，忽然而滅，禪家謂之幻心。[77]

根治之法，在於「能照見其妄而斬斷念頭，禪家謂之覺心，故曰：不患念起，惟患覺遲。此心若同太虛，煩惱何處安腳？」妄想外，寺僧認為「水火不交」，即色欲未遂，外加因閱書勞神、公務繁重，均致使其心力交瘁、精神渙散。僧言：

76　朱建平，〈中國古代漢地佛教的醫事活動及其行醫動機〉一文。

77　江瓘（明）編，《名醫類案》，頁765-742。

> 凡溺愛治容，而作色荒，禪家謂之外感之欲。夜深枕上，思得治
> 容，或成宵寐之變，禪家謂之內生之欲。二者之欲綢繆染著，皆消
> 耗元精，若能離之，則腎水滋生，可以上交於心。至若思索文字，
> 忘其寢食，禪家謂之理障；經綸職業，不告劬勞，禪家謂之事障。
> 二者之障，雖非人欲，亦損性靈。[78]

若能排除妄念欲心，則病根可除。最後勸戒：「苦海無邊，回頭是岸」。
於是，酈子元遵照僧人訓示，「獨處一室，掃空萬緣，靜坐月餘，心疾如
失」。[79]從酈子元的心疾病例，讓我們具體看到佛家的心理醫療理論及其
療法。

五、僧傳所見明代僧尼疾病的面對與治療

　　僧醫為人治病療傷，時而被視為神異之人。然僧尼仍是凡夫之體，得
病本是自然之事，只不過僧尼過著獨身的修行生活，食衣住異於常人，身
心疾病方面，有其一般人常見之疾，也有其別於常人而特屬僧眾共通好發
之病。生病，不管僧俗，任誰都難以避免，然而，有關僧人何以罹病，如
何治療？卻鮮見僧傳詳載。就《大明高僧傳》、《補續高僧傳》以及《續
比丘尼傳》關於明代僧尼罹病與治病情形，未能詳述外，屢見僧人抱持不
以為意的超然態度或以強韌意志面對自身疾病。而能夠療癒的，也多受益
於一股不可思議或神蹟般的力量。觀此書寫立場，總流露出美化與神化的

---

[78] 江瓘（明）編，《名醫類案》，頁 765-742。

[79] 江瓘（明）編，《名醫類案》，頁 765-742。

色彩，讓閱讀者難以從中窺察僧人罹病的原因及其就醫的情況。舉諸例觀
之，不難察覺這種現象的存在。

僧傳載明朝釋蒙潤，「因苦學嬰奇疾，修請觀音懺七七日，既獲靈應
疾愈，而心倍明利。」[80]釋蒙潤究竟是什麼病？不得而知。因修觀音懺而
感應病癒。同樣，萬曆年間，釋秋月，「往反四大名山，精神尪頓，繇蜀
至廣陵，忽病作。」有道人建議「斷指入糜，冀療師疾」。秋月喝斥道：
出家人，豈能仿效一般為人子女「割股療傷」之行。其言：「吾期已近
矣，是時疾已瘳。」[81]病與癒之間的療程，沒有任何醫療邏輯可言。但據
其「設水陸像，放燄口不絕」，可想而知病癒與其得自佛菩薩的感應有
關。而釋月潭皈依淨土，持戒清修，得疾，不尋醫治，只是「水飲者五
日」。[82]釋真清，「俄患背疾，感雲長入夢授藥病愈。」晚年抱疾，仍於
五臺、雲棲、西興等處飯僧，「有勉服藥石者」。真清答以：「生死藥能
拒乎。吾淨土緣熟聖境冥現，此人間世固不久矣。」[83]表達對往生西方淨
土的堅決信念，而不囿於世間生死之窒礙，故不求藥療。

同樣，嘉萬年間有位五日頭陀僧，「染嘔血病，口氣嘗臭」，身體屨
弱難支，卻念佛不輟。有人勸告：「病亟，何自苦如此」。答曰：「生死
事大，無嘗迅速，而病益沉綿」。薙度後，被上袈裟端坐，一連五晝夜
「水漿不入口」，不久示寂，為僧僅五日而已。[84]嘔血病，按《素問・厥

---

80 釋如惺（明），《大明高僧傳》（收入中華佛教文化館大藏經委員會影印，《大藏經》，臺
    北：中華佛教文化館大藏經委員會，1955，第 50 冊），卷 1，〈譯經篇・杭州下竺寺沙門釋
    蒙潤傳〉，頁 903。

81 釋明河（明）《補續高僧傳》（收入吳立民等主編，《佛藏輯要》，成都：巴蜀書局，
    1993，第 28 冊），卷 20，〈遺身篇・夜臺秋月傳〉，頁 855。

82 釋明河（明）《補續高僧傳》，卷 26，〈雜科・月潭和尚傳〉，頁 917。

83 釋如惺（明），《大明高僧傳》，卷 4，〈解義篇・天臺慈雲寺沙門釋真清傳〉，頁 914。

84 釋明河（明），《補續高僧傳》，卷 26，〈雜科篇・五日頭陀傳〉，頁 917。

論》記載：「太陽厥逆，僵仆、嘔血、善衄、治主病者。」又云：「陽明厥逆，喘咳身熱，善驚、衄、嘔血」。[85]再就中醫觀點，嘔血可能因過勞傷肝或胃腸鼓脹、胃炎、消化性潰瘍所致，從五日頭陀僧「口氣嘗臭」的病症，可察其肝火、胃火均旺，由於苦行，飲食失調，且連日滴水未進，致使身熱嘔血。雖是如此，五日頭陀僧仍無視病重之危，視肉體為臭皮囊，寧可為道忘軀，也不願拯療病體之苦。雖不能言此為自殘之苦修形式，然自上述各案所示，重視心靈治療或精神超越，似乎是僧人面對疾病的共通態度。而尼傳相關的記載更是難得一見，其面對疾病的態度，更見模糊。

　　病，是佛教義理中非常重要的課題，如何看待生病？如何治療疾病？如何照顧病人給予安心、減除痛苦等，都是體現佛教慈悲精神的重點。《梵網經》制定見病不救，「犯輕垢戒」，經云：「若佛子，見一切疾病人，常應供養如佛無異。八福田中，看病福田，第一福田。若父母師僧弟子疾病，諸根不具，百種病苦惱，皆供養令差。」[86]《法苑珠林》，〈病苦篇・瞻病部〉引述《四分律》所載：

> 佛言：自今已去，應看病人，應作瞻病人。若欲供養我者，應先供養病人，乃至路值五眾出家人病佛，制七眾皆令住看。若捨而不看，皆結有罪。故諸佛心者，以大慈悲為體，隨順我語，即是佛心也。[87]

85　王冰（唐）注，《黃帝內經素問》（收入《景印摛藻堂四庫全書薈要》，臺北：世界書局，1986，第 9 冊），頁 156a。

86　釋道世（唐），《法苑珠林》（收入《大正新修大藏經・事彙部》，臺北：新文豐出版社，1988，第 53 冊），卷 95，〈病苦篇・瞻病部〉，頁 985-1。

87　釋道世（唐），《法苑珠林》，卷 95，〈病苦篇・瞻病部〉，頁 985-1。

又引述《僧祇律》云：「若道逢出家五眾病人，即應覓車乘駄載，令如法供養乃至死時亦應闍維殯埋，不得捨棄。」[88]同時引述《彌勒所問本願經》記載佛陀告訴阿難，自己於過去世中捨身療癒病人的故事，[89]佛陀對於病人，給予絕對的愛，甚至不惜獻出自己的血、髓、眼、耳，藉此體現大乘菩薩的慈悲精神。

　　相對於此，僧人面對自己的疾病，卻是如此輕忽、不以為意，從修行的意義來看，這樣的態度正足以彰顯其以堅強的心志，超越肉體的病苦，徹底根除一切疾病的佛教醫學特色。[90]然而僧傳所見，對於僧侶疾病的產生、治療等往往語焉不詳，不免有溢美之嫌。為了較確實掌握僧尼的病因、治療情形，以下仍透過醫書所輯之相關案例，予以觀察。

六、醫書所見僧尼常患之疾

　　本文自孫一奎（明）輯，《孫氏醫案》[91]、黃承昊（明）撰，《折肱

88　釋道世（唐），《法苑珠林》，卷 95，〈病苦篇・瞻病部〉，頁 985-1。

89　釋道世（唐），《法苑珠林》，卷 95，〈病苦篇・瞻病部〉，記載過去世中有位所現太子，路中遇見一位重病者，太子感到哀傷，問於病人，應以何藥治療他的病。病人回答：「唯王身血得療我病，爾時太子即以利刀刺身出血以與病者，至心施與亦無悔恨。」又於過去世中有位蓮華王太子，路見一位罹患癩病者，哀憐病人，問到：以何藥可以治療他的病。病人回答：「得王身髓以塗我身，其病乃愈。是時太子即破身骨，以得其髓，持與病者，歡喜惠施心無悔恨。」而捨身應病與藥的太子，乃佛陀成佛前的累世行跡，頁 985-2。

90　如道端良秀於〈中国における仏教医学〉一文所觀察的，佛教醫學雖主張病因來自精神、肉體兩方面，但仍將治療重點放在精神療法上，頁 67。故精神或心靈的調養，的確是佛教醫學的重點。

91　孫一奎（明）輯，〈孫氏醫案〉（收入《四庫全書存目叢書》，臺南：莊嚴文化事業有限公司，1995，第 48 冊）。

漫錄》[92]、陳桷（明）撰，《石山醫案》[93]、江瓘（明）撰，《名醫類案》[94]、虞摶（明）撰，《新編醫學正傳》[95]、汪機（明）撰，《外科理例》[96]等蒐錄迄至明代僧俗常見內外科之疾一千四百餘條醫案中，得以窺察僧尼在身心上經常罹患之病痛，如下所舉。

（一）生理疾病

1.外科疾病

　　腫塊、瘡、疥、瘻、癧（癩）、痔等，是一般人常見之疾，也是僧尼屢患之病痛。汪機撰，《外科理例》，卷5，載：

> 一僧內患腫一塊，不痛不潰，治托裡二十餘劑，膿成，刺之作痛。予謂：「腫而潰，潰而反痛，此氣血虛甚也，宜峻補之。」彼云：「氣無補法。」予曰：「正氣不足，不可不補，補之則氣化而痛，自除遂。」遂以參蓍、歸术、熟地治之，兩月餘而平。[97]

據此，僧人股內患腫之病因、病症及治病之方，清楚可知。同書卷七，載一僧人「患瘡疥，自用雄黃、艾葉等藥燃于被中熏之，翌日遍身焮腫，皮

---

[92] 黃承昊（明），〈折肱漫錄〉（收入《四庫全書存目叢書》，第48冊）。

[93] 陳桷（明），《石山醫案》（收入《景印文淵閣四庫全書·醫家類》，臺北：臺灣商務印書局發行，1983，第765冊）。

[94] 江瓘（明）編，《名醫類案》（收入《景印文淵閣四庫全書》臺北：臺灣商務印書館，1983，第765冊）。

[95] 虞摶（明），《新編醫學正傳》，（收入《四庫全書存目叢書），第42冊）。

[96] 汪機（明），《外科理例》（收入《景印文淵閣四庫全書》，第765冊）。

[97] 汪機（明），《外科理例》，卷5，〈股內患腫〉，頁756-232

破水出，飲食不入，予投以解藥，不應而死。」[98]《名醫類案》卷 9，輯錄華亭縣有位老僧行腳至河南管下寺，寺僧僅僕「無一不病癭（甲狀腺腫）」，原因是此地風沙大，「沙入井中，飲其水則生癭（甲狀腺腫）。」[99]元末明初賈銘的《飲食須知》亦述及：「沙河中水，飲之令人暗。兩山夾水，其人多癭。」[100]同卷，〈癘風〉載：釋普明，齊州人，長久住於靈巖寺，晚年遊五臺山，罹患風疾；「眉鬚俱墮，百骸腐潰，哀號苦楚，忽有異人教服長松明。」長松明還可解諸蟲毒，普明採服後，「旬日毛髮俱生，顏貌如故。」此藥草妙方「本草及諸方書皆不載，獨釋慧祥作清涼傳始序之」。[101]又載：「一僧得病，狀如白癩，卒不成瘡，但每旦取白皮一升許，如蛇蛻。醫者謂多啖炙煿所致，與局方解毒雄黃丸三四服，愈。」[102]同卷，〈瘡瘍〉載：「呂滄州治一僧，偶搔腳中疥，忽自血出，汨汨如湧泉，竟日不止，醫治之不效，請呂往視。無氣可語。」氣脈微弱，呂滄州告之：

> 夫脈血氣之先也。今血妄溢，故榮氣暴衰。然兩尺尚可按，惟當益榮以瀉其陰火，乃作四神湯加荊芥穗，防風不間，晨夜併進，明日脈漸出，更服十全大補一劑，遂痊。[103]

見以上僧人罹患瘡疥、腫、癘、癩、癭等外科疾病，多起因於僧人的

98　汪機（明），《外科理例》，卷7，〈瘡疥〉，頁765-268

99　江瓘（明）編，《名醫類案》，卷9，〈腫癭〉，頁765-773。

100　賈銘著（元），劉燁注譯，《飲食須知》（西安：三泰出版社，2005），卷1，〈水火〉，頁27。

101　江瓘（明）編，《名醫類案》，卷9，〈癘風〉，頁769。

102　江瓘（明）編，《名醫類案》，卷9，〈癘風〉，頁769。

103　江瓘（明）編，《名醫類案》，卷9，〈瘡瘍〉，頁774。

氣血虛寒，外加天氣冷熱、環境乾濕等內外交逼所感。像癭病，主要來自水土的問題，而癩癲（痲瘋病）則與某些地區的特殊氣候、地理環境密切相關；蔣竹山指出，明清痲瘋病患，大多分布在長江流域以南，以廣東居多。[104]原因在於地勢低漥潮濕、天氣過暖，罹病之人，「必氣虛，邪始乘之而入，血虛，邪始乘之而凝。」[105]

2.中風

按醫書所記，症狀為半身不遂、精神昏憒、面紅頰赤、耳聾鼻塞，語言不出、口喎、手足麻木、口眼歪斜、口角涎流、口不能言、目不識人、四肢不舉、忽然昏憒等。病因源於風寒、肥胖、體肥善飲、好飲酒、好色、飲食起居失宜、燥火、氣虛、勞累、鬱悶寡歡等。元至元 6 年（1340）8 月間真定府臨濟寺趙僧判中風，「半身不遂，精神昏憒，面紅頰赤，陽中也，耳聾鼻塞，語言不出，診其兩手，六脉弦數。」[106]明洪武 2 年（1369）冬，南京天界寺住持僧慧曇因中風而患瘖疾，[107]據明孫一奎撰《赤水元珠》卷一〈中風〉載：「其舌強不言，唇吻不收者，經稱為瘖病世又稱為風懿、風氣，亦中倒後，症邪之深者，狀如此也。」[108]而「呂元膺治一僧病，診其脈，獨右關浮滑，餘部無恙。曰：右關屬脾絡胃挾舌

---

[104] 蔣竹山，〈明清華南地區有關痲瘋病的民間療法〉，《大陸雜誌》，第 90 卷第 4 期（臺北：大陸雜誌社，1993 年 12 月），頁 38。

[105] 蔣竹山，〈明清華南地區有關痲瘋病的民間療法〉所引蕭曉亭（清）著，《瘋門全書》，頁 39。

[106] 江瓘（明）編，《名醫類案》，卷 1，〈中風〉，頁 423。

[107] 宋濂（明）著，雲棲袾宏（明）輯，錢謙益（清）訂，《宋文憲公護法錄》（收入岡田武彥，荒木見悟主編《和刻影印近世漢籍叢書・思想》第四編，京都：中文出版社，1984），卷 1 之上，〈天界善世禪寺第四代覺原禪師遺衣塔銘〉，頁 2902-2916。

[108] 孫一奎撰，《赤水元珠》卷 1，〈中風〉（收入《景印文淵閣四庫全書》，第 766 冊），頁 8。

本，蓋風中廉泉得之，醉臥當風而成瘖。問之而信，乃取荊瀝化至寶丹飲
之，翌日遂解語。」[109]趙僧判中風，可能起因脈虛不通，僧慧曇則因政治
壓力，[110]加上風寒關係，而後一位僧人乃因酒醉當風導致瘖啞。

3.風寒、暑熱

　　病因多源自外在氣候的變化，造成身體的傷害。對雲遊僧來說，應是
常見之疾，如前述妙峰法師謂偶染時症，與旅途勞頓，身受風寒有關。而
真定府維摩院尼僧年六十餘，身體瘠弱。[111]載曰：

> 初冬病，頭面不耐寒，氣弱不敢當風，行諸法不效。羅診其脈弦細
> 而微，且年高常食素茶果而已。此陽明之經本虛，脈經云：氣不足
> 則身已前皆寒慄。又如誦經文損氣，由此胃氣虛，經絡之氣亦虛，
> 不能上達頭面，故大冒風寒。[112]

女尼因長期素食茶果，胃寒氣虛，又因誦經損氣，胃氣經絡皆虛，氣血不
足，加上薙髮，頭面易受風寒。又一尼僧同樣胃氣虛寒，「故升麻湯加附
子以熱治寒也。」[113]某僧臘月因齋素，「飢而胃寒作勞，遂發熱頭疼」，
給與小柴胡湯，卻自汗神昏，不能視聽，熱不退卻。由是觀之，體質虛
寒，乃僧尼共同病症，而病源於過著同樣清苦茹素的修行生活。又有長期

---

[109] 江瓘（明）編，《名醫類案》，卷7，〈瘖〉，頁695。

[110] 有關明初僧慧曇中風前後與太祖對其的態度，詳細可參考拙稿，〈明太祖徵召儒僧與統制僧
人的歷史意義〉，《中國佛學》，第2卷1期春季號（臺北：《中國佛學》雜誌編輯，1999
年4月），頁58-59。

[111] 朱橚（明），《普濟方》，卷52，得知此僧是一位六十一歲的女尼。

[112] 江瓘（明）編，《名醫類案》，卷7，〈面病〉，頁671-672。

[113] 江瓘（明）編，《名醫類案》，卷7，〈面病〉，頁672。

營養不良的僧人，夜冒冷汗長達二十年，即「嚴州山寺有旦過僧形體羸瘦，飲食甚少，夜臥徧身出汗，迨旦衾衣皆溼透，如此二十年無復可療，惟待斃耳。」[114]而僧衍義，罹患傷寒，「發汗不徹，有留熱。身面皆黃，多熱。」一年未癒，醫誤以食黃（健肺、止喉痛）治之，病不去。[115]

另，任邱裴在澗棄家逃禪，持戒茹素，遍遊五岳，足跡遍天下。「偶客金壇，寓西禪寺僧舍，酷暑中坐臥小樓，日持準提咒三千，念佛號三萬，忽患頭痛如斧劈，身熱發躁口乾，日飲冷水斗餘，渴猶未解，自分必死。」[116]遊行僧裴在澗的病，被診斷為「受暑」緣故。然觀其病因，乃長期旅途跋涉、精進修持，及茹素的飲食習慣，導致疲憊體虛，耐不住酷暑煎熬，嚴重發病。

4.脾胃腸消化系統、排泄系統病變、貧血、氣虛

《外科理例》記載月安妥家庵中，有一比丘尼長久罹患脾疾，病情嚴重，肛門不收，穢水溢流。按中醫之見，脾疾起於濕困疲乏。服用金鉛丸一顆後，「肛門頻歛，漸調而愈。其神効有如此者，故知脾病之宜於溫煖也。」[117]可見此疾起因於尼僧體質濕寒的關係。至於奉佛修持、茹素寡居的女性，其生活方式、飲食習慣不異於女尼，嚴謹有餘。

5.其他

舉如蛇蟲咬傷、中毒、時疫、瘧疾等，乃生活環境對於僧尼健康的危害；如徑山寺僧被蛇咬傷腳，毒氣蔓延。某雲遊僧，「教以汲淨水洗病

[114] 江瓘（明）編，《名醫類案》，卷5，〈汗〉，頁615。

[115] 江瓘（明）編，《名醫類案》，卷1，〈傷寒〉，頁458。

[116] 繆希雍（明），《先醒齋廣筆記》（收入任春榮主編，《明清名醫全書大成——繆希雍醫學全書》，北京：中國中醫藥出版社，2005），卷1，〈暑〉，頁677。

[117] 黃承昊（明），〈折肱漫錄〉，卷4，頁238。

腳，挹以軟帛，糝以白芷末，入鴨嘴膽礜麝香少許，良久，惡水湧出，痛
乃止。」[118]而《折肱漫錄》記載，一位比丘患山癉，久不止，先後給予金
鉛丸兩顆服用，頓止。原因：「蓋山癉屬元氣虛寒，金鉛丸能助陽氣，故
兩丸而竟愈也。」時疫（傳染病），如萬曆 16 年（1587）南都大疫，死
者甚眾，江瓘借宿雞鳴僧寺，主僧染上瘟疫十餘日，更換數醫，皆云禁飲
食。江瓘不以為然，認為飲食之禁，是習俗之戒，應當給予稀粥，但不使
量多，再進補中益氣湯，則慢慢可以病癒。[119]

　　上述僧尼的氣濕風勞，不外來自其特有的生活習慣使然，是共同慣見
的業病。尤其明顯的是，僧尼體質虛寒、氣弱與其長期素食密切至極，抵
抗力的衰減，使其容易感染疾病。中國僧侶素食戒律，緣於南朝梁武帝之
規定，武帝為了勸戒僧人素食，力排蔬菜虛寒之觀點。其言：

> 凡不能離魚肉者，皆云：菜蔬冷於人虛乏，魚肉溫於人補益，作如
> 是說皆是倒見。今試復粗言，其事不爾。若久食菜人榮衛流通，凡
> 如此人法多患熱，榮衛流通則能飲食，以飲食故氣力充滿，是則菜
> 蔬不冷能有補益。諸苦行人亦皆菜蔬，多悉患熱類皆堅強，神明清
> 爽少於昏疲。[120]

康樂認為梁武帝此一素食觀，似乎沒有太大的說服力，因為受限於當時醫

---

[118] 江瓘（明）編，《名醫類案》，卷7，〈蛇蟲獸咬〉，頁 701。

[119] 江瓘（明）編，《名醫類案》，卷1，〈瘟疫〉，頁 466。

[120] 釋道宣（唐），《廣弘明集》（收入《大正新修大藏經》第，52 冊），卷 26，〈慈濟篇‧梁
武帝斷酒肉文〉，頁 298-2。康樂於《佛教與素食》（臺北：三民書局，2001），〈第二篇
素食與中國佛教〉認為梁武帝此一素食觀，「似乎也沒有太大的說服力。這倒不能怪他，以
當時的醫學水準無法對此問題提供一個肯定的答案，似乎也勢力所當然的。」頁 88。

學水準的關係。[121]據《墨子閒詁》言：「素食，謂食草木。」鄭注云：「草木之實為蔬食。」[122]得見素食乃泛指蔬果之類的食物。事實上，蔬果虛冷者居多；如日用類書《五車拔錦》所言：「瓜桃生冷宜少食，免致秋來成瘧疾」之言。[123]而《慎柔五書》則清楚指出齋素之人何以胃虛的道理，其言：「凡持齋人所食之物皆滲淡，所食之油皆屬火，滲淡瀉陽，陽虛則火起。此東垣云：持齋之人多胃虛。」[124]而明代僧尼的飲食，若參照《雲棲寺志‧規志》所述，或可略知一、二。雲棲寺日用食品，有茶品，「用山物炒米、鹽、荳、白菓、楊梅、油灼之類，間或市買，止可棗栗糕餅之類」。而尋常乃二日菜、一日腐。生菜、乾菜、乾瓜、乾茄、乾羊荳、乾刀荳、乾蘿蔔之類，為平日食用菜餚，價廉易得。[125]這些大多是佛寺自種之食物，即「園中種菜，其多生蟲豸，致傷物命者，皆宜少種。可多種瓜、茄、刀荳、羊荳、芝麻等諸物。」[126]若香菌蕨茹及白米之類，因價昂，不一定要買，食用少。[127]

　　雖然從明代編纂的食經或類如《西遊記》、《金瓶梅》中，可以看到蔬果種類、素食品名、烹調的多樣與豐富，[128]但僧寺的齋食仍以修業的儉

---

[121] 康樂，《佛教與素食》（臺北：三民書局，2001），〈第2篇　素食與中國佛教〉認為梁武帝此一素食觀，「似乎也沒有太大的說服力。這倒不能怪他，以當時的醫學水準無法對此問題提供一個肯定的答案，似乎也勢力所當然的。」頁88。

[122] 《墨子閒詁》卷1，〈辭過第六〉，頁32。

[123] 酒井忠夫監修，阪出祥伸，小川陽一編，《五車拔錦》（東京：汲古書院，1999），卷27，〈養生門‧養生紀要〉，頁466。

[124] 胡慎柔（明），《慎柔五書》，卷1，〈師訓第一〉，頁642。

[125] 釋袾宏（明），《雲棲共住規約》（收入《大藏經補編》，臺北：華宇出版社，1986，第23冊），下集，〈節省財費〉，頁307。

[126] 釋袾宏（明），《雲棲共住規約》，〈眾事雜式〉，頁311。

[127] 釋袾宏（明），《雲棲共住規約》，〈節省財費〉，頁307。

[128] 有關明代飲食的種類、烹飪方法、養生知識等，可詳見篠田統撰，〈近世食經考‧明代食經〉（收入藪內清，吉田光邦編，《明清時代の科學技術史》，京都：京都大學人文科

素為主，吳曉龍據《西遊記》第 84 回，〈難滅伽持圓大覺 法王成正體天然〉所述，指出木耳、閩笋、豆腐、麵筋、園裡自種的青菜，為明代常見的五種素菜。[129]而成化年間中國官員經常餽贈給入明朝貢的朝鮮僧崔溥等一行人的食物中，屬於素食的，有米、麵筋、豆腐、笋、胡桃、棗、菜。[130]可見明代僧尼素食還是以生菜、乾醬菜、各類瓜果、豆類、蘿蔔、笋、茄子、豆腐、麵筋等食物為主，兼伴飲茶習慣。

　　若查對《飲食須知》，麵筋自麩中洗出「味甘性涼，以油炒煎，則性熱矣。多食難化」。[131]豆腐「味甘鹹，性寒。多食動氣作瀉，發腎邪及瘡癬頭風病。」[132]而乾菜類，多以鹽水燙過，曬乾後收藏。[133]乾醬菜多屬鹹類製品，「鹽味鹹，性寒。多食傷肺發咳，令失色損筋力。患水腫者，喘嗽者忌食。」[134]茄子「味甘淡，性寒，有小毒。多食動風氣，發瘡疾及瘡

學研究所，1970），頁 356-383；劉志琴撰，〈明代飲食思想與文化〉，《史學集刊》，1999 年第 4 期（長春：吉林大學《史學集刊》，編輯部）；伊永文，《明清飲食研究》（臺北：洪葉文化事業有限公司，1997），〈第 1 章 自然篇 1 米、麥、玉米、蕃薯 2 野菜、蔬菜、水果〉，頁 5-44；同書，〈第 3 章 烹調篇〉，頁 149-180；同書，〈第 4 章 食治篇〉，頁 207-239 等研究。

[129] 吳曉龍，〈《金瓶梅詞話》"五果五菜"食俗小考〉，《南昌大學學報》，第 35 卷第 1 期（南昌：南昌大學學報編輯部，2003 年 1 月），頁 100。

[130] 崔溥著，葛振家點著，《漂海錄》（北京：社會科學文獻出版社，1992），卷 1，成化 23 年（1487）2 月初 4 日條載：「單字中送崔官禮物：豬肉一盤，鵝二只，鷄四翼，魚二尾，酒一罈，米一盤，胡桃一盤，菜一盤，笋一盤，麵筋一盤，棗一盤，豆腐一盤。」頁 81；又同書，卷 2，同月 17 日條載：「命外郎奉米一盤，豆腐一盤，麵筋一盤以饋。……官人有以米六斗，鵝一只，菜一盤，胡桃一盤來贈。」頁 107；又同年 3 月初一日條載：「邨州魏指揮姓韓，來見臣，遇以禮，以麵筋一盤，豆腐一盤，素菜二盤餽之。」頁 121。

[131] 《飲食須知》，卷 2，〈谷類‧小麥〉，頁 43。

[132] 《飲食須知》，卷 5，〈味類‧豆腐〉，頁 166。

[133] 中村喬，《明代の料理と食品》（京都：中國藝文研究會，2005），〈第 2 篇 食品の部〉提到乾菜的製作法，頁 160-161。

[134] 《飲食須知》，卷 5，〈味類‧鹽〉，頁 149。

癬。虛寒脾弱者勿食，諸病人莫食，患冷人尤忌。……多食腹痛下痢，女人能傷子孕。蔬中惟此無益。」[135]刀豆子「味甘性溫，多食令人氣閉頭。」[136]竹筍「味甘，性微寒。諸筍皆發冷血及氣，多食難化困脾。」[137]瓜類多屬性寒，舉如「冬瓜味甘淡，性寒」、「菜瓜味甘淡、性寒。時病後不可食」、「黃瓜味甘淡、性寒，有小毒。多食損陰血，發瘧病，生瘡癬，積瘀熱，發疝氣，令人虛熱上逆。」[138]木耳「味甘性平，有小毒。」[139]棗子，「生性熱，熟性平。生多令人熱渴膨脹，……熟棗多食，令人齒黃蠹。」[140]胡桃「肉味甘，衣澀，性溫。多食生痰涎，動風氣，脫眉髮，令人惡心吐水。」[141]茶則「味苦而甘。茗性大寒，芥茶性微寒，久飲令人瘦，去人脂，令人不睡。」[142]

以上食物多偏性冷，少熱量、少營養，長期食用，容易損氣缺血、胃虛脾濕，導致體弱多病。[143]佛家常說：「帶三分病好修行。」視疾病為業障，帶業隨身修行，以淬勵自我心志，往往疏忽病痛的醫療，遂成慢性疾病。[144]或許屌弱的身軀，就佛家而言，代表修行的精進與戒律的嚴謹。根

---

[135] 《飲食須知》，卷3，〈菜類‧茄子〉，頁71。

[136] 《飲食須知》，卷3，〈菜類‧刀豆子〉，頁79。

[137] 《飲食須知》，卷3，〈菜類‧刀豆子〉，頁91。

[138] 《飲食須知》，卷3，〈菜類‧刀豆子〉，頁94-97。

[139] 《飲食須知》，卷3，〈菜類‧刀豆子〉，頁98。

[140] 《飲食須知》，卷4，〈果類‧棗子〉，頁112。

[141] 《飲食須知》，卷4，〈果類‧棗子〉，頁124。

[142] 《飲食須知》，卷5，〈味類‧茶〉，頁158-159。

[143] 李佩芬，〈僧伽十大健康警訊──三年義診健康報告 為僧伽健康把脈〉，《僧伽醫護會刊》，第17期（臺北：財團法人佛教僧伽醫護基金會，2001年12月）論及高居僧伽慢性疾病首位的「貧血」，是因為平日食用「豆類食品及醃漬物，而比較少吃深色蔬菜」的關係。

[144] 李佩芬，〈僧伽十大健康警訊──三年義診健康報告 為僧伽健康把脈〉亦談及今日大部份的僧伽對於病痛平時都採取「能忍則忍」的態度，因此，大都會拖到病況相當嚴重才前往就醫，故慢性疾病居多。

據白宜禾醫師自述，2001 年曾參加為五臺山僧尼義診的活動，統計報告指出，男眾法師以胃痛、十二指腸潰瘍占居第一位，腰痠背痛、風濕性關節炎占第二位，第三是貧血。出家女眾則貧血占第一位，「大部份都會抱怨念經時覺得下腹部冷，有腰痠背痛的情形、骨質疏鬆症。」[145]

　　本文因搜羅明代僧尼病例有限，不足以就出家男女眾所患病症之差異提出更具體的統計分析。不過，從上述明代僧尼經常罹患之疾及病因之分析，雖然距今約五百年，但古今之情狀仍可相互對照，有其共同之病痛，因為不管今昔，中國僧尼仍然守著傳統的飲食習慣，以及念經打坐的修行生活。因此，僧尼的各種病痛，大致上可以說是在共通的思維與生活模式下，所衍生成的慣見業病。

（二）精神疾病

　　陳梧（明）的《石山醫案》，記載不少精神病例，提到因精神壓力，男女癟病者多。造成男性情緒困擾的，有因喜成病、憂憤成痴、羞憤成疾、癇症、急於名利、過勞致使神志錯亂、溲精而精神不振。女性則因寡居、改嫁、憂懼而多便秘，或因憂傷過度而頭暈、胸悶、喉痛，或因念夫抑鬱、思母成疾而精神不穩、怠倦嗜臥，或因生產受驚昏厥、口生瘡、下部患白帶，性燥急等導致精神和生理的疾病。

　　石田秀實認為中國醫學上，精神疾病不止緣於心理因素，也有因體虛、呼吸微弱而導致精神疾病，有因誤施針灸而引發狂疾，有因違背季節性的治療原則而罹患強迫神經症。神經疾病最典型的症狀，就是出現「下虛上實」氣脈不調的狂癲症；再次，是陰陽不調，陰盛陽衰，則閉戶獨

---

145 釋淨耀，〈世紀健康大對談──當醫師遇上法師之一當醫師的專業遇上僧伽的戒律〉，《僧伽醫護會刊》，第 19 期，2002 年 4 月，頁 40。

居，若陽盛陰衰，則出現躁鬱病症。而癲癇的氣血狀態，重陽者狂，重陰者癲。怒狂病、躁鬱症、癲癇是精神疾病的三大類。[146]

　　瘋癲、鬱悶、狂亂等精神疾病，亦是僧尼好發之疾，《證治準繩》解釋：「癲病，俗謂之失心風，多因抑欝不遂，侘傺無聊而成精神恍惚，言語錯亂，喜怒不常，有狂之意，不如狂之甚。狂者暴病，癲則久病也。」[147]

　　元末明初滑伯仁為罹患精神疾病的僧人治療，其「發狂譫語（患者在神智不清的情況下胡言亂語的症狀），視人皆為鬼。診其脈纍纍如薏苡子，且喘且搏，曰此得之陽明胃。實素問云：陽明主肉，其經血氣並盛，甚則棄衣，升高與踰垣妄置。」可見此僧得的是陽盛陰衰的躁鬱症，滑伯仁「遂以三化湯三四下，復進以火劑，乃愈。」[148]

　　朝鮮僧人崔溥入明朝貢期間，因喪母、思母而傷心鬱悶，且長時間跋涉海外，身心備受煎熬，罹病嚴重。據其自述，可以確知僧崔溥心疾的根源及其併發的生理疾病，和治療的過程。

　　崔溥記述，弘治元年（1488）4月22日，停留在北京玉河館，提到：「臣自是月初五得疾首之症，十七日向愈。至是日，卒得心痛，胸膈相戾，手足不仁，冷氣遍身，喘息，危在喉咽間。」[149]

　　此時隨從人員程保、金重、孫孝子、高伊福等施以咒術治療，結果「咒之無效」。有位不知名人士，頗知醫病，見崔溥病情危極，以大針針

---

[146] 石田秀實，《中國古代における身體の思想》（福岡：中國書店，1995），頁 324-327。

[147] 王肯堂（明），《證治準繩》（收入《景印文淵閣四庫全書》，第 767 冊），卷 11，〈癲〉，頁 767-287。

[148] 江瓘（明）編，《名醫類案》，卷 8，〈癲狂心疾〉，頁 742。

[149] 崔溥（明）著，葛振家點著，《漂海錄》（北京：社會科學文獻出版社，1992），卷 3，頁 161。

其十指端，黑血迸湧。隨後，禮部派遣太醫院朱旻前來救診，朱旻診斷：
「此症本緣七情所傷，重之以感寒，因得此疾。用心調理！」朱旻，「用
香火大氣湯治之。旻疾走太醫院，賷藥來，乃加減七氣湯也。」[150]七氣湯
主治氣塞情鬱，據《醫心方·治積聚方第一》載錄：「《千金方》七氣
湯，治憂氣、勞氣、寒氣、愁氣、或飲食為氣、高氣，或虛勞內傷，五臟
不調，陽氣衰少逆上下方。」[151]又《外臺秘要·雜療奔》載云：「深師療
憂勞寒熱愁思，及飲食隔塞。……五臟絕傷，奔氣不能還下。心中悸動不
安。七氣湯方。」[152]

　　崔溥的病來自旅途勞累、風寒外，兼雜氣鬱不舒，愁勞多苦所致。崔
溥自言，隔日，朱旻又來診脈，「又煎人參養胃湯以飲之。臣（崔溥）服
藥之后，體漸平和。」崔溥自我分析病因，也提到：「我奔初喪，漂寄他
國，情理甚切，一日之過，實同三秋。」[153]不安定的旅途生活，及極度的
憂傷，帶給身心莫大壓力，尤其在精神上，承受著「一日之過，實同三
秋」的痛苦煎熬。

　　至於尼僧方面，按照《醫說》的理論：「昔宋褚澄療師（指道姑）尼
寡婦各製方，蓋有此也。此二種鰥居，獨陰無陽，欲心萌而多不遂，是以
陰陽交爭，作寒作熱，全類溫瘧，久則為勞。」《薛氏醫案》亦承此論
說：「若室女出嫁愆期，而寒熱亦然。」[154]中國傳統醫學習慣將女尼等同

---

[150] 崔溥（明）著，葛振家點著，《漂海錄》，卷 3，頁 161。

[151] 丹波康賴撰，正宗敦夫編，《醫心方》（臺北：藝文印書館，1972），卷 10，〈治積聚方
第一〉，頁 418。

[152] 王燾著（唐），《外臺秘要》（臺北：中國醫藥研究所，1965），卷 12，〈雜療奔〉，頁
344。

[153] 崔溥（明）著，葛振家點著，《漂海錄》，卷 3，頁 161。

[154] 孫一奎（明）輯，《孫氏醫案》（收入《景印文淵閣四庫全書》，第 763 冊），卷 3，〈女科
攝要·師尼寡婦寒熱〉，頁 763-39。

室女寡婦、僧人等同鰥夫看待，身分雖異，然以其身心狀況雷同，即以單身的條件，診斷僧尼與鰥夫寡婦室女一般，常因慾心不遂，陰陽不調，氣結鬱悶，血脈不通，而罹患身心之疾。如《醫宗金鑒》，〈編輯婦科心法要訣〉，「師尼室寡閉經」條所言：「師尼室寡異乎治，不與尋常婦女同診其脈，弦出寸口，知其心志不遂情，志之為病也。」[155]

如是所見，獨身之尼僧往往因情緒壓抑、心理鬱悶，甚或怒火性急，而引發生理障礙。據薛立齋舉證；「一寡婦，不時寒熱」、「一婦人因夫久出經商，發寒熱」、「一室女寒熱，……既嫁而諸症悉癒」等均源自情欲不遂所致。又舉「許學士云：有一師尼惡風體倦，乍寒乍熱，面赤心煩。」[156]尼師寒熱病因與室女寡婦同。鬱悶、煩憂、善怒等負面情緒，加上血虛體質，是女性病根之所在。「大抵男子屬陽，得病易散；女子屬陰，遇氣多鬱。是以男子之氣病者少，女子之氣病者常多。」[157]婦人「鬱怒倍於男子」，[158]易生諸病，如前述丁耀川母親的病痛因多怒而生。[159]中醫見婦女疾病導因於情緒者多，析論婦女多「七情四氣之傷」，「以色悅人，而其因多忌，少拂其情，恚怒悲怨之心作矣。若窀期之女，失寵之妾，寡婦尼姑之流，有欲而不得遂，思則氣結」。[160]此見與今日醫學所論無異，即：「瞋恨是疾病的主因」。[161]「心平氣和，自無憂愁困苦之累，

---

[155] 吳謙等（清）編，《醫宗金鑒》（收入國家圖書館藏，《文津閣四庫全書》第 259 冊，臺北：臺灣商務印書館，2005），卷 44，〈編輯婦科心法要訣〉，頁 8-1。

[156] 薛立齋（明）補註，《校註婦人良方》（收入《中國醫學大成》，臺北：牛頓出版股份有限公司，1990，第 29 冊），卷 6，〈眾疾門‧寡婦寒熱如瘧方論第四〉，頁 8。

[157] 萬密齋（明）著，《保命歌括》（收入傅沛藩主編，《明清名醫全書大成》，北京：中國中醫藥出版社，1990），卷 7，〈氣病〉，頁 104。

[158] 薛立齋（明）補註，《校註婦人良方》，卷 2，〈眾疾門‧產寶方論第一〉，頁 1。

[159] 萬密齋（明）著，《保命歌括》，卷 7，〈氣病〉，頁 104。

[160] 萬密齋（明），《保命歌括》，卷 7，〈氣病〉，頁 102。

[161] 瑪莎‧霍華醫師主講，〈瞋恨是疾病的主因　慈悲是治療的法門〉，《僧伽醫護會刊》，第

亦無病氣者也。」[162]此乃養心治病之道。

　　誠如前述，佛教醫學認為一切疾病源於無明妄念，雖不否定藥物在心理治療上的功效，但更強調施行調息、調氣、調心之止觀或禪定功夫的徹底性。或許這是吸引部份人士喜「寄寺就醫」的重點；譬如醫家孫一奎勸罹患右脅痛，兼右手足筋骨病痛的崔百原，暫行告假還鄉，囑其「慎怒」修練佛家止觀、儒家正心以根除疾病，尤衷於佛教止關法。因囑其「慎怒」（要內觀，內心反省，用儒家道釋家的方法均可以，當祭以削髮為僧，皈依佛家），內觀以需藥力，公曰：「內觀何為主？」予曰：「正心。」公曰：「儒以正心為脩身先務，每苦工夫無下手處。」予曰：「正之為義，一止而已，止於一則，靜定而妄念不生，宋儒所謂主靜。」又曰：「自喜怒哀樂未發以前作何氣象，釋氏之止觀（如采用釋氏之『止觀』，方法就更能到家。崔公心領神會），老子之了得一萬事畢，皆此義也，孟子所謂有事勿正、勿忘、勿助長，是其功夫節度也。」公曰：「吾知止矣。」遂上疏請告，予錄前方畀之北歸（到寺廟），如法調養，半年而病根盡。[163]

　　如《名醫類案・癲狂心疾》所舉酆子元的精神患例。患者為明代翰林酆子元，因「翰林補外十餘年矣，不得賜還，嘗佗傺無聊，遂成心疾。」病發時，往往「昏瞶如夢，或發譫語。」聽聞真空寺有位老僧不用符藥能治心疾，酆子元前往求治。僧人為其分析病因，起於煩惱，生於妄想。妄想的根源，來自三方面，即：

12・13 期合刊（臺北：2001 年 4 月），頁 53。

[162] 萬密齋（明），《保命歌括》，卷 7，〈氣病〉，頁 102。

[163] 孫一奎（明），《孫氏醫案》（收入《四庫全書存目叢書》，第 48 冊），〈三吳二卷〉，頁 48-84。王米渠編著，《佛教精神醫學》，〈第七章 佛教精神治療〉（廈門：鷺江出版社出版，1998），頁 144-145。

或追憶數十年前榮辱恩讎，悲歡離合，及種種閒情，此是過去妄想也。或事到跟前，可以順應，即乃畏首畏尾，三番四復，猶豫不決，此是見在妄想也。或期望日後富貴榮華，皆如所願。或期功成名遂，告老歸田。或期望子孫登榮，以繼書香，與夫不可必成、不可必得之事，此是未來妄想也。三者妄想，忽然而生，忽然而滅，禪家謂之幻心。[164]

根治之法，在於「能照見其妄而斬斷念頭，禪家謂之覺心，故曰：不患念起，惟患覺遲。此心若同太虛，煩惱何處安腳？」妄想外，寺僧認為「水火不交」，即色欲未遂，且因讀書勞神、公務繁重，使得心力交瘁、精神渙散。僧言：

凡溺愛冶容，而作色荒，禪家謂之外感之欲。夜深枕上，思得冶容，或成宵寐之變，禪家謂之內生之欲。二者之欲綢繆染著，皆消耗元精，若能離之，則腎水滋生，可以上交於心。至若思索文字，忘其寢食，禪家謂之理障；經綸職業，不告劬勞，禪家謂之事障。二者之障，雖非人欲，亦損性靈。[165]

若能排除妄念欲心，則病根可除。最後勸戒：「苦海無邊，回頭是岸」。於是，酈子元遵照僧人訓示，「獨處一室，掃空萬緣，靜坐月餘，心疾如失」。[166]從酈子元的心疾病例，可以較確切看到佛家的心理醫療理論及其療法。

---

[164] 江瓘（明）編，《名醫類案》，頁 765-742。
[165] 江瓘（明）編，《名醫類案》，頁 765-742。
[166] 江瓘（明）編，《名醫類案》，頁 765-742。

　　綜觀上述，不管生理或心理的疾病，若再對照明萬曆年間皇室賜給普陀禪寺的藥品，更可清楚證實僧尼平日易於染患的疾病。所賜藥物有：

> 散施祕藥一十四種，清眩抑火化痰丸四罐，消滯丸四罐，通玄丸四罐，滋陰養血健脾丸四罐，二聖救苦丸四罐，祕方化滯丸四罐，八寶捲雲二百管，紫金錠三百錠，蟾酥錠一百錠，觀音救苦錠五百錠，膏藥一萬貼，愈風延壽丹二千圓，神仙硃砂丸二千圓，神仙化痰丸四罐，口父咀飲片七十五味。[167]

此十四種祕藥療效，查醫書相關記載，大致如下：

（1）　清眩抑火化痰丸治癲癇，消滯丸可調胃整腸、消腹脹大。

（2）　通玄丸（藥效不詳）。

（3）　滋陰養血健脾丸用於補氣養血、健脾安神、開胃，亦即治療虛勞羸瘦、脾胃虛弱，腹脘脹痛，食少乾燥、失眠多夢等病。

（4）　二聖救苦丸主治傷寒、瘟疫初起，熱邪較盛者。

（5）　祕方化滯丸主治食積氣滯，心腹脹痛。

（6）　八寶捲雲，未詳其藥效，可能與八寶粉安神、鎮驚效果相當。

（7）　紫金錠用於避穢解毒，開竅止痛；據宋・王璆，《百一選方》記錄：紫金錠可「治癰疽惡瘡、湯火蛇蟲犬獸所傷，時行瘟疫，山嵐瘴氣，喉閉喉風，久病勞瘵；解菌蕈菰子。」

167　周應賓（明），《重修普陀山志》（收入《中國佛寺史志彙刊》，第 1 輯第 9 冊），卷 2，〈頒賜・明神宗〉，頁 164。

（8）　蟾酥錠：主治活血解毒，消腫止痛。用於疔毒惡瘡，癰疽發背，乳癰腫痛，蠍蜇蟲咬傷，熱疼痛等症。

（9）　觀音救苦錠：主治風寒，頭疼身熱，口渴目脹，筋骨酸疼，兼治一切風寒瘟疫。雲遊遠行必備之藥。

（10）膏藥：主治風濕疼痛、跌打損傷等。

（11）愈風延壽丹：預防治療中風病症。可祛風散寒，活血止痛。用於半身不遂，腰腿疼痛，手足麻木、風寒濕痹等。

（12）神仙硃砂丸：鎮心神，化痰涎，退潮熱，利咽膈，止煩渴。能治「狂言譫語」之類病症。

（13）神仙化痰丸：主治咳嗽、化痰，亦治風祕（因風邪而出現大便秘結症狀；多伴有眩暈、腹脹等症）。

（14）口父咀飲片：據宋陳師文著，《太平惠民和劑局方》所記，主治「痰飲為患，嘔吐噁心，或頭眩心悸，或中脘不快，或發為寒熱，或因食生冷脾胃不和」等症。

　　以上十四種祕藥，主治氣虛、肝火、化痰、便秘、胃腸消化不良、滋陰補血、補氣、安神、解毒、防治季節性傳染病、防風寒、濕熱、筋骨酸痛等，與前述僧尼常見疾病之論證，極為吻合。因此，就賜與藥物療效的分析，對於明代僧尼疾病史，有了更具體而深刻的認知。

七、結語

　　綜觀前文所論，聖、神、靈與信是構築佛教醫學的重要基礎。或許這是宗教醫學理論及其醫療上普遍可見的基礎條件，不是佛家特殊所有。然而佛教在此基礎上，且佛剎多位在名山大川之中，多珍奇藥草、多醫僧、

多醫藥常識與多醫療觀照，加上佛家大乘「慈悲喜捨」、助人濟世的精神，對大眾來說，不失是病老之際，可向其求助且最值得信賴的團體，故而建立起佛教在社會上的正面醫療形象，也是佛教為中國社會大眾深信的重要憑藉。

　　儘管如此，論及僧尼面對自身病痛時，高僧傳中所顯示的那份不以為然、輕忽生命的態度，雖是彰顯高僧看破生死的了悟精神，卻與愛護眾生生命的慈悲本質，顯得背離。僧傳近乎玄、神的事蹟撰述，著實不易看到僧尼克服疾病的心路歷程。透過醫書中不少的相關案例，可以具體得知僧尼的常見之疾及其接受治療、用藥的狀況。僧尼隨著各自居住環境、氣候的差異，易染上腫塊、瘡、疥、瘻、癩（癩）等外科之疾，而氣濕風勞、煩悶躁狂癲、氣虛、血貧、胃寒等，則是出家人共同好發的疾病，這不外是力行儉樸、苦修的結果。節制感官欲求，鍛鍊心志臻至於極端之禁慾苦行時，肉體將因極限而失去抵抗、產生病痛。素食、過午不食、少食、粗食，乃至不食、不思、抑制的修行生活，已非養生之道可言。養生重在衛生、調適、健康，「衛生歌」云：「太飽傷神、饑傷胃、太渴傷血、多傷氣，飢湌渴飲莫太過。」[168]「衛生五事」提醒：「飲食生冷溫涼失度，久坐久臥大飽大飢脾為之病矣。」[169]故善養生者，應該：常少思、少念、少慾、少事、少語、少笑、少愁、少樂、少喜、少怒、少好、少惡，此十二少者養性之都契也。」[170]

　　但是，真正出家修行之人，志在超生脫死，養心重於養生，縱使在物

---

[168] 酒井忠夫監修，阪出祥伸，小川陽一編，《五車拔錦》，卷 27，〈養生門‧養生紀要〉，頁 466-467。

[169] 酒井忠夫監修，阪出祥伸，小川陽一編，《五車拔錦》，卷 27，〈養生門‧養生紀要〉，頁 468。

[170] 酒井忠夫監修，阪出祥伸，小川陽一編，《五車拔錦》，卷 27，〈養生門‧養生紀要〉，頁 476。

質環境不錯，尤其是明中葉以後，光以飲食條件言之，蔬果種類、烹調方式多元豐富，再加醫學與養生知識不斷累積的情況下，[171]僧尼要維持健康或改善體質，理應更具條件，然而仍舊屢見如醫案所示的，僧尼因長期素食或疏忽飲食調養而導致慢性疾病的產生，外加久坐、誦念、鬱悶等，致使身心失調、衍生共同好發之疾。或許可以說，這是僧尼在追求悟道過程中，所難以避免的一種共業、[172]不易掙脫的命題。因此，病苦對僧尼來說，某種意義上，它是成佛之道的逆增上緣，[173]讓自己由凡夫之體超脫成聖者之靈的一種心志提煉，是由「凡」入「聖」必經的心路歷程。

---

[171] 有關明代飲食的種類、烹飪方法、養生知識等，可詳見藪內清，吉田光邦編，《明清時代の科學技術史》（京都：京都大學人文科學研究所，1970），〈近世食經考・明代食經〉，頁 356-383；劉志琴，〈明代飲食思想與文化〉，《史學集刊》，1999 年第 4 期（長春：吉林大學《史學集刊》編輯部）；伊永文，《明清飲食研究》（臺北：洪葉文化事業有限公司，1997），〈第 1 章自然篇 1 米、麥、玉米、蕃薯 2 野菜、蔬菜、水果〉，頁 5-44；同書，〈第 3 章烹調篇〉，頁 149-180；同書，〈第 4 章食治篇〉，頁 207-239 等研究。

[172] 共業，指眾生共通的業因，能招感自己與他人共通的業報（結果）。

[173] 逆增上緣，即逆境的激勵。

第十一章　佛教護生、放生與功德的傳統思維及其面向當代社會的相關考察

林朝成

國立成功大學中國文學系教授

一、前言

　　「護生」一直是佛教的基本思想，一般人要成為佛教徒，決定他對生命的態度與價值觀時，來尋求佛教庇護（皈依）的正確信念是：「從今日乃至命終，護生」。[1]佛弟子皈依三寶，不只是因為世俗的無常苦惱，更是因為人類所受的整個苦難而尋求佛教的保護，因此，誓願受戒，皈依三寶時，必須先確立佛弟子護生的根本信仰。

　　護生的對象是一切眾生（有情），也就是說凡是身心和合的存在者，具有求生惡死的生存意欲，對於身心的傷害會引起恐怖、苦痛、怨恨、激情、敵對者，皆屬救護的範圍。而眾生（有情）因有一期的壽命的延續，終止其生命的活動，為最大的傷害，故不殺生，為首要的護生原則。

　　護生信願分別的開示、受持，便是五戒。不殺生、不偷盜、不邪淫、

---

[1]　《阿毘達磨順正理論》卷 37 引《大名經》說：「佛告大名：諸有在家白衣男子，男根成就，歸佛、法、僧，起殷淨心，發誠諦語自稱：『我是鄔波索迦，願尊憶持，慈悲護念……我從今者，乃至命終，護生。』」見〔印度〕眾賢造，〔唐〕玄奘譯：《阿毘達磨順正理論》，《大正藏》冊 29，第 1562 號，頁 552 下-頁 553 上。

不妄語、不飲酒等五戒是根本戒，不殺生是護生的根本，其他四戒則用來鞏固護生的德行。印順法師（1906-2005）歸納五戒的總體意義，做如下的說明：

> 不殺，是不傷害他人的內命；不盜，是不侵害他人的外命。尊重他人的身命財產，所以能護人之生。不淫，是不壞他人的家庭和諧，所以能護家族的生。不妄語，使人類能互諒互信，不欺不諍，所以能護社會、人類的生。如離去護生的精神，對人對世的一切行為，都惡化而成為不善的邪行了。[2]

不殺、不盜、不淫、不妄語是印度宗教文化的共同戒規，佛教抉擇而發揮其精義。至於不飲酒戒，則是佛教特別的戒律，因酒能荒廢事業、戕害身體、更能迷心亂性，引發煩惱。佛法重智慧，所以酒雖似沒有嚴重威脅和樂的生存，卻是人失去理智、健康的原因，必須加以禁止。[3]

　　眾生包含天、人、阿修羅、畜生、餓鬼、地獄六道眾生，從地球的立足點來看，至少也有人、畜生的各種生命的存在，救護眾生是否該有個本末先後的優位順序？如果我們把關懷的重點放在畜生（非人類動物）的身上，是否妨礙、移轉我們對人類苦難的關注與解脫煩惱的追求？這是常識

---

[2] 釋印順：〈關於素食問題〉，《教制教典與教學》（臺北：正聞出版社，1981年），頁96-97。

[3] 中村元博士認為飲酒戒有其社會文化背景。印度人貧窮，買不起酒，於是爬上椰子樹，採果實下來，用小刀割破，經一天發酵後，就去喝它，因為並不是精製的，所以對健康不好，而且若在炎熱的國家任意喝它，就會徹底破壞身體，因此禁的很嚴。可是往北方去就放鬆了，尼泊爾祭祀迦梨（Kali）女神的印度教寺廟，其境內有有酒店。由此，可以認為原始佛教那麼嚴屬禁止飲酒，大概有風土及社會因素。參見〔日〕中村元著，釋見憨、陳信憲譯：《原始佛教》（嘉義：香光書鄉出版社，1995年），頁225。

上會提出的問難。對日抗戰期間，豐子愷（1898-1975）出版《護生畫集》，清晰地強調人與動物的情感經驗與相近的苦樂感受，偏重故事與圖畫媒介的藝術表達方式，激起同情共感的護生、救生思維，獲得極大的迴響，推動了民國時期護生戒殺的宣揚與實踐。[4]但有人對《護生畫集》所宣揚的護生理念產生異議，認為不利於當時的抗戰；對非人類動物的慈悲救護，不食其肉，時人以為面對貧困破敗、流離失所的中國困境，首要任務為關心中國的和平與人民生活的安定，「護生」則是逃避現實的作法。

　　面對這樣的批評和實務導向的倡導，豐子愷在《護生畫集》第 3 集序文中，鄭重地說明自己的護生宗旨：

　　　　護生是護自己的心，……並不是護動植物。再詳言之，殘殺動植物
　　　　這種舉動，足以養成人的殘忍心，而把這殘忍心移用於同類的。故
　　　　護生實在是為人生，不是為動植物。……我的提倡護生，不是為了
　　　　看重動物的生命，而是為了看重人的性命。[5]

《護生畫集》的題材取自於佛教傳統的故事，其內容也都是對非人類動物的放生救護，但豐氏的根本旨趣在於人本的價值，動植物的價值是因其與人的關連（護自己的心）而得到間接的肯定。在護生行動中，動物只具有手段的、間接的價值，而不是直接的、目的的價值。因此，中國近代放生事業的發展偏重在護救的人本意義，其發展乃「善會兼行放生」的運作模式，基本上是慈善團體的定位，放生、護生之善業等同「救嬰」、「濟

---

[4]　關於豐子愷《護生畫集》的護生思維及其護生宣傳活動的歷程，李雅雯的博論已提出精要的敘述和評價。參見李雅雯：《近代護生戒殺思想之發展與實踐》（臺北：國立臺灣師範大學中國文學系博士論文，2007 年）。

[5]　豐子愷：《護生畫集》第 3 集（臺北：慧炬出版社，1980 年），頁 3。

貧」、「拯溺」之善行，形成救助的護生文化。

　　從護生的動機與作為考察人與動物的關係，護生即是慈悲護念一切眾生，那麼動物本身是否具有本有的生命價值？當代環境倫理學關切動物的權利，佛教的護生行又提供怎樣的詮釋視野？在當代社會，護生落實到放生的具體行為時，每因不當的作法產生種種流弊，而受到注目與批評，這又有何解決之道？佛教的經典在護生的脈絡中又如何被運用與理解？基於以上的問題意識，本文嘗試分析佛教經典的脈絡，說明護生行的種種面向，尤其著重在：（1）護生觀的根源；（2）戒殺與不食肉及其衍生的種種問題；（3）不殺生的業報功德觀及其對護生實踐策略的影響；（4）放生的戒律、儀式習俗及其實踐中衍生的流弊；（5）在當代社會批評放生的語境下，省察護生放生的效用及其面對當代社會的放生行動；（6）當代的論述與制度化實踐的開展。由這六個面向建構佛教護生的多元面向，以便回應上述的問題，並從教義本身發展佛教的動物保護與保育倫理的論述，塑建了佛教護生的願景與行動方案。

二、護生觀的根源

　　戒從心生，經藏中記錄了種種不同的心態、動機而使人發心持戒。就護生而言，可有二種根源：一、自通之法；二、慈悲心。

（一）自通之法

　　自通之法是一種樸素的道德情感，以自己的心情，推度別人（一切眾生）的心情，經中稱為「自通之法」。《雜阿舍‧1044 經》世尊告訴婆羅門長者如是思擇「自通之法」：

> 何等自通之法？謂聖弟子作如是學：（1）我作是念：若有欲殺我
> 者，我所不喜；若我所不喜，他亦如是，云何殺彼？作是覺已，受
> 不殺生，不樂殺生。（2）如上說，我若不喜人盜於我，他亦不喜
> 我，云何盜他。……（7）如上說……我尚不喜人作綺語，他亦如
> 是，云何於他而作綺語？是故，於他不行綺語。[6]

經中分別就「不殺」、「不盜」、「不淫」、「不妄語」、「不兩舌」、
「不惡口」、「不綺語」等七戒說明自通之法。「自通之法」是把自己的
身分跟對方替換，先「推人及己」——他人如是待己，我可（不可）接
受，我喜（不喜）歡；然後，「推己及人」——我即以（不以）如是事待
他，使之能接受，使人歡喜意樂。[7]
　　一般世人的同情心，如孔子「己所不欲，勿施於人」的恕道，與「自
通之法」類同，只是「自通之法」所適用的對象為一切眾生，推及一切眾
生，殺生皆是不可愛、不可意，因此，離殺生為「自通之法」思擇實踐的
結果。[8]

6　所謂「自通之法」相當於「attûpanāika dhamma pariyāya」（涉己法門），句義分解如是：atta
　　（自己）upa-（接近）√nii（引導）dhamma（正法）pariyāya（理趣），合起來說即是：順情
　　合理地引導自己抉擇正確，正當的方法對待他人，所依據的是：發揚同情心、同理心、仁
　　心、恕心，設身處地，將心比心。見楊郁文：〈戒從心生〉，《中華佛學學報》第十三期
　　（2000 年 3 月），頁 48。此詞（Attupanayika）PTS 巴英辭典（PED）給的意思是：
　　referring to oneself. P.T.S.新版巴英辭典（NPED）給的意思是：concerning oneself, applied to
　　oneself, refering to oneself。此段經文 P.T.S.英譯為"Then, housefathers, I will teach you a Norm-
　　method which brings profit to oneself."Bhikkhu Bodhi 2000 年的相應部新譯："I will teach you,
　　householders, a Dhamma exposition applicable to oneself."。對應經典南傳《相應部尼柯耶》〈預
　　流相應 55〉第 7 經鞞紐多羅經。
7　寂天《入菩薩行‧靜慮品》的特色，即以「自他換」修利他。參見陳玉蛟：《入菩薩行導
　　論》（臺北：藏海出版社，1992 年），頁 41-48。
8　印順法師認為「自通之法」的精神是：「即以己心而通他人之心的同情，近於儒家的恕道。

　　就筆者所知，將自通之法適用的對象廣泛地延伸到一切動物，將它應用在放生戒殺的勸說，當屬雲棲袾宏（1535-1615）最具代表性。由於明末手工業、輕工業的發達，使得人民在衣、食、住、行各方面，皆瀰漫著奢侈的風潮，杭州地區在飲食上對肉類的需求，急速地增加，為此而犧牲的魚介和禽獸不計其數。對於這種現象，袾宏意圖對人類殺生的作為給予根源性的反省，以制止明末殺伐之氣。[9]

　　雲棲袾宏在《竹窗隨筆》、《遺稿》、《戒殺放生文》中強調動物與人同屬具有「覺知」、「血氣」的有情眾生，人由於自外於非人類的動物，對其所遭受的苦痛往往難以深切體會，而不能推情到動物的生存意欲、苦樂感知和恐懼，因此，而有種種虐待、殘殺動物的行為，卻渾然不覺其非：

> 或利刃剖腹，或尖刀刺心，或剝皮刮鱗，或斷喉劈殼，或滾湯活煮鱉蝦，或鹽酒生醃蟹蝦，可憐大痛無伸，極苦難忍。[10]

人類虐殺動物的種種慘狀，這種無明的殺業，迫使動物遭受種種極端的苦痛，因此他在《普勸戒殺放生文》中勸告世人吃齋、戒殺。又在〈湯厄〉

所以身語根本戒的受持不犯，不但是他律的不可作，也是自律的覺得不應該作。這例如不殺，不使一切有情受殺生苦，也是給一切有情以安全感。進一步，更要愛護有情的生命，戒不即是慈悲的實踐嗎？」見釋印順：《佛法概論》（臺北：正聞出版社，1981 年），頁227。

9　除了佛教提倡戒殺放生，明末儒者亦大聲疾呼戒殺，如高忠憲云：「少殺生命，最可養心，最可惜福，一般皮肉，一般痛苦，物但不能言耳。」（《高子遺書，卷十、下》）相關的研究參見〔日〕荒木見悟著，周博賢譯：《近代中國佛教的曙光——雲棲袾宏之研究》（臺北：慧明文化，2001 年），頁108-115。

10　〔明〕雲棲袾宏：《普勸戒殺放生·遺稿三》，《蓮池大師全集》第 3 冊（臺北：中華佛教文化館影印，1983 年），頁 4713。

篇中呼籲同理心，以自己所可能遭受的痛苦，推度動物所遭受的痛苦：

> 予見屠酤之肆，生置鱉鱔蝦蟹之屬於釜中，而以百沸湯烹之，則諭
> 之曰：「彼眾生力弗汝敵，又微劣不能作聲耳。若力敵，則當如虎
> 豹噉汝，若能作聲，冤號酸楚之聲當震動大千世界。」……汝試以
> 一臂納沸湯中，少頃而出，則知之矣。[11]

可憐鱉、鱔、蝦、蟹不能作聲，這並不表示他們不感覺苦痛。就人食獸或
獸食人而言，本是叢林的生存法則，力不敵者為刀俎之魚肉，如果這些受
宰殺的動物轉化為虎豹強敵，宰殺人類，這可是人類之所願？把手臂放在
沸湯中，一會兒時間再拿出來，那種燙傷的灼痛，或許可做為吾人感受
鱉、鱔、蝦、蟹被百沸湯烹的感覺，那可是怎樣的痛楚？換一個位子，感
受被宰殺的弱勢動物巨大的酸楚冤號。雲棲訴諸人的樸素的生命之愛，呼
籲要求人們停止殺生的作為。

　　動物有其天性，其天性必有利於後代的繁衍，方能生存，因此，其族
群情感的表現雖與人相異，但大體與人相近，尤其是哺乳類動物，因此，
雲棲要求設想動物的感情生活，以自通之法，想想動物的夫妻子女的親
情：

> 凡人無子則悲，有子則喜，不思一切禽畜亦各愛其子。
> ……慶我子生，令他子死，於心安乎？……凡人結婚必祝願夫妻偕
> 老，爾願偕老，禽獸願先亡乎？網罟鉤矢，見之驚怖，則魂膽飛
> 揚；中之喪亡，則母兒離散。如人遭亂世，兵火臨身，一何異乎？

---

[11]　〔明〕雲棲袾宏：《竹窗隨筆》，《蓮池大師全集》第 3 冊，頁 3694。

幽繫之，則禁錮不異囹圄；宰割之，則痛苦同於剮戮。設以身處，當何如其為情也？[12]

「設以身處，當何如其為情也？」便是雲棲在宣導護生戒殺時，以自通之法來看待人與動物的關係，當我們在日常生活中習見殺害動物生命時，能夠從動物與人類「自他換」的角度去認識動物的苦痛與無奈，得培養人對非人類動物的生命救護的悲心。而人在口腹享受之餘，也該有不忍之心：

窮極肥甘笙歌，屢飫於杯盤，宰割冤號於砧几。嗟乎！有人心者能不悲乎！則以彼極苦為我極歡，雖食，食且不下咽矣，可不悲夫！[13] 乃納百千萬億生靈於鑊湯之中，抽其腸肚以為吾嚴身之具，忍乎哉？[14]

由於人類非必需的生活享受，或為貪圖美食或為滋補己身，使弱勢的動物受害，此中除了力量大小的法則外，雲棲看不出人類有何正當性容許如此作為，雲棲要人們想一想牠們的痛苦，「心將安忍」、「忍乎哉」，這種訴諸於人類同理心的自通之法，在雲棲一生的護生行中，不斷地被呼喚與實踐。

自通之法，在《護生畫集》形成護生的主軸和最重要的理據，民國時期豐子愷描繪動物情感：親情、智慧形象的護生故事類型，強化動物與人相近的情感，人和動物的親緣性由是建立起同情感受，發而為不忍之心的救護行動。這是自通之法的運作和擴充，也是以情為主的感通效應。雲棲

12　〔明〕雲棲袾宏：〈戒殺放生文〉，《蓮池大師全集》第 3 冊，頁 3346-3356。

13　〔明〕雲棲袾宏：〈戒殺放生文〉，《蓮池大師全集》第 3 冊，頁 3350-3358。

14　〔明〕雲棲袾宏：《論蟲‧山房雜錄一》，《蓮池大師全集》第 4 冊，頁 4248。

的做法表現出佛教護生思想所強調的「自通之法」精神，這種觀念在後代提倡護生的作品或故事中形成一貫的說法。由此看來，「自通之法」是中國護生思想的主要理據。

（二）慈悲心

　　五戒以護生為本，然人無善心，不存慚愧心與慈悲心，則不能持戒護生。原始佛典中「慚愧」與「慈悲」，同為護念眾生、不殺生的道德心行。慚愧心是人類傾向光明、崇重賢善，厭離黑暗，怖畏羞惡的自覺。[15]有此自覺，對於應該這樣（不殺、護生），不應該那樣（殺生、害生）自然有個改過遷善的動機。慈悲則於眾生起拔苦與樂想，故能實質的持戒、護生而不犯戒。經上說：

> 具諸戒行，不害眾生，捨於刀杖，懷慚愧心，慈念一切，是為不殺。[16]

> 一心平等，修習正戒；遠離於殺，不執刀杖，心懷慚愧，普安一切，不施恐怖，其心清靜，無所加害。[17]

---

[15]　《俱舍論》卷四對慚愧舉出二種解釋：一者謂崇敬諸功德及有德者之心為「慚」，怖罪之心為「愧」；一者謂自省所造之罪惡而感羞恥之心為「慚」，以自己所造之罪面對他人時引以為恥之心為「愧」。見〔印度〕世親造，〔唐〕玄奘譯：《阿毘達磨俱舍論》卷 4，《大正藏》冊 29，第 1558 號，頁 21 上。

[16]　〔後秦〕佛陀耶舍、竺佛念譯：《長阿含經・阿摩晝經》，《大正藏》冊 1，第 20 號，頁 222 上。

[17]　〔東晉〕竺曇無蘭譯：《寂志果經》，《大正藏》冊 1，第 22 號，頁 272 下。

常具慚愧，悲憫有情，下至螻蟻，起護念想。[18]

若有善男子、善女人，盡形壽，不殺生，不加刀杖。常知慚愧，有慈悲心，普念一切眾生。[19]

云何不殺生？若人離殺生，棄捨刀杖，懷慚愧心，慈念一切，是為不殺。[20]

多聞聖弟子離殺、斷殺，棄捨刀杖，有慚有愧，有慈悲心，饒益一切，乃至昆蟲，彼於殺生淨除其心。[21]

慚愧與慈悲是良心的連動，一起作用、隨行，因此，當我們說慈悲時常以慚愧同行。

從佛教經典來考察，慚愧心與慈悲心同為護生、戒殺的根源，然在大乘佛教的發展過程中，因慈悲觀的流行，慈悲心常概括、收攝慚愧心，其實這只是教義深淺面向的不同而已，其基本精神是一致的。

慈悲，依《大智度論》的詮釋：「大慈，與一切眾生樂；大悲，拔一切眾生苦。」[22]兩者合起來的慈悲心願，稱慈悲心。「慈」的相應梵語為

18　〔宋〕施護等譯：《尼拘陀梵志經》，《大正藏》冊 1，第 11 號，頁 222 上。

19　〔東晉〕僧伽提婆譯：《增壹阿含經·三供養品》，《大正藏》冊 2，第 125 號，頁 606 下。

20　〔後秦〕曇摩耶舍、曇摩崛多等譯：《舍利弗阿毘曇論》卷 27，《大正藏》冊 28，第 1548 號，頁 700 下。

21　〔東晉〕僧伽提婆譯：《中阿含經·伽藍經》，《大正藏》冊 1，第 26 號，頁 438 下。

22　〔印度〕龍樹造，〔後秦〕鳩摩羅什譯：《大智度論》卷 27，《大正藏》冊 25，第 1509 號，頁 256 中。《十地論》云：「慈者，同與喜樂因果故；悲者，同拔憂苦因果故。」見〔印度〕天親造，〔北魏〕菩提流支等譯：《十地論》，《大正藏》冊 26，第 1522 號，頁 134

maitrī，「悲」則為 karuṇā。maitrī 是由 matra（朋友）轉變而來的抽象名詞，是「最高的友情」之意，這種友情，並非只限於一部份特定的人而言，而是對一切的人、一切的眾生。所以，其現代的意義，就是視一切眾生為伙伴的情感。karuṇā 的原意則是感嘆，感嘆人生的苦惱而發起救濟的心願。[23]慈悲，簡單的說，就是對有情廣大深刻的同情而生起救護的心行。

慈悲心有兩個面向：自心淨化與自他和樂，印順法師認為「從自他和樂中淨化自心，從自心淨化去增進自他和樂，實現國土莊嚴，這即是淨化自心與和樂人群的統一。」[24]把握這兩個面向的統一才是慈悲心的要旨。

慈悲心的淨化自心，在《阿含經》已有明白的說法：

> 心與慈俱，無結、無怨、無恚、無諍、極廣、甚大，無量善修，遍滿一切世間成就遊。[25]

> 已行慈心，所有瞋恚皆當除盡。……已行悲心，所有害心悉當除盡。[26]

可見慈悲心有對治義，可除盡瞋、恚、害心，使自心淨化，消除種種怨恨、瞋恚、煩惱。瞋恚之心使人對有情眾生冷漠無情，甚至加以傷害滅亡，這便完全違反了自他和樂的宗旨。《舍利弗阿毘曇論》解釋「無瞋」

上。其他如《大乘本生心地觀經》卷 1、《順正論》卷 79 等，亦有是說。

[23] 參見吳汝鈞編著：《佛教思想大辭典》（臺北：商務印書館，1992 年），頁 464。

[24] 釋印順：《佛法概論》，頁 245。

[25] 〔東晉〕僧伽提婆譯：《中阿含經・教化病經》，《大正藏》冊 1，第 26 號，頁 458 中。

[26] 〔東晉〕僧伽提婆譯：《增壹阿含經・安般品》，《大正藏》冊 2，頁 458 中。

的意義是：「云何無瞋？若人離瞋恚，心不欲令此眾生傷害、繫閉，受種種苦，是名無瞋。」[27]護生與不瞋恚密切相關，護生必須從不瞋恚的慈心求得心理動機的根本解釋。至於悲心，當起於人廣泛的同情心，興發行善動機與願力，故能淨化吾人凶殘害心，而達護生的目的。

　　慈悲的「自他和樂」，表現在「利他」的精神。據經典記載，[28]世尊最初修道的動機，是源自於他對眾生之間彼此傷害的殘酷真相而起的：生長在宮中的世尊，一日出宮看見農人在烈日之下驅牛耕田，雖然疲累饑渴仍不得休息；而耕牛背負著牛軛被役使、被鞭打，從牛軛所壓傷的傷口與鞭笞的傷口上流下了鮮血，鮮血滴下土壤不久長出蛆蟲，而被翻開的田土也暴露出種種小蟲，這些小蟲便成為鳥類的食品。眾生相殘相食的場面，令世尊感受到強烈的痛苦與悲憫，由此領會到痛苦是一切眾生共同的經歷，為了離苦，世尊引發了求道與解脫的想法，但世尊之求解脫，不只是為了自己，也為了一切眾生，因為眾生的痛苦與解脫，其實是休戚與共，因緣關連，世間眾生被一個無形的因果鎖鏈所束縛，不解開這一束縛，眾生便無由從痛苦之中獲得解脫。

　　「利他」的精神，在大乘佛教中得到徹底的教義體系建構，大乘佛教認為佛陀的精神，絕對不是教導眾生只為了自己的利益著想，不是只要自己得解脫就夠了。如果是這樣的話，如來便不會悲愍眾生，在他証道之後也不會教導眾生獲得解脫的途徑。自利是佛陀解脫的趣向，慈悲利他則是如來的本懷。而且當自利與利他互相衝突之時，大乘佛教乃以利他為先，甚至暫且放下自利的解脫，以實踐利他的慈悲為目的。《大智度論》即說：

27　〔後秦〕曇摩耶舍、曇摩崛多等譯：《舍利弗阿毘曇論》卷 27，《大正藏》冊 28，第 1548 號，頁 700 下。

28　〔隋〕闍那崛多譯：《佛本行集經》，《大正藏》冊 3，第 190 號，頁 705 下-706 上。

> 慈悲是佛道根本。所以者何？菩薩見眾生老病死苦、身苦、心苦、
> 今世、後世苦等諸苦所惱，生大慈悲救如是苦，然後發心求阿耨多
> 羅三藐三菩提；亦以大慈悲力故，於無量阿僧祇世生死中，心不厭
> 沒，以大慈悲力故，久應得涅槃而不取証。以是故，一切諸佛法
> 中，慈悲為大；若無大慈大悲，便早入涅槃。[29]

慈悲在《大智度論》中被認為是佛道的根本，菩薩在觀察一切眾生生命當中的苦難，生起了大慈大悲之心，欲令眾生解脫一切諸苦；為了要救眾生之苦，所以菩薩發心願得無上正等正覺，要以大智慧來實踐其大慈大悲。發心菩薩在無量時空的生死輪迴大海之中，不論經過多少次輪迴，也不論轉生為何種生命型態，菩薩始終憶持不忘原本的一念慈悲，無怨無悔，心不懈怠，臨証悟時，也因慈悲眾生的緣故，早該証入涅槃卻不証入，情願隨著眾生在生死海中依願力流轉。故說佛法當中，以慈悲為最大，若不是因為大慈大悲的緣故，菩薩早就入於涅槃，獲取自身的極樂了，何必還要救度眾生。《大智度論》的詮釋，確立了慈悲為大，慈悲為菩薩本質的中心思想，護生的實踐，也在這個思想架構上，積極地展開。

菩薩的慈悲心，還得從實際的事行中去充實慈悲的內容，充實慈悲的事行名利他行，利他行大綱是布施、愛語、利行，同視四攝法，就護生的利他行來說，最重要的就是「布施」。「布施」的情節在《本生經》的故事中滿足了崇拜者的心情，也為大乘利他行樹立典範。在《本生經》中屢屢讚嘆佛陀在前生所行布施的功德，其中最著名的故事例如捨身飼虎與割肉餵鷹的故事。這些故事把慈悲行絕對化，甚至可以為眾生捨身飼虎餵

---

[29] 〔印度〕龍樹造，〔後秦〕鳩摩羅什譯：《大智度論》卷27，《大正藏》冊25，第1509號，頁256下。

鷹。慈悲行的絕對化，其實也是象徵對於「我」及「我所」的徹底揚棄，
這可視為佛陀「無我」精神在世俗人事上的具體表現。然而換個角度來
看，那樣的慈悲布施，自己的生命都可以布施出去，而且僅僅是因為一念
慈悲，並未其對布施的後果、布施的正義，或者布施的利弊加以考量，是
否合乎中道，顯然是個問題。對凡人來說，動物有動物的生存方式，捨身
並不能改變生物之間「吃」與「被吃」的關係。嘗試以布施來緩和食物鏈
的組成關係，並不近情理，且不是常態的作法。因此後世大乘經典對此必
須予以詮釋，說明菩薩何以能夠行如此之慈悲布施，菩薩為何要如此行布
施。

　　《本生經》故事的創作，乃是源自佛陀崇拜而來，因此把佛陀加以神
化以顯揚其絕對的慈悲，這是將崇拜對象神聖化的結果，是否可納入整體
佛陀中道的教義，並非其考量的重點。所以吾人並不需要對本生故事的表
面含義太過認真執著。從其象徵的意涵來說，本生菩薩慈悲的行徑，令我
們想到菩薩的慈悲，並不存在著任何界限，而且其背後也預設了眾生平等
的觀念。沒有界限的慈悲，不惟今生或者來世，乃至無窮的來世，菩薩都
要以慈悲對應眾生；不只對人慈悲，對猛虎飛鷹等非人的禽獸，也要平等
地施予慈悲。

　　布施的方式到了後世，被細密地分辨，《大智度論》云：「布施有
三，一為財施，二為法施，三為無畏施」。[30]財施就是財物的施與；法施
就是將佛法說與人知，以佛法度人之意；無畏施則是救人厄難，令人無所
畏懼的意思。由此可知大乘菩薩慈悲布施的內容，已由財物逐漸轉向佛之
教法，而以解脫為慈悲的最終目的。

30　〔印度〕龍樹造，〔後秦〕鳩摩羅什譯：《大智度論》卷14，《大正藏》冊25，第1509號，
　　頁162中。

龍樹（150-250）認為，慈悲是智慧的根本，《大智度論》卷20云：

> 大悲是一切諸佛菩薩功德之根本，是般若波羅蜜之母，諸佛之祖母。菩薩以大悲心故，得般若波羅蜜。得般若波羅蜜故得作佛。[31]

般若波羅蜜為布施、持戒、忍辱、精進、禪定、智慧（般若）六波羅蜜。六波羅蜜是大乘菩薩修行解脫的法門，所謂的「波羅蜜」是梵文的（paramita）的譯音，意為「到彼岸」。六波羅蜜即指六種可以度過生死煩惱大海到達清淨解脫之彼岸的法門。一般大乘思想是以般若波羅蜜為成佛得度的最重要法門，其餘五種法門若不以智慧（般若）為本的話，則未必能度過生死海。但龍樹則更進一步論說，智慧的獲得乃以慈悲為本。這即意謂，原本本生菩薩以布施為核心的慈悲觀，變成慈悲與智慧並重之悲智雙運的慈悲觀。慈悲是智慧根本的意思，並不是否定智慧在解脫上的重要性，而是就追求智慧的動機或者目的而說的。智慧（般若）波羅蜜是成佛的重要法門，然而成佛的動機與目的，即在於慈愍一切眾生，以及想要救度一切眾生的一念慈悲上。所以彌勒菩薩說：

> 於所應作利有情事，策勵思維方能修作，未能任性哀愍愛念。[32]

慈悲與智慧之於大乘菩薩而言，便如車之雙輪，鳥之雙翼，缺一則不能運行自在。本生菩薩的故事中，那些徹底而絕對的布施，便獲得了智慧作為

---

[31] 〔印度〕龍樹造，〔後秦〕鳩摩羅什譯：《大智度論》卷20，《大正藏》第冊25，第1509號，頁211中。

[32] 〔印度〕彌勒造，〔唐〕玄奘：《瑜珈師地論》，《大正藏》冊第30，第1579號，頁554上。

其布施的規範，而不再是任意隨情的哀愍之念。有利眾生之事，需經思惟其妥當性，其是否達成利生之效應，方有所作為。換言之，大乘菩薩的慈悲觀，已逐漸呈現其合理性的發展方向，以受者為中心，展現護生的智慧。

三、不殺生、食淨肉與不食肉

（一）不殺生與動機論

　　佛教「殺斷人命」波羅夷法（極惡、根本的大罪）的制定，依《四分律》的記載，是由於佛陀教導比丘們修習不淨觀，引發他們厭離人身或生命，或想求死，或讚嘆死、或相互勸死的後果。沙門種出身的比丘勿力伽難提，由於離欲比丘的勸求，幫助他們斷絕生命，並誤以為是為了成全離欲比丘出離生死所做的功德。教團在這種氣氛下，給外界極為惡劣恐怖的印象，引生僧團存在的危機。佛陀乃將比丘集合於講堂，教導數息觀，並依十句義制戒設律的根本精神，[33]制定殺斷人命的波羅夷法：

　　　若比丘故自手斷人命，持刀授與人，嘆譽死、快勸死：「咄！男子，用此惡活為？寧死不生。」作如是心，思惟種種方便，嘆譽

---

[33] 十句義為：（一）攝取為僧；（二）令僧歡喜；（三）令僧安樂；（四）令未信者信；（五）已信者令增長；（六）難調者令調順；（七）正法得久住。昭慧法師總括十句義，為三類制戒原因：（一）為個人身心清靜，得以除障道法；（二）為僧團得以和樂清靜，而提供修道、弘法的好環境；（三）為避世譏嫌，使世人敬信三寶。見釋昭慧：《律學今詮》（臺北：法界出版社，1999年），頁111。

死，快勸死，是比丘波羅夷，不共住。[34]

勿力伽難提最先違犯戒法，被逐出僧團，不得與其他僧人同住。檢視該法的制定，佛教對不殺確立了兩點原則：（一）從動機論的角度評判殺生罪責的成立。「比丘故自手斷人命」，故意加以殺害，才是殺生罪成立充分的要件；（二）既便為了成全對方解脫的理由，也不得讚嘆身死，勸說人死，助人斷命。因這違反了護生的宗旨：「非淨行，非隨順行，所不應為」。

依佛教的經論，殺生罪的構成，需要四個要件：[35]

1. 眾生：謂所殺的對象確實是眾生。被殺的眾生凡聖高低的差別不同，因而判定殺生罪，也就有輕重及五逆罪的別異。

2. 眾生想：所殺的眾生，當你去殺他時，的確是把他當眾生看。如夜行見到一枯樹樁，你誤把它看成是個人，於是把枯樹樁砍斷，所殺的不是眾生，但因當時具有殺害的心意，亦犯輕垢罪。反之，如把蛇當成繩子，砍斷蛇命，但因當時沒殺眾生的心意，不犯殺生戒。

3. 起害心：即殺心，殺害眾生的動機，有了這個殺的動機，不論是自身去行殺、教他去行殺，設計巧妙的方法行殺，都構成殺生罪。

4. 正加害：殺害眾生已遂，所殺害的眾生，的確已經身亡，不能延

---

34 〔後秦〕佛陀耶舍、竺佛念等譯：《四分律》卷 2，《大正藏》冊 22，第 1428 號，頁 576 中。

35 法藏師依地論的說法，主張有五緣，加上了「他身」的要件，這是為了簡別自殺與他殺的不同。見〔唐〕法藏：《梵網經菩薩戒本疏》卷 1，《大正藏》冊 40，第 1813 號，頁 609 下。以下的論述除參考法藏的說法外，另參考釋演培：《梵網經菩薩戒本講記》（臺北：天華出版公司，1989 年），頁 132-138。

　　續一期的生命。

　　這四個要件，最重要的是殺心、起害心的殺生動機，《十誦律》記載，佛陀弟子迦留陀夷在某次到居士家乞食時，不小心壓死一個嬰兒的本事：

> 是家婦有未斷乳兒，持著床上，以氈覆之，捨去。迦留陀夷門下彈指，婦人出看言：「大德入座此床上。」迦留陀夷不看便坐，兒上腸出。大喚！婦言：「此有小兒，比丘身重，小兒即死。」作是事已，還到寺中，語諸比丘：「我今日作如是事。」諸比丘以是事白佛，佛知而故問：「汝以何心作？」答曰：「我不先看床，上便坐。」佛言：「無犯。從今當先看床榻坐處，然後可坐，若不先看者，得突吉羅罪。」[36]

　無意圖的過失殺人，佛陀判定為「無犯」，就其過失，只得突吉羅罪，[37]而不是波羅夷的重罪，可見殺生罪的根本還是殺心的有無。

　　就不殺生的對象來說，眾生雖有凡、聖、高、低之不同，但同具內在的生命價值，佛教堅守不殺生的戒律。唐朝義淨（635-713）法師在引介聲聞戒進入中國的同時，重視「漉水囊」的功效，他認為「觀蟲濾水，是出家之要儀」，[38]即使「水中小蟲」也是「不可殺生」的持戒對象：

> 寧知房內用水，日殺千生萬生。既知教理，宜應細羅細察，自利利

36　〔後秦〕弗若多羅、鳩摩羅什譯：《十誦律》卷2，《大正藏》冊23，第1435號，頁10下。

37　突吉羅罪，即惡作惡語等輕罪，意譯為惡作、小過、輕過，乃一切輕罪之總稱。這是就佛教的角度言其輕重，不是就世間的法律而言。

38　〔唐〕義淨：《護命放生軌儀法》卷1，《大正藏》冊45，第1901號，頁902中。

　　物，善護善思。[39]

義淨的做法表現佛教徒「微細不殺」的慈悲態度，[40]佛教徒微細不殺的態度，常可見於對生活資具或儀軌的反省，明末雲棲袾宏便認為要減少水陸施食儀軌的儀式，以免「焰口燒傷小蟲微命」，這些實例都可見出佛教徒「不殺生」的謹慎態度。

　　達成不殺生的善道是要以淨戒和平的手段達成的。《正法念處經》說到阿修羅果報的眾生行不殺法的方式是這樣的：

　　　　彼以聞慧，知此眾生。見漁獵者，張圍設網，置罟遮截，為利眾
　　　　生，令其活命，破彼魚嶭；或有勢力，逼令放生。或為自力、或求
　　　　名譽、或為王者、或為大臣，遮斷屠殺；或護種族，先世相習，行
　　　　不殺法，不行諸善。是人身壞命終，墮阿修羅道。[41]

採取強硬手段，為了自利名譽而放護生命，或只是外道遵守祖先不殺的傳統，不持淨戒，不起慈悲心的不殺法，其業報就是阿修羅。這裡提出「不殺」並非孤立的目標，它要和諸善業相結合，或為護生的傳統體系，才有善業報。

39　〔唐〕義淨：《根本說一切有部毘奈耶雜事》卷 19，《大正藏》冊 24，第 1451 號，頁 293
　　下。

40　這種態度，即使到了現在，仍活生生的存在。一生極力提倡放生的蔡念生居士，於民國 53 年
　　尋找適合的租屋時，看中一所日式舊房，間數、租價、地點都很合適；房東在他即將搬入的
　　時候告知舊房子有許多白蟻，請他再多考慮。蔡居士便決定放棄這棟已經看定的房子，避免
　　用藥殺蟻、傷害蟻命。

41　〔北魏〕般若流支譯：《正法念處經》卷 19，《大正藏》冊 17，第 721 號，頁 109 中。隋代
　　淨影寺慧遠解釋阿修羅的種類時，將這類修羅歸於鬼修羅。見〔隋〕慧遠：《大乘義章》卷
　　11，《大正藏》冊 44，第 1851 號，頁 626 中。

（二）不殺生與菩薩戒

就戒律而言，菩薩戒的出現是在大乘菩薩思想興起之後的事。菩薩（bodhisattva）是由菩提（bodhi）和薩埵（sattva）所合成的復合語。意指具有圓滿、完美的智慧和覺悟的智能的眾生。[42] 在原始佛教中所謂的「菩薩」，大多指釋迦牟尼佛未證悟前的身分，或指一生補處菩薩。發展到大乘佛教時期（如《大般若經》、《大智度論》），則泛指具某些特質的人。《大般若經》云：「為欲利樂諸有情故，勤求無上正等菩提，故名菩薩」[43]菩薩就是勇猛精進，上求菩提，下化眾生，永無退心的大士。換言之，菩提和慈悲便是「菩薩」的根本特質。

菩薩戒是成就菩薩的基礎，若想成為菩薩，就該受持菩薩戒，所以菩薩戒的主要精神及內涵，就是以菩提和慈悲心為核心而展開、制定的。總括菩薩戒的內容，即所謂的三聚淨戒：

1. 律儀戒：七眾的別解脫戒，以禁止、防護、持守淨戒為體，為攝善法戒、攝眾生戒的根基。

2. 攝善法戒：站在律儀戒的基礎上以成就無上菩提為出發點和終極點，用身、口、意三業，修集一切的善法、佛法的淨戒。

3. 饒益有情戒：以菩提心、大悲心，勤勇地行純粹（不含私心、自利）利他的戒行，以使眾生悉得究竟之安樂。[44]

就聚淨戒的持守來論，三者之間的關係密不可分，《瑜伽論》云：

---

[42] Monier-Williams, *A.Sanskrit-English Dictionary* （Oxford: Oxford University Press, 1964）, pp.734。

[43] 〔唐〕玄奘譯：《大般若經》卷 497，《大正藏》冊 7，第 220 號，頁 531 中。

[44] 參見釋體韜：《六度四攝與《瑜伽論‧戒品》之關係》（臺北：法鼓文化，1997 年），頁 17-34。

> 若能於此（律儀戒）精勤守護，亦能精勤守護餘二（攝善法戒、饒
> 益有情戒）……（反之亦然）……是故，若有毀律儀戒，名毀一切
> 菩薩律儀。[45]

因此，受持菩薩戒並非捨棄聲聞戒，而是捨棄小乘心。宗喀巴（1357-
1419）對這之間的關係，曾有明白的宣示：

> 生起菩薩律儀，應即捨小乘意樂，而不應捨別解脫戒。若復已具大
> 乘律儀，而乃生起小乘意樂，即是毀失大乘律儀。至別解脫不應棄
> 捨，由別解脫兩乘共故。因意樂故，捨別解脫，不應道理。[46]

聲聞戒與菩薩戒的差異當在於是否具菩提心而受持，自發菩提心，自生悲
心，愛樂善法心，方能真正受持菩薩律儀。而這種動機的根本轉換，對不
殺生戒的詮釋也出現新的面貌。

《瑜伽論》輕戒第九條便討論到開許殺生性罪的情境：

> 若諸菩薩安住菩薩淨戒律儀，善權方便，為利他故，於諸性罪少分
> 現行，由是因緣，於菩薩戒無所違犯，生多功德。謂如菩薩見惡劫
> 賊，為貪財故欲殺多生，或復欲事已，發心思惟：「我若斷彼惡眾
> 生命，墮那落迦，如其不斷，無間業成，當受大苦，我寧殺彼墮那
> 落迦，終不令其受無間苦。」如是菩薩意樂思惟，於彼眾生，或以

45　〔印度〕彌勒造，〔唐〕玄奘譯：《瑜伽師地論》卷 75，《大正藏》冊 30，第 1579 號，頁
　　711 中。

46　〔元〕宗喀巴著，湯薌銘譯：《菩提正道菩薩戒論》（臺北：佛教出版社，1989 年），頁
　　24。

善心或無記心，知此事已，為當來故深生慚愧，以憐愍心而斷彼
命。由是因緣，於菩薩戒無所違犯，生多功德。[47]

在這種情境下，菩薩戒有條件地開許殺生性罪，然就其立戒的旨意，應有
以下的要件：

1. 正當的動機：利益眾生，饒益有情，不忍彼眾生墮無間地獄苦。

2. 無污染心：以無損害心、無瞋恚心而現起深刻的憐愍心與饒益
   心。

3. 善權方便、權宜之計：為利他的原因，在當時特殊情境下所不得
   不採取的利他作為。因此，並不是一普遍的原則，而是情境倫理
   的作為。

佛陀當初制戒是本著十句義的根本原則，菩薩戒的終極判準則是：饒益有
情，它並不違背動機論的旨趣，只是饒益有情的作為必須完整考慮所有情
境的因素，才能達成最適當的權宜方便。因此，為了慈悲利他，所有的規
範、戒律有可能被凌駕，以成全利他的終極價值，這便對聲聞戒有所修正
和轉化。羽田野伯猷教授指出菩薩戒開許遮戒與開許性戒的總原則：

> 將慈悲利他的清靜意樂當作世俗的、日常性的行動規範，此意念即
> 是菩薩戒。大乘佛教的實踐，菩薩存在的理由，都在慈悲利他的自
> 律自主的實踐裡。在此範圍下，菩薩如何地行動都不成為違犯，此
> 為菩薩學道的原點，也是總抉擇。[48]

---

[47] 〔印度〕彌勒造，〔唐〕玄奘譯：《瑜伽師地論》卷75，《大正藏》冊30，第1579號，頁
517中。

[48] 〔日〕羽田野伯猷：〈瑜珈行派の菩薩戒をめぐって〉，（《ケベットインド》學集成）第

然而是否已受菩薩戒的初發心菩薩皆可開許不殺性戒？宗喀巴認為，至少必須是歷經多劫修行善巧方便、大悲成就之地的菩薩眾，方可開許：

> 愛他有情更勝於己，善權方便為利他故，捨殺生外無能救彼，菩薩於此乃得開許；非謂一切大乘行者悉可開許。若僅初學菩薩戒者，亦不許開，何況餘諸不護淨戒，自許大乘，雖發相似悲憫之心，或發相似菩薩心者，決不應行。[49]

就開放的對象嚴格加以界定，不只考慮其動機、資格與最後不得已的手段，也整體衡量其行為結果，這便深化不殺生戒適用的情境，且不容輕易地被凌駕與違犯。

（三）不殺生與食淨肉

原始佛教嚴格貫徹不殺生戒，但因過著乞食的生活，施主的家中未必備有素食，只能隨施主家中所有，隨緣飲食，不能嚴禁肉食。因此，針對提婆達多要求以頭陀行為唯一的修行方式，並提出「不食肉、魚」的規定，佛陀加以明白拒絕：

> 癡人，我不聽噉三種不淨肉：若見、若聞、若疑。見者，自眼見是畜生為我故殺；聞者，從可信人聞為汝故殺是畜生；疑者，是中無屠賣家，又無自死者，是人兇惡，能故奪畜生命。癡人，如是三種肉我不聽噉。癡人，我聽噉三種淨肉，何等三？不見、不聞、不

四卷インド篇（京都：法藏館，1988 年），頁 148。中譯文見釋體韜：《六度四攝與《瑜伽論・戒品》之關係》，頁 40。

[49] 〔元〕宗喀巴著，湯薌銘譯：《菩提正道菩薩戒論》，頁 207。

疑。不見者，不自眼見為我故殺是畜生；不聞者，不從可信人聞為
汝故殺是畜生；不疑者，是中有屠兒，是人慈心，不能奪畜生命，
我聽噉如是三種淨肉。[50]

遮禁與開許肉食，其關鍵在於是否故意殺生，而不是因為它是肉。過著乞
化生活的比丘，只要不見、不聞、不疑，肉食是不犯殺生戒的。

　　在佛陀時代，乳、酪、魚、肉為美食，比丘於托鉢時，不可起貪心，
刻意要求，否則，犯波逸提罪。這條戒律有但書，為了治病所需，是可以
為比丘乞魚肉：

自今已去，聽病比丘乞彼人，亦聽為病比丘，乞得已，聽食之。自
今已去，當如是說戒：若得好美飲食，乳酪、魚及肉，若比丘如此
美飲食，無病自為身索者，波逸提。比丘義如上，美食者，乳、
酪、魚及肉。[51]

淨肉可食，但不可主動索取，因其助長貪心，違犯十善業，使內心不清
靜。然開許為病比丘乞肉，則是戒律對特殊情況所保留的彈性。

　　《正法念處經》有一個案例，提及買肉療病所衍生的狀況：

50　〔後秦〕弗若多羅、鳩摩羅什譯：《十誦律》卷37，《大正藏》第23冊，頁264下-265上。
　　當年佛陀的堂弟提婆達多為了爭奪教團領導權，標榜常乞食、糞掃衣、常露坐、不食酥鹽、
　　不食魚肉，以吸引有此種傾向的僧眾的擁戴。有關此一問題，詳見釋印順：〈論提婆達多之
　　「破僧」〉，《華雨集》（三）（臺北：正聞出版社，1993 年），頁 1-36；季羨林：〈佛教
　　開創時期的一場被遺忘的「路線鬥爭」——提婆達多問題〉，《季羨林文集》（南昌：江西
　　教育出版社，1998 年），頁 278-313。

51　參見〔後秦〕佛陀耶舍、竺佛念等譯：《四分律》，《大正藏》冊22，第1428號，頁664。

云何不殺生？若有疾病，恐喪其命，買肉療病。若於熱時，或經多時，肉中生蟲。若去此蟲，則蟲斷命。寧自喪命，不去此蟲，護命蟲故。如是善人，乃至微細小罪，見之生怖。[52]

生重病時，恐喪生命，買肉療病，原是聽許的行為，然因肉中生蟲，寧願喪命，不願殺生（斷蟲命）食肉。從人身難得的佛教立場，或平等考量人命與蟲命的價值來說，如此情境原有許多因應的方法，不作智慧抉擇，只執著單一面向的作為，未免有失生命的尊嚴與價值。且生蟲的肉是否有療效，或是加重病情，須符合經驗法則。但從動機來論，殺害有情生命，即使是微小細物，也是過惡，至於食不食肉，這是可以依循規範合理解決的問題。

在印度的傳統，人類傷殺非人的動物生命，主要的緣由有二：一者「提供生計所需」；二者「祭典用牲」。[53]「殺生」實兼具生計生活與宗教性的意義。在印度傳統宗中，祭祀用牲的傳統，佛陀嚴厲加以批判：為了祭祀吃肉，相傳是天神的規則，反其道而行，則被稱為「羅剎的行徑」。《摩奴法論》如此規定祭祀的功效：

若邪盛大會繫群少特牛、水特、水牸，及諸羊犢、小小眾生，悉皆傷殺，逼迫苦切，僕使作人，鞭笞恐怛，悲泣號呼，不喜不樂，眾苦作役，如是等邪盛大會，我不稱嘆，以造大難故。[54]

---

[52] 〔北魏〕般若流支譯：《正法念處經》卷 35，《大正藏》冊 17，第 721 號，頁 207 下。

[53] 印度傳統對於殺生、牲祭與肉食之關係的思想演變，請參見康樂：〈潔淨、身分與素食〉，《大陸雜誌》第 102 卷第 1 期（2001 年 1 月），頁 15-46。

[54] 〔劉宋〕求那跋陀羅譯：《雜阿含經》卷 4，《大正藏》冊 2，第 99 號，頁 22 下。邪盛，指

婆羅門教的祭典，以其造成眾生的大災難，牲祭中血食的傳統信仰，在佛教的教義中，違反了不殺生、護生的根本精神。此後，不管是南傳或北傳佛教，對祠祀血食的態度都是一致遵守世尊的教誨。疑經《灌頂經》甚至判定其為愚癡邪見，死入地獄者：

> 殺豬、狗、牛、羊種種眾生，解奏神明，呼諸邪妖魍魎鬼神，請乞福祚，欲望長生，終不可得。愚癡迷惑，信邪倒見，死入地獄，輾轉其中，無解脫時。[55]

由此可見，佛教僧眾遵守護生、不殺生的戒律，不許祭祀血食作為肉食之正當理由，雖隨乞食生活之需，許食三淨肉，但仍不得違犯不殺生、不貪、不瞋、不癡的基本精神。

（四）不食肉戒

　　早期佛陀對殺生的看法大致以「三淨肉可食」與「祭祀不可殺生」兩點為主，當年遭到佛陀反對的提婆達多提出的「不食魚肉」的頭陀行經由殘存僧團的勢力流傳下來，在印度本土逐漸發酵。從阿育王石刻中可以發現，阿育王在印度西元前 3 世紀中葉已經大力勸導「不殺生」的觀念，他強調的「不殺生對象」主要指「非人類的一般生物」，這種一般生物通常指「不能充食或作耕種之用者」，包括大（水牛、豪豬）小（各種微細生物）種類。他雖然列出禁止殺害的動物，但是對於人們為了食用、祭祀目

　　印度教祭典；繫群少持牛，指繫縛成群年幼的公牛。「特」為公牛，「牸」為母牛，「犢」為小牛。

[55]　〔東晉〕帛尸梨蜜多羅譯：《佛說灌頂經》，《大正藏》冊 21，第 1331 號，頁 535 中。

的的殺生行為仍然無法斷然的禁止，[56]迴避「祭祀」、「食用」目的下的「殺生行為」與「不殺生戒」的衝突。阿育王之後，《摩奴法論》以祭祀得超升的角度，說明食肉的規範：

> 買來的、自得的、或者別人惠贈的肉，如果在供過天神和祖先以後吃，他就無過失。……但是，如果有人在依規則受到邀請之後不吃肉，他死後就二十一世成為牲畜。……未曾用過咒語淨過的牲畜，婆羅門絕不可吃；而已經用咒語淨過的，依永恆的規則，他必須吃；牲畜被自在天創造出來供祭祀，祭祀造福於萬物；因此，祭祀中的殺為非殺。……草類、畜類、樹類、獸類和禽類為祭祀而得死之後就得高升。[57]

婆羅門教聲稱祭祀的威力，經過祭祀儀式的牲畜的肉，已經用咒語淨化過，必須吃，那相傳是天神的規則。「祭祀中的殺為非殺」，祭祀中的生

---

[56]　阿育王石刻中顯示，阿育王在西元前 3 世紀中葉提出的「不殺生」禁令仍然迴避「祭祀」、「食用」目的下的殺生行為。在祭祀殺生的規定上，阿育王石刻上記載：「不得在此殺生，每逢節日亦不得在此集會。」見周詳光譯：〈基娜石訓（甲）〉，《阿育王及其石訓》，收入藍吉富主編：《現代文學大系 23》（臺北：彌勒出版社，1983 年），頁 26。石刻文「在此」是指祭壇，阿育王不完全禁止殺生祭祀（在石刻的祭壇之外仍可進行），反倒舉自己減少殺生的例子來勸導民眾，可見他迴避了祭祀與殺生的衝突。阿育王石刻中記載：「在我即位後第二十六年，我宣佈以下諸類動物不得殺害……如不能充食或作耕種之用者，亦應釋放而不得殺害。」這類規定看似禁止民眾殺害生物，但又說真正食用的生物、可以耕種的生物不在此限制條件之內，可見阿育王迴避「不殺生理想」與「生活實用」的衝突。見〔日〕塚本吉祥：《初期佛教教團史の研究──部派の形成に關する文化史の考察》（東京：山喜房佛書林，1980 年），頁 623。

[57]　蔣忠譯：《摩奴法論》（北京：中華書局，1986 年）；另參見江平主編：《摩奴法典》（北京：法律出版社，2000 年）。《摩奴法論》（Manu-smrti）為印度婆羅門教法典，係以《摩奴法經》為基礎修訂而成。為印度法典中最古老者，其編成年代約為西元前 2 世紀至西元後 2 世紀之間，但其中無疑包含有更早期的資料。

物得因祭祀而升天，這種祭祀萬能的思想，可說明西元 3 世紀前，印度教並沒有「不食肉」的教義。

西元 3 世紀左右，中期大乘佛教經典《大般涅槃經》、《楞伽阿拔多羅寶經》、《央掘魔羅經》、《一切智光明仙人慈心因緣不食肉經》、《象腋經》、《正法念處經》、《雜藏經》等，明白揭示出「禁止食肉」的觀念與勸說。就歷史客觀環境而言，自從阿育王將不殺生立為祭壇法典，《摩奴法論》則從祭祀觀點闡明「食肉」的行為只在祭祀淨化過後才有必要性，這便與素食的概念聯繫起來後，素食在印度社會的價值觀裡顯然有漸居上風的趨勢。[58]再加上大乘佛教在當時仍是個改革教派，對於佛陀有關「淨肉」的說法，勇於提出修正的說法，以確立利他的教義宗旨，因此，不食肉戒就這樣流傳開來。

隨著大乘經典逐漸推廣於中國本土，護生觀的種種作為被視為高僧的行止，依《高僧傳》、《續高僧傳》、《宋高僧傳》對僧人形象的塑造與規範判準，護生是其重要的德行，全盤整理，這三部僧傳的記載，護生行有四個類別：（1）通感教化；（2）蔬食勸齋；（3）慈護戒殺；（4）放生布施。其中，不食肉戒是貫串其中的主軸，而「食肉傷大慈悲種」的觀念已深入僧人的生命觀。

沿波討源，在中國佛教史上，以政教的力量奠定不食肉戒的人，應是梁武帝。梁武帝蕭衍（464-549）在西元 523 年的 5 月 23 日召集僧尼代表1448 人在華林園的華林殿舉行禁斷酒肉大會，先由「都講」慧明（？-？，約與梁武帝同時）誦唱《大般涅槃經》四相品中禁斷肉食的相關經文，再由法雲（？-？，約與梁武帝同時）講解「食肉者斷大慈種」的意義，然後由道澄（？-？，約與梁武帝同時）代表梁武帝宣讀〈斷酒肉

58　參見康樂：〈潔淨、身分與素食〉，《大陸雜誌》第 102 卷第 1 期，頁 20-26。

文〉。梁武帝在〈斷酒肉文〉中引經據典，苦勸民眾不要吃肉，還在文中發下重誓，若破此戒，當墮阿鼻地獄。並且說：

> 若復飲酒噉肉不如法者，弟子當依王法治問。諸僧尼若披如來衣，
> 不行如來行，是假名僧，與盜賊無異。[59]

梁武帝公然以國家法律強推「斷酒肉」的規定，但 23 日在法會上宣示後就遇到僧團反彈的力量，於是 29 日再度召集僧尼代表 198 人於華光殿舉行第二次法會；武帝在這次的態度更為堅定，對與會的高階僧侶加以斥責、反駁，僧團全面斷酒肉的規定就這麼決定下來。[60]南方僧團接受梁武帝的做法，全面素食戒殺，北方僧團也在北齊文宣帝統治時期逐漸採行素食。素食戒殺的規定能夠被僧團接納，並不完全取因於梁武帝的政治權力與影響力；僧尼能夠長期堅持素食戒殺的行為，對修行者而言是人格高超的象徵。梁武帝提倡僧尼戒殺素食，使僧團取得超然於士農工商之上的一種獨特身分，僧團的地位藉由素食形象的塑造，呈現慈悲的形象。經由梁武帝禁食酒肉政策的推廣成功，中國在西元 6 世紀左右全面形成素食的佛教文化。

歸納這些中期大乘佛教的經典，就禁止肉食的理由與勸說，有以下的主要論點：

1.階段性制戒

在面對提婆達多的挑戰時，佛陀曾明白說過「三淨肉」可食。針對這樣的質疑，大乘經典首先提出「隨事漸制」的說法：

---

[59]　參見〔唐〕釋道宣：《廣弘明集》卷 26，《大正藏》冊 52，第 2103 號，頁 297 下。

[60]　參見顏尚文：《梁武帝》（臺北：東大圖書公司，1999 年），頁 228-239。

迦葉又言：「如來何故，先聽比丘食三種淨肉」。「迦葉，是三種
淨肉隨事漸制」。……「善男子，不應同比尼乾所見。如來所制一
切禁戒各有異意。異意故聽食三種淨肉，異想故斷十種肉，異想故
一切悉斷，及自死者。迦葉，我從今日制諸弟子，不得復食一切肉
也」。[61]

《大般涅槃經》認為，佛陀的戒律並非一成不變，各階段的禁戒，本有其
實施的理由。進展到不准吃一切肉，連自然死亡的肉也不能吃，這便是階
段性制戒的完成。律典的「波羅提木叉分別」裏記載有許多「開緣」的情
形，所謂「開緣」，即是將本來已經制定了的律法，再做變更，或針對特
殊情形而做例外的處置。就「學處」（學習行事準則、戒條）而言，採取
「隨犯（事）而制」的原則，其制訂必須記其犯緣，以說明制戒的動機。
因此，戒律隨著時代而演進，並非是異常的現象。世尊對於戒律一直保持
彈性與開放的態度，因為制戒的目的是在防護世間的煩惱。戒律的內容除
了因時、因事外，為了順應當時各地的風俗與道德標準，也有因地制宜的
必要。因此，《大般涅槃經》提出「隨事漸制」作為改變「食淨肉」的規
定，是有其合理性的。

2.違無畏施

《瑜伽論・施品》明確指出無畏施的三種相狀：（1）拔濟獅子、虎
狼、鬼魅等怖畏；（2）拔濟王賊等怖畏；（3）拔濟水、火、災難等怖
畏。[62]怖畏皆源自於眾生有生存的威脅與潛在的致命危機，消除這種恐怖

---

[61]　〔北涼〕曇無讖譯：《大般涅槃經》卷39，《大正藏》冊12，第374號，頁386上-386中。
[62]　〔印度〕彌勒造，〔唐〕玄奘譯：《瑜伽師地論》卷39，《大正藏》冊30，第1579號，頁
510上。

的威脅，內心不殘餘一點瞋恚之念與習氣，這是菩薩的無畏施，這也是
《大般涅槃經》所以主張不食肉的因緣：

> 迦葉，其食肉者，若行若住若坐若臥，一切眾生，聞其肉氣，悉生
> 恐怖。譬如有人近師子已，眾人見之，聞師子臭，亦生恐怖。[63]

眾生的肉皆從臭穢不淨氣分血污所生長，故必留有種種血污之氣，食肉之
人所殘留之血肉腥氣，眾生當有本能的直覺感受之，故有如人們對食人族
心生恐懼，眾生對食肉族亦有怖畏。《涅槃經》認為不得進食一切肉的時
機成熟，便徹底地要求無畏施的實踐。

　　由此世間因緣而論，不食肉原是宗教社會演進的過程，其中有政治的
介入，有社會文化的接受，也有佛教的倡導，因不違護生宗旨，故在中國
廣為流行。

（五）不殺生與肉食商業營生體系

　　「不食肉」在世俗生活中將改變生活、生計的形態，因一般人殺生食
肉，無非為了提供生計所需。《楞伽經》將所有日常生活的肉食商業體
系，皆視為間接殺生，擴大了動機倫理的相關因素：

> 復次大慧！凡諸殺者，為財利故，殺生屠販。彼諸愚痴食肉眾生，
> 以錢為網而捕諸肉。彼殺生者，若以財物，若以鉤網，取彼空行水
> 陸眾生，種種殺害，屠販求利。大慧！亦無不教、不求、不想而有

63　〔北涼〕曇無讖譯：《大般涅槃經》卷 4，《大正藏》冊 12，第 374 號，頁 386 中，另參見
　　《楞伽經》：「眾生聞氣，悉生恐怖」（《大正藏》，冊 16，頁 513 下）的主張。

　　魚肉。以是義故，不應食肉。[64]

這段經文中，明確說明食肉眾生教、求、想魚肉，才有人為財利故殺生屠
販，不食肉則能斷捕諸肉的錢網。《楞伽經》認為，任何目的（財物、求
利、貪欲）的殺生都是有罪的，即使是商業屠賣的經濟活動都被視為犯罪
體系的一環（共犯結構）。

　　在中國佛教護生的發展過程中，《楞伽經》的精神被雲棲袾宏廣為發
揚。他在〈戒殺放生文〉中說：

　　營生不宜殺生。世人為衣食故，或畋獵、或漁捕、或屠宰牛羊豬犬
　　等以資生計，而我觀不作此業者亦衣亦食未必其凍餒而死也。……
　　我勸世人，若無善業，寧丐食耳，造殺而生不如忍饑。[65]

杭州府是屠飼業興盛的地區，雲棲袾宏批判為生計殺生，勸導世人轉行，
如果不行，寧可作個乞丐，忍饑度日，也不可依殺業而取得生活資具。
「營生不宜殺生」，倡導戒殺的高僧極力反對為財利殺生，可是肉食的商
業營生體系如何禁絕？佛教除了勸導外，並無強制性的力量，若引進政治
外力的手段，是否只是成就「阿修羅果報」？商業營生體系對於「戒殺」
的實踐來說，是個必須面對、提醒，但難以處理、解決的經濟體系和維生
的運作方式。

64　〔唐〕實叉難陀譯：《楞伽經》，《大正藏》冊 16，第 672 號，頁 514 上。
65　〔明〕雲棲袾宏：《戒殺放生文》，《蓮池大師全集》第 3 冊，頁 3351-3352。

四、不殺生的業報功德與世俗勸化

　　業力思想，並非起源於佛教，也不是佛教所獨有的思想。業力作為輪迴的動因，執行著善惡行為果報的力量，在《黎俱吠陀》已見端倪，至《奧義書》時，業力及輪迴的觀念已達到發展完全的階段。[66]原始佛教承續《奧義書》的業論，「道德因果業力觀」與「主意業力觀」比《奧義書》時代更受重視。《中阿含・達梵行經》云：

> 云何知業有報？謂或有業黑有黑報；或有業白有白報；或有業黑白黑白報；或有業不黑不白無報；業業盡，是謂知業有報。[67]

所謂黑業、白業即是指惡業、善業而言，而黑報、白報即是指苦報、樂報，至於善業，即是指十善業而言，惡業則是指十惡業。

　　「主意業力觀」以行為動機來論斷生死輪迴，承襲於《奧義書》，但有進一步創發之處。其新創之處可以由四方面得到佐證：（1）將「欲」擴展為貪、瞋、癡，人因貪、瞋、癡的愛欲而有所造作；（2）以意業來作為業的分類標準，將業分為思業（意業）、已思業（身業、口業）；（3）以為念頭的善惡才是行為善惡的根源，所以極為注重念頭善惡的判斷，希望能藉由斷除惡念來杜絕惡行的造作；（4）判定行為造作於後有報的標準，乃是以行為造作的「有意」、「有故」與否來作為根本考量。

66　參見〔孟加拉〕達斯笈多（Surendranath Dasgupta）著，林煌洲譯：《印度哲學史I》（臺北：國立編譯館，1996 年）；〔日〕高楠順次狼、〔日〕木村泰賢著，高觀廬譯：《印度哲學宗教史》（臺北，商務印書館，1994 年）。

67　〔東晉〕僧伽提婆譯：《中阿含經・達梵行經》，《大正藏》冊 1，第 26 號，頁 600 上。

由此可知，原始佛教業論在身、口、意三業中是以意業為中心的。[68]

　　原始佛教的業論，一般稱之為「業感緣起說」，乃是因為原始佛教的業論與緣起法緊密結合之故。所謂「緣起」，簡單來說，就是「由緣」、「由條件」而「生起」的意思。佛經中對於「緣起」一詞，最著名的說明是：

> 所謂此有故彼有，此生故彼生，謂緣無明有行，乃至生老病死憂悲惱苦集；所謂此無故彼無，此滅故彼滅，謂無明滅則行滅，乃至生老病死憂悲惱苦滅。[69]

原始佛教的緣起觀即所謂的十二因緣，「此有故彼有，此生故彼生」是說明「此緣性」。「這是緣此而有」或「這個結果是由此緣所形成」，換言之，在說明緣起系列中，任何相鄰的二支，有因果關係的確定性。由無明而有行，一步一步展開，而有眾生之生老病死憂悲惱苦等諸般現象，這是順觀的十二因緣，這十二緣起支可分為兩組：一組為無明（惑）→行（業）→識、名色、六入、觸、受（苦報）；另一組為愛、取（惑）→有（業）→生老死（苦報）由惑生業，有情於惑業苦中輪轉不息，故稱做流轉門。但就此十二因緣的還滅而言，滅無明則斬斷行之因緣，由是而得滅除生老病死憂悲惱苦，這便是逆觀的十二因緣。釋尊在菩提樹下便是以順觀十二因緣，知眾生諸苦集起的原因（苦集），以逆觀十二因緣，明了滅除諸苦的道理（滅），而得到涅槃的境界（道）。是以緣起法，可以說是包含了苦集滅道四聖諦的內涵。而業論結合緣起說，惑業緣起不但了解了

68　參見楊琇惠：《《阿含經》業論研究》，（臺北：國立臺灣師範大學國文研究所碩士論文，2001 年），頁 77-87。

69　〔劉宋〕求那跋陀羅譯：《雜阿含經》，《大正藏》冊 2，第 99 號，頁 67 上。

造成苦的根本原因，同時也找到減苦的根據與方法。

業論從《奧義書》時代，便存在下列二種構想為其核心：

（1）業的餘勢以某種型態殘留在行為者身上。

（2）業的餘勢總是在某種形式之下，給予行為者受歡迎或不受歡迎的影響。[70]

在十二緣起支中，第一組「行→識」所表示的就是第一種構想，第二組「有→生老死」則為第二種。這二種構想都承認業的餘勢可以規限心的內容與功能，因此，「業」翻譯成「行為」時，很難表示能形成性格的行為「餘勢」。

把業當作行為之餘勢的觀念，在敘述「福德」（puñña）的經典中，就可以很明顯地表示出來。[71]福德（漢藏常譯為功德）乃有漏的善業，《大義釋》便將福德定義為「凡屬三界的善行，叫做福德」。行福德（主要是布施）即能獲得死後生於天的保障，也就是說，行福德之後，其人身上獲得某種良好的後果時，那種影響才算是福德。因此，福德必然對性格因素和隨其性格而來的苦樂受有所影響。

在護生的思想脈絡中，因業報功德（或怖苦或求福）而行護生，是大眾最通常的心裡和認知的角度。《雜阿含》談到十善業報具有綱領性的作用，它的天人樂報大致是這樣：[72]

---

[70] 慧遠定義功德為「功謂功能，善有資潤福利之功，故名為功，此功是其善行家德，名為功德」，也是從其行為餘勢（有資潤福利之功）來立論。見〔隋〕慧遠：《大乘義章》卷 9，《大正藏》冊 45，第 1851 號，頁 902 下。

[71] 參見〔日〕舟橋一哉著，余萬居譯：《業的研究》（臺北：法爾出版社，1990 年），頁 28-29

[72] 〔劉宋〕求那跋陀羅譯：《雜阿含》卷 37，《大正藏》冊 2，第 99 號，頁 274 中。

十善業報表

善業	樂報
不殺生	往生天上；必得長壽
不偷盜	往生天上；錢財不喪
不邪淫	往生天上；妻室修良
不妄語	往生天上；不被譏論
不兩舌	往生天上；親友堅固
不惡口	往生天上；常聞妙音
不綺語	往生天上；言見信用
不貪	往生天上；不增愛欲
不瞋	往生天上；不增瞋恚
正見	往生天上；不增愚癡

這個業報功德的母體，為其他的經論所依循增益。以十善業之首，不殺生
為例，智顗（538-597）在《妙法蓮華經玄義》中便詳說不殺戒加總各種
善業的生天福報：

> 不殺戒生四天處，不殺不盜生三十三天，加不婬生焰摩天，加不口
> 過四生兜率天。又加世間戒，復信奉佛七戒，生化樂他化兩天；所
> 持戒轉勝，天身福命轉勝；又隨心持戒，思心勝者，其福轉勝。[73]

《大智度論》論及不殺之功德，亦極力主張：「諸餘罪中，殺業最重，諸

---

[73]　〔隋〕智顗：《妙法蓮華經玄義》卷 4，《大正藏》冊 33，第 1716 號，頁 727 中。

功德中，不殺第一。」[74]不殺為戒中之首要，其功德最被看重。《正法念處經》則言離殺生的善業果報：

> 所言善者，謂離殺生，攝取世間一切眾生施與不畏，於現在世，人所讚歎，面色諸根，端正美妙，得長命業。若不殺者，則為羅剎、鳩槃荼等，一切惡鬼能殺人者及餘惡人能殺人者，於夜闇中擁護彼人，諸天常隨，觀察擁護。身壞命終，則生善道天世界中，受妙果報。[75]

離殺生者現世為人所讚歎、得長命業，不殺者可得非人惡鬼擁護，諸天常隨；死後可生善道天界、受妙果報。所以如此善業報應的因緣，《舍利弗阿毘曇論》認為乃由於不殺生者無貪、恚、痴的因緣：

> 不殺生以何因？不殺生為誰因？不殺生以無貪因、以無恚因、以無癡因、以心心數法因。不殺生為誰因？是天上人中受樂因，若餘報生人中長壽。[76]

從以上的論說看來，不殺生者得生天界，隨心持戒，獲得世間利益，乃佛教經論的共識。

雲棲祩宏總結這些說法，在〈遺稿〉中說：

---

[74] 〔北魏〕般若流支譯：《正法念處經》，《大正藏》冊 25，第 721 號，頁 155 下。後代淨土行者，為顯揚放生之功德，常誤引《大智度論》的論點，將「不殺」嫁接、限縮到放生，常見的引用文本為「諸功德中，放生第一」，將不殺之功德，全都納入「放生」果報。

[75] 〔北魏〕般若流支譯：《正法念處經》卷 1，《大正藏》冊 17，第 721 號，頁 6 下。

[76] 〔後秦〕曇摩耶舍、曇摩崛多等譯：《舍利弗阿毘曇論》卷 27，《大正藏》冊 28，第 1548 號，頁 701 上。

> 戒殺之家，善神守護，災橫消除，壽算綿長，子孫賢孝，吉祥種
> 種，難可具陳；若更能隨力放生，加持念佛，不但增崇福德；必當
> 隨願往生，永脫輪迴，入不退地。[77]

雲棲袾宏由戒殺進而鼓勵放生，以增崇福德，終至隨願往生，可說是福德觀淨土詮釋的極成。

相對於不殺生得生天、長壽的福報，殺生者則墮於地獄受苦報，或生於人中，則必受短命報：

> 殺生之罪，能令眾生墮於地獄、畜生、餓鬼，若生人中，得二種果
> 報：一者短命，二者多病。[78]

詳說之，殺生會導致十種惡果：

> 殺生十者：一冤家轉多，二見者不喜，三有情驚怖，四恒受苦惱，
> 五常思殺業，六夢見憂苦，七臨終悔恨，八壽命短促，九心識愚
> 昧，十死墮地獄。[79]

殺生得苦、惡報的敘述脈絡散見於阿含部類、律部類、經集部類與密教部類；由此看來，訴諸於人的怖畏心以達成護生行為的實踐，是經典中常見的敘述。對放生提倡最力的袾宏，宣揚這樣的說法：

77　〔明〕雲棲袾宏：《普勸戒殺放生・遺稿三》，《蓮池大師全集》第 4 冊，頁 4713。

78　〔北魏〕菩提留支譯：《大薩遮尼乾子所說經》卷 2，《大正藏》冊 9，第 272 號，頁 328 中。

79　〔宋〕天息災譯：《分別善惡報應經》卷 2，《大正藏》冊 1，第 81 號，頁 899 中。

> 造此彌天惡業，結成萬世深仇。一日無常，即墮地獄；鑊湯爐炭、
> 劍樹刀山，受罪畢時，仍作畜類。冤冤對報，命命填還；還畢為
> 人，多病壽夭，或死蛇虎、或死刀兵、或死官刑、或死毒藥；皆殺
> 生所感也。[80]

殺生所造的惡業太深，墮入地獄受盡苦行之後，轉入十王殿亦只能轉生為
畜類；即便轉生為人，也將多病夭折、死於非命。這樣的業報觀，隨著佛
教的深入民心，漸成為適應眾生的方便教法。

　　在業報功德觀的脈絡下，布施是取得功德最好的方式。麥爾福·史拜
羅（Melford E. Spiro, 1920-2014）在研究緬甸佛教與社會的關係時，曾觀
察到布施所以受歡迎的原因：（1）布施的可計算性。布施可以量化成有
多頻繁、多少量、多少錢，就能算出功德有多少；（2）功德即是布施的
動機，它無須事先有心理上或精神上的轉變，就能機械性、自動性地得
到，[81]這該是功德作為世俗教化所產生的結果，技術性地操作，並不盡合
功德之原意。

　　許多當代緬甸人都有功德計算簿，好使自己在臨終時，會因為自己有
這麼多功德而歡喜，因而得到清淨。15、16 世紀的中國人，努力地追求
「善行」，記錄自己的善、惡行為，是功過格發展興盛的年代。雲棲袾宏
融通功過格的方便，自著《自知錄》，把護生戒殺視為俗世倫理的一環，
每救護一個生命就可以依據動物的大小、層次，記錄行善的功德，每殺一
命，則記其過惡。其量化的指數如下：

80　〔明〕雲棲袾宏：《遺稿三》，《蓮池大師全集》第 4 冊，頁 4713。

81　參見〔美〕麥爾福·史拜羅（Melford E. Spiro）著，香光書鄉編譯組譯：《佛教與社會——
　　一個大傳統並其在緬甸的變遷》（嘉義：香光書鄉出版社，2006 年），頁 200-211。

救有力報人之畜，一命為二十善，

救無力報人之畜，一命為十善，

救微畜，一命為一善，

救極微畜，十命為一善。

救害命之畜一命為一善。害物，如蛇鼠等。蛇未齧人無可殺罪，鼠
雖為害，罪不至死故。

故殺有力報人之畜，一命為二十過，誤殺為五過。

故殺無力報人之畜，一命為十過，誤殺為兩過。

故殺微畜，一命為一過，誤殺十命為一過。

故殺極微畜，十命為一過，誤殺二十命為一過，使人殺者同論，讚
助他人殺者同論，逐日飲食殺者同論，畜養賣與人殺者同論，妄談
禍福祭禱鬼神殺者同論，修合藥餌殺者同論，看蠶者與畜養殺同
論。

故殺害人之畜，一命為一過，誤殺一命為一過。[82]

雲棲袾宏轉化道教功過格的形式以適應世俗的教化，其和緬甸佛教由功德
觀所發展出來的功德計算頗有雷同，將護生戒殺以可計算的方式來累計，
以作為護生戒殺的實踐方法，甚至鼓勵民眾在放生會的實行儀式上使用這
種功德累計的方式，[83]則為其特色。為了避免流於外在的形式計算，雲棲

---

[82]　參見〔明〕雲棲袾宏：〈自知錄序〉，《蓮池大師全集》第 2 冊，頁 2245-2254。

[83]　明萬歷年間的雲棲袾宏《遺稿》中提到放生會結束後，可以將計量放生動物的大小，劃為表
　　格，留下來自我查考，強調放生累積的功德會產生不可思議的果報：

正月	二月	三月	四月	五月	六月	
七月	八月	九月	十月	十一月	十二月	閏月

一年共放 巨生若干 細生若干。詳見〔明〕雲棲袾宏：《遺稿三》，《蓮池大師全集》第 4 冊，頁 4776。

祩宏特別提示〈自知錄〉的精神與目的在於自我省察：

> 茲運心舉筆，靈臺難欺，邪正淑匿，炯乎若明鏡之鑒形；不師而
> 嚴，不友而淨，不賞罰而勸懲，不著龜而趨避，不天堂地獄而生
> 沈。[84]

舉心運筆，則於計算功過時省思行事的動機與作為，靈臺難欺，故可照明行為的善惡功過，以時時觀照，發慚愧心，以培養善念善業。祩宏的〈自知錄〉，兼顧動機與行為功過的影響，因善用可計算的表格形式，易知易行，對後世放生的流行起了很大的影響。

五、放生戒律、儀式習俗及其流弊

　　「放生」依其字義，「放」是釋放救拔；「生」是眾生，一切大小動物生命。「放生」即是釋放救拔被抓、被擒、將被宰殺或傷害的垂危動物，使保全生命，遠離恐懼，回到自然。就放生的本義，印順法師有如下簡要的說明：

> 佛法「不殺生」，還要「護生」，從救護人類而擴大到救護（人以
> 外的）眾生，當前動物的生命，而有放生的善行，正是慈悲心的表
> 現。經論中怎麼的放生呢？有見到漁池乾涸，運水來救活漁類，有
> 見水中浮有蟻群，快要被淹死了，設法引蟻類到達乾燥的地方；也

84　〔明〕雲棲祩宏：〈自知錄序〉，《蓮池大師全集》第 2 冊，頁 2245。

　　有見市上賣鱉，用錢買來放入池中的。動物在死亡邊緣，設法救護
　　他，使他免於死亡，這是放生的本義。[85]

放生和不殺的關係密切，一般都是以「止」、「行」來分說，《金光明經
文句》云：

　　十善中一一善皆具止行。不殺是止善，放生是行善。不盜是止善，
　　施食是行善。[86]

制止惡業，遠離犯罪，為消極的止善；勇猛精進，修行善業，為積極的行
善。止善，不作惡為善；行善，勤勉實踐為善，不殺與放生，一消極一積
極，構成相對協同的關係。

　　放生的經典根據，最為中國佛教徒所熟悉的有二部經典，一為《梵網
經》，《梵網經》所詮釋的「不行放救戒」，為佛教徒放生的經典根據，
其所提倡的「普親觀」，則成為血緣關係下的救護倫理。《金光明經》是
另一部影響放生行動的重要經典。〈流水長者子品〉敘述流水長者子出於
慈悲心，救活乾涸池水中大小瀕臨死亡漁群的故事，成為佛教放生事業開
設放生池，救護水族類動物的根據。中國佛教的放生事業，特重水族的放
生，乃來自於《金光明經》的影響。

　　《梵網經》「不行放救戒」云：

　　若佛子，以慈心故，行放生業。一切男子是我父，一切女人是我

85　釋印順：《華雨集》第 4 冊（臺北：正聞出版社，1993 年），頁 142-143。
86　〔隋〕智顗說，〔唐〕灌頂錄：《金光明經文句》卷 2，《大正藏》冊 39，第 1785 號，頁 55
　　上。

母，我生生無不從之受生，故六道眾生皆是我父母，而殺而食者，
即殺我父母亦殺我故身。若見世人殺畜生時，應方便救護，解其苦
難。若不爾者犯輕垢罪。[87]

《梵網經》在慈心的感召下制定不行放救戒，其理由則是六道眾生皆曾是
我父母的親緣觀，法藏大師稱之為「普親觀」。[88]就佛教輪迴觀念來說，
眾生在生死的大海中不停地流轉，今日為父子的，昔日可能是朋友；今日
為仇敵者，來日可能轉生為父子；除了人類之外，一切眾生之間的因緣關
係也是如此，在無窮的輪迴之中，彼此都曾經（或者可能）成為親屬，一
切眾生和我都有親緣關係。輪迴觀如果以親緣的角度來詮釋，今生父母應
尊敬、扶養、侍奉；過去生之父母又何忍殺之、食之，見有生命危難，不
予救護？行放生業，也就在這種思維下，不殺、不食過去生之父母，方便
救護生命危難的眾生。

　　「普親觀」為中國佛教不殺生、不食肉、放生等護生行的重要理據。
梁武帝〈斷酒肉文〉便以「一切親緣遍一切處，直以經生歷死，神明隔
帳，是諸眷屬不復相識。今日眾生，或經是父母；或經是兄長；或經是姊
妹；或經是兒孫；或經是朋友；而今日無有道眼，不能分別，還相噉食而
不自覺知」，[89]論說動物與人的關係。一期的生命，不能只當一期的生命
看，需將它看作累世輪迴的生命在這一期的存在，由此建立起累世的人際
關係網，故視動物如自己父母親屬、師長朋友，不得噉食。

87　〔後秦〕鳩摩羅什譯：《梵網經》卷 2，《大正藏》冊 24，第 1484 號，1006 中。《入楞伽
　　經‧遮食肉品》言食肉之人，有無量過，其中之一說即眾生輪迴六道，迭為父母兄弟姊妹，
　　常為六親眷屬。以是因緣，不食肉。《梵網經》當是發揮這個論點，更集中在父母血緣關係
　　的論說。

88　〔唐〕法藏：《梵網經菩薩戒本疏》卷 1，《大正藏》側 40，第 1813 號，頁 643 中。

89　〔唐〕釋道宣：《廣宏明集》卷 26，《大正藏》冊 52，第 2103 號，頁 0296 下。

　　北宋永明延壽《萬善同歸集》引用《梵網經》的普親觀，勸導佛弟子不可傷害有情。[90]南宋王日休（1105-1173）《龍舒增廣淨土文》強調：「一切眾生從本以來，輾轉因緣常為六親，以親想，故不應食肉。」[91]雲棲袾宏在勸導護生戒殺時，運用普親觀的理念，以避免害及眾多夙世父母為訴求。[92]豐子愷《護生畫集》、民間勸導護生的善書、李炳南老居士（1981-1986）在勸說護生的觀念中，都可以看到「眾生是我父母是以不殺」的觀念。[93]由此可見，普親觀已成為佛教護生觀、放生觀的基本勸說與論述傳統。

　　普親觀造就了非人類動物與人類輾轉相依的親緣關係。將動物視為人類親屬乃結合佛教輪迴所轉化的血緣網絡，在不殺生和放生的論說中，最為中國佛教所重視，為中國文化所接受。以有情為中心的佛教護生觀，在中國孝道文化中，特別凸顯普親觀的親緣性，成就了它獨特的面貌。

　　放生是布施的體現，以錢財購買垂危的動物施放，為財施；讓動物遠離被殺的恐懼，為無畏施；對放生的動物講經說法，以度化生天，為法施。取得功德最好的方式及布施，因此放生的業報功德，在布施中廣為流行，在世俗勸化中受到信眾的護持和奉行。[94]就法施的意義或就功德的善

90　〔宋〕延壽：《萬善同歸集》卷 2，《大正藏》冊 48，第 2017 號，頁 981 下-982 上。

91　〔宋〕王日休：《龍舒增廣淨土文》，《大正藏》冊 47，第 1970 號，頁 279 上。

92　〔明〕雲棲袾宏：《竹窗三筆》，《蓮池大師全集》第 4 冊，頁 3917。

93　李炳南依普親觀的理念，成立放生組，每月放生兩次，對臺灣地區的放生風氣有很大影響。參見朱斐：〈炳公老師與我——兼述臺中早期建社弘法的經過〉，雪廬講堂印經功德會編輯：《李炳南居士與臺灣佛教》（臺中：財團法人李炳南居士紀念文教基金會，1995 年），頁 58-59；闞正宗：〈1949 年之後臺灣佛教的區域性格——以李炳南與臺中佛教為例〉，收入現代佛教學會編：《佛教研究的傳承與創新學術研討會論文集》（新竹：現代佛教學會，2002 年）。

94　放生功德為淨土宗積極講述的文本。近代高僧印光大師作了全面的闡述，有放生十大功德之說：（1）無刀兵劫（2）集諸吉祥（3）長壽健康（4）多子宜男（5）諸佛歡喜（6）物類感

行來說，放生需有儀式，以強化、沉澱放生的心理作用（慈悲心）和宗教的象徵（救護生天）。心理學家將儀式定義為：「一連串象徵性的動作，通常固定而重覆，而缺乏直接的生產目的。」不為生產目的，而是透過象徵儀式融入到宗教氛圍，以同享宗教承諾的意義。

　　將佛誕日定為放生日，並制定放生之儀式，始於四明知禮（960-1028）。天聖三年（1025）奏請佛誕日放生，為皇帝祝壽，並請求南湖為永久放生地，為了使放生法會順利進行，知禮制定放生儀軌，並撰寫〈放生文〉。〈放生文〉敘述的放生儀式有五個階段：（1）默想：以慈眼悲心端視生類，起哀憫心，觀想三寶威力能救拔生類。（2）灑水：灑水潔淨生類身心，默念「一心奉請大穢跡金剛聖者潛降道場，加持此水，有大功勳。洒沾異類，令其身心清淨，堪聞妙法」十七遍。（3）說法：為生類講三皈依、佛十號、十二因緣、無明生滅的法理。為生類講法，祈求養護加持。（4）懺悔：主事者為生類懺悔，為生類念誦懺悔文。佛前懺此無邊罪業以消惡業，往生仞利天。（5）發願：放生弟子從今以後菩提行願，念念增明，救苦眾生，廣度有情，同成正覺。[95]

　　知禮《放生文》乃師承智者大師的創設，而更為完備。為放生的生類說法，以祈乘佛威神力往生天界，始於智者大師。根據《天臺四教儀》記載：「昔智者禪師抛放生池於海涯，其放知也，必為授歸戒、說大法，然後縱之海中。」[96]中國佛教放生儀軌中，相信生類聽聞佛法後，將藉由佛陀、菩薩的加持力量往生天界，永脫畜生惡道。《無量壽經》說誦此真言，施者身中之四重、五無間罪及一切業障皆悉消滅，復於命終之時，阿彌陀佛與諸聖眾來迎，而得往生西方極樂。因此，對於放生，不能單純的

恩（7）無諸災難（8）得生天上（9）諸惡消滅（10）永享福壽。

[95]　參見〔宋〕宗曉編：《四明尊者教行錄》卷1，《大正藏》冊46，第1937號，頁863中。

[96]　〔高麗〕諦觀錄：《天臺四教儀》卷1，《大正藏》冊46，第1931號，頁774上。

只看救護動物，其本質仍包含宗教儀軌中放生者和放生物永脫惡道的宗教
信念。後世的放生儀式皆遵循知禮〈放生文〉，其中或有增益，如對放生
物念咒以祈往生淨土，或加上「十回向品」或「念佛百聲、千聲」，基本
上都只是細節的刪訂，淨土宗的放生則加入念佛法門，融會成為淨土宗特
色的放生儀軌。

　　放生儀式化後，隨順發展成為節慶活動，形塑成習俗，以帶動僧信放
生之風行。然儀式化也必然帶來儀式的流弊，如捕捉野生動物以供放生法
會之需，反促成生類的不當死亡；儀式時間過長，造成放生物死亡。於
是，愈大規模的放生，愈顯現放生物被捕捉的恐懼和不當死亡的危機，有
違放生之本義。

　　法藏大師解釋「方便」的意思是：「一、巧欲令所作益事成辦；二、
巧欲作所益不帶過失。」[97]則方便救護生命，也就是「以眾生利益為目的
（益事），講求方法（成辦）」的行為準則。《梵網經》：「若見世人殺
畜生時，應方便救護，解其苦難。」這裡的方便，是一種「達到護生目的
的方法」，以「被救護者為實踐行為考察對象」的做法，簡單講就是講究
技巧、使用最恰當的方法以達到救護的目的。若有過失，便失去了方便的
智慧，需反省過失之緣由，以便救護眾生，不至於衍生違逆初心（慈心）
的結果。

　　對於忘失了「方便救護」，而導致的過失，憨山大師有深刻的體會，
他對不當的放生形式，提出了根本的批評：

> 第放生者，有執相忘卻之差，而效之者，不無放生殺生之弊。……
> 果能遇緣即宗，則觸目生機逢場佛事。……又何必拘會約以執功

---

[97] 〔唐〕法藏：《梵網經菩薩戒本疏》卷 1，《大正藏》側 40，第 1813 號，頁 643 中。

勖，設限期以嚴規則哉。[98]

「執相」，執著於放生儀式及事相，這可能導致放生卻殺生的弊病。「遇緣即宗」，碰到被捕被捉的動物，即以此動物生命垂危，恐懼被殺為緣，覺性明察，即是當下真心所宗。觸目所及，皆是生機，以慈悲心隨緣救拔，即「逢場行佛事」。「拘會約以執功勖」，拘泥於「放生會」、「功德會」等放生組織，計較放生功德之大小。「設限期以嚴規則」，指設定放生日期，嚴整放生之儀式與流程。就放生來說，把握無相放生的精神，會期、嚴規並非必要，會導致「放生殺生」的作為，更是放生時所應警惕的。

雲棲袾宏基本上是肯定放生念經的儀式，他說：「遇生能放，雖是善功。但濟色身，未資慧命，更當稱揚阿彌陀佛萬德洪名，諷誦大乘諸品經典」。[99]諷詠念頌佛經，稱揚彌陀洪名，資濟慧命。但是專為放生魚鳥的儀式有時過於繁複，迭加的儀式過於冗長，反而害死魚鳥，滋生許多殺生惡業。為了避免這些問題，雲棲袾宏撰文修正這種儀軌。他在《放生儀》和〈戒殺放生文〉中強調先來的先放、後來的後放，不要損害生命：

> 但念大悲咒一遍，往生咒三遍，稱念阿彌陀佛放之；不必等齊，久久遲延，以致損壞生命。[100]
> 但凡買生，火急須放，諷經不便只以念佛相資。若隔宿買而來朝始放；或清晨買而午後猶存，必待陳設道場、會集男女，遷延時久，

98　〔明〕德清撰，福善目錄：《憨山老人夢遊集》（臺北：新文豐出版公司，1983 年），卷40，頁 2177。

99　〔明〕雲棲袾宏：《戒殺放生文》，《蓮池大師全集》第 3 冊，頁 337。

100　〔明〕雲棲袾宏：〈放生儀〉，《蓮池大師全集》第 3 冊，頁 333-335。

　　半致死亡；如是放生，虛文而已。[101]

深切地教誡是為了改善放生導致生類死亡的悲慘現象。依教義，放生應不限時間、地點、場所，隨時遇到，隨時起悲愍心，給予救護。[102]印光大師更明言教誡：放生講求平等心，一起差別心，即生貪念，強求儀式，計較功德大小，對眾生生命當下即時的救護，這最急切的要務反成次要的考慮了，憨山大師所說：「不無放生殺生之弊」，蓮池大師所說「放生虛文」，實是重新定位放生行動所衍生的問題，改革放生的省思。

　　放生應是隨時可行的，但作為習俗，大規模的放生活動卻主要在歲末、佛誕日或生日等特定日子舉行，則必然會約設限期，那麼又如何避免其流弊呢？《杭州府志》中記載清代放生的實況：「放生之俗至今未改，湖上為尤盛。窮民丐戶先日遍捕魚龜鱉蛇之屬，閉於竹籠或以長草曳之而行。臨日叫賣放生，至晚賣不盡者率槁斃無算。」[103]因放生由又使窮民丐戶遍捕魚龜鱉蛇，可謂因放而捕。放生儀式過後，剩下賣不出去的生類，則任由死亡，槁斃無數，此即放生導致的種種殺害，實乃放生導致殺生之困境！

　　從放生儀軌看來，四明知禮與雲棲袾宏的《放生儀》都經過「默想、灑水、說法、懺悔、發願」的程序，然後才將動物放生。如果就儀式而言，反省其經典源頭《金光明經・流水長者子品》救護的程序，可理出放

---

[101]　〔明〕雲棲袾宏：〈戒殺放生文〉，《蓮池大師全集》第 3 冊，頁 337。

[102]　《印光大師文鈔》明白說放生有三大忌諱：「買物放生，與布施同，須善設法。勿立定期，勿認定地，勿議定物，隨緣買放，生得實益。若定期、定地、定物，則是促人多捕矣。」見釋印光：〈復念佛居士書〉，《印光法師文鈔》下冊（臺北：中華大典，1968 年），頁 234-235。

[103]　〔清〕龔嘉雋修：〈風俗三〉，《浙江省・杭州府志》（臺北：成文出版社，1974 年），頁 1533。

生、護生的作法和意義，明白救護生類的首要目的。

　　《流水長者子品》講述流水長者子的故事，因看見一個池子裡「有水枯涸，於其池中多有諸魚」，起大悲心，欲拯救群魚。當時樹神出現，告訴他「魚有十千之數」，長者子「聞是數已，倍復增益生大悲心」，想到「十千魚將入死門」，池水又因連日槁晒、少有水在；經探查水源，河水上流被惡民霸佔，為捕此魚，「於上流懸險之處，決棄其水不令下過」。長者子便回到大王處，向大王稟告說：「我為大王國土人民治種種病，漸漸遊行至彼空澤，見有一池其水枯涸，十千魚為日所曝，今日困厄將死不久。惟願大王，借二十大象令得負水濟彼魚命。」[104]大王欣然答應，長者子帶著二十隻大象，象上背負裝滿水的皮囊，奔馳到快乾涸的水池邊，將象背上的囊水傾置池中，水池「彌滿還復如本」，拯救了十千群魚的性命。長者子救命之後，在池子邊徐徐行走，看到池中的魚隨著他環繞而行，思索：「是魚必為飢火所惱，復欲從我求索飲食。」長者子便教兒子取一有力大象，速到家中告知長父，將家中所有可吃的食物都馱負來池邊。爾後，將其子收取的食物散於池中，歡喜踊躍地施以飲食；等魚吃完，長者子思惟：「我今已能與此魚食，令其飽滿，未來之世，當施法食。復更思惟：曾聞過去空閑之處，有一比丘讀誦大乘方等經典，其經中說：『若有眾生臨命終時，得聞寶勝如來名號，即生天上。』我今當為是十千魚解說甚深十二因緣，亦當稱說寶勝佛名。」[105]長者子便為十千諸魚講說十二因緣法，說完後與其子返家。返家不久，長者子宴客後與賓客醉酒而臥，爾時大地震動、十千群魚同日命終，已生忉利天。[106]整體看來，《金光明經・長者子流水品》中提到的放生程序是「找出池水枯涸之因」

---

[104] 〔北涼〕曇無讖譯：《金光明經》卷4，《大正藏》冊16，第663號，頁352下。

[105] 〔北涼〕曇無讖譯：《金光明經》卷四，《大正藏》冊16，第663號，頁353上。

[106] 〔北涼〕曇無讖譯：《金光明經》卷四，《大正藏》冊16，第663號，頁353中。

→「救急」→「找象運水」→「法施救護」→「生天」；亦即「先予救護」，再進行「說法皈依」的程序。流水長者子示現的是慈悲心，救護生類為首要行動，法施則是後起增益，無救護便無法施。若因法施儀式導致生類不得生存，則失悲心救護的目的。法施乃後起的作為，儀式化或非儀式化，簡要或繁複，集體或個別，皆可視其當前處境方便為之。因此，法施以資慧命，雖具宗教意義，但都不能凌駕、背離救護生類的目的。「放生導致殺生」的現象，既是晚明放生會、放生行動最被批評的弊病，也是延續至當代最需面對的課題。

六、放生的問題化和對話：面對當代社會的放生行動

中國歷史上的放生形式有三種：第一種是禁止屠釣，這屬於當權者宣示的政策內容，包含「功德宣傳的目的」與「宣示信仰」的意義。第二種是建造放生池，又可分成三類：一是以江河圍堵的方式禁捕魚類水族，達到護生目的，從南朝開始便稱為「放生池」；二是鑿陷土地形成水池，引湖水或泉水進入池內的「鑿製放生池」；三是以湖為放生池，可能以全湖為之，或者圍部份湖泊圍放生池。第三種是放生園，以放養各種禽畜為主。

禁屠釣的事蹟多來自當權者飭令的結果，當權者禁止屠釣的政策有各種理由，或是受佛教戒殺救護的影響（梁武帝、唐武后）；或為了宣揚仁政；或為了祈求國泰民安，以保政權；或也有為了保持生態資源平衡的目的。放生是佛、道、民間宗教共同構成的宗教文化現象，其中存有政治權力和社會文化的脈絡，為各宗教合力成就的風尚。就佛教本位的教義和行動來說，放生是護生的一環，有共通於護生的理路與動機，也有其發展的

個別形態，此個別形態隨著文化的接受，在中國的土壤中發芽、繁茂盛開。

臺灣佛教放生戒殺的倡導，承襲自明清佛教之風。戒嚴時期宣傳放生的道場大多在天然湖泊、河川進行不定期放生，同時出版各種戒殺書籍以推動放生。在這些道場中，「臺中蓮社」的李炳南、蔡運辰（1900-1992）兩位居士，為推動戰後臺灣佛教護生戒殺活動的關鍵人物，發揮最大影響力。依李雅雯的研究，蔡運辰與李炳南二人師承雲棲袾宏和印光法師念佛淨土一系的思想和作法，將「放生戒殺」事業視為累積善業、消除罪業、往生淨土的善法善行。在戒嚴時期強調放生功德的觀念，使放生活動逐漸在臺灣社會興盛起來。[107]

臺灣社會接受放生的宗教文化，故能在經濟起飛時，蓬勃發展。但也在解嚴之後，放生成為「問題」，頗受批評。放生如何是「問題」？七〇年代，生態學思潮引進臺灣，自然保育、生態知識作為公民科學的素養和行動，逐漸深入臺灣社會的視野，生態敏感度也被培育起來。宗教放生所帶來的流弊被顯題化，成為「問題」之所在。[108]

解嚴之後，報章媒體對於佛教放生多以負面的形象出現；媒體對佛教放生的報導大多聚焦在：（1）放生行為造成生態失衡的結果；（2）商業化放生已成為新興產業，失去慈悲救護的宗教精神。媒體常描述佛教放生

---

[107] 參見李雅雯：《近代護生戒殺思想之發展與實踐》，頁32-34。

[108] 放生的問題，一開始並非針對宗教團體的大量放生，而是經由濫捕動物和養殖業因為銷路不好或是疾病而「棄養」動物引發的生態浩劫而起。「棄養」和「放生」混為一談，才使得宗教團體的放生受到注意，又因不當的放養動物和不當的放生，其結果同樣對環境造成嚴重的影響。因此，「宗教團體放生」成為「問題」的思考和批評。參見林本炫、李宗麟：〈「正確放生」論述的形成——臺灣戰後動物放生變化的歷史考察〉，《臺灣社會研究季刊》87期（2012年6月），頁238-239。

所造成的景象，在媒體的描述下放生成為危害生態環境的宗教行為：[109]

> 去年間即曾有團體在向山水域放生尼羅河魚，結果造成數百尾死
> 亡，魚屍飄浮潭邊散發惡臭，經日月潭國家風景區管理處派員花費
> 一陣子才把魚屍清除乾淨。[110]

除了大肆報導佛教放生引起的生態問題以外，媒體也揭露寺廟放生儀式形
成的商業行為，[111]透過報章媒體可以看到，當時臺灣民眾對佛教放生商業
化的行為頗多惡評，大多以「只求功德」、「放生殺半」的觀點看待，[112]
民眾投書亦常見對「放生」活動破壞生態平衡的控訴。根據調查研究，佛
教每年花費巨額的經費購買「放生」的動物，這些動物多半是為了「放
生」而被捕，而放生的地點往往不適合該物種動物生存，固定的放生地點
又造成該處某種動物密度過高，破壞了均衡的生態。[113]
　　生態學者、保育運動者則常利用各種會議、報章媒體，訴請佛教界不

---

[109] 有關媒體描述放生造成的破壞，舉《聯合報》的描述為例：「大批白頭翁在東部放生，並侵
入烏頭翁棲息地，專家預測純種烏頭翁可能在二十年內滅絕，而烏頭翁為臺灣特有種，如果
在臺灣滅絕，就等於烏頭翁在全球滅絕。」詳見林如森：〈臺灣特有烏頭翁可能在 20 年內滅
絕〉，《聯合報》第 5 版，2001 年 6 月 4 日。這些描述都增加民眾對放生的負面印象，其他
的資料可見李漢昌：〈植物園成「失樂園」──生態體系，在您手中改變？〉，《聯合報》
第 15 版，1990 年 2 月 17 日；張仁豪：〈集水區上游，民眾大量放生，魚貝類適應不良紛
「送死」，翡翠水庫水質遭污染，管理局促停止放生〉，《聯合報》第 13 版，1991 年 7 月 9
日；張仁豪：〈阿彌陀佛，水庫放生傷水質〉，《聯合報》，第 15 版，1993 年 12 月 21 日；
許聲胤：〈放生變殺手，良心何在〉，《聯合報》，第 17 版，2001 年 4 月 19 日。

[110] 詳見陳正喜：〈民眾恣意放生，日月潭漁民憂〉，《聯合報》第 18 版，2002 年 3 月 7 日。

[111] 媒體有時以「放生熱：新興產業」、「放生成『產華鏈』」、「『捕捉→放生』成產業」為
題加以報導，頗有諷刺之義。

[112] 葉貴煙：〈假慈悲〉，《聯合報》第 11 版，1988 年 10 月 19 日。

[113] 詳見吳立媽：〈破壞生態非慈悲〉：《聯合報》第 12 版，1984 年 5 月 21 日。

再放生，將放生的活動朝向更積極的護生。生態學家陳玉峯針對放生的流弊，提議積極放生方案，包括私有地生態保護區之設置、公有地保護區之委託宗教及學界合作代管與監測、探討並公布放生對臺灣生界的影響，發展新時代保育與積極放生的功德論等，[114]對佛教有著批判性地期待。從當時的保育運動、生態論述和社會氛圍來看，「放生」確實成為「問題」之所在。[115]

　　使得放生活動更受爭議的是商業放生行為的普遍流行。在臺灣已有專門包辦放生事宜的「靈物放生園」，每月的交易額均高達數千萬元，這種商店自備貨車、竹筏、盛器並負責放生事宜等，標榜一貫服務作業，信眾則把錢籌在一起，大批的交易買賣，然後完成「盛大的」放生儀式。[116]這只是臺灣社會商業放生的一例而已。

　　商業放生所以有生存的空間，固然是供需之間的關係，反映出來的是買賣市場的結構和運作，但因放生的因緣，反而成為商人、獵人去捕捉的誘因。而在捕捉動物的過程中，會有更多的動物死亡，如捕捉一隻鳥平均有五隻鳥陪葬的代價，真正能活到被售賣的已是少數。這種血腥的事實，放生物來源的不善，助長殺緣之過，此為「前不善」；水族運送過程不當，導致動物傷亡，或因定期定會的法事，儀式冗長，造成死傷，此為「中不善」；放生後，因放生地點不適合，放生動物不易生存，或再度被捕回，此為「後不善」。前、中、後皆有可能不善，佛教放生的後果造成了殺生的結果，故社會常見「放生放死」之譏。因此，佛教界在回應當代

---

[114] 陳玉峯：〈臺中放生文化的初步研究〉，收入釋傳道編：《佛教與社會關懷學術研討會論文集》（臺南：中華佛教百科，1996 年），頁 112。

[115] 放生如何成為問題，放生的問題化與再問題化，參見林本炫、李宗麟：〈「正確放生」論述的形成：臺灣戰後動物放生文化的歷史考察〉，《臺灣社會研究季刊》第 87 期，頁 217-265。本文對「正確放生」的研究，釐清了「放生」的歷史脈絡及其新論述的形成與影響。

[116] 詳見《佛教新聞週刊》第 81 期（1991 年）專題報導。

社會的批評和訴求時，將自然保育和放生的行動相調和，展開放生和保育的論述結盟，使符合當代社會生態思潮的期待。

　　法鼓山聖嚴法師（1931-2009）在一場座談中與當時的環保署長暢談環保觀念，呼應動物學者的看法，認為保育才是真正放生：「放生的原意是保護自然生態，但今天因不當的放生行為反形成汙染環境與破壞環境的行為，因此，放生觀念應該改變，應為保護自然才對。」[117]聖嚴將「自然保育與保存」和「環境保護與防治」兩條路線和兩種知識類型混淆在一起，但這不妨礙宣示和重新定義「放生」的本義：「放生是保護自然生態」，「放生的行為須符合自然保育的觀念與作為。」放生取得了自然保育的視野，聯姻互動。聖嚴法師在一場專訪中談到：

　　　我們的農禪寺早年也放生，但少量的做，派專人去找原本要宰了吃的生物，才會買來放生。現在我們主張保護野生動物，不只珍稀動物，我們在臺北市立動物園捐了幾個鳥籠，收留各地撿到的傷鳥，送到動物園醫好了，再送到原生地放生，這才是放生的現代性實踐。[118]

　　放生的現代性實踐，法鼓山如此，佛光山亦如此，佛光山捐出二百甲位於日月潭土地，作為野生動物保育中心，並與農委會合作組成以保護動物為宗旨的基金會，作為放生的實踐。[119]佛教界原先放生魚、鳥、龜類的

---

[117] 賈亦珍：〈放生反而殺生，聖嚴法師呼籲教徒摒棄錯誤觀念，動物學者建議保育才是真正放生〉，《聯合報》第 5 版，1990 年 3 月 4 日。

[118] 釋聖嚴：〈方外看紅塵：盲目放生，罪過〉，《聯合報》E6 版，2005 年 3 月 27 日。

[119] 高泉錫：〈愛護野生動物，請中止放生，星雲法師配合保育計畫，捐地兩百甲〉，《民生報》第 7 版，1992 年 2 月 9 日。

活動，大多改為放養魚苗、原生魚種，以保護漁類資源與生態維護，便是在自然保育理念下，改良的放生作法。即使堅持放生事業的法師，在為自己的放生行為辯護時，也要盡量裝備生態知識，訴說其放生符合自然保育，不致危及生態，以取得社會的認同。

符合自然保育的放生，即是「正確的放生」，放生的本義是保護自然生態，這種新型態的論述，呈現了放生的新思維和新典範。如果和傳統的放生作法相比，當代的放生有幾項新意：

（1）適時、適地、適物放生：傳統的放生，為了避免放生成為促發民眾、商人為放而捉、為放而捕或放而後補的弊病，也為了防止放生的整個過程造成動物的大量傷亡，所以將定期、定地、定物列為三大忌諱。但新型態的放生──「正確放生」，強調放生要有合適地點，事前的生態評估；放生要適時，天候異常時，寒流來襲時，不適合放生；放生要適物，外來種、非原棲息地物種，大多非適合放生的動物。因此，放生不只是素樸的慈悲心，亦需有生態知識的素養，這可說是為達到放生目的的生態知識原則。

（2）以放生物為中心的原則：傳統的放生，以放生者的善報功德、長養放生者的慈悲心為原則，這個原則可能導向放生者只在意自己的功德是否圓滿、罪業是否消除，帶有消災求壽、企求善報的功利心態，未能照顧到放生物的生存和利益。而以放生物為中心，乃以放生物的生命保存和趨樂避苦的利益為原則，在放生者和放生物的關係中，開展放生物的生存環境以達到保育之目的，放生者的慈悲心也得到培育和擴充。

（3）放生的公共性：傳統的放生，並非公共性事務，當今的公民社會，放生具公共性，受到法律的規範，除了佛教團體推動立法的「野生動物保護法」外，地方政府亦訂定放生保育自治條例，以規範放生的施行。「臺中市放生保育自治條例」定義放生：「指將動物釋放至自然環境或具

棲息功能之人工環境之行為。」保育：「指基於生物多樣性與自然生態平衡之原則，對於野生動物所為保護、復育、管理之行為。」此外，法規第七條說明申請放生需載明事項，包括第 5 點，經專業保育團體或生態學者、專家，就放生地區生態環境及其相關生物相，所做研究調查報告或評估；第 6 點，預防造成放生動物緊迫或死亡與危害生態及風險管理措施。[120]在當代社會，放生牽涉到環境生態、自然保育，故立法保障之。佛教的放生原是世間功德，其利弊得失也需接受自然保育的檢驗，正面與當代社會對話。

　　當代放生三點新貌，略可說明放生的論述和行動乃在佛典詮釋、自然保育以及社會脈絡下交織而成，其為宗教行為，亦為公共的行為，得進入自然保育的公共論述中，與自然保育生態對話，方能彰顯佛教放生的本懷。

七、結語

　　佛教的護生、戒殺和放生構成對生命態度和生命價值的體系，護生為總綱，戒殺和放生為兩翼，不食肉為衍生的調適原則。在護生、戒殺和放生思想的演進中，有印度文化的影響，有佛教經典的理據，有中華文化的接受，也有政治社會脈絡中所發展出來的面貌。在經典和歷史考察中，呈現出觀念的流變和行動的詮釋。

　　自通之法和慈悲心為護生觀的根源，無論是不殺、不食肉或放生，皆

---

[120] 〈臺中市放生保育自治條例〉，《臺中市政府》網站，2012 年 10 月 22 日，網址：https://lawsearch.taichung.gov.tw/GLRSout/LawContent.aspx?id=GL001643（2022 年 6 月 25 日上網）。

不可違背初心。在經論中，不以慈悲心行不殺法，皆為佛教所不取。「正法念處經」認為這種不殺法，其業報為阿修羅果報，因其方法不適宜，尚存有瞋恨心，所以佛教護生的實踐，是要以非暴力的手段來達成。這對現代極端的保護動物運動人士，以破壞性手段試圖達到解放動物（實驗動物、經濟動物等）的目的，而不顧及周邊的人身安全，佛教是不能贊同的。

不食肉之風，從「食淨肉」發展到「不食肉」，有僧眾對佛教現實生活的適應，有梁武帝政治力量的強制和倡導，亦有佛教教義階段性制戒的說法和內部義理的支持。因此，「不食肉」的戒規，不能只從外部力量的型塑來評斷，亦需從佛教內部義理的脈絡來了解，並給予護生角度詮釋的空間。

護生或放生，皆不能忽略「方便救護」的原則。「方便救護」是以眾生利益為目的，講求有效方法的實踐智慧。依「方便救護」的原則，在放生行動出現流弊時得以調整、省思和改變放生方法，以達成護生、放生之原初目的。

業報功德，貫通不殺和放生，功德的計算，常忽視了功德乃以淨業為中心，功德必然對性格因素和隨其性格而來的苦、樂受有所影響。然而布施功德的計算，其量化的形式把護生戒殺推擴為可努力追求、實踐、計算的善行，對於戒殺、放生的世俗勸化，起了很大的作用。

在文化的接受中，中國發展出普親觀的戒殺、不食肉、放生的文化，普親觀以親緣性，建構人與動物的關係，但是否在行為的實踐中，可做為行動的指導原則？明朝來華的天主教神父利瑪竇（Matteo Ricci, 1552-1610），曾就此提出疑難：

> 彼言戒殺生者，恐我所屠牛馬，即是父母後身，不忍殺之耳。果疑

於此，則何忍驅牛耕畎畝或駕之車乎？何忍羈馬兒而乘之路乎？吾
意弒其親與勞苦之於耕田，罪無大異也。弒其親，與恆加之鞍，而
鞭辱之於市場，又等也。然農事不可廢，畜用不可免，則何疑於戒
殺之說，而云人能變萬獸？不可信矣。[121]

利瑪竇從農事、畜用不可免於勞役動物立論，勞役動物、鞭辱動物和屠殺
動物，其所受的苦相當，若動物皆曾是我父母，不忍殺害，那又怎麼忍心
役用和虐待呢？所以他推論出「人能變萬獸」（普親觀）之說不可信。利
瑪竇從普親觀的一致性原則提出質疑，如果不殺生成立，那麼不傷害、不
虐待、不勞役的原則也應同時成立，但事實不然。除戒殺外，普親觀未曾
提出如何對待動物的原則，利瑪竇在 16 世紀的質問，使得普親觀需要面
對當代動物權利、動物福利的挑戰，否則難以自圓其說。

　　就不殺生或放生的問題，需要在社會文化脈絡中建構一融貫的體系，
以發揚放生的精神。然考察歷史的處境，卻有「放生殺生」之弊，要在當
代社會提倡放生，又如何面對這個難題？八〇年代，因生態保育思潮，放
生「問題化」成為自然保育、生態環境的問題，教界面對這個問題，提出
「放生」的本義即是「保護自然生態」，建立起「正確放生」的論述，放
生和自然保育論述結盟。這個論述雖未曾在理論上深入的論說，卻在實踐
上具體的落實。「放生及保護自然生態」，一者擴展了放生的對象，不限
在生命危難的動物，凡受傷、育種、符合生態環境的動物，皆可是保護、
放救的對象；二者轉化為放生物中心的生命倫理；三者放生作為公共領
域，和臺灣的社會對話。

　　「放生及保護自然生態」可以在佛教的脈絡論述，也可以在去宗教化

---

[121] 〔明〕利瑪竇：《天主實義》（上海：復旦大學出版社，2001 年），頁 51。

的脈絡中論述，可以在動物倫理的行動中倡議，也可以在保育哲學中實踐，這樣的「放生」正是佛教和生態對話的契機，「一個放生，多種詮釋」，從宗教意義上詮釋放生與生態論述的結盟，是一條康莊大道。

　　本文對傳統的護生、放生觀多層面的省察，再從當代社會的脈絡中推導放生觀與自然生態保育的對話，對臺灣社會的放生事業，前善、中善、後善的作為，深有期待。

參考文獻

一、原典文獻

〔西晉〕無羅叉譯：《放光般若經》，《大正藏》冊 8，第 221 號。

〔東晉〕帛尸梨蜜多羅譯：《佛說灌頂經》，《大正藏》冊 21，第 1331 號。

〔東晉〕竺曇無蘭譯：《寂志果經》，《大正藏》冊 1，第 22 號。

〔東晉〕僧伽提婆譯：《中阿含經》，《大正藏》冊 1，第 26 號。

〔東晉〕僧伽提婆譯：《增壹阿含經》，《大正藏》冊 2，第 125 號。

〔劉宋〕求那跋陀羅譯：《雜阿含經》，《大正藏》冊 2，第 99 號。

〔後秦〕弗若多羅、鳩摩羅什譯：《十誦律》，《大正藏》冊 23。

〔後秦〕佛陀耶舍、竺佛念等譯：《四分律》，《大正藏》冊 22，第 1428 號。

〔後秦〕佛陀耶舍、竺佛念譯：《長阿含經》，《大正藏》冊 1，第 20 號。

〔印度〕龍樹造，〔後秦〕鳩摩羅什譯：《大智度論》，《大正藏》冊 25，第 1509 號。

〔後秦〕鳩摩羅什譯：《梵網經》，《大正藏》冊 24，第 1484 號。

〔後秦〕曇摩耶舍、曇摩崛多等譯：《舍利弗阿毘曇論》，《大正藏》冊
　　28，第 1548 號。

〔北魏〕般若流支譯：《正法念處經》，《大正藏》冊 17，第 721 號。

〔印度〕天親造，〔北魏〕菩提流支等譯：《十地論》，《大正藏》冊
　　26，第 1522 號。

〔北魏〕菩提留支譯：《大薩遮尼乾子所說經》卷 2，《大正藏》冊 9，第
　　272 號。

〔北涼〕曇無讖譯：《大般涅槃經》，《大正藏》冊 12，第 374 號。

〔北涼〕曇無讖譯：《金光明經》，《大正藏》冊 16，第 663 號。

〔隋〕智顗：《妙法蓮華經玄義》，《大正藏》冊 33，第 1716 號。

〔隋〕智顗說，〔唐〕灌頂錄：《金光明經文句》，《大正藏》冊 39，第
　　1785 號。

〔隋〕慧遠：《大乘義章》，《大正藏》冊 44，第 1851 號。

〔隋〕闍那崛多譯：《佛本行集經》，《大正藏》冊 3，第 190 號。

〔印度〕彌勒造，〔唐〕玄奘：《瑜珈師地論》，《大正藏》冊第 30，第
　　1579 號。

〔唐〕玄奘譯：《大般若經》，《大正藏》冊 7，第 220 號。

〔印度〕世親造，〔唐〕玄奘譯：《阿毘達磨俱舍論》，《大正藏》冊
　　29，第 1558 號。

〔唐〕玄奘譯：《阿毘達磨順正理論》，《大正藏》冊 29，第 1562 號。

〔唐〕宗密：《佛說盂蘭盆經疏》，《大正藏》冊 39，第 1792 號。

〔唐〕法藏：《梵網經菩薩戒本疏》，《大正藏》冊 40，第 1813 號。

〔唐〕義淨：《根本說一切有部毘奈耶雜事》，《大正藏》冊 24，第
　　1451 號。

〔唐〕義淨：《護命放生軌儀法》，《大正藏》冊 45，第 1901 號。

〔唐〕實叉難陀譯：《楞伽經》，《大正藏》冊 16，第 672 號。

〔唐〕釋道宣：《廣弘明集》，《大正藏》冊 52，第 2103 號。

〔後漢〕安世高譯：《佛說阿含正行經》，《大正藏》冊 2，第 151 號。

〔高麗〕諦觀錄：《天臺四教儀》，《大正藏》冊 46，第 1931 號。

〔元〕宗喀巴著，湯薌銘譯：《菩提正道菩薩戒論》，臺北：佛教出版
　　社，1989 年。

〔宋〕天息災譯：《分別善惡報應經》，《大正藏》冊 1，第 81 號。

〔宋〕王日休：《龍舒增廣淨土文》，《大正藏》冊 47，第 1970 號。

〔宋〕宗曉編：《四明尊者教行錄》，《大正藏》冊 46，第 1937 號。

〔宋〕延壽：《萬善同歸集》，《大正藏》冊 48，第 2017 號。

〔宋〕施護等譯：《尼拘陀梵志經》，《大正藏》冊 1，第 11 號。

〔明〕利瑪竇：《天主實義》，上海：復旦大學出版社，2001 年。

〔明〕妙叶集：《寶王念佛三昧直指》，《大正藏》冊 47，第 1974 號。

〔明〕雲棲袾宏：《蓮池大師全集》，臺北：中華佛教文化館影印，1983
　　年。

〔明〕德清撰，福善目錄：《憨山老人夢遊集》（臺北：新文豐出版公
　　司，1983 年），卷 40，頁 2177。

〔清〕龔嘉雋修：《浙江省・杭州府志》，臺北：成文出版社，1974 年。

二、近人論著

〔日〕中村元著，釋見憨、陳信憲譯：《原始佛教》，嘉義：香光書鄉出
　　版社，1995 年。

〔日〕羽田野伯猷：〈瑜珈行派の菩薩戒をめぐって〉，（《ケベットイ
　　ンド》學集成）第四卷インド篇，京都：法藏館，1988 年。

〔日〕舟橋一哉著，余萬居譯：《業的研究》，臺北：法爾出版社，1990

年。

〔日〕荒木見悟著，周博賢譯：《近代中國佛教的曙光——雲棲袾宏之研究》，臺北：慧明文化，2001 年。

〔日〕高楠順次狼、〔日〕木村泰賢著，高觀廬譯：《印度哲學宗教史》，臺北，商務印書館，1994 年。

〔日〕塚本吉祥：《初期佛教教團史の研究——部派の形成に關する文化史的考察》，東京：山喜房佛書林，1980 年。

〔孟加拉〕達斯笈多（Surendranath Dasgupta）著，林煌洲譯：《印度哲學史 I》，臺北：國立編譯館，1996 年。

〔美〕麥爾福・史拜羅（Melford E. Spiro）著，香光書鄉編譯組譯：《佛教與社會——一個大傳統並其在緬甸的變遷》，嘉義：香光書鄉出版社，2006 年。

Monier – Williams, *A.Sanskrit – English Dictionary*, Oxford: Oxford University Press, 1964.

〈臺中市放生保育自治條例〉，《臺中市政府》網站，2012 年 10 月 22 日，網址：https://lawsearch.taichung.gov.tw/GLRSout/LawContent.aspx?id=GL001643（2022 年 6 月 25 日上網）。

王月清：《中國佛教倫理研究》，南京：南京大學出版社，2000 年。

江平主編：《摩奴法典》，北京；法律出版社，2000 年。

吳立媚：〈破壞生態非慈悲〉：《聯合報》第 12 版，1984 年 5 月 21 日

吳汝鈞編著：《佛教思想大辭典》，臺北：商務印書館，1992 年。

李雅雯：《近代護生戒殺思想之發展與實踐》，臺北：國立臺灣師範大學中國文學系博士論文，2007 年。

李漢昌：〈植物園成「失樂園」——生態體系，在您手中改變？〉，《聯合報》第 15 版，1990 年 2 月 17 日。

周詳光譯：〈基娜石訓（甲）〉，《阿育王及其石訓》，收入藍吉富主編：《現代文學大系 23》，臺北：彌勒出版社，1983 年。

季羨林：《季羨林文集》，南昌：江西教育出版社，1998 年。

林本炫、李宗麟：〈「正確放生」論述的形成——臺灣戰後動物放生雯化的歷史考察〉，《臺灣社會研究季刊》87 期（2012 年 6 月），頁 217-265。

林如森：〈臺灣特有烏頭翁可能在 20 年內滅絕〉，《聯合報》第 5 版，2001 年 6 月 4 日

高泉錫：〈愛護野生動物，請中止放生，星雲法師配合保育計畫，捐地兩百甲〉，《民生報》第 7 版，1992 年 2 月 9 日。

康樂：〈潔淨、身分與素食〉，《大陸雜誌》第 102 卷第 1 期（2001 年 1 月），頁 15-46。

張仁豪：〈阿彌陀佛，水庫放生傷水質〉，《聯合報》第 15 版，1993 年 12 月 21 日。

張仁豪：〈集水區上游，民眾大量放生，魚貝類適應不良紛「送死」，翡翠水庫水質遭污染，管理局促停止放生〉，《聯合報》第 13 版，1991 年 7 月 9 日。

現代佛教學會編：《佛教研究的傳承與創新學術研討會論文集》，新竹：現代佛教學會，2002 年。

許聲胤：〈放生變殺手，善心何在〉，《聯合報》，第 17 版，2001 年 4 月 19 日。

陳正喜：〈民眾恣意放生，日月潭漁民憂〉，《聯合報》第 18 版，2002 年 3 月 7 日。

陳玉蛟：《入菩薩行導論》，臺北：藏海出版社，1992 年。

雪廬講堂印經功德會編輯：《李炳南居士與臺灣佛教》，臺中：財團法人

李炳南居士紀念文教基金會，1995 年。

楊郁文：〈戒從心生〉，《中華佛學學報》第十三期（2000 年 3 月），頁 33-51。

楊郁文：《阿含要略》，臺北：東初出版社，1993 年。

楊琇惠：《《阿含經》業論研究》，臺北：國立臺灣師範大學國文研究所碩士論文，2001 年。

葉貴煙：〈假慈悲〉，《聯合報》第 11 版，1988 年 10 月 19 日。

賈亦珍：〈放生反而殺生，聖嚴法師呼籲教徒摒棄錯誤觀念，動物學者建議保育才是真正放生〉，《聯合報》第 5 版，1990 年 3 月 4 日。

廣興：〈人間佛教的孝道觀——以《阿含經》為主〉，《人間佛教》學報‧藝文第 11 期（2017 年 9 月），頁 24-55。

蔣忠譯：《摩奴法論》，北京：中華書局，1986 年。

豐子愷：《護生畫集》，臺北：慧矩出版社，1980 年。

顏尚文：《梁武帝》，臺北：東大圖書公司，1999 年。

釋印順：《佛法概論》，臺北：正聞出版社，1981 年。

釋印順：《教制教典與教學》，臺北：正聞出版社，1981 年。

釋印順：《華雨集》，臺北：正聞出版社，1993 年。

釋印順：《學佛三要》，臺北：正聞出版社，1981。

釋昭慧：《律學今詮》，臺北：法界出版社，1999 年。

釋傳道編：《佛教與社會關懷學術研討會論文集》，臺南：中華佛教百科，1996 年。

釋聖嚴：〈方外看紅塵：盲目放生，罪過〉，《聯合報》，2005 年 3 月 27 日。

釋演培：《梵網經菩薩戒本講記》，臺北：天華出版公司，1989 年。

釋體韜：《六度四攝與《瑜伽論‧戒品》之關係》，臺北：法鼓文化，1997 年。

第十二章　二十世紀臺灣現代尼眾教育的發展與兩性平權意識覺醒的歷史觀察——從傳統齋姑到現代比丘尼的轉型與開展

江燦騰

臺北城市科技大學創校首位榮譽教授

一、前言

　　現代臺灣比丘尼的教育發展和兩性平權的意識覺醒，雖是近二十年來的顯著歷史現象，並屢屢成為國際佛教女性學術議題的討論焦點，但是，它的歷史發展卻是由來已久，它可以上溯到清代的傳統齋姑、歷經日治時期的近代化比丘尼的轉型、以及戰後的現代化意識的極具開展，共三種不同階段的變革歷程。

　　為了使此一「二十世紀臺灣現代尼眾教育發展與兩性平權意識覺醒」的歷史現象，能具有階段區隔的各別特色的呈現，同時又想屆時還能兼具逐漸朝向到我們當代為止的「現代化發展」的清楚連貫軌跡，所以在研究取樣的方法學上，我所選擇的論述邏輯思維之進路，是先以日治時期（1895-1945）臺灣本土四大法脈中的高雄臨濟宗大崗山派的龍湖庵尼眾教育變革、苗栗曹洞宗大湖法雲寺派林覺力禪師門下的毗盧禪寺等尼眾教

育，作為觀察的主要線索，再兼論其他方面的臺灣近代尼眾教育狀況與現代意識覺醒的初期發展歷程。

　　至於戰後（1945-）以來的發展，我將延續先前的討論，繼續探索其中出現的新變化和轉型的問題。可是，限於篇幅和時間，我並非全面性的探討戰後各時期為數頗眾的尼眾機構及其具體的教學內容，而是集中觀察戰後大崗山派的龍湖庵尼眾教育和傳戒變革及影響，並以戰後來自外在社會環境的巨大衝擊，來呈現戰後臺灣現代比丘尼有關兩性平權意識覺醒的清楚發展軌跡。

二、日治時期（1895-1945）尼眾教育的肇始與變革

（一）前期的相關歷史背景：明清時期齋教三派「齋姑」出現的淵源

　　在清代臺灣公私文獻中，迄今並無有關正規比丘尼曾存在的任何具體記載。反之，從清代中葉起，則有齋教三派先後傳入臺灣，而其中各派「齋姑」的大量存在，影響日治時期的「臺灣比丘尼」制度和教育內容，甚大及久遠。

　　此一狀況，在時間上，其實又可追溯到從明代中葉時，所興起的羅教各派——此一以「新禪宗」或「在家佛教」自居的新興教派——在明清之際，曾逐漸分化和轉型；而其中，屬於「江南齋教」的一枝，入閩後，又分化成「齋教」三派：龍華、金幢、先天，並先後在清代中葉傳入臺灣，大受臺灣民眾的歡迎，於是彼等紛紛在臺灣南北各地，建立起各自的齋堂，以及連結當時海峽兩岸的不同信仰系統，並逐漸形成極大的大眾教派隸屬網絡。

　　恰好當時臺灣移墾的民間社會中，還有不少信佛的未婚婦女或寡婦們，因受限於官方的法律規定，不得任意出入佛寺和隨意出家為尼，便自建齋堂或入居共有的齋堂，來安處日常的宗教生活，彼等即可以不必到佛寺去落髮出家，又可以「帶髮修行」方式，以安度其孀居的晚年奉佛生涯。所以逐漸形成風氣，並成為清代臺灣華人社會中的一大特色。

　　但是這些自清代中葉之後，才先後在臺灣各地出現的齋教徒和齋堂，雖然對於出家佛教僧侶的腐化，仍持其強烈的批判態度，一如西方基督新教改革宗徒對天主教當局和教職人員日益腐化嚴厲的批判，但彼等自身，仍無疑地，還強烈地自認為的確是屬於在家禪佛教教派型式的一種，而非如持正統觀念的出家禪徒之所常加以貶抑彼等為邪惡的宗教信念者。因而，此兩者的差別，事實上，也只是僧俗何者為尊？（※亦即，何者才是真代表正統的達摩禪佛教之繼承者及其後學？）的宗教地位衝突和角色認差異的認定問題罷了。

　　所以，儘管齋教徒為了突出，其顯然已優於出家禪佛教徒的自主性，並因而有其各自新創的教派傳承、隸屬經典、活動堂宇和宗教儀式等，都顯示其足以相抗衡出家禪佛教徒的旺盛活力和快速擴張的發展趨勢。

　　可是，一旦歷史的發展，進入到日治時期（1895-1945）以後，由於殖民當局宗教行政法規的變革和允許，所以彼等在日本佛教各派的促成之下，當時便有很大一部份齋教徒成員，從此即藉以順利轉型成為傳統臺灣佛教的正式僧尼，甚至還一度成為當時臺灣本土佛教發展的新主流。所以，清代齋教三派的傳入臺灣，對日後臺灣本土尼眾佛教的發展，事實上，其貢獻極大。

（二）日治時期臺灣佛教「比丘尼」出現的肇始：從具有傳統漢傳佛教「比丘尼意識」，但未正式「受戒」的高雄大崗山派龍湖庵「齋姑」的宗教角色轉型問題，進行其歷史發展的觀察

　　日治初期曾一度在臺南名剎開元寺擔任過監院和兼任住持的林永定，於 1903 年時，辭退兼任的臺南開元寺住持，而改兼高雄大崗山超峰寺的新住持一職。[1]於是不同於一般看顧香火的「廟祝」，林永定將其原有的豐富經驗，也帶至大崗山超峰寺，努力經營，並另創新的尼寺——龍湖庵，因而逐漸形成了日後高雄大崗山超峰寺的突出地位和根本變革。

　　但，何謂「**齋姑**」呢？最簡單的說法，就是指「**帶髮持齋（吃素）信佛修行的女性**」。可是這樣講，現在很多未出家的佛教女信徒（也吃素和經常參與共修），不就是「齋姑」了嗎？其實，這兩者僅在外表相似，本質上則差異極大。為什麼呢？這必須從歷史上來觀察才明白。

＊

　　說明：我們一般所知道的佛教女信徒，是指經過皈依儀式（由出家並受過具足戒的僧尼主持）的女信徒，她有出家僧尼為「皈依師」，領有成為正式信徒的「皈依證」，證上載有皈依後新獲得的「法名」。因此，一般在家的佛教女性，她的「皈依師」一定是受過具足戒的出家僧尼。

---

[1]　林永定是臺南廳西港堡塭仔內莊蚶寮人氏，姓林，名蕃薯。日本領臺第二年，他在家鄉皈依「齋教」的龍華派。1898 年出家圓頂，禮周義敏為師，住臺南開元寺。這一從先皈依「齋教」，再轉為正僧侶的出家模式，在日治初期的臺灣佛教界，其實相當普遍，他不是唯一的個案。然而，他的性情溫良忠厚，辦事精明能幹。所以他在日治初期，雖剛出家，卻在開元寺處於「混亂之期」[1]時，被選為寺中的監院兼住持，協助開元寺渡過了最艱難的階段。林永定的兼任住持職務，自明治 36 年（1903）起，改由傳芳系的蔡玄精接任。蔡玄精是藉改建的名義，接手了臺南開元寺的寺產。從此以後，開元寺進入另一新的發展期。原代理住持林永定，則決定離寺另起爐灶，於是應聘至高雄超峰寺擔任新住持，日後他大大地中興了超峰寺和創立了尼眾道場龍湖庵。

　　而這樣的女信徒，在印度早期佛教的創立時代，就已是如此了。這種形式的佛教女信徒，就叫做「優婆夷」或「清信女」。

　　可是，「齋姑」的「皈依師」，往往是同為「齋教」的在家修行者，如本文之前所提過的，早在清代中葉，臺灣地區便有傳自中國大陸的「齋教」三派：龍華派、金幢派和先天派。[2]

　　筆者此處可以歸納「齋教」三派的幾個共同特徵如下：（1）強調是禪宗六祖惠能的法脈真傳，並且是以在家修行者及弘法者的優越性自居。（2）批判出家僧尼的腐敗和能力的不足。（3）有自己的道場、典籍、系譜、等級和儀式。因此，「齋姑」不等於「優婆夷」。

　　然而，一八九五年，日本根據〈馬關條約〉開始了對臺長達五十年的殖民統治。除政權變革，還帶來日本式的佛教信仰，以及信教自由的擴大。

　　因此，原先在清代曾長期被官方視為「邪教」之流的「齋教」，如今只是民間眾多信仰方式的一種，不再有法律的歧視規定。婦女的自主性和社會地位，也隨著教育機會的增加和社會觀念的開放，而跟著改變和提升了。

　　在這種情況下，原先的「齋姑」逐漸轉而皈依日益增多的僧侶，而成為一般的女信徒（即「優婆夷」）。雖然如此，直到第二次世界大戰結束初期，維持原有的「齋姑」信仰形式，還是占絕對多數。

　　假如對以上日治初期臺灣佛教女性大環境，已有大致的了解，則可以回過頭來，再說明大崗山上龍湖庵佛教女性道場的特質問題。

2　限於篇幅此處無法細談。有興趣的讀者可參考下列書籍：王見川著，《臺南德化堂的歷史》（臺南；德化堂，一九九五年）。同作者，《臺灣的齋教與鸞堂》（臺北：南天書局，一九九六年）。李添春著，《臺灣省通志稿：卷 2、人民志宗教篇》。馬西沙和韓秉方合著，《中國民間宗教史》（上海：上海人民出版社，一九九二年）。

1.龍湖庵佛教女性道場的特質問題

從日治時代的資料來看[3]，龍湖庵中的女性住眾，迄 1931 年為止，除尼僧外，共有九十四名女眾在內居住。而這些女眾，應是具有久居性質的。因短期留宿的女香客，不可能被計入寺中的住眾裏。

此外，儘管那九十四名女性住眾，並不被視為尼僧（按：尼僧要受大戒才算），但既已共居一寺，又有尼僧在內指導，則寺中全體女性住眾視為一個佛教女性的修行團體，也是可以的。如此一來，林永定的叢林事業中，由於龍湖庵的設立，在臺灣佛教史上終於出現了一處專屬女性修行者的大道場，這是具開創性意義的！

因若不仔細觀察其中的新變化和新的自覺意識，則驟看之下，龍湖庵居住著少數的尼眾和為數近百的女性「帶髮修行」者，無異是清代以來，由對岸大陸傳入而逐漸在臺灣地區流行的齋教庵堂修行模式的翻版和延續。

事實上，不論「齋教」中的先天、龍華、金幢這三派中的哪一派，基本上的特質都是「帶髮修行」為主的。不論正統的佛教僧侶，如何鄙視彼等在教義上混雜外道思想，禮拜對象上如何神佛不分，甚至虛捏源流，自擬禪宗正統。

可是，從日治時代的宗教調查資料來看，明顯地可以發覺：齋教徒自認是嚴守素食戒律，又不抽鴉片、不賭博、帶（職）業修行，不靠施主供養為生；相對於清末臺灣社會出現一些戒規不整的僧侶，她們是有著自己宗教修持的尊嚴和自信的。另一方面，清廷對女性出家者在法律的苛刻規定，也使得「帶髮修行」的齋堂共修，成為取代正式出家的一種變通辦法。

3　徐壽，《臺灣全臺寺院齋堂名跡寶鑑》，關於超峰寺和龍湖庵的相關記載，頁 73-74。

　　但是，臺灣女性齋教徒的這種心理，其實是特定歷史條件下的產物，亦即：若非女性出家的規定太嚴、或若非彼等眼見若干出家僧伽的戒規鬆弛，彼等未必不嚮往真正戒律嚴肅、禪修精煉和法義通達的出家尼僧團的生活[4]。

　　並且，日治時代臺灣四大法派的開創者，除苗栗大湖法雲寺派的林覺力上人之外，在正式出家之前，都先經歷了「齋教徒」的生活才出家，這就證明了欣慕更正規的佛教修行和生活方式，的確是存在當時許多「齋友」心目中的。

　　也因此，當日治時代在臺殖民統治者的宗教法規，已不再如清領時期對女性的出家做硬性限制時，若想婚嫁食肉，只要不礙他人，即可公然為之，法律不會懲罰。在此情況下，因法律的規範既已撤銷，則要過嚴格的持戒修行方式，便只能仰賴女性修行者本身的宗教自覺和自我要求。而此即龍湖庵以女性專修道場，在日治時代出現，特別值得重視的緣故。

　　不能僅憑外表上的類似，即冒然把它視為女齋友的「庵堂」來處理——儘管兩者有極大的雷同性和延續性。但事實上，兩者已是不同精神內涵的產物了。

　　不過，以上關於佛教女性道場的特質論述，並不意味其中不存在宗教專業性的不足問題。例如日治後期，高執德即對龍湖庵的禪淨雙修的方式，提出嚴厲而中肯的批評（後詳）。

2.有關日治後期「大崗山派」的僧眾教育問題

　　首先是關於山上僧眾的教育問題。當時，由於「南瀛佛教會」自大正十年（1921）成立以來，不斷在臺灣南北舉辦各種講習會，雖然收效如何，還待評估，但對傳播佛教新思維和提供振興策略的各種論調，無疑是

---

[4]　例如戰後臺灣在七〇年代以後，就相繼出現許多這樣的佛教女性修行團體。

大有幫助的。

　　其中關於僧教育的問題，是各方關注和一再批評的焦點，因此佛教界不得不對此有所回應。

　　以「大崗山派」的宗派傳承來說，繼承原大陸南方漢人的禪宗佛教傳統，是其無法割斷的法脈源流，除非日本在臺殖民當局禁止，否則繼續和閩南華僧保持交流的做法，會持續下去。

　　至於如何回應當代的佛教議題，由於派下缺乏傑出的義學沙門，除了沉默以對之外，林永定身為「南瀛佛教會」的「理事」之一，比較妥善的做法，就是配合相關的活動。因此，「大崗山派」在整個日治後期這一段時間，所扮演的，就是努力配合各方活動的角色。

　　例如在此之前，基隆月眉山靈泉寺的江善慧，在臺南要辦一「振南佛學院」，超峰寺方面即加以配合。因此當時的教訊報導如下：

〈創立振南佛學院——南部寺院齋堂諸有志發起〉

> 臺南、高雄兩州下之寺院齋堂，如法華、竹溪、開元、彌陀、超峰各寺，其他赤山龍湖庵、舊城興隆寺，並市內齋堂諸住職、堂主有志等，以欲振興佛教養成人才為目的，者番互相聯絡，組織佛教團，並創立振南佛學院。院址假於臺南法華寺內，現生徒二十餘名，悉上記諸寺堂所派遣。教授黃普實、翁啟霖、陳任水諸氏等。院長乃臺灣佛教中學林長江善慧兼任，授以國語、漢學、佛學三科目。生徒皆熱心聽講，真可為我臺灣佛教前途慶也[5]。

---

[5]　載《南瀛佛教》，第 6 卷第 4 號（1928-4），頁 85。

　　由於從師資到教學內容，專業性都不夠，此一「振南佛學院」，最後只是聊勝於無，沒有大影響。但超峰寺方面，願意配合參與，則是很清楚的。

　　事實上，有關僧侶教育和對外弘法的問題，一直是「大崗山超峰寺派」內外佛教人士所關切的，稍後在討論尼眾道場龍湖庵時，還會繼續說明。

3.高執德講師對龍湖庵禪淨雙修的強烈批判

　　高執德對龍湖庵的禪淨雙修方式，是持強烈批判立場的。他說：「當然，單就禪淨雙修的修行方式來說，沒有甚麼不對的地方。可是若從純禪的角度來看，終究有些不足，亦即這是修禪未到家的一種表現。否則若修行者已堅信修禪有效，坐禪一門足矣，又何必藉念佛來輔助？故采禪淨雙修，其實是對純禪自信不夠的作法。禪淨雙修之法，源自宋代禪僧的提唱，迄今仍流弊未斷。」「特別是，當今的臺灣佛教界，對禪的認識，還太模糊，這一問題，也是我等今後必須極力去闡明的地方。將六祖純禪的思想，淪落至今日如此混沌的不堪狀況，真令人為之感慨萬千！」[6]（原文日文，筆者中譯）

　　高執德雖曾受林永定之師周義敏的知遇，內心十分感念，但基於根本法義的抉擇問題，重於一切，所以他仍針對龍湖庵的一向做法，提出強烈的批判。

　　但是。這對當時的「大崗山派」來說，要在中、日禪學的歧異之處，立刻做出抉擇，無疑是有困難的。可是另一方面，由於大勢所趨是如此，

6　見高執德，〈高雄州下巡迴演講記〉的相關說明，載《南瀛佛教》，第 14 卷第 4 號（1936-4），頁 25-7。

所以類似當時高執的批判自有其時代的必要性和合理性。[7]但是，僧眾教育的問題，畢竟成了「大崗山派」當時最關鍵性的迫切抉擇問題。

4.日治後期「皇民化運動」下的龍湖庵尼眾教的改造問題

林永定於圓寂後，改造「大崗山派」的任務，便轉移到梁開吉住持的蓮峰寺來。因繼林永定之後，接任超峰寺新住持的，正是當時非常活躍的梁開吉本人[8]。高執德曾說他積極在奔走，結果呢？

梁開吉新住持，還是選擇和日僧東海宜誠合作。從以下的教訊報導，就可以看出雙方合作的模式和具體內容。首先是全島教務所負責人會議的召開，地點在龍湖庵舉行：

〈臨濟宗全島教務所長會議〉

> 臨濟宗為全島開教，於各州廳下設置教務所，（1941 年）二月十三
> 日，為協調重要教務，於大崗山龍湖庵召開全島教務所長會議。[9]
> （原文日文，筆者中譯）

這是龍湖庵擔任此一會議主辦場所的相關記錄，但會議後，整個教務所的重心，便逐漸轉移到梁開吉原先住持的蓮峰寺去。

因「大崗山派」一向堅持的中國佛教傳統，在梁開吉手中，出現了突

7　高執德提到：「蓮峰寺住持開吉和尚，正為設置後進人員的養成機構而頻頻奔走，不過因未遇到開吉和尚本人，對他的經營方式和奔走的成果，都不清楚。總之，此事值得嘉許是無疑的。」見〈高雄州下巡迴演講記〉，載《南瀛佛教》，第 14 卷第 4 號（1936-4），頁 26。

8　見施德昌，紀元二千六百紀念臺灣佛教名跡寶鑑（臺中：明德寫真館，1941），頁 93，「超峰寺」的說明。另外，超峰寺於昭和 14 年（1939），曾一度聘請楊玄宗擔任副住持。同書，頁 92。

9　《臺灣佛教》，第 19 卷第 1 號（1941-1），頁 49。

破性的逆轉。亦即梁開吉的舉動，是當時皇民化佛教講習會相配合的。例如以下的兩則教訊報導，即提到：

之一：〈佛教講習會結業典禮〉

　　自去七月一日，於大崗山蓮峰寺舉辦的佛教講習會，六個月一期，課程已經結束，特於十二月十三日，舉行結業典禮。此次**參加的學員，主要是臺灣南部的女眾、僧尼、齋姑，公學校畢業以上的程度，有運用日語的能力**，經由當地寺院的推薦，參與講習者二十名。講習會會長，由東海宜誠師擔任，課程教師有東海昌道尼、澤本弘道尼，授完全部皇道佛教的課程。

　　當日由州、街、郡長接待官民，自本宗森（元成）布教監督以次，全島的開教使、教務所長，皆參與了此次結業典禮的盛會。[10]（原文日文，筆者中譯）

之二：〈尼僧講習會〉

　　由高雄州下蓮峰寺與臨濟宗高雄教務所，共同舉辦，以養成本島尼眾，習得皇道佛教的智識，涵養國民精神，成教界有用人材為目的。自（1941 年）五月五日起，六個月一期，**於岡山蓮峰寺舉辦講習會。講習科目有：修身、教義、國語佛教史、法式梵唄、裁縫等**。[11]（原文日文，筆者中譯）

---

[10]　同前註。

[11]　《臺灣佛教》，第 19 卷第 6 號（19941-6），頁 37-8。

　　除了積極籌辦皇民化佛教的講習會之外，梁開吉又同時進行另一交心的舉動，即公開要求在寺中奉置昭和天皇的「聖壽尊牌」。因此有底下的這則報導：

〈聖壽尊牌奉安典禮〉

> 高雄州下大崗山蓮峰寺，為皇紀兩千六百年，祈念寶祚無疆，曾向臨濟宗大本山京都妙心寺申請，欲於寺中奉置聖壽尊牌，今已決定由臺北布教監督所奉送南來，於十二月十三日，舉行聖壽尊牌奉安大典。[12]（原文日文，筆者中譯）

　　梁開吉如此積極向日本佛教以及殖民統治者表態，在當時的大環境之下，無可非議。因在此之前，臺灣本土佛寺，如臺南開元寺、臺北凌雲禪寺、臺中寶覺寺等，早已安置了在位天皇的「聖壽尊牌」，所以梁開吉此舉並非新的創舉，而是宗派自我保存之道的抉擇，所以不能苛責。但是，此日本皇道佛教的意識形態，亦將成為此後龍湖庵尼眾教育所欲達成教學目標的重要一環，並延續至日本戰敗退出臺灣時為止，應無可置疑。

（三）日治時期臺灣北部佛教「現代比丘尼」教育的早期具體經驗和相關影響或衝擊

1.背景之一：日治時期臺灣本土教派曹洞宗「基隆月眉山派」，結合中日佛教成素並對臺灣各地齋堂和齋姑的轉型，產生重大影響的相關原因及其發展歷程

---

[12]　《臺灣佛教》，第 19 卷第 1 號（19941-1），頁 49。

　　江善慧在日治初期，非常活躍，從明治四十四年（1911）起，他帶門徒沈德融，渡海到大陸，拜訪上海、天童、杭州、普陀山等地重要道場；回臺後，足跡踏遍全臺，親訪各處寺廟齋堂，原圖建立日後合作的友誼[13]，結果所到之處，皆大受歡迎，成效之佳，遠超預期。

　　根據沈德融門下李普現（添春）的分析，江善慧和沈德融師徒此行，之所以大獲成功，其原因有三：其一，為具有日本和尚僧籍的優勢。其二，為能操臺日語，溝通無礙。其三為能獲日本佛教的大筆金額補助。為何這三點因素，關係如此重大呢？有關前兩點，李普現認為：

> ……語言隔膜，習慣不同，殖民地之辛酸，真不是味道，很多想做的事情，因為語言不通，手續不詳的關係，往往無法進行，臺灣很多中國和尚，都是為著這種理由，守著動不如靜，有事不如無事的消極主義。善慧和尚因為得到日本曹洞宗僧籍，身份等於日本和尚，比其他的中國和尚方便得多，語言方面得其弟子德融上人疏通[14]，事事項項都很順利，而且能說能做，到處受人歡迎。[15]

　　有關第三點，李普現則提到：

> （靈泉寺）建大雄寶殿時，日本曹洞宗補助一萬元[16]，這是破天荒

---

[13] 靈泉寺的教派發展，很大的成份，是轉手接收於日本曹洞宗之前所聯絡的本土寺廟，否則無法擴張如此迅速和有效。至於能成功的具體條件，詳下討論。

[14] 德融曾留日、並接受日本曹洞宗僧侶訓練多年，故日語精熟，關係良好。

[15] 見李添春，〈臺灣佛教史資料——上篇曹洞宗史〉，載《臺灣佛教》季刊第 25 卷第 1 期（1971-11），頁 8。

[16] 此一萬元，應是日本曹洞宗建「臺北別院」的補助款，李添春可能張冠李戴了。見《宗報》第 267 號（1909-2-1），頁 40。此資料由臺灣的慧嚴博士首先使用，其後筆者透過王見川先

的事，臺灣重多的佛教徒都極羨慕，所以全省大廟古剎，都相爭請他當住持。最早是明末李茂春夢蝶園的（臺南）法華寺，其次開元寺也曾聘請他當過住持，汐止百萬富翁蘇家所建設的靜修院，也請他為住持，由他女弟子辦理。[17]

至於 1911 年（明治 44 年）此次，親訪全臺各寺廟的結果，在臺灣西部計有：

> 宜蘭振昌堂，慕善堂（龍華派），汐止靜修院、源信堂、拱北殿、臺北靈雲寺、善慶堂、惟善堂、新竹淨業院、善導堂、三聖宮、桃園元化院臺中慎齋堂、壹善堂、彰化曇花堂、德意堂、存德堂、善德堂、嘉義朝天宮、奉天宮、慈德堂、龍虎堂、義德堂、臺南開元寺、法華寺、西華堂、慎德堂、德化堂、報恩堂、高雄慈鳳宮、崇光寺等……[18]

上述這些寺廟或齋堂，都熱烈迎接兩人，並「奉之若活佛」[19]。在臺灣東部方面，「則由善性門下德蘊師開教，其後由德融上人普欽師擴展，由臺東至花蓮兩縣都有其教線」[20]。

因此，此行的結果，雖非所接觸的每所寺廟或齋堂，後來都成為「月

生的協助，亦取得松金公正在日影印的全套一份，特此誌謝。

[17] 見李添春，〈臺灣佛教史資料──上篇曹洞宗史〉，載《臺灣佛教》季刊第 25 卷第 1 期（1971-11），頁 8。

[18] 見李添春，〈臺灣佛教史資料──上篇曹洞宗史〉，載《臺灣佛教》季刊第 25 卷第 1 期，頁 8。

[19] 見李添春，〈臺灣佛教史資料──上篇曹洞宗史〉，載《臺灣佛教》季刊第 25 卷第 1 期，頁 8。

[20] 見李添春，〈臺灣佛教史資料──上篇曹洞宗史〉，載《臺灣佛教》季刊第 25 卷第 1 期，頁 8。

眉山靈泉寺」派下的道場，但彼此互相聯絡或派人參與對方的宗教活動，則不成問題。於是新的大法派——以基隆靈泉寺為核心的「月眉山派」，開始邁開了一大步！

　　然而，對一個新興的佛教道場來說，靈泉寺畢竟年代尚淺，缺乏宗教聖地所需的聖物和宗教奇蹟，在領導性的威望來說，是有所不足的。為了強化類似的宗教弱點，江善慧雖已於明治 40 年（1907 年），即應邀加入日本在臺曹洞宗的僧籍，並於同一年的十月，晉山為靈泉寺住持[21]，和日本曹洞宗建立起長期的合作關係[22]。他仍於 1912 年（大正元年），由蔡桂林秀才陪同，到東京請經，並拜訪曹洞宗大本山總持寺管長石川素童[23]，獲素童協助，以及內務省宗教局的嘉獎，請回新修訓點大藏經[24]一部，共 835 卷。這也是《大正藏》[25]之前，臺灣寺院最先擁有的藏經全套，是相當珍貴的。

　　既有各種經書，靈泉寺即於是年（1912）秋，開辦「愛國佛教講習

---

[21] 任住持和編入曹洞宗僧籍的時間，以《臺灣省社寺宗教要覽・臺北州卷》附錄中，關於靈泉寺和江善慧的說明為準。《靈泉寺同戒錄》（1955）中，李添春的看法亦同。《曹洞宗海外開教傳道史》載石川素童於明治四十一年（1908）十月來臺，而石川是參與江善慧晉山為住持的親證人。故時間上，有一年之差。見該書，頁 345。

[22] 根據《明治百年紀念佛教大年鑑》的資料，靈泉寺自明治時期，即是曹洞宗的加盟寺院。而德融師——江善慧的首徒——是此次合作時，被攜往日本接受日本佛教教育的。德融師赴日後，入「曹洞宗第一中學」，後為「臺灣佛教中學林」的助理之一。至於有關江善慧和活動狀況，詳後面交代。

[23] 石川素童是曹洞宗明治以降的第八代管長，任期自明治三十九年一月至大正八年。他是屬於總持寺大本山系統的。

[24] 此新修訓點之大藏經，據李添春先生的意見，係指《南北龍藏》。見《靈泉寺同戒錄》（1955），頁 4。按《龍藏》為藍本，加上《嘉興續藏經》的部份著作，自雍正年間開雕，迄乾隆三年（1739）冬完成，故又稱《乾隆大藏經》，或稱《龍藏》。但，大陸的楊曾文教授指出：李添春的說法是錯誤的，並非《龍藏》。

[25] 《大正藏》是高楠順次郎和渡邊旭海主持編修，大正十三年（1924）至昭和九年（1934）完成，故以《大正藏》稱之。

會」。當時擔任講師的，有來自中國大陸叢林的釋會泉（1874-1943），主講《金剛經》；日本曹洞宗方面，有剛學臺語的渡邊靈淳師[26]，加上代表臺灣本地的江善慧自己。參加的會員，則來自臺南、嘉義、臺中、新竹、臺北和阿猴（今屏東縣）等四十餘人。這也是臺灣佛教史上，第一次由寺院主辦大規模的佛教講習會[27]。

不過，在講習宗旨中提到：「欲養成佈教人才，令一般人民共發遵皇奉佛之精神」[28]。可見有信教和思想改造的雙重目的。

而事實上，課程的安排和講師的邀請，也和曹洞宗大本山「臺灣別院」的院長霖玉仙[29]曾商量過。所以中、日、臺三角關係，是當時臺灣佛教的主要方向之一，並且是官方許可的。

但，此次講習會的實際效果，特別值得一提的，是其後引爆日治時期臺灣知識社群的儒佛大衝突，而被捲入此大風暴中的關鍵佛教人物，即參與此次講習會學員之一的「林茂成」。

「林茂成」原為臺中市慎齋堂龍華派的齋教徒，但在講習會之後，便決心正式剃度出家，並由此次講習會主辦人江善慧收為徒弟，法號「德林」；成為「新僧」的「林德林」，有日治時期「臺灣佛教界的馬丁路

---

[26] 渡邊靈淳學臺語，見林德林的記載，他在〈臺灣佛教新運動之先驅〉一文提到：「渡邊師自大正元年（1912）渡臺，熱心研究臺灣語，是時已經能自由與島人對話，並且能用臺灣話說教。」載張曼濤主編，《中國佛教史論——臺灣佛教篇》，現代佛教學術叢刊第 87 冊（臺北：大乘文化出版社，1979），頁 82。

[27] 梅靜軒在其論文〈日本曹洞宗在臺佈教事業（1895-1920）〉（1997 年於法光佛教文化研究所發表），曾將筆者所說明的此次「愛國佛教講習會」和南臺灣由齋教三派所組織的「愛國佛教會」類比，然後說令她十分迷惑，不知真相。（頁 6）事實上，前者為一次活動的名稱，後者為齋教三派的聯合組織，怎麼說分辨不清呢？

[28] 見林德林手稿，《靈泉寺沿革》，第 9 章〈愛國佛教講習會〉，頁 11。

[29] 霖玉仙為第六任，任期自明治四十四年四月至大正二年八月。

德」之稱[30]。

　　問題在於，所謂變革，總是觸及到新舊或對立面的衝突，而有關評價的部份，也無法不牽連到不同意識型態的階級或不同知識社群論述霸權的角力現實。例如黃臥松是林德林的舊識，但，他以彰化「崇文社」儒生代表的立場，對日治之後的臺灣佛教發展觀察，幾乎都是負面的，並有嚴厲的責難。因黃臥松認為：

> 臺灣自改隸以來，因日本殖民統治當局獎勵佛教，導致很多懶惰、無賴者遁入空門，使清淨梵宮變為萬惡之淵藪。
>
> 臺灣佛教界的一些所謂高僧者，但知廣築佛寺，莊嚴法相，修整禪房，佈置局面，為廣告題捐招牌。錦衣美食，坐待名望家喪事，做香花發財張本。所謂十戒，則口頭禪，津津有味。**最可惡者，姦淫尼姑、齋女，心猶不足，變服易裝而作挾邪遊，誘拐人妻，破人清節，離人夫婦，無惡不作，破戒、詐欺，罪案重重，**臺之南北，事經敗露者，齋堂，佛寺，約計十數次，未經敗露者不知凡幾。
>
> 若輩自以為法律有可躲之條。小和尚無勢可靠，偶犯破戒，革逐還俗，不至有罪。大和尚公然破戒，自恃善巴結、善納交，劣紳土豪，朋比為奸，且背後有泰山之靠。[31]

　　可見在他的眼中，當時臺灣佛教界正刮著大歪風，所以他才會如此強烈批評。並表示他「細思儒、釋同源，不忍坐視其沉溺」，故徵募島內名士惠稿，「編為《鳴鼓二集》，並附錄各報揭載『破戒僧』諸詩文、雜

30　見李添春，〈寺廟的踏尋〉，在《臺灣時報》昭和九年（1934）十一月號，頁62-4。

31　見黃臥松編，《鳴鼓集》二集（彰化：崇文社，1928年），頁33-44。

作，分類編輯，成為一冊，頒發海內外」。[32]

像黃臥松這樣的嚴厲指責，絲毫不考慮其中是否有新佛教出現的正面意義，顯然意味著，有關日治時期的這一佛教史的現象，若從不同的角度來解讀時，其呈現的歷史圖像或歷史評價，將是差異極大的狀況。

特別是，如從日治時期的殖民宗教法律來看，此種批評根本與國民日常行為倫理原則的是否違背？其實毫不相關的。

因根本這不涉及刑法的違背和處罰問題，而是傳統習俗思維制約下自由社會認知角度差異、或個人在宗教理念自由追尋下的不同信仰模式、或不同社群的價值觀之間，由於彼此無法取得共識，所產生的激烈認知糾葛而已。

然而，它的確能在現實中發酵，並召來巨大的儒釋知識社群激烈衝突問題。其相關的效應，就是由苗栗曹洞宗大湖法雲寺派林覺力領導下的現代尼眾教問題，與不斷爆發的男女宗教師涉及情色的糾葛問題。

所以其實這是一條相當艱辛地，「傳統齋姑」趨向「現代比丘尼」求道和修道的百年滄桑史。其相關內容，說明如下：

2.轉變的肇始與後續效應的歷程考察：日治臺灣社會逐漸現代化的大潮流趨勢下，苗栗曹洞宗大湖法雲寺派林覺力領導下的現代尼眾教育問題

在北部的苗栗客家地區、曾有土豪經由開墾新地、多次血腥的番漢衝

---

[32] 見黃臥松編，《鳴鼓集》二集，頁 34。《鳴鼓集》的編輯為彰化人黃臥松，初、續二集是昭和三年六月三十日發行，昭和四年六月三十日再版，印刷是送到上海望平街的中西書局石印部。第三集出版是昭和四年二月五日發行，集內另附印《聽籟集》，是黃臥松的個人隨筆，亦為道德批判之類的雜文。四、五集合刊，昭和五年十月五日出版，內附有《聽籟集後編》、《野禿偷香》、《野禿歌》、《枕頭絃》、《醋海興波》、《盲人掛色眼鏡》、《食雞卵》、《大吹法螺》、《目金錢做人》、《尼姑做彌月》等各集。

突和辛勤經營後，因而在此一樟腦、林樹產地的新竹州大湖郡山區，欲思藉建新寺廟來息災免厄，所新創闢的另一隸屬於曹洞宗的大湖法雲寺。

　　不過，此一遠在新竹州大湖郡山區的臺灣曹洞宗新興道場，卻是由對岸福建鼓山湧泉寺的僧侶林覺力（1811-1933）來臺開創的。這也是日治時期唯一由大陸僧侶來臺所主導的本土佛教大法派，和我們之前所說明的基隆月眉山靈泉寺的崛起，恰形成另一種鮮明的對照。

　　法雲寺是在大正二年（1913）四月經官方核准起造的。因此，該寺的創立日期，一般都以大正二年四月為準。至於大殿工程則是到大正三年（1914）十一月十七日，才正式落成，換言之，是完成於「西來庵事件」爆發之前一年的景氣時期。不過根據增田福太郎後來[33]親到法雲寺所作調查，卻有如下的描述——

　　……法雲禪寺以釋迦佛為本尊（主神之謂），觀音、彌陀佛、十八羅漢為從祀。舊寺堂是一嚴守佛教戒律，且誠意奉佛的有德名僧所居清淨之所，此為大湖區長吳定達（按：應為連），廳參事劉緝光等人發起，得廳下有志之士捐資一萬圓所興建，以便經常宣講佛教法義，使大湖地草野居民（按：即原住民）的雜然思想，有所皈依。境內面積二千坪以上，建坪則達百七十二坪。雖於大正二年月才創立，但因白蟻蛀蝕嚴重，堂宇已瀕於倒塌邊緣，所以正打算拆除重建。[34]

33　在昭和四年（1929）五月十二日。

34　增田福太郎，《東亞法秩序序說》，頁282。

在同文中，增田還提到幾項資料，茲分述如下：

一、法雲寺在大正五年（1916）和日本曹洞宗的本部，建立雙方「聯絡」的關係。大正十一年（1922）由日本曹洞宗本部任命為「臺灣佈教師」同年七月，到臺北萬華兼任龍山寺住持的職務[35]。

二、迄昭和四年五月為止，和法雲寺有聯絡的寺廟，約九處[36]。從寺內組織來看，為圖統一寺中事務，因而安置有：住持、副住持和職員。住持統司門徒教育、弘法及其他寺內外的一切事務。副住持和職員，負責監督寺內的門徒。而門徒受住持等指揮，從事每日課誦及做各類事情。

三、要想成為本寺僧眾者，有下列規定：甲、要向常住繳交五十元以上，三百元以下的一筆養老金。不過，若能繳交一次年糧十石以上，也一樣可以。乙、一旦進入佛門，即須嚴守十戒。丙、若能盡了以上義務，住持就要負責養他一生。丁、住寺僧眾的法號，由住持決定之。

四、弘法者的養成教育是：住在寺內的僧眾，如能做到嚴守戒律、

---

[35] 李添春誤此日期為民國十七年。〈臺灣佛教史資料：上篇曹洞宗史二──大湖法雲寺高僧傳〉，《臺灣佛教》第 27 卷第 1 期，頁 14。

[36] 此九處寺廟，增田書中並未註明。不過，根據其他資料，可以斷定和法雲禪寺有「聯絡」的，計有：1.中壢圓光寺。1928 年建立，葉妙果住持。2.萬華龍山寺。1923 年，林覺力本人兼任住持。3.觀音山研究院。1927 年創立，林覺力女徒洪妙瑞等共同住持。4.后里毘廬禪寺。1927 年創立，林覺力本人住持。5.中和圓通寺。1927 年創立，林妙清住持，為林覺力女徒 6.後龍新蓮寺。1898 年創立，彭達珍住持。7.三義三合堂。1912 年創立，賴妙達住持。8.一同禪堂。1912 年創立，鄭玄深住持，為林覺力在新竹辦講習會的學生。9.新北投曹洞宗佈教所。1928 年創立，林妙振住持，為林覺力弟子，林覺力本人也擔任過此佈數所的布教師（1930-33）。

　　　　了解教理、會課誦經典，即可擔任弘法工作。[37]

　　可是，在此一般性的規定之外，對於寺產的管理和支配權又是如何？
這是最關重要的部分，底下也先將其發展，進一步的分析[38]。按林覺力生
前，一直耿耿於懷的是：（臺灣）寺廟的權利，由俗人掌管，要做點事，
往往就會被干擾[39]。例如他曾對來訪的增田福太郎表示：

　　　　法雲寺雖然不舉行祭典，所以沒設爐主來負責，但本寺的管理人，
　　　　負責財產管理等事項，且無任期限制，卻是由創辦人的相關人員及
　　　　其後繼者推選出來的。寺的維持費來源，是仰賴一般信徒的捐獻和
　　　　門徒的養老金來開銷。祭祀的年費，大約要八十元之多，是有志者
　　　　捐出來的。關於房屋的修繕支出，主要是靠信徒臨時協議來籌募
　　　　的。所以我們可以清楚了解，經濟的來源和開支的決定權，受以俗
　　　　人擔任的管理人影響甚大。[40]

37　增田福太郎，《東亞法秩序序說》，頁283。

38　按：昭和七年（1932）出版的《臺灣全臺寺院齋堂名蹟寶鑑》一書，已曾提到法雲寺的住持
　　是林覺力，副住持是葉妙果。寺中住眾共四十八人。管理人為：吳揚麟、呂樵潮、黃劉立
　　[38]。等到昭和十六年（1941）時，因第一代住持林覺力已於昭和八年（1919）過世，所以第
　　二代住持是葉妙果，副住持則是曾真常（林覺力門下的第三代健將）。住眾為四十九人。管
　　理人則改為：吳揚麟、葉阿銘（妙果）、吳阿禮[38]。其中管理人之一，已列入第二代住持的
　　葉妙果，是一重大的突破。相信這和昭和十年（1933）臺灣中部大地震，法雲寺禪堂、功德
　　堂、僧房及復舊中的大殿牆垣全倒塌成廢墟有關。因有責災後重建，須重新募巨款才行，
　　而此時已不比當初興建，全由吳、劉等人包辦，因擔任第二代住持的葉妙果，已是北部實力
　　派的教界領袖人物之一，所以夠資格儕身為管理人之一。

39　增田福太郎，《東亞法秩序序說》，頁286-287。

40　增田福太郎，《東亞法秩序序說》，頁283。

　　以致來臺發展的林覺力，極為羨慕日本佛教的住持崇高地位和有完整的經濟支配權。同時，這些影響了他在臺發展事業的一些特殊作法。

＊

　　據《覺力禪師年譜》資料顯示：日本曹洞宗大本山臺北別院的幾任院主像大石堅童、大野鳳洲等，甚至設法撥給法雲寺一片相當大的山林[41]。可見他已逐漸成為被拉攏的對象。

　　林覺力其實不通日語，接受日僧打扮或使用日式佛教法器，大都是應酬的成份居多，骨子裡還是鼓山的一套[42]。

　　然而，林覺力在佛教知識的深造和傳統戒律的遵守之間，他是存在著雙重性格的。他曾對增田福太郎說明：日本僧侶不遵守戒律（娶妻食肉），所以臺灣島民皈信彼等者很少。不過，就佛教知識的教育水平來講，日僧高於臺僧甚多，並且較有服務社會的熱忱。因此，他建議：

1.　由日僧教導臺僧佛理。
2.　禁止臺僧亂用非佛教的典籍。
3.　加強和臺僧聯絡、溝通和合作。[43]

　　雖然如此，當臺灣佛教界紛紛派遣精英弟子到日本佛教大學深造時，林覺力卻將門下最優秀者送到大陸的佛學院去接受教育。這難道不是另一種方式的分歧和矛盾嗎？像這種雙重性，對日後的派系發展性格，實際上也產生奇妙的影響。

---

[41]　釋禪慧編，《覺力禪師年譜》，頁 146。

[42]　李添春，〈臺灣佛教史資料：上篇曹洞宗史二——大湖法雲寺高僧傳〉，《臺灣佛教》第 27 卷第 1 期，頁 16。

[43]　增田福太郎，《東亞法秩序序說》，頁 286-287。

＊

　　林覺力在法雲寺完成之後，曾七次傳戒和多次舉行水陸法會，使信徒的皈依數量迅速增加。**特別是，他針對齋堂齋姑或新時代觀念的婦女，努力傳授佛法和指導佛事活動要領**。他的徒弟之一的羅妙吉，在大陸留學時，亦曾撰文表示：

> 曾憶覺力上人，於臺北佈教，未宣唱前，一副溫藹之容，與乎一種端肅寧靜之舉動，已足令人見之肅然起敬矣。況加以極清朗委婉暢達絲竹莫喻之梵音。令聞者，心曠意悅，亹亹忘倦乎。[44]

這樣的唱作俱佳之外，妙吉又舉出臺地佛教傳播的特點：

1. 不擇地點，不問聽眾多少，隨時隨地傳播佛理。
2. 弘法者針對不同程度的聽眾需要，以不同的方式講述佛法，使聽者盡興滿意。
3. 弘法時，不攜經本，不限住所，也不拘大小乘法，看大多數聽眾需要，即為彼等演說之。連要皈依說戒，也可立即照辦。[45]

總而言之，是客戶導向的傳教法。

　　但，這種方式，其實有利有弊。《覺力禪師年譜》提到：大同公司的林挺生之母，即林堤灶夫人，在龍山寺附近，看到有人拜佛，她也找個時

---

[44] 羅妙吉，〈臺灣佛教之歷史及現狀〉，《海潮音文庫》第 17 冊，頁 74。

[45] 羅妙吉，〈臺灣佛教之歷史及現狀〉，《海潮音文庫》第 17 冊，

間進去拜，卻恰好站在林覺力方丈後面。林覺力禮佛完畢，轉身看到她，就把手爐遞給她，手爐又正好發火，林覺力便告訴她：「您日後必有大發展。」以後，有空就到林家，趁林夫人洗衣服時，講經給她聽。

此舉雖獲林夫人歡欣，熱烈護法，但也引起地方上的閒言閒語，甚至有當地的黑社會份子，前往寺中警告林覺力不可如此，以免不必要的嫌疑。[46]

而據張如學尼師的回憶：大正十四年（1925），在新竹香山一善堂為女眾開講——這是丸井籌組「南瀛佛教會」之後的事——，為期六個月，曾引起極嚴重的誤會和毀謗，幾乎令他的清譽毀於一旦，甚至要當眾發誓以表清白。這就是有名的關於吳達智和許達慧兩位考上佈教師而招來大風波的事，如學法師還提到說：

> 十一歲時，親眼看見他為了培養兩位尼眾，於香山一善寺開講習會，讓她倆登臺演講，考上佈教師。這次最不幸的事發生了，受人嫉妒、毀謗。幾乎要葬送他的前程，致使他含冤受氣而擊磬請佛，呼韋馱天將證明說：如果真有此事，「天不覆地不載」之重誓。[47]

可見當時打破風氣提倡女性僧伽教育之不易！

但是，類似的桃色風暴始終是沒間斷過；而女徒弟的後來發展，也構成了林覺力來臺事業中最光輝的一頁。

此因「法雲寺派」的創立者林覺力，熱衷傳戒和教育女弟子，所以門下女弟子之盛，在全臺各道場中，無出其右者。[48]甚至新竹地區的私人齋

---

46 釋禪慧，前引書，頁145-6。

47 如學，〈覺力禪師年譜出版緣起〉，收在釋禪慧編，《覺力禪師年譜》，頁1。

48 釋禪慧編，《覺力禪師年譜》，頁148-9。

堂一善堂和一同堂，都因為受他的教育影響而成派下正統佛寺[49]。並且其中有兩處尼寺，都分別成了臺灣北部和中部最著名的現代化佛教勝地和很具清望的尼眾道場：

其中例子之一，臺北縣中和地區的圓通禪寺：

創立者林妙清，是新竹人，年二十三在新竹香山一善堂學佛苦修三年，1925 年參加特別講習會後，拜林覺力為師，法名妙清。1927 年要在中和石壁湖山建寺，此地點的選定，是林覺力幫忙決定的，因林覺力時任龍山寺住持，仕紳名流多有願贊助者，建寺才能進行。至於當時寺中的尼眾教育狀況，根據慧嚴博士的相關研究，其情形如下：

> 此時圓通禪寺的住眾有二十多名，其中高等學校即今日的高中畢業者有二、三位，此二、三位可能達賢師與蓮舟尼就是其中之一。二位在昭和 11 年（紀元 1936 年），留學於位在名古屋市的關西尼學林，而蓮舟尼林氏金蓮則是妙清師養女，在民國 44 年（紀元 1955 年）11 月 29 日妙清師因肝癌往生後，為圓通禪寺第二代住持。
> 她在昭和 10 年以優秀的成績，畢業於臺北第三高等女學校即今臺北市中山女中，11 年就赴日本關西尼學林留學，同年寒假回臺渡假中，蒙曹洞宗臺北別院第十一代院主兼布教管理島田弘舟的剃度，授與法名為淨海蓮舟尼，預定昭和 12 年（紀元 1937 年）4 月，進

49　一同堂是陳進治（法號覺明）起造的私人齋堂，歸依林覺力後改為一同禪堂（即今一同寺）。第二任住持玄深尼師，為張達精（妙果之徒）的女徒，是法雲寺派下的一分院。一同堂原是新竹望族鄭如蘭夫人鄭陳潤的私有齋堂，1892 年在香山創立，1925 年南瀛佛教會在此舉辦六個月期的「臺灣女子第二回特別講習會」，有林覺力門下的二女徒，達智和達慧被錄取為講師，所以逐漸成了正式的佛寺─善寺。

入東京駒澤大學就讀。[50]

其中例子之二，臺灣中部后里的毘盧禪寺：

此寺的原創立者，是后里望族呂妙塵之姑呂林氏，連同妙塵之妹：妙觀、妙識、妙湛、妙本、妙遍，於 1925 年到大湖法雲寺皈依三寶，其中妙塵等六姊妹拜林覺力為師，其姑則輩份較高，拜萬善老人為師（法名覺滿）。這也是香山特別講習會後的當地效應之一。因呂林覺滿拜師後，不久即往生，卻在遺言中交代：要建女性專用道場，閱二年，呂氏姊妹終於覓地后里太平山建寺，達成其姑的遺願。毘盧禪寺於 1930 年十月落成，妙塵自任管理人，住持則請其師林覺力擔任。

至於有關毘盧禪寺尼眾教育的問題，根據慧菴在〈毘盧禪寺概況〉的描述，其情形如下：

> 昭和二年（1927）夏，從事建築，遠近聞其義舉皆慕而捐助之，行將三載，本殿及附屬宿舍悉概告竣，材堅式勝，實開臺灣寺院建築一大新記錄。觀夫覺滿老人發心之偉，妙塵姊妹繼志之勇，豈獨為山寺哉。……毘盧寺之大雄寶殿中，獨奉釋迦，擯棄在來寺院雜信之故習，表示信仰單純之精神，此是其崇信之特色也。
>
> 朝晚依自新編毘盧誦本而作大眾公課，斯是其行持之特色也。復觀其寺之概覽，知其之組織，純為學術研究及教育之機關，養成闡揚佛學、利世人才為鵠的，非徒結香火因緣者，此是其宗旨之特色也。

---

50 釋慧嚴，〈從臺閩日佛教的互動看尼僧在臺灣的發展〉，《中華佛學學報》第 12 期（1999．7 月出版），頁 249-274。中華佛學研究所發行。

據其現在之實況，既先以指導研究制，定員二十名，昭和八年度（1933），研究課程如次：**一、四分律學。二、雜阿含大意。三、印度佛學史。四、因明論理學。五、唯識學。六、大乘禪學。七、西洋哲學。八、中國文學等。此項課程，為順序研究起見，特分二半期教授。**然佛學世學兼習者，能圖堅固根本學問，以備進出社會隨機說法，斯是抱漸進發展之計劃也。[51]

＊

但，另有一些此類的新女性道場，則鬧出了涉及男女情色問題的大風波。其中尤以「觀音山研究院」和「弘禪法院」兩座禪堂，最具有代表性。其相關過程如下：

一、首先是因林覺力曾在香山一善堂，專為傳統的臺灣佛教女性舉辦過六個月一期的佛教講習會，而學員中有吳達智和許達慧兩位齋姑，在講習會結束後，因成績優良，立刻被新任命為後補女教師，但立即在臺灣佛教界引起巨大風波，彼等認為林覺力過度抬舉自己講習會的女性學員。

然而，吳達智和許達慧也不甘示弱，於是她們也結合十幾位尼眾，就在大湖郡法雲寺附近辦一座「觀音山研究院」。

此棟建築物是在昭和二年（1927）六月起造，直到昭和三年（1928）二月落成啟用，並號稱彼等是走現代化知識路線的女性修行團體，有報效社會的雄心。[52]

---

[51] 見《南瀛佛教》卷 11 之 2，頁 37，昭和 8 年 2 月 1 日。

[52] 關於吳達智和許達慧考上佈教師而招來大風波的事，如學法師在晚年還特別回憶此事，她說：「（---）十一歲時，親眼看見他為了培養兩位尼眾，於香山一善寺開講習會，讓她倆登臺演講，考上佈教師。這次最不幸的事發生了，受人嫉妒、毀謗。幾乎要葬送他的前程，致使他含冤受氣而擊磬請佛，呼韋馱天將證明此：如果真有此事，『天不覆地不載』之重誓。」見〈覺力禪師年譜出版緣起〉，釋禪慧，前引書，頁 1。可是如學法師是 1913 年出

　　可見這是傳統臺灣佛教女性的獨立自主性已逐漸展露的跡象，縱使對戰後後臺灣的新佛教女性來講，彼等的如此作為，亦稱得上是影響深遠的里程碑。

　　此因吳達智和許達慧，這兩位臺灣本土尼眾教育的兩先驅，日後彼等在實際的佛教弘法事業上，也固然無太突出的個人表現，但這是其實彼等受限於當時現有的學習環境不佳所致，而非關個人的才學和能力問題。因最重要的是，彼等代表了臺灣佛教女性新風貌的出現，與臺灣女性僧團自主性意識的顯著抬頭，而這是直到大正昭和之際才逐漸成形，故絕非前清時代的臺灣佛教女性所能企盼的！

　　二、至於另一座「弘禪法院」的新女性佛教道場，則是基隆人林弘光女士所購建，時間約在昭和二年（1927）九月，地點也在大湖法雲寺不遠之處。

　　但此一私人道場，當時的女性住眾共有四十六位，並且半數以上是屬於林覺力門下達精的女徒弟，因此改建之初，整個工程與相關事務，即委由達精全權監督和處理。

　　可是由於林弘光的丈夫屢次投書報刊，責難達精和法雲寺，故後來連彰化「崇文社」的社長黃臥松，甚至也將其信稿和新聞報導，都錄入《鳴鼓集》中，以攻擊達精；但林弘光後來忍無可忍，也同樣投書報刊，並揭發其丈無恥真相，以為達精的無辜做辯護，於是此事方告平息。[53]

生，十一歲是 1914 年，但講習會是 1915 年辦的，所以她記錯了一年。

至於有關「觀音山研究院」的創立沿革說明，見徐壽，《臺灣全臺寺院齋堂名蹟寶鑑》，（目次 24）的說明。

[53] 按此事最先是昭和三年二月十一日，有一署名「一信徒」投書《臺灣日日新報漢文版》，被報社以專欄〈大冶一爐〉刊登，投書者質疑大湖法雲寺列位有道大法師，誘勸有夫之婦出家等事。法雲寺於該報的漢文版（三年二月二十三日）覆函，要求質疑者說是寺中何人？誘勸對象是誰？同報同日也刊出「一信徒」指明：法師係達精上人，對象係獅潭庄桂竹林菜堂。

　　但，事實上，從大正十一年（1922）以來，有關臺灣本土佛教界的自由戀愛、僧侶結婚、僧尼犯戒，等等桃色新聞，即一再形諸公眾媒體上。而「新僧」林德林師和張淑子交惡，接著所引發的全臺排佛論，更是持續數年之久。

　　並且《鳴鼓集》也一再出版，前後共出了五集，即是例證。[54]可見要如何針對佛教與女性關涉的問題作反省，則仍是新一代的日治時期佛教知識子繼續要反省的大課題。甚至彼等在戰後所將要面臨的大逆轉之空前嚴厲問題，依舊是此類的相關大課題。只是在議論的策略上，被以「去日本佛教化」和「日式佛教臺僧無受戒故其實是等同居士」、以及「齋徒無受戒和信仰神佛混雜」等「非正信佛教」藉口，來大加貶抑並藉以反襯其受戒文化的神聖化宗教圖騰和突顯其強烈出家優越感的欠現代化宗教意識形態而已。

　　但，不管如何認知，有些歷史現象是的確存在的，茲再扼要說明如

到昭和三年九月九日，《臺灣民報》第 225 號，刊出〈大湖僧尼的醜聞民黨支部派人調查大湖郡桂竹林弘法院〉，批評達精修繕寺院在弘法院住宿的不該，而《臺南新報》第 9587 號（昭和三年十月四日），則由署名「新竹州下一莊民投大湖郡」，強烈攻擊野禿偷香，批評尼屬自由女，所以不守清規，行為放蕩。這些連番攻擊，終於遭到當事人林氏的反駁。林氏以〈薄命辭〉上下篇，於昭和三年十月十二日的《臺南新報漢文版》第 9595 號，揭發投書者係其無恥丈夫，在婚姻生活中遭到種種不幸，細膩婉轉地一一道出。令編輯都在文後按語，認為林氏雲英的自白，「亦頗有道理」。其夫被揭發後，也署名「賴以尊」，在同日的《臺灣日日新報》第 1029 號漢文版，〈答薄命辭〉，可是說理、文字流暢，皆不若林氏甚遠，只能表示：林氏的文章可能有人捉刀，否則不能如此。但就辯論言，已徹底失敗，故此案到此結束。《鳴鼓集》的初、續兩集，將以上新聞編入，作為批評佛教敗德的證據。

54　《鳴鼓集》的編輯為彰化人黃臥松，初、續二集是昭和三年六月三十日發行，昭和四年六月三十日再版，印刷是送到上海望平街的中西書局石印部。第三集出版是昭和四年二月五日發行，集內另附印《聽籟集》，是黃臥松的個人隨筆，亦為道德批判之類的雜文。四、五集合刊，昭和五年十月五日出版，內附有《聽籟集後編》、《野禿偷香》、《野禿歌》、《枕頭絃》、《醋海興波》、《盲人掛色眼鏡》、《食雞卵》、《大吹法螺》、《目金錢做人》、《尼姑做彌月》等各集。

下：

一、日治時期臺灣佛教尼眾曾依福建山湧泉寺的九日或七日的傳戒儀軌，多次且多人在臺接受傳統三壇大戒的入道儀式。所以，當代人士，不能沒根據地就隨便胡亂批評說：臺灣現代有比丘尼，是在 1952 年時，由中國佛教會在臺南大仙寺傳授改良版的「寶華山隆昌寺傳戒儀軌」才出現的。

二、現代化的臺灣本土尼眾教育，其肇端是在臺灣佛教組織「南瀛佛教會」的特別講習會而開始的。因此，第一代領有正式弘法執照的尼眾布教師，也伴隨而出現，甚至標榜「現代化」的尼眾寺院或研究院，也陸續建立；縱使其後的效果不如預期，那也是面臨戰爭非常時期的不利管制局面所致。

三、但彼等更不幸的歷史際遇，其實的是，日本戰敗後，彼等又改被戒嚴時期曾長期獨占中央佛教組織與壟斷傳戒許可權的大陸逃難來臺僧侶，加以侮辱性地貶抑和多方改造，並以長期掌控的詮釋霸權，來徹底洗腦戰後新世代僧尼對前輩尼眾歷史的無知認識和不知尊重近代世界已是多元文化價值觀的可怕扭曲意識形態。而這正是我們當代臺灣佛教知識份子，最必須有所反思的一點！

四、日僧來來各派中，以臨濟宗妙心寺派為主，特別是和臺灣本土相關連絡寺廟影響最深也最大的東海宜誠，完全遵守漢傳臺僧茹素和禁慾不婚的戒律立場，所以在其影響下的大崗山派眾多僧尼，直到戰後也都還完全遵守此一嚴格茹素和禁慾不婚的戒律立場，而毫無改變。

三、戰後臺灣尼眾教育的轉型與發展（1945-1987）

（一）歷史影響的變革背景：戰後轉型的肇始與相關發展問題

　　日本在臺灣的殖民統治長達五十年（1895-1945）。在此期間，日本佛教的各宗派，相繼在臺灣展開佈教活動和成立宗派道場。而臺灣本土的寺廟，亦在此一新的統治勢力的支配下，逐漸產生日本佛教化的新風貌。

　　特別是中日爆發戰爭後，日本在臺當局為免臺灣民眾的離心內附，加緊實施「皇民化運動」（1937-1945），大舉組織和調訓臺籍的僧尼及相關佛教人士，使得臺灣佛教急速地日本化。

　　其中為數達二十人以上的臺籍僧尼精英，都是出生於日治時代，受過良好的日語教育和日本本土佛教高等教育的薰陶，在運動期間，紛紛躍居新的領導階層。老一輩的精英如善慧和本圓等法師，則暫退到第二線，或轉到海外發展。

　　日本戰敗投降，將統治權交還中國政府（1945年10月25日），在臺灣地區的各日本佛教宗派亦隨之撤離。留下的大批寺產，除部份因當初興建或改隸時，帶有臺灣人的資金和產權之外，大都由政府視同敵產而加以接管，或轉為他用。

　　在都會區或駐軍附近的臺灣人寺廟，也往往充作臨時辦公處和居住的所在。連帶地使正常的佛教活動大受影響。不少典雅美觀的日產佛寺，不但迅速頹敗，甚至遭到改建和變賣。因此，臺灣佛教面臨戰後第一階段的徬徨期和轉型期。這是日本撤離所產生的後遺症。

　　另一方面，1947年2月28日爆發了所謂「二二八事件」，牽連的人數甚多，引起臺籍民眾的驚慌，省籍對立的問題也急劇表面化。

　　政府為了避免局勢持續惡化，並沖淡臺人因受日本長期統治的「日本

化」之深刻影響，逐漸加強日本語文的管制，在教育和文化的意識形態上，積極鼓吹和強調祖國意識，期使臺灣人早日恢復中國文化和統治正當性的認同。

在這種情況下，臺灣佛教界也逐漸感受到新壓力。其中最大的挑戰，是如何用中國語文來代替原本熟練的日本語文為新的表達工具的問題。

這對出生於日治時代、受日本語文教育、習慣於用日本語法來思考和表達的臺籍佛教界的知識分子，可以說絕大多數都有表達的困難。即以在日治末期已私下勤學北京話，中文表達上也有相當程度的高執德（法號證光，臺南開元寺住持）來說，1947 年 5 月底，臺灣省佛教會公推他代表出席在南京舉行的全國佛教大會時，也大大感嘆話語不通、事事要依賴他人。

其他更等而下之的，可以說幾乎往後的大半輩子，都困頓在不會流利地使用中國語文這一件事上。例如晚年才創辦「法光佛學研究所」的如學尼師，不論家世和教育程度，都堪稱頂尖，卻因無法突破中國語文的表達障礙，而使生平所學無法一盡所長。這實在是臺灣佛教在戰後轉型過程，最令人遺憾的時代悲劇之一。

尤其是在一九四九年開始的戒嚴體制，延續了三十八年（1949-1977）之久，所以由大陸僧侶主宰的「中國佛教會」組織，藉黨政權力的支持，壟斷傳戒的權利和主導發展的方向，極力排斥日式佛教和重建所謂的大陸佛教。

此外，一九四九年大陸各省逃難來臺的僧侶中，也包括為數不多，但地位高、黨政關係良好的蒙藏僧侶或學者，彼等將蒙藏地區的佛教信仰型態，藉此機會傳入臺灣，並構成戰後臺灣地區蒙藏密教信仰的最初源流。

因此，戰後的臺灣佛教分期，事實上是以戒嚴前的五年、戒嚴時期的三十八年和解嚴迄今，共分為三個時期：第一時期，是放任的過渡期，第

二時期是為改造和發展期，第三時期，則是變革期和批判期。

其中尤以第二時期的傳播和發展最具特色。因在第一階段中，大陸傳戒的規範和出家佛教至上的意識型態，主宰了原有的臺灣佛教。而且日本在臺的許多美麗的佛寺，大多被變賣或改建。

取而代之的是，廣播型、觀光型和舞臺化的新佛教傳播方式，逐漸成了新的主流。大陸來臺的星雲法師及其一手建立的佛光山系統，就是其中最典型的代表。此外，仿日本鎌倉的銅鑄大佛的彰化八卦山的水泥製大佛，則是更早期的臺灣佛教觀光化的著名先驅。

但在戒嚴前期的二十年間，臺灣佛教教勢的整體傳播和發展，與基督教和天主教的在臺同一個階段教勢的強力發展相比，仍較弱勢，此從教會大學的數量之多與佛教大學全無之對比，即一目了然。

一九六〇年代以後，由於臺灣地區在退出聯合國和美臺正式斷交之後，臺灣的經濟方面仍能持續高度成長，而高等教育人口業隨之激增，加上新社區、新故鄉的逐漸形成，因此臺灣佛教的發展黃金時代，再度出現，並且規模更大。

所以在前述的佛光山之外，另一更具社會影響力的佛教系統，則是由臺籍尼師證嚴所領導的慈濟功德會，也快速的擴張於解嚴前的十年。加上北臺灣的法鼓山教團和中台山的中台禪寺教團，都相繼崛起於此時。

因此，在第二階段的最後十年，堪稱臺灣佛教傳播發展史上的最高峰期。同時也是臺灣尼眾教育轉型和發展的最關鍵時期。亦即，此兩者其實是形成密切關聯的辯證發展樣態的。

（二）戰後高雄大崗山派龍湖庵及其相關寺院尼眾教育的轉型歷程透視

1.前言

　　臺灣地區在戒嚴期間，由於人民自由結社的權利給凍結了，而來自大陸各省的僧侶（以江蘇和浙江兩省占絕大多數），雖僅少數具有原組織的理、監事身份，卻在黨部的默許和輔導之下，按各省的原配額（公然權充他省的名額者，所在多有），而成立了「中國佛教會」。

　　此一「中國佛教會」的成員，在 1953 年以後，應政府的要求，下鄉到全臺各地，宣傳政令和佛法，一方面增進民眾對政府施政的信心，一方面藉佛法降低民間信仰中的迷信和浪費。

　　於是在以後的數十年間，這些成員實際主導了臺灣佛教的意識形態和發展的方向。此一鉅大成效，張曼濤稱之為「大陸佛教的重建」。

　　其中最堪誇耀的功績，是出家佛教傳戒的制度化，咸認是改變臺僧受日僧影響破戒取妻的惡習。但，實際卻是對日治時代臺僧侶傳戒文化雙軌制的大誤解。

　　因日治時代，僧侶受戒，有源自對岸福建鼓山湧泉寺的傳戒傳統者（即禁慾不娶妻者），也有改採日僧方式的帶妻食肉者或不帶妻食肉（※如來臺日僧中的臨濟宗妙心寺系統）者。

　　此外，傳統齋堂三派：龍華、金幢、先天，為在家佛教性質的帶髮修行者：龍華、金幢有嫁娶；先天則強調守貞。結果，戰後的傳戒，除新出家者外，主要的對象，其實是強迫齋堂的在家修行者受出家戒。[55]

---

[55] 這原是先前在大陸各省絕無發生可能的荒謬作為，卻在失去政權和逃難來臺之餘，藉著特殊的政治戒嚴體制，再配合最高黨政當局急欲進行反共抗俄宣傳和實行快速去日本化的宗教意識形態之要求，居然毫不臉紅地，就在臺灣地區被大張旗鼓地，以霸王硬上弓的方式，強迫性地加以實施了。

可是，儘管其中有可議之處[56]，但此事既然木已成舟，歷史也無法再予重新逆轉，則如今我們若要重新對其進行曾歷經過的的轉型狀況觀察，則最好的例證和辦法，我認為就是能夠明智地和本文先前一樣，即以擇取一處具有相關歷史延續性經驗的臺灣本尼眾道場的方式，作為察本節議題發展的聚焦主線及有效樣本。

因而，我認為我所能做的最佳的選擇，毫無疑問，就是再度本文之前已詳細提及的：曾於日治後期基於戰時「皇道佛教」的整訓需要，而被大力改造過的大崗山派龍湖庵及其相關派下寺院的中眾多尼眾教育或受戒問題。

亦即，如今既已到了戰後佛教新局，則彼等先是如何從戰前過度到戰後時期的？以及彼等在戒律教育和相關行為規範又是如何被訓練的？正是針對此一論述重點的最佳探索素材。

2.觀察大崗山派尼眾教育轉型的切入點之一：以組織的掌控與權力的重整和以白聖長老領導的中國佛教會之密切辯證發展的線索為中心

雖然在日治時代崛起的臺灣的四大法派，在戰後都面臨重新轉型的問題，不過，在北部其他的三大法派，都幾近瓦解或已不具有重要的整體宗派性地影響力。唯一的例外，就是南臺灣的高雄「大崗山派」，它在戰後卻更為發展和擴充，甚至成為南臺灣七縣市最大的傳統佛教勢力。

而且，戰後「中國佛教會」在臺復會後，以白聖長老為首的領導勢

---

[56] 李玉珍教授亦評論此事說：「如果我們不先釐清傳統女性宗教認同的彈性和可轉移性，僅以宗教派別和剃度與否來區分尼眾和齋姑，並且排除隸屬於佛教寺院的菜姑，即淪入以戰後中國正統教團主義的受戒標準和史觀來扭曲日據時期的歷史情境，而忽略戰後傳戒對於女性教團身分與修行方式的影響。」見李玉珍，〈出家入世——戰後臺灣佛教女性僧侶生涯之變遷〉，《回顧臺灣、展望新故鄉—臺灣社會文化變遷學術研討會論文集》（5/25/2000），頁409-441。

力，所以能夠在臺灣生根和傳承不斷，主要就是透過收編「大崗山派」的傳統佛教勢力為己用所致。

除此之外，日後在南臺灣快速發展的星雲佛光山系統，雖能將其教勢遍及全臺各地、甚至發展為高度國際化的連鎖寺院系統，但其在南臺灣的實際佛教影響力，仍非「大崗山派」的對手。

並且星雲終其一生都無法取得白聖過逝後，所遺留的「中國佛教會」最高領導權，很大的成份，就是「大崗山派」未能全力支持他的緣故。

不過，有關高雄「大崗山派」的戰後發展的說明，必須追溯其在日治後曾遭到被迫改造和轉型問題。

亦即從 1942 年的派下大遷移以後，一直到 1952 年，開照上人在大仙寺舉辦傳戒活動為止，這當中有近十年的該派歷史，必須先予說明，否則無從了解戰後初期的「大崗山派」，是如何順利轉型的？

3.觀察大崗山派尼眾教育轉型的切入點之二：從戰前到戰後的派系僧尼教育訓練和道場各自發展的問題

首先，就以「新、舊超峰寺的聚散與發展」這一部份來觀察。因「大崗山派」的大遷移，雖是林永定和派下僧尼過去幾十年在山上艱辛建寺和發展的全部事業之毀滅，卻也是新超峰寺的崛起之時。

新超峰寺在山下平原的腹地雖大，有兩甲餘[57]。可是一來因山上超峰寺、蓮峰寺和龍湖庵三寺的數百名僧、尼、齋姑等，除部份分散移住到大仙寺[58]，全部遷入新超峰寺，散住在的幾十間寮房裏，新環境既簡陋又陌

---

[57] 據果展，〈不肯去觀音──新舊超峰寺今日〉，載《菩提長青》第 195 期（1992-2-20），第 4 版。報導：「……新超寺的腹地十分廣大，全寺約有二甲餘，寮房也達數十間。」

[58] 如後來出任屏東東山禪寺的圓融尼，即是當時由龍湖庵移住大仙寺，躲避太平洋戰爭的美機空襲的一員。見 1983-9-9，其弟子天機尼為紀念其師圓融尼所立的寺中碑文。

生，缺乏如山上所熟悉的優美自然景觀，再加上又恰處於戰爭管制的非常時期，大家無從對外發展，雖派中精神導師——也是開派祖師——周義敏尚在，連舊超峰寺那尊有兩百多年歷史的鎮寺古觀音，也一併帶到新超峰寺來供奉，但除非戰爭結束，否則等於要被長期困住在新超峰寺了，其心態的無奈，可想而知。

　　不過，也由於這樣，在日治後期一直到 1945 年夏季戰爭結束前，「大崗山派」在南臺灣的傳統影響力，大不如以往。

　　因這時由日僧東海宜誠和臺南開元寺高證光（執德）所推動的臺灣舊慣佛教的改造運動，已轉由屏東的東山禪寺和臺南的開元寺分別負責，除戰時皇民化佛教的一般講習課程之外，其實在學員上已逐漸改採精英主義，並且主要以受過基礎教育以上、能熟練使用日本語文能力的年輕尼僧和齋姑為培訓的對象。

　　像這一類的培訓課程，和昭和初期林覺力在新竹香山所辦的女眾講習內容相比，更專業、更有佛教文化的內涵和素養，但也更趨純日式佛教化，這一點特質，在當時是最前衛的，也是最符合殖民統治者胃口的臺灣佛教新典範。

　　而長期擔任此項培訓工作的，是來自日本臨濟宗妙心寺派的兩位尼僧：東海昌道尼和澤木弘道尼，此兩位尼師，是臺灣進入皇民化佛教時期，為配合日僧東海宜誠和大崗山派蓮峰寺住持梁開吉的新尼僧培訓計劃，而於 1941 年自日本來臺擔任「皇道佛教」的課程指導[59]。

---

[59] 見《臺灣佛教》，第 19 卷第 1 號（1941-1），頁 49，提到：「自去七月一日，於大崗山蓮峰寺舉辦的佛教講習會，六個月一期，課程已經結束，特於十二月十三日，舉行結業典禮。此次參加的學員，主要是臺灣南部的女眾、僧尼、齋姑，公學校畢業以上的程度，有運用日語的能力，經由當地寺院的推薦，參與講習者二十名。講習會會長，由東海宜誠師擔任，課程教師有東海昌道尼、澤本弘道尼，授完全部皇道佛教的課程。」

　　此後，東海昌道尼和澤木弘道尼，前者應聘成爲蓮峰寺的駐寺尼眾教師，後者則應聘成爲龍湖庵的駐寺尼眾教師[60]。但 1942 年「大崗山派」二寺一庵（超峰寺、蓮峰寺、龍湖庵）整個被驅下山，移駐在新超峰寺之後，東海昌道尼和澤木弘道尼即轉往屏東東山禪寺去擔任尼眾教職。

　　直到戰爭結束，日本統治當局撤出臺灣，東海昌道尼才返回日本任職，澤木弘道尼則決心死守臺灣和本地的尼眾共住，於是選擇歸化臺灣籍在屏東縣高樹鄉東興村廣修寺、慈光寺等道場常住[61]。

　　由於上述的背景，再加上屏東東山禪寺是東海宜誠長期親自經營的重要道場之一，因此東山禪寺的僧尼，水準相當整齊，雖然寺中的高度日本佛教化，在戰後成了被逃難來臺大陸僧侶極力排斥的對象，但日式佛教的型式固然可被替換，至於佛教知識的擁有和僧侶禪修的嚴整精神內涵，是可以持續保有的，而這一原有的佛教基礎，再加上「贖罪自責的卑屈心態」（※因所學爲皇民化的日式佛教，戰後又被應邀來寺弘法的逃難來臺大陸僧侶，所一再公開批判判而萌生的奇異變態心理），於是轉而以優秀的後學姿態，認真學習新導入的大陸佛教，結果成績卓著，好評連連，日後甚至成爲戰後大陸佛教在臺重建的主要「尼眾道場」[62]之一，影響非常深遠[63]。

60　見施德昌，前引書，編號第 94，關於蓮峰寺和龍湖庵的說明。

61　見林蘇峰編輯兼發行，《高林玄寶大和尚鼎談錄》（美濃：鄉土語　會，1951），頁 32。

62　屏東東山禪寺的全寺尼眾化，是由出身「大崗山派」龍湖庵的圓融尼師所改造的結果。而圓融尼師正是日據後期接受過皇民化佛教的「大崗山派」女眾之一。她的改變，有其意義，但對日式佛教畢竟是一種叛離。所以澤木弘道尼移居慈光寺，因此寺亦是深受日本臨濟宗妙心寺派影響的本島佛寺之一，原住持素道尼曾留日接受佛教教育。

63　此一尼眾的主要傳承系譜和變革，可從圓融→天乙→悟因，這三代尼師的不同角色來理解。而事實上，日後昭慧尼出家初期的常住，也是同樣落腳於高雄的興隆寺，也是天乙尼主持及其女徒系統領導的「泛大崗山派尼寺」，其情形，也是如香光尼僧團創辦人悟因長老尼，之曾一度在高雄興隆寺依止天乙尼住持一樣。只不過，兩者最大不同是，昭慧尼雖在興隆寺數

　　不過，在太平洋戰爭未結束之前，這一切日後才出現的巨大效應，都僅止於潛伏的階段，至少外界是不清楚的。至於居住在新超峰寺的數百僧尼，據現在所知，當時他們並不確定日後有在返回原先山上各自道場的機會[64]。直到戰爭結束，國民政府允許大崗山上恢復寺廟齋堂的居住和活動，在戰爭期間移住居住在新超峰寺的原大崗山派的數百僧尼，才認真面對是否要回山重建的問題。

　　但要回山各自重建或仍繼續留在新超峰寺發展，都有此後寺產如何歸屬？住持由誰出任？這幾個大問題存在。

　　如果整個舊「大崗山派」的僧尼，能有一致發展的共識，能以全派的立場，建立有效的長期制度，則舊「大崗山派」的未來管理系統、僧尼的教育機構和教學課程內容、本寺和分院之間的權利義務關係、僧尼進修計畫、僧職編派和獎懲辦法等，都可以再三討論，先建立共識，然後訂出具體條文和實施細則，則問題比較有焦點。其間的討論過程也許費時費事，但有了共識以後，要運作反而容易和有顯著成效。但，這些問題，對戰爭期間曾共住幾年的二寺一庵的數百僧尼來說，似乎是對他們很遙遠或從未有共識的未來發展議題。

　　儘管如此，當舊「大崗山派」在戰爭期間的新超峰寺住持梁開吉，在民國三十四年（1945）十二月交卸住持之後，此後的發展有下述幾點是可

年，卻仍頗不能適應和不能認同寺中臺灣傳統佛教的活動方式和教育方法，所以之後才會接受新竹福嚴佛學院的印順長老之邀，前往任教國文和學法，從此展開其長期受印順長老佛學教育及其思想的薰陶，並有日後另創著名的佛教弘誓學院的歷史發展。有關昭慧尼上述歷練的反思和批評的經驗，可參考江燦騰，〈當代臺灣佛教菁英比丘尼的出家經驗與社會關懷實錄〉，收在《當代臺灣人間佛教思想家：以印順導師為中心的薪火相傳研究論文集》（臺北：新文豐出版公司，2001）。

64　見果展，〈不肯去觀音——新舊超峰寺今日〉，載《菩提長青》第 195 期（1992-2-20），第 4 版的報導。

以確定的：

　　（一）戰後梁開吉，又回山上獨力重建蓮峰寺，並擔任住持，至1956年71歲的高齡，還未卸任。

　　（二）寺中曾出大力協助舊「大崗山派」大遷移的陳永達[65]及其系統被冷落了，重要僧職都被原林永定的嫡系門下所包辦了[66]。於是陳永達轉往高雄市發展，並擔任了元亨寺的新住持。以後他的高徒釋開證，也因繼其師之後，接任元亨寺的僧職，而在高雄市的佛教圈崛起。[67]

　　（三）有關新、舊新超峰寺的寺產分配，派下決定：

　　（a）田産屬新超峰寺擁有，山林則歸舊超峰寺所有。

　　（b）遷居山下的舊超峰寺所有的古觀音像，以在觀音前擲杯決定去留。最後由新超峰寺方式擲杯所獲的肯定次數多，遂擁有此觀音像[68]。

4.觀察大崗山派尼眾教育轉型的切入點之三：戰後龍湖庵的尼眾教育轉型發展與傳戒活動的相關問題

　　舊「大崗山派」兩大寺之一的女眾道場龍湖庵，戰前是臺灣南部最富盛名的尼眾和齋姑的專屬道場，不但住眾多，經濟實力雄厚，並且深受各方肯定，是一極具代表性的本土尼眾道場。

　　戰後的龍湖庵，是由開山的開會尼，率庵中女眾回山重建，並親自擔

65　見世佛雜誌社編，《超峰寺傳承史》（阿蓮鄉：大崗山超峰寺，1991），頁7。

66　包括上述已提到的梁開吉和尚，「大崗山派」的本系，全是源自林永定的嫡系門下，如舊超峰寺的歷任住持是：永定→開吉→開參→開照→開參→法智（除最後的法智師被逃難僧卻主導戰後傳戒的白聖長老收爲門下之外，都屬林永定的嫡系門下）。至於新超峰寺的歷任住持是：開吉→開參→能學（爲開參之徒心清的門下，派下法號爲圓慈），亦都屬林永定的嫡系徒子徒孫。

67　參考朱其昌主編，《臺灣佛教寺院庵堂總錄》，頁501，關於「宏法寺」說明。

68　見展展，〈不肯去觀音──新舊超峰寺今日〉，載《菩提長青》第195期（1992-2-20），第4版的報導。

任住持之職；得西港李錦蓮等善信之助，於 1949 年，初步整建完成。

　　在寺產方面，戰後初期，仍有自耕田四甲餘，較蓮峰寺的情況，要好很多[69]。至 1961 年，鋼筋水泥建的大悲殿竣工。1970 年，重修大雄寶殿完成，增修邊配房與念佛堂亦完工，於是啓建水陸大法會以慶落成。

　　1974 年，開會尼圓寂之後，由圓志尼接任住持，增建一現代化的新齋堂兼講堂。[70]其後龍湖庵的住持兼管理人則是印哲尼，寺中住眾仍維持數十人以上。[71]

　　龍湖庵在戰後的發展和轉型過程中，最大的改變是庵中尼眾，接受中國佛教會的傳戒制度。

　　因在整個日治時代，舊「大崗山派」都未傳出家戒，是當時臺灣各大法派中的唯一例外。至於 1973 年，爲紀念開會尼舍報三周年，在龍湖庵欲舉辦「二部制」專授尼戒的護國千佛大戒會，則是龍湖庵戰後最大的盛事。

　　不過，由於此次「二部制」傳戒的活動，是由來自屏東東山禪寺圓融尼派下最傑出的天乙尼，一手強力主導，並史無前例地要一身兼擔任開堂和尚尼和得戒和尚尼，因此當時曾引起佛教界很大的爭議[72]，許多戒師紛紛加以抵制，未參加此次龍湖庵的傳戒活動。

　　但，天乙尼在其親教師釋白聖的支援之下，稍做妥協之後，仍一肩擔當，使此次的傳戒大典，順利完成。[73]

69　張文進主編，《臺灣佛教大觀》，頁 164。

70　朱其昌主編，《臺灣佛教寺院庵堂總錄》，頁 473。

71　據 1983-1-18 高雄縣民政局登記資料錄出。

72　關於此事細節，可參考釋見曄編著，《走過臺灣佛教轉型期的比丘尼──釋天乙》（臺北：中天出版社，1999），頁 149-63。

73　見釋見曄編著，《走過臺灣佛教轉型期的比丘尼──釋天乙》，頁 160-1。

　　龍湖庵所以在臺灣佛教界享譽盛名數十年，是由於它是具清望、無醜聞、能為各方所信賴的女眾道場。從開山的開會尼以次，到繼任的圓志尼，雖都缺乏淵博的佛教知識，觀念上也極為傳統和保守，卻因此能將幾十年來的優良道風，持續的維繫下來。

　　在某種意義上，龍湖庵的存在，其實成了南臺灣不幸婦女，面臨困境時，最能信賴的人生避風港之去處和平安的象徵。

　　也由於這樣，只要庵中的道風不變，平時和其互動的廣大佛教婦女，對道場的信任，也就不會改變，因此相對能提供的贊助善款，也比對其他道場，要來得更大方，更心甘情願的慷慨解囊。

　　可是，在傳統的圓志尼領導之下，龍湖庵在傳戒後，使庵中女眾的日常生活，依然保守而傳統，靜修禮佛如故，宛若沈靜的湖泊，水波不興，所以我們可以不再對其干擾和論述。

　　亦即，我們以下，將轉而另外針對其他更重要的發展，例如解嚴以來，臺灣佛教女性在兩性平權運動方面之推展，來加以探討。畢竟佛教尼眾出現新觀念的改變，必然有很大成分是與其所受的佛學教育內容有關，所以從結果來追溯原因，也是可行的。

四、解嚴以來臺灣佛教的兩性平權運動（1987-2001）與尼眾曾受社會教育影響的關涉問題

　　解嚴以來，有關臺灣佛教兩性平權運動的議題，雖直到二十一世紀初，才躍上歷史舞臺，但其發展歷程，卻為時甚久[74]。

---

[74]　本來此一議題，原應從圓融尼師曾為爭取佛教女性自主權，即所謂「寧為大丈夫」的艱難奮

　　一九四九年之後，大量大陸逃難來臺的出家僧侶，以白聖法師等為首，透過匆促在臺恢復組織和活動的「中國佛教會」所主導的，傳授戒律活動與頒發受戒証明，成功地，以大陸「江蘇省寶華山式的佛教傳戒制」度為基調，在臺順利地，重塑出家女性比丘尼的清淨神聖形象，並成為戰後臺灣社會，最能接受與認同的主流。

　　彼等從此，就代替類似臺灣傳統「齋姑」，在「齋堂」的功能和角色那樣，擔負起全臺灣佛教，大大小小各佛寺內，各種日常性事物的處理。

　　例如，彼等須妥善應對來寺功德主，或信眾們宗教需求等，所以彼等其實是，寺中事務處理重要負責人。也就是說，彼等在寺院中，是各種雜務或大小庶務的，主要的擔綱者，同時也是，寺中男性比丘的重要助理。正如家庭主婦，在一般家庭中，無可代替的地位一樣。可是，其實質地位並不高。

　　其背後真正原因是，儘管戰後，臺灣佛教出家女性比丘尼的清淨神聖形象，已被社會或佛教信徒認可，但由於受到傳統印度佛教戒律中，「男尊女卑」的落伍意識形態的深層影響。所以從戰後初期，到解嚴前，臺灣佛教的出家女性寺內地位，相對於寺內出家男性來說，仍甚卑微。

　　儘管在事實上，她們的總人數，要多於出家男性的三至四倍之多，並且彼等，在出家資歷、佛教專業知識、教育程度，和辦事經驗等各方面，除少數例外，一般來說，若與出家男性相比，是毫不遜色的，甚至於，尤有過之者。

　　但是，傳統宗教意識形態之積習難改，所以在相對的成熟條件不具備時，就是有心要改變，也不易成功。此種情況的改變，正如解嚴後政局劇

　　門史及其挫敗的過程談起。但因本文篇幅已過長，所以此處加以省略。不過，此一意見，其實是回應香光寺自鼒法師，對我論文初稿內容的建議。因她在看過我的初稿後，認為在此處，我的論述內容，似有跳躍式的不連貫之處。所以，我特別在此，略加說明。

變一樣。

亦即，臺灣佛教兩性平權運動，在解嚴後的新發展和最後能成功，除有昭慧尼及其眾多追隨者的堅毅努力之外，不可諱言，是亦步亦趨地，繼之前臺灣社會婦運的成功而展開的，故曾受惠於之前婦運的經驗和成果，也是無庸置疑的。

我們須知，臺灣社會在解嚴前後，在婦運團體所出現爭取新兩平權運動中，曾分別針對現代女權新思潮、兩性平等新概念，在教育、立法、公共輿論三方面，提出強烈訴求；再結合相關社會運動的急劇催化，不久，即大有斬獲，並大幅度地，改善或提升臺灣社會兩性不平權的非正常狀況。

從此以後，這一重大成就，就成為已通過立法，和可以透過教育傳播的臺灣現代主流思想和生活模式的重要內涵。

於是，受惠於此社會改革成功的影響，以改革急先鋒的昭慧比丘尼為首，戰後新一代的臺灣的佛教女性們，也相繼提出彼等對傳統佛教戒律中「男尊女卑」的落伍觀念強烈的質疑和絕不妥協的凌厲批判。

而彼等之所以能以出色精研的新佛教戒律專業知識為依據——主要是吸收一代佛學大師印順的原有相關知識精華——作為與其出家男性對手論辯時，才得以致勝的強大利器。

昭慧尼原先是根據印順導師原先主張人間佛教的兩性平權思想，於2001 年 3 月 31 日，在臺北南港中央研究院舉辦「人間佛教薪火相傳」的研討會時，曾公開宣讀〈廢除八敬法宣言〉，也實際結合僧俗兩眾，當場撕毀了「八敬法」的條文。

而此一漢傳佛教千年來前所未有的大膽革新舉動，當時除了立刻獲得臺灣社會各方輿論的普遍肯定之外，也使臺灣現代比丘尼呼籲佛教兩性平權的有力訴求，不但直接強烈衝擊著二度來訪的達賴喇嘛，使其不得不立

刻回應（※儘管仍躲躲閃閃）此一具有普世人權價值的理性專業訴求。

　　其後，昭慧尼師的撕毀「八敬法」的條文此舉，連帶也衝擊到臺灣傳統的佛教界和亞洲其他地區的佛教界，並且儘管彼等的回應方式頗不一致，甚至連世界華僧內部的共識也遲遲未能達成，但臺灣佛教現代比丘尼的專業水準之高、及其能倡導亞洲佛教兩性平權新思維的睿智遠見，已堪稱為百年所僅見的世紀大手筆。

　　再者，為了不徒托空言，所以由昭慧尼師和性廣尼師所聯合創立第五十二期（2001 年 8 月）佛教的《弘誓》雙月刊，便是以「告別傳統──迎接佛教兩性平權的新世紀」，作為專輯各文的主軸。

　　這意味著此一專輯的作者，不只敢於正面回應來自傳統派昧於時代潮流的無謂挑戰或淺薄的質疑，更能以專業的自信和理性的堅持，用大氣魄、大格局的新時代視野，來發揮其由智慧眼和菩提心所凝聚的大願力，以呼應兩性平權的普世價值和時代潮流，並帶領臺灣當代的佛教界，向改革的途徑勇往邁進。

　　其後，昭慧尼師更相繼出版多本佛教倫理學的專書，其中最前衛的，是《佛教後設倫理學》（臺北：法界出版社，2008）一書，其議題之新在亞洲堪稱第一。

五、結論

　　從宗教現象來看，臺灣佛教比丘尼之多和彼等對當代臺灣社會所產生的鉅大影響力，都是佛教史上罕見的宗教現象。因此，在當代臺灣佛教的任何寺院和教團裡，若無比丘尼的協助，甚或全權處理，則幾乎凡事都很不容易進行。

　　因此，我甚至公開一度表示過：臺灣佛教其實已是女性當家，若比丘尼集體罷工，則當代臺灣佛教有可能馬上就要面臨崩盤的窘境。

　　可是，在討論有關 20 世紀臺灣比丘尼的眾教育和整體表現及其原委時，我們並不能一刀切，只談當代，或只談戰後戒嚴時期的發展階段，或只單獨談到解嚴之後這一階段的變革狀況，而必須再追溯到日治時代、甚至是更早的明清時代才行。

　　因此，在本文中，我便是根據各種可靠的歷史文獻，歸納出以下數點心得，來作為本文以上探討內容的相關結論：

　　一、臺灣當代比丘尼的前身，即清代以來的佛教女性，曾有一個時期，是以帶髮修行的「齋姑」為主的。

　　二、臺灣正式比丘尼的出現，是 20 世紀初期的事，而且，一開始就和臺灣佛教改革運動有關，也幾乎和臺灣女權運動的崛起同步。而這一重要的起點和意義，我們是絕不能加以忽略的。所以當我們探討有關現代臺灣比丘尼的教育發展及其歷程時，也有必要追溯到日治初期，或更早的明清時期，才能清楚其來龍去脈。

　　三、臺灣佛教比丘尼的教育與其相關表現，由於一開始就和臺灣現代化有關，所以標榜專業性、自主性，以及因之而產生的社會影響力，一開始就很明顯，在日治末期更是達到高峰。

　　可是由於日本戰敗，臺灣主權回歸中國，日本佛教各派隨著殖民統治結束而退出臺灣，連帶的，許多受過日本佛教高等教育的佛教女性菁英，也面臨了轉型的困難。再加上一九四九年大陸淪陷，大批大陸僧侶逃難來臺，藉著戒嚴體制的組織控制和傳戒一元化的長期影響，使得臺灣佛教比丘尼，只能退居幕後，而由比丘主導佛教界。這也是導致很多人，誤解為臺灣佛教比丘尼，只是在當代才會活躍的主要原因。其實這是由於政權變革和佛教型態不同，才導致戰後臺灣比丘尼的長期沈默。

　　四、臺灣佛教女性的人數之多，是歷史上長期存在的現象。這和臺灣社會的開放性格有關。可是，在未解除戒嚴以前，臺灣充滿了政治的禁忌，社會運動也不易公開進行，所以比丘尼的社會影響力，一時也不易為外界所察覺。

　　而臺灣比丘尼的專業性、自主性的出現，以及社會給予的高度評價，都是發生在近十幾年裡，可見外在環境的變化——臺灣社會的巨大變革、政治威權的式微，都是發生於這一時期；並且，這一時期也是女權運動的全盛期——也是促使臺灣佛教比丘尼崛起的不可或缺的因素。

　　五、臺灣最早的女性教團出現，可追溯到日治時期大崗山的龍湖庵。龍湖庵迄今猶存，尼眾人數也多，可是因為缺乏現代化的自覺，早已失去早期的社會影響力。當中的關鍵，就是看其能否具有現代化的自覺與因應之道。

　　六、目前臺灣佛教比丘尼的現代化教團，可以舉出以主辦 2009 年跨國性「現代尼眾教育」國際交流研討大會的「香光尼僧團」為代表。因其一向對於女性出家尼眾的教育提升、庶務的磨練、民眾教育的舉辦等等，可以說無一不講求；在設備方面，圖書館、出版社、電腦管理等，也頗具水平。特別是佛學資訊方面，更是國內極具專業性代表的道場之一。此即「香光尼僧團」之所以能「代表當代臺灣佛教現代女性教團」之重大原因。[75]

　　七、就臺灣當代尼眾教團的成功發展經驗來看，能適時的現代化才是其成功的必備條件，並且就個人看，亦是如此。以昭慧尼師為例，她主持的「中華民國關懷生命協會」，是臺灣少數有影響力的社會團體，曾在反

---

[75]　參考釋悟因總主編，《覺世人華：香光尼眾僧團成立二十週年專刊》（嘉義：香光書鄉，1992）。此書是由香光寺自鼐法師提供筆者參考，特此感謝。

挫魚運動中，大顯身手，如今也盡力於動物權的提倡和推展佛教兩性平權運動。而她所著的《後設佛教倫理學》，其中觀念之新和開放，可以說在亞洲佛教界居於先驅的地位。

　　凡此可以看出：事業化、現代化和自主性，是臺灣當代比丘尼的教育之成功、觀念之新也能與時俱進，故其整體表現，也所以才會如此傑出的原因。

國家圖書館出版品預行編目（CIP）資料

當代臺灣佛教知識群英的典範新視野. 第一卷, 從
　大陸到臺灣到東亞的精粹論集/江燦騰, 林朝成主
　編. -- 初版. -- 臺北市：元華文創股份有限公司,
　2023.03

　　面；公分

　　ISBN 978-957-711-302-3(平裝)

　1.CST: 佛教　2.CST: 文集

220.7　　　　　　　　　　　　　　　112002797

當代臺灣佛教知識群英的典範新視野(第一卷)
　──從大陸到臺灣到東亞的精粹論集

江燦騰　林朝成　主編

發 行 人：賴洋助
出 版 者：元華文創股份有限公司
聯絡地址：100 臺北市中正區重慶南路二段 51 號 5 樓
公司地址：新竹縣竹北市台元一街 8 號 5 樓之 7
電　　話：(02) 2351-1607　　傳　　真：(02) 2351-1549
網　　址：www.eculture.com.tw
E - m a i l：service@eculture.com.tw
主　　編：李欣芳
責任編輯：立欣
行銷業務：林宜葶
出版年月：2023 年 03 月　初版
定　　價：新臺幣 700 元

ISBN：978-957-711-302-3 (平裝)

總經銷：聯合發行股份有限公司
地　址：231 新北市新店區寶橋路 235 巷 6 弄 6 號 4F
電　話：(02)2917-8022　　傳　真：(02)2915-6275